Springer-Lehrbuch

Weitere Bände in dieser Reihe
http://www.springer.com/series/1183

Thomas Vormbaum

Einführung in die moderne Strafrechtsgeschichte

3. Auflage

Springer

Thomas Vormbaum
FB Rechtswissenschaften
FernUniversität in Hagen
Hagen
Deutschland

Übersetzung ins Englische von Margaret Hiley (Ed. Michael Bohlander). 2013.

Übersetzung ins Italienische von Giorgia Oss und Sara Porro (Ed. Sergio Vinciguerra). 2013.

ISSN 0937-7433
Springer-Lehrbuch
ISBN 978-3-662-45574-6 ISBN 978-3-662-45575-3 (eBook)
DOI 10.1007/978-3-662-45575-3

Die Deutsche Nationalbibliothek verzeichnet diese Publikation in der Deutschen National-bibliografie; detaillierte bibliografische Daten sind im Internet über http://dnb.d-nb.de abrufbar.

Gedruckt auf säurefreiem und chlorfrei gebleichtem Papier

Springer-Verlag Berlin Heidelberg ist Teil der Fachverlagsgruppe Springer Science+Business Media (www.springer.com)

Vorwort zur 3. Auflage

Auch die 2. Auflage hat eine günstige Aufnahme gefunden. Die dritte Auflage kann daher abermals nach relativ kurzer Zeit erscheinen. Wichtige strafrechtsgeschichtliche Neuerscheinungen sind berücksichtigt worden; abermals ist an einigen Stellen die Darstellung präzisiert, vertieft oder erweitert worden.

Bei der Beseitigung einiger Ungenauigkeiten erwies es sich als günstig, dass kurz nach dem Erscheinen der 2. Auflage fast gleichzeitig die Arbeiten an der englischen und der italienischen Übersetzung des Buches begannen. Übersetzerinnen und Editoren lesen den Text intensiver als mancher Rezensent; und so haben die Rückfragen der Übersetzerinnen mich beispielsweise darüber belehrt, dass ich Goethes Spruch „Im Auslegen seid frisch und munter/legt ihr's nicht aus, so legt was unter" fälschlich der Schülerszene des *Faust* statt den *Zahmen Xenien* zugeordnet habe. Die Zusammenarbeit mir den Editoren – Prof. *Michael Bohlander* (Universität Durham) für die englische, Prof. *Sergio Vinciguerra* (Universität Turin) für die italienische Ausgabe – und mit den Übersetzerinnen – *Margaret Hiley* ins Englische, *Giorgia Oss* und *Sara Porro* ins Italienische – habe ich als eine der erfreulichen Erfahrungen des wissenschaftlichen Lebens empfunden. Ich widme ihnen daher diese Neuauflage.

Die Herstellung der Druckvorlage lag abermals in den Händen von *Zekai Dağaşan*, dem ich dafür herzlich danke.

Aus dem Vorwort zur 2. Auflage

Die erste Auflage hat eine günstige Aufnahme gefunden, so dass in verhältnismäßig kurzem Abstand die zweite Auflage folgen kann. Die Zielsetzung ist unverändert geblieben. [...] Dass die Redaktion der Zeitschrift *Juristische Schulung* das Buch zu einem der „juristischen Ausbildungsbücher des Jahres" 2009 gewählt hat (s. JuS 2009, 1160), ist immerhin ein Hinweis darauf, dass [die Zielsetzung des Buches und das Bemühen um ihre Umsetzung] Anerkennung gefunden haben.

[...] Ich danke allen, die mir durch konstruktive Kritik an der Vorauflage und durch Anregungen geholfen haben, manche Punkte deutlicher zu sehen. Mein besonderer Dank gilt den Berliner Strafrechtslehrern [der Humboldt-Universität], die mir die Möglichkeit gegeben haben, meine konzeptionellen Vorstellungen in ihrem Seminar vorzutragen und zu diskutieren[1].

Für die Neuauflage konnte ich mich erneut auf die Unterstützung von *Zekai Dagasan* und *Anne Gipperich* verlassen.

Hagen, Sommer 2010

[1] Eine Kurzfassung der in § 1 angestellten methodischen Erörterungen ist in das vom Zentrum für zeitgeschichtliche Forschung Potsdam organisierte Internet-Portal *Docupedia Zeitgeschichte* unter dem Titel „Juristische Zeitgeschichte" aufgenommen worden: http://docupedia.de/docupedia/index.php?title=Juristische_Zeitgeschichte&oldid=71531. Dort besteht auch die Möglichkeit, sich kritisch zu diesen Erörterungen zu äußern.

Inhaltsverzeichnis

Abkürzungsverzeichnis

a. A.	anderer Ansicht
a. a. O.	am angeführten Ort
Abb.	Abbildung(en)
Abs.	Absatz
Abt.	Abteilung(en)
a. E.	am Ende
a. F.	alte Fassung
allg.	allgemein(e[r])
ALR	Allgemeines Landrecht für die preußischen Staaten
Anm.	Anmerkung(en)
ao.	außerordentlich(e[r])
ArchCrR	Archiv für Criminalrecht
ARSP	Archiv für Rechts- und Sozialphilosophie
Art.	Artikel
AT	Allgemeiner Teil
Aufl.	Auflage(n)
bayStGB	Bayrisches Strafgesetzbuch
Begr.	Begründung
Ber.	Berater
Bespr.	Besprechung
Bd/e.	Band/Bände
BGB	Bürgerliches Gesetzbuch
BGBl.	Bundesgesetzblatt
BGH	Bundesgerichtshof
BGHSt	Entscheidungen des Bundesgerichtshofs in Strafsachen
BMJ	Bundesministerium/Bundesminister der Justiz
BT	Bundestag
BVerfG	Bundesverfassungsgericht
BVerfGE	Entscheidungen des Bundesverfassungsgerichts
CCC	Peinliche Gerichtsordnung Karls V. (lateinisch: Constitutio Criminalis Carolina)
CDU	Christlich Demokratische Union

CrimO	Preußische (C) Kriminalordnung
CSU	Christlich-Soziale Union
DDP	Deutsche Demokratische Partei
DDR	Deutsche Demokratische Republik
d. h.	das heißt
DJ	Deutsche Justiz
DJV	Deutsche Zentralverwaltung für Justiz
DJZ	Deutsche Juristenzeitung
DNVP	Deutschnationale Volkspartei
DP	Deutsche Partei
dt.	deutsch(e[r])
D(t)StrRZ	Deutsche Strafrechtszeitung
DVP	Deutsche Volkspartei
E.	Entwurf
ebd.	Ebenda
EGOWiG	Einführungsgesetz zum Ordnungswidrigkeitengesetz
Einl.	Einleitung
EMRK	Europäische Menschenrechtskonvention
EU	Europäische Union
FDP	Freie Demokratische Partei
fortgef.	fortgeführt
Frhr.	Freiherr
Fschr.	Festschrift
Fußn.	Fußnote(n)
GA	Goltdammer's Archiv für Strafrecht
GB/BHE	Gesamtdeutscher Block/Bund der Heimatvertriebenen und Entrechteten
GE	Gegenentwurf
geb.	geboren
Gestapo	Geheime Staatspolizei
GG	Grundgesetz
GmbH	Gemeinschaft mit beschränkter Haftung
Gr.	Groß(e[r])
GVG	Gerichtsverfassungsgesetz
GWU	Geschichte in Wissenschaft und Unterricht
HGB	Handelsgesetzbuch
Hrsg./hrsg.	Herausgeber/herausgegeben
IKV	Internationale Kriminalistische Vereinigung
i. S. d.	im Sinne des
i. ü.	im übrigen
i. V. m.	in Verbindung mit
IVR	Internationale Vereinigung für Rechtsphilosophie
Jh.	Jahrhundert
JJZG	Jahrbuch der Juristischen Zeitgeschichte
JoJZG	Journal der Juristischen Zeitgeschichte

JuS	Juristische Schulung
JW	Juristische Wochenschrift
JZ	Juristenzeitung
KE	Kommissionsentwurf
Kgr.	Königreich
KJ	Kritische Justiz
KPD	Kommunistische Partei Deutschlands
KritV	Kritische Vierteljahresschrift für Gesetzgebung und Rechtswissenschaft
KZ	Konzentrationslager
m. a. W.	mit anderen Worten
MdtStrD	Moderne deutsche Strafrechtsdenker
m. E.	meines Erachtens
MfS	Ministerium für Staatssicherheit
MschrKrim.	Monatsschrift für Kriminalpsychologie und Strafrechtsreform
m. w. N.	mit weiterem/n Nachweis(en)
Nachw.	Nachweis(e)
NArchCrimR	Neues Archiv des Criminalrechts
NATO	Nordatlantikvertrag-Organisation (North Atlantic Treaty Organization)
n. F.	neue Fassung
NJW	Neue Juristische Wochenschrift
Nr.	Nummer(n)
NRW	Nordrhein Westfalen
NS	Nazi-/Nationalsozialismus/nationalsozialistisch(e)
NSDAP	Nationalsozialistische Deutsche Arbeiterpartei
o. J.	ohne Jahr(esangabe)
ÖKV	Österreichische kriminalistische Vereinigung
OLG	Oberlandesgericht
o. O.	ohne Ort
Orig.	Original
PDS	Partei des Demokratischen Sozialismus
PGO s.	CCC
Pr.	Preußisch(e)
Pr(euß)StGB	Preußisches Strafgesetzbuch
RefE	Referentenentwurf
Pr.GS	Preußische Gesetzsammlung
RepSchG	Republikschutzgesetz
RJM	Reichsministerium der Justiz (Reichsjustizministerium)
RGBl.	Reichsgesetzblatt
RGSt	Entscheidungen des Reichsgerichts in Strafsachen
RGVG	Reichsgerichtsverfassungsgesetz
Rn.	Randnummer(n)
RStGB	Reichsstrafgesetzbuch
RStPO	Reichsstrafprozessordnung

SA	Sturmabteilung
SBZ	Sowjetische Besatzungszone
sc.	„Wissenschaft“ (lateinisch: scientia/scientiae)
SchwZStrR	Schweizerische Zeitschrift für Strafrecht
SD	Sicherheitsdienst
SED	Sozialistische Einheitspartei Deutschlands
SMAD	Sowjetische Militäradministration in Deutschland
Sp.	Spalte
SPD	Sozialdemokratische Partei Deutschlands (SoPaDe)
SS	Schutzstaffel
StA	Staatsanwaltschaft
StÄG	Gesetz zur Änderung des Strafrechts (Strafrechtsänderungsgesetz)
Stasi	Staatssicherheit
StGB	Strafgesetzbuch
StPÄG	Gesetz zur Änderung der Strafprozessordnung und des Gerichtsverfassungsgesetzes (Strafprozessänderungsgesetz)
StPO	Strafprozessordnung
StrD	Strafrechtsdenker
StrRG	Gesetz zur Reform des Strafrechts (Strafrechtsreformgesetz)
StVollzG	Strafvollzugsgesetz
StVRG	Gesetz zur Reform des Strafverfahrensrechts (Strafverfahrensreformgesetz)
Suppl.	Nachtrag (englisch: supplement)
SZ	Süddeutsche Zeitung
u. a.	unter anderem/n
u. ä.	und ähnliches
UdSSR	Union der Sozialistischen Sowjetrepubliken (Sowjetunion)
u. ö.	und öfter
u. U.	unter Umständen
v. a.	vor allem
VE	Vorentwurf
Verf.	Verfasser(in)
VfZ	Vierteljahreshefte für Zeitgeschichte
VO	Verordnung
VolksGH	Volksgerichtshof
vs.	versus
VStGB	Völkerstrafgesetzbuch
VZ	vorläufige Zusammenstellung
WRV	Weimarer Reichsverfassung
z. B.	zum Beispiel
Ziff.	Ziffer
Zit.	Zitat
ZNR	Zeitschrift für neuere Rechtsgeschichte
ZPO	Zivilprozessordnung
ZRG	Zeitschrift der Savigny-Stiftung für Rechtsgeschichte
ZRP	Zeitschrift für Rechtspolitik
ZStW	Zeitschrift für die gesamte Strafrechtswissenschaft

Abbildungsverzeichnis

Einführung

Dieses Lehrbuch setzt sich zwei Ziele. Es möchte erstens einen verlässlichen Überblick der Strafrechtsentwicklung vom Ausgang des Aufklärungszeitalters bis zur Gegenwart geben. Zweitens möchte es ein methodisches Verständnis vermitteln, das eine historisch angeleitete Kritik des gegenwärtigen Strafrechts ermöglicht. Der zugrunde liegende Gedanke, der im 1. Kapitel näher erläutert werden wird, ist, dass der dargestellte Zeitraum eine *Rechtsepoche* bildet, die durch wesentliche Eigenschaften charakterisiert ist, und dass die Stärkung oder Schwächung dieser wesentlichen Eigenschaften Aussagen über den Standort des Rechts und des Strafrechts in einer bestimmten Phase innerhalb dieser Rechtsepoche erlaubt.

In beiderlei Hinsicht bildet das Lehrbuch eine *Einführung*. Es beschränkt sich auf denjenigen Stoff, der erforderlich erscheint, um Studierenden der Rechtswissenschaft, aber auch allen, die später zu der Erkenntnis gelangt sind, dass historische Kenntnis das Verständnis des geltenden Rechts verbessert, das für die Kenntnis der Strafrechtsgeschichte des 19. und 20. Jahrhunderts erforderliche Basiswissen zu vermitteln; und es will eine Vorstellung davon geben, wie man mit dem gewonnenen Wissen eine historisch angeleitete Bewertung des geltenden Rechts vornehmen könnte[1].

Strafrechtsgeschichte als Gegenstand der Darstellung hat sich nicht in einem politisch-sozialen Vakuum abgespielt. Daher werden, wo es für das Verständnis erforderlich ist, auch die allgemeine, die politische und die Sozialgeschichte in die Darstellung einbezogen.

Strafrechtsgeschichte als Forschungstätigkeit ist, wie jede Geschichtsschreibung, *auch* Interpretation; dies gilt besonders für ein Buch wie das vorliegende, das neben der Darstellung der *facts* auch ein methodisches Ziel verfolgt. Dies bedeutet freilich nicht Beliebigkeit in der Auswahl und Gewichtung der Fakten. Man stelle sich den Gang durch unsere Rechtsepoche wie die Längsdurchquerung einer lang

[1] Denjenigen, die Wissen und Verständnis vertiefen wollen, bieten die Literaturhinweise Hilfestellung. Ferner sei auf die vom Verf. herausgegebene Textsammlung „Strafrechtsdenker der Neuzeit" hingewiesen (Nachw. im Literaturverzeichnis).

T. Vormbaum, *Einführung in die moderne Strafrechtsgeschichte,* Springer-Lehrbuch,
DOI 10.1007/978-3-662-45575-3_1

gestreckten, von dichtem Urwald bedeckten Insel (etwa in der Form Kubas) vor. Wer diesen Gang auf sich nimmt, kann sich mit der Machete seinen eigenen Pfad bahnen; doch ist der Weg nicht ganz dem persönlichen Belieben anheim gegeben, denn zum einen weist das Terrain topographische Gegebenheiten auf, die berücksichtigt werden müssen:Gebirge müssen umgangen werden, ausgetrocknete Flussläufe genutzt, Wasser führende an der richtigen Stelle überquert werden, natürliche Pfade und Lichtungen gesucht und als Erleichterungen angenommen werden. Jeder, der sich auf den Weg macht, wird daher überlegen, in welchem Umfang er Pfade nutzt, die bereits von anderen gebahnt worden sind – auf die Gefahr hin, dass er auch auf deren Irr- und Umwege geführt wird. Der Verfasser hofft und ist zuversichtlich, dass er die Leser erfolgreich durch den Dschungel ans (Lern-)Ziel führen wird[2], ihnen aber auch die topographischen Verhältnisse sichtbar werden lassen wird, so dass sie in der Lage sind, den Weg erneut und dann vielleicht auf selbst gebahnten Pfaden zurückzulegen.

Gegenstand der Darstellung ist im Wesentlichen die *deutsche* Strafrechtsgeschichte. Erweiterungen ergeben sich zum einen daraus, dass am Anfang und am Ende der hier behandelten Epoche die Vernetzungen des deutschen Strafrechts mit dem Strafrecht der anderen europäischen Länder sowie gemeineuropäischen Entwicklungen stark sind. Die vorrevolutionäre und vornapoleonische Zeit weist nicht nur große Gemeinsamkeiten im „gemeinen" Strafrecht auf, sondern bringt auch international diskutierte Reformgedanken hervor; in der Gegenwart werden die ersten Konturen eines europäischen Strafrechts sichtbar, auf dessen – mitunter recht problematische – Züge am Ende der Darstellung noch kurz einzugehen sein wird[3]. Aber auch während der Zeit nationaler Strafgesetzbücher gibt es einen internationalen Strafrechtsdiskurs, in dem die deutsche Strafrechtswissenschaft eine gewichtige Rolle spielt; und schließlich wird der Verfasser ein persönliches Interesse an der italienischen Strafrechtsentwicklung nicht verleugnen und gelegentlich Hinweise auf diese geben; da er der Auffassung ist, dass die deutsche Strafrechtswissenschaft und Strafrechtsgeschichtsschreibung ungeachtet ihrer unbestrittenen Qualität von der italienischen wertvolle Anregungen empfangen könnte, hält er diese Hinweise auch für sachlich gerechtfertigt[4].

Die Auffassung, dass Rechtsgeschichte überflüssiges Beiwerk juristischer Ausbildung und für die Rechtspraxis irrelevant sei, ist ebenso verbreitet wie falsch –

[2] Dass in dem gewählten Inselbeispiel dieses Ziel in der Nähe von Guantanamo Bay liegt, ist dem Verf. erst nachträglich bewusst geworden. Unleugbar weist allerdings das moderne Strafrecht Eigenschaften auf, die „Guantanamo" als Möglichkeit einschließen.

[3] Der italienische Strafrechtslehrer Massimo Donini entdeckt in einem 2006 auf Deutsch erschienenen Beitrag in der Entwicklung des Strafrechts im Bereich der EU Ansätze zu einem „neuen strafrechtlichen Mittelalter" und meint damit „ein neues Geflecht von Partikularismus und Universalismus, das in manchen Zügen an das [Nebeneinander von *ius commune* und Statutenrecht] im Mittelalter erinnert": *Massimo Donini*, Ein neues strafrechtliches Mittelalter? Altes und Neues in der Expansion des Wirtschaftsstrafrechts, in: Ders., Strafrechtstheorie und Strafrechtsreform, S. 203 ff., 217.

[4] Eine vorzügliche Einführung bietet jetzt *Manfred Maiwald*, Einführung in das italienische Strafrecht und Strafprozessrecht. Frankfurt/M. u. a. 2009.

selbst dann, wenn man meint, „Bildung" müsse sich an „praktischer" Verwertbarkeit messen lassen: Unkenntnis historischer Bedingtheiten des geltenden Rechts macht nicht nur hilflos bei der Lösung zahlreicher technischer Fragen des *geltenden Rechts*, sondern auch hilflos gegenüber der *Macht*. Dass staatliches Strafen Ausdruck von Macht ist, liegt auf der Hand. Macht aber bedarf ständiger kritischer Kontrolle – unabhängig davon, ob und wie gut sie legitimiert ist[5]. Wer mit dem Verfasser der Meinung ist, dass Straf*recht* und Straf*rechtswissenschaft* Mittel der Machtkritik sein sollen und staatliches Strafen zügeln und überwachen sollen, für den ist Strafrechtsgeschichte ein unverzichtbarer Teil der Strafrechtswissenschaft, denn Wachsamkeit gegenüber der Macht erwächst vor allem aus der Kenntnis der Geschichte ihrer Missbräuche; wo man aber auf diese Missbräuche trifft, braucht man nach Strafnormen, mit denen sie legitimiert werden, meistens nicht lange zu suchen.

In dieses Lehrbuch sind Teile meines für den konsekutiven Studiengang „Master of Laws" der FernUniversität in Hagen geschriebenen gleichnamigen Kurses eingegangen. Es profitiert damit auch von den Anregungen, Beiträgen und Korrekturlesungen, die meine Mitarbeiter/innen *Dr. Martin Asholt*, stud. iur. *Katharina Kühne*, Dr. Kathrin Rentrop, stud. iur. *Dana Theil* und Dipl. iur. (Münster) *Nadeschda Wilkitzki* schon zu jenem Kurs beigesteuert haben. Für die Erstellung der Druckvorlage waren *Anne Gipperich* und stud. iur. *Zekai Dagasan* unentbehrlich. Allen danke ich herzlich.

[5] Dazu zuletzt eingehend *Mario A. Cattaneo*, Recht und Gewalt. Ein problematisches Verhältnis. Münster 2008.

§ 1 Zeitliche Eingrenzung. Methode

„Moderne Strafrechtsgeschichte", die Materie, in welche dieses Buch einführen soll, lässt sich auch als „Zeitgeschichte des Strafrechts" oder „Strafrechtliche Zeitgeschichte" bezeichnen[1]. Damit sind drei Themenbereiche angesprochen, die konzentrische Kreise bilden, nämlich, vom größten zum kleinsten Kreis fortschreitend:

- „Zeitgeschichte";
- „Juristische Zeitgeschichte"[2];
- „Strafrechtliche Zeitgeschichte".

Über den Inhalt dieser grundlegenden Begriffe gibt es keinen allgemeinen Konsens. Sie müssen daher vorab geklärt, zumindest plausibel gemacht werden.

---

[1] Allgemeine Literatur: *Justizministerium NRW* (Hrsg.), Perspektiven und Projekte (Juristische Zeitgeschichte NRW. 2). Düsseldorf 1994 (mit Beiträgen von Klaus Bästlein, Norbert Haase, Birte E. Keppler, Helmut Kramer, Klaus Marxen, Dieter Strempel, Hans-Ulrich Thamer, Thomas Vormbaum); *Wolfgang Naucke*, Über protokollierende und summierende (neuere) Strafrechtsgeschichte, in: Jörn Eckert (Hrsg.), Der praktische Nutzen der Rechtsgeschichte. Hans Hattenhauer zum 8. September 2001. Heidelberg 2003, S. 353 ff.

[2] Der Begriff „Juristische Zeitgeschichte" ist, soweit ersichtlich, von Klippel geprägt worden; s. *Diethelm Klippel*, Juristische Zeitgeschichte. Die Bedeutung der Rechtsgeschichte für die Zivilrechtswissenschaft (Gießener rechtswissenschaftliche Abhandlungen. 4). Gießen 1985; in den juristischen und rechtshistorischen Sprachgebrauch übergegangen ist er vor allem auf Grund des Sammelbandes *Michael Stolleis* (Hrsg.), Juristische Zeitgeschichte – ein neues Fach? Baden-Baden 1993 (mit Beiträgen von Diemut Majer, Joachim Rückert, Jan Schröder, Rainer Schröder, Reiner Schulze, Thomas Vormbaum, Gerhard Werle); der Befassung mit der juristischen Zeitgeschichte dienen ausdrücklich die vom Verf. herausgegebene Schriftenreihe *Juristische Zeitgeschichte* sowie die ebenfalls vom Verf. herausgegebenen Periodika *Jahrbuch der juristischen Zeitgeschichte* (seit 1999/2000) und *Journal der juristischen Zeitgeschichte* (seit 2007), ferner die vom Justizministerium NRW herausgegebene Schriftenreihe *Juristische Zeitgeschichte NRW*.

T. Vormbaum, *Einführung in die moderne Strafrechtsgeschichte,* Springer-Lehrbuch,
DOI 10.1007/978-3-662-45575-3_2

I. Zeitgeschichte

Das Wort „Zeitgeschichte" hat jeder schon gehört, und jeder verbindet mit dem Begriff bestimmte Vorstellungen, die wahrscheinlich im Kern übereinstimmen. Eine präzise Bestimmung ist indes alles andere als einfach. Gewiss wird niemand daran zweifeln, dass sie Gegenstände behandelt, die dem Betrachter besonders nahe sind[3]. Aber: Gehört der Betrachter selber ihr bereits (bzw. noch) an? Ist das, was gestern in der Zeitung gestanden hat, bereits „Zeitgeschichte"? Gehören andererseits die Reformation, der Dreißigjährige Krieg, die Eroberungskriege Napoleons und die deutsche Reichsgründung von 1871 noch zur Zeitgeschichte?

1. Subjektiver Ansatz: „Geschichte der Lebenden"

Bei der Befragung von Studierenden erhält man ganz überwiegend die Antwort, Zeitgeschichte sei die Geschichte jener Zeit, die „man" selber erlebt habe, oder – da die Befragten durchweg jung sind – sie sei die Geschichte jener Zeit, die von heute lebenden Menschen erlebt worden sei. Diese Antwort ist voraussetzungsreicher als es zunächst scheint. Die erste unausgesprochene Voraussetzung lautet: „Zeitgeschichte" wird in erster Linie bestimmt durch einen (jüngeren) Abschnitt der Geschichte, nicht aber durch eine gewisse Methode. Schon diese Voraussetzung ist – zumindest für die *juristische* Zeitgeschichte – nicht unbestritten; auf die Einwände wird später eingegangen werden.

Die zweite unausgesprochene Voraussetzung liegt in einem Verständnis, das man – mit der unter Juristen üblichen Terminologie – als „subjektive Theorie" bezeichnen könnte; Nichtjuristen würden wohl vorziehen, von einem „subjektiven Verständnis" oder einem „subjektiven Ansatz" zu sprechen. Ungeachtet der Terminologie ist jedenfalls gemeint, dass den Ausgangspunkt der Begriffsbestimmung nicht objektive historische Geschehnisse oder Verhältnisse bilden, sondern die persönliche Zeitgenossenschaft ohne Rücksicht auf Eigenschaften und Besonderheiten jener Geschehnisse und Verhältnisse. Mit dem Lebensende des letzten Menschen, der die Zeit des Ersten Weltkrieges noch erlebt hat, würde diese Zeit aus der Kategorie „Zeitgeschichte" herausfallen, ähnliches würde in nächster Zeit für die Zeit des Nationalsozialismus gelten – und beides, obwohl die letztere noch heute zu den am meisten behandelten und zu den umstrittensten Zeiten der deutschen Geschichte gehört und die erstgenannte gerade in jüngster Zeit wieder verstärkte Aufmerksamkeit erfährt. Zeitgeschichte wäre dann – was ihren zeitlichen Gegenstandsbereich angeht – wie

---

[3] Ich vermeide die Formulierung „die dem Betrachter *zeitlich* besonders nahe sind", denn schon die Frage, ob sich Zeitgeschichte überhaupt auf einen zeitlich begrenzten Abschnitt beschränken soll, wird – jedenfalls für die *juristische* Zeitgeschichte – nicht einhellig beantwortet. Zu der damit angesprochenen Auffassung von *Senn* und *Gschwend* s. noch in diesem Paragraphen Abschn. III. Zum folgenden ferner *Reinhart Koselleck*, Stetigkeit und Wandel aller Zeitgeschichten. Begriffsgeschichtliche Anmerkungen, in: Ders., Zeitschichten. Studien zur Historik. Frankfurt/M. 2000, S. 246 ff.; dort auch (S. 250 ff.) zur Geschichte von Wort und Begriff „Zeitgeschichte".

ein Zollstock von 70 bis 80 Jahren Länge (der derzeitigen Länge der menschlichen Lebenserwartung), der auf der Zeitachse der Weltgeschichte Tag für Tag weitergeschoben wird. Für die Zeitgeschichts-*Wissenschaft* stellen sich damit jeweils „nach vorn hin" neue Forschungsthemen, während am anderen Ende Themen fortfallen. Für die Forschungspraxis sind die Konsequenzen dieses Verständnisses realistisch und teilweise auch nützlich. Sie ist nämlich mit dem beschriebenen Ansatz weitgehend verträglich: Mancher Historiker, der sich mit dem Ersten Weltkrieg befasst, mag sich in der Tat schon nicht mehr als „Zeithistoriker" verstehen; und ob die Zeit des Nationalsozialismus tatsächlich in zwanzig Jahren, wenn die Erlebnisgeneration ausgestorben sein wird, noch als ein Thema verstanden werden wird, das die dann Lebenden als ein „zeitgeschichtliches" verstehen, ist keineswegs ausgemacht (wie immer man eine solche Aussicht bewerten mag); dass andererseits der kulturelle Umbruch, der durch das Jahr 1968 markiert wird, sowie die Geschichte der DDR, der deutschen Wiedervereinigung und der weltpolitischen Umwälzungen nach 1989 inzwischen zeitgeschichtliche Themen sind, steht außer Zweifel.

Auch in methodischer Hinsicht kann der subjektive Ansatz Vorteile für sich reklamieren: Ihm stehen bestimmte Forschungsmöglichkeiten *per definitionem* zur Verfügung. Interviews mit Zeitzeugen setzen (trivialerweise) deren Existenz voraus. Die Verfeinerung der Methoden der empirischen Sozialforschung trifft mit der Tendenz moderner Geschichtsschreibung zusammen, das Alltagsleben, insb. das Leben sozialer Unterschichten, zu erforschen, jener Schichten also, die kultur- und bildungsfern sind und daher keine oder doch nur wenige *aktive* Spuren in der Geschichte hinterlassen. Ihnen eine Stimme zu verleihen, ist eine der Aufgaben, die sich die „oral history" gestellt hat; mit Interviews von Zeitgenossen erforscht sie nicht in erster Linie individuelle Lebensläufe, vielmehr will sie aus vielen autobiographischen Einzeläußerungen allgemeine Aussagen ziehen[4].

2. Objektiver Ansatz: „Geschichte der gegenwärtigen Epoche"

„Subjektiv" ist der eben vorgestellte Ansatz deshalb, weil er den Gegenwartsbezug bei den in der Gegenwart lebenden *Personen* erblickt. Dem kann man einen objektiven Ansatz entgegensetzen, der auf *Strukturen* abstellt, also auf objektive Gegeben-

[4] Dazu *Werner Fuchs*, Biographische Forschung. Eine Einführung in Praxis und Methoden. Opladen 1984; *Wolfgang Vogel* (Hrsg.), Methoden der Biographie und Lebenslaufforschung. Opladen 1987; *Peter Alheit/Erika M. Hoernig*, Biographisches Wissen. Beiträge zu einer Theorie lebensgeschichtlicher Erfahrung. Frankfurt, New York 1989; *Matthias Peter/Hans-Jürgen Schröder*, Einführung in das Studium der Zeitgeschichte (UTB. 1742). Paderborn, München, Wien, Zürich 1994, S. 55 ff. Zu weiteren Methodenfragen *Gabriele Metzler*, Einführung in das Studium der Zeitgeschichte (UTB. 2433). Paderborn, München, Wien, Zürich 2004. – Neben der „emanzipatorischen" Dimension dieses Ansatzes schwingt auch eine bestimmte Auffassung über den Wert von historischen Quellen mit; Koselleck hat hinter den von Herodot bis Churchill unternommenen Versuchen, „gegenwärtige Geschichte" zu schreiben, bei allen Unterschieden u. a. die gemeinsame Auffassung entdeckt: „Das falsche Zeugnis eines Zeitgenossen ist immer noch eine unmittelbarere Quelle [als spätere Kompilationen], auch wenn es später entlarvt wird".

heiten. Eine Strukturgegebenheit, mit der historische Gegenstände zeitlich begrenzt werden, ist die *Epoche*. Eine Epoche kann verstanden werden als ein Zeitabschnitt, der aufgrund übereinstimmender dominanter (subjektiver und objektiver) Eigenschaften in Politik, Kultur und Sozial- und Wirtschaftsleben eine Einheit bildet.

Zeitgeschichte ist nach diesem Ansatz die Geschichte der *gegenwärtigen Epoche*. Faktisch wird dieser Ansatz derzeit befolgt; allerdings sind die Forschungsgegenstände meistens so zugeschnitten, dass sich Erörterungen über das zugrunde liegende Verständnis von „Zeitgeschichte" erübrigen, weil beide Ansätze konvergieren. Folgt man dem objektiven Ansatz, so ist nach der Grenze, hier also nach dem *Beginn* der gegenwärtigen Epoche, zu fragen. Freilich darf man nicht nach der früher im schulischen Geschichtsunterricht praktizierten Methode vorgehen und die Lebens- bzw. Regierungsjahre von Potentaten oder sonstige staatspolitische oder kriegerische Ereignisse als Einschnitte mit epochenabgrenzendem Charakter ansehen. Zwar gibt es „epochale" Ereignisse wie die Französische Revolution; aber selbst diese hatte, wenn man die sozialgeschichtlichen Aspekte einbezieht, eine Vorgeschichte, und die Erstürmung der Bastille ist gewiss nicht ihr einschneidendster Vorgang[5]. In aller Regel werden Epochen nicht durch Einschnitte scharf getrennt, sondern es liegen zwischen ihnen sog. *Sattelzeiten*, in denen sich Vorgänge häufen, die zu einer neuen historischen „Situation" führen – etwas theoretischer ausgedrückt: in denen ein beschleunigter Umschlag von Quantität in eine neue Qualität stattfindet. Spektakuläre Ereignisse können diesen Umschlag freilich besonders manifest zum Ausdruck bringen.

Die Aussage beispielsweise, die *Neuzeit*[6] beginne mit der Reformation oder mit der Entdeckung Amerikas, erklärt zu wenig. Sucht man aber nach einer Häufung gravierender Vorgänge, Veränderungen und Ereignisse, so zeigt sich, dass beide Ereignisse in der Tat in einer Sattelzeit liegen: Die große Pest von 1348, der ein Drittel der Bevölkerung Europas zum Opfer fällt, liegt in einer Zeit der Klimaveränderung, die in der Geschichtsschreibung auch als Beginn einer „Kleinen Eiszeit" beschrieben wird. Soziale Unruhen, nicht zuletzt durch die Klimaverschlechterung bedingt, finden in mehreren Regionen Europas statt (die Aufstände der „Ciompi" in Florenz, die sog. Jacquerie, ein Bauernaufstand, in Frankreich und – kurz nach der Reformation – der große Bauernkrieg in

---

[5] Zur Geschichte von Wort und Begriff „Epoche" s. *Hans Blumenberg*, Die Epochen des Epochenbegriffs, in: Ders., Aspekte der Epochenschwelle. Frankfurt a. M. 1976, S. 7 ff. – Zur mehr symbolischen als praktischen Bedeutung der Erstürmung der Bastille am 14. Juli 1789 *s. Hans Jürgen Lüsebrink/Rolf Reichart*, Die „Bastille". Zur Symbolgeschichte von Herrschaft und Freiheit. Frankfurt a. M. 1990, S. 49 ff. Nach *Rudolf Vierhaus*, Aufklärung und Reformzeit. Kontinuitäten und Neuansätze der deutschen Politik des späten 18. und beginnenden 19. Jahrhunderts; in: Reformen im rheinbündischen Deutschland. Hrsg. von Eberhard Weis unter Mitarbeit von Elisabeth Müller-Luckner. München 1984, S. 267–301, hier S. 289, „übertreibt [man] im allgemeinen die durch die Französische Revolution hervorgebrachten Wirkungen. Ungeheure Veränderungen vollzogen sich um 1800 auch in Deutschland".

[6] Zum folgenden *Reinhart Koselleck*, Wie neu ist die Neuzeit? in: Ders., Zeitschichten (o. Fußn. 3), S. 225 ff.; zur Reformation s. neben den folgenden Ausführungen auch *Berndt Hamm*, Abschied vom Epochendenken in der Reformationsforschung, in: Zeitschrift für Historische Forschung 39 (2012), S. 373–411.

Deutschland)[7]. Um 1450 erfindet Gutenberg die Buchdruckerkunst mit beweglichen Lettern, ohne welche die spätere Verbreitung der Reformation nicht vorstellbar ist; 1492 entdeckt Columbus Amerika[8]; um 1515 entwickelt Kopernikus das nach ihm benannte heliozentrische Weltbild, und 1517 unternimmt Luther in Wittenberg den entscheidenden Schritt zur Reformation, die ihrerseits geistesgeschichtlich das Weltbild von Renaissance und Humanismus (auch dort, wo sie sich von diesem abgrenzt) voraussetzt. Vor Luther waren bereits Girolamo Savonarola in Florenz, John Wycliffe in England, Johann Zwingli in der Schweiz und Jan Hus in Böhmen mit reformatorischen Thesen aufgetreten. Diese Zusammendrängung von fundamentalen Ereignissen und Vorgängen – von „unerhörten Neuigkeiten" (*Koselleck*) – in einem relativ kurzen Zeitraum und die daraus hervorgehende Prägung der folgenden Zeit erlauben es, diesen Zeitraum als „Sattelzeit" zu bezeichnen[9].

Wann also beginnt die gegenwärtige Epoche? Eine „herrschende Auffassung" dazu gibt es nicht. Die vom Institut für Zeitgeschichte in München herausgegebene *Weltgeschichte des 20. Jahrhunderts* bringt mit ihrer Benennung auch eine (wohl pragmatische) Auffassung über den Gegenstandsbereich von Zeitgeschichte zum Ausdruck. Ein zeitlich begrenzteres Verständnis kommt in der in den letzten Jahren häufig benutzten Apostrophierung des Ersten Weltkriegs als „Urkatastrophe" zum Ausdruck[10].

Hans Rothfels setzt die zeitliche Grenze im Jahre 1917 an: Der Eintritt Amerikas in den Krieg macht diesen erst wirklich zum „Weltkrieg"; im selben Jahr bereitet die russische Oktoberrevolution den Aufstieg Russlands und der Sowjetunion zur Weltmacht vor. Durch beide Vorgänge ist der Grundstein zur politischen „Globalisierung" gelegt[11].

In der *Forschungspraxis* geht „Zeitgeschichte" selten weiter zurück als bis zur Zeit der NS-Herrschaft oder der Weimarer Republik. Dies hat freilich auch mit den Zuschnitten von Ressorts und Lehrstühlen sowie mit persönlichen Forschungsvorlieben zu tun.

Wir brauchen auf der Ebene der allgemeinen Zeitgeschichte die Frage nach der Epochengrenze nicht zu beantworten, da es uns um die Ebene der *juristischen* Zeit-

---

[7] S. dazu *Ruggiero Romano/Alberto Tenenti*, Die Grundlegung der modernen Welt. Spätmittelalter, Renaissance, Reformation. (Fischer-Weltgeschichte. 12). Frankfurt/M. 1967 (m. zahlr. Neuauflagen), S. 25 f. (Jacquerie), 26, 61 (florentiner Ciompi), 295 ff. (dt. Bauernkrieg).

[8] Im selben Jahr erging für Aragon und Kastilien ein Edikt, das alle Juden vor die Wahl stellte, binnen vier Monaten auszuwandern oder sich taufen zu lassen; dazu *Bernd Rother*, Die iberische Halbinsel, in: Kotowski/Schoeps/Wallenborn (Hrsg.), Handbuch zur Geschichte der Juden in Europa. Darmstadt 2001. Bd. I, S. 325 ff., hier S. 344 f.; der „moderne" Aspekt dieser Aktion liegt darin, dass anschließend gegen jene „Conversos" vorgegangen wurde, denen man die Aufrichtigkeit ihres Übertritts nicht glaubte. Ihren Nachkommen wurde mit Vorschriften über die „Reinheit des Blutes" der Zugang zu zahlreichen Ämtern und Berufen versagt (a. a. O., S. 348).

[9] Der Begriff „Neuzeit" selbst taucht freilich erst im 19. Jahrhundert auf; dazu *Koselleck*, Neuzeit (Fußn. 6), S. 227.

[10] So beispielsweise der Titel des 17. Bandes der 10. Auflage von *Gebhards* Handbuch der Deutschen Geschichte: *Wolfgang J. Mommsen*, Die Urkatastrophe Deutschlands. Der Erste Weltkrieg 1914–1918. Stuttgart 2002. Diese Bezeichnung geht wohl – ohne Beschränkung auf Deutschland – zurück auf G.F. Kennan; s. *Mommsen*, a. a. O., S. 14 m.w.N.

[11] *Hans Rothfels*, Zeitgeschichte als Aufgabe, in: Vierteljahrshefte für Zeitgeschichte (VfZ) 1 (1953), S. 1 ff.

geschichte geht. Sollte also der objektiven Auffassung von Zeitgeschichte gegenüber der subjektiven der Vorzug gegeben werden, so ist damit noch nicht darüber entschieden, ob die dort anzunehmende Epochengrenze auch für die *juristische* Zeitgeschichte gilt, denn möglicherweise gibt es spartenbezogene Unterschiede. Vorstellbar ist beispielsweise, dass eine *Sozial*geschichtsschreibung den Beginn der Zeitgeschichte mit dem Aufkommen des „Vierten Standes“ (der Arbeiterschaft, des Proletariats) in der Mitte des 19. Jahrhunderts ansetzt; für die Rechtsgeschichte ist, wie sogleich zu zeigen sein wird, sogar noch weiter zurückzugehen. Allerdings wird sich zeigen, dass die Suche nach dem Beginn der *Rechts*epoche in großem Umfang auf Vorgänge und Strukturen Bezug nimmt, die zwar allgemeingeschichtlicher Natur sind, aber auf die Rechtsentwicklung durchschlagen.

3. Gewichtung und Folgerungen

Die methodischen Vorteile des subjektiven Ansatzes sind bereits geschildert worden. Ihnen stehen Nachteile gegenüber. Ohne Forschungsmethoden ihre Bedeutung absprechen zu wollen, kann man doch eine Epocheneinteilung von ihnen her schwerlich vornehmen. Was aber diese angeht, so erscheint es willkürlich, gerade die Lebenszeit der gegenwärtig lebenden Menschen als Kriterium zugrunde zu legen, d. h. einen durch die Geschichte laufenden Zeitabschnitt anzunehmen, dem hinten ständig etwas wegbricht und vorn etwas zuwächst, ohne dass ein anderes inhaltliches Kriterium dafür gilt als das biologische der Lebenszeit. Dass der Fortschritt der medizinischen Wissenschaft letztlich den Ressort-Umfang der Zeitgeschichte bestimmen soll, erscheint nicht sachgerecht.

Andererseits bereitet der objektive Ansatz gewiss Mühe bei der Findung der Kriterien für die Bestimmung der Epochengrenze; er wird sogar mit einiger Gewissheit dazu führen, dass ein allgemeiner Konsens nicht zustande kommt. Dies ist indes ein hinzunehmender Nachteil, denn die Debatte über unterschiedliche Verständnisse bei der Bestimmung der Epochengrenze bedeutet eine Belebung des Nachdenkens über die Eigenschaften der eigenen Epoche und wirkt damit befruchtend auf Geschichtswissenschaft und Geschichtspolitik. Andererseits ermöglicht der Ansatz, wie im Zusammenhang mit der *juristischen* Zeitgeschichte noch zu erörtern ist, Fragestellungen, die auf der Grundlage des subjektiven Ansatzes nicht möglich sind.

Legt man aus den dargelegten Gründen den objektiven Ansatz zugrunde, so verbleibt den Vorteilen des subjektiven Ansatzes – ausgesprochen oder unausgesprochen – ihre angemessene Bedeutung, denn die geschilderten methodischen Möglichkeiten einer „Geschichte der Zeitgenossen“ werden in der Praxis dazu führen, dass die Forschungsaktivität sich auf diese konzentriert. Wenn es beispielsweise in der Internet-Enzyklopädie *Wikipedia* heißt, zunehmend werde „mit Ausgang des 20. Jahrhunderts unter Zeitgeschichte die Epoche seit dem Ende des Zweiten Weltkriegs begriffen, da die lebenden Zeitzeugen aus der Zeit vor dem Zweiten Weltkrieg verstorben sind bzw. zunehmend versterben“, nachdem zuvor die (objektiv ansetzende) Auffassung von Rothfels geschildert worden ist, so wird damit implizit der subjektive Ansatz herangezogen – aber doch nur ergänzend, denn anschließend heißt es dann wieder: „Die Epoche seit 1945 ist für die meisten Europäer, Asiaten und Amerikaner eine Friedenszeit, die durch keinen großen Krieg geprägt ist“, es wird also wieder ein objektives Kriterium zugrunde gelegt[12]. Andererseits geht auch *Rothfels* zunächst von der Definition aus, Zeitgeschichte sei „die Epoche der Mitlebenden und ihre wissenschaftliche Behandlung"; als *Rothfels* 1953 seinen Aufsatz schrieb, lag ja das Jahr 1917 erst 36 Jahre zurück, so dass die Festlegung der Grenze auf dieses Jahr sogar eine *Einengung* des subjektiv bestimmten Zeitraums bedeutete.

Im Folgenden wird wegen der dargelegten Vorzüge der objektive Ansatz zugrunde gelegt. Demnach ist Zeitgeschichte die **Geschichte der gegenwärtigen Epoche**.

II. Juristische Zeitgeschichte

Ist nun Zeitgeschichte Geschichte der gegenwärtigen *Epoche*, so ist Juristische Zeitgeschichte die **Geschichte der gegenwärtigen Rechtsepoche**. Damit stellt sich die Aufgabe, die gegenwärtige Rechtsepoche zu konturieren, d. h. nach ihren zeitlichen Grenzen zu suchen (dazu unten 2.). Vorab seien kurz einige Fragen zu Methode und Gegenstand erörtert, die für das weitere Verständnis wichtig sind.

1. Methode und Gegenstand

Die herkömmliche Rechtsgeschichte war bis in die 2. Hälfte des 20. Jahrhunderts hinein zwar nicht ausschließlich, aber doch überwiegend Dogmen- und Theoriegeschichte. Wenn sie diese Grenze einmal überschritt, dann noch am ehesten in Richtung zur Kulturgeschichte und – vor allem im Bereich der Verfassungsgeschichte – zur politischen Geschichte. Diese Beschränkung wurde seit den 70er Jahren des 20. Jahrhunderts zunehmend kritisiert.

Dazu muss freilich gesagt werden, dass die Allgemeingeschichte sich ihrerseits bis in die Mitte des 20. Jahrhunderts sehr stark auf eine Politikgeschichte im engeren Sinne bzw. auf eine staatsbezogene Geschichte beschränkte. Im schulischen Geschichtsunterricht nahmen, wie erwähnt, Herrschaftsdaten von Kaisern und Königen und staatspolitische, diplomatische und kriegerische Ereignisse einen überwiegenden Teil ein. In dieser Hinsicht hat sich in den letzten drei Jahrzehnten einiges geändert. Die politische Ereignisgeschichte wurde um strukturgeschichtliche Elemente bereichert, teils durch diese zurückgedrängt. Große Teile der Sozialgeschichte, also die Geschichte gesellschaftlicher Gruppen, Klassen und Schichten, die nicht durch spektakuläre Ereignisse, sondern eben durch Strukturen und Strukturverschiebungen charakterisiert ist, wurden in die Politikgeschichte einbezogen, wie vor allem das kürzlich mit der Heranführung bis zur Gegenwart auf fünf voluminöse Bände angewachsene Standardwerk von *Hans Ulrich Wehler* zeigt[13].

Kritik an der herkömmlichen Rechtsgeschichte kann aber nicht nur von allgemeingeschichtlicher Seite, sondern auch von rechtsphilosophischer und rechtstheoretischer, kurz: von rechtswissenschaftlicher Seite geübt werden (dazu b).

Bevor auf diese Forderungen kurz eingegangen und ihre Berechtigung geprüft (und bejaht) wird, sei klargestellt, dass die juristische *Dogmengeschichte* nach wie

[12] http://de.wikipedia.org/wiki/Zeitgeschichte. (Zugriff: Januar 2012).

[13] *Hans Ulrich Wehler*, Deutsche Gesellschaftsgeschichte. 5 Bände. (s. Literaturhinweise).

vor ihre Bedeutung besitzt und auch bewahren wird. Als Geschichte der Konstruktion und der allmählichen Verschiebungen und Wandlungen der dogmatischen Theoriegebäude vermag sie manches zum Verständnis der dogmatischen Figuren der Gegenwart beizutragen – aber auch zu ihrer Relativierung: Dogmatik des geltenden Rechts neigt dazu, ihre Ergebnisse als zwingend hinzustellen. Dogmengeschichte kann nachweisen, dass ein Rechtsproblem schon einmal (gesetzlich und rechtsdogmatisch) anders gelöst worden ist, dass also die gegenwärtig favorisierte Lösung nicht die einzig mögliche ist.

Wenn beispielsweise die gegenwärtig herrschende Versuchs-Lehre unter – freilich nicht zwingender[14] – Berufung auf die gegenwärtige Gesetzeslage (§ 22 Abs. 1 StGB) – den Strafgrund des Versuches in der betätigten rechtsfeindlichen Gesinnung erblickt, nicht aber in der Schaffung einer objektiven Gefahrenlage oder wenigstens einer aus ex ante-Sicht bestehenden Gefährdung für ein Rechtsgut, so leitet sie daraus konsequent ab, dass die Strafmilderung für den Versuchstäter nur eine *fakultative* sein kann (s. § 23 Abs. 2 StGB), denn die rechtsfeindliche Gesinnung des Täters ist (jedenfalls im allgemeinen) beim Versuch genau so groß wie bei der Vollendung. Noch einen gedanklichen Schritt weiter rückwärts gehend, kann man die gesetzliche Entscheidung des § 23 Abs. 2 StGB daraus ableiten, dass Aufgabe von Normen die *Steuerung* menschlichen Verhaltens sei; diese Steuerung hat aber bei versuchter Tat ebenso versagt wie bei vollendeter Tat. – Weiß man hingegen, dass das Strafgesetzbuch bis zur Gesetzesänderung von 1943 für den Versuchstäter eine Strafmilderung *zwingend* vorgeschrieben hat, dass die heutige Regelung also erst durch den NS-Gesetzgeber eingeführt worden ist[15], und dass überdies viele demokratische Rechtsstaaten diesen Standpunkt in ihren Strafgesetzbüchern nicht vertreten[16], so relativiert sich die „Zwangsläufigkeit" dieser Konstruktionen, und es wird ein Gegenmodell sichtbar (das früher sogar einmal herrschend war), wonach für Strafverfolgungsorgane ein Anlass zum Tätigwerden prinzipiell erst dort besteht, wo ein Recht oder Rechtsgut verletzt oder zumindest gefährdet worden ist. Da eine Gefährdung jedoch ein objektiv geringeres Unrecht darstellt als eine Verletzung, ist bei dieser Sichtweise die Strafmilderung zwingend. Die Steuerungsfunktion von Normen ist nach diesem Gegenmodell nur ein erwünschter Nebeneffekt; im Vordergrund steht die Feststellung von Unrecht und dessen Sanktionierung[17].

---

[14] Dazu *H.J. Hirsch*, Die subjektive Versuchstheorie, ein Wegbereiter der NS-Strafrechtsdoktrin, in: Sergio Seminara/ders. (Hrsg.), Zur strafrechtlichen Versuchslehre im 19. und 20. Jahrhundert. Münster 2008, S. 89 (dort im Text zu Fußn. 75).

[15] Zur Kritik der extrem subjektiven Versuchstheorie und zu ihrem Zusammenhang mit der nationalsozialistischen Strafrechtsdoktrin s. zuletzt *Hirsch*, a. a. O.

[16] Nachweise b. *H.J. Hirsch*, Versuchstheorie, S. 65 f., 89; für *Italien* s. beispielsweise Art. 56 Abs. 2 des (aus der Zeit des Faschismus stammenden!) Codice penale (sog. Codice Rocco).

[17] Die subjektive Versuchslehre wird mitunter als Konsequenz aus der personalen Unrechtslehre hingestellt. Wie Hirsch, selber einer der Protagonisten dieser Unrechtslehre, zugleich aber scharfer Kritiker der subjektiven Versuchstheorie, in seinem in Fußn. 14 erwähnten Beitrag nachweist, beruht diese Behauptung dogmatisch auf einem Missverständnis, welches personale Unrechtslehre und Subjektivierung generell gleichsetzt (a. a. O., S. 497). Hier werden zwei Betrachtungsebenen deutlich: Während für die *Strafrechtsdogmatik* und für die *Dogmengeschichte* die Ausführungen von Hirsch unbestreitbar richtig sind, wird man aus einer breiteren strafrechtsgeschichtlichen Sicht im hier beschriebenen Sinne fragen, wie sich dieses Missverständnis, dem, wie Hirsch nachweist, auch strafrechtsdogmatische „Größen" erlegen sind (a. a. O., S. 495 zu Bockelmann, S. 496 zu Eb. Schmidt), in eine historische Entwicklungslinie einfügt. Hieraus ergeben sich spannende methodische Folgeprobleme für das Verhältnis von Strafrechtsdogmatik und moderner Strafrechtsgeschichte, denen aber hier nicht weiter nachgegangen werden kann.

a) Einbeziehung der Geschichtswissenschaft

Mit der Kritik an der (reinen) Dogmengeschichte wird zum einen die Einbeziehung oder doch wenigstens die Berücksichtigung der allgemeinen Geschichte durch die rechtsgeschichtliche Forschung gefordert. Isolierte Dogmengeschichte liefert ein verkürztes Bild der Rechtsentwicklung. Recht als Element politischer, kultureller, gesellschaftlicher und wirtschaftlicher Entwicklungen kann auch in seiner eigenen Entwicklung nur als Teil dieser Gesamtentwicklung angemessen verstanden werden. Rechtsgeschichte soll sich daher den sozialen und politischen Implikationen des Rechts öffnen und sich in dessen sozial- und allgemeingeschichtlichen Kontext einfügen. Akzeptiert man diese Forderung, so bedeutet dies freilich nicht, dass sich Rechtsgeschichte in der allgemeinen Geschichte auflösen soll; vielmehr ist sie – wie dies auch für die Sozialgeschichte und Kulturgeschichte vertreten wird – als eine *Aspektgeschichte* zu verstehen, d. h. als Geschichtsbetrachtung aus der speziellen Perspektive des Rechts. Eine solche Erweiterung des Blickfeldes liefert, wie sich an einem Beispiel zeigen lässt, erweiterte Erkenntnismöglichkeiten auch für rechtliche Entwicklungen.

Im Januar 1924 wurden in Deutschland durch die sog. Emminger-Verordnung die Geschworenengerichte abgeschafft. (Deutschland besaß diese nach angloamerikanischem Muster seit 1877 auf Reichsebene, freilich nur in einem eingeschränkten Zuständigkeitsbereich und *ohne* Zuständigkeit gerade für jene Delikte, für die sie ursprünglich von der bürgerlichen revolutionären Bewegung des 19. Jahrhunderts gefordert worden waren: politische Delikte und Pressedelikte.) Eine Dogmengeschichte des Strafverfahrens würde diesen Vorgang in die Darstellung der zahlreichen Argumente pro und contra der in der Strafrechtswissenschaft intensiv und heftig geführten Diskussion einbinden[18]. Ein angemessenes Bild ergibt sich allerdings erst, wenn man die weiteren durch die Emminger-Verordnung eingeführten Änderungen der Gerichtsverfassung und des Strafverfahrens berücksichtigt und wenn man – worauf es in unserem Zusammenhang ankommt – die politischen und sozialen „Begleiterscheinungen" berücksichtigt. (Der Begriff ist in Anführungszeichen gesetzt, weil man eher sagen müsste, dass die Regelungen der Emminger-Verordnung Auswirkungen dieser politischen Entwicklungen waren.) Die wichtigsten weiteren Änderungen neben der Beseitigung der Schwurgerichte waren: massive Verlagerung der erstinstanzlichen Zuständigkeiten auf den Strafrichter als Einzelrichter und erste Durchbrechungen des bis dahin – jedenfalls auf dem Papier – ausnahmslos geltenden Legalitätsprinzips im Strafverfahren (Anklagezwang bei hinreichendem Tatverdacht, § 152 StPO). Die politischen Begleitumstände werden deutlich, wenn man bedenkt, dass das Jahr 1923 wohl eines der spektakulärsten und krisenhaftesten Jahre der deutschen politischen Geschichte gewesen ist[19]. Und so spricht denn vieles dafür, dass von konservativen Kräften[20] unter dem *politischen* Vorwand der Inflationsbekämpfung und unter dem *juristischen* Vorwand rechtlicher Bedenken eine Situation, in der der Reichstag sich in Urlaub begeben und der Reichsregierung durch ein Ermächtigungsgesetz weitgehende Vollmachten hinterlassen hatte, genutzt wurde, um durch eine Notverordnung eine Institution abzuschaffen, die ihnen (nicht zu Unrecht) als eine Folge der Revolution von 1848 galt und ihnen schon immer ein politischer Dorn im Auge gewesen war.

---

[18] Dazu *Vormbaum*, Lex Emminger, S. 134 ff.

[19] Vgl. *Vormbaum*, Lex Emminger, S. 21 ff.

[20] Allerdings unter wohlwollender Duldung sozialdemokratischer Kräfte, z. B. Gustav Radbruchs; vgl. *Vormbaum*, a. a. O.

b) Einbeziehung der Rechtswissenschaft

Kann man in der Forderung nach Einbeziehung der allgemeinen Geschichte in die juristische Zeitgeschichte eine Betonung des Elements *Zeitgeschichte* erblicken, so betont die zweite Forderung, die von seiten der Rechtswissenschaft zu stellen ist, das Element *juristisch*. Was bedeutet dies in der Sache?

Meint die Einbeziehung der Allgemeingeschichte die Erweiterung des Blicks in *tatsächlicher* Hinsicht, also eine Stoff- und Gegenstandserweiterung, so meint die Einbeziehung rechtswissenschaftlicher Aspekte eine *normative* Erweiterung. Die Eingrenzung der juristischen Zeitgeschichte auf eine *Rechtsepoche*, d. h. auf einen Zeitabschnitt, der durch Gemeinsamkeit wesentlicher Merkmale charakterisiert ist, bedeutet notwendigerweise auch, dass in dieser Rechtsepoche gewisse Rechtsgrundsätze als geltend verkündet werden.

Dies eröffnet nun die Möglichkeit, die Umsetzung (oder Nichtumsetzung) dieser Grundsätze in ihrer Entwicklung (oder Rückentwicklung) zu verfolgen. Es gibt also Ansprüche des Rechts selbst bzw. Ansprüche, welche rechtstheoretisch an dieses gestellt werden müssen, an denen man das Recht und seine Entwicklung messen kann. Tut man dies historisch, so kann man spezifische Entwicklungslinien bzw. -kurven einer Epoche sichtbar machen. Und man kann – was von Fachhistorikern im allgemeinen zwar mit großer Skepsis beurteilt wird, faktisch aber auch von ihnen nicht selten praktiziert wird[21] – Bewertungen von Entwicklungen als positiv oder verhängnisvoll (gemessen an den Ansprüchen des Rechts) vornehmen und u. U. daraus Handlungsanleitungen für die Gegenwart ableiten.

Der Haupteinwand gegen ein solches Vorgehen lautet, es sei naiv zu glauben, man könne historischen Ereignissen und Vorgängen einfach eine Entwicklung oder gar eine „Lehre" ablesen. Ein voraussetzungsloses Verstehen oder gar Bewerten vergangener Zeiten und ihrer (rechts)historischen Texte sei nicht möglich, weil jeder derartige Vorgang mit der „Brille" des Interpreten erfolge und durch diese wahrgenommen werde. Der Interpret lege bewusst oder unbewusst sein „Vorverständnis" in die Interpretation hinein, so dass schon die Fragestellung, die er formuliere, die (stets unvermeidliche) Stoffauswahl steuere (sog. *hermeneutischer Zirkel*).

Die Berechtigung dieses Einwandes ist im Kern nicht zu bestreiten. Dem Problem des hermeneutischen Zirkels sind vor allem jene Wissenschaften ausgesetzt, die es mit der Auslegung und Deutung von Texten und anderen Sinnträgern zu tun haben (Juristen, Theologen, Literaturwissenschaftler, Historiker; auch z. B. Geographen bei der Interpretation von Landkarten). Wer bei dieser Tätigkeit unkritisch (vor allem sich selbst gegenüber) vorgeht, ist der ironischen Aufforderung aus Goethes *Zahmen Xenien* zum Opfer gefallen: „Im Auslegen seid frisch und munter,/ Legt ihr's nicht aus, so legt was unter".

Selbstkritik und -kontrolle erfordert vor allem die Offenlegung der eigenen Vorverständnisse, sodann die Anwendung der Grundsätze kritischer Quellenbehandlung, insb. des Grundsatzes, dass historische Quellen zunächst einmal prinzipiell *polyvalent* (vieldeutig) sind. Ihre Zuordnung ist also ein Interpretationsvorgang, womit abermals das Problem des hermeneutischen Zirkels angesprochen ist. Aus-

[21] Dazu *Hans-Ulrich Wehler*, Aus der Geschichte lernen? in: Ders., Aus der Geschichte lernen? München 1988, S. 11 ff.

schließen kann man dieses Phänomen also nicht. Wie erwähnt, bestimmen die Vorverständnisse auch die Stoffauswahl. Nun ist Stoffauswahl aber nicht zu vermeiden, denn nur sie ermöglicht Geschichtsschreibung, deren Kunst und Wissenschaft gerade darin besteht, aus der unendlichen Vielfalt täglich sich abspielender Ereignisse die „wesentlichen" auszuwählen. Immerhin kann auch hier versucht werden, durch einen möglichst dichten „Faktenteppich" die Willkür der Auswahl zu minimieren. Jedoch muss dieses Vorgehen irgendwann mehr oder weniger willkürlich abgebrochen werden, da es eine fixierte Grenze der optimalen „Verdichtung" nicht gibt; hinzu kommt noch, dass die Ereignisse, je mehr man sich den Details nähert, ihren Zusammenhang mit anderen Ereignissen verlieren[22]. Da es der Geschichtsschreibung aber gerade um Herstellung von „Zusammenhängen" geht, besteht hier erneut eine unüberschreitbare Grenze. Alles in allem wird daher der Versuch, Vorverständnisse durch Faktendichte auszuschalten, nicht unter eine gewisse Konkretisierungsschwelle gelangen können.

Allerdings gibt es, wie die sog. Wissenssoziologie gezeigt hat, auch *kollektive* Vorverständnisse, auf die sich eine Gesellschaft immerhin „verständigen" kann. Dies ist besonders bedeutsam, weil solche kollektiven Vorverständnisse bzw. Verständigungen gerade auch für die Herausbildung von Epochen und Rechtsepochen bedeutsam sind[23].

Diese Verständigung gilt freilich nur *innerhalb* des „Kollektivs". Die damit verbundene Gefahr einer „Geschichtspolitik", die sich gegen außerhalb des Kollektivs Stehende richtet, darf nicht übersehen werden. Methodologisch bleibt immerhin festzuhalten, dass die Existenz kollektiver Vorverständnisse die Vermittlungsschwierigkeiten *innerhalb* einer Kultur und Epoche verkleinert und die Herausbildung akzeptierter Interpretationen erleichtert.

Klaus Marxen hat in einem – leider nicht publizierten – Diskussionsbeitrag vorgeschlagen, zwischen „juristischer Zeitgeschichte" und „Zeitgeschichte des Rechts" zu unterscheiden. Zeitgeschichte des Rechts werde erst durch Einbeziehung des soeben erörterten Interpretations-Elements zu „juristischer Zeitgeschichte"[24].

---

[22] Bekanntlich haben erst die von den Astronauten aus großer Entfernung aufgenommenen Fotos uns die Erde in ihrer Gesamtheit, in ihrem „Zusammenhang", sehen lassen.

[23] Das Standardwerk der Wissenssoziologie ist: *Peter L. Berger/Thomas Luckmann*, Die gesellschaftliche Konstruktion der Wirklichkeit. Eine Theorie der Wissenssoziologie (1966). Taschenbuchausgabe der dt. Ausgabe Frankfurt/M. 1980; s. ferner die Sammlung wichtiger Beiträge zur Wissenssoziologie: *Volker Meja/Nico Stehr* (Hrsg.), Der Streit um die Wissenssoziologie. Band 1: Die Entwicklung der deutschen Wissenssoziologie. Band 2: Rezeption und Kritik der Wissenssoziologie. (Suhrkamp TB. 361). Frankfurt am Main 1982.

[24] S. jetzt aber doch *Klaus Marxen*, Strafrecht nach der Überwindung zweier Unrechtsregime in Deutschland. Ein Plädoyer für eine zeithistorische Rechtsschule im Strafrecht, in: Festschrift 200 Jahre Juristische Fakultät der Humboldt-Universität Berlin. Berlin 2010; a.E. Ein Versuch, diese Unterscheidung fruchtbar zu machen, findet sich in: *Vormbaum*, Judeneid.

2. Die Rechtsepoche

a) Suche nach dem Beginn

Konnte die allgemeine Frage nach dem Beginn der *Epoche* letztlich offen gelassen werden, so ist dies bei der *Rechtsepoche* nicht möglich, da bei allen Besonderheiten der Strafrechtsgeschichte diese sich nicht von der allgemeinen Rechtsentwicklung und damit von der Bestimmung der Rechtsepoche ablösen lässt. Die Frage nach dem Beginn unserer Rechtsepoche muss also beantwortet werden, um die Frage nach dem zeitlichen Bereich der modernen Strafrechtsgeschichte beantworten zu können. Um hier zu einem Ergebnis zu gelangen, wollen wir so lange rückwärts gehen, bis wir zu einem Zeitpunkt oder Zeitraum gelangen, in dem innerhalb einer verhältnismäßig kurzen Zeitspanne – einer „Sattelzeit" – Bedingungen und Elemente, welche das heutige Recht prägen, sich herausgebildet haben.

Auch hier ist zunächst festzuhalten, dass das oft als „Epochenjahr" bezeichnete Jahr **1989** trotz seiner spektakulären Ereignisse und der von ihnen ausgegangenen Veränderungen (jedenfalls noch) nicht als Epochenschwelle bezeichnet werden kann – um so weniger, als diese Ereignisse überwiegend nicht dem Bereich des Rechts angehörten, und dort, wo dies doch der Fall war, nur als formalrechtliche Sanktionierung des in Politik und Gesellschaft Geschehenen. Was die deutsche Rechtsgeschichte und Strafrechtsgeschichte angeht, kommt hinzu, dass ein Bruch in der Rechtsentwicklung allenfalls für die DDR stattgefunden hat; er bedeutete aber auch für ihr Gebiet im allgemeinen nur, dass wieder an eine Entwicklung angeknüpft wurde, die sich 1945 im größeren Teil Deutschlands fortgesetzt hatte und nun (wieder) auf die DDR ausgeweitet wurde. Ob die Rechts- und Strafrechtsentwicklung in der DDR überhaupt einen „Bruch" bedeutete, bedürfte freilich weiterer Erörterung[25].

Ob als nächste in Betracht kommende Schwelle – rückwärts schreitend – das Jahr 1945 und nicht eher noch das Jahr **1968** zu betrachten wäre, kann erwogen werden. Die im Gefolge des Jahres 1968 eingetretenen Veränderungen des Gesellschafts- und Alltagslebens sind immerhin recht tiefgreifend: beginnend bei der Kleidung, fortfahrend beim Verständnis von Familie, Autorität, Sexualität und Rolle der Frau und endend bei der nichtehelichen, schließlich sogar (gesetzlich anerkannten) gleichgeschlechtlichen Lebensgemeinschaft. Indes wird man das Jahr 1968 jedenfalls nicht als Schwelle einer *Rechts*epoche bezeichnen können, denn das geltende Recht gewann weder in der Rechtswissenschaft noch in Gesetzgebung und Rechtsprechung wesentlich neue Grundgedanken oder Konturen hinzu.

Das Jahr **1945**, vor allem dessen 8. Mai, wurde zwar von vielen Deutschen als „Stunde Null" empfunden. Doch abgesehen davon, dass dies für viele andere Völker nicht gilt, für die dieses Jahr zwar – wichtig genug – die Wiederkehr des Friedens und die Befreiung von deutscher Besatzung und Unterdrückung bedeutete, jedoch keinen Bruch in ihrer politischen und kulturellen Entwicklung, kann für das *Recht*

---

[25] S. dazu zunächst nur den Hinweis in der Rezension von *Vormbaum*, GA 1994, S. 94.

eine neue Epoche selbst dann nicht behauptet werden, wenn man im Verhältnis zwischen der NS-Zeit und der nachfolgenden Zeit eine Diskontinuität annimmt[26], denn die Rechtsentwicklung nach 1945 bedeutete jedenfalls nicht in dem Sinne einen Neuanfang, dass Elemente, die bis dahin nicht bekannt waren, dem Recht hinzugefügt worden wären. Vielmehr knüpfte man, soweit man sich vom Recht der NS-Zeit distanzierte, an die Rechtsverhältnisse *vor 1933* an.

Aus dem genannten Grunde bedeutet auch das Jahr **1933** mit der Machtübergabe an die Nationalsozialisten keine Epochenschwelle – schon deshalb nicht, weil die politischen Umwälzungen, die damit zweifellos verbunden waren, 12 Jahre später weitgehend wieder rückgängig gemacht wurden. Im übrigen muss auch insoweit für die Kontinuitätsfrage auf die spätere Darstellung verwiesen werden.

Geht man also weiter zurück, so bietet sich als nächste Schwelle der Übergang vom Kaiserreich zur Weimarer Republik im Jahre **1918** an. Indes bedeutet dieser Übergang, abgesehen vom Wechsel der Staatsform, nicht einmal in den politischen Institutionen einen grundlegenden Umbruch. Einerseits war in der Endphase des Kaiserreiches noch das preußische Dreiklassenwahlrecht beseitigt und auf Reichsebene die Parlamentarisierung des Regierungssystems eingeführt worden[27]. Andererseits bedeutete die Revolution nur (und auch dies nur teilweise) einen Austausch und eine Verbreiterung der politischen Elite. Der bürokratische Apparat und die Justiz blieben nahezu unverändert; im Zivil- und im Strafrecht gab es keinen grundlegenden Wandel.

Der **I. Weltkrieg** brachte gewiss einige Neuerungen, nicht zuletzt im Strafrecht, auf die später eingegangen wird; sie bestanden aber mehr in einer Änderung des Stils der Gesetzgebungstechnik als in einer langfristig wirkenden Änderung der Norminhalte.

Weiter rückwärts gleitend richtet sich der Blick auf die Zeit von **1870 bis zur Wende vom 19. zum 20. Jahrhundert.** Sie scheint sich schon deshalb als Schwelle einer Rechtsepoche anzubieten, weil während dieser Zeit eine Fülle von Kodifikationen erlassen wurde[28]. Indes erweist ein genauerer Blick, dass diese Kodifikationswelle nur in geringem Umfang (etwa mit der Einführung der freien Advokatur) zu Neuerungen führte, während ein großer Teil durch die Partikularrechte bereits vorweggenommen worden war, die Neuerung also vor allem in der *Vereinheitlichung* bestand. Dies allein kann indes nicht die Annahme einer Epochenschwelle rechtfertigen.

---

[26] Auf diese umstrittene Frage, die inzwischen überwiegend im Sinne der *Kontinuität* beantwortet wird, wird am gegebenen Ort noch eingegangen werden.

[27] Dazu eingehend: *E.R. Huber*, Deutsche Verfassungsgeschichte seit 1789. Bd. V: Weltkrieg, Revolution und Reichserneuerung. Stuttgart u. a. 1978, S. 388 ff.

[28] 1870: Reichsstrafgesetzbuch – 1877/1879: sog. Reichsjustizgesetze (Zivilprozessordnung, Strafprozessordnung, Gerichtsverfassungsgesetz, Konkursordnung, Rechtsanwaltsordnung) – 1896/1900: Bürgerliches Gesetzbuch – 1897: Überarbeitung des (noch vom Deutschen Bund erstellten, 1871 zum Reichsgesetz transformierten) Allgemeinen Deutschen Handelsgesetzbuches, nunmehr „Handelsgesetzbuch", ferner 1884 das Aktiengesetz und 1892 das GmbH-Gesetz.

An dieser Auffassung möchte ich auch nach einer intensiven Diskussion mit den Strafrechtslehrern der Berliner Humboldt-Universität im April 2009, bei der mir vor allem die in Fußn. 28 erwähnten Kodifikationen vorgehalten wurden, festhalten. Ich meine zwar auch, dass die letzten drei Jahrzehnte des 19. Jahrhundert die einzige Alternative zu dem weiter unten angenommenen Epochenbeginn der juristischen Zeitgeschichte (zumindest derjenigen des Strafrechts) bilden. Unbestreitbar vollzieht sich in jener Zeit eine Wandlung der politischen und rechtlichen Verhältnisse, in der man – um auch hier einen Begriff der analytischen Geometrie zu verwenden – einen *Wendepunkt* der Entwicklung erblicken kann, nicht aber eine *Epochenschwelle*. Zu den Elementen dieses Wendepunktes s. näher § 4.

Beim weiteren Rückwärtsschreiten findet sich im 19. Jahrhundert jahrzehntelang kein Anhaltspunkt, der die Annahme einer Epochenschwelle rechtfertigen könnte. Insbesondere hat die gescheiterte Revolution von 1848, abgesehen von der (beschränkten) Parlamentarisierung Preußens und einiger weiterer deutscher Staaten, mit der süddeutsche Staaten bereits vorangegangen waren, und der Einführung der Schwurgerichte in einer Reihe deutscher Staaten, keine *praktisch wirksame* neue Richtung gewiesen[29].

b) Festlegung des Beginns

So gelangt man denn an die Wende vom 18. zum 19. Jahrhundert. Und hier trifft man wirklich auf die gesuchte Häufung von Anhaltspunkten für eine Epochenschwelle in der Rechtsentwicklung. Äußerer Anhaltspunkt für den Wandel ist – rückwärtsschreitend – das Ende des Alten Deutschen Reiches im Jahre 1806 (Niederlegung der Deutschen Kaiserkrone durch Franz II.), drei Jahre zuvor der sog. Reichsdeputationshauptschluss, der mit dem Ende der geistlichen Fürstentümer und der Mediatisierung der meisten deutschen Duodezfürstentümer eine radikale Remedur der deutschen politischen Landkarte vornahm. Dies war freilich nur die institutionelle Konsequenz für Deutschland aus den Wandlungen auf europäischer Ebene; ist doch die zweite Hälfte des 18. Jahrhunderts eine Zeit umwälzender Änderungen, von denen das Ende des Alten Deutschen Reiches nur den Endpunkt markiert. Im Wesentlichen handelt es sich zwar um Elemente, die (auch) für die allgemeine Geschichte umwälzend sind; dies gilt jedoch auch für die *Rechts*entwicklung, teilweise sogar nur oder überwiegend für sie.

Die **politischen Umwälzungen,** die mit dem Ende des Alten Reiches, letztlich erst mit dem Wiener Kongress (1815) und seiner für lange Zeit gültigen Neuordnung Europas enden, beginnen mit der Französischen Revolution (1789), der die Amerikanische Revolution von 1776 vorausgegangen ist, und setzen sich fort mit der Eroberung des größten Teils Europas durch Napoleon, der die Ideen der Revolution – wenn auch in abgemilderter und autoritär gebrochener Form – in seinem Herrschaftsbereich verbreitet.

Zugleich vollziehen sich **soziale Umwälzungen**. Das Zeitalter des Feudalismus und des Adels geht zu Ende, die Bauern werden befreit; der politische Aufstieg des Bürgertums beginnt.

[29] Für *Frankreich* gilt übrigens, was die Auswirkung dieser Revolution angeht, Ähnliches wie für die Revolution von 1918 für Deutschland.

In England schon eher begonnen, hält gegen Ende des 18. Jahrhunderts die **Industrielle Revolution** ihren Einzug auf dem Festland.

Mit ihr gehen **wirtschaftliche Umwälzungen** einher. Der Eisenbahnbau verlangt große Kapitalmengen, die auch von reichen Einzelpersonen nicht mehr aufzubringen sind. Es beginnt die Zeit der Aktiengesellschaften (die freilich in Frankreich durch das von Rousseau ausgehende Misstrauen gegenüber mächtigen Zwischengebilden zwischen Einzelnem und Staat, in Deutschland durch das – gerade umgekehrte – Misstrauen der Obrigkeit gegen nichtstaatliche Machtkonzentration zunächst gebremst werden) und der großen Banken. Der Eisen- und Stahlbedarf (Eisenbahnen, Eisenbahnschienen!) führt zu einer Expansion des Bergbaus und des Hüttenwesens und damit zu einer entsprechenden Vermehrung des Arbeiterstandes.

Für das Recht naturgemäß besonders wichtig sind die **kulturellen und geistesgeschichtlichen Umwälzungen**. Die Aufklärungsphilosophie hat einen ihrer Hauptanwendungsbereiche im Bereich des Rechts und vor allem des Strafrechts. Eberhard Schmidt[30] hat ihre Forderungen für diesen Bereich mit den Schlagworten: *Säkularisierung, Individualisierung, Rationalisierung* und *Humanisierung* zusammengefasst. **Immanuel Kant** als Vollender und zugleich Überwinder der Aufklärungsphilosophie stellt den Menschen als freies und autonomes Individuum in den Mittelpunkt seiner Lehre; von ihm – so kann man sagen – gehen die wesentlichen Impulse für die weitere Rechtsentwicklung aus. Kant war es auch, welcher der Aufklärung zu einer Zeit, als sie bereits ihrem Ende entgegen ging, die bis heute berühmte Umschreibung gab:

> Aufklärung ist die Entlassung des Menschen aus seiner selbst verschuldeten Unmündigkeit. Unmündigkeit ist das Unvermögen, sich seines Verstandes ohne Leitung eines anderen zu bedienen. Selbstverschuldet ist diese Unmündigkeit, wenn die Ursache derselben nicht am Mangel des Verstandes, sondern der Entschließung und des Mutes liegt, sich seiner ohne Leitung eines andern zu bedienen. Sapere aude! Habe Mut, dich deines eigenen Verstandes zu bedienen! ist also der Wahlspruch der Aufklärung.

Darauf ist noch einzugehen. Schließlich gehört in diesen Zusammenhang auch die erstmalige Fixierung der **Menschenrechte** durch die *Déclaration des droits de l'homme et du citoyen*, welche die französische Nationalversammlung am 26. August 1789 nach amerikanischem Vorbild verkündete.

Insgesamt also handelt es sich um Umwälzungen, welche alle materiellen, kulturellen, ökonomischen und rechtlichen Bereiche erfassen[31]. Da diese Faktoren untereinander im Zusammenhang

[30] *Eb. Schmidt*, SchwZStrR 1958, 341 ff.

[31] Im Vorübergehen sei bemerkt, dass sich in dieser Zeit auch im Bereich von Literatur und Musik markante Einschnitte bemerkbar machen: Jedenfalls die deutsche *Literatur* erlebt seit der Mitte des 18. Jahrhunderts einen Qualitäts- und zugleich Modernisierungsschub; Schlaffer lässt mit dieser Zeit die „kurze Geschichte der deutschen Literatur" überhaupt erst beginnen (*Heinz Schlaffer*, Die kurze Geschichte der deutschen Literatur. München, Wien 2002); zum Geniekult des „Sturm und Drang", der „individuelles Selbstbewußtsein gegen die hierarchische, starre, beschränkte Welt der bürgerlichen und höfischen Anständigkeit" formulierte und das Künstlertum zum „Ausdruck einer Individualität" werden ließ, s. zuletzt *Rüdiger Safranski,* Goethe. Kunstwerk des Lebens. München 2013, S. 84 f.; grundlegend *Jochen Schmidt,* Die Geschichte des Genie-Gedankens in der deutschen Literatur, Philosophie und Politik 1750–1945. Band 1: Von der Aufklärung bis zum Idealismus.

stehen und der Bruch mit der Vergangenheit von den Menschen auch empfunden wurde, sind wir berechtigt, von einer „Sattelzeit“ im eingangs angesprochenen Sinne zu sprechen. In der Geschichtswissenschaft und Philosophie wird im Hinblick auf diese Zeit auch vom Beginn der „Moderne“ gesprochen[32].Natürlich gilt auch für diese Periodisierung, was für alle Periodisierungen gilt: Sie sind „nachträgliche Rationalisierungen, die den Ablauf des geschichtlichen Prozesses zu strukturieren und die Fülle der Geschehnisse und Zusammenhänge begrifflich zu fassen versuchen“[33]. Allerdings sind die objektiven Faktoren, mit denen diese Interpretation untermauert wird, immerhin von großem Gewicht.

Das Ergebnis der bisherigen Überlegungen lässt sich folgendermaßen zusammenfassen:

- Juristische Zeitgeschichte ist die Rechtsgeschichte der gegenwärtigen Rechtsepoche.
- Die gegenwärtige Rechtsepoche beginnt mit der Sattelzeit am Ausgang des 18. Jahrhunderts, umfasst also (bislang) das 19. und 20. Jahrhundert.
- Juristische Zeitgeschichte bezieht die allgemeingeschichtlichen, kulturgeschichtlichen und sozialgeschichtlichen Entwicklungen in ihre Betrachtung ein. Insoweit ist sie „Aspektgeschichte“.
- Juristische Zeitgeschichte interpretiert und bewertet die Rechtsentwicklung (auch) anhand juristischer Maßstäbe.

III. Der Ansatz von Senn/Gschwend

Das hier vertretene Verständnis von juristischer Zeitgeschichte steht in der Mitte zwischen dem weit verbreiteten, wenn auch meistens nicht ausformulierten Ansatz, der – soweit er objektiv ansetzt – den zeitlichen Gegenstandsbereich von allgemeiner Zeitgeschichte und juristischer Zeitgeschichte auf das 20. (und demnächst 21.) Jahrhundert oder sogar auf einen Ausschnitt daraus reduziert, und einem von den Rechtshistorikern *Marcel Senn* und *Lukas Gschwend* vertretenen Ansatz, der juristische Zeitgeschichte überhaupt nicht als epochenbezogen versteht, sondern den gesamten Problemlösungsvorrat der Weltgeschichte heranziehen will, um aktuelle Fragen an das Recht zu beantworten. Das Spezifische der juristischen Zeitgeschichte liegt also nach dieser Auffassung in der Perspektive des Fragestellers, nämlich in der Gegenwartsbezogenheit der *Fragestellung*, nicht aber in der Bezugnahme auf

---

Darmstadt 1985; in der *Musik* vollzieht sich zu derselben Zeit mit dem Übergang vom Generalbasszeitalter über die Mannheimer Schule zur Wiener Klassik und zum hauptsächlich melodiebezogenen Hören eine tiefgreifende Verschiebung der Hörgewohnheiten (s. z. B. *Herbert Rosendorfer*, Don Ottavio erinnert sich. Unterhaltungen über die richtige Musik. Kassel 1989, S. 205 f.).

[32] Diese Eingrenzung deckt sich weitgehend mit dem, was zeitweise auch als Geschichte der „neuesten Zeit“ bezeichnet worden ist; dazu *Koselleck*, Neuzeit (Fußn. 6), S. 228, der den im Text aufgeführten Merkmalen noch die „exponentiellen Zeitkurven“ hinzufügt, „die einen beschleunigten Wandel bestätigen“: Weltbevölkerung, Verkehrsgeschwindigkeit, Nachrichtentechnik, Kunstepochen, wissenschaftlich technische Neuerungen erleben ständig verkürzte Steigerungs- und Modernisierungsschübe.

[33] So *Rudolf Vierhaus*, Aufklärung und Reformzeit (wie Fußn. 5), S. 288.

eine bestimmte Epoche. (Senn zitiert Hölderlin: „Nicht ist es aber die Zeit …"). Juristische Zeitgeschichte sei nicht bloß – so die pointierte Formulierung von Marcel *Senn* – Rechtsgeschichte, „die noch qualmt"[34]. Folgerichtig wirft das Lehrbuch von *Senn* und *Gschwend* zur „juristischen Zeitgeschichte"[35] Fragen auf wie „Gewalt, Macht und Recht", „Elite und Recht", „Rasse und Recht", „Geschlecht und Recht", „Anthropologie und Recht" und „Wirtschaft und Recht" und verfolgt sie anhand von Quellentexten über die Jahre und Jahrhunderte, in denen sie diskutiert worden sind, gegebenenfalls bis zur Antike zurück.

Wie schon gezeigt worden ist, stimme ich mit dem Anliegen von *Senn* und *Gschwend* insofern überein, als ich es für zulässig und wünschenswert halte, Fragen an die Rechtsgeschichte zu stellen, um aus den Antworten Erkenntnisse, vielleicht sogar Handlungsanleitungen für die Gegenwart abzuleiten. Jedoch halte ich es für eine Überanstrengung des Begriffs „Zeitgeschichte", diesen in einer Bedeutung zu verwenden, der jeden gegenstandsbezogenen Bezug zur Gegenwart aufgibt. Gewiss gibt es einen Kanon von Problemstellungen und von Problemlösungsvorschlägen, der zeitlose menschliche und menschheitliche Bereiche umfasst; aber eben weil sie zeitlos sind, sind sie nicht historisch. Ich würde sie der Philosophie und Rechtsphilosophie zuweisen. Kritische Fragestellungen im Rahmen einer Wissenschaft, die sich „Juristische Zeit*geschichte*" nennt, müssen aber auf eine historische Epoche bezogen sein; und da der Terminus „Zeitgeschichte" nun einmal nach (fast) allgemeinem Sprachgebrauch eine zeitnahe, wenn nicht gar gegenwärtige Epoche bezeichnet, umfasst *juristische* Zeitgeschichte eben die gegenwärtige *Rechts*epoche[36].

IV. Juristisches Zeitgeschehen

Bis wann gehört aber ein Vorgang zur (juristischen) Zeitgeschichte? Dies ist ein Problem, das sich ersichtlich nur für die Zeitgeschichte stellt, denn alle anderen Epochen liegen nach Anfang und Ende geschlossen hinter uns bzw. als Gegenstand der Betrachtung vor unseren Augen. Der Historiker Johann Gustav Droysen meint in seiner *Historik* (1882), einem der bedeutendsten geschichtstheoretischen Werke (nicht nur) des 19. Jahrhunderts:

---

[34] *Marcel Senn/Thomas Vormbaum*, JJZG 6 (2004/2005), S. 224.

[35] *Marcel Senn/Lukas Gschwend*: Rechtsgeschichte II – Juristische Zeitgeschichte. 2. Aufl. Zürich 2004.

[36] Näher zur Auseinandersetzung mit dem Ansatz von Senn/Gschwend: *Marcel Senn/Thomas Vormbaum*, Dialog über juristische Zeitgeschichte, in: JJZG 6 (2004/2005), S. 219 ff. – Dass der Ansatz von Senn/Gschwend auch für das hier vertretene Verständnis hilfreiche Dienste leisten kann, lässt sich mit einem Satz von Koselleck (der seinerseits einen Begriff von Zeitgeschichte entwickelt, der dem der beiden erwähnten Autoren nahe kommt) verdeutlichen: „Zeitgeschichte, auf ihren Begriff gebracht, ist mehr als die Geschichte unserer Zeit. Erst wenn wir wissen, was sich jederzeit, wenn auch nicht immer auf einmal, wiederholen kann, können wir ausmessen, was an unserer Zeit wirklich neu ist. Vielleicht weniger als wir uns vorzustellen vermögen. Aber auf dies wenige kommt es dann an"; *Reinhart Koselleck*, Stetigkeit und Wandel aller Zeitgeschichten (wie Fußn. 3), S. 246 ff., 263.

> Die sittliche Welt ist je in ihrer rastlos bewegten Gegenwart ein endloses Durcheinander von Geschäften, Zuständen, Interessen, Konflikten, Leidenschaften. [...]. Was in ihr täglich geschieht, wird von keinem Verständigen als Geschichte getan oder gewollt. Erst eine gewisse Art, das Geschehene nachmals [sic!] zu betrachten, macht aus Geschäften Geschichte (§ 45).

Wenn aber nach der hier vertretenen Auffassung juristische Zeitgeschichte eine Kritik der Rechtsentwicklung leisten soll (s. o.: Forderungen von seiten der Rechtswissenschaft), so können auch gegenwärtige Vorgänge Faktoren bzw. Symptome für die Bestätigung oder Widerlegung der analysierten Entwicklungen sein, und dies spricht für die Einbeziehung der aktuellen Entwicklung. Freilich wirft dies nicht nur die Frage auf, wo denn dann die Grenze zwischen geltendem Recht und juristischer Zeitgeschichte gezogen werden soll, sondern auch die bekannte Schwierigkeit, dass es regelmäßig schwierig zu beurteilen ist, ob ein Vorgang der Gegenwart sich als historisch „bedeutsam" erweisen wird. Die „fließende" Grenze zwischen geltendem Recht und juristischer Zeitgeschichte folgt notwendig aus dem oben vorgestellten Konzept und muss in Kauf genommen werden. Die Schwierigkeit einer Einschätzung der Bedeutung aktueller Vorgänge lässt sich hingegen nicht gänzlich beheben. Zumindest sprachlich kann man versuchen, die Besonderheit zum Ausdruck zu bringen, indem man diesen Grenzbereich als „juristisches Zeit*geschehen*" bezeichnet[37].

V. Moderne Strafrechtsgeschichte

Für die moderne Strafrechtsgeschichte bzw. Zeitgeschichte des Strafrechts (und genauer, gem. der Einteilung von *Marxen*: juristische Zeitgeschichte des Strafrechts) als Teil der juristischen Zeitgeschichte gilt alles, was zur juristischen Zeitgeschichte im allgemeinen ausgeführt worden ist, d. h.: Auch die moderne Strafrechtsgeschichte hat zum Gegenstand die gegenwärtige Rechtsepoche, deren Beginn in der Zeit des ausgehenden 18. Jahrhunderts anzusetzen ist.

---

[37] Der Versuch, Ereignisse der Gegenwart auf ihre Bedeutung für die Nachwelt zu befragen, geht bis in die Anfänge der Geschichtsschreibung zurück (bekanntestes Beispiel: *Tacitus*' „Annalen"). – Ein Versuch, das juristische Zeitgeschehen über einen Zeitraum von 5 Jahren anhand der Berichterstattung einer Tageszeitung zu dokumentieren, ist unternommen worden in: *Heribert Prantl/ Thomas Vormbaum* (Hrsg.), Juristisches Zeitgeschehen in der Süddeutschen Zeitung. 5 Bde (für die Jahrgänge 2000–2004 der SZ). Berlin 2001–2005 (Juristische Zeitgeschichte. Abteilung 5, Bd. 9, 11, 13, 15, 17). Im vorliegenden Buch wird pragmatisch unter der Bezeichnung „Juristisches Zeitgeschehen" die Entwicklung seit 1989 dargestellt. Diese Kategorisierung müsste freilich bereits in Folgeauflagen in Frage gestellt werden, ist doch im Jahre 2014 immerhin bereits ein Vierteljahrhundert seit dem politischen Einschnitt von 1989 (also eine mehr als doppelt so lange Zeit wie die gesamte Zeit der NS-Herrschaft) vergangen.

§ 2 Strafrecht am Beginn der Rechtsepoche

Wenn gegen Ende des 18. Jahrhunderts die maßgebenden Elemente der gegenwärtigen Rechtsepoche ihre Ausbildung erfahren haben, so müssen in jener Zeit entscheidende Änderungen in diesem Bereich gegenüber der vorhergehenden Rechtsepoche festzustellen sein. Dies ist anhand der Strafrechtslehre und der Strafgesetzgebung zu prüfen.

I. Strafrechtslehre der Aufklärung

1. Vorläufer des modernen Strafrechts

Mit **Benedict Carpzov** (1595–1666; Hauptwerk: *Practica Nova Imperialis Saxonica Rerum Criminalium*, 1635)[1] hatte die deutsche Strafrechtswissenschaft, begünstigt durch die steigende Bedeutung der Universitäten und die langsam zunehmende Verwissenschaftlichung richterlicher Tätigkeit, sich von dem übermächtigen Einfluss der italienischen, französischen und spanischen Vorbilder, die ihrerseits beachtliche Träger der Modernisierung des Rechts waren, zu lösen begonnen; *Carpzov* selber war freilich noch weitgehend von einer theokratischen Rechtsauffassung geprägt, welche die Aufgabe der Strafe in der Aufrechterhaltung der Würde und Autorität des auf göttlicher Stiftung beruhenden Staates erblickt hatte; im Zusammenhang damit stand die Auffassung von der „Notwendigkeit" der Strafe als Vergeltung, die als „Abbild der göttlichen Gerechtigkeit im Diesseits" (Robert v. Hippel) aufgefasst wurde, als Versöhnung des Verbrechers mit Gott und Entsühnung des Volkes. Das „warnende Beispiel" der Strafe taucht bei Carpzov zwar auf, bildet aber eher einen Nebenaspekt.

Neben der von Carpzov begründeten Wissenschaft des gemeinen Strafrechts, welche die Universitäten und Gerichte bis weit ins 18. Jahrhundert hinein beherrsch-

[1] Textauszug b. *Vormbaum*, StrD, S. 26 (mit Literaturhinweisen im Anhang).

T. Vormbaum, *Einführung in die moderne Strafrechtsgeschichte*, Springer-Lehrbuch,
DOI 10.1007/978-3-662-45575-3_3

te, entwickelte sich, beginnend mit **Hugo Grotius** (1583–1645)[2], die neuzeitliche *Naturrechtslehre*. Sie setzte den denkenden Menschen an die Stelle des gläubigen Menschen des Mittelalters[3]. Der wahre Grund des Rechts wurde – trotz verbaler Zugeständnisse – nicht mehr in Gott, sondern in der Natur des Menschen gesucht. Die Rechtslehre löste sich vom Einfluss der Theologie.

Mit diesem Ansatz setzten sich die Naturrechtsdenker in einer Zeit, die immer noch von einer engen Verbindung von Staat und Religion geprägt war, auch persönlich Gefahren aus. Gegen *Grotius*, *Pufendorf*, *Thomasius* richteten sich Angriffe der kirchlichen Orthodoxie; Grotius' Werk *De iure belli ac pacis* stand bis ins 20. Jahrhundert hinein auf dem *Index librorum prohibitorum* der katholischen Kirche; dasselbe Schicksal erlitten zu ihrer Zeit weitere Naturrechtslehrbücher, beispielsweise Montesquieus *Esprit des Lois*.

Möchte man einen Anfangspunkt für die *Säkularisierung*, *Rationalisierung* und *Individualisierung* des Rechts und Strafrechts benennen, so bietet sich die berühmte *Etiamsi-daremus*-Formel des Hugo Grotius an. Seine Lehre, so führte er in seinem Hauptwerk (*De iure belli ac pacis*, 1525) aus, müsse gelten, *etiamsi daremus – quod sine summo scelere dari nequit – non esse Deum, aut non curari ab eo negotia humana* („selbst wenn wir zugeben sollten – was man freilich ohne größte Sünde nicht zugeben kann –, dass es Gott nicht gebe oder dass er sich nicht um die menschlichen Geschäfte kümmere"). Mit dieser Vorbehalts-Formel schuf Grotius sich den Freiraum, um (zumindest theoretisch) ohne Kollision mit dem Gottesglauben ein rein weltliches Rechtssystem begründen zu können. (Ihm kamen freilich Tendenzen in der Theologie entgegen, wie die spätscholastische Naturrechtslehre und Luthers Zwei-Welten-Lehre.) Auch in Einzelpunkten zeigte sich bei Grotius teils verdeckt, teils nuanciert, teils ganz offen eine Säkularisierung des Rechts und des Strafrechts.

Grotius' Ideen wurden von **Samuel Pufendorf** (1632–1694), **Christian Thomasius** (1655–1728) und **Christian Wolff** (1679–1754) regelrecht fortgeschrieben, dabei systematisiert und zum *Vernunftrecht* weiterentwickelt[4].

2. Straftheorie in Naturrecht und Aufklärung

Hatte bei Carpzov noch eine religiös geprägte Vergeltungs- bzw. Entsühnungslehre im Vordergrund gestanden, so zogen die Naturrechtsphilosophen aus der Säkularisierung des Rechtsdenkens zunehmend die Folgerung, die Aufgabe des Strafrechts bestehe in der Verhinderung zukünftiger Verbrechen, Strafe werde also aus diesem Grunde verhängt. Dabei wurden alle Präventionszwecke, also generalpräventive

---

[2] Zu Grotius s. allgemein *Senn/Gschwend*, S. 246 ff.; Textauszug aus seinem Werk „De iure belli ac pacis" b. *Vormbaum*, StrD, S. 13 (m. Literaturhinweisen im Anhang).

[3] *Eb. Schmidt*, Einführung, § 144. Mit diesen beiden Charakterisierungen sind selbstverständlich nur die zentralen Deutungsbegriffe der beiden Ansätze benannt.

[4] Textauszüge aus ihren Werken „De jure naturae et gentium" (1672), „Institutiones Jurisprudentiae Divinae" (1688) und „Grundsätze des Natur- und Völckerrechts" (1754) b. *Vormbaum*, StrD, S. 50 ff., 67 ff., 104 ff. (m. Literaturhinweisen im Anhang); s. auch *Rüping / Jerouschek*, S. 78 ff.; zu Pufendorf eingehend *Senn/Gschwend*, S. 257 ff., zu Thomasius ebd. S. 266 ff.

und spezialpräventive, vor allem erstere in der Form der *Abschreckung durch Strafverhängung,* herangezogen. Bei Cesare Beccaria etwa heißt es:

> Es [ist] nicht der Zweck der Strafen [...], ein empfindliches Wesen zu quälen und zu plagen, noch, ein bereits begangenes Verbrechen ungeschehen zu machen. [...] Der Zweck ist [...] kein anderer als der, den Schuldigen daran zu hindern, seinen Mitbürgern neue Schäden zuzufügen und andere davon abzuhalten, derartiges zu tun. Jene Strafen also und jenes Verfahren zu ihrer Verhängung verdienen den Vorzug, die, vorbehaltlich der Verhältnismäßigkeit, den wirksamsten und dauerhaftesten Eindruck auf die Gemüter der Menschen ausüben, und die den Körper des Schuldigen am wenigsten quälen.[5]

Vor allem im Bereich des deutschen aufgeklärten Absolutismus finden sich gegen Ende des 18. Jahrhunderts auch Strafrechtslehrer, welche die Spezialprävention in den Vordergrund rücken, vor allem **Ernst Ferdinand Klein** (1743–1810), **Gallus Aloys Kleinschrod** (1762–1824) und **Christoph Carl Stübel** (1764–1828)[6], später auch noch – mit anderer Begründung – **Karl Grolman** (1775–1829)[7], der Freund und Kontrahent Feuerbachs. Unter dem Eindruck der Widervergeltungslehre Kants und der Generalpräventionslehre Feuerbachs wird dieser Ansatz jedoch zurückgedrängt. *Stübel* schreibt sein spezialpräventiv ausgerichtetes Lehrbuch nicht zu Ende; *Grolman* gesteht 1800 seine Niederlage im Meinungsstreit (trotz eines letzten Aufbäumens) bereits in der Überschrift eines strafrechtstheoretischen Aufsatzes ein[8].

3. Forderungen der strafrechtlichen Aufklärung

Thomasius ragte bereits in die Epoche der Aufklärung hinein, die im 18. Jahrhundert in ihre Hochphase eintrat. Wesentliche Impulse kamen auch aus Frankreich – **Charles-Louis de Montesquieu**[9] (1689–1755), **Voltaire** (1694–1778), **Jean Jacques Rous-**

---

[5] *Cesare Beccaria*, Von den Verbrechen und von den Strafen (1764). Aus dem Italienischen von Thomas Vormbaum. Mit einer Einführung von *Wolfgang Naucke*. Berlin 2004 (seitenidentische Taschenbuchausgabe Berlin 2005), S. 45. Textauszug in: *Vormbaum*, StrD, S. 119 ff. (mit Literaturhinweisen im Anhang).

[6] Textauszüge von allen Genannten b. *Vormbaum*, StrD, S. 267, 223, 205 (mit Literaturhinweisen im Anhang); für Textauszug von Ernst Ferdinand Klein siehe auch: *Vormbaum*, MdtStrD, S. 69 ff. (mit Literaturhinweisen im Anhang); zu Stübel s. *A. v. Eisenhart*, ADB 36 (1893), S. 623 f.; *M. Asholt*, NDB 25 (2013), 623.

[7] Zum ihm *Mario A. Cattaneo*, Karl Grolmans strafrechtlicher Humanismus. Baden-Baden 1998; s. auch *Ders*. Die Bedeutung der Strafgesetzgebung in der deutschen Aufklärungsphilosophie, in: Ders., Aufklärung und Strafrecht, S. 225 ff., hier S. 285 ff.

[8] *Karl Grolman*, Sollte es denn wirklich kein Zwangsrecht zur Prävention geben? In: Magazin für die Philosophie und Geschichte des Rechts und der Gesetzgebung 1 (1800), S. 241 ff. Textauszug b. *Vormbaum*, MdtStrD, S. 61 ff. [„Prävention“ bedeutete im damaligen Sprachgebrauch „Spezialprävention“]; dazu *Radbruch*, Feuerbach, S. 44 ff.

[9] Zu dessen Strafrechtslehre s. *Eb. Schmidt*, Montesqieus „Esprit des lois“ und die Problematik der Gegenwart von Recht und Justiz, in: Fschr. f. Kiesselbach. Hamburg 1947, S. 177 ff.; *Heike Jung*, Montesquieu und die Kriminalpolitik, in: JuS 1999, 216 ff.; *Mario A. Cattaneo*, Montesquieus Strafrechtsliberalismus. Berlin 2002.

seau (1712–1778)[10] – und aus Italien – **Gaetano Filangieri**[11] (1753–1788), **Mario Pagano** (1748–1799)[12] und **Cesare Beccaria** (1738–1794)[13]; für Österreich ist besonders **Joseph von Sonnenfels** (1732–1817)[14] zu nennen. Die Naturrechtslehre hatte die oben aufgeführten Grundsätze inzwischen so weit entwickelt, dass sie in eine Phase eintrat, in der sie von der Diagnose und Systematisierung des vernunftgemäßen Rechts zur Therapie, zu Forderungen nach Veränderung der bestehenden Rechtsverhältnisse übergehen konnte[15]. Neben den schon erwähnten Forderungen nach *Säkularisierung, Rationalisierung* und *Individualisierung* aller Lebensbereiche, vor allem des Strafrechts, trat die Forderung nach *Humanisierung.*

Die Forderungen richteten sich insoweit auf die Beendigung der *Hexenprozesse* (die letzte Hexenverbrennung in Deutschland fand immerhin erst 1775 in Kempten statt[16]), die Beseitigung der *Folter* (erste, zunächst nur teilweise, Aufhebung in Preußen beim Regierungsantritt Friedrichs II. im Jahre 1740), die *Milderung der Strafen* (*Beccaria*: „dolcezza delle pene"; *Montesquieu:* Proportionalität von Verbrechen und Strafen), vor allem Beseitigung der *Körperstrafen* und *geschärften Todesstrafen,* vereinzelt auch bereits (z. B. bei *Beccaria,* wenn auch mit Ausnahmen) Abschaffung der Todesstrafe. *Thomasius* bezweifelte die Berechtigung der Strafdrohungen gegen Bigamie (*De crimine bigamiae*, 1685) und Gotteslästerung (*An haeresis sit crimen,* 1697). Auch die Berechtigung der Strafe für (versuchten) *Selbstmord* wurde in Frage gestellt (Abb. 1, 2, 3 und 4).

---

[10] Textauszüge von allen Genannten b. *Vormbaum*, StrD, S. 90, 136, 114, (mit Literaturhinweisen im Anhang).

[11] Textauszug aus seinem Hauptwerk *Scienza della legislazione* b. *Vormbaum*, StrD, S. 179 ff. (mit Literaturhinweisen im Anhang); s. ferner *Paolo Becchi /Kurt Seelmann*, G. F. und die europäische Aufklärung. Frankfurt a. M. 2000; darin S. 45 ff.: Filangieri und die Proportionalität von Straftat und Strafe.

[12] *Sergio Moccia*, Die italienische Reformbewegung des 18. Jahrhunderts und das Problem des Strafrechts im Denken von Gaetano Filangieri und Mario Pagano, in: GA 1979, 201 ff.

[13] Zu allen Genannten *Otto Fischl*, Der Einfluß der Aufklärungsphilosophie auf die Entwicklung des Strafrechts in Doktrin, Politik und Gesetzgebung. Breslau 1913 (2. Neudruck Aalen 1981); zu **Beccaria** s. *Wolfgang Naucke*, Die Modernisierung des Strafrechts durch *Beccaria*, in: Ders., Zerbrechlichkeit, S. 13 ff.; *Ders*., Einführung: Beccaria. Strafrechtskritiker und Strafrechtsverstärker, in: Beccaria, Verbrechen, S. IX ff.; *W. Küper*, Cesare Beccaria und die kriminalpolitische Aufklärung des 18. Jahrhunderts, in: JuS 1968, 547 ff.; *Herbert Deimling* (Hrsg.), C. B. Die Anfänge moderner Strafrechtspflege in Europa. Heidelberg 1989.

[14] Zu ihm: *Mario A. Cattaneo*, Beccaria und Sonnenfels: Die Abschaffung der Folter im theresianischen Zeitalter, in: Ders., Aufklärung und Strafrecht, S. 49 ff.; zur Bedeutung von Sonnenfels für die Abschaffung der Folter in den habsburgischen Besitzungen s. auch *E. Dezza*, Der Feind der Wahrheit. Das Verteidigungsverbot und der Richter als „Faktotum" in der habsburgischen Strafrechtskodifikation (1768–1873), in JJZG 9 (2007/2008), Fußn. 11; *Ezequiel Malarino*, Kommentar I, in: Th. Vormbaum (Hrsg.), Pest, Folter und Schandsäule. Der Mailänder Schandsäulen-Prozeß in Rechtskritik und Literatur. Berlin 2008, insb. Fußn. 84.

[15] *Eb. Schmidt*, Einführung, § 203; zahlreiche weitere Vertreter der strafrechtlichen Aufklärung werden behandelt bei *Fischl*, a. a. O. (wie Fußn. 13), S. 25 ff.

[16] Dazu *Wolf Wimmer*, Anna Maria Schwägelin († 1775). Die letzte Hexenexekution in Deutschland, in: JZ 1975, 631 ff.

Abb. 1 Christian Thomasius (1655–1728)

Abb. 2 Charles-Louis de Montesquieu (1689–1755)

Abb. 3 Cesare Beccaria (1738–1794)

Abb. 4 Ernst Ferdinand Klein (1743–1810)

Das Verbrechen der Kindestötung, das bis zur Frühen Neuzeit als qualifiziertes Tötungsdelikt bestraft worden war, wurde seit dem Aufklärungszeitalter zu einem zentralen Diskussionsthema (Gretchentragödie in *Goethes* „Faust") und unter dem Einfluss dieser Diskussion allmählich zum privilegierten Tötungsdelikt mit gemilderter Strafe (was freilich zunächst nur den Verzicht auf die *geschärfte* Todesstrafe bedeutete)[17].

[17] *Wächtershäuser*, Kindesmord; *Andrea Czelk*, Frauenbewegung.

Einflussreich wurde die Rechts- und Strafrechtsphilosophie der Aufklärung durch ihre *Gesetzesauffassung*[18]. Während die Naturrechtslehre und die frühe Aufklärung unter dem Eindruck der z. T. (z. B. durch die Peinliche Gerichtsordnung Karls V., die *Carolina,* von 1532) angedrohten grausamen Körperstrafen und geschärften Todesstrafen eine freie und souveräne Stellung des Richters gerade im Interesse der Humanisierung des Strafrechts forderten (*Thomasius*, *Hommel*, *Gmelin* u. a.), setzte im Verlauf des 18. Jahrhunderts, getragen von einer emphatischen Gesetzesauffassung, welche die Rechtsgesetze in die Nähe der Naturgesetze rückte, und beeinflusst von *Montesquieus* Gewaltenteilungslehre, eine Gegenbewegung ein, die in einem nach Vernunftgrundsätzen verfahrenden Gesetzgeber einen Garanten der bürgerlichen Freiheiten sah und nun gerade in dem beamteten Richter eine Gefahr erblickte, die durch möglichst strikte Gesetzesbindung gebannt werden sollte[19]. Schon *Montesquieu* hatte die richterliche Gewalt als „en quelque façon nulle", also als im Grunde nicht vorhanden bzw. ohne eigene Substanz, bezeichnet. *Beccaria* drückte es so aus:

> Nicht einmal die Befugnis zur Auslegung der Strafgesetze kann den Kriminalrichtern zugebilligt werden, und zwar aus eben dem Grund, dass sie nicht Gesetzgeber sind. […]. Bei jedem Verbrechen muß vom Richter ein vollständiger Syllogismus vollzogen werden: der Obersatz muß das allgemeine Gesetz sein, der Untersatz muß die mit dem Gesetz übereinstimmende oder nicht übereinstimmende Handlung sein; der Schluß Freiheit oder Strafe. Stellt der Richter, gezwungen oder freiwillig, auch nur zwei Syllogismen auf, so öffnet sich die Pforte zur Unsicherheit. (*Beccaria,* Von den Verbrechen, IV)

Den Aufklärern konnte nicht entgehen, dass mit dieser Idealisierung des Gesetzgebers das Strafrecht der politischen Macht ausgeliefert wurde. Dafür, dass sie dennoch an ihrer Forderung festhielten, dürfte es mehrere Gründe gegeben haben. Zum einen vertraute man auf die Durchsetzungskraft der Vernunft, die auf die Dauer den Gesetzgeber beherrschen werde[20]; in dieser Hoffnung durfte man sich durch die Erscheinung aufgeklärt absolutistischer Fürsten gestärkt fühlen (Friedrich II. von Preußen, Kaiser Joseph II., Großherzog Leopold von Toskana), und wenn man bedenkt, dass die humanitäre Argumentationslinie regelmäßig mit dem Hinweis auf die Unpraktikabilität des bestehenden Zustandes und auf die größere Praktikabilität der geforderten Neuerungen einherging, so war diese Hoffnung auch nicht unbegründet. Des weiteren erschien die Gefahr richterlicher Willkür, die sich unmittelbar auf den einzelnen Beschuldigten auswirkte, größer als die Gefahr,

---

[18] Zum folgenden *Küper*, Richteridee, S. 39 ff.; *Ogorek*, Richterkönig, S. 37 ff.; *Massimo Nobili*, Die freie richterliche Überzeugungsbildung. Baden-Baden 2001; *Ettore Dezza*, Strafprozeß.

[19] Eingehend *Schreiber*, Gesetz und Richter, S. 46 ff.; für eine Beachtung der teilweise unterschiedlichen Entwicklungen der aus der Gesetzesbindung folgenden vier Ableitungen (Gewohnheitsrechtsverbot, Rückwirkungsverbot, Analogieverbot, Unbestimmtheitsverbot) *Krey*, Keine Strafe ohne Gesetz, S. 1 f.

[20] Zum Verhältnis von Aufklärung und Gesetz s. *Michele Pifferi*, "Tiberio Deciani e le origini della 'parte generale' nel diritto penale. Ipotesi per una ricostruzione", *in*: Tiberio Deciani (1509–1582). Alle origini del pensiero giuridico moderno, hrsg. von Marco Cavina. Udine 2004, S. 177–205; dt. Übers. in Vorbereitung.

die von dem auf den Erlass generell-abstrakter Normen beschränkten Gesetzgeber ausging, denn dieser gewährleistete selbst in einem harten Strafrecht immerhin gleichmäßige Behandlung – insofern war der Ruf nach strenger Gesetzesbindung des Richters auch Ausdruck des Wunsches des aufstrebenden Bürgertums nach Rechtssicherheit.

Mit ihrer Forderung nach Beseitigung der *Folter* im Strafverfahren stellte die Strafrechtstheorie der Aufklärung einen zentralen Punkt des gemeinrechtlichen Inquisitionsprozesses in Frage[21]. Dessen Verfahrensmodell war durch eine Bündelung der Verfolgungs- und Entscheidungsbefugnisse beim Gericht gekennzeichnet. Eine förmliche Verteidigung fand erst in einem sehr späten Verfahrensstadium statt. Als Ausgleich für die starke Stellung des Gerichts war dessen Entscheidung an Beweisregeln gebunden. Eine Verurteilung durfte nach gemeinrechtlicher, auf Art. 22 der Peinlichen Gerichtsordnung Kaiser Karls V. (Carolina) zurückgehender Auffassung grundsätzlich nur erfolgen, wenn die Tat durch zwei Augenzeugen oder durch das Geständnis des Beschuldigten bewiesen war[22]. Da einerseits zwei zuverlässige Augenzeugen vor allem bei schweren Delikten eher die Ausnahme sind und andererseits die Bereitschaft zum Geständnis, zumal angesichts der damals angedrohten Strafen, nicht groß war, wurde letzterem in Fällen, in denen gewichtige Indizien für die Schuld, insbesondere die belastende Aussage *eines* Augenzeugen, vorlagen, mit der Folter „nachgeholfen"[23]. Brach man die Folter aus diesem System heraus, so brachte man die Justiz in Verlegenheit, so lange man nicht dem Richter erlaubte, das Urteil unabhängig von Beweisregeln auf seine (begründete) Überzeugung zu stützen.

Die Aufklärungsphilosophen argumentierten überwiegend mit der Unzweckmäßigkeit der Folter, die dem widerstandsfähigen Schuldigen eine Chance auf Frei-

---

[21] Zur Kritik an der Folter, die schon in voraufklärerischer Zeit einsetzte, s. mit Nachw. *Sylvia Kesper-Biermann*, Der Foltervorwurf als rechtspolitische Herausforderung in Deutschland vom 18. bis 20. Jahrhundert, in: Naturrecht und Staat in der Neuzeit. Diethelm Klippel zum 70. Geburtstag. Tübingen 2013, S. 269 ff.

[22] *Mumme*, E.F. Klein, S. 28; *Thäle*, Verdachtsstrafe, S. 24 ff.; *Ignor*, Geschichte, S. 62 ff. m. umfangreichen Quellennachweisen in Fußn. 112; eingehend zur Abschaffung der Folter: *Mathias Schmoeckel,* Humanität und Staatsräson. Die Abschaffung der Folter in Europa und die Entwicklung des gemeinen Strafprozess- und Beweisrechts seit dem hohen Mittelalter. Köln 2000; *Evans*, Rituale, S. 147 ff.

[23] Dies mochte in Fällen, in denen jeder vernünftige Beobachter den Täter aufgrund der sachlichen Beweise ohnehin für überführt hielt, noch zweckrational, wenn auch nicht humanitär, nachvollziehbar sein. Über diese offenkundigen Fälle war die Praxis indessen oft hinausgegangen, vor allem bei den Hexenprozessen; *Jerouschek*, Die Carolina – Antwort auf ein „Feindstrafrecht"? In: Hilgendorf /Weitzel, S. 79 ff., 90; *Ignor*, Geschichte, S. 101 ff. Es bleibt freilich die Frage, ob jenseits der prozessualen Zusammenhänge das Insistieren der Praxis des gemeinen Strafrechts auf dem Geständnis (auch) durch christliche Vorstellungen von Beichte und Bußfertigkeit bedingt war; eingehend dazu *Ignor*, Geschichte, S. 62–73.

sprechung eröffne, den schwächlichen Unschuldigen hingegen in die Gefahr eines falschen Geständnisses bringe[24].

4. Aufklärung und Humanisierung

Dass man der Strafrechtslehre – oder besser: der Kriminalpolitik – der Aufklärungsphilosophie die Tendenz zur „Humanisierung" zubilligen könne, wird mit gewichtigen Gründen in Zweifel gezogen[25]. *Eb. Schmidt* (§ 208) hat darauf hingewiesen, dass die Todesstrafe bei Voltaire als „antiökonomisch" verworfen werde, da sie den Staat an der Ausbeutung der Arbeitskraft des Delinquenten hindere *(un homme pendu n'est bon à rien)*. *v. Globig und Huster* wenden in ihrer preisgekrönten *Abhandlung von der Criminalgesetzgebung* (1783) gegen die verstümmelnden Körperstrafen ein, dass „der Staat den siechen und verstümmelten Uebelthäter zu erhalten gezwungen wird"[26], und *Pietro Verri* leitet die Erörterung der (im Ergebnis verneinten) Frage, ob die Folter ein Mittel zur Erforschung der Wahrheit sei, mit den Worten ein[27]:

> Wenn die Erforschung der Wahrheit durch Quälerei schon an sich eine Grausamkeit ist […], so unterdrückt und erstickt doch ein aufgeklärter Mitbürger diese einsame Aufwallung und setzt den Schmerzen, mit denen ein tatverdächtiger Mensch bedrängt wird, den Vorteil, den die Aufdeckung der Wahrheit über Verbrechen bietet, entgegen; er wägt in Ruhe den Schmerz eines Einzelnen gegen die Ruhe von Tausenden ab.

Exemplarisch ist die Beweisführung gegen die Todesstrafe bei *Beccaria*. Er beginnt mit zwei kontraktualistischen (d. h. aus der Lehre vom Gesellschaftsvertrag abgeleiteten) Argumenten: Im Gesellschaftsvertrag sei vereinbart, dass jeder Vertragsschließende einen Teil – aber nur den unbedingt nötigen, also den kleinstmöglichen Teil – seiner Freiheit an das gemeinsame öffentliche Gut abtrete. In diesem kleinstmöglichen Opfer könne aber das Opfer des größten aller Güter, des Lebens, nicht enthalten sein[28]. Die Argumentation ist zunächst frappierend; sie hat aber etwas Rabulistisches; denn gedanklich kann der kleinstmögliche Teil im *Grenzfall* auch das Ganze sein, es sei denn, man wiese empirisch nach, dass ein solcher Fall nicht vorkomme. Damit verweist Beccaria bereits auf Zweckmäßigkeitsargumente.

Das zweite kontraktualistische Argument: Da der Mensch nicht Herr über sein eigenes Leben sei, könne er auch im Gesellschaftsvertrag nicht darüber verfügt ha-

[24] *Pietro Verri*, Betrachtungen über die Folter (1777), in: Thomas Vormbaum (Hrsg.), Pest, Folter und Schandsäule (wie Fußn. 14). S. 49 ff.; *Beccaria*, Verbrechen a. a. O. (Fußn. 5), S. 33; s. auch den Hinweis bei *Mumme*, Klein, S. 29.

[25] Ausführlich: *Naucke*, Einführung; *Ders.*, Modernisierung a. a. O.; *Vormbaum*, Judeneid, S. 266 ff.

[26] *Rüping/Jerouschek*, 4. Aufl., S. 61; s. auch 5. Aufl., S. 82.

[27] *Pietro Verri*, Betrachtungen über die Folter (wie Fußn. 24), S. 49.

[28] *Beccaria*, Verbrechen, S. 48. Die folgenden Ausführungen sind eine Zusammenfassung von *Vormbaum*, Beccaria.

ben (S. 48 f.). Dieses Argument ist nur immanent schlüssig, denn Beccaria selbst spricht sich an anderer Stelle gegen die Sanktionierung des Selbstmordes aus.

Der Übergang von diesen beiden kontraktualistischen Argumenten zu den nachfolgenden Argumenten (es sind abermals zwei) lautet bei Beccaria so:

> Die Todesstrafe ist also kein *Recht*, denn ich habe ja gezeigt, dass sie ein solches nicht sein kann, sondern sie ist ein Krieg der Nation gegen einen Bürger, weil diese die Vernichtung seiner Existenz für erforderlich oder nützlich hält. Werde ich aber nachgewiesen haben, dass dieser Tod weder nützlich noch notwendig ist, so werde ich für die Menschlichkeit einen Streit gewonnen haben. (S. 49)

Auf die kontraktualistische Argumentation gegen die Todesstrafe – die in der hier zugrunde gelegten Textausgabe etwa eine halbe Seite einnimmt – folgen nun neun Seiten, in denen die *Unzweckmäßigkeit* der Todesstrafe dargetan wird. Beccaria erklärt sich bereit, zwei Gründe für die Tötung eines Bürgers, falls sie belegt werden, zu akzeptieren. Der erste:

> Wenn der Bürger, selbst wenn er der Freiheit beraubt ist, immer noch solche Beziehungen und solche Macht besitzt, daß die Sicherheit der Nation davon betroffen ist, wenn seine Existenz also eine gefährliche Umwälzung der bestehenden Regierungsform hervorbringen kann. (S. 49)

Anders ausgedrückt: In politisch unruhigen Zeiten darf ein gefährlicher Bürger durchaus getötet werden. Aber auch diese Deduktion nimmt nur eine halbe Seite ein. Der ganze Rest fällt auf das zweite (insgesamt also das vierte) Argument: „Wenn […] sein Tod das wirkliche und einzige Hindernis wäre, andere von der Begehung vom Verbrechen abzuhalten" (S. 49). Als straftheoretisches Kürzel ausgedrückt: Wenn Gründe der Abschreckungs-Generalprävention dies erfordern. Einen zahlenmäßigen Beleg für das Fehlen solcher Gründe kann Beccaria angesichts noch fehlender Kriminalstatistik nicht erbringen; so wartet er mit einer anderen Begründung auf: Er beruft sich auf die Natur – gemeint: die empirische Natur – des Menschen (S. 50): Weniger eindrucksvoll für das Gemüt der Menschen sei nicht die Härte der Strafe, sondern ihre Dauer. So besehen sei die Todesstrafe unzweckmäßig, denn ihr Vollzug sei ein „schreckliches, aber vorübergehendes" Schauspiel (S. 52). Sie sei daher nicht optimal, um Menschen von Verbrechen abzuschrecken, und *deshalb* nicht gerecht. Effektiver und damit gerechter sei die lebenslängliche, öffentlich vollzogene Knechtschaft (als „Lasttier"), da sie die Zuschauer immer wieder mit den Folgen des Verbrechens konfrontiere[29].

Manches, was Beccaria an empirischen Argumenten anführt, wird von der modernen Kriminologie und Soziologie bestätigt, anderes nicht. Sehr zwiespältig ist jedenfalls der Satz: „Um gerecht zu sein, *darf* eine Strafe *nur* jene Intensitätsgrade besitzen, die ausreichen, um Menschen von Verbrechen abzuhalten". Die Umformulierung des Satzes „Um gerecht zu sein, *muß* eine Strafe jene

[29] Interessant ist ein Vergleich der Argumentation Beccarias mit derjenigen des Strafrechtlers **Luigi Cremani (1748–1838)**, die, von der Bejahung der Todesstrafe ausgehend, durch deren Anwendungsbeschränkung zu nahezu gleichen Ergebnissen gelangt wie Beccaria; näher *Th. Vormbaum*, JoJZG 4 (2010), S. 99 ff. Auszug mit den einschlägigen Passagen aus Cremanis Buch *De iure criminali libri tres/Drei Bücher über das Criminalrecht*, in: *Dezza/Seminara/Vormbaum*, Strafrechtsdenker, S. 35 ff.

Intensitätsgrade besitzen, die ausreichen, um Menschen vom Verbrechen abzuhalten" ist nicht nur ein Wortspiel, sondern reale Gefahr, denn: Wer abschrecken will, will sichergehen, und die Begrenzung schlägt schnell in Legitimation um.

Was geschehen soll, wenn im Einzelfall die empirischen Annahmen *nicht* zutreffen, bleibt unklar. Beccaria hat die beiden – recht schwachen – kontraktualistischen Argumente ziemlich lieblos abgehandelt. Ein klarer abschließender Hinweis, dass es sich bei den ausgedehnten empirischen Ausführungen nur um Hilfsargumente gehandelt habe, fehlt. Alles in allem zeigt sich bei Beccaria „immer wieder [...], dass die Effektivität des Strafens das alles lösende Argument ist"[30].

Ist daher aus *rechtshistorischer* und *rechtstheoretischer* Sicht die Kritik an der zweckrationalistischen Argumentation der Aufklärungsphilosophie berechtigt, so muss bei *historischer* Betrachtung das Handeln der Akteure aus ihrer Zeit heraus gedeutet und verstanden werden. Beccaria und die anderen Strafrechtsdenker der Aufklärung befanden sich angesichts des katastrophalen Zustandes des damaligen Strafrechts argumentativ in einer „komfortablen" Lage. Zu einer Zeit, da in Frankreich mit dem Tode bestraft werden konnte, wer bei einer Fronleichnamsprozession nicht vor der Monstranz den Hut abnahm[31], und da in den meisten Staaten noch die Folter zur Anwendung kam, lagen kritische Argumente aus allen Arsenalen sozusagen auf der Straße – Gerechtigkeitsargumente ebenso wie Zweckargumente. Hier verbirgt sich allerdings die List – besser: die Hinterlist – der Geschichte: Weil Politiker, also die Mächtigen, am ehesten auf Zweckmäßigkeitsargumente hören, konnte man am ehesten hoffen, mit diesen bei ihnen Gehör zu finden. Und wer – was man Beccaria und den anderen Aufklärungsdenkern zubilligen wird – subjektiv für die Humanisierung des Strafrechts ficht, der ist eben auch bereit, die Todesstrafe für Kindesmörderinnen mit dem Argument zu bekämpfen, sie sei unzweckmäßig, weil dem Staat nun auch noch jene Kinder entgingen, welche die Bestrafte noch hätte gebären können[32].

Wie heikel diese Argumentation war (und ist), zeigt sich daran, dass es unter den Aufklärern Strafrechtsdenker gab, welche die Todesstrafe gerade aus Zweckmäßigkeitsgründen *befürworteten*[33].

---

[30] *Naucke*, Beccaria, S. 25.

[31] Zu Prozess und Hinrichtung des Chevalier de La Barre in Abbeville (1766), die durch Voltaires Schrift „Bericht über den Tod des Chavalier de La Barre" in ganz Europa bekannt wurden, s. ausführlich *Max Gallo*, Im Namen des Königs! Justizskandal am Vorabend der Französischen Revolution. Frankfurt/M, Berlin 1989.

[32] So *Voltaire* in seinem Commentaire sur le livre des délits et des peines (1766), b. Vormbaum, StrD, S. 136 f.

[33] *Sellert /Rüping* I, S. 372: Die Todesstrafe sei ökonomischer als die Errichtung von Zuchthäusern (*Michaelis*); sie schrecke wirksamer ab (*Friedrich II. von Preußen*, ähnlich *Ernst Ferdinand Klein:* „Die Meuchel-Mörder gehören überdieses noch unter diejenigen Menschen, gegen welche sich der Staat nicht leicht anders als durch den Tod sicher stellen kann", dazu *Mumme*, Klein, S. 18 f.).

II. Strafgesetzgebung unter dem Einfluss der Aufklärung

Die peinliche Halsgerichtsordnung (Carolina) von 1532, eine Prozessordnung mit materiellrechtlichen Einsprengseln, zu ihrer Entstehungszeit ein beachtliches Gesetzeswerk[34], konnte der Kritik der Naturrechtslehre und den Forderungen der Aufklärungsphilosophie nicht standhalten und wurde durch die Gerichtspraxis (die zunächst ihre – auch vorhandenen – schützenden Vorschriften häufig genug missachtet hatte) zunehmend mildernd korrigiert[35].

Nachdem Gesetze wie der bayerische *Codex Juris Bavarici Criminalis* von 1751[36] und die österreichische *Constitutio Criminalis Theresiana* von 1768 den bestehenden Rechtszustand kompiliert, inhaltlich aber nur geringfügige Änderungen herbeigeführt hatten, schlugen sich die Forderungen der Aufklärungsphilosophie im Kriminalgesetzbuch Großherzog Leopolds von *Toskana* von 1786 (sog. *Leopoldina*)[37] und im Allgemeinen Gesetz über Verbrechen und derselben Bestrafung Kaiser Josephs II. für *Österreich* von 1787 (sog. *Josephina*) nieder[38]. Das preußische *Allgemeine Landrecht (ALR)* von 1794 fasste das Strafrecht im umfangreichen 20. Titel seines II. Teils (über 1.500 Paragraphen) zusammen. Gemeinsam war allen die Betonung der Rolle des *Gesetzes* und das Bemühen, richterliche Entscheidungsräume einzuengen.

---

[34] Zu ihr zuletzt *G. Jerouschek*, Carolina (wie Fußn. 23); früher: *Gustav Radbruch*, Zur Einführung in die Carolina, in: Die peinliche Halsgerichtsordnung Karls V. von 1532 (Carolina) (Reclam 2990/a). Stuttgart 1967 u.ö. S. 3 ff.; *Peter Landau/Friedrich-Christian Schroeder* (Hrsg.), Strafrecht, Srafprozess und Rezeption. Grundlagen, Entwicklung und Wirkung der Constitutio Criminalis Carolina. Frankfurt/M. 1984; *Friedrich-Christian Schroeder* (Hrsg.), Wege der Forschung. Die Carolina. Darmstadt 1986; zu den partikularrechtlichen Criminalordnungen des 18. Jahrhunderts s. *Ignor*, Geschichte, S. 129 ff.

[35] Unter Beifall eines Teils der Lehre; dazu eingehend *Küper*, Richteridee, S. 39 ff. (zu Carl Ferdinand **Hommel**, Christian **Thomasius**, Christian Gottfried **Gmelin**).

[36] Zu dessen Schöpfer W.X.A. Frhr. v. **Kreittmayr** s. *Richard Bauer/Hans Schlosser* (Hrsg.). W.X.A. v. K. Ein Leben für Recht, Staat und Politik. Festschrift z. 200. Todestag. München 1991; darin *H. Schlosser*, Der Gesetzgeber K. und die Aufklärung in Kurbayern (S. 3 ff.); *R. Heydenreuter*, K. und die Strafrechtsreform unter Kurfürst Max III. Joseph (S. 37 ff.). K. hat 1768 zu den von ihm gestalteten Gesetzbüchern über Zivil-, Verfahrens- und Strafrecht auch einen Kommentar verfasst: *W.X.A. Kreittmayr*, Compendium Codicis Bavarici. Reprint der Ausgabe von 1768. Hrsg. und eingeleitet von Richard Bauer und Hans Schlosser. München 1990 (zum Codex Criminalis S. 519–572).

[37] Der Text der „Leopoldina" ist seit kurzem erstmals seit der Zeit ihrer Entstehung wieder in einer deutschen Übersetzung greifbar: *Hans Schlosser*, Die „Leopoldina". Toskanisches Strafgesetzbuch vom 30. November 1786. Originaltext, deutsche Übersetzung und Kommentierung. Berlin 2010. Zur Bedeutung der *Leopoldina* s. *Hinrich Rüping*, Das Leopoldinische Strafgesetzbuch und die strafrechtliche Aufklärung in Deutschland, in: L. Berlinguer/F. Colao (Hrsg.), La „Leopoldina" nel diritto e nella giustizia in Toscana. Mailand 1989, Bd. 5, S. 140 ff.; ferner in der Einleitung von *Schlosser*, a. a. O.; dort auch weitere Nachweise.

[38] Zur Übertragung der habsburgischen Strafgesetzgebung der vor- und nachnapoleonischen Zeit auf die italienischen Besitzungen s. die Beiträge in: *Ettore Dezza/ Loredana Garlati*, Beiträge zur habsburgischen Strafgesetzgebung in Italien. Münster, Berlin 2010.

> Erster Teil § 13 der Josephina: 'Der Kriminalrichter ist an die buchstäbliche Beobachtung des Gesetzes gebunden, so weit in demselben auf die Missethat, die Größe und Gattung der Strafe genau und ausdrücklich bestimmet ist: Es ist ihm bei strengster Verantwortung die gesetzmäßig vorgeschriebene Strafe weder zu lindern, noch zu verschärfen erlaubt […]'.

Im ALR weist bereits der immense Umfang des Strafrechtstitels auf eine ausgedehnte Kasuistik hin, welche richterliche Ermessensspielräume weitgehend beschränkte[39].

Die **Todesstrafe** war in der toskanischen *Leopoldina* abgeschafft, in der österreichischen *Josephina* ebenfalls, jedoch mit Ausnahme der standgerichtlichen Verfahren (Erster Theil § 20). Hingegen kannte das preußische Landrecht sogar noch geschärfte Todesstrafen (Strafe des Landesverräters erster Klasse nach § 102 ALR II 20: „[Er] soll zum Richtplatze geschleift, mit dem Rade von unten herauf getötet, und der Körper auf das Rad geflochten werden"). In der Toskana wurde die Todesstrafe 1790, in Österreich durch das *Gesetz über Verbrechen und schwere Polizeiübertretungen* von 1803 wieder eingeführt.

Auch wo die Todesstrafe abgeschafft war, waren die verbliebenen *Strafen* nach wie vor von großer Härte; so kennt die *Josephina* noch als Strafen die Anschmiedung (Erster Theil § 25),

> Der Verbrecher wird in schwerem Gefängnisse gehalten, und dermaßen enge angekettet, daß ihm nur zur unentbehrlichsten Bewegung des Körpers Raum gelassen wird. Der zur Anschmiedung verurteilte Verbrecher wird zum öffentlichen Beispiele alle Jahre mit Streichen gezüchtigt.

das schwerste Gefängnis (§ 27),

> Bei dem schwersten Gefängnisse ist der Verbrecher mit einem um die Mitte des Körpers gezogenen eisernen Ringe Tag und Nacht an dem ihm angewiesenen Orte zu befestigen; auch können ihm, nachdem die ihm auferlegte Arbeit es zuläßt, oder die Gefahr der Entweichung es fordert, schwere Eisen angelegt werden.

das harte Gefängnis (§ 28), das gelinderte Gefängnis (§ 39), die öffentliche Arbeit (§ 31), die „Stock-, Karbatsch- und Ruthenstreiche" (§ 32) und die Ausstellung auf die Schandbühne (§ 33). Alle konnten noch verschärft werden durch die öffentliche Kundmachung des Verbrechers, die Einziehung des Vermögens und den Verlust des Adels (§ 34).

Was den **Strafprozess** angeht, so war die *Folter* in der *Leopoldina* (die auch verfahrensrechtliche Vorschriften enthält) wie auch im österreichischen *Gesetzbuch über Verbrechen und schwere Polizeiübertretungen* von 1803 (das in seinem materiellrechtlichen Teil die Josephina ersetzt) und in der *Preußischen Criminalordnung* von 1805 abgeschafft. Damit stellte sich die Frage, wie in den Fällen verfahren werden sollte, in denen zwar gegen den Angeklagten gewichtige Indizien sprachen, diese jedoch nicht die nach dem gemeinen Strafrecht geforderten Beweisvoraussetzungen erfüllten.

---

[39] *Küper*, Richteridee, S. 64 ff.; s. auch *W. Naucke*., Hauptdaten der preußischen Strafrechtsgeschichte 1786–1806, in: Ders., Zerbrechlichkeit, S. 49 ff. – Ein weiterer Grund für die Normenfülle dieses Titels ist die Einbeziehung zahlreicher kriminalprophylaktischer Polizeivorschriften.

Die *Leopoldina* behalf sich in diesen Fällen mit der Möglichkeit einer Verdachtsstrafe[40], das österreichische Gesetz von 1803 kannte die bloße „Lossprechung von der Instanz" statt Freispruch (und ohne Rechtskraft)[41]. In der preußischen Criminalordnung von 1805 wurde die Lücke durch Lügenstrafen („Peitschen- und Ruthenhiebe" gegen den „halsstarrige[n] und verschlagene[n] Verbrecher [, der] durch freche Lügen und Erdichtungen oder durch verstocktes Leugnen oder gänzliches Schweigen" sich „der verdienten Strafe entziehen" will)[42], geschlossen. Auf die damit zusammenhängenden Strukturfragen ist im nächsten Kapitel zurückzukommen.

Die **harten, ja brutalen Seiten** der Naturrechts- bzw. Aufklärungskodifikationen mag man als Bremsspuren, als Niederlagen des Aufklärungsdenkens oder als „mißlungene Aufklärung" verstehen, und so sind sie lange Zeit auch interpretiert worden. Nach dem, was oben zur Humanisierung ausgeführt worden ist, spricht jedoch mehr dafür, hierin *eine* Seite des Strafrechts der Aufklärung zu erblicken[43]:

> Die Befreiung des Strafrechts aus zementierter Irrationalität durch die Aufklärung hat das Strafrecht an die Forderungen der öffentlichen Sicherheit gebunden. Jede Bewegung der Innenpolitik setzt sich in Strafrecht um[44].

Die Beibehaltung harter Strafen mit öffentlicher Vollstreckung findet in zweckrationalistisch-nüchtern kalkulierter Präventionsstrategie ihre Erklärung; die erwähnten Foltersurrogate (Verdachtsstrafe, Instanzentbindung, Lügenstrafen) erklären sich daraus, dass mit der Abschaffung der Folter ein wesentliches Element aus dem Systemgerüst des Inquisitionsprozesses herausgebrochen worden war und, solange dieses nicht durch ein neues System ersetzt war, eines Ersatzes zu bedürfen schien; vorherrschend war die Sorge vor ungerechtfertigten Freisprüchen.

Eindeutig mildernd wirkte sich der Einfluss des Aufklärungsdenkens vor allem dort aus, wo Straftatbestände als rationalem und säkularem Denken widersprechend identifiziert worden waren (Hexerei, Gotteslästerung, reine Sittenverstöße, Biga-

[40] Art. CX; dazu *Rüping*, Leopoldina, a. a. O.

[41] Dazu *Dezza*, Die aussichtslose Versöhnung. Strafprozeß, Absolutismus und Rechtsstaatlichkeit im habsburgischen Gesetzbuch von 1804, in: Ders., Beiträge Strafprozeß, S. 123–148.

[42] Dazu *Vormbaum*, Strafrecht und Strafprozeß, a. a. O., m. Nachw. Strukturell sind Verdachtsstrafe und Lügenstrafe aus der gemeinrechtlichen *poena extraordinaria* hervorgegangen, als deren Sonderfälle sie begriffen werden können; vgl. dazu und zu den Auffassungen über die Verdachtsstrafe in der Rechtslehre *Thäle*, Verdachtsstrafe; *Mumme*, E.F. Klein, S. 32 ff.; *Elemér Balogh*, Die Verdachtsstrafe in Deutschland im 19. Jahrhundert. Münster, Berlin 2009. Ein enger Zusammenhang bestand zwischen der *poena extraordinaria* und der seit dem 17. Jahrhundert (wieder)aufkommenden und im 18. und beginnenden 19. Jahrhundert die Vorherrschaft erringenden *Arbeitsstrafe* („opus publicum"); dazu eingehend *Hans Schlosser*, Motive des Wandels in den Erscheinungsformen und Strafzwecken bei der Arbeitsstrafe, in: Schulze/Vormbaum u. a. (Hrsg.), Strafzweck und Strafform, S. 145 ff.

[43] Diese Einsicht darf nicht zu einer Abkehr von den Idealen der Aufklärung führen; vielmehr muss eine Kritik der Mängel der Aufklärungsphilosophie ihrerseits eine aufklärerische sein. Ich habe dies exemplarisch darzulegen versucht in *Vormbaum*, Judeneid, S. 266 ff.; *Vormbaum*, Kant e la critica illuministica del illuminismo, in: Mario A. Cattaneo (Hrsg.), Kant e la filosofia del diritto. Neapel 2005, S. 37 ff.

[44] *Naucke*, Hauptdaten a. a. O. (wie Fußn. 39), S. 52; zu ähnlichen Einsichten *Michel Foucaults* s. noch § 3 IV.

mie). Sie wurden entweder beseitigt oder mit milderen Strafen versehen und/oder (so im österreichischen Gesetz von 1803) aus dem Kriminalstrafrecht in das Polizeistrafrecht verschoben.

III. Strafrechtslehre am Ausgang des 18. Jahrhunderts

Die deutsche Strafrechtswissenschaft an der Wende vom 18. zum 19. Jahrhundert ist geprägt durch den Einfluss zweier Strafrechtsdenker: **Immanuel Kant** und **Paul Johann Anselm (von) Feuerbach**. Eine vertiefte philosophische Analyse ihrer Lehren ist an dieser Stelle weder möglich noch beabsichtigt, da es hier nur um ihre *historische* Bedeutung geht[45]. Eine Darstellung der Kernpunkte der Strafrechtslehren muss genügen.

1. Immanuel Kant (1724–1804)

Wesentlich für das Verständnis der Strafrechtslehre Kants[46] sind die folgenden Voraussetzungen.

Unterscheidung von Legalität und Moralität Kant unterscheidet zwischen „juridischer" und ethischer Gesetzgebung. Der Unterschied zwischen beiden besteht nicht etwa darin, dass sie sich auf unterschiedliche Handlungs- bzw. Normenfelder beziehen, sondern darin, dass die ethische Gesetzgebung die Handlungspflicht als solche zur Triebfeder (= zum Motiv) macht, während die juridische Gesetzgebung sich mit jeder beliebigen Triebfeder begnügt. Eine Handlung, die mit dem Gesetz übereinstimmt (egal, aus welchem Motiv sie begangen wird), ist **legal**, eine Handlung, die mit dem Gesetz übereinstimmt und überdies mit Rücksicht auf die Pflicht begangen wird, ist **moralisch**.

Wer aus Angst vor Entdeckung und Strafe nicht stiehlt, handelt legal, aber nicht moralisch. Unterlässt er den Diebstahl, weil er fremdes Eigentum achtet, verhält er sich (legal und) moralisch.

Das **Rechtsprinzip** lautet: „Handle so, dass der Gebrauch deiner Willkür mit der Freiheit von jedermann nach einem allgemeinen Gesetz zusammen bestehen kann". Dieses Prinzip ist die Anwendung des *allgemeinen* kategorischen Imperativs der Sittlichkeit

[45] Auszüge aus Texten beider Denker b. *Vormbaum*, MdtStrD, S. 36 ff. und 82 ff. (mit Literaturhinweisen im Anhang).

[46] Aus der unüberschaubaren Literatur: *Wolfgang Naucke*, Kant und die psychologische Zwangstheorie Feuerbachs. Hamburg 1962; *Daniela Tafani*, Kant und das Strafrecht, in: JJZG 6 (2004/2005), 261 ff.; wieder abgedruckt in: JoJZG 1 (2007), 16 ff.; *Byrd/Hruschka* JZ 2007, 957 ff.; *Georg Steinberg*, Sittliche Strafwürdigkeit als Rechtfertigung staatlichen Strafens nach Kant, in: Schulze/Vormbaum u. a., Strafzweck und Strafform, S. 175 ff.

- Handle nach einer Maxime [d.h. nach einer Richtschnur], welche zugleich als ein allgemeines Gesetz gelten kann.

auf das praktische Verhältnis von Personen. Damit ist es – wie dieser Imperativ – ein unbedingt geltendes, aus der praktischen Vernunft (d. h. aus der handlungsbezogenen Vernunft im Gegensatz zur reinen, naturgesetzlichen Vernunft) entspringendes (Sollens-)Gesetz. Daraus folgt, dass die Herstellung des rechtlichen Zustandes, d. h. des Staates, ein Vernunftgebot ist.

Anders als für die Aufklärungsphilosophen, die den Zweck des Staates in der Herstellung der Sicherheit der Bürger (also in einer empirischen Zielsetzung) erblicken, ist für Kant der Staat der rechtliche Zustand und damit der Garant der Gerechtigkeit[47]. Mit Recht wird daher Kant von einer verbreiteten Auffassung als Begründer der Rechtsstaatsidee angesehen. *Was* rechtlicher Zustand ist, folgt aus dem *Rechtsbegriff*:

Recht ist „der Inbegriff der Bedingungen, unter denen die Willkür des einen mit der Willkür jedes anderen nach einem allgemeinen Gesetze der Freiheit zusammen vereinigt werden kann"[48].

Aus diesem Rechtsbegriff und aus dieser Rechtfertigung des Staates ergeben sich Folgerungen für das **Strafrecht**. Ist das Prinzip des Strafrechts – als Anwendung des Rechtsprinzips – ein kategorischer Imperativ, so kann es nicht zur Disposition für empirische Zwecke stehen. Strafe muss daher *zweckunabhängig* (Naucke) sein. Der Staat soll den Verbrecher nicht zu einem Mittel für Zwecke machen, ihn nicht „unter die Gegenstände des Sachenrechts mengen"; und der Staat soll nicht die Gerechtigkeit korrigieren können, denn damit verhielte er sich selbstwidersprüchlich. Dies sicherzustellen, ist nach Kant nur das **Widervergeltungsrecht** (Talionsrecht) imstande. Aus ihm ergibt sich gleichsam die Strafe für das jeweilige Delikt von selbst.

Obwohl Kant nicht unbedingt in der Tradition Montesquieus steht, ist diese Konstruktion doch allem Anschein nach von Montesquieus Auffassung beeinflusst, dass es ein Triumph der Freiheit sei, wenn jede Strafe der besonderen Natur der Straftat entnommen werde. Alle Willkür entfalle. Die Strafe hänge nur von der Natur der Sache ab[49].

Zugleich ergibt sich daraus die Ablehnung aller relativen Theorien. *Naucke* (S. 37 f.) betont aber mit Recht, dass Kants Strafrechtslehre nicht – wie es mitunter erscheint – nur aus der negativen Abgrenzung zu den relativen Theorien hervorgeht, sondern sich positiv aus seiner Philosophie ableitet.

---

47 *Naucke*, Kant und Feuerbach, S. 28.

48 *Immanuel Kant*, Metaphysik der Sitten. Rechtslehre, hier zitiert nach *Vormbaum*, MdtStrD, S. 36 ff., 40; s. auch *Mario A. Cattaneo*, Menschenwürde und ewiger Friede. Kants Kritik der Politik. Berlin 2004, S. 32 ff., 37.

49 *Montesquieu*, De l'esprit des Lois/Vom Geist der Gesetze. Buch 12, 4. Kapitel, abgedruckt b. *Vormbaum*, StrD, S. 100 f.; allerdings ordnet M. das Talionsrecht an anderer Stelle den despotischen Staaten zu (a. a. O., Buch 6, 19. Kapitel, S. 99); auch betrifft der zitierte Satz eher die Straf*art* als das Straf*maß*.

Abb. 5 Immanuel Kant (1724–1804)

Abb. 6 Paul Johann Anselm Ritter von Feuerbach (1775–1833)

Abb. 7 Karl Ludwig Wilhelm von Grolman (1775–1829)

Abb. 8 Wilhelm von Humboldt (1767–1835)

Kant ist freilich so wenig wie jedem anderen Menschen der Gedanke fremd, dass Strafdrohung und Strafe präventive Wirkung ausüben können. Diese Wirkung kann jedoch für seine Lehre nur ein – wenn auch nicht unerwünschter – Nebeneffekt sein. Eine Legitimation der Strafe leistet sie nicht[50].

---

[50] Dies wird neuerdings bestritten von *Daniela Tafani*, JJZG 6 (2004/2005) 261 ff. und JoJZG 1 (2007), 16 ff. (wie Fußn. 46), die meint, dass die sog. absolute Theorie bei Kant nur das Strafmaß, nicht aber die Strafbegründung betreffe; s. dazu die Diskussionsbeiträge von *Pawlik* (JoJZG 2007, 26), *Rother* (JoJZG 2007, 27 f.), *Cattaneo* (JoJZG 2007, 59 f.); explizit widersprechend auch *Byrd/ Hruschka*, JZ 2007, 957 ff.

Besonders umstritten ist Kants aus dem Widervergeltungsrecht abgeleitete Befürwortung der **Todesstrafe**. Aus heutiger (europäischer) Sicht muss dies in der Tat als Manko seiner Theorie erscheinen. In seiner Auseinandersetzung mit Beccarias Kritik an der Todesstrafe weist Kant jedoch die argumentativen Schwächen dieser Kritik auf:

> Der Standpunkt Beccarias bildet [...] für Kant eine 'Rechtsverdrehung', weil er die Erstellung eines Gesetzes, das doch denselben Status hat wie das moralische Gesetz, einer Übereinkunft unter Vertragschließenden und einer Bewertung ihrer jeweiligen Interessen anheimgibt, und er nennt ihn 'Sophisterei', weil er das Strafgesetz als Ergebnis einer Willensentschließung auffaßt, statt als Gegenstand eines Vernunfturteils, was zu dem widersinnigen Ergebnis führe, daß die Strafe auf ein Übel reduziert wird, das vom Verbrecher selbst gewollt sei[51].

Allerdings weist Kant die Bezugnahme auf den Willen des Mörders nicht ganz von der Hand; jedoch stellt er nicht auf dessen empirisches Urteil, sondern auf das Vernunfturteil ab, an dem der Täter wie jeder andere Mensch teilhat. Dieses aber, so Kant, sagt ihm, dass er nicht gestraft werde, weil er es gewollt habe, sondern weil es gerecht sei (*Naucke*, S. 35).

Eine aktuelle Interpretation Kants könnte hier ansetzen: Das Vernunftgesetz gebietet gewiss, für das schwerste Verbrechen die schwerste Strafe anzusetzen. Ob dies die Todesstrafe ist, und ob – wie Kant meint – das Vernunfturteil auch dem Mörder selbst sagt, diese Strafe sei ihm angemessen, erscheint indes zweifelhaft. Es bleibt überdies aus der Lektüre Kants der Eindruck zurück, dass er die Argumente gegen die Todesstrafe mit besonders emotionalem Nachdruck bekämpft. Dies zeigt sich vor allem in dem von ihm bemühten Inselbeispiel, wonach selbst dann, wenn

> z.B. das eine Insel bewohnende Volk beschlösse auseinanderzugehen und sich in alle Welt zu zerstreuen, [...] der letzte im Gefängnis befindliche Mörder vorher hingerichtet werden [müßte], damit jedermann das widerfahre, was seine Taten wert sind und nicht die Blutschuld auf dem Volk haftet, das auf diese Bestrafung nicht gedrungen hat, weil es als Teilnehmer an dieser öffentlichen Verletzung der Gerechtigkeit betrachtet werden kann[52].

Man kann Kant aus *historischer* Sicht zugute halten, dass die allgemeine Sensibilisierung gegenüber der Legitimität der Todesstrafe ein sehr junges Phänomen ist. Dasselbe gilt gegenüber den bei Kant ebenfalls zu findenden Überlegungen zu einer Kastration von Sexualtätern; diese sieht selbst das gegenwärtige Recht – allerdings, was wesentlich ist, auf freiwilliger Basis – noch vor; man bedenke aber auch, dass sich das Opernpublikum zu Kants Zeit noch an den Gesangsleistungen von Kastraten erfreute, die bereits als Kinder verstümmelt worden waren.

---

[51] *Daniela Tafani*, JoJZG 1 (2007), 16 ff., 25; s. auch *Naucke*, (wie Fußn. 46) S. 34 f.

[52] *Kant*, Metaphysik. b. *Vormbaum*, MdtStrD, S. 43; s. dazu *Senn/ Gschwend*, S. 277 f.: „Das Reaktionsmodell Kants überzeugt, weil es logisch stringent erscheint. Doch in seiner kategorischen Konsequenz und seiner ausdrücklichen Ablehnung der Wahrnehmung der sozialen Bedingungen und der Täteroptik stößt es an eine Grenze. Höchst problematisch werden Kants Aussagen in Verbindung mit dem Argument 'Blutschuld', wie es in der theokratischen Straftheorie des 17. Jahrhunderts noch geläufig war. Damit wird seine Begründung irrational". Ob – wie *Senn/Gschwend*, S. 278 meinen –, Kant das alttestamentarische Talionsprinzip verkannt hat, „das Limitierung", nicht kategorische Forderung der Strafe bedeute, erscheint mir zweifelhaft; bei der Todesstrafe als der schwersten Strafe kann es sich freilich nur in einer Richtung auswirken; bei allen anderen Strafen gilt es in beide Richtungen; eben dies ist seine rechtsstaatliche Funktion. Die *Pflicht* zum Strafen leitet Kant nicht aus dem Talionsprinzip, sondern aus dem Charakter des Strafgesetzes als kategorischer Imperativ ab.

2. Paul Johann Anselm Feuerbach (1775–1833)

a) Leben und Werk[53]

Paul Johann Anselm (von) Feuerbach – Vater des materialistischen Philosophen Ludwig Feuerbach und Großvater des Malers (und Neffen des Philosophen) Anselm von Feuerbach – kann vielleicht (wenn man solche Kategorisierung für sinnvoll hält) als der bedeutendste deutsche Strafrechtler bezeichnet werden. Anders als Kant hat er ein sehr bewegtes Leben geführt, das von Gustav Radbruch informativ und einfühlsam beschrieben worden ist. Vorehelich geboren, promovierte er zunächst in Jena, damals eine Hochburg der Kantschen Philosophie, bei dem Kantianer *Reinhold* in Philosophie, wandte sich dann aber unter wirtschaftlichem Druck – der bevorstehenden Geburt seines ersten Kindes – dem Rechtsstudium als Vorbereitung auf einen Brotberuf zu, das er ebenfalls mit der Promotion abschloss. Nach Lehrtätigkeit in Jena und Kiel erhielt er einen Ruf an die bayerische Universität Landshut, da die bayerische Regierung durch seine Kritik an dem (spezialpräventiv ausgerichteten) Strafgesetzbuch-Entwurf von Gallus Aloys Kleinschrod[54] auf ihn aufmerksam geworden war und ihn zu ihren geplanten Gesetzesreformen heranziehen wollte. Nach einem Streit in der Landshuter Fakultät wechselte Feuerbach ganz nach München, wo er fortan im Justizministerium tätig war. Dort zeichnete er verantwortlich für die Beseitigung der Folter[55], und dort entstand das auf seinen Vorstellungen aufbauende und weitgehend von ihm formulierte bayerische Straf-

[53] *Eberhard Kipper*, Paul Johann Anselm Feuerbach. Sein Leben als Denker, Gesetzgeber und Richter. Köln, Berlin, Bonn, München 1969; *Gustav Radbruch*, Paul Johann Anselm Feuerbach. Ein Juristenleben. 3. Auflage. Göttingen 1956; zu Einzelheiten der Feuerbachschen Strafrechtslehre s. auch *Max Grünhut*, P.J.A. Feuerbach und das Problem der strafrechtlichen Zurechnung. Hamburg 1922. Neudruck Aalen 1978; wichtige Beiträge aus der Sicht der neueren Forschung und Strafrechtstheorie enthält der von *Gröschner/Haney* herausgegebene Tagungsband; *Wolfgang Naucke*, Feuerbachs Lehre von der Funktionstüchtigkeit des gesetzlichen Strafens, in: Hilgendorf/Weitzel, Strafgedanke, S. 101 ff., der die Hauptschwäche der Feuerbachschen Strafrechtslehre darin erblickt, „dass die Verzahnung von wirksamer, zur Entgrenzung des Strafrechts neigender Zweckmäßigkeit und kantischer absoluter Gerechtigkeit nicht gelungen ist"; noch dezidierter *Ders.*, Die zweckmäßige und die kritische Strafgesetzlichkeit, dargestellt an den Lehren P.J.A. Feuerbachs (1775–1832), in: Quaderni Fiorentini 36 (2007), 323 ff.; ausführliche Rekonstruktion der Feuerbachschen Straftheorie b. *Greco*, Lebendiges und Totes; weitere Hinweise zu Leben und Werk b. *Vormbaum*, MdtStrD, S. 362; zahlreiche Aspekte von Feuerbachs Leben und Werk sind jetzt behandelt in dem kurz vor Abschluss des Manuskripts dieser Auflage erschienenen Sammelband von *Koch/Kubiciel/Löhning/Pawlik*, Feuerbachs Bayerisches Strafgesetzbuch.

[54] *Paul Johann Anselm Feuerbach*, Kritik des Kleinschrodischen Entwurfs zu einem peinlichen Gesetzbuche für die Chur-Pfalz-Bayrischen Staaten. Gießen 1804.

[55] Wie schon 1740 König Friedrich II. von Preußen ordnete auch der bayerische König Maximilian Joseph an, die Verordnung über die Beseitigung der Folter nicht öffentlich bekannt zu machen. Einer Überlieferung nach soll er geäußert haben: „Möge es Feuerbach verantworten, wenn nun die Verbrecher der Strafe entgehen", *Radbruch*, Feuerbach, S. 75.

gesetzbuch von 1813, trotz seiner zeitbedingten Mängel eines der bedeutendsten Gesetzgebungswerke der deutschen Geschichte. Auch in München in zahlreiche persönliche Querelen verwickelt, die teils Intrigen gegen den „Ausländer“, teils seinem Temperament zuzuschreiben waren, wechselte Feuerbach, der nach Abschluss seines Gesetzeswerkes u. a. Gnadensachen bearbeitet hatte, nunmehr in die Justiz, wurde Zweiter Präsident des Appellationsgerichts in Bamberg und schließlich Präsident des Appellationsgerichts in Ansbach. Während seiner Ansbacher Zeit griff er in die berühmte Affäre Caspar Hauser ein und begründete mit seiner Schrift *Kaspar Hauser. Beispiel eines Verbrechens am Seelenleben des Menschen* (1832, letzter Neudruck 1983) die These, dass Hauser ein unterdrücktes badisches Fürstenkind sei, womit er diesen „zur europäischen Berühmtheit“[56] machte. Kurz nach der Ermordung Caspar Hausers starb Feuerbach selbst 1833 während eines Besuchs bei seiner Schwester in seiner Heimatstadt Frankfurt.

Feuerbachs Werk umfasst zwar auch Beiträge zur Philosophie, zum Zivilrecht, zur Rechtsvergleichung sowie die bis heute immer neu aufgelegte *Aktenmäßige Darstellung merkwürdiger Verbrechen*; im Vordergrund steht jedoch das Straf- und Strafprozessrecht. Bedeutsam sind vor allem drei seiner Werke: seine zweibändige Monographie *Revision der Grundlagen und Grundbegriffe des positiven peinlichen Rechts* (1799/1800), worin er sein generalpräventives Strafrechtsprogramm entwickelt, sein *Lehrbuch des in Deutschland gültigen peinlichen Rechts* (1801), das über seinen Tod hinaus zahlreiche Neuauflagen (letzte, 14., Auflage 1847) erlebt[57] und während der ersten Hälfte des 19. Jahrhundert das beherrschende Lehrbuch bleibt, und das *bayerische Strafgesetzbuch von 1813*, das in Bayern bis 1862 galt und zahlreiche andere deutsche Partikularstrafgesetzbücher beeinflusste. Zur Wirkung von Feuerbachs Schriften hat nicht zuletzt sein glänzender, überhaupt nicht kanzleimäßiger oder im schlechten Sinne professoraler Stil beigetragen. Hans Magnus Enzensberger hat in jüngerer Zeit Feuerbachs Sprache mit derjenigen des Dichterjuristen Heinrich von Kleist verglichen.

Seine Strafrechtslehre hat Feuerbach außer in der „Revision“ und dem Lehrbuch wiederholt auch an anderen Stellen dargelegt und dabei mitunter besondere Akzente gesetzt. Zu erwähnen sind noch: „Anti-Hobbes oder: Über die Grenzen der höchsten Gewalt und das Zwangsrecht der Bürger gegen den Oberherrn“. Gießen 1797 (Neudruck Darmstadt 1967), und „Über die Strafe als Sicherungsmittel vor künftigen Beleidigungen des Verbrechers“. Chemnitz 1800 (Neudruck Darmstadt 1970). – Die Gestalt Feuerbachs ist anschaulich geschildert in *Jakob Wassermanns* Roman „Caspar Hauser oder die Trägheit des Herzens“[58].

[56] *Kipper*, a. a. O. (wie Fußn. 53), S. 170.

[57] *Paul Johann Anselm Feuerbach*, Revision der Grundsätze und Grundbegriffe des positiven peinlichen Rechts. 2 Bde. Erfurt 1799/Chemnitz 1800 (Neudruck Aalen 1966); *Ders.*, Lehrbuch des gemeinen in Deutschland gültigen peinlichen Rechts (zuerst 1801).

[58] Dazu in Kürze *Dorothea Peters*, Kaspar Hauser.

b) Strafrechtslehre

Feuerbachs Strafrechtslehre nimmt ihren Ausgang von der Rechtslehre Kants; allerdings gelangt Feuerbach – anders als Kant – zu einer Theorie der Generalprävention. Wie Kant sieht er den Zweck des Staates in der „Errichtung des rechtlichen Zustandes“[59]. Da dieser ein äußerer Zustand ist, ist es dem Staate verwehrt, moralische Strafen zu verhängen. Er muss jedoch Anstalten treffen, dass keine *Rechts*verletzungen vorkommen (§ 9). Diese Anstalten sind notwendig „Zwangsanstalten“. Da *physischer* Zwang (sowohl vorhergehender als auch nachfolgender) zur Erreichung des angestrebten Zieles nicht ausreicht (§ 11), muss nach der Möglichkeit eines vorhergehenden „psychologischen“ Zwangs gesucht werden[60].

Feuerbach entfernt sich an dieser Stelle von Kant, denn er übergeht stillschweigend die Frage, „ob es [...] eine absolute rechtliche äußere Strafe geben kann, so wie sie Kant aus dem kategorischen Imperativ begründet hat“. Unter der Hand hat er damit Staat, Recht und Freiheit – bei Kant transzendentale Begriffe – in empirische Begriffe umgewandelt[61].

Durch *Verhängung* der Strafe kann bzw. darf dieser Zwang nicht ausgeübt werden (und zwar weder als spezialpräventiver noch als generalpräventiver Zwang), denn dem steht entgegen, dass damit der Mensch zum Mittel für die Zwecke anderer eingesetzt würde – hier folgt Feuerbach Kant. Feuerbach stellt daher auf die Straf*drohung* ab; sie richtet sich nicht an eine bestimmte Person, sondern an eine Vielzahl von in ihrer Individualität noch nicht bekannten Personen. Den dabei wirksamen *Mechanismus* beschreibt er folgendermaßen:

> Alle Uebertretungen haben ihren psychologischen Entstehungsgrund in der Sinnlichkeit, in wiefern das Begehrungsvermögen des Menschen durch die Lust an oder aus der Handlung zur Begehung derselben angetrieben wird. Dieser sinnliche Antrieb wird dadurch aufgehoben, dass jeder weiss, auf seine That werde unausbleiblich ein Uebel folgen, welches grösser ist als die Unlust, die aus dem nichtbefriedigten Antrieb zur That entspringt. Damit nun die allgemeine Erkenntnis der Notwendigkeit solcher Uebel mit Beleidigungen begründet werde, so muss I) ein Gesetz dieselben als notwendige Folge der That bestimmen (gesetzliche Drohung). Und damit die Realität jenes gesetzlich bestimmten idealen Zusammenhanges in der Vorstellung Aller begründet werde, muss II) jener ursächliche Zusammenhang auch in der Wirklichkeit erscheinen, mithin, sobald die Uebertretung geschehen ist, das in dem Gesetz damit verbundene Uebel zugefügt werden (Vollstreckung, Execution). Die zusammenstimmende Wirksamkeit der vollstreckenden und gesetzgebenden Macht zu dem Zwecke der Abschreckung bildet den psychologischen Zwang.

Zweck der gesetzlichen Straf*drohung* ist es also – modern ausgedrückt –, den aus der Begehung der Tat erwarteten Lustgewinn (im weitesten Sinne) durch einen in Aussicht gestellten Unlustgewinn (durch Bestrafung) auszugleichen und damit auf

---

[59] Lehrbuch § 8; Textauszug b. *Vormbaum*, MdtStrD, S. 82 ff.

[60] Sprachlich korrekt wäre „psychischer“ Zwang. Feuerbach spricht jedoch von psychologischem Zwang; deshalb soll diese Bezeichnung hier beibehalten werden. Korrekt ist wiederum die Bezeichnung seiner Lehre als „psychologische Zwangstheorie“.

[61] Vgl. *Naucke*, S. 44 ff.

den Tatgeneigten einen *psychologischen Zwang* zum Unterlassen der Tat auszuüben. Die „Vollstreckung, Execution" der Strafe soll nur die Ernsthaftigkeit der Strafdrohung unter Beweis stellen[62].

Mit der *Legitimierung* dieses durch *Strafdrohung* ausgeübten psychologischen Zwangs tut Feuerbach sich leicht. Mit ihr – so führt er aus – tue der Staat nichts anderes als das, was jedermann dürfe, nämlich für den Fall der Verletzung von Rechten Zwang anzudrohen. Durch die mit der Strafdrohung verknüpfte Forderung, die gesetzlich definierte Straftat nicht zu begehen, werde der tatgeneigten Person nichts anderes abverlangt als das, wozu sie ohnehin verpflichtet sei, nämlich die Beachtung des Rechtsgesetzes.

Der *Zweck* der Straf*verhängung* und *-exekution* liegt, wie erwähnt, *nicht* in der unmittelbaren Erreichung eines kriminologischen Zieles, sondern allein darin, die Ernsthaftigkeit der Strafdrohung unter Beweis zu stellen. Feuerbach räumt allerdings ausdrücklich ein, dass die vorhergehende Androhung die Verhängung und Exekution noch nicht *legitimiere*; er beruft sich hierfür vielmehr auf eine *Einwilligung* des Täters. Empirisch ist diese freilich unwahrscheinlich; mehr noch: der Täter könnte – wie Feuerbach selbst sieht – die Annahme einfach dadurch zu Fall bringen, dass er ausdrücklich erklärt, *nicht* in die Bestrafung einzuwilligen. Auf eine solche empirische Einwilligung stellt Feuerbach aber – wenn auch erst in einem zweiten Anlauf – nicht ab; das Recht zur Zufügung der angedrohten Strafe, führt er aus, beruhe „nicht auf der wirklichen Einwilligung des Verbrechers in die Strafe, sondern auf der rechtlichen Notwendigkeit von Seiten des Verbrechers (der Rechtspflicht), sich der Strafe zu unterziehen"[63] – eine Argumentation, die an Kants Auseinandersetzung mit Beccaria erinnert.

Alles in allem steht Feuerbachs Lehre trotz zahlreicher „Kantianismen" in vielen Elementen der Strafrechtstheorie der Aufklärung wieder nahe. Allerdings unterscheidet er sich von dieser deutlich dadurch, dass er als Mittel der Generalprävention nicht die Strafverhängung und -vollstreckung, sondern die Straf*drohung* einsetzen will. Insoweit hat auch bei ihm der Gedanke, dass der Mensch nicht „instrumentalisiert" werden dürfe, Wurzeln geschlagen.

Neuerdings ist verschiedentlich versucht worden, der abstrakten, menschenfernen Auffassung Feuerbachs die dem konkreten Menschen gerechter werdende Auffassung Karl Grolmans entgegenzusetzen[64]. Mir erscheint diese Gegenüberstellung zweifelhaft. Wenn *Grolman* zum Ausgangspunkt seiner Lehre den Gedanken macht, der Straftäter habe durch seine Tat gezeigt, dass er sich nicht das Rechtsgesetz zur Richtschnur mache, und er könne deshalb seine Freiheit erst

---

[62] Diese Aussage ist gewiss nicht weit von derjenigen entfernt, wonach die Strafe die Autorität des Gesetzes stärken soll; ob sie mit ihr identisch ist (so *Naucke*, Quaderni Fiorentini 2007, 331, 337 (wie Fußn. 53), erscheint mir nicht ausgemacht.

[63] *Feuerbach*, Über die Strafe als Sicherungsmittel vor künftigen Beleidigungen des Verbrechers (1800), Textauszug b. *Vormbaum*, MdtStrD, S. 82 ff.

[64] *M.A. Cattaneo*, Strafgesetzgebung (wie Fußn. 7), S. 305 ff.; *Ders.*, Grolman (wie Fußn. 7), passim; *Günther Kräupl*, Die strikte Tatstrafe, der Täter und das Opfer in der Werkbiographie P.J.A. Feuerbachs, in: Gröschner/Haney, S. 78 ff.

dann wieder erlangen, wenn er entsprechende Garantien für einen Gesinnungswandel biete, so mag sich dies aus heutiger Sicht im Sinne eines „strafrechtlichen Humanismus“ *(Cattaneo)* interpretieren lassen, indem man daraus den Schluss zieht, die Freiheitsentziehung dürfe nicht länger andauern, als der Resozialisierungszweck beim konkreten Verurteilten reiche; indes wird damit der historische Kontext wie der rechtshistorisch-strafrechtstheoretische Stellenwert der Grolmanschen Lehre verfehlt: *Historische* Betrachtung muss den zeitlichen Kontext berücksichtigen; individuelle Rücksicht- und Einflussnahme auf den Beschuldigten bzw. Verurteilten widersprach im Zeitalter des (bestenfalls!) „fürsorglichen“ Polizeistaates der Idee des aufstrebenden Liberalismus und der Interessenlage des ihn stützenden, nach Emanzipation strebenden Bürgertums[65]; dieses hatte zunächst einmal das Interesse, die Staatsgewalt in rechtsstaatliche Schranken zu weisen; diesem Bestreben widersprach Grolmans Ansatz. Aus *strafrechtstheoretischer* Sicht hat Feuerbach auf den entscheidenden Mangel dieses Ansatzes hingewiesen: Die Überprüfung, ob der Verurteilte sich das Rechtsgesetz zur Richtschnur mache, führt zum Gesinnungsstrafrecht und zur Vermengung von Moralität und Legalität[66]. In der Tat wird Grolman bis heute gern als Schwurzeuge aufgeboten, wenn es darum geht, die Grenze zwischen diesen Sphären aufzuheben oder aufzuweichen.[67].

Dem Einwand, dass seine Theorie die Versuchung begründe, eine hohe Strafdrohung anzusetzen, um den erhofften Kompensationserfolg der Strafdrohung auch sicher zu erzielen, dass seine Theorie also „einen Terrorismus auf Kosten der Menschlichkeit und anderer Staatszwecke begründe“[68], ist Feuerbach unterschiedlich begegnet. Während er im *Lehrbuch* die Schärfe der Strafdrohung als ein Problem der „gesetzgebenden Staatsweisheit (Criminalpolitik)“ bezeichnet[69], argumentiert er in seiner Abhandlung „Strafe als Sicherungsmittel“ theoretisch: „Der Zwang darf in meiner Theorie nicht größer seyn, als notwendig ist, dieses Hinderniß der Freyheit aufzuheben“. Freilich verweist dieses Argument doch wieder auf Empirie und Politik, denn die Feststellung, wie groß der „notwendige Zwang“ sei, läßt sich nicht theoretisch treffen. Deutlich zeigt sich dies, wenn man einen Kernsatz Beccarias daneben hält: „Um gerecht zu sein, darf eine Strafe nur jene Intensitätsgrade besitzen, die ausreichen, um Menschen vom Verbrechen abzuhalten“[70]; ein Unterschied besteht nur in der Begrifflichkeit, nicht in der Sache. Kant hingegen hatte mit der Einführung des Talionsprinzips einen solchen empirischen Zusammenhang gerade ausschließen wollen.

Wichtig für die weitere Strafrechtsentwicklung ist die **Folgerung**, die Feuerbach aus dem Mechanismus des psychologischen Zwangs zieht: Soll dieser wirksam werden, so muss der Tatgeneigte, um die Gegenmotive entwickeln zu können,

[65] Das freilich zugleich vom Staat den (auch strafrechtlichen) Schutz seiner Eigentumsinteressen gegenüber der Unterschicht begehrte; dies ist einer der Faktoren, der erklärt, warum das Strafrecht des liberalen Zeitalters durchaus nicht immer ein mildes Strafrecht war.

[66] *P.J.A. Feuerbach*, Über die Strafe als Sicherungsmittel (wie Fußn. 63), in: *Vormbaum*, MdtStrD, S. 82 ff.

[67] S. z. B. *Welzel*, Über den substantiellen Begriff des Strafrechts (1944); Auszug in: *Vormbaum*, MdtStrD, S. 291 ff.

[68] *Feuerbach*, Lehrbuch, § 18, Anmerkung.

[69] Ebd.

[70] *Beccaria*, S. 51.

genau wissen, was ihn im Falle der Tatbegehung erwartet. Dies setzt voraus, dass Straftat und Strafdrohung im *Gesetz* definiert sind, dass sie *nicht rückwirkend* in Kraft gesetzt werden, dass sie *bestimmt* formuliert sind und dass sie nicht über ihren Wortsinn hinaus, also *nicht analog,* angewendet werden. Diese vier Konsequenzen (Verbot von Gewohnheitsrecht, Rückwirkungsverbot, Verbot unbestimmter Strafgesetze und Analogieverbot) werden heute mit dem aus Feuerbachs Lehrbuch stammenden Satz *nulla poena sine lege* (heute ergänzt um *nullum crimen sine lege*) zusammengefasst. Feuerbach selbst formuliert zwar nur die erste dieser vier Konsequenzen; die anderen drei folgen jedoch aus seiner Lehre. Feuerbach setzt auch hier eine Tradition der Aufklärung fort, die sich beispielsweise auch bei Beccaria findet, stellt sie aber auf eine neue theoretische Grundlage.

3. Gemeinsamkeiten

Inwieweit man Feuerbach als „Kantianer“ bezeichnen darf, soll hier nicht weiter verfolgt werden[71]. Historisch lassen sich jedoch bei allen Unterschieden, die es zweifellos gibt, vor allem folgende gemeinsame Grundgedanken bei Kant, Feuerbach und anderen Strafrechtstheoretikern des ausgehenden 18. Jahrhunderts[72] feststellen oder aus ihren Lehren ableiten:

1. Aus dem Autonomiegedanken folgt, dass der Staat nicht die Gesinnung des Menschen und Täters zu erforschen hat und dass es keinen erzieherischen Zugriff des Staates auf den Menschen und Bürger geben darf. Strafe als Präventionsmittel würde den Menschen – modern ausgedrückt – „instrumentalisieren“ (in Kants Worten: „ihn unter die Gegenstände des Sachenrechts mengen“). Auch Feuerbach stellt deshalb – wie erörtert – nicht auf die *Strafe*, sondern auf die Straf*drohung* als Präventionsmittel ab.
2. Aus dem Rechtsbegriff folgt, dass der Kanon dessen, was strafbar sein darf, d. h. dessen, was der Staat legitimerweise mit Strafe belegen darf, auf *Rechts*verletzungen begrenzt ist, denn alles, was darüber hinausgeht, überschreitet die Zuständigkeit des Staates, dessen Aufgabe in der Herstellung des rechtlichen Zustandes, (besser noch: der selbst der rechtliche Zustand sein soll) besteht. Die Gesinnung des Täters geht den Staat nichts an. Moral und Strafrecht sind getrennt.
3. Punkt 1 und 2 zusammen ergeben, wenn auch nicht immer ausgesprochen, die Forderung nach Unabhängigkeit des Strafrechts von der Politik. Kant ist um dieser Unabhängigkeit willen bereit, die Todesstrafe zu verteidigen, weil er das Widervergeltungsrecht als willkürfreie, aus der Vernunft ableitbare Rechtsregel für die Strafe ansieht. Feuerbachs Lehre birgt zwar mit ihrer zentralen Stellung des positiven Gesetzes die Gefahr einer politischen Verfügbarkeit und damit einer Expansion des Strafrechts; immerhin hat er diese Gefahr gesehen und die

[71] Ausführlich und mit negativem Ergebnis: *Naucke*, S. 52 ff.

[72] Zu ihnen *Cattaneo*, S. 262 ff.

Notwendigkeit einer Kongruenz von positivem Strafrecht und Rechtsverletzung betont.

4. Es gilt der Grundsatz *nullum crimen, nulla poena sine lege*, aus dem vor allem die Geltung des Bestimmtheitsgrundsatzes im Strafrecht folgt. Als Konsequenz aus Punkt 1 steht im Vordergrund des Strafrechts nicht der Täter, sondern *die Tat*.
5. Mit der Forderung nach Beseitigung der Folter wird ein Hebel zur Reform des gemeinrechtlichen inquisitorischen Strafverfahrens angesetzt. Zum theoretischen Rüstzeug für diese Reform gehört die Übertragung der Gewaltenteilungslehre in das gerichtliche Verfahren, die damit als Gegenmodell zur Gewaltenbündelung in der Hand des Gerichts entworfen wird[73]. Es sollte allerdings noch längere Zeit dauern, bis die über die Beseitigung der Folter hinausgehenden Forderungen wenigstens teilweise durchgesetzt werden konnten.

Alles in allem werden in diesen Punkten die Umrisse des **Programms des strafrechtlichen Liberalismus** sichtbar, das sich auf eine Mischung aus Kants Strafrechtslehre und den mit kantianischer Begrifflichkeit überformten Lehren der Aufklärung stützt.

Ihr klassisches Manifest hat die liberale Staatsauffassung – auch für das Strafrecht – in *Wilhelm von Humboldts* Abhandlung „Ideen zu einem Versuch die Gränzen der Wirksamkeit des Staats zu bestimmen“ aus dem Jahre 1792 gefunden[74]. Sie wurde allerdings – vermutlich wegen befürchteter Probleme mit der Zensur – in vollem Umfang erst 1851 veröffentlicht und konnte daher eine rechtspolitische Wirkung kaum entfalten. Humboldts Thesen sind jedoch charakteristisch:

1. „[...] Der Staat darf jede Handlung mit einer Strafe belegen, welche die Rechte (!) der Bürger kränkt, und insofern er selbst allein aus diesem Gesichtspunkt Gesetze anordnet, jede, wodurch eines seiner Gesetze übertreten wird[75].
2. Die härteste Strafe darf keine andre, als die, nach den individuellen Zeit- und Ortsverhältnissen möglichst gelinde sein. [...]
3. Jedes Strafgesetz kann nur auf denjenigen angewendet werden, welcher dasselbe mit Vorsatz oder mit Schuld (=Fahrlässigkeit – T.V.) übertrat, und nur in dem Grade, in welchem er dadurch Nicht Achtung des fremden Rechtes bewies.
4. Bei der Untersuchung begangener Verbrechen darf der Staat zwar jedes, dem Endzweck angemessene Mittel anwenden; hingegen keines, das den bloss verdächtigen Bürger schon als Verbrecher behandelte, noch ein solches, das die Rechte des Menschen und des Bürgers, welche der Staat, auch in dem Verbrecher, ehren muss, verletzte, oder das den Staat einer unmoralischen Handlung schuldig machen würde.

---

[73] Zu den Einflüssen Montesquieus auf die italienische Strafrechtslehre des 18. Jahrhunderts (*Cremani*, *Renazzi* u.a.) s. *E. Dezza*, Anklageprozeß und Inquisitionsprozeß in der Rechtslehre des 18. Jahrhunderts, in: Ders., Strafrecht, S. 7 ff.

[74] Auszug mit den auf das Strafrecht bezüglichen Bestimmungen b. *Vormbaum*, MdtStrD, S. 5 ff. mit Literaturhinweisen S. 356.

[75] Damit ist, genau genommen, auch ein Ansatz für die Begrenzung des Polizeistrafrechts gewonnen.

5. Eigene Veranstaltungen, noch nicht begangene Verbrechen zu verhüten, darf sich der Staat nicht anders erlauben, als insofern dieselben die unmittelbare Begehung derselben verhindern [...]"[76].

Kennzeichnend für die kantianische und die von ihr beeinflusste Strafrechtslehre ist ihr (im philosophischen Sinne) *idealistischer Charakter*, mit dem sie die deutschsprachige Strafrechtslehre unabhängig von deren jeweiligen Inhalten nachhaltig und langfristig, letztlich bis heute, beeinflusst hat. Deutsche Strafrechtslehre und Strafrechtsdogmatik sind charakterisiert durch eine „Spiritualisierung des Sozialen"[77]. Anders als in Frankreich und in den angelsächischen Ländern finden sozialwissenschaftliche Erkenntnisse nur in sehr sublimierter Form Einlass in die Denkgebäude.

Diese Entwicklung verläuft nicht unabhängig von den **politischen Verhältnissen**. Anders als in den westlichen Nachbarländern hatten in Deutschland Welterklärungs-Versuche lange Zeit nicht die *Chance*, aber auch nicht die *Verantwortung*, sich in der politischen Realität zu bewähren. Das „Abtasten" der Theorie an der Wirklichkeit blieb den deutschen Denkern zugleich vorenthalten und erspart. Also setzte man in Deutschland – wie es Heinrich Heine ausgedrückt hat – auf „das hohe Pferd der Idee"[78]. Und so richtete die deutsche Philosophie, wiederum in den Worten Heines, an der Gottesidee jenes Gemetzel an, das die französische Revolution am realen Königtum vollzogen hatte:

> Dieses Buch [sc.: Kants „Kritik der reinen Vernunft"] ist das Schwert, womit der Deismus [hier gemeint: der Gottesglaube] hingerichtet worden ist in Deutschland. Ehrlich gesagt, ihr Franzosen, in Vergleichung mit uns Deutschen seid ihr zahm und moderat. Ihr habt höchstens einen König töten können. [...] *Wir* hatten Emeuten in der geistigen Welt ebenso wie *ihr* in der materiellen Welt, und bei dem Niederreißen des alten Dogmatismus echauffierten wir uns eben so sehr wie ihr beim Sturm auf die Bastille.

An dieser Besonderheit nimmt die deutsche Strafrechtswissenschaft teil. Mit dem Siegeszug der Philosophie des deutschen Idealismus außerhalb Deutschlands, insbesondere in den südeuropäischen Ländern, gewinnt auch sie weltweiten Einfluss. Und ihr Erfolgsgeheimnis liegt bis heute in ihrer Allgemeinheit und Abstraktion, die ihr die Möglichkeit „rücksichtsloser" methodischer und begrifflicher Konsequenz liefert[79]. Eine Folge dieser Prägung ist eine gewisse „Entmaterialisierung",

---

[76] Zitiert nach *Vormbaum*, MdtStrD, S. 18; zum Text Humboldts s. *Friedrich Schaffstein*, Das Strafrecht in Wilhelm von Humboldts Schrift über die Grenzen der Staatswirksamkeit (zuerst 1973), in: Ders., Abhandlungen zur Strafrechtsgeschichte. Aalen 1986, S. 247 ff. *Felix Herzog*, Über die Grenzen der Wirksamkeit des Strafrechts. Eine Hommage an Wilhelm von Humboldt. (Humboldt-Universität Berlin. Öffentliche Vorlesungen. Heft 11). 1993.

[77] *Amelung*, Rechtsgüterschutz, S. 32.

[78] *Heinrich Heine*, Gefängnisreform und Strafgesetzgebung, in: Thomas Vormbaum (Hrsg.), Recht, Rechtswissenschaft und Juristen im Werk Heinrich Heines. Berlin 2006, S. 136.

[79] Den *allgemeinen* Fragen, die sich damit aufdrängen, kann hier nicht weiter nachgegangen werden. Angedeutet sei nur, dass nationale Eigenschaften – ein Begriff, der freilich nur mit Vorsicht verwendet werden sollte – meistens aus derselben Wurzel, die ihre (vermeintlichen oder wirklichen) Stärken hervorbringt, auch ihre problematischen Eigenschaften empfangen: *hier* die bis in die letzten Konsequenzen durchgehaltene methodische und begriffliche Denkdisziplin der deutschen idealistischen Philosophie, *dort* die dem Unsinn Methode verleihende Konsequenz einer

die einerseits das Festhalten an idealen Vorstellungen ohne Rücksicht auf die ihnen entgegenstehende (politische) Realität ermöglicht[80], andererseits führte dies dazu, dass es in Deutschland, anders als etwa in den angelsächsischen Ländern, nicht gelang, bestimmte rechtsstaatliche Mindeststandards als nicht mehr hinterfragten und nicht mehr begründungsbedürftigen gesellschaftlichen Besitzstand in der alltäglichen Rechtskultur zu verankern[81]. Dieses Ergebnis war freilich mehr Voraussetzung als Folge der Vergeistung der deutschen Strafrechtslehre[82], es war m. a. W. die Folge der *politischen* Entwicklung.

Nimmt man die idealistische Philosophie nur von ihrer *Erkenntnistheorie* her, so ist ihre politische Verlängerung der *formelle Rechtsstaat.* Politisch betrachtet ist dieser ambivalent, da – wie das Bismarck-Reich zeigt – die Form dieses Rechtsstaates prinzipiell mit jedem Inhalt gefüllt werden kann[83]. Denkt man sich jedoch die idealistische Strafrechtslehre verbunden mit der Verwirklichung der oben aufgelisteten Punkte, so zeigt sich die strafrechtliche Ausprägung eines die Staatsmacht auch inhaltlich begrenzenden Rechtsstaatsprinzips. Will man daher der Strafrechtswissenschaft ein Versäumnis vorhalten, so scheint dies weniger im Fehlen einer Soziallehre zu liegen[84] – eine solche könnte in der Realität unterschiedlich (also auch obrigkeitsstaatlich) ausfallen –, sondern darin, dass ein großer Teil glaubte, einer „Praxis“ entgegenkommen zu müssen, die seit 1815 eben diejenige der Restauration, dann des Vormärz, dann der Reaktion und schließlich des Bismarckschen Obrigkeitsstaates war. Im folgenden Kapitel soll dies gezeigt werden. Am Ende des 19. Jahrhunderts sollte sich zeigen, wie problematisch eine „Öffnung“ der Strafrechtswissenschaft zu den empirischen Wissenschaften sein konnte.

Rassentheorie und der daraus resultierende, systematisch-methodisch betriebene Massenmord des Holocaust. Freilich bedürfen diese Überlegungen noch der Vertiefung und Differenzierung.

80 Zahlreiche Fundstellen für Kants Verteidigung der Rechtsmetaphysik gegenüber einer bloß empirischen Rechtslehre b. *Mario A. Cattaneo*, Menschenwürde und ewiger Friede a. a. O. (wie Fußn. 48), S. 32 ff.; *Naucke/Harzer*, Rechtsphilosophie, S. 77: „Kants Metaphysik des Rechts ist der Versuch, ein bloß metaphysisch gestütztes Recht zu kontrollieren“.

81 Symptomatisch die bis heute anhaltende Diskussion um die Legalität und Legitimität des Ermächtigungsgesetzes von 1933. Das Grundgesetz der Bundesrepublik Deutschland hat mit Art. 79 Abs. 3 versucht, einen solchen Mindestbestand zu formulieren und zu garantieren.

82 Zu untersuchen wäre, ob die verbreitete Theoriefeindlichkeit der deutschen Justizpraktiker, mit der jeder Referendar in seiner praktischen Ausbildung konfrontiert wird, eine Komplementärerscheinung der im Text erwähnten Entwicklung ist.

83 *Müller*, Generalprävention, S. 30.

84 So aber wohl *Amelung*, Rechtsgüterschutz, S. 33.

§ 3 Entwicklungstendenzen im 19. Jahrhundert

I. Strafrechtslehre

Gemäß der in § 1 erläuterten Absicht ist nun zu verfolgen, wie die am Anfang der Rechtsepoche verkündeten Grundsätze umgesetzt und weiterentwickelt worden sind.

1. Verbrechensbegriff

Dazu ist zunächst das aufzugreifen, was am Ende des vorigen Paragraphen über die Beschränkung der strafrechtlichen Reaktion auf *Rechtsverletzungen* gesagt worden ist. Es betrifft die Frage nach dem legitimen *Umfang* des Strafrechts, die noch vor der Frage nach den sog. Strafzwecken zu stellen ist. *Was* darf der Staat mit Strafe bedrohen und gegebenenfalls bestrafen?

Man kann dies auch als die Frage nach dem **materiellen Verbrechensbegriff** bezeichnen[1]. *Formell* ist Straftat das, was der positive Gesetzgeber als Straftat definiert. *Materielle Straftat* ist das, was nach einer *inhaltlichen* Betrachtung bestraft werden kann. Will man nicht, dass der reale Gesetzgeber nach Belieben Strafnormen erlassen darf, so ist dieser materielle, vorpositive Verbrechensbegriff als Maßstab für den (formellen, positiven) Gesetzgeber grundlegend[2], und jeder Überschuss des formellen, positiven, gesetzlichen Strafrechts über den Bereich der materiellen Straftaten hinaus ist ein illegitimer Übergriff des Gesetzgebers.

[1] *Naucke,* Materieller Verbrechensbegriff, S. 269 ff.; *Neubacher*, Jura 2000, 514.

[2] Eine andere Frage ist, ob der materielle Verbrechensbegriff nur den *äußersten* Rahmen der staatlichen Strafgewalt beschreibt, oder ob er in seinem Bereich auch eine Straf*pflicht* begründet. Kants Verständnis des Strafgesetzes als kategorischer Imperativ kann nur im letzteren Sinne verstanden werden. Zum Versuch, ein anderes Verständnis zu begründen, s. u. § 7 a.E. m. Nachw.

T. Vormbaum, *Einführung in die moderne Strafrechtsgeschichte,* Springer-Lehrbuch,
DOI 10.1007/978-3-662-45575-3_4

Welches ist aber der Maßstab für dieses legitime, auf einem materiellen Verbrechensbegriff beruhende Strafrecht? Für die Strafrechtstheoretiker im Zeitalter der **Aufklärung**, die sich darum bemühten, säkulare (=weltliche) Begründungen für das Strafrecht und für die einzelnen Strafdrohungen zu liefern, konnte die frühere religiöse Begründung des Strafrechts (z. B. bei *Carpzov*), die jedes Verbrechen als Verstoß gegen göttliche Gebote und die Strafe als Entsühnung des Verbrechers und Ablösung einer Blutschuld, die auf dem Volk liegt, betrachtete, nicht mehr genügen. In der Strafrechtsliteratur wurde die Lehre vom *Gesellschaftsvertrag* herangezogen. Den legitimen Umfang staatlichen Strafens zu ermitteln und zu begrenzen war gerade eines der zentralen Anliegen der kontraktualistischen Theorien. Mit dem Übertritt vom Naturzustand in den Gesellschaftszustand soll das friedliche Zusammenleben der Menschen durch Sicherung der Rechte jedes Einzelnen erreicht werden. Eingriffe in die Freiheit des Einzelnen (insbesondere Strafnormen), die nicht diesem Zwecke dienen, sind vom Gesellschaftsvertrag nicht gedeckt.

Allerdings wird schon im Aufklärungszeitalter gesehen, dass es neben den Strafnormen des Kriminalrechts, die der unmittelbaren Sicherung des friedlichen Zustandes dienen, ein Sanktionenrecht gibt, das die *praktische Umsetzung und Aufrechterhaltung* dieses Zustandes „guter Policey" sichert und deshalb lange Zeit Polizeistrafrecht, später auch Verwaltungsstrafrecht, genannt wird und vom Ansatz her dem heutigen Ordnungswidrigkeitenrecht entspricht. Dies eröffnet die Möglichkeit einer („halben") Entkriminalisierung, indem Tatbestände des Kriminalstrafrechts, die dessen materiellen Kriterien nicht (mehr) standhalten, in Tatbestände dieses Rechtsbereiches umgewandelt werden, statt sogleich eine vollständige Sanktionslosigkeit herbeizuführen. Die Abgrenzung der beiden Bereiche ist eines der durchgängigen Themen der Strafrechtsdiskussionen des 19. und 20. Jahrhunderts. Im absolutistischen Staat, in dem die Polizeigewalt sich nicht auf die Aufrechterhaltung der Sicherheit beschränkt, sondern die Sicherung der öffentlichen Wohlfahrt zum Gegenstand hat, gibt es allerdings kein Kriterium, das die polizeiliche Gewalt ihrerseits einschränkt[3].

Durch **Immanuel Kant** rückt in den Mittelpunkt der Strafrechtstheorie die *Rechtsverletzung*. Die Herleitung dieses Ansatzes aus dem Rechtsbegriff ist bereits dargestellt worden. Da staatliches Strafen nur gegenüber Freiheitsverletzungen eingesetzt werden darf, Freiheit sich aber in den *subjektiven Rechten* konkretisiert, beschränkt sich legitime staatliche Strafgewalt auf die Bestrafung von *Rechtsverletzungen*. Kant stellte damit die bereits von kritischen Aufklärungsphilosophen vertretene Lehre auf eine neue Grundlage.

Damit war eine bis heute nicht wieder erreichte (zumindest theoretische) Klarheit über den legitimen Umfang des Strafrechts gewonnen. Auf der von Kant philosophisch untermauerten Rechtsverletzungslehre versuchen um 1800 verschiedene Strafrechtslehrer mit kantianischem Hintergrund ein System der strafrechtlich schutzwürdigen Rechte aufzubauen.

Bemerkenswert ist, dass die beiden bekanntesten dieser Strafrechtslehrer – *Paul Johann Anselm Feuerbach* und *Carl Grolman* – nicht Kants absoluter Straftheorie folgen. Feuerbach vertritt – wie dargestellt – eine Straftheorie der Generalprävention durch Strafdrohung, Grolman eine Spezialpräventionslehre. Man kann es so

---

[3] *Amelung*, Rechtsgüterschutz, S. 22 ff.

formulieren, dass Kant die Aufgabe des Strafrechts darauf beschränkt, *Rechts*verletzungen zu *vergelten*, Feuerbach und Grolman darauf, diese zu *verhindern.*

War die Begrenzung des Bereichs des Strafrechts auf den Bereich der Verletzung subjektiver Rechte bei Kant noch ein philosophisch abgeleitetes Postulat, das aus seinem Begriff des (objektiven) Rechts folgte, so bekam **Feuerbach** als praktischer Strafgesetzgeber in Bayern die politischen und gesellschaftlichen Widerstände gegen diese Einengung des Strafrechts zu spüren. Immerhin trugen die Zugeständnisse, die das von ihm wesentlich mitgestaltete Bayerische Strafgesetzbuch von 1813 (dazu II. 2. a) der Konvention machte, Kompromiss-Charakter.

Ein politisches Kompromiss-Angebot an die staatliche Kriminalpolitik enthielt freilich die Feuerbachsche Fortentwicklung des *Polizeistrafrechts.* Dieses erfasst Handlungen, welche keine ursprünglichen Rechte verletzen, aber mittelbar den Staatszweck beeinträchtigen:

> Insoferne der Staat berechtigt ist, durch *Polizeigesetze* auf seine Zwecke *mittelbar* hinzuwirken und durch diese an sich nicht rechtswidrige Handlungen zu verbieten, sofern gibt es *besondere Rechte des Staates auf Unterlassung dieser speziell verbotenen Handlungen,* die den Untertanen ursprünglich rechtlich möglich waren. Ist das *Recht des Staates auf Gehorsam gegen ein bestimmtes Polizeigesetz mit Strafen bedroht,* so entsteht der Begriff von *Vergehen, Polizei-Uebertretung*[4].

Diese theoretische Konstruktion beschränkte einerseits die Kriminalpolitik beim Erlass von Polizeistraftatbeständen auf die Fälle der mittelbaren Beeinträchtigung des Staatszweckes, lieferte ihr zugleich freilich ein Angebot, dessen Bedingung leicht zu erfüllen war, denn eine „mittelbare Beeinträchtigung des Staatszweckes“ lässt sich zweifellos leicht konstruieren. Feuerbach selbst hat die Gefahr des Polizeistrafrechts gesehen:

> Sehr leicht kann die Polizeistrafgesetzgebung missbraucht werden, um alle menschliche Freiheit in Fesseln zu schlagen, und aus dem Bürger eine lebende chinesische Puppe zu machen, die kein noch so unschuldiges Schrittchen thun kann ohne in die Strafe zu fallen[5].

Immerhin entzog die Rechtsverletzungslehre das eigentliche Kriminalstrafrecht theoretisch gesetzgeberischem Belieben; im Grunde war es kodifiziertes Naturrecht, der Gesetzgebungsakt blieb insoweit *deklaratorisch.* Die Forderung, Kriminalstrafe nur wegen der Verletzung subjektiver Rechte zu verhängen, blieb also eine Herausforderung und ein argumentatives Problem für Kriminalpolitiker (soweit sie sich von strafrechtstheoretischen Argumenten überhaupt beeindrucken ließen). Doch sie erhielten Beistand.

Seinen Ausgang nahm dieser Beistand – so jedenfalls die heute verbreitete Auffassung – von dem Strafrechtslehrer **Johann Michael Franz Birnbaum**, der 1834 den Begriff des **Gutes** in die Strafrechtstheorie einführte, aus dem sich später der

---

[4] *Feuerbach,* Lehrbuch, § 22 (S. 46) (Hervorh. im Original); vgl. auch *Amelung*, Rechtsgüterschutz, S. 34.

[5] *Feuerbach*, Lehrbuch, § 22 Fußn. 2 (S. 48). Feuerbach weist als besonders „empörendes Muster“ einer solchen Gesetzgebung auf den in der Restaurationszeit (1822) entstandenen Entwurf eines bayerischen Strafgesetzbuches hin, der aber nicht Gesetz wurde.

Begriff des **Rechtsgutes** entwickelte. Birnbaum ist heute praktisch nur noch durch seinen Aufsatz aus dem Jahre 1834 *Ueber das Erforderniß einer Rechtsverletzung zum Begriffe des Verbrechens* in Erinnerung geblieben[6]. Darin ging er von der – begrifflich durchaus zutreffenden – Annahme aus, man könne Rechte als solche nicht verletzen, sondern allenfalls jene *Güter*, die Gegenstand von Rechten sind.

Der Dieb, der einem anderen eine Sache wegnimmt, ändert nichts an den Eigentumsverhältnissen, denn das Eigentums*recht* des Bestohlenen bleibt ja bestehen. Der im Sinne des § 223 StGB körperlich Misshandelte verliert nicht sein *Recht* auf sein körperliches Wohl und seine körperliche Unversehrtheit; der der Freiheit Beraubte verliert nicht sein *Recht* auf Bewegungsfreiheit u.s.w. Verletzen kann man nur die Substrate dieser Rechte, indem man den Berechtigten an ihrer ungestörten Wahrnehmung und Ausübung hindert.

Im Grunde war die Einsicht Birnbaums trivial, nämlich ein Hinweis darauf, dass der Gesetzgeber bzw. die Rechtslehre sich einer ungenauen Terminologie bedienen, wenn sie von der „Verletzung" eines Rechtes sprechen. Zu einer Änderung des *Umfangs* des Strafrechts musste diese Änderung der Begrifflichkeit jedenfalls nicht führen. Wer heute im Text des § 823 Abs. 1 BGB das Wort „Recht" durch das Wort „Rechtsgut" oder durch die Formulierung „einen anderen an der Ausübung des Rechts auf Leben, auf Gesundheit, auf Freiheit, auf Eigentum oder an der Ausübung eines sonstigen (absoluten) Rechts hindert" ersetzt, hat damit über den Anwendungsbereich dieser Norm und anderer vergleichbarer Normen keine neue Entscheidung getroffen[7]. So blieb denn auch *Birnbaum* selber, was den *Umfang* des Strafbarkeitsbereichs anging, noch innerhalb des Kreises subjektiver Rechte. Weil jedoch der Begründungszwang, für einen Straftatbestand ein durch diesen geschütztes Recht zu benennen, wegfiel, öffnete Birnbaums Ansatz objektiv die Tür zur strafrechtlichen Bezugnahme auch auf solche „Güter", die nicht Gegenstand von *Rechten* sind. In der Tat hat Birnbaums Lehrer **Carl Joseph Anton Mittermaier** (1787–1867), ohne den Guts-Begriff zu verwenden[8], in der Sache eben diese Tür durchschritten[9]. Der Abschied vom *Rechts*verletzungsparadigma legitimierte Strafdrohungen gegen Handlungen, die keine (natürliche oder juristische) Person in

[6] Textauszug b. *Vormbaum*, MdtStrD, S. 148 ff.; Vollständiger Neudruck jetzt in: *Guzman Dalbora/Vormbaum* (Hrsg.), Johann Michael Franz Birnbaum. 2 Aufsätze; dazu Besprechungsaufsatz von *Wohlers*, GA 2012, 599 ff.

[7] So auch *Knut Amelung*, J. M. F. Birnbaums Lehre vom strafrechtlichen „Güter"-Schutz als Übergang vom naturrechtlichen zum positivistischen Rechtsdenken, in: Diethelm Klippel (Hrsg.), Naturrecht im 19. Jahrhundert. Goldbach 1997, S. 349 ff., 354.

[8] *Frommel*, Präventionsmodelle, S. 155. Es ist immerhin auffällig, dass Mittermaier, der nach dem Erscheinen des Birnbaumschen Aufsatzes noch mehr als 30 Jahre lang publizistisch tätig war und selber zu den Herausgebern des „Archivs des Criminalrechts" zählte, in dem der Aufsatz erschien, sich anscheinend nicht auf den Gedanken des „Guts" berufen oder sich mit ihm auseinandergesetzt hat; *Vormbaum*, Birnbaum und die Folgen, in: José Luis Guzman Dalbora/Thomas Vormbaum (Hrsg.), Birnbaum, Zwei Aufsätze. Münster 2011, S. 101 f.; zu der Möglichkeit, Birnbaums Lehre durch eine Verknüpfung mit der Lehre von der „Natur der Sache" schärfere Konturen zu geben, s. *Guzman Dalbora*, Birnbaum, a. a. O., S. 81 ff., dazu *Vormbaum*, Birnbaum und die Folgen, a. a. O., S. 114 f.

[9] *Naucke*, Verbrechensbegriff, S. 280 f.

ihren Rechten verletzten, vor allem solche, die nur gegen Grundsätze der Sittlichkeit und des Anstands verstießen.

> Da Birnbaum den 'Güter'-Schutzgedanken […] nicht mehr theoretisch fundierte und ihn auch ohne eine solche Fundierung bereits für plausibel hielt, öffnete er mit ihm einen Weg, auf dem seine Nachfolger zu Verbrechenslehren fortschreiten konnten, in denen tatsächlich das politische Belieben eines wertenden Subjekts die fehlende Theorie von den Voraussetzungen menschlicher Koexistenz ersetzt. […] Der Güterschutzgedanke macht aus der Sozialschadenslehre ein reines Wertungsproblem und wirft sie – was *Birnbaum* freilich noch nicht sieht – damit letztlich auf die einzig sichere Instanz der Wertung, den Gesetzgeber, zurück[10].

Diese Feststellung von *Amelung* ist immerhin bemerkenswert, denn in der Gegenwart wird der Rechtsgüterschutzgedanke überwiegend als ein methodisches Mittel zur *Begrenzung* des Strafrechts aufgefasst. Festzuhalten ist dagegen, dass an der Wiege des Rechtsgüterschutzgedankens der Wunsch nach **Expansion des Strafrechts** gestanden hat[11].

Der Übergang von der Rechtsverletzungslehre zur Rechtsgutsverletzungslehre kann als strafrechtstheoretischer Niederschlag allgemeiner Entwicklungen eingeordnet werden:

Politisch betrachtet geschieht dieser Übergang in der Zeit der **Restauration** und des Vormärz; die staatsrechtlichen Verhältnisse der vornapoleonischen Zeit waren – außer in einigen süddeutschen Staaten[12] – wiederhergestellt („restauriert") worden. Die Regierungen des 1815 gegründeten **Deutschen Bundes** versuchten, gesellschaftliche Entwicklungen zu mehr Partizipation (vor allem) des Bürgertums nicht zuletzt mit den Mitteln des Strafrechts zu unterdrücken (dazu noch u. II.). In dieses politische Umfeld passten rechtsphilosophische und kriminalpolitische Auffassungen, welche die Strafgewalt des Staates auf Rechtsverletzungen begrenzen wollten, sich nicht gut ein.

Geistes- und kulturgeschichtlich betrachtet fiel die „Aufweichung" der Rechtsverletzungslehre durch die Rechtsgutsverletzungslehre in die ausgehende Epoche der **Romantik**, die der technizistischen Rationalität des Aufklärungsdenkens den Gedanken des Organischen und die Betonung der Subjektivität und der individuellen Eigenheit (von Personen, Staaten und Nationen) entgegenstellte. Vor der organischen Staatsauffassung und der liebevollen Versenkung in Geschichte, Überlieferungen und Eigenheiten des Volkstums konnte die als mechanistisch und doktrinär

---

[10] *Amelung*, Rechtsgüterschutz, S. 49, 50.

[11] So auch *Silva Sanchez,* Expansion, S. 62 ff.; Amelung hat bereits 1972 auf die Beliebigkeit der Rechtsgüterschutzlehre hingewiesen: „Es ist fraglich, ob diejenigen, die in neuerer Zeit die Reform des Sexualstrafrechts unter den Leitbegriff des Güterschutzes stellen, sich dessen bewußt sind, daß die Einführung der 'Güter'-Verletzungslehre gerade auf diesem Gebiet eine eher restaurative Funktion erfüllte. Der Begriff des Gutes ist so weit, daß er alle Gegenstände deckt, die Birnbaum gern dem staatlichen Schutze anvertrauen will, Menschen und gute Sitten, Sachen und Gottesfurcht"; *Amelung*, Rechtsgüterschutz, S. 47.

[12] Zum süddeutschen sog. Früh-Konstitutionalismus (Bayern, Baden, Württemberg, Hessen) s. *Huber*, Verfassungsgeschichte I, S. 314 ff.; s. dort auch den Überblick über die landständischen Verfassungen in den Staaten des Deutschen Bundes.

empfundene Rechtsverletzungslehre nicht bestehen – um so weniger, als die Romantik, ursprünglich eine Bewegung mit beachtlichem emanzipatorischen Potential, unter dem Einfluss der sog. Befreiungskriege gegen die französische Fremdherrschaft in konservatives Fahrwasser geraten war[13].

Aus *rechtshistorischer* Sicht schließlich muss der Abschied von der Rechtsverletzungslehre mit der **Historischen Rechtsschule** in Beziehung gesetzt werden, als deren bedeutendster Vertreter *Friedrich Carl von Savigny* gilt, dessen rechtstheoretisches und rechtsdogmatisches Wirken sich zwar überwiegend auf das Privatrecht bezog[14], seinen Einfluss aber auch in anderen Rechtsbereichen ausübte. Wie die Romantik, als deren Ableger sie auch begriffen werden kann, setzte die Historische Rechtsschule den Generalisierungstendenzen der Aufklärung das Individuelle, ihren Rationalisierungstendenzen das Irrationale, der Zeitlosigkeit beanspruchenden Begrifflichkeit das historisch Gewordene, ihrer Kodifikationsbegeisterung die „stillwirkenden Kräfte" des aus dem Volksgeist entspringenden Rechtslebens[15] entgegen. Bezogen auf den materiellen Verbrechensbegriff konnte man daraus die Folgerung ziehen, dass Maßstab für die Begrenzung staatlichen Strafens die im Volk vorzufindenden Anschauungen seien. Da man diese mit der Birnbaumschen Konzeption des „Gutes" problemlos als „Güter" bezeichnen konnte, lässt sich auch insoweit eine Entsprechung feststellen[16].

Diese Hinweise dürfen freilich nicht so verstanden werden, als ob die Strafrechtsdenker der ersten Hälfte des 19. Jahrhunderts sich bewusst als „Vertreter" einer der drei erwähnten Tendenzen verstanden hätten. Geistige Beeinflussung durch Politik, Zeitgeist und herrschende wissenschaftliche Auffassungen verläuft – jedenfalls bei seriösen Wissenschaftlern – nicht eindimensional; erst für den Nachgebore-

---

[13] Dazu neuerdings *Rüdiger Safranski,* Romantik. Eine deutsche Affäre, München 2007, insb. S. 172 ff.; zu den Reibungsverlusten, welche die *Judenemanzipation*, die um die Wende vom 18. zum 19. Jahrhundert noch beachtliche Fortschritte gemacht hatte, in der Zeit nach 1815 erfuhr, s. *Vormbaum*, Judeneid, S. 214 ff. m. Nachw. – Kritisch zur Einordnung Birnbaums in diesen Kontext *Guzman Dalbora*, Birnbaum, a. a. O., S. 77.

[14] Zu **Friedrich Carl von Savigny** *Stintzing/Landsberg*, III, 2 (Textband), insb. S. 185–253; *Franz Wieacker,* Privatrechtsgeschichte der Neuzeit. 2. Auflage. Göttingen 1967, insb. S. 381 ff.; *Senn*, Rechtsgeschichte, S. 331 ff.; *Wolf*, Rechtsdenker, S. 467 ff.; *Iris Denneler*, Karl Friedrich von Savigny. (Preußische Köpfe. 17). Berlin 1985.

[15] *Friedrich Carl von Savigny*, Vom Beruf unserer Zeit zur Gesetzgebung und Rechtswissenschaft, in: *Jacques Stern* (Hrsg.), Thibaut und Savigny (1914). Neu hrsg. von Hans Hattenhauer. München 1973, S. 79.

[16] Aus der umfangreichen Literatur zur Biographie und allgemeinen Würdigung von **Carl Joseph Anton Mittermaier** sind hervorzuheben: *Landwehr*, Mittermaier, a. a. O., sowie der von Wilfried Küper herausgegebene Tagungsband zum 200. Geburtstag mit Beiträgen u. a. von: *Frommel, Küper, Maiwald, Müller-Dietz, Naucke, Schlosser, Schulz.* Heidelberg 1987; ferner *Götz Landwehr*, Karl Joseph Anton Mittermaier (1787–1867). Ein Professorenleben in Heidelberg, in: Wilfried Küper (Hrsg.) Heidelberger Strafrechtslehrer im 19. und 20. Jahrhundert. Heidelberg 1986, S. 69 ff.; *Klaus Lüderssen*, Karl Joseph Anton Mittermaier und der Empirismus in der Strafrechtswissenschaft, ebd., S. 101 ff.; s. auch die Hinweise b. *Vormbaum*, Birnbaum und die Folgen, a. a. O., S. 99 ff.

nen werden aus zeitlichem Abstand die Zusammenhänge deutlich[17]. Hinzu kommt, dass die erwähnten Rahmenbedingungen und Tendenzen die früheren Denkströmungen nicht völlig verdrängten. Naturrechtliche, aufklärerische und kantianische Auffassungen blieben – teils in gebrochener Form – als mehr oder weniger deutlich wahrnehmbare Unterströmungen erhalten. Sowohl Vernünftigkeit als auch Rücksichtnahme auf Empfindungen sickerten infolge von Aufklärung und Romantik als Attitüden in die Alltagskultur ein; das Ineinander dieser popularisierten Strömungen von Rationalismus[18] und Romantik mit wechselnden Phasen der Dominanz der einen oder der anderen Komponente kennzeichnet den Verlauf der modernen Epoche.

Der aufkommende Liberalismus entwickelte sich somit in einer Vielfalt von Kraftfeldern. Die politische Zuordnung von Strafrechtsdenkern ist daher mitunter schwierig. **Carl Joseph Anton Mittermaier** beispielsweise, der besonders gegen den „Doktrinarismus" und die „Generalisierungstendenz" Feuerbachs anging[19], war als Vertreter des gemäßigten Liberalismus jahrelang Mitglied und zeitweise Präsident der badischen Zweiten Kammer; er war Präsident des Frankfurter Vorparlaments, Mitglied der Frankfurter Nationalversammlung und Mitglied in deren Verfassungsausschuss[20]. In der Diskussion um die Todesstrafe gelangte er über mehrere Zwischenetappen zu ihrer Ablehnung[21]. In methodischer Hinsicht freilich lag er mit seiner Ablehnung theoretischer Konstruktionen auf einer Linie, die derjenigen des Geistes der Restaurationszeit und des Vormärz entsprach.

Die positiven Seiten der romantischen und historistischen (d. h. auf die Historische Rechtsschule zurückgehenden) Einflüsse sollen nicht übersehen werden. Die Erforschung der Täterpsyche erfuhr durch die Romantik eben so beachtliche Anstöße wie die Entwicklung der rechtsgeschichtlichen und rechtsvergleichenden Forschung durch den Historismus[22] – beides freilich Elemente, die ebenso doppeldeutig sind wie die Rationalität der Aufklärung. Historische Betrachtung kann die Relativität und Bedingtheit des geltenden positiven Rechts, damit auch dessen keineswegs „zeitlosen" Charakter und dessen Reformbedürftigkeit nachweisen (s. bereits § 1 II. 1. a) a.E.); sie kann aber eben auch – wie Karl Marx der Historischen Rechtsschule vorgeworfen hat – zu der Forderung führen, das Schiff solle „auf der Quelle statt auf dem Fluss fahren"[23], oder zu der Be-

[17] Freilich ist diese größere Deutlichkeit, modern ausgedrückt, das Ergebnis einer Reduktion von Komplexität, die überdies unter den Bedingungen des „hermeneutischen Zirkels" steht (dazu § 1 II. 1. b).

[18] Dazu *Hans Rosenberg*, Theologischer Rationalismus und vormärzlicher Vulgärliberalismus, in: Ders., Politische Denkströmungen im deutschen Vormärz. Göttingen 1972, S. 18 ff.

[19] Textauszug aus seiner vor allem gegen Feuerbach gerichteten Schrift „Über die Grundfehler der Behandlung des Kriminalrechts" aus dem Jahre 1819 b. *Vormbaum*, MdtStrD, S. 122 ff.

[20] Nachweise in den in Fußn. 16 genannten Werken.

[21] *Martin Fleckenstein,* Die Todesstrafe im Werk Carl Joseph Anton Mittermaiers (1787–1867). Zur Entwicklungsgeschichte eines Werkbereichs und seiner Bedeutung für Theorie- und Methodenbildung. Frankfurt a. M. 1991.

[22] Mittermaier gilt als einer der „Väter" der Rechtsvergleichung, vgl. *Konrad Zweigert/Hein Kötz*, Einführung in die Rechtsvergleichung. 3. Auflage. Tübingen 1996, S. 54 ff.; *Landwehr*, Mittermaier (wie Fußn. 16), S. 97 f. – Allerdings hatte bereits Feuerbach intensive rechtsvergleichende Studien im Rahmen einer von ihm geplanten „Universalrechtsgeschichte" betrieben; dazu *Radbruch*, Feuerbach, S. 190 ff.

[23] *Karl Marx,* Das philosophische Manifest der historischen Rechtsschule (1842), in: Karl Marx/ Friedrich Engels, Werke. Band 1. 7. Auflage. Ost-Berlin 1970, S. 78 ff., hier S. 78.

hauptung, dass das Recht „heute gilt, weil's gestern hat gegolten"[24]. Erforschung der Täterpsyche kann als Ergänzung der objektiven Tatseite zur Strafeinschränkung führen; sie kann aber auch zur Fördererin eines Täter- und Gefährlichkeitsstrafrechts werden. Erst die Strafrechtsgeschichte des 20. Jahrhunderts hat diese Ambivalenz zu voller Kenntlichkeit gebracht.

Festzuhalten bleibt jedenfalls, dass die theoriefeindliche bzw. -skeptische Einstellung Mittermaiers und anderer Strafrechtslehrer im Bereich des materiellen Strafrechts zu einer Aufweichung des materiellen Verbrechensbegriffes führte und damit zu einem beachtlichen Faktor der Beliebigkeit bei der Legitimierung von Strafnormen wurde[25].

Einen besonderen – und problematischen – Akzent erhielt Mittermaiers Polemik gegen die Feuerbachsche Straftheorie dadurch, dass ausgerechnet er nach dem Tode Feuerbachs dessen Lehrbuch über mehrere Auflagen (letzte Auflage 1847) fortführte[26]. Dass ein erklärter Gegner der Positionen des Lehrbuchbegründers[27] in diese Stellung einrückte, wird weniger erstaunlich, wenn man zum einen bedenkt, dass Mittermaier zeitweise als Sekretär Feuerbachs gearbeitet hatte, weil dieser seine guten (vor allem italienischen) Sprachkenntnisse schätzte, welche er für seine rechtsvergleichenden Arbeiten fruchtbar machte[28]. Auch hatte Mittermaier bereits zu Lebzeiten Feuerbachs an Neuauflagen des Lehrbuchs, wenn auch überwiegend in redaktioneller Hinsicht, mitgearbeitet[29]. Er bot sich daher als „Schüler" Feuerbachs äußerlich für die Fortführung des Lehrbuches an. Zum anderen dürften verlegerische Gründe für die Fortführung des Lehrbuches nach dem Tode seines Begründers maßgeblich gewesen sein. Feuerbachs Lehrbuch war zum Standardwerk geworden und wurde von zahlreichen Kollegen, wie es damals üblich war, den Strafrechtsvorlesungen ausdrücklich zugrunde gelegt. Der Werbeeffekt des ursprünglichen Verfassernamens sollte, wie dies heute auch noch geschieht, als „Markenzeichen" erhalten bleiben[30]. Wie aber sollte eine Fortführung des Lehrbuches auf der Grundlage der ganz anderen Auffassungen Mittermaiers möglich gemacht werden? Die Lösung sah so aus, dass der Feuerbachsche Text (einschließlich

[24] *Schiller,* Wallensteins Tod 1. Akt, 4. Szene, wo freilich die Zeitebene um einen Schritt verschoben ist („Und morgen gilt, weil's heute hat gegolten!").

[25] *Frommel*, Präventionsmodelle, S. 153 ff., wirbt um Verständnis für Mittermaiers Position, die sie als im Ergebnis nicht weit von derjenigen Feuerbachs liegend ansieht.

[26] Zum folgenden ausführlich und sehr differenziert *Neh*, Posthume Auflagen.

[27] S. den 1819, also zu Lebzeiten Feuerbachs, erschienenen Beitrag (o. Fußn. 19). Das Vorwort Mittermaiers zur ersten von ihm bearbeiteten (12.) Auflage ist eine einzige Kritik des Feuerbachschen Lehrbuchs und der Positionen seines Verfassers: „ […] Nicht weniger ist sein Lehrbuch dadurch mangelhaft, dass seine wohl nicht zu rechtfertigende Strafrechtstheorie überall auf die einzelnen Lehren wirkte; dass der Gesichtspunkt der Rechtsverletzung, den er jedem Verbrechen zum Grunde legte, ihn zu einer ungeeigneten systematischen Anordnung der Verbrechen und zu irrigen Gesichtspunkten der Strafbarkeit bei den einzelnen Verbrechen führte" (S. III f.). Im Vorwort zur 14. Auflage schreibt Mittermaier: „ […] Der Herausgeber, der nicht verkennt, wie schwierig ein Anpassen der Anmerkungen an das Werk eines Verfassers ist, mit dessen Grundprincip der Herausgeber nicht einverstanden ist […] " (S. XIV f.).

[28] *Neh*, Posthume Auflagen, S. 38 ff.; zu Feuerbachs rechtsvergleichender Tätigkeit s. bereits Fußn. 22.

[29] *Neh*, Posthume Auflagen, S. 60 ff.

[30] Mittermaier selbst schreibt im Vorwort zur ersten von ihm bearbeiteten (12.) Auflage: „Als nach dem Tode Feuerbachs der Herr Verleger mich zur Herausgabe des Werkes aufforderte, war mein Vorsatz, dasselbe ganz neu zu bearbeiten". Selbst die Sammlung der Materialien zu einem solchen Lehrbuch hätte jedoch den Umfang gesprengt, da „es wünschenswert war, dass das Buch von Feuerbach, so vielfach in der Praxis verbreitet, wieder abgedruckt würde" (S. V f.).

der Anmerkungen) unverändert erhalten blieb, jedoch um zahlreiche umfangreiche „Noten des Herausgebers", um Zusatzparagraphen und sogar noch um eine „vergleichende Darstellung der Fortbildung des Strafrechts durch die neueren Gesetzgebungen" erweitert wurde, die schließlich fast den Umfang des Feuerbachschen Textes annahmen. Sie enthalten zum Teil ergänzende, vor allem historische, Ausführungen zu den behandelten Themen, zu einem anderen Teil kritische Anmerkungen zu den Auffassungen Feuerbachs. Entsprechend der Mittermaierschen Argumentationsweise entstand aber nicht etwa ein zweites Lehrbuch „unter dem Strich"; vielmehr vermitteln die Anmerkungen Mittermaiers mitunter einen beckmesserischen Eindruck. Obwohl Mittermaier quantitativ einer der produktivsten Strafrechtsautoren des 19. Jahrhunderts war[31] und obwohl er im Vorwort zur ersten von ihm bearbeiteten (12.) Auflage des Feuerbach-Lehrbuchs die Kriterien eines wünschenswerten Strafrechts-Lehrbuches aufführte, ist ein solches Lehrbuch aus seiner Feder nie erschienen[32].

Im Ergebnis kann jedenfalls festgehalten werden, dass mit der Abkehr von der Rechtsverletzungslehre die erste Abschwächung des am Beginn der Rechtsepoche stehenden Reformprogramms eintrat. Die Diskrepanz zwischen beharrender Realität der Strafgesetzgebung und streng rechtsstaatlich-liberaler Strafrechtstheorie wurde nicht durch hartnäckiges und geduldiges Festhalten der Theoretiker an der Theorie gegenüber dieser Praxis, sondern durch Annäherung der Theorie an diese Praxis aufgelöst.

Dies bedeutet nicht, dass im 19. Jahrhundert nicht Fortschritte in der praktischen Liberalisierung des Strafrechts erzielt worden wären. In ihnen wirkte sich die Rechtsverletzungslehre aber allenfalls marginal aus. Hauptsächlich handelte es sich um – meistens im Wege des Kompromisses erzielte – Erfolge des politischen Liberalismus. Soweit dieser aber eine theoretische Auffassung vom Strafrecht entwickelte, war sie Ausfluss des **Rechtspositivismus** – also derjenigen Richtung, welche den Befehl des positiven Gesetzgebers für die letzte Legitimationsinstanz von Rechtssätzen hält. Mit dieser Richtung harmonierte die Rechtsgutsverletzungslehre erheblich besser als die Rechtsverletzungslehre. Die „pragmatische" Natur der Rechtsgutsverletzungslehre kam den konservativen wie den liberalen Politikern entgegen, die in der sich seit der Mitte des Jahrhunderts – in Süddeutschland schon vorher – ausbreitenden Parlamentstätigkeit auf Kompromisse angewiesen waren, welche naturgemäß nicht immer theoretisch entwickelten Maßstäben standhielten. Dem aber, der Kompromisse aushandelt, sind theoretische Forderungen, die (im vorhinein) seinen Handlungsspielraum einengen und (im nachhinein) den ausgehandelten Kompromiss als unbefriedigend hinstellen, auf die Dauer lästig; die Versuchung, sie als „weltfremd" zu denunzieren, war damals so groß wie heute.

So konnte sich denn der Güterschutz-Gedanke im Verlaufe des 19. Jahrhunderts weitgehend durchsetzen. Freilich nicht in dem formellen Sinne, dass er sich theoretisch ausgebreitet hätte – dies hätte auch seiner antitheoretischen Tendenz wider-

[31] Dazu *Landwehr*, Mittermaier (wie Fußn. 16), S. 99: „31 selbständige, zum Teil mehrbändige Werke, dazu mehr als 600 Aufsätze".

[32] Noch in der letzten (14.) Auflage des Feuerbachschen Lehrbuches führt Mittermaier aus, er, der Herausgeber habe gehofft, „statt der Bearbeitung der 14. Auflage von Feuerbach, sein eigenes Lehrbuch des Strafrechts den Lesern vorlegen zu können. Vielfache Störungen" hätten ihn jedoch „an der Erfüllung des Vorhabens gehindert". Auch in den weiteren fast 20 Lebensjahren Mittermaiers ist es zur Herausgabe eines Strafrechts-Lehrbuches nicht gekommen; *Landwehr*, a. a. O., S. 93.

sprochen. Birnbaums Aufsatz wäre vielleicht vergessen worden, wenn er nicht später von Karl Binding wieder entdeckt worden wäre[33]. Aber der Rechtsgüterschutzgedanke wurde *praktiziert.*

1855 konnte *Köstlin* es als inzwischen „allgemein angenommen“ bezeichnen, „daß es ein ‘natürliches’ Strafrecht mit praktischer Bedeutung nicht gebe“. Während Feuerbach sich als Theoretiker und als Gesetzgeber bemüht hatte, die Tatbestände des positiven (Kriminal-)Strafrechts möglichst deckungsgleich mit (naturrechtlich ermittelten) Rechtsverletzungen zu gestalten, ist für *Köstlin* als Hegelianer „die Rechtsidee [...] der Nothwendigkeit einer weltgeschichtlichen Entwicklung und einer durch örtlich und zeitlich bedingte, mannigfach unvollkommene Erscheinungen hindurchgehenden allmäligen Vervollkommnung ihres endlichen Lebens unterworfen“[34]. Damit ist der materielle Verbrechensbegriff weitgehend der Politik ausgeliefert, und objektiv konvergiert auch die hegelianische Strafrechtsphilosophie mit dem strafrechtlichen Gesetzespositivismus.

Ende des 19. Jahrhunderts setzt sich der Rechtsgüterschutzgedanke dann auch formell weitgehend durch. **Karl Binding**, der Birnbaums Aufsatz wieder in Erinnerung ruft, den Begriff des „Gutes“ durch den des „Rechtsgutes“ ersetzt und sich um dessen Konturierung bemüht, zieht ausdrücklich dessen letzte Konsequenz, dass die Frage, *welche* Rechtsgüter anerkannt und durch einen Straftatbestand geschützt werden sollen, mangels einer hinter dem positiven Rechtssatz stehenden Legitimationsinstanz der Gesetzgeber selbst zu beantworten habe.

Binding kritisiert die „Verbrechensauffassung, wonach die Straftat sich mit schuldhafter Verletzung subjektiver Rechte decken soll“ als einen Ausdruck von „Enge und Beschränktheit“. Die Aufgabe des Strafgesetzgebers besitze „universellen Charakter“. Nicht subjektive Rechte seien zu schützen, sondern die nach einer „realistischen Betrachtungsweise“ gefundenen „tatsächlichen Bedingungen des gesunden Gemeinlebens“, eben die Rechtsgüter[35].

Da auch Bindings theoretischer Kontrahent **Franz von Liszt** sich mit dem Begriff des geschützten Rechtsgutes auseinandersetzte, wurde dieser Begriff im 20. Jahrhundert zu einem der zentralen Begriffe strafrechtstheoretischer Argumentation[36]. Praktische Auswirkungen im Sinne eines Verzichts des Gesetzgebers auf einen neuen Straftatbestand oder im Sinne eines verfassungsgerichtlichen Verdikts wegen Fehlens eines entsprechenden Rechtsgutes sind freilich bis heute rar geblieben. Dies

---

[33] *Frommel*, Präventionsmodelle, S. 155, weist darauf hin, dass Birnbaums Aufsatz jahrzehntelang praktisch nicht zitiert wurde, auch nicht von seinem Lehrer Mittermaier.

[34] *Köstlin*, System, § 13, abgedruckt b. Vormbaum, MdtStrD, S. 169.

[35] *Karl Binding*, Die Normen und ihre Übertretung. Eine Untersuchung über die rechtmäßigen Handlungen und die Arten des Delikts. Band I. 2. Auflage. Leipzig 1890, S. 339 ff.; dazu *Felix Herzog*, Gesellschaftliche Unsicherheit und strafrechtliche Daseinsvorsorge. Studien zur Vorverlegung des Strafrechtsschutzes in den Gefährdungsbereich. Heidelberg 1990, S. 10 ff. – Missverständlich ist es daher, wenn *Neubacher*, Jura 2000, 516, meint, dass nach Ansicht von Binding „Strafe nur noch eine bloße *Rechts*verletzung voraussetzt“ (Hervorhebung im Original). Diese „Rechts“-Verletzung meint nicht die Verletzung eines subjektiven Rechts (wie bei Kant), sondern die Verletzung der objektiven Rechtsordnung.

[36] S. auch *Amelung*, Rechtsgüterschutz, S. 52.

kann nicht erstaunen, denn mit der Begründung Bindings ist der Rechtsgüterschutzgedanke nicht mehr ein dem Strafrecht vorgelagerter Maßstab zur Begrenzung des Strafgesetzgebers, sondern allenfalls ein Mittel gesetzgeberischer Selbstbindung. Bestimmt aber der Gesetzgeber selber das durch einen Straftatbestand geschützte Rechtsgut, so kann er dies praktisch nur mittels der Formulierung eben dieses Tatbestandes tun. Dieser liefert somit selbst den Maßstab, anhand dessen er anschließend ausgelegt wird. Da aber im gesetzlichen Tatbestand das geschützte Rechtsgut selten ausdrücklich genannt wird, fällt die Aufgabe seiner Bestimmung regelmäßig der Lehre und Rechtsprechung zu; der vorige Satz lässt sich damit noch zuspitzen: Wer einen Straftatbestand auslegt, ermittelt dadurch zugleich den Maßstab, anhand dessen er den Tatbestand auslegt – zweifellos ein Zirkelschluss. Damit fallen tendenziell die Ermittlung des geschützten Rechtsgutes als *Begrenzungsmaßstab* und dessen Heranziehung als *Auslegungsrichtlinie* zusammen[37].

2. Straftheorien[38]

a) Fichte

Von den großen idealistischen Philosophen der Wende vom 18. zum 19. Jahrhundert, die sich mit der Strafzwecklehre auseinandersetzten, ist nach Kant zunächst **Johann Gottlieb Fichte** (1762–1814) zu nennen. In seinen 1796/97 erschienenen *Grundlagen des Naturrechts nach Principien der Wissenschaftslehre*[39] geht Fichte wie Kant, aber auch wie kurz darauf Feuerbach und Grolman, von einer strengen Trennung von Recht und Moral aus: „Jeder hat nur auf die *Legalität* des Anderen, keineswegs auf seine *Moralität* Anspruch". Jeder hat allerdings einen Anspruch darauf, dass von der Seite anderer nur solche Handlungen erfolgen, welche erfolgen würden, wenn derselbe durchgängig einen guten Willen *hätte* (S. 248). Fichte fragt nun, welche Anstalten getroffen werden können, „nach welcher die Handlungen, die nicht geschehen sollen" verhindert werden. Er gelangt – ähnlich wie Feuerbach – zu dem Ergebnis, dass diese Anstalten sich an den *Willen* richten müssen; dieser müsse „genötigt [werden], nur das rechtmäßige zu wollen". Damit werde,

[37] Amelung, der wie kein anderer die Geschichte des Rechtsgüterschutz-Gedankens untersucht und analysiert hat, zieht denn auch die Konsequenz, diesen überhaupt nur in der zweiten Bedeutung heranzuziehen; s. zuletzt *Amelung*, Der Begriff des Rechtsguts in der Lehre vom strafrechtlichen Rechtsgüterschutz, in: Roland Hefendehl/Andrew von Hirsch/Wolfgang Wohlers (Hrsg.), Die Rechtsgutstheorie. Legitimationsbasis des Strafrechts oder dogmatisches Glasperlenspiel? Baden-Baden 2003, S. 155 ff., 159 ff.

[38] Zu den rechtsphilosophischen Ausgangspunkten *Müller*, Generalprävention, S. 57 ff.

[39] Textauszug b. *Vormbaum*, MdtStrD, S. 19 ff.; danach die folgenden Seitenangaben im Text. Ausführlich zu Fichtes Strafrechtstheorie *Rainer Zaczyk*, Das Strafrecht in der Rechtslehre J. G. Fichtes. Berlin 1981; s. ferner *Daniela Tafani*, Recht, Zwang und Strafe bei Fichte, in: JJZG 9 (2007/2008), S. 267 ff., jetzt auch in: *Dies.*, Beiträge zur Rechtsphilosophie des deutschen Idealismus. (Rechtsgeschichte und Rechtsgeschehen. Kleine Schriften, 30). Münster, Berlin 2011, S. 71 ff.

wenn Treue und Glauben verloren gegangen seien, die Sicherheit wieder hergestellt „und der gute Wille für die äussere Realisation des Rechts entbehrlich gemacht, indem der böse, und nach fremden Sachen begierige Wille gerade durch seine unrechtmäßige Begier, zu dem gleichen Zwecke geleitet würde" (S. 248). Eine solche Veranstaltung nennt Fichte *Zwangsgesetz*.

Wie kurz darauf Feuerbach macht Fichte geltend, dass eine Freiheitseinschränkung damit nicht verbunden sei, denn „dem Gerechten ist kein äusseres Gesetz gegeben; er ist von demselben ganz befreit, und durch seinen eigenen guten Willen davon befreit" (S. 249). Der Mensch solle „gerade so viel Sorge tragen, dass er die Rechte des andern nicht verletze, als er Sorge trägt, dass die seinigen nicht verletzt werden". Werde aber durch das Zwangsgesetz jede Beschädigung der Rechte des andern zur Beschädigung eigener Rechte, so müsse er um seiner eigenen Sicherheit dafür Sorge tragen, fremde Rechte nicht zu verletzen. Fichte ergänzt freilich, dass dieses Zwangsrecht kein kategorisches Recht sei, sondern stets nur ein problematisches (schlicht ausgedrückt: ein nur aus einer Notwehr- bzw. Notstandssituation heraus zulässiges) sei. Die wirkliche Anwendung des Zwangs, „als ob es ein kategorisches Recht dazu gäbe, [ist] stets ungerecht" (S. 249). Diese Rechtfertigung des Zwanges erscheint zugleich nüchterner als auch differenzierter als die These einer fingierten oder durch Vernunft gebotenen Zustimmung, mit der dann Feuerbach ein kantianisches Merkmal in den Kontext seiner Präventionslehre verpflanzt.

In der *Anwendung* geht Fichte davon aus, dass jede Verletzung des Bürgervertrages zum „Verlust aller Rechte als Bürger und als Mensch", führt, der Täter mithin „völlig rechtlos" wird (S. 250) – ein Gedanke, der bereits bei Rousseau auftaucht[40]. Da nun aber dem Staat an der „Erhaltung seiner Bürger gelegen" ist, soll diese Folgerung dort nicht exekutiert werden, wo „die öffentliche Sicherheit dabei bestehen könnte, an die Stelle der [...] Ausschließung andere Strafen zu setzen" (S. 251). Hierfür denkt Fichte sich einen Vertrag aller mit allen, „sich, soweit dies mit der öffentlichen Sicherheit vereinbar ist, um ihrer Vergehungen willen nicht vom Staate auszuschließen". Diesen Vertrag nennt Fichte **Abbüßungsvertrag**.

Mit seinem Satz: „Die Strafe ist nicht absoluter Zweck" markiert er einen Abstand zu Kant[41]. Strafe – so Fichte – ist Mittel für den Endzweck des Staates, und als diesen Endzweck bestimmt Fichte die öffentliche Sicherheit. Der Zweck des Strafgesetzes sei der, dass der Fall seiner Anwendung gar nicht vorkomme – eine deutlich auf Abschreckung durch Strafandrohung ausgerichtete Aussage.

Aus der Konstruktion des Abbüßungsvertrages zieht Fichte die Konsequenz der (nicht moralischen, sondern politischen) *Besserung* des Verurteilten; die dafür bestimmten Anstalten sollen allerdings zugleich *abschreckend* wirken. Die innerhalb eines bestimmten Zeitraums Gebesserten sollen mit allen Rechten in die Gesellschaft zurückkehren, die anderen „werden als unverbesserlich ausgeschlossen von

[40] *J. J. Rousseau*, Du contrat social, 5. Kap.; Auszug b. Vormbaum, StrD, S. 116 ff.

[41] Dies wird ganz deutlich in der Fortsetzung, wo es heißt: „Es lässt bei einer solchen Behauptung, sie geschehe nun ausdrücklich, oder es werden Sätze aufgestellt, die sich nur aus stillschweigender Voraussetzung einer solchen Prämisse erklären lassen (z. B. der unmodificirte, kategorische Satz, wer getödtet hat, muss sterben) sich gar nichts denken" (S. 251).

der Gesellschaft" (S. 260). Die Todesstrafe ist allerdings nur für *absichtlichen vorbedachten Mord* zwingend vorzusehen (ebd.).

Nach alledem hat Fichte „die Vergeltungslehre Kants in eine general- und spezialpräventive Zwecklehre umgestaltet"[42].

b) Hegel

Zu einem wesentlichen Verstärker der Hauptströmung der Straftheorie im 19. Jahrhundert wurde die Strafrechtslehre, die der wohl einflussreichste Philosoph des 19. Jahrhunderts, **Georg Wilhelm Friedrich Hegel** (1770–1831), in seinen *Grundlinien der Philosophie des Rechts* vertrat[43]. Sie ist integraler Bestandteil der Auffassung vom Verlauf der Weltgeschichte, die Hegel in der *Phänomenologie des Geistes* entwickelt hatte. Die Struktur dieses Verlaufs, in dem der Weltgeist als (bloß) „objektiver Geist" sich selbst denkt, d. h. sich selbst zum Gegenstand seines Denkens macht und, um dies tun zu können, sich seiner selbst entäußert, um sodann als „absoluter Geist" zu sich zurückzukehren und damit wieder „bei sich" zu sein, ist der dialektische Dreischritt „*These* (oder Position) – *Antithese* (oder Negation) – *Synthese* (oder Negation der Negation)". Alles Begrenzte, alles was „gesetzt" ist (Position), bringt, eben weil es begrenzt ist, notwendig seinen Gegensatz (bzw. seine Infragestellung) aus sich hervor (Negation) und kehrt sodann in der Auseinandersetzung mit dieser zu sich zurück (Negation der Negation), jedoch nicht im Sinne der Wiederherstellung des ursprünglichen Zustandes, sondern auf einer neuen qualitativen Ebene, denn in der vorangegangenen Auseinandersetzung hat es sich „bewährt"; sein ursprünglicher Zustand, aber auch seine Negation, ist daher in dem neuen Zustand „aufgehoben" (im dreifachen Sinne: „bewahrt", „beseitigt" und „emporgehoben"). Dieser Dreischritt prägt nicht nur die allgemeine Struktur des Weltprozesses, sondern reproduziert sich in den Einzelheiten dieses Prozesses. Dialektik waltet also in allen Lebensbereichen. Zu allem, was begrenzt ist, gibt es ein Gegenteil, von dem es in Frage gestellt wird und mit dem es sich auseinandersetzen muss. Dies gilt auch für das Recht. Wo Recht ist, gibt es Unrecht[44]. In der Auseinandersetzung mit dem Unrecht muss das Recht sich „bewähren", um nach

---

[42] *Müller*, Generalprävention, S. 63. – Die Übereinstimmung von Fichtes Ausführungen zur Ausgestaltung des Strafvollzugs und dem wenige Jahre später vorgelegten preußischen „Generalplan" für den Strafvollzug (dazu u. § 3 IV. 2.) ist auffällig.

[43] Zu Hegels Strafrechtslehre s. *Ossip K. Flechtheim*, Hegels Strafrechtstheorie. Brünn 1936 (Neudruck Berlin 1975); *Kurt Seelmann*, Hegels Strafrechtslehre in seinen „Gundlinien der Philosophie des Rechts", JuS 1979, 687 ff.; *Naucke/Harzer*, Rechtsphilosophische Grundbegriffe, S. 79 ff.; *Daniela Tafani*, Pena e libertà in Hegel, in: Carla De Pascale (Hrsg.), La civetta di Minerva. Studi di filosofia politica tra Kant e Hegel. Pisa (Edizione ETS) 2007, S. 197 ff.; zu Einzelheiten der Strafrechtslehre *Klesczewski*, Hegels Straftheorie; weitere Nachweise b. *Vormbaum*, MdtStrD, S. 365.

[44] Man kann sogar – nur scheinbar paradox – sagen: Das Recht bringt das Unrecht hervor; *Flechtheim*, a. a. O., S. 93.

bestandener Bewährung auf einer neuen qualitativen Ebene, eben als „bewährtes", gefestigtes Recht zu sich zurückzukehren[45].

Ein naheliegender (historisch wahrscheinlich sogar realistischer) Einwand lautet: Wieso ist nicht das Unrecht das Gesetzte, also die These, und damit das Recht dessen Antithese? Diese Frage beantwortet Hegel damit, dass er dem Verbrechen eine eigene (Vernunft-) Existenz abspricht; es erschöpft sich in der Negation des Rechts. Gerade im Strafrecht zeigt sich, dass das Verbrechen letztlich bloß eine Funktion des Rechts ist: Die Tatbestände des Strafrechts definieren ja *Unrecht,* also das, was das Recht negiert. Unrecht empfängt also erst vom Recht her seine scheinhafte Existenz. Der darauf gerichtete Wille des Verbrechers ist daher ein „bloß für sich seiender einzelner Wille"[46].

Strafe ist also Negation der durch das Verbrechen dargestellten Negation des Rechts. Die Bewährung des Rechts am Unrecht setzt allerdings voraus, dass der Verbrecher selbst als vernünftiges Wesen anerkannt wird, denn nur in der Auseinandersetzung mit einem Vernünftigen kann das Recht sich selbst als Ausdrucksform von Vernunft bewähren: „Denn in seiner als eines Vernünftigen Handlung liegt, daß sie etwas Allgemeines, daß durch sie ein Gesetz aufgestellt ist, das er in ihr für sich anerkannt hat, unter welches er also, als unter sein Recht, subsumiert werden darf". Wie Kant macht auch Hegel geltend, dass die Strafe um der Gerechtigkeit willen ohne Rücksicht auf Zweckmäßigkeitserwägungen aus dem Verbrechen selbst entnommen werden muss: „Daß die Strafe darin [d.h.: in der Handlung des Verbrechers] als sein eigenes Recht enthaltend angesehen wird, darin wird der Verbrecher als Vernünftiges geehrt. Diese Ehre wird ihm nicht zuteil, wenn aus seiner Tat selbst nicht der Begriff und der Maßstab seiner Strafe genommen wird".

Die Feuerbachsche Theorie der Generalprävention durch Strafandrohung verfällt damit der Ablehnung. Sie setzt – so Hegel – „den Menschen als nicht Freien voraus, und will durch die Vorstellung eines Übels zwingen. Das Recht und die Gerechtigkeit müssen aber ihren Sitz in der Freiheit und im Willen haben, und nicht in der Unfreiheit, an welche sich die Drohung richtet. Es ist mit der Begründung der Strafe auf diese Weise, als wenn man gegen einen Hund den Stock erhebt, und der Mensch wird nicht nach seiner Ehre und Freiheit, sondern wie ein Hund behandelt"[47].

Von Kant unterscheidet Hegel sich in der praktischen strafrechtlichen Konsequenz vor allem darin, dass er Wiedervergeltung nicht im Sinne einer „spezifischen Gleichheit" der Strafe versteht (wie schon einige Aufklärungsphilosophen weist er auf die Konsequenzen des Grundsatzes „Auge um Auge, Zahn um Zahn" bei Einäugigen und Zahnlosen hin), sondern als das „innere Gleiche", den Wert. Auf der Wertebene würden Diebstahl und Raub einerseits, Geld- und Gefängnisstrafe andererseits zu „Vergleichbaren". Eine Ausnahme macht er allerdings beim Mord, „worauf notwendig die Todesstrafe steht. Denn da das Leben der ganze Umfang des

---

[45] Natürlich bedeutet diese Darstellung eine das Unzulässige streifende Vereinfachung. Genauer die differenzierten Ausführungen Hegels zu den Stufen des Unrechts b. *Vormbaum*, MdtStrD, S. 137 ff.: Unbefangenes Unrecht, Betrug, Verbrechen – eine Dreiteilung, die sich nicht durchgesetzt hat; vor allem der von der üblichen Terminologie gänzlich abweichende Begriff des Betruges ist allgemein abgelehnt worden; dazu *Flechtheim*, a. a. O., S. 78 f.

[46] *Hegel*, Rechtsphilosophie, § 104; s. auch *Flechtheim*, a. a. O., S. 84 f.

[47] *Hegel,* Rechtsphilosophie, § 99, Zusatz.

Daseins ist, so kann die Strafe nicht in einem Werte, den es dafür nicht gibt, sondern wiederum nur in der Entziehung des Lebens bestehen"[48].

In *grundsätzlicher* Hinsicht besteht der Unterschied zwischen Kant und Hegel in der Einschätzung der Stellung des Staates. Zwar soll nach beider Auffassung der Staat die Freiheit des einzelnen Bürgers sichern. Doch ist der Staat bei Hegel nicht nur Mittel zur Sicherung des Rechts (und damit der Freiheit), sondern „das Medium, in dem Freiheit erst Freiheit werden kann. Rechtlich geschützte Freiheit ist Teil des Staates. [...] Die Meinung, Freiheit sei doch nur Willkür, kommt wieder hervor"[49]. Diese Überhöhung der Rolle des Staates führte in den folgenden hundert Jahren dazu, dass Hegel häufig zur Unterstützung autoritärer Staats- und Gesellschaftsauffassungen herangezogen wurde.

c) Allgemeine Tendenz

Da, wo ihre Lehren konvergierten (s. § 2 am Ende), beherrschten Kant und Feuerbach, zu denen Hegel hinzutrat, über einen großen Teil des 19. Jahrhunderts hinweg die Straftheorie und Strafrechtspraxis. Diese sind gekennzeichnet durch eine Mischung aus Vergeltungstheorie und Generalprävention. Hinter Formulierungen, die eine absolute Straftheorie in der Kant-Nachfolge signalisieren, verschanzen sich überwiegend generalpräventive Auffassungen[50]. Die Verkündung generalpräventiver Theorien in kantianischer Terminologie gelingt überwiegend dadurch, dass nach dem Vorbild Feuerbachs transzendental verstandene Begriffe wie Staat, Recht und Freiheit in empirische Begriffe transformiert werden. Die Garantie der äußeren Freiheit – bei Kant die Bedingung der Möglichkeit sittlichen Handelns – wird bei den kantianisch formulierenden Rechtsdenkern überwiegend zur Bedingung der Möglichkeit eines ruhigen und sicheren Lebens, also der Friedenssicherung; Kants Philosophie wird so zum Vehikel der Möglichkeit, zweckmäßige Strafe als gerechte Strafe darzustellen[51].

Ähnliches gilt für die Entwicklung der Hegelschen Strafrechtslehre, die – freilich erst nach anfänglichem Zögern[52] – zahlreiche juristische Gefolgsleute findet, welche diese Lehre dogmatisch „kleinarbeiten". Die wichtigsten von ihnen sind **Julius Friedrich Heinrich Abegg** (1796–1868)[53], **Albert Friedrich Berner** (1818–1907)[54], **Christian Reinhold Köstlin** (1813–1856)[55] und **Hugo Hälschner**(1817–

48 A.a.O., § 101.

49 *Naucke/Harzer*, Rechtsphilosophische Grundbegriffe, S. 88 f.

50 *Naucke*, Einfluss Kants, v. a. S. 144 ff.

51 Ebd., S. 149.

52 Dazu *Loenig*, ZStW 3 (1883), S. 219 ff., S. 349.

53 Zu ihm *Eb. Schmidt*, Einführung, § 269 (S. 297 ff.); *Müller*, Generalprävention, S. 224 ff.; allgemein *Stintzing/Landsberg*, Geschichte III, 2, S. 669 ff.

54 Zu ihm *Eb. Schmidt*, Einführung, § 270 (S. 299 ff.); *Stintzing/Landsberg*, Geschichte III, 2, S. 680 ff.; zu seinem Strafrechtslehrbuch s. *Radbruch*, Drei Strafrechtslehrbücher des 19. Jahrhunderts, in: Festschrift für Ernst Heinrich Rosenfeld. Berlin 1949, S. 13 ff.

55 Zu ihm *Eb. Schmidt*, Einführung, § 268 (S. 295 ff.); *Stintzing/Landsberg*, Geschichte III, 2, S. 672 ff.; *Müller*, Generalprävention, S. 229 ff.; s. auch den Textauszug b. *Vormbaum*, MdtStrD, S. 165 ff.

1889)[56]. Der für die Hegelianer charakteristische Stil, der häufig schlichte Aussagen in aufwendige Sprachformen kleidet, mag bei oberflächlicher Betrachtung eine Fortführung der Hegelschen Theorie einer „unrechtsnegierenden Vergeltung“[57] begünstigen. Genauere Betrachtung zeigt jedoch, dass auch bei den Hegelianern Präventionsvorstellungen, vor allem generalpräventive, in die Straftheorien eingeschleust werden, mitunter sogar dominant sind[58].

3. Rechtsdogmatik

a) Gesetzesauffassung

In der **Gesetzesauffassung** setzte sich im 19. Jahrhundert der Einfluss sowohl Feuerbachs als auch der Aufklärungsphilosophie durch. Allerdings fand der (Abbs. 9, 10, 11, and 12).

Grundsatz *nullum crimen, nulla poena sine lege* im Schrifttum nur zögerlich Anerkennung. Noch in den ersten Jahrzehnten des Jahrhunderts fanden sich Stimmen im Schrifttum, die eine Berücksichtigung auch ungeschriebenen Strafrechts – sei es als eine Wiederbelebung der Vorstellung eines „natürlichen“ Verbrechens, sei es unter dem Einfluss der „Historischen Schule“ – forderten[59]. Im Verlauf des Jahrhunderts setzte sich der Grundsatz jedoch durch. Zu seinen erbitterten Gegnern gehörte gegen Ende des 19. Jahrhunderts *Karl Binding.* Binding, der, wie dargestellt, die Rechtsverletzungslehre als „Ausdruck von Enge und Beschränktheit“ kritisierte, wurde auch in diesem Punkt dem Ruf eines Liberalen, der ihm bis in die Gegenwart beigelegt wurde, keineswegs gerecht. Er sprach von einer „Tyrannei“, die der Grundsatz *nullum crimen, nulla poena sine lege* ausübe. Theoretisch konnte er diese Position auf seine Normentheorie stützen, wonach Adressat der *Strafnormen* nicht der (potentielle) Täter, sondern der Rechtsanwender ist, während sich an den Täter nur die (regelmäßig ungeschriebene) Verbotsnorm richtet; nur diese muss er nach Ansicht von Binding gekannt haben. Binding hielt daher die Regelung des § 2 RStGB für einen Fehler[60].

Auch die Positivierung des Strafrechts speiste sich nicht zuletzt aus der von Feuerbach begründeten Tradition der Rechtssicherheit und Gesetzesbestimmtheit. In der Tendenz, das Ermessen des Richters einzuschränken, dürften sich zwei entgegengesetzte Interessen in einem Punkte getroffen haben. Während in der Nach-

[56] Zu ihm *Eb. Schmidt,* Einführung, § 271 (S. 301 ff.); *Stintzing/Landsberg*, Geschichte, III, 2, S. 669 ff.

[57] *Müller*, Generalprävention, S. 138.

[58] S. dazu die Nachweise in den vorangehenden Fußnoten.

[59] *Schreiber*, Gesetz und Richter, S. 121 ff., 124 ff.

[60] *Schreiber*, Gesetz und Richter, S. 169 ff.; dort auch (S. 174 ff.) Vorstellung der Anhänger und Gegner Bindings.

Abb. 9 Carl Joseph Anton Mittermaier (1787–1867)

Abb. 10 Johann Michael Franz Birnbaum (1792–1877)

Abb. 11 Johann Gottlieb Fichte (1762–1814)

Abb. 12 Georg Wilhelm Friedrich Hegel (1770–1831)

folge der Aufklärung sowohl deren Gesetzesphilosophie als auch deren Misstrauen gegenüber dem Berufsrichter wirksam blieben, war den Regierenden des 19. Jahrhunderts der Richter, der infolge seiner zunehmend anerkannten Unabhängigkeit ihrer Kontrolle entzogen war, suspekt. Der Liberalismus, der sich im Laufe des 19. Jahrhunderts, vor allem in dessen zweiter Hälfte, die Mitwirkung an der Gesetzgebung erkämpft hatte, musste ebenfalls ein Interesse daran haben, dass die vom Herrscher ernannten Richter an die von den parlamentarischen Vertretern des Liberalismus mitgestalteten Gesetze gebunden waren.

Der theoretische Vater des Grundsatzes *nullum crimen sine lege*, Feuerbach, der nach Beendigung seiner Gesetzgebungs-Tätigkeit zunächst als Referent für Gnadenfragen im Justizministerium, später als Richter in Bamberg und Ansbach mit den Auswirkungen seines Gesetzes konfrontiert war, rückte später von der Strenge seines Gesetzbuches ab und räumte in einem Reformentwurf aus dem Jahre 1824 dem richterlichen Ermessen größeren Raum ein[61].

b) Einzelfragen

Wie es sowohl dem rechtspositivistischen als auch dem historistischen Denken entspricht, verlagerte sich der Schwerpunkt der strafrechtswissenschaftlichen Diskussion im 19. Jahrhundert von der Straftheorie und Kriminalpolitik auf die Strafrechtsdogmatik. Teilweise an dogmatische Linien des gemeinen Strafrechts und der Aufklärung[62], vor allem aber des französischen Strafrechts anknüpfend, teils aber auch neue Argumentationsfiguren entwickelnd, fand die Strafrechtswissenschaft des 19. Jahrhunderts in vielen Bereichen des Allgemeinen Teils[63] und des Besonderen Teils[64] des Kernstrafrechts jene **Tatbestandsprägungen**, die sich bis heute erhalten haben. Dabei fand ein wechselseitiger Austausch zwischen der Strafrechtswissenschaft und den im Verlauf des ersten Drittels des 19. Jahrhunderts in allen Staaten des Deutschen Bundes einsetzenden Bemühungen um Strafrechtskodifikationen (dazu u. II.) statt. Die allmähliche Anerkennung des Grundsatzes *nullum crimen sine lege* verstärkte das Bemühen um randscharfe Tatbestandsformulierungen.

Dies zeigte sich u. a. in der Dogmatik des **politischen Strafrechts**. Der Begriff des *crimen laesae majestatis*, im 18. Jahrhundert noch ein umfassender Begriff für alle Staatsschutzdelikte, erfuhr seit dem Beginn des 19. Jahrhunderts eine Aufgliederung und Strukturierung. Im preußischen Allgemeinen Landrecht von 1794 findet sich erstmals die Unterscheidung von Hochverrat und Landesverrat[65], die in der

[61] Näher *Gernot Schubert*, Feuerbachs Entwurf zu einem Strafgesetzbuch für das Königreich Bayern aus dem Jahre 1824. Berlin 1978.

[62] S. dazu die gesammelten Beiträge von *Friedrich Schaffstein*, Abhandlungen zur Strafrechtsgeschichte. Aalen 1986 (u. a. zu Tötungsdelikten, Majestätsdelikten, Raub und Erpressung, Nötigung, Betrug sowie zur Herausbildung des Systems der Deliktstatbestände).

[63] S. z. B. zur **Versuchsdogmatik** *Sergio Seminara*, Die Versuchsproblematik in der deutschen Strafrechtswissenschaft der ersten Hälfte des 19. Jahrhunderts, in: Sergio Seminara/Hans Joachim Hirsch (Hrsg.), Zur strafrechtlichen Versuchslehre im 19. und 20. Jahrhundert. Münster 2008, mit zahlreichen Zitaten aus der zeitgenössischen Literatur; zur **Teilnahmelehre**, in der unter dem Einfluss des französischen Rechts die Lehre von der intellektuellen Urheberschaft allmählich durch die bis heute gültige Dreiteilung von Täterschaft, Anstiftung und Beihilfe verdrängt wird, s. *Raimund Hergt*, Die Lehre von der Teilnahme am Verbrechen. Heidelberg 1909; Übersicht b. *Dennis Miller*, Die Beteiligung am Verbrechen nach italienischem Recht. Frankfurt a. M. 2006, S. 64 ff.; zu den unechten **Unterlassungsdelikten** *Manfred Seebode*, Zur gesetzlichen Bestimmtheit des unechten Unterlassungsdelikts, in: Festschrift für Günter Spendel (1992), S. 317 ff.

[64] S. dazu im Zusammenhang mit der Partikulargesetzgebung u. II.

[65] Gegen die Auffassung, dass diese Neuerung dem Einfluss der bekannten Schrift von Hanns Ernst v. Globig und Johann Georg Huster, Abhandlung von der Criminal-Gesetzgebung aus dem

Wissenschaft durch Kleinschrod und Feuerbach weiter präzisiert wurde; der Begriff der Majestätsbeleidigung erhielt im Zuge dieser Entwicklung seine neue, engere Bedeutung[66]; unter dem Einfluss des Lehrbuchs Feuerbachs fand die neue Struktur ihren Eingang in das Schrifttum, unter dem Einfluss seiner gesetzgeberischen Tätigkeit in das bayerische Strafgesetzbuch von 1813 und von dort in die Partikulargesetzgebung.

II. Strafgesetzgebung

1. Einflüsse der französischen Gesetzgebung

Die Strafgesetzgebung in Deutschland ist im 19. Jahrhundert in großem Umfang geprägt durch die französische Gesetzgebung des ausgehenden 18. und beginnenden 19. Jahrhunderts. Die Revolutionsgesetzgebung[67] des Konvents erlässt, inspiriert durch Voltaire, Beccaria, Rousseau und andere Aufklärungsdenker, 1789 die Allgemeine Erklärung der Menschen- und Bürgerrechte, die kurz darauf in die Verfassung integriert wird, verwirklicht die wesentlichen Forderungen der Aufklärungsphilosophie im Straf- und Strafprozessrecht[68] und beseitigt dort u. a. auch die ständischen Privilegien. Zur Ikone egalitären revolutionären Strafrechts wird die „große Gleichmacherin", die Guillotine, nachdem kurzfristig die Todesstrafe abgeschafft worden ist[69]. Nicht erst mit dem Umschlag der Revolution in den Terror des (vermeintlich) Guten[70] tritt sie rege in Aktion. Eine politische Revolutionsschutzgesetzgebung ist freigebig mit der Androhung der Todesstrafe. Das aufklärerische Miteinander von Menschheitsbeglückung und Utilität wird zur politischen Praxis. Die Geset-

Jahre 1782 zuzuschreiben sei, *Schroeder*, Schutz von Staat und Verfassung, S. 39 f.; zur Schrift von Globig/Huster *Stefani Schmidt,* Die Abhandlung von der Criminal-Gesetzgebung von Hanns Ernst von Globig und Johann Georg Huster. Berlin 1990.

[66] Näher *Schroeder*, Schutz von Staat und Verfassung, S. 48 ff.; *A. Hartmann,* Majestätsbeleidigung, S. 11 ff. Sammlung von einschlägigen Texte, u. a. von Globig/Huster, Kleinschrod, Feuerbach, b. *Friedrich-Christian Schroeder* (Hrsg.), Texte zur Theorie des politischen Strafrechts Ende des 18. Jh./Mitte des 19. Jh. Darmstadt 1974.

[67] *Wolfgang Naucke,* Zur Entwicklung des Strafrechts in der französischen Revolution, in: Ders., Zerbrechlichkeit, S. 29 ff.

[68] Zur Diskussion um Öffentlichkeit und öffentlichen Ankläger bis zur französischen Revolution s. *Haber*, ZStW 91 (1979), 189 ff.

[69] Dazu *Daniel Arasse*, Die Guillotine. Die Macht der Maschine und das Schauspiel der Gerechtigkeit. Reinbek b. Hamburg 1988.

[70] In der deutschen schöngeistigen Literatur vor allem sichtbar in *Georg Büchners* Schauspiel „Danton's Tod"; Text mit einem literaturwissenschaftlichen Kommentar von Sven Kramer und einem rechtswissenschaftlichen Kommentar von Bodo Pieroth: in Abteilung 6 (Recht in der Kunst – Kunst im Recht) der Schriftenreihe „Juristische Zeitgeschichte". Berlin 2007; zur Entwicklung des Strafrechts s. *Giuseppe Acerbi*, „Terreur" und „Grande Terreur". Zum Strafrecht der Französischen Revolution. (Rechtsgeschichte und Rechtsgeschehen. Kleine Schriften, 32). Münster, Berlin 2011.

ze erhalten Präambeln mit bedrohlichen Untertönen gegen Feinde der Revolution. Die Rousseausche Aversion gegen Korporationen, gegen *corps intermediaires*, die zwischen dem Einzelnen und dem Staat stehen[71], erhält gesetzliche Form in einer strafbewehrten Antikorporationsgesetzgebung. Vieles spricht dafür, dass totalitäre Züge, die in der Terrorphase ab 1791 offen zutage traten, zuvor bereits latent vorhanden waren[72]. Nach der schrittweisen Machteroberung Napoleons wurde mit den fünf napoleonischen Gesetzbüchern (Code civil, Code de procédure civile, Code de commerce, Code pénal, Code d'instruction criminelle) eine technisch vorbildhafte Gesetzgebung geschaffen, die den proklamierten humanitären und utilitären Grundsätzen einen deutlich autoritären Zug beifügte.

In der Form der napoleonischen Gesetzgebung wurde die französische Straf- und Strafprozessgesetzgebung (Code d'instruction criminelle von 1808; Code pénal von 1810) zusammen mit anderen sozialen und rechtlichen Errungenschaften nach den Expansions- und Eroberungskriegen des Korsen zum Vorbild einer Reform in spätfeudalistisch und/oder absolutistisch verfassten Staaten, teilweise – vor allem im Strafprozessrecht – freilich erst mit beträchtlicher Verzögerung und erst im Umfeld der Revolution von 1848/49. Daneben übte das französische Recht in zahlreichen napoleonischen Staatsgründungen, vor allem in Deutschland, Italien und Polen (Großherzogtum Warschau) seinen Einfluss aus. In Deutschland waren dies das Großherzogtum Berg und das Königreich Westphalen.

Mit dem *Königreich Westphalen*[73] und dem *Großherzogtum Warschau* hatte Napoleon zwei Staaten, mit denen er „moralische Eroberungen" machen wollte, Preußen gleichsam an die Flanken gesetzt. Schon die Verfassung des **Königreichs Westphalen** von 1807 sah die Öffentlichkeit gerichtlicher Verfahren und Geschworenengerichte vor – zwei Verfahrensinstitute, die in Deutschland erst vierzig Jahre später allgemeine Verbreitung fanden. Bereits im März 1808 nahmen die neuen Institutionen ihre Geschäfte auf[74]. Allerdings litt ihre Tätigkeit darunter, dass es nicht gelang, ein einheitliches Strafgesetzbuch für das Königreich zu verabschie-

---

[71] Dazu *Thomas Vormbaum*, Die Rechtsfähigkeit der Vereine im 19. Jahrhundert. Berlin 1976, S. 29 ff.

[72] Zum ganzen *Naucke*, Revolution, S. 44 f.

[73] *Helmut Berding*, Napoleonische Herrschafts- und Gesellschaftspolitik im Königreich Westfalen 1807–1813. Göttingen 1973; *Heiner Lück/Mathias Tullner* (Hrsg.), Königreich Westphalen (1807–1813). Eine Spurensuche. (Sachsen-Anhalt. Geschichte und Geschichten. 2007/5). o.O. 2007; *Elisabeth Fehrenbach*, Traditionelle Gesellschaft und revolutionäres Recht. Die Einführung des Code Napoléon in den Rheinbundstaaten. 2. Aufl. Göttingen 1978; *Heinz-Otto Sieburg*, Die Auswirkungen des napoleonischen Herrschaftssystems auf die Verfassungsentwicklung in Deutschland, in: Ders. (Hrsg.), Napoleon und Europa. Köln 1971, S. 201 ff. – Zur Entwicklung in Italien *Dezza*, Beiträge, *Ders.*, Kodifikationszeitalter (**Cisaplinische Republik**, erstes Königreich **Italien**, Fürstentum **Lucca**, Fürstentum **Piombino**, Königreich **Neapel**).

[74] Ausführlich *Christian zur Nedden*, Die Strafrechtspflege im Königreich Westphalen (1807 bis 1813). Frankfurt/M. 2003. Der Verf. lässt (S. 38 ff.) anhand einer cause célèbre das neue Strafverfahren abrollen und zeigt anhand dieses Beispiels zugleich die praktischen Schwierigkeiten im Umgang mit dem neuen Recht.

den[75]. Mit dem Ende des Königreichs endete dort – anders als im Rheinland (dazu sogleich) – auch die Herrschaft des französischen Rechts. Die Nachfolgestaaten Braunschweig, Hannover, Kurhessen und Preußen hoben die französischen Normen nach 1815 wieder auf. Vereinzelt lassen sich aber unterschwellige Nachwirkungen feststellen[76].

Einen Sonderfall bildete **Preußen**, das nach der Niederlage von 1806 auf russische Intervention hin als Staat, wenn auch verkleinert, bestehen geblieben war und sich mit den Stein/Hardenbergschen Reformen[77] (die freilich nicht das Strafrecht betrafen) einen Prozess der „defensiven Modernisierung"[78] verordnet hatte; dieser war sowohl dem objektiven Reformdruck als auch der Anpassung an die napoleonischen Reformen in den Rheinbundstaaten geschuldet und diente der Vorbereitung auf die sog. Befreiungskriege, die nur durch Heranziehung breiter Bevölkerungsschichten (Einführung der allgemeinen Wehrpflicht!) bestanden werden konnten[79].

In den linksrheinischen Gebieten, die von 1797/1801 (Friedensschlüsse von Campoformio und Lunéville) bis 1815 (Wiener Kongress) zu Frankreich gehört hatten, blieb das französische Straf- und Strafprozessrecht auch nach 1815 bestehen[80]. Versuche der neuen preußischen Obrigkeit, das preußische Recht (vor allem das Allgemeine Landrecht von 1894 und die Kriminalordnung von 1805) auf die neue Rheinprovinz auszudehnen, scheiterten am Widerstand des rheinischen Bürgertums, welches die französischen Institutionen schätzen gelernt hatte[81]. Die

---

[75] Zu den Gründen eingehend *zur Nedden*, Westphalen, S. 27 ff.; Text des bereits vollzogenen, aber nicht mehr in Kraft getretenen westphälischen Code pénal b. *Werner Schubert* (Hrsg. und Einl.), Der Code Pénal des Königreichs Westphalen von 1813 mit dem Code Pénal von 1810 im Original und in deutscher Übersetzung. Frankfurt a. M. 2001.

[76] Einzelheiten b. *zur Nedden*, Westphalen, S. 134 ff.; *Knollmann*, Einführung, S. 98 ff.; ferner aus der Sicht des braunschweigischen, zwischenzeitlich westphälischen Juristen **Friedrich Karl vom Strombeck** (1771– 1848) *Cipolla*, Strombeck, insb. S. 51 ff.

[77] Zu ihnen *Eisenhardt*, Rechtsgeschichte, S. 299 ff.

[78] Zu dieser Besonderheit der deutschen Modernisierung, der Politik der „Reformen als Antwort auf die Herausforderung der Revolution", die später für ganz Deutschland charakteristisch werden sollte, s. *Hans Ulrich Wehler*, Gesellschaftsgeschichte. Band 1, S. 363 ff.

[79] Dass sich die Befreiungskriege gegen das Land der (wie auch immer inzwischen verkümmerten) „Ideen von 1789" richtete, verlieh dem um diese Zeit aufkommenden deutschen Nationalismus von Anfang an eine starke antilibertäre Komponente. (*Heinrich von Kleist* dichtete: „Schlagt ihn tot; das Weltgericht/Fragt euch nach den Gründen nicht"), zu der auch früh antisemitische Töne gehörten, die z. B. von Heinrich Heine sehr hellhörig registriert wurden; s. dazu *Vormbaum*, Judeneid, S. 213 ff.; *Ders.*, Einführung Heine, S. 27 ff.

[80] Allgemein zur Weitergeltung des französischen Rechts im Rheinland (Baden, Rheinhessen, bayerische Pfalz, Rheinpreußen) *Eisenhardt*, Rechtsgeschichte, S. 312 ff.

[81] *Hermann Conrad*, Preußen und das französische Recht in den Rheinlanden, in: Josef Wolfram/ Adolf Klein (Hrsg.), Recht und Rechtspflege in den Rheinlanden. Köln 1969, S. 78 ff.; *Ernst Landsberg*, Die Gutachten der rheinischen Immediat-Justizkommission und der Kampf um die rheinische Rechts- und Gerichtsverfassung 1814–1819. (Publikationen der Gesellschaft für rheinische Geschichtskunde. XXXI) Bonn 1914. – Dass die Wertschätzung des rheinischen Bürgertums für die französischen Institutionen nicht nur auf fortschrittlichen Motiven beruhte, sondern auch ihre eigennützige Seite hatte, zeigt *Dirk Blasius*, Der Kampf um die Geschworenengerichte im Vormärz, in: Sozialgeschichte heute. Festschrift f. Hans Rosenberg. Göttingen 1974, S. 148 ff. Der Widerstand des rheinischen Landtages gegen den Strafgesetzbuch-Entwurf von 1843 richtete sich

Einsicht, dass das preußische Recht nicht auf die Rheinlande übertragen werden könne, führte zum Projekt einer umfassenden Gesetz-Revision, die sich über mehrere Jahrzehnte hinzog und erst 1851 im materiellen Strafrecht, 1849 im Strafprozessrecht zu einem vorläufigen Ende kommen sollte.

Von besonderer Bedeutung, in Deutschland aber nicht unumstritten[82], war die **Dreiteilung der Straftaten** im französischen Recht *(crimes, délits, contraventions)*, die ihre Entsprechung in den sachlichen gerichtlichen Zuständigkeiten besaß. Über die preußische Gesetzgebung fand sie erst im Reichsstrafgesetzbuch von 1870/71 mit der Dreiteilung der Straftaten in *Verbrechen, Vergehen und Übertretungen* und mit der (modifizierten) Anknüpfung an diese Dreiteilung durch das Gerichtsverfassungsgesetz von 1877/79 für die sachliche Gerichtszuständigkeit eine reichsweite Rezeption.

2. Deutsches Partikularstrafrecht

a) Außerpreußisches Strafrecht

Dass im Verlauf des 19. Jahrhunderts in den Staaten des Deutschen Bundes eine Welle von Kodifikationsarbeiten im Bereich des Strafrechts einsetzte, hatte mehrere Ursachen. Der Kodifikationsgedanke der Aufklärung hatte bereits in den *Naturrechtskodifikationen* in Bayern, Preußen und Österreich seinen Ausdruck gefunden[83], und er war trotz des Einspruchs der Historischen Rechtsschule, der im Zivilrecht zur Verzögerung der Kodifikationsbereitschaft geführt hatte, im Strafrecht virulent geblieben. *Feuerbachs* psychologische Zwangstheorie verlangte nach einer Positivierung des Strafrechts, in dieselbe Richtung drängte der *Rechtspositivismus*, für den eine solche Positivierung die einzige Legitimation des Strafrechts war; und für den politischen *Liberalismus* spielte der Aspekt der Rechtssicherheit gegenüber der Obrigkeit eine wichtige Rolle.

Vorbildhaft für die deutschen Partikular-Strafgesetzbücher wurde neben dem französischen Code Pénal zunächst das von Feuerbach maßgeblich beeinflusste **Bayerische Strafgesetzbuch von 1813**. Das Gesetz unterteilte nach französischem

---

gegen die Absenkung der Strafdrohung gegen Diebstahl, die dazu führte, dass dieser nicht mehr in die Zuständigkeit der Geschworenengerichte fiel, was angesichts der bis dahin hohen Strafdrohungen des französischen Strafrechts gegen Eigentumsdelikte zu deren drastischer Reduzierung geführt hätte. *Blasius*, a. a. O., S. 158: „Nicht von den politischen Prozessen, die es in der Rheinprovinz überhaupt nicht gab, erhielt [der Kampf um die Geschworenengerichte] seine Schärfe; das Geschworenengericht scheint weniger Palladium der bürgerlichen Freiheit als Palladium der bürgerlichen Eigentumsordnung gewesen zu sein".

[82] Zu ihrer Ablehnung durch die sächsische Strafrechtswissenschaft s. z. B. *Weber*, Sächsisches Strafrecht, S. 172 ff.

[83] S. dazu bereits § 2 II.

Vorbild die strafbaren Handlungen, abhängig von der angedrohten Strafe, in Verbrechen, Vergehen und Polizeiübertretungen ein[84] und wies ihre Aburteilung unterschiedlichen Gerichten, diejenige der Polizeiübertretungen der Polizei zu. Bei den Strafen (Art. 4 ff.) ist der österreichische Einfluss (Gesetz von 1803) sichtbar. Die Todesstrafe wird öffentlich durch Enthaupten vollstreckt; verschärfte Todesstrafe bedeutet nur noch, dass „der Verbrecher [...] unmittelbar vor der Hinrichtung eine halbe Stunde lang von dem Scharfrichtersknechte an dem Pranger ausgestellt" wird (Art. 6).

Art und Maß der Strafen sind immer noch sehr hart. Art. 215 (Strafe des einfachen Diebstahls) zeigt dies und ist zugleich ein Beispiel für die strenge Bindung der richterlichen Tätigkeit:

> Wenn der Dieb in Geld oder Geldeswerth die Summe von funf und zwanzig Gulden baierischer Reichswährung oder darüber entwendet hat, so soll er zum Arbeitshaus auf ein Jahr verurteilt werden und diese Strafzeit um so viele Vierteljahre verlängert werden, so vielmal der Werth des Entwendeten die Summe von fünfzig Gulden in sich enthält; ohne daß jedoch die Dauer der Strafe weiter, als auf acht Jahre erstreckt werden dürfte.

Da, wo dem Richter ein (enger) Strafrahmen eingeräumt wird (Art. 90: „Soweit das Gesetz den Grad der Strafe unbestimmt gelassen hat..."), soll er „teils auf die Beschaffenheit der zu bestrafenden Handlung an und für sich, teils auf die Größe der Gesetzwidrigkeit des Willens Rücksicht nehmen". Mit diesem Hinweis lässt das Gesetz es jedoch nicht bewenden, sondern gibt dem Richter anschließend in 28 Artikeln Richtlinien an die Hand (darunter allerdings auch heute noch übliche über Konkurrenzen und Rückfall).

Das bayerische Strafgesetzbuch wurde zum Vorbild für andere deutsche Strafgesetzbücher, wenngleich es im Laufe der Zeit zunehmend als zu hart und als zu doktrinär angesehen wurde. Im **Großherzogtum Oldenburg** wurde es 1814, ein Jahr nach seinem Erlass, regelrecht rezipiert, 1858 aber revidiert[85]. Bis in die 60er Jahre des Jahrhunderts besaßen alle deutschen Territorien mit Ausnahme Mecklenburgs kodifiziertes Strafrecht[86]. In **Bayern** selbst trat 1861 ein neues Strafgesetzbuch in Kraft[87].

---

[84] Zur *rechtstheoretischen* Bedeutung dieser Unterscheidung s. o. I. 1.

[85] Dazu *Berner*, Strafgesetzgebung, S. 320 ff.; Text b. *Stenglein*, Bd. 1, Nr. II.

[86] Übersicht über die Partikulargesetzbücher bei *Kesper-Biermann*, Einheit und Recht, S. 119 ff.; Quersumme der Prozeduren beim Erlass der Gesetzbücher ebd., S. 165 ff.

[87] Dazu *Berner*, Strafgesetzgebung, S. 324 ff.; *Müller*, Generalprävention, S. 273 ff.; Text b. *Ludwig Weis*, Das Strafgesetzbuch für das Königreich Bayern sammt dem Gesetze vom 10. November 1861 zur Einführung des Strafgesetzbuchs und des Polizeistrafgesetzbuchs erläutert. 2 Bände. Nördlingen 1863/1865.

Strafgesetzbücher wurden erlassen im **Königreich Württemberg** (1839)[88], im **Herzogtum Braunschweig** (1840)[89], im **Königreich Hannover** (1840)[90], im **Großherzogtum Hessen** (1841)[91], im **Großherzogtum Baden** (1845)[92]; die **Thüringischen Staaten** (Sachsen-Weimar, Schwarzburg-Sondershausen, Schwarzburg-Rudolstadt, Anhalt-Dessau, Anhalt-Köthen, Sachsen-Meiningen, Sachsen-Coburg-Gotha, Reuß jüngere Linie) hielten sich weitgehend übereinstimmend an das Vorbild eines 1850 erstellten Musterentwurfs[93]; im **Kaisertum Österreich** (das bis 1866 zum Deutschen Bund gehörte) erfolgte 1852 eine Revision des Gesetzbuchs von 1803[94].

Das Beispiel einer permanenten Strafrechtsreform bietet das **Königreich Sachsen,** das im 19. Jahrhundert nicht weniger als drei Strafgesetzbücher (1838, 1855, 1868)[95] erließ, denen jeweils mehrere ausformulierte Zwischenentwürfe vorangingen[96]. Sachsen war einer der Bundesstaaten, in denen die Todesstrafe abgeschafft wurde[97], nach Inkrafttreten des Reichsstrafgesetzbuches aber wieder eingeführt werden musste, nachdem der Kompromissvorschlag, es in den deutschen Staaten, in denen die Todesstrafe abgeschafft war, bei diesem Zustand zu belassen, abgelehnt worden war[98]. Die Position Sachsens, das im 19. Jahrhundert zweimal die falsche politische Option getroffen hatte (in den Befreiungskriegen hatte es am längsten am Bündnis mit Napoleon festgehalten, 1866 hatte es im preußisch-österreichischen Krieg an Österreichs Seite gestanden), erwies sich hier wie in manchen anderen Punkten

---

[88] Dazu *Mittermaier*, Fortentwicklung, S. 47 ff.; *Berner*, Strafgesetzgebung, S. 107 ff.; Text b. *Stenglein*, Bd. 1, Nr. IV; s. jetzt auch *Florian Bollacher*, Das Strafgesetzbuch für das Königreich Württemberg vom 1. März 1839, in: ZNR 2012, 1 ff.

[89] Dazu *Mittermaier*, Fortentwicklung, Bd. 1, S. 85 ff.; *Berner*, Strafgesetzgebung, S. 135 ff.; Text b. *Stenglein*, Bd. 1, Nr. V; bereits 1829 hatte der braunschweigische Jurist Friedrich Karl von Strombeck den „Entwurf eines Strafgesetzbuches für ein Norddeutsches Staatsgebiet" veröffentlicht, worin die Todesstrafe nicht mehr vorgesehen war; das Gesetzbuch von 1840 folgte diesem Vorschlag nicht; näher *Cipolla*, Strombeck, S. 113 ff., 212.

[90] Dazu *Mittermaier*, Fortentwicklung, Bd. 1, S. 93 ff.; *Berner*, Strafgesetzgebung, S. 157 ff.; Text b. *Stenglein*, Bd. 2, Nr. VI.

[91] Dazu *Berner*, Strafgesetzgebung, S. 172 ff.; Text b. *Stenglein*, Bd. 2, Nr. VII.

[92] Dazu *Berner*, Strafgesetzgebung, S. 197 ff.; Text b. *Stenglein*, Bd. 2 Nr. VIII.

[93] Dazu *Berner*, Strafgesetzgebung, S. 208 ff.; Text b. *Stenglein*, Bd. 3, Nr. X.

[94] Dazu *Berner*, Strafgesetzgebung, S. 273 ff.; Text b. *Stenglein*, Bd. 3, Nr. XII.

[95] Zu den Entwürfen von 1838 und 1855 *Berner*, Strafgesetzgebung, S. 92 ff., 304 ff. Text des Strafgesetzbuchs von 1855 b. *Stenglein*, Bd. 3, Nr. XIII.

[96] Dazu *Berner*, Strafgesetzgebung, S. 135 ff.; eingehend jetzt *Judith Weber*, Sächsisches Strafrecht.

[97] Für die Abschaffung, die nach einer längeren Experimentierphase und langem Ringen in den Kammerberatungen erfolgte, hatte sich vor allem König Johann eingesetzt; dazu eingehend *Weber*, Sächsisches Strafrecht, 7. Kapitel B) I. 2.; neben Sachsen war es vor allem **Oldenburg**, das bereits 1858 die Todesstrafe (außer im Kriegs- und Standrecht sowie im Seerecht bei Meuterei) abgeschafft hatte, obwohl es sich im übrigen weitgehend dem preußischen Strafgesetzbuch von 1851 angeschlossen hatte (dazu *Berner*, Strafgesetzgebung, S. 323); abgeschafft war sie ferner in **Anhalt** und in **Bremen** (*Sten. Ber. des Reichstags des Norddeutschen Bundes*, I. Legislaturperiode. Session 1870. Band 3. Drucksache Nr. 5. Anlage 2, S. VII ff., XVII ff.). In zahlreichen deutschen Parlamenten hatten sich in den 60er Jahren Mehrheiten für die Abschaffung der Todesstrafe ausgesprochen, ohne dass es zu einer Umsetzung dieser Beschlüsse gekommen war; *Evans*, Rituale, S. 400 ff.

[98] Eingehend *Weber*, Sächsisches Strafrecht, S. 161 ff.

als zu schwach gegenüber entgegenstehenden preußischen Wünschen. Anträge des sächsischen Mitglieds in der Kommission für das Norddeutsche Strafgesetzbuch, *Oscar von Schwarze*[99], wurden meistens überstimmt. Ein Einfluss des sächsischen Strafrechts auf das spätere Reichsstrafgesetzbuch lässt sich daher nur sehr vereinzelt, beispielsweise bei dem Tatbestand der Tötung auf Verlangen[100], feststellen.

Die jahrzehntelangen Gesetzgebungsarbeiten in den Staaten des Deutschen Bundes boten Material für die Verfeinerung der Strafrechtsdogmatik, vor allem für die Herausbildung der wichtigsten bis heute geltenden Tatbestandszuschnitte[101].

Über weite Strecken des 19. Jahrhunderts hinweg war der Gesetzgeber darum bemüht, den Bereich richterlichen Ermessens so weit wie möglich einzuengen. Charakteristisch sind die amtlichen Anmerkungen zum braunschweigischen Criminalgesetzbuch von 1840[102]:

> Es ist eine unabweisliche Forderung an jeden wohlgeordneten Staat, daß Jeder im Voraus wisse, welche Handlung ein Verbrechen sei und welche Strafe ihm drohe. [...] Die freiesten Völker haben es vorgezogen, den Richter auf buchstäbliche Anwendung der Gesetze anzuweisen und die hieraus unvermeidlich hervorgehenden Härten und Inkonsequenzen zu ertragen, als der Willkür Raum zu geben.

Allerdings lässt sich ebenfalls über das Jahrhundert hinweg gegenüber dem Extremfall des bayerischen StGB von 1813 eine gewisse Lockerung der Strafrahmen feststellen, die teils aus den unbefriedigenden praktischen Erfahrungen, teils aus den bereits geschilderten theoretischen und geistesgeschichtlich bedingten Widerständen gegen ein „doktrinäres" Strafrecht erwuchs[103]. Im Prinzip jedoch fand der Grundsatz *nullum crimen, nulla poena sine lege* im Laufe des 19. Jahrhunderts überall in den entstehenden Strafgesetzbüchern und Verfassungen seinen Niederschlag[104].

---

99 Zur Person *Werner Schubert,* Die Kommission zur Beratung des Entwurfs eines Strafgesetzbuchs für den Norddeutschen Bund, in: Schubert/Vormbaum, Entstehung des StGB, S. XI ff., XXIV f.

100 Dazu *Große-Vehne*, Tötung auf Verlangen, S. 28 ff.

101 Zum **Staatsschutzstrafrecht** s. *Schroeder*, Schutz von Staat und Verfassung, S. 56 ff.; zum **Betrug**. s. *Schütz*, Betrugsbegriff, S, 162 ff., 247 ff.; zur **Unterlassenen Hilfeleistung** s. *Gieseler*, S. 5 ff.; zu **kriminellen und terroristischen/anarchistischen Vereinigungen** s. *Felske*, S. 62 ff.; zur **unterlassenen Verbrechensanzeige** s. *Kisker*, S. 17 ff.; zum **Zweikampf** s. *Baumgarten*, S. 82 ff.; zum **Schwangerschaftsabbruch** s. *Koch*, S. 29 ff.; zum **Diebstahl** s. *Prinz*, S. 4 ff.; zur **falschen Verdächtigung** s. *Bernhard*, S. 13 ff.; zur **Brandstiftung** s. *Lindenberg*, S. 6 ff.; zur **Körperverletzung** s. *Korn*, S. 26 ff.; zur unerlaubten **Veröffentlichung amtlicher Schriftstücke** s. *Voßieck*, S. 22 ff.; zur **Rechtsbeugung** s. *Thiel*, S. 31 ff.; zur **Tötung auf Verlangen** s. *Große-Vehne*, S. 13 ff.; zur **Vereitelung von Gläubigerrechten** s. *Seemann*, S. 22 ff.; zur **Majestätsbeleidigung** s. *Andrea Hartmann*, S. 59 ff.; zu **Prostitution, Zuhälterei, Kuppelei** s. *Ilya Hartmann*, S. 42 ff.; zum **Hausfriedensbruch** s. *Rampf*, S. 34 ff.; zu **Untreue und Unterschlagung** s. *Rentrop*, S. 19 ff.; zu den **Urkundendelikten** s. *Prechtel*, S. 15 ff.

102 Zit. b. *Berner*, Strafgesetzgebung, S. 140, 142.

103 *Hälschner*, Geschichte, S. 259 ff.; zu Feuerbachs Abrücken von seiner strengen Auffassung über die richterliche Gesetzesbindung s. bereits o. b. Fußn. 61.

104 *Schreiber*, Gesetz und Richter, S. 156 ff., der auch darauf hinweist, dass einige Verfassungs- bzw. Gesetzesbestimmungen dahin ausgelegt werden konnten, dass die Gesetzesanalogie zulässig sei.

b) Preußen

aa) Kodifikationsarbeiten

Nicht nur wegen seiner bereits erwähnten Besonderheiten, sondern auch allgemein kam der Entwicklung im **Königreich Preußen** besondere Bedeutung zu[105]. Das Allgemeine Landrecht von 1794 war schon sehr bald als revisionsbedürftig angesehen worden. Vielen seiner Tatbestände fehlte es an der inzwischen aus unterschiedlichen Gründen (Einschränkung richterlichen Ermessens, Abschreckungswirkung der Strafdrohung) geforderten Bestimmtheit. Schon bald waren deshalb erste kleine Korrekturen (Rescripte, Novellen, etc.) versucht worden, die aber die Unübersichtlichkeit des Landrechts noch verstärkt hatten. Bereits im Dezember 1799 war daher eine durch *Ernst Ferdinand Klein* vorzunehmende komplette Überarbeitung des strafrechtlichen Teils beschlossen worden[106].

Es bedurfte jedoch des bereits erwähnten äußeren Anstoßes durch den Erwerb der rheinischen Gebiete, um eine umfassende Reform des Strafrechts in Gang zu setzen, die freilich mehr als 30 Jahre in Anspruch nehmen sollte. Angesichts des Widerstandes des rheinischen Bürgertums[107] keimte nach einiger Zeit in der preußischen Staatsspitze die Einsicht, dass eine Rechtsvereinheitlichung auf neue gesetzliche Grundlage gestellt werden müsse[108]. Mit der Einrichtung eines eigenen, zunächst von *v. Beyme* geleiteten „Ministerium zur Revision der Gesetzgebung und Justizorganisation in den neuen Provinzen“ (3. November 1817–31. Dezember 1819) sollte die Gesetzrevision beschleunigt werden. Nachdem die beiden Justizministerien 1825 wieder zusammengelegt worden waren, stellte der neue Justizminister *Graf Danckelmann* noch im Dezember 1825 eine Kommission zur Revision des Strafrechts zusammen[109]. **1828** wurde ihr ein von Kammergerichtsrat *Bode* erarbeiteter Entwurf vorgelegt[110]. Am 22. Mai 1830 schloss die Kommission ihre Beratungen über die Entwürfe *Bodes* ab und ließ durch Justizminister *Danckelmann* dem Staatsministerium eine leicht veränderte Entwurfsfassung vorlegen **(E 1830)**[111].

---

[105] *Wolfgang Naucke,* Hauptdaten der preußischen Strafrechtsgeschichte 1786–1806, in: Ders., Zerbrechlichkeit, S. 49 ff.

[106] *Schubert/Regge*, Gesetzrevision, Bd. 1, S. XXIX.

[107] S. bereits o. b. Fußn. 81.

[108] Darstellung des allgemeinen Verlaufs der Gesetz-Revision bis 1842 b. *v. Kamptz*, Aktenmäßige Darstellung der Preußischen Gesetz-Revision, in: Jahrbücher für die Preußische Gesetzgebung, Rechtswissenschaft und Rechtsverwaltung 60 (1842).

[109] Zusammensetzung der Kommission: Danckelmann, Kamptz, Sethe, Reibnitz, Köhler, Eichhorn, Sack, Müller, Savigny, Simon, Fischenich, Scheffer, Scheibler und Bötticher; vgl. *Schubert/Regge*, Gesetzrevision, Bd. 1, S. XVI f.

[110] Entwurf des Straf-Gesetz-Buches für die Preußischen Staaten, Berlin 1828, abgedruckt in: *Schubert/Regge*, Gesetzrevision, Bd. 1, S. 271 ff (302 f.).

[111] Entwurf des Straf-Gesetz-Buches für die Preußischen Staaten, Erster Theil. Criminal-Straf-Gesetze, Berlin 1830, abgedruckt in: *Schubert/Regge*, Gesetzrevision, Bd. 2, S. 467 ff. (500 ff.). – Die Veränderung gegenüber dem Entwurf von 1828 betraf vor allem die Beseitigung der körperlichen

Nach dem Tode *Danckelmanns* Ende 1830 wurden die Reformarbeiten zunächst ausgesetzt und erst wieder aufgenommen, als *v. Kamptz* zu Beginn des Jahres 1832 mit der Fortführung der Gesetzrevision betraut worden war[112]. In Zusammenarbeit mit *Bode* erstellte *v. Kamptz*, der nach der erneuten Aufspaltung des Justizministeriums nunmehr einem separaten „Ministerium für Gesetz-Revision" vorstand, den „Revidirte[n] Entwurf des Strafgesetzbuchs für die Königlich Preußischen Staaten" (**E 1833**)[113], der nach einer persönlichen gründlichen Schlussredaktion durch *v. Kamptz* (**E 1836**)[114] den weiteren Beratungen zugrunde gelegt wurde. Die Überarbeitung durch Staatsminister v. Kamptz, einen berüchtigten Vertreter einer harten Linie gegenüber allen freiheitlichen Regungen in der Zeit der Restauration und des Vormärz[115], betraf vor allem das politische Strafrecht.

> Es wurde nicht bloß beim Landesverrat wie Hochverrat der Versuch, sondern auch die Aufforderung vom Hochverrat dem vollendeten Verbrechen gleich gestellt. Hierzu kamen sehr ausführliche und strenge Strafbestimmungen über das hochverräterische Komplott, über verbotene Verbindungen, über den Gebrauch von Fahnen, Symbolen, Bändern und sonstigen Verbindungs- und Vereinigungszeichen, so wie über andere Vorbereitungshandlungen zum Hochverrat, und zwar in so weiter und unbestimmter Fassung, dass es politischer Verfolgungssucht nicht schwer werden konnte, auch die gleichgiltigste Handlung als hochverrätherisch zu charakterisiren[116].

Die Überprüfung durch eine neue Immediatkommission führte zu dem 1843 veröffentlichten „Entwurf nach den Beschlüssen des Königlichen Staatsraths" (**E 1843**)[117], der vor allem die politischen Überspitzungen des Kamptzschen Entwurfs abmilderte. Er wurde den acht Provinziallandtagen zur Stellungnahme vorgelegt[118]. Nachdem umfangreiche schriftliche Stellungnahmen – unter anderem von den um Beurteilung des E 1843 ersuchten Rechtsgelehrten – eingegangen waren, wurde *Savigny,* der 1842 *v. Kamptz* als Gesetzgebungsminister abgelöst hatte[119], mit der Überarbeitung des vorgelegten Materials beauftragt. Der aus dieser erneuten Revi-

---

Züchtigung als Strafe, die der Vorgänger noch gegenüber den „unteren Ständen" beibehalten hatte; *Hälschner*, Geschichte, S. 266.

112 *Schubert/Regge*, Gesetzrevision, Bd. 1, S. XIII f.

113 Abgedruckt in: *Schubert/Regge*, Gesetzrevision, Bd. 3, S. 1 ff. (35 ff.).

114 Revidirter Entwurf des Strafgesetzbuchs für die Königlich-Preußischen Staaten. Berlin 1836, abgedruckt in: *Schubert/Regge*, Gesetzrevision, Bd. 3, S. 785 ff. (883 ff.).

115 Der Dichter und Kammergerichtsrat *E. T. A. Hoffmann*, selber Opfer von Verfolgungsmaßnahmen von v. Kamptz, hat diesen in seiner Novelle „Meister Floh" in der Figur des Geheimen Rat Knarrpanti dem Gespött preisgegeben; s. dazu *Alfred Hoffmann,* E. T. A. Hoffmann. Leben und Arbeit eines preußischen Richters. Baden-Baden 1990.

116 *Hälschner*, Geschichte, S. 268 (Dem Leser wird auffallen, dass vieles von dem, was Hälschner [aus der Sicht des Jahres 1855, also immer noch während der Reaktionszeit!] kritisiert, auch am Anfang des 21. Jahrhunderts das bundesdeutsche Strafgesetzbuch ziert.); s. ferner *Schroeder*, Schutz von Staat und Verfassung, S. 73.

117 Abgedruckt in: *Schubert/Regge*, Gesetzrevision, Bd. 5, S. 1 ff. (42 f.).

118 *Schubert/Regge*, Gesetzrevision, Bd. 5, S. XIII; zu einem der Kritikpunkte des rheinischen Provinziallandtages s. bereits Fußn. 81; dazu auch *Hälschner*, Geschichte, S. 275 ff.

119 Zur Rolle Savignys in den Revisionsarbeiten s. *v. Arnswaldt*, Savigny, S. 104 ff.

sion hervorgegangene „Revidirte Entwurf des Strafgesetzbuchs für die preußischen Staaten“ aus dem Jahre 1845 (**E 1845**)[120] lag sodann den Verhandlungen der Kommission des Staatsraths zugrunde. Diese genehmigte den Entwurf mit nur geringfügigen Änderungen. Im Plenum des Staatsrats machten die rheinischen Interessenvertreter geltend, der Entwurf sei nur schwer mit der Gerichtsverfassung der Rheinprovinzen und dem Verfahren der Geschworenen vereinbar[121]. Als Ergebnis weiterer Beratungen im Plenum des Staatsrats und der Kommission entstand der Strafgesetzentwurf von 1847 (**E 1847**)[122]; dieser wurde mitsamt Motiven Ende desselben Jahres dem Vereinigten Ständischen Ausschuss, der als Vertretung des Vereinigten Landtags außerhalb der Plenarsitzungen zur Mitwirkung und Zustimmung in Fragen des Finanzwesens berufen war, zur Begutachtung vorgelegt[123]. Der Vereinigte Ständische Ausschuss beschloss auf seiner letzten Sitzung, die Arbeiten an einem Strafgesetzbuch erst fortzuführen, wenn der Vereinigte Landtag über eine neue Strafprozessordnung entschieden habe[124]. Immerhin hatte er vorher die Schärfung der Todesstrafe, die Vermögenskonfiskation und die zwischenzeitlich wieder aufgenommene körperliche Züchtigung gestrichen. Erstmals war auch nach französischem Vorbild die Dreiteilung der Straftaten in Verbrechen, Vergehen und Übertretungen vorgesehen, und ebenfalls stark vom französischen Strafrecht geprägt war die Regelung von Versuch und Teilnahme. Ungeachtet der Aussetzungs-Entscheidung des Ausschusses betrieb *Savigny* die Gesetzrevision weiter. 1849 entstand ein weiterer Entwurf (**E 1849**)[125], der in weiten Teilen mit einem Vorgängerentwurf (**E 1848**)[126] übereinstimmte[127]. Nach dem Scheitern der Revolution und der deutschen Einheitsbestrebungen wurden die Arbeiten wieder aufgenommen; der „Entwurf des Strafgesetzbuchs für die preußischen Staaten“ vom 10. Dezember 1850 (**E 1850**)[128] wurde fertiggestellt und mitsamt den dazugehörigen Motiven als „Regierungsvorlage“ der Ersten und Zweiten Kammer des neu geschaffenen preußischen Landtages vorgelegt. Die Beratungen dauerten bis zum 12. April 1851. Am 14. April 1851

---

120 Abgedruckt in: *Schubert/Regge*, Gesetzrevision, Bd. 6 I, S. 1 ff. (32 f.).

121 *Schubert/Regge*, Gesetzrevision, Bd. 1, S. XLI.

122 Entwurf des Strafgesetzbuchs für die Preußischen Staaten, nebst dem Entwurf des Gesetzes über die Einführung des Strafgesetzbuchs und dem Entwurf des Gesetzes über die Kompetenz und das Verfahren in dem Bezirke des Appellationsgerichtshofes zu Köln, abgedruckt in: *Schubert/Regge*, Gesetzrevision, Bd. 6 II, S. 735 ff. (765 f.).

123 Zum Hintergrund der Bildung des Vereinigten Landtages und des Vereinigten Ständischen Ausschusses vgl. *E. R. Huber*, Verfassungsgeschichte, Bd. 2, S. 488 ff.; vgl. ferner *Bleich*, Verhandlungen des im Jahre 1848 zusammenberufenen Vereinigten Ständischen Ausschusses, Bd. 1, S. 2.

124 *Schubert/Regge*, Gesetzrevision, Bd. 1, S. XLI.

125 Vgl. *Banke*, Entwurf, Bd. 2, Anhang S. 37 (65 f.).

126 Entwurf des Strafgesetzbuchs für die Preußischen Staaten, Berlin 1848; vgl. *Banke*, Entwurf, Bd. 1, Anhang S. 40 (60 f.).

127 Vgl. *Banke*, Entwurf, Bd. 1, S. 28 ff.

128 Abgedruckt in: Stenographische Berichte über die Verhandlungen der durch die Allerhöchste Verordnung vom 2. November 1850 einberufenen Kammern, Berlin 1851, Zweite Kammer, Aktenstück Nr. 24.

wurde das neue Strafgesetzbuch durch den König unterzeichnet[129] und trat am 1. Juli 1851 in Kraft[130].

Das preußische **Strafgesetzbuch von 1851** wurde 1869, als der Norddeutsche Bund ein einheitliches Strafgesetzbuch erarbeitete, den Beratungen weitgehend zugrundegelegt und später mit geringfügigen Änderungen zum Reichsstrafgesetzbuch erweitert.

Wie die anderen Partikulargesetzbücher zeigte auch das preußische Strafgesetzbuch ein gesetzgebungstechnisches Niveau, das sich jahrzehntelangen Reformdiskussionen verdankte. Vor allem im Bereich der Vermögensdelikte schlug sich diese Diskussion nieder. Der Bildung scharf umrissener Tatbestände und damit der Beachtung des Grundsatzes *nullum crimen sine lege,* der ausdrücklich bekräftigt wurde, kam dies zugute. § 2 des preußischen StGB lautete:

> Kein Verbrechen, kein Vergehen und keine Uebertretung kann mit einer Strafe belegt werden, die nicht gesetzlich bestimmt war, bevor die Handlung begangen wurde.

Zwar hatte die – schon im Familienbild der französischen Gesetzgebung angelegte, durch Romantik und Biedermeier geförderte – konservative Wende in den sexualethischen Vorstellungen, theoretisch gestützt durch die Ersetzung der Rechtsverletzungslehre durch die Rechtsgutsverletzungslehre, die Expansion bzw. Nichtreduktion der sog. Sittlichkeitsdelikte oder „Fleischesdelikte“ begünstigt[131]. Ansonsten aber hatte das liberale Zeitalter doch einiges an Tatbestandsreduktionen bewirkt.

Der einfache Diebstahl beispielsweise wurde gem. § 216 preußStGB mit „Gefängnis nicht unter einem Monat“ bestraft (Gem. § 14 schloss dies allerdings die Möglichkeit einer Höchststrafe von 5 Jahren ein); vgl. damit die Strafdrohung des bayerischen StGB von 1813.

Kritisiert wurde allerdings die immer noch häufige Androhung der Todesstrafe einerseits, das System der mildernden Umstände andererseits.

bb) Einzelgesetze

Es wäre freilich zu einfach, die Zeit des „liberalen Rechtsstaates“ als Ära des fortwährenden rechtsstaatlichen Fortschritts und der Milderung im Strafrecht zu interpretieren. Zumal für Deutschland mit seinen charakteristischen Rückständen der politischen Entwicklung wäre dies eine Vergröberung. Ein Blick in das Strafrecht außerhalb der Kodifikationen macht deutlich, dass ein solcher Entwicklungsop-

[129] *Goltdammer*, Materialien zum Strafgesetzbuch für die preußischen Staaten, Bd. 1, S. XVI.

[130] Art. I des Einführungsgesetzes vom 14. April 1851 (Pr.GS., S. 93).

[131] Zur Kritik daran s. *Holtzendorff*, Handbuch Bd. 1, S. 98 ff.; s. auch *Frommel*, Strafjustiz und Polizei. Muß man die Strafrechtsgeschichte vom Kopf auf die Füße stellen?, in: Akten des 26. Deutschen Rechtshistorikertages 1986. Frankfurt am Main 1987, S. 190. Zur Entwicklung der Sexualdelikte s. *Andreas Roth*, Die Sittlichkeitsdelikte zwischen Religion und Rationalität. Strafrechtspraxis und Kriminalpolitik im 18./19. Jahrhundert, in: Schulze/Vormbaum u. a., Strafzweck und Strafform, S. 195 ff.

timismus fehl am Platze ist. Bereits die preußische **Zirkularverordnung wegen Bestrafung der Diebstähle und ähnlicher Verbrechen vom 26. Februar 1799** zeigte nicht nur eine beachtliche Härte, sondern auch in einem problematischen Sinn moderne Strukturen. Schon ihr Vorspruch zeigte die eingeschlagene Richtung an; als ihr Zweck wird dort bezeichnet, „den Untertanen den ruhigen Besitz ihres Eigentums zu sichern, zur Verhütung des Stehlens und Raubens abschreckende Beispiele aufzustellen, die Verbrecher womöglich zu bessern, und wenn sie keiner Besserung fähig sind, für ihre Mitbürger unschädlich zu machen“[132]. Der wegen Rückfalldiebstahls oder gewaltsamen Diebstahls Verurteilte sollte erst dann entlassen werden, wenn er wirklich gebessert war, die Möglichkeit eines redlichen Erwerbs nachweisen konnte und seine Freilassung der öffentlichen Sicherheit nicht schadete[133]. Die Bedeutung dieser Regelung, die freilich ihre Vorläufer bereits im Allgemeinen Landrecht besaß[134], kann kaum überschätzt werden. Hier blieb ein Entwicklungsstrang erhalten, der im Hauptstrom der preußischen und deutschen Strafrechtsentwicklung zwar dünn wurde, zu Beginn des 20. Jahrhunderts aber wieder aufgegriffen werden konnte.

Zugleich zeigt sich, dass dogmatisch scheinbar weit auseinander liegende Rechtsinstitute in der Wirklichkeit oft konvergieren. Entwicklungsgeschichtlich besteht zwischen der außerordentlichen Strafe des gemeinen Strafrechts, den nach Beseitigung der Folter verhängten außerordentlichen (Verdachts-) Strafen, der Zweispurigkeit des preußischen Landrechts und der Verordnung von 1799, die ihrerseits zu Vorläufern der 1933 eingeführten Maßregeln der Sicherung und Besserung wurden, ein Zusammenhang[135]. Großen Einfluss auf diese Entwicklung des preußischen Strafrechts hatte der Aufklärer und „Vater“ des Strafrechtsteils des Allgemeinen Landrechts *Ernst Ferdinand Klein*, der erstmals die theoretische Unterscheidung zwischen „Strafen“ und „sichernden Maßnahmen“ herausgearbeitet und gegen die als unzweckmäßig angesehene außerordentliche Strafe in Stellung gebracht hatte[136].

Dass hier eine Verschmelzung von Kriminalstrafrecht und Polizeirecht stattfand bzw. beibehalten wurde, zeigt sich darin, dass in § 4 ALR II 20, also in der Vorschrift, die dem § 5 ALR II 20 unmittelbar vorausgeht, angeordnet wird, „Bettler, Landstreicher und Müßiggänger zur Arbeit anzuhalten und wenn es sich um Ausländer handelt, des Landes zu verweisen“[137].

---

[132] Zit. nach *Hälschner*, Geschichte, S. 250.

[133] *Eb. Schmidt*, Einführung, S. 253; s. auch *Naucke*, Hauptdaten, a. a. O., S. 52: „Rückfall in polizeistaatliche Voraufklärung“; weitere Daten zu problematischen Vorschriften ebd. S. 52 f.

[134] Bereits § 5 ALR II 20 sah für „Diebe und andere Verbrecher“ neben der Strafe die sog. Erwerbsdetention, d. h. nach Verbüßung der Strafe Verwahrung bis zum Nachweis ehrlicher Erwerbsmöglichkeit, vor. § 1160 ALR II 20 ging für den zum dritten Mal Verurteilten noch weiter. Er sollte „nach ausgestandener Strafe in einem Arbeitshause so lange verwahrt und zur Arbeit angehalten werden [...], bis er sich bessert und hinlänglich nachweist, wie er künftig seinen ehrlichen Unterhalt werde verdienen können“; s. *Eb. Schmidt*, Einführung, S. 252 f.

[135] Nicht zufällig wird aus der Sicht des Jahres 1936 die Verordnung von 1799 von *Mumme*, a. a. O., S. 52, mit den 1933 eingeführten Maßregeln in Verbindung gebracht und gewürdigt.

[136] *Mumme*, a. a. O., S. 35; *Thäle, a. a. O.,* S. 72 ff.

[137] *Mumme*, a. a. O., S. 51.

Allgemeinhistorisch am bekanntesten geblieben sind die **Karlsbader Beschlüsse von 1819** mit ihrer „Demagogenbekämpfung" und ihren Verbindungsverboten, Beschränkungen der Pressefreiheit und den daran geknüpften Strafvorschriften[138].

Als in den 20er Jahren des Jahrhunderts in Preußen endgültig die Allmende aufgeteilt wurde und das bis dahin übliche und zulässige (und für den Lebensunterhalt der „kleinen Leute" auf dem Lande immens wichtige[139]) Sammeln von Fallholz verboten wurde, wurde dieses Verbot mit einer harten **Strafbarkeit des Holzdiebstahls** bewehrt. Holzdiebstahl wurde für lange Zeit eines der am häufigsten abgeurteilten Delikte[140].

In der Reaktionszeit nach der gescheiterten Revolution 1848 schlossen sich weitere Sondergesetze an, zu erwähnen ist u. a. die preußische **Vereinsverordnung von 1850** (Verordnung über die Verhütung eines die gesetzliche Freiheit und Ordnung gefährdenden Missbrauchs des Versammlungs- und Vereinigungsrechts vom 11. März 1850).

Für die unteren Volksklassen gab es weitere spezielle Strafgesetze. So standen **Streikende** bis weit in die zweite Hälfte des 19. Jahrhunderts hinein unter den Strafdrohungen des Vereins- und Versammlungsrechts und der Gewerbeordnung und wurden häufig mit Polizeigewalt auseinander getrieben. Immerhin enthielt die preußische Gewerbeordnung nicht nur in § 181 eine Strafvorschrift gegen streikende gewerbliche Arbeitnehmer, sondern in § 182 auch eine solche gegen Arbeitgeber, die Aussperrungs- und Entlassungsabsprachen trafen. Beide Vorschriften wurden durch § 152 der Gewerbeordnung des Norddeutschen Bundes aufgehoben[141]. Für das *häusliche Gesinde* und die *landwirtschaftlichen Arbeiter* galt von vornherein nur das Streikverbot der Arbeitnehmerseite. Das preußische **Vertragsbruchsgesetz von 1854** bestimmte:

> (Dienstboten und Landarbeiter der in § 2) bezeichneten Art, welche die Arbeitgeber oder die Obrigkeit zu gewissen Handlungen oder Zugeständnissen dadurch zu bestimmen suchen, daß sie die Einstellung der Arbeit oder die Verhinderung derselben bei einzelnen oder mehreren Arbeitgebern verabreden, oder zu einer solchen Verabredung andere auffordern, haben Gefängnisstrafe bis zu einem Jahr verwirkt[142].

Für diesen Personenkreis, der an den langsam errungenen Fortschritten der Rechtsstellung der gewerblichen Arbeitnehmer nicht teilnahm, galt eine Reihe von straf-

---

[138] Dazu aus der Sicht von Heinrich Heines Kampf gegen die Zensur: *Vormbaum*, „Die Einheit im Denken und Sinnen". Zensur und totalitäre Gefahr im „Wintermährchen" (Kommentar II), in: Heinrich Heine, Deutschland ein Wintermährchen (1844). Berlin 2006; zu den strafbewehrten Verbindungsverboten, die einen Vorläufer bereits im preußischen Edikt vom 20. Oktober 1798 besaßen, s. *Grässle-Münscher*, Kriminelle Vereinigung, S. 18 ff. (Text des Edikts von 1798 ebd., S. 15).

[139] *Blasius*, Bürgerliche Gesellschaft S. 43 ff.

[140] Ausführlich *Blasius*, Gesellschaft, S. 103 ff.; zur Debatte des rheinischen Provinziallandtages über den Entwurf des Holzdiebstahlgesetzes erschien der bekannte Kommentar von *Karl Marx*, Auszug in: Vormbaum, MdtStrD, S. 155 ff.

[141] Näher *Vormbaum*, Politik und Gesinderecht im 19. Jahrhundert. Berlin 1980, S. 102 ff.

[142] Zum vollständigen Bild gehört freilich auch, dass die Vorschrift wahrscheinlich kaum praktische Bedeutung erlangte; zur Grundlage dieser Vermutung und zu den Gründen s. *Vormbaum*, Gesinderecht, S. 103.

rechtlichen Sonderregelungen. Der Dienstherrschaft stand ein **Züchtigungsrecht** zu; das **Notwehrrecht** des Arbeitnehmers war dementsprechend gegenüber der Dienstherrschaft eingeschränkt; für die strafrechtliche Beurteilung von **Beleidigungen** durch die Dienstherrschaft bestanden besondere Regelungen. Strafbar, nicht nur zivilrechtlich zu ahnden, waren **Doppelvermietung**, **Nichtantritt des Dienstes** und unberechtigtes **Verlassen des Dienstes** sowie **Widerspenstigkeit und Ungehorsam**[143]. Präventiv sorgte eine Gesindepolizei für gesetzmäßiges Verhalten des Gesindes.

Das 19. Jahrhundert ist eben nicht nur das Zeitalter des Liberalismus, sondern auch, vor allem in der zweiten Jahrhunderthälfte, das Jahrhundert der Modernisierung der Polizei[144].

3. Reichsverfassung von 1849

Die nicht in Kraft getretene Reichsverfassung der Paulskirche vom 28. März 1849 enthielt neben umfangreichen strafprozessualen Regelungen[145] auch einige materiellstrafrechtliche Vorschriften. §§ 117 ff. regelten die **Immunität**, § 120 regelte die **Indemnität** der Abgeordneten; nach § 138 sollte die **Todesstrafe**, außer im Kriegsfalle und im Seerecht bei Meuterei, abgeschafft sein, ebenso die Strafen des **Prangers**, der **Brandmarkung** und der **körperlichen Züchtigung.**

4. Reichsstrafgesetzbuch

Nach den siegreichen Kriegen gegen Dänemark (1864) und Österreich (1866) bildete sich unter der Präsidentschaft Preußens der **Norddeutsche Bund**. Am 20. März 1867 wurde, einem Antrag *Laskers* folgend, die Zuständigkeit des Bundes für die Strafgesetzgebung hergestellt[146]. Sachsen, das nicht ohne Grund um den „hohen Standard“[147] seines Strafrechts fürchtete, hatte widersprochen.

Nachdem im Frühjahr 1868 Bundestag und Bundesrat die Aufstellung des Entwurfs eines Strafgesetzbuches beantragt bzw. beschlossen hatten, wurde der vortragende Rat im preußischen Justizministerium (und spätere preußische Justizminister) *Friedberg* mit der Erstellung eines ersten Entwurfes beauftragt. Dieser legte

---

[143] Eingehend zu allen Punkten *Vormbaum*, Gesinderecht, S. 85 ff.; dort S. 107 ein Katalog mit weiteren 13 speziellen Strafbarkeitskomplexen.

[144] *Frommel*, Strafjustiz und Polizei, S. 186, spricht von „Modernisierung der Polizei im Windschatten pathetischer Rechtsstaatsideale“.

[145] Dazu u. III.

[146] Das folgende nach *Schubert*, Kommission (wie Fußn. 99). Jüngste Darstellung der Entstehungsgeschichte b. *Kesper-Biermann*, Einheit und Recht, S. 297 ff; zum Verhältnis zwischen Strafrechtswissenschaft und Kodifikationsprozess ebd., S. 373 ff.

[147] *Schubert*, S. XIII.

seinen Arbeiten das preußische Strafgesetzbuch von 1851 mit der Begründung zugrunde, daß es dem größten Teil der Juristen in Norddeutschland vertraut sei und von der umfangreichsten Gerichtspraxis durchgearbeitet, geklärt und erläutert sei. Auch habe es sich als ein „im Ganzen tüchtiges, jedenfalls von keiner anderen Gesetzgebung *übertroffenes* Werk bewährt“[148]. Unabhängig von diesen Argumenten kam ein anderes Vorgehen auch machtpolitisch kaum in Betracht. Der auf diese Weise entstandene **Entwurf Friedberg** wurde im Juli 1869 veröffentlicht. Er wurde vom 1. Oktober bis zum 31. Dezember 1869 von einer siebenköpfigen Kommission überarbeitet[149].

Diese überarbeitete Fassung wurde nach geringfügigen Änderungen durch den Bundesrat am 14. Februar 1870 dem Reichstag vorgelegt und am 22. Februar von diesem in 1. Lesung beraten. Zwecks Beschleunigung wurden nur der 8. bis 29. Abschnitt des Besonderen Teils zur Kommissionsberatung überwiesen; alle anderen Abschnitte wurden direkt im Plenum beraten. Neben zahlreichen Anträgen, vor allem Sachsens, die überwiegend der Ablehnung verfielen, drehten sich die Beratungen im Plenum vor allem um die Frage der **Todesstrafe**[150]. Nachdem der in 2. Lesung vom Bundestag gefasste Beschluss, sie abzuschaffen, vom Bundesrat als unannehmbar bezeichnet worden war, wurde ein Kompromiss getroffen, wonach ihre Anwendung auf Mord sowie auf versuchten Mord am Bundesoberhaupt oder einem Landesherrn beschränkt werden sollte. Ein Antrag, die Todesstrafe in den Staaten, in denen sie bereits abgeschafft war, durch lebenslanges Zuchthaus zu ersetzen, wurde wegen Aussichtslosigkeit zurückgezogen. Am 25. Mai wurde der Entwurf endgültig verabschiedet. Nach dem Sieg im Deutsch-Französischen Krieg von 1870/71 und der Erweiterung des Norddeutschen Bundes zum Deutschen Reich wurde er mit einigen Abänderungen als Reichsstrafgesetzbuch verkündet.

Für diejenigen Bundesstaaten, in denen die Todesstrafe bereits abgeschafft gewesen war, bedeutete ihre Wiedereinführung gewiss ebenso einen Rückschritt wie das umfängliche Sittlichkeitsstrafrecht für jene Staaten, in denen es als Nachwirkung der Strafrechtstheorie der Aufklärung und des bayerischen Strafgesetzbuchs von 1813 zurückgeschnitten gewesen war. Insgesamt aber hatte mit dem reichseinheitlichen Gesetzbuch das liberale Strafrechts-Zeitalter mit seinen rechtsstaatlichen Errungenschaften, aber auch mit den charakteristischen Beschränkungen dieser Errungenschaften durch obrigkeitsstaatliche Elemente[151] eines seiner letzten großen Werke geschaffen. Vor allem das **Gesetzlichkeitsprinzip** war nunmehr reichseinheitlich anerkannt. § 2 Abs. 1 RStGB bestimmte:

---

[148] *Schubert*, S. XVI.

[149] Der Kommission gehörten vier preußische Juristen (neben dem preußischen Justizminister Leonhardt, Friedberg, Bürgers und Dorn), ein sächsischer (Schwarze) ein mecklenburgschwerinischer (Budde) und ein bremer (Donandt) Jurist an. Zu ihren Biographien *Schubert*, S. XXI ff.

[150] Eingehend dazu jetzt *Markus Hirte*, Die Todesstrafe in der Entstehung des Reichsstrafgesetzbuches. (Rechtsgeschichte und Rechtsgeschehen. Kleine Schriften, 39). Münster, Berlin 2013.

[151] Zu ihnen zu zählen sind auch die Tatbestände des politischen Strafrechts (mit denen bezeichnender Weise der Besondere Teil eröffnet wurde), bei denen vor allem die Verurteilung wegen Majestätsbeleidigung ein Massenphänomen darstellte; vgl. *Andrea Hartmann*, S. 90 ff.

> Eine Handlung kann nur dann mit einer Strafe belegt werden, wenn diese Strafe gesetzlich bestimmt war, bevor die Handlung begangen wurde.

Für den **Versuch** war die Strafmilderung *obligatorisch* vorgesehen. Die Konsequenz einer objektiven Versuchstheorie wurde daraus in Wissenschaft und Rechtsprechung aber nicht gezogen; bereits während der ersten Hälfte des 19. Jahrhunderts hatte es subjektive, also auf die Vorstellung des Täters statt auf die Gefährlichkeit der Handlung abstellende Theorien zum Versuchsbeginn gegeben[152]; das 1878 gegründete Reichsgericht sollte schon bald unter dem Einfluss seines Richters *v. Buri* in ständiger Rechtsprechung eine extrem subjektive Theorie vertreten[153]. Das **unechte Unterlassungsdelikt** fand im Allgemeinen Teil keine Erwähnung. Im Bereich von **Täterschaft und Teilnahme** hatte sich eine Klärung vollzogen, indem persönliche Begünstigung[154] und sachliche Begünstigung, die im preußischen Strafgesetzbuch von 1851 noch als „auxilium post delictum" Bestandteil dieses Abschnitts gewesen waren (§ 37 prStGB), nunmehr als Straftatbetände in den Besonderen Teil verlagert worden waren (§§ 257, 258 RStGB).

Eine ausdrückliche Regelung über das Erfordernis von **Vorsatz und Fahrlässigkeit** enthielt der Allgemeine Teil nicht; jedoch wurde das Vorsatzerfordernis ausdrücklich oder implizit überall in den Tatbeständen des Besonderen Teils formuliert; Fahrlässigkeitsdelikte bildeten – außer im Bereich der Übertretungen – eine seltene Ausnahme. Da Vorsatz und Fahrlässigkeit (damals und bis weit in das 20. Jahrhundert hinein) als **Schuldformen** aufgefasst wurden, war mit deren regelmäßiger Erwähnung das **Schuldprinzip** verankert.

Die Verwendung des Ausdrucks „Schuld" kann freilich für die damalige Zeit nur mit Vorsicht verwendet werden, denn dieser setzte sich erst gegen Ende des 19. Jahrhunderts gegen die vorher überwiegend gebräuchlichen Ausdrücke „Imputabilität" oder „Zurechenbarkeit" allmählich durch. Auch wurde die „Schuld" erst gegen Ende des 19. Jahrhunderts, vor allem durch Binding, zu einer festen Kategorie des Straftatsystems entwickelt[155].

Da in der Tradition der Kantischen Philosophie die Autonomie des Täters vermutet wurde, lag dem Gesetzbuch der **psychologische Schuldbegriff** zugrunde. Folgerichtig war die **Zurechnungsfähigkeit** nur bei Bewusstlosigkeit und krankhafter Störung der Geistestätigkeit ausgeschlossen (§ 51 RStGB). Eine verminderte Zurechnungsfähigkeit war nicht vorgesehen. Ein nicht Zurechnungsfähiger war freizusprechen und fiel damit nicht mehr in die Kompetenz der Strafjustiz, sondern der Verwaltung.

Eine Ausnahme vom Erfordernis von Vorsatz und Fahrlässigkeit und damit vom Schuldprinzip machte das Gesetzbuch allerdings – jedenfalls in der Interpretation durch die ganz herrschende Auffassung[156] – bei den **erfolgsqualifizierten Delikten**

---

[152] Näher *Seminara*, Versuchsproblematik, a. a. O., m. zahlr. Nachweisen.

[153] Näher *H. J. Hirsch*, Versuchstheorie, a. a. O., S. 65.

[154] In heutiger Terminologie „Strafvereitelung".

[155] Grundlegend dazu das Standardwerk von *Achenbach*, Grundlagen, S. 20 ff.

[156] S. z. B. ausdrücklich *Rüdorff*, StGB, § 59 Anm. 1 u.ö.; *Geyer*, Verbrechen gegen die leibliche Unversehrtheit, in: Holtzendorf, Handbuch Bd. 3.2., S. 533, beide m. Nachw.; *Schwarze*, StGB, § 224 a.E.; *a. A.* schon früh *Berner*, Strafrecht, S. 478.

im Hinblick auf die Herbeiführung der schweren Folge. Hier erhielt sich somit ein Rest von **Erfolgshaftung**.

Der **Besondere Teil** enthielt eine übersichtliche, aber nicht doktrinäre Legalordnung. Dass das Gesetz keine systematische Gliederung dieses Teils vornahm, musste im Sinne eines liberalen Strafrechts begrüßt werden, denn ein „System des Rechts*güter*schutzes" hätte – anders als dasjenige eines *Rechts*schutzes – angesichts der Beliebigkeit des Güterschutzgedankens in die Versuchung einer systematisierenden „Lückenfüllung" geführt[157].

Die Straftatbestände waren überwiegend so formuliert, dass sie nicht nur dem Bestimmtheitsgebot, sondern auch dem praktischen Gebot, von Geschworenen verstanden zu werden, gerecht wurden. So folgte der **Mordtatbestand** dem sog. Prämeditationsmodell; er unterschied sich also vom Totschlagstatbestand dadurch, dass der Täter des Mordes zusätzlich zum Vorsatz mit *Überlegung* gehandelt haben musste (§ 211 RStGB). Bei der Bestrafung der **Kindestötung,** 100 Jahre zuvor noch ein Fall qualifizierter Tötung, setzte sich die Milderungstendenz fort. § 217 RStGB war als *Privilegierungstatbestand* für die Frau, die ihr *uneheliches* Kind *in oder gleich nach der Geburt* tötete, ausgestaltet. Die Strafe betrug freilich immer noch Zuchthaus nicht unter drei Jahren, bei Vorliegen mildernder Umstände Gefängnis nicht unter zwei Jahren. Eine Mischung aus strafbegründenden und privilegierenden Tatbeständen enthielt der Abschnitt über den **Zweikampf** (§ 202 ff. StGB); als Strafe war durchweg (nicht entehrende) *Festungshaft* vorgesehen[158]. Der Tatbestand der **Nötigung** setzte in seiner Drohungsvariante die Drohung mit einem *Verbrechen oder Vergehen* voraus, ließ also nicht einmal die Drohung mit jeder Straftat ausreichen (§ 240 RStGB). Der Tatbestand der **Unterlassenen Hilfeleistung** war als Übertretung ausgestaltet und setzte voraus, dass der Betreffende von der Polizeibehörde oder deren Stellvertreter bei Unglücksfällen oder „gemeiner Noth" zur Hilfe aufgefordert worden war (§ 360 Nr. 10 RStGB). Die **Falschaussage** vor Gericht war nur strafbar, wenn sie mit dem Eid bekräftigt worden war (§§ 153,

---

[157] Zur Legalordnung des Reichsstrafgesetzbuches s. *Oehler*, Legalordnung, S. 186 ff. –Regelung einzelner Tatbestände und Tatbestandskomplexe im RStGB: zum **Staatsschutzstrafrecht** s. *Schroeder*, Schutz von Staat und Verfassung, S. 86 ff.; zur **Unterlassenen Hilfeleistung** s. *Gieseler*, S. 21 ff.; zu **kriminellen und terroristischen/anarchistischen Vereinigungen** s. *Felske*, S. 79 ff.; zur **unterlassenen Verbrechensanzeige** s. *Kisker*, S. 21 ff.; zum **Zweikampf** s. *Baumgarten*, S. 97 ff.; zum **Schwangerschaftsabbruch** s. *Koch*, S. 43 ff.; zum **Diebstahl** s. *Prinz*, S. 30 ff.; zur **falschen Verdächtigung** s. *Bernhard*, S. 19 ff.; zur **Brandstiftung** s. *Lindenberg*, S. 39 ff.; zur **Körperverletzung** s. *Korn*; S, 42 ff.; zur **Rechtsbeugung** s. *Thiel*, S. 43 ff.; zur **Tötung auf Verlangen** s. *Große-Vehne*, S. 37 ff.; zur **Vereitelung von Gläubigerrechten** s. *Seemann*, S. 33 ff.; zur **Majestätsbeleidigung** s. *Andrea Hartmann*, S. 73 ff.; zu **Prostitution, Zuhälterei, Kuppelei** s. *Ilya Hartmann*, S. 51 ff.; zum **Hausfriedensbruch** s. *Rampf*, S. 47 ff.; zu **Untreue** und **Unterschlagung** s. *Rentrop*, S. 39 ff.; zu den **Urkundendelikten** s. *Prechtel*, S. 43 ff.; zur **Volksverhetzung** („Anreizung zum Klassenkampf") s. *Rohrßen*, S. 45 ff.

[158] Das Thema „Duell/Zweikampf" ist Schwerpunktthema des 5. Bandes (2003/2004) des Jahrbuchs der juristischen Zeitgeschichte; s. auch *Peter Dieners*, Das Duell und die Sonderrolle des Militärs. Zur preußisch-deutschen Entwicklung von Militär- und Zivilgewalt im 19. Jahrhundert. Berlin 1992.

154 RStGB), der freilich nach den prozessualen Bestimmungen regelmäßig abzunehmen war. Alle genannten Tatbestände sollten im Verlauf des 20. Jahrhunderts beachtliche Veränderungen erfahren.

III. Strafprozessrecht

1. Allgemeines

Die erste Hälfte des 19. Jahrhunderts war eine Zeit intensiver Diskussionen über die Reform des Strafverfahrens. Die Reformthemen hatte das 18. Jahrhundert geliefert. Als Vorbild für die Lösungen diente überwiegend der französische Code d'instruction criminelle von 1808; teilweise wurde auf deutsche Rechtsinstitute zurückgegriffen; Überlegungen, die in Richtung des englischen Verfahrensmodelles gingen[159], konnten sich überwiegend nicht durchsetzen.

Der Einfluss des Modells der französischen Prozessordnung beruhte zum einen auf seinen modernen Elementen, zum anderen darauf, dass in jenen Gegenden, die bis zum Wiener Kongress französisches Staatsgebiet gewesen waren, vor allem also im linksrheinischen Gebiet, auch im Bereich des Strafprozesses das französische Recht in Kraft geblieben war. Hinzu kam schließlich noch, dass sich mit der Zeit bei den deutschen Regierungen die Einsicht durchsetzte, dass das aus der Zeit der Regierung Napoleons stammende Verfahrensmodell auch Strukturelemente enthielt, die sich in ihrem Sinne instrumentalisieren ließen. Dies galt vor allem für die Struktur des Ermittlungsverfahrens und die Stellung der Staatsanwaltschaft.

Berührte das materielle Strafrecht allenfalls in einigen politisch und gesellschaftlich besonders brisanten Bereichen – Politisches Strafrecht, Vereinsstrafrecht, Sexualstrafrecht, aber auch Eigentumsdelikte – das Interesse der Obrigkeit, so stand im Strafprozessrecht deren Verhältnis zum Bürger unmittelbar zur Debatte. Reformen in diesem Bereich setzten sich daher zögerlicher durch als im Bereich des materiellen Strafrechts.

Neben der bereits mehrfach erwähnten Forderung nach Abschaffung der Folter, die im ersten Drittel des 19. Jahrhunderts überall erfüllt wurde, richteten die Reformforderungen sich auf Beseitigung der monokratischen Stellung des Richters[160], zugleich aber auf richterliche Unabhängigkeit und Richtervorbehalt, auf Öffentlichkeit[161] und Mündlichkeit[162] der Gerichtsverhandlung, sowie auf Verbesserung der Rechtsstellung des Beschuldigten und Stärkung der Verteidigungsrechte. Die politische Brisanz einiger dieser Forderungen liegt auf der Hand und erklärt zum

---

[159] S. z. B. *C. J. A. Mittermaier*, Englisches Strafverfahren (aus dem Jahre 1851).

[160] Folgeforderungen waren Geschworenengericht, Anklageprinzip und öffentlicher Ankläger. Dazu sogleich.

[161] Dazu *Fögen*, Öffentlichkeit; *Alber*, Öffentlichkeit, sowie *Haber*, ZStW 1979, 590. Näheres sogleich.

[162] Dazu *Mittermaier*, Mündlichkeit. Näheres sogleich.

Teil das zähe Festhalten am überkommenen Verfahren, es erklärt aber auch, dass es gerade im Umfeld eines politischen Ereignisses – der Revolution von 1848/49– in kurzer Zeit zu einer Änderung der Verhältnisse kam.

Die Verbindungen bzw. Entsprechungen zwischen politischem System und Strafverfahrenssystem sind von den meisten Teilnehmern an dieser Diskussion gesehen, wenn auch aus taktischen Gründen nicht immer offen ausgesprochen worden. So betraf die Forderung nach richterlicher Unabhängigkeit (und mit ihr der Richtervorbehalt für strafprozessuale Zwangsmaßnahmen) unmittelbar die Staatsverfassung. Darüber hinaus wurde die Forderung, im Strafprozess die monokratische Stellung des Inquisitionsrichters als Verdachtsschöpfer, Ankläger, Ermittler, Verhandlungsleiter und häufig auch noch Urteiler aufzulösen, nicht selten mit einer Parallele zur staatlichen Gewaltenteilung plausibel gemacht und stieß demgemäß auch auf entsprechende Skepsis der Regierenden[163].

2. Verfahrensprinzip

Mit der Rezeption des römischen Rechts und unter dem Einfluss des kanonischen Rechts hatte an der Schwelle zur Neuzeit der gemeinrechtliche Inquisitionsprozess und mit ihm der inquisitorische Grundsatz der **materiellen Wahrheitsfindung** Einzug gehalten[164]. Gegenüber den mittelalterlichen Gottesurteilen mit Feuerproben, Wasserproben und Zweikampf-Entscheidungen war dies aus heutiger Sicht gewiss ein Fortschritt gewesen. Verurteilungen auf irrationaler Basis hörten damit auf; doch barg der Grundsatz auch die Gefahr einer Überhöhung der Wahrheitsfindung und deren rigoroser Durchsetzung ohne Rücksicht auf die Personenwürde und Integrität des Beschuldigten[165].

Man ist geneigt, in der *Folter* einen besonders deutlichen Ausdruck dieser Gefahr zu erblicken. Dies trifft jedoch nur teilweise zu. Es trifft zu für jene Folter, die nach erfolgter Verurteilung angewandt wurde, um die Namen von weiteren Tatbeteiligten zu erfahren. Differenzierter muss die Antwort bei der Folter zur Erlangung des Geständnisses ausfallen; diese wurde ja nicht nur angewandt, wenn der Beschuldigte im konkreten Fall die einzige Auskunftsquelle war, wenn also tatsächlich nur mit seiner Aussage die Wahrheit ermittelt werden konnte, sondern auch dann, wenn andere Beweismittel vorhanden waren, es also nur am Geständnis fehlte; verzichtbar war dieses, wie schon dargelegt, nur, wenn zwei Augenzeugen zur Verfügung standen[166]. Es ging also bei der Folter um die Erlangung des *Geständnisses* als solchen, nicht unbedingt um die Erlangung der

[163] Die Vorstellung, dass sich mit der Änderung der Regierungsform auch die Strafgesetze und das Strafprozessrecht ändern, war unter dem Einfluss Montesquieus schon im 18. Jahrhundert verbreitet; s. z. B. zum Standpunkt des italienischen Strafrechtlers **Luigi Cremani** *Dezza,* Beiträge Strafrecht, S. 10 f.

[164] *Eb. Schmidt*, Einführung, § 70, S. 86; *Rüping/Jerouschek*, Grundriss, S. 42, Rn. 84.

[165] *Ingo Müller*, Leviathan 1977, 522 ff., gelangt nach eingehender Analyse der jüngeren Rechtsentwicklung zu dem Ergebnis, dass der Grundsatz der Wahrheitsfindung stets dann sehr streng gehandhabt wird, wenn mit ihm Beschuldigtenrechte überspielt werden, während man ansonsten rasch bereit ist, auf „überspannte Anforderungen“ an die Wahrheitsfindung zu verzichten.

[166] Allerdings zogen es manche Obrigkeiten vor, trotz eigentlich zureichender Beweisung noch zu foltern, wenn der Täter sich nicht zu einem Geständnis herbeiließ; *Günter Jerouschek*, Die Carolina – Antwort auf ein Feindstrafrecht?, in: Hilgendorf/Weitzel (Hrsg.), Strafgedanke, S. 79 ff., 90.

materiellen Wahrheit, in deren Besitz man womöglich bereits war. So betrachtet ist die Folter eher Folge einer „förmlichen“ Regel, die zur Tendenz der materiellen Wahrheitsfindung auf „Entformalisierung“ gerade ein Gegengewicht bildete[167]. Mittelbar freilich besteht ein Zusammenhang, denn wie in dem durch die materielle Wahrheitserforschung geprägten inquisitorischen Verfahren der Beschuldigte (der „Inquisit“) tendenziell zum Objekt des Verfahrens gemacht wurde, war auch die Folter eine Ausdrucksform dieser Stellung des Beschuldigten[168].

Die Durchsetzung des Grundsatzes der materiellen Wahrheitsfindung war nur *eine* Möglichkeit gewesen, die mittelalterlichen Beweis- und Urteilsformen zu überwinden, die man als Erstreben einer *formellen* Wahrheit bezeichnen kann. Denkbar war auch deren Ersetzung durch eine andere Form der *formellen Wahrheitsfindung*, nämlich seine solche, in welcher die Parteien (Anklage und Verteidigung) die Beweisaufnahme kontradiktorisch *vor* dem Gericht betreiben und weitgehend über den Verfahrensverlauf disponieren (*Dispositionsmaxime*), so dass ihr übereinstimmendes Vorbringen als (formell) wahr zugrunde gelegt wird[169]. Ein solches Verfahren wäre von der *Anklagemaxime* (bzw. vom Anklage*prinzip*) beherrscht. Zu einer solchen Entwicklung ist es jedoch – anders als im anglo-amerikanischen Bereich – in Kontinentaleuropa nicht gekommen. Als im ersten Drittel des 19. Jahrhunderts die Reform des Strafprozesses auf die rechtspolitische Tagesordnung drängte, fanden sich zwar vereinzelte Stimmen, welche nach anglo-amerikanischem Vorbild das Inquisitionsprinzip durch das Anklageprinzip ersetzen wollten[170]; doch hatten diese Vorschläge in der politischen Realität nie ernsthafte Erfolgsaussichten.

Das Ergebnis der Reformdiskussionen und Reformen war eine Verfahrensgestalt, die man nur mit Vorbehalt als Verfahrens-„Modell“ bezeichnen kann, denn genau betrachtet ist sie ein **Konglomerat** aus heterogenen Bestandteilen[171]. Das Verfahrensprinzip des alten Inquisitionsprozesses blieb prinzipiell erhalten. Der Grundsatz der materiellen Wahrheitsfindung beherrscht – als Grundsatz – bis heute den deutschen Strafprozess. Fast alle Fortschritte, die im Verlauf des 19. Jahrhunderts erzielt wurden, schlugen sich in Verfahrenselementen nieder, die sich in

---

[167] Ob diese „förmliche“ Voraussetzung der Verurteilung als Gegengewicht zu der naturgemäß formfeindlichen Suche nach der materiellen Wahrheit gedacht war und wie weit eine tiefverwurzelte religiöse Vorstellung, die das Geständnis mit Beichte und Bußfertigkeit in Verbindung brachte, eine Rolle gespielt hat, lässt sich schwer ausmachen; s. bereits § 2 Fußn. 21, 22; s. ferner *Edw. Peters*, Folter, S. 75 ff., sowie zuletzt *Mathias Schmoeckel*, Metanoia. Die Reformation und der Strafzweck der Besserung, in: Schulze/Vormbaum u. a. (Hrsg.), Strafzweck und Strafform, S. 29 ff.

[168] Eine der strukturellen Forderungen einer Strafprozessreform war daher die Anerkennung des Beschuldigten als **Verfahrenssubjekt.**

[169] Trotz der Einführung des § 138 ZPO im Jahre 1933 gilt die Dispositionsmaxime im Zivilprozess weitgehend bis heute. – Die Annahme, dass im anglo-amerikanischen Strafprozess der Grundsatz der materiellen Wahrheitsfindung keine Rolle spiele, darf freilich nicht überzogen werden, schon deshalb nicht, weil die überwiegende Mehrzahl der Strafverfahren dort nicht vor dem Schwurgericht stattfindet; näher *Herrmann*, Reform, S. 160 ff.

[170] Zu diesen Stimmen s. *Herrmann*, Hauptverhandlung, S. 49 ff.

[171] Dieses geologische Bild erscheint mir noch passender als das von *Ignor*, Geschichte, S. 20, aufgegriffene architektonische Bild von Glaser, man habe die gemeinrechtliche Untersuchung mit der neuen öffentlichen Hauptverhandlung in einer Weise verbunden, wie man einem alten Gebäude ein neues Stockwerk aufsetzt; *Glaser*, Handbuch Bd. 1, S. 182.

einem vom *Anklageprinzip* regierten Verfahren organisch aus diesem Prinzip ergeben hätten, die aber in einem Verfahren, das vom fortgeltenden Inquisitionsprinzip beherrscht war, heterogene – *untereinander* freilich funktional verbundene – Bestandteile waren. Die neue Verfahrensstruktur, die damit entstand, üblicherweise als **reformierter Strafprozess** bezeichnet, sollte daher nach dem Vorschlag von *Ignor* besser als **reformierter Inquisitionsprozess** bezeichnet werden[172]. In diesem Prozess ergibt sich insbesondere die Stellung des Beschuldigten als **Verfahrenssubjekt** nicht strukturell aus dem Verfahrensmodell, sondern ebenfalls erst aus „angefügten" Elementen. Im folgenden sind diese neuen Elemente kurz im Einzelnen zu betrachten[173].

3. Staatsanwaltschaft[174]

Dass die Trennung von Anklägerfunktion und Richterfunktion und damit die Einführung der Staatsanwaltschaft zu den Reformforderungen des 19. Jahrhunderts gehörte, hat lange Zeit die Einschätzung genährt, die Staatsanwaltschaft sei selbst eine der Errungenschaften des liberalen Reformzeitalters. Diese Auffassung herrschte gerade in den 60er und 70er Jahren des 20. Jahrhunderts vor, die ebenfalls als ein Reformzeitalter angesehen werden[175], und führte dazu, dass 1975 in einem gesetzgeberischen Kahlschlag die richterlichen Ermittlungsbefugnisse im Vorverfahren weitgehend beseitigt wurden und der Staatsanwaltschaft zusätzliche Zwangsbefugnisse übertragen wurden[176].

Die Wirklichkeit der Einführung der Staatsanwaltschaft im 19. Jahrhundert sah sehr viel nüchterner aus. Die tatsächliche Entwicklung wird durch die erwähnte Auffassung geradezu verfälscht.

Ein wichtiger Grund für die Einführung der Staatsanwaltschaft war, dass zwar der Verurteilte die Möglichkeit der Einlegung eines **Rechtsmittels** besaß, die Möglichkeit der Einlegung *zu seinen Lasten* aber fehlte. Da der Ankläger mit dem Richter zusammenfiel, dieser aber nicht sein eigenes Urteil anfechten konnte, konnte mit der Staatsanwaltschaft zugleich der Träger eines solchen Rechtsmittels geschaffen werden[177].

---

[172] *Ignor*, Geschichte, S. 16; die Bezeichnung „reformiert" drückt freilich schon aus, dass ein Altes verbessert wurde, aber in seiner Substanz erhalten geblieben ist.

[173] In der zeitgenössischen Literatur haben besonders C. J. A. Mittermaier und H. A. Zachariae der ganzen Palette der Probleme Schriften gewidmet: *Mittermaier*, Mündlichkeit; *Zachariae*, Gebrechen. Zu **Heinrich Albert Zachariae** (1806–1875), Professor in Göttingen und wie Mittermaier Abgeordneter der Nationalversammlung s. *Bandemer*, Zachariae.

[174] Literatur: *Collin*, „Wächter der Gesetze"; *Günther*, Staatsanwaltschaft; *Knollmann*, Einführung der Staatsanwaltschaft.

[175] S. den Titel des Beitrags von *Scheffler*, in: Vormbaum/Welp (Hrsg.), StGB, Suppl. I, S. 174 ff.

[176] Näher u. § 5; s. vorab *Müller*, Rechtsstaat, S. 109; *Welp*, Zwangsbefugnisse, S. 5 ff., insb. S. 7.

[177] S. (für Preußen) *Eb. Schmidt*, Einführung, § 289, S. 330 u.; *Peters*, Temme, S. 98 ff.; bei *Peters*, passim, jeweils auch Darstellung der Stellungnahmen des preußischen Richters, Literaten

Es dauerte einige Zeit, bis die Regierenden begriffen, dass nach einer auf die Dauer ohnehin nicht aufzuhaltenden Anerkennung der richterlichen Unabhängigkeit ihnen mit der weisungsabhängigen Staatsanwaltschaft ein neues Instrument zur **politischen Einwirkung** auf den Strafprozess geliefert wurde. Von dieser Möglichkeit hat die preußische Regierung nach der Einführung der Staatsanwaltschaft, wie *Collin* nachgewiesen hat[178], auch ausgiebig Gebrauch gemacht.

Bezeichnend ist der Zusammenhang dieser **Einführung in Preußen**; er zeigt, dass in der Tat letztlich Zweckmäßigkeitserwägungen den Ausschlag gegeben haben. Die Einführung erfolgte zunächst 1846 für die beim Kriminalgericht Berlin und beim Kammergericht zu führenden Strafverfahren. Das Hochverratsverfahren gegen 250 Teilnehmer an einem Polenaufstand in den östlichen preußischen Provinzen ließ sich mit den schwerfälligen Mitteln des schriftlichen Inquisitionsprozesses nicht mehr bewältigen[179]. 1849, also in der Zeit der (noch) erfolgreichen Revolution, wurde das neue Verfahren auf ganz Preußen ausgedehnt. Die Staatsanwaltschaft als „Kind der Revolution" zu bezeichnen[180], erscheint daher problematisch. Der Fortschritt, den die Einführung der Staatsanwaltschaft bedeutete, bestand darin, dass der Richter von der Funktion der Verdachtsschöpfung und Anklage entlastet wurde. Hingegen verblieben diese für den Bürger besonders gefährlichen Funktionen bei einer der Weisung des Justizministeriums unterliegenden Behörde. An diesem Befund ändert auch nichts, dass der erste preußische Staatsanwalt *Julius von Kirchmann*[181] zu den Revolutionären des Jahres 1848 gehörte und in der Reaktionszeit gemaßregelt wurde.

Wie wichtig es ist, zwischen Anklage*prinzip* und Anklage*prozess* zu unterscheiden, zeigt sich gerade bei der Betrachtung der Staatsanwaltschaft. Mit ihrer Einführung wurden zwar die Funktionen von Ankläger und Richter getrennt; damit wurde aus dem Inquisitionsprozess ein **Anklageprozess**. Die Tätigkeit der Staatsanwaltschaft verlief jedoch – und verläuft im Grundsatz bis heute – nach dem Inquisitionsprinzip. Sie schöpft Verdacht und ermittelt den Sachverhalt von Amts wegen mit dem Ziel der Erlangung der materiellen Wahrheit. Diese Reduzierung des Anklageprinzips auf die Trennung einer anklagenden und einer richtenden Behörde wird auch als **Klageform-Prinzip** bezeichnet.

---

und demokratischen Politikers **Jodocus Temme** (1798–1881) zu allen wesentlichen Fragen der (preußischen) Strafprozessreform.

[178] *Collin*, Wächter, S. 247 ff.

[179] *Stölzel*, Rechtsverwaltung Bd. II, S. 586; *Günther*, Staatsanwaltschaft, S. 19 f.; *Ignor*, Geschichte S. 272; *Peters*, Temme, S. 100. – Zur Rolle *Savignys* bei der Entstehung dieser Verordnung s. *v. Arnswaldt*, Savigny, S. 249 ff.

[180] So der Titel des Buches von *Günther*.

[181] Über ihn *Rainer A. Bast* (Hrsg.), Julius Hermann von Kirchmann (1802–1884). Jurist, Politiker, Philosoph. Hamburg 1993; Kirchmann blieb der (juristischen) Nachwelt weniger als erster Staatsanwalt bekannt als durch sein kleines Werk „Die Wertlosigkeit der Jurisprudenz als Wissenschaft", in dem sich das geflügelte Wort findet: „Indem die Wissenschaft das Zufällige zu ihrem Gegenstande macht, wird sie selbst zur Zufälligkeit; drei berichtigende Worte des Gesetzgebers, und ganze Bibliotheken werden zu Makulatur".

Die Einführung der Staatsanwaltschaft[182] begann in **Baden** (1832 für Pressedelikte; 1843 allgemein); es folgten **Hannover** (1841[183] durch ein Gesetz mit der bezeichnenden Überschrift „Gesetz über die Zulassung von Rechtsmitteln gegen die Erkenntnisse der Kriminalgerichte im Interesse des Staates"), **Württemberg** (1843, als erster Staat uneingeschränkt) und **Preußen** (wie geschildert, 1846). Mit der **Revolution von 1848** wurde die Staatsanwaltschaft auch in den meisten anderen deutschen Staaten, überwiegend im Rahmen von allgemeinen Strafverfahrensreformen, eingeführt[184].

Aus heutiger Sicht mag es erstaunen, dass die Staatsanwaltschaft, die sich nach ihrer Einführung überwiegend als konservative und staatstragende Einrichtung erwies, von den deutschen Regierungen erst nach längerem Widerstreben eingeführt wurde. Dafür dürfte eine Mischung aus Missverständnissen und richtigen Einsichten ursächlich gewesen sein. Zum einen galt die Staatsanwaltschaft als französisches Produkt und stand daher, obwohl das französische Strafprozessrecht aus der napoleonischen Ära stammte, unter dem Verdacht eines revolutionären Rechts – zumal ihre Einführung von den Liberalen, die ihren eigenen Missverständnissen erlagen, gefordert wurde. Eine größere Rolle gespielt haben dürfte aber die Einsicht, dass eine isolierte Einführung der Staatsanwaltschaft ohne eine umfassende Prozessreform schwerlich zu bewerkstelligen sei[185]. Schließlich gab es auch rechtliche Einwände gegen die konkrete Ausgestaltung der Staatsanwaltschaft im französischen Recht, wo sie eine überragende Gesetzeswächter-Funktion ausübte und in mancher Beziehung sogar den Richtern übergeordnet war[186].

Die starke Stellung der Staatsanwaltschaft einerseits, ihre Weisungsabhängigkeit vom Justizministerium andererseits ließ die Frage entstehen, ob als Gegengewicht eine *Verpflichtung* der Staatsanwaltschaft zum Einschreiten und zur Anklageerhebung bei Vorliegen der entsprechenden Verdachtsschwellen aufgestellt werden solle (sog. **Legalitätsprinzip**)[187]; durchgesetzt hat sich diese Forderung erst in der Reichsstrafprozessordnung.

Aus dem Inquisitionsprozess übernommen wurde ebenfalls weitgehend das Anklagemonopol der Staatsanwaltschaft. Von wenigen Ausnahmen der Privatklage abgesehen, wird von Amts wegen einem Tatverdacht nachgegangen und der Sachverhalt ermittelt (sog. **Offizialmaxime**).

---

182 Zum folgenden *Elling*, Einführung; *Carsten*, Staatsanwaltschaft, S. 21 ff.

183 Näher *Knollmann*, Einführung.

184 Näher *Carsten*, S. 25 ff.

185 *Carsten*, a. a. O.

186 *Carsten*, S. 16 f.

187 Literatur. *Hertz*, Legalitätsprinzip; zuletzt *Dettmar*, Legalität und Opportunität. Mittermaier – auch hier bereitwillig „Bedürfnissen der Praxis" entgegenkommend – sprach sich *gegen* das Legalitätsprinzip und für sein Gegenmodell, das Opportunitätsprinzip, vor allem mit der Begründung aus, dass die Einführung der Staatsanwaltschaft gerade die Möglichkeit habe eröffnen sollen, dass nicht jede geringfügige Straftat zur Einleitung eines Strafverfahrens führe; *Mittermaier*, ArchCrR 1842, 449 f.; *Ders.*, Mündlichkeit, S. 319.

4. Stellung des Richters

Die Ablösung der richterlichen Tätigkeit von der Person des Herrschers und von der Administration hatte vor allem in **Preußen** bereits relativ früh begonnen. Dennoch verläuft „die Entwicklung der Richter von weisungsgebundenen Beamten des Landesherrn zum weisungsfreien Entscheider [...] in charakteristischen Schüben und lässt sich als hartnäckiges Rückzugsgefecht der monarchischen Exekutive beschreiben“[188]. In **Preußen** beispielsweise bestimmte erst die Verordnung von 1846 in § 23: „Eine Bestätigung des richterlichen Urteils durch den Justizminister findet nicht ferner Statt“.

Die gescheiterte Reichsverfassung von 1849 garantierte die richterliche Unabhängigkeit in mehreren Paragraphen in Artikel X. § 177 bestimmte die Unabsetzbarkeit und Unversetzbarkeit von Richtern. Die Abschaffung der Patrimonialgerichtsbarkeit (§ 174) gehört insoweit in diesen Zusammenhang, als diese eine Art von Privatgerichtsbarkeit von Grundherren bedeuteten; abgeschafft sein sollte auch die Strafgerichtsbarkeit der Polizei (§ 182 Abs. 2). Kabinetts- und Ministerialjustiz wurden ausdrücklich für abgeschafft erklärt (§ 175).

Zwischen 1849 und den Reichsjustizgesetzen setzte sich der Grundsatz der richterlichen *Unabhängigkeit* überall durch. Gleiches galt für den *Richtervorbehalt* bei Zwangsmaßnahmen[189].

5. Struktur des Hauptverfahrens

Die Trennung von Ankläger- und Richteramt führte zu einer institutionellen Aufteilung des Erkenntnisverfahrens in zwei Abschnitte. Sollte die Staatsanwaltschaft die Anklage erheben und vertreten, so musste sie das erforderliche Material vorbereiten. Bis zu welchem Ausmaß dies geschehen sollte, war damit aber nicht vorentschieden. Denkbar war, dass nach einer nur kurzen Phase, in der das für die Substantiierung des Tatverdachts unbedingt nötige Material gesammelt wurde, das Verfahren in die Hand des Gerichts überging, welches dann zunächst weitere Ermittlungen vornahm („gerichtliche Voruntersuchung“), bevor das Verfahren nach Erhebung der öffentlichen Klage in eine mündliche Verhandlung überging. Faktisch ging die Entwicklung jedoch in eine andere Richtung: Es bildete sich – nach französischem Vorbild – ein ausgedehntes Ermittlungsverfahren heraus, das nach wie vor als geheimes Untersuchungsverfahren („Inquisitionsverfahren“) ausgestaltet war. In den preußischen Verordnungen von 1846 und 1849 war freilich vorgesehen, dass die Staatsanwaltschaft eine gerichtliche Voruntersuchung beantragen *konnte.* Tat sie dies aber nicht, so blieb sie die „Herrin“ des Ermittlungsverfahrens. Erst in den Reichstagsberatungen über die Reichsstrafprozessordnung wurde für schwere De-

---

[188] *Fabian Wittreck*, Die Verwaltung der Dritten Gewalt. Tübingen 2003, S. 46; allgemein *Ogorek*, Richterkönig.

[189] Zur Entwicklung bis 1848s. *Ollinger*, Richtervorbehalt.

likte die gerichtliche Voruntersuchung *obligatorisch* eingefügt[190], deren Ergebnis für die Staatsanwaltschaft verbindlich war. Im Übrigen aber beherrschte die Staatsanwaltschaft das Ermittlungsverfahren bis zur Erhebung der Anklage. Erst an die Anklage schloss sich dann eine „Schlussverhandlung“ oder „Hauptverhandlung“ vor dem Gericht an, in dem die Grundsätze der Öffentlichkeit, der Mündlichkeit und der Unmittelbarkeit galten.

Obwohl von allen Elementen, welche dem Inquisitionsverfahren im Verlauf des 19. Jahrhunderts neu angeheftet wurden, die mündliche Hauptverhandlung dasjenige war, das am deutlichsten „kontradiktorische“ Züge aufwies, blieb deren inquisitorischer Kern doch erhalten. Auch in dieser Verhandlung galt – und gilt – die Inquisitionsmaxime (die gelegentlich mit der unverdächtiger klingenden Bezeichnung „Instruktionsmaxime“ belegt wird). Der Verhandlungsverlauf liegt nicht in der Hand der Parteien; der Richter ist nicht – wie (jedenfalls in den bedeutenderen Verfahren) im anglo-amerikanischen Recht[191] – der bloße Moderator, sondern derjenige, in dessen Händen die Durchführung der Beweisaufnahme liegt und der letztlich auch entscheidet. Eine Ausnahme galt nur für die schwurgerichtlichen Verfahren, in denen Verhandlungsleitung (Berufsrichter) und Entscheidung über die Schuldfrage (Geschworene) auf verschiedene Organe verteilt waren.

6. Beschuldigtenstellung; Verteidigung

Mit der Abschaffung der Folter war jenes Rechtsinstitut aus dem Gebäude des Inquisitionsprozesses herausgebrochen worden, welches die Objektstellung des Beschuldigten besonders deutlich ausgedrückt hatte. Bis zur Mitte des 19. Jahrhunderts setzte sich (außer bei Eilbedürftigkeit) der Richtervorbehalt für Verhaftungen, für die meisten weiteren Zwangsmittel sowie für Vereidigungen durch. Die Prozessordnungen der Wende vom 18. zum 19. Jahrhundert räumten dem Beschuldigten überdies – wie auch schon frühere Prozessordnungen – ab einer gewissen Phase des Verfahrens das Recht ein, seine Einwände gegen die erhobenen Vorwürfe vorzubringen. Entscheidend für die Rechtsposition des Beschuldigten ist freilich aus heutiger Sicht, dass er die Möglichkeit besitzt, sich des Beistandes einer rechtskundigen Person zu bedienen (sog. *formelle Verteidigung*). Dies sahen die Strafrechtslehrer und -praktiker der Frühen Neuzeit ebenso. Der Strafprozess jener Zeit stand bei all seiner Härte der formellen Verteidigung keineswegs ablehnend gegenüber[192]. Es war gerade das Zeitalter der Aufklärung, das in der verbreiteten Auffassung vom Bestehen eines *favor defensionis* eine Störung der Ermittlung der materiellen Wahrheit und damit der Kriminalitätsbekämpfung erblickte. Aufklärer wie *Klein* und *Beccaria* taten sich in dieser Hinsicht hervor. Beccaria beispielsweise hielt eine

[190] *Glaser*, Handbuch, Bd. 1, S. 195.

[191] S. dazu *Herrmann*, Reform, S. 161.

[192] *Ignor*, Geschichte, S. 110 ff.

reichlich bemessene Zeit für die Vorbereitung der Verteidigung für ein Hindernis effektiver Verbrechensbekämpfung und für falsch verstandene Menschenliebe:

> Sind die Beweise erbracht und ist die Gewißheit des Verbrechens erhärtet, so müssen dem Beschuldigten Zeit und Mittel bewilligt werden, die er für seine Rechtfertigung benötigt – jedoch eine so kurze Zeit, daß er nicht die Promptheit der Strafe verhindert, die, wie wir gesehen haben, eines der wichtigsten Mittel zur Verhinderung von Verbrechen ist. Eine falsch verstandene Menschenliebe scheint dieser Kürze der Zeit zu widerstreben; doch jeder Zweifel wird schwinden, wenn man bedenkt, daß die Gefahren für Unschuldige mit den Mängeln der Gesetzgebung wachsen[193].

Dieser Einstellung entsprach es, dass in **Preußen** unter Friedrich II. 1780 die freie Advokatur beseitigt und der Anwaltsberuf verstaatlicht wurde. Ausdrücklich beseitigt wurde auch die Bezeichnung „Advokat". Assistenzräte für den Zivilprozess, Justizkommissare für die Freiwillige Gerichtsbarkeit und für den Strafprozess sollten die Interessen des Angeklagten – aber nur, soweit sie der Ermittlung der materiellen Wahrheit nicht widersprachen – wahrnehmen[194]. Härter noch war der Rechtszustand in **Österreich**[195]: Die Strafprozessordnung Kaiser Josephs II. von 1788, in vielerlei Hinsicht „die erste moderne Kodifizierung des Strafverfahrensrechts"[196], führte den Grundsatz der materiellen Wahrheitsfindung mit äußerster Konsequenz durch[197]. Weder Ankläger noch Verteidiger waren zugelassen, obwohl dem Angeklagten selbst gewisse Verteidigungsrechte zugestanden wurden. Der Verteidiger wurde als „Feind der Wahrheit" angesehen, und der Richter sollte – wie es *Ettore Dezza* formuliert hat – als Faktotum[198], also gleichsam als „Mädchen für alles", auch die Verteidigungsinteressen mit besorgen. Das Gesetzbuch über Verbrechen und schwere Polizeiübertretungen von 1803 behielt dieses „mit unbeirrbarer inquisitorischer und staatszentrierter Logik errichtete System" bei[199]. Erst 1853 wurde die förmliche Verteidigung in Österreich endgültig wieder zugelassen[200].

---

[193] *Beccaria*, Von den Verbrechen, § XIII, S. 38 f.

[194] *Gneist*, Freie Advocatur, S. 1–20; *Armbrüster*, Verteidigung, S. 90 ff.; *Weißler*, Rechtsanwaltschaft, S. 354; *Knapp*, Verteidiger, S. 27 f.; *Kern*, Gerichtsverfassung, S. 45. Gewisse Missstände vor allem in der Ziviljustiz mögen diesem Vorgehen eine Rechtfertigung geliefert haben; auch ist zu beachten, dass zuvor mit der sog. Coccejischen Justizreform der Richterstand reformiert worden war und für die Justizkommissare dieselbe Ausbildung wie für die Richter vorgeschrieben wurde.

[195] Einschließlich der oberitalienischen Besitzungen; dazu *Dezza*, JJZG 9 (2007/2008), S. 38 ff.; jetzt auch in: *Dezza/Garlati*, Beiträge, S. 31 ff.

[196] *Dezza*, a. a. O.; *Adriano Cavanna*, Storia del diritto moderno in Europa. Le fonti e il pensiero giuridico, Bd. 2, Mailand (Giuffrè) 2005, S. 309.

[197] § 82 enthielt den bezeichnenden Programmsatz: „Der eigentliche Zweck der Criminal-Untersuchung ist: *Erstens:* die wahre Beschaffenheit der That zu erheben, das ist, entweder den Beweis und die eigentlichen Umstände des dem Untersuchten zur Last gelegten Verbrechens, oder den Beweis von seiner Unschuld, die Rechtfertigung gegen die wider denselben vorkommende Anschuldigung herzustellen, damit zum Schutze der allgemeinen Sicherheit der Unschuldige befreyet, der Schuldige zur verdienten Strafe gezogen werde."

[198] *Dezza*, a. a. O.

[199] *Dezza*, a. a. O., nach Fußn. 14.

[200] *Dezza*, a. a. O., Abschn. V; zum Kampf gegen das „spurlose Verschwindenlassen", zur Konkretisierung der Haftvoraussetzungen sowie zur Pflicht zur Benachrichtigung des Verteidigers auf Wunsch des Verhafteten s. *Cornelius*, Verschwindenlassen.

Wie aktuell die Position Beccarias noch gegen Ende der 20er Jahre des 19. Jahrhunderts war, zeigt die Feststellung Mittermaiers, der als einer der liberalen Strafprozessreformer des 19. Jahrhunderts gilt:

> Der Charakter des Strafprozesses, der auf die Ausmittelung der höchsten materiellen Wahrheit gerichtet ist, welche durch Gestattung von Bevollmächtigten sehr leicht erschwert werden könnte, die Rücksicht, daß es in der Regel auf Strafen ankommt, welche nur am Verurteilten selbst vollzogen werden können, und daß aus dem Benehmen des Inkulpaten selbst neuer Verdacht und ein Mittel, die Wahrheit zu erhalten, abgeleitet werden kann, und insbesondere im Inquisitionsprozesse ein kluges Vorlegen zweckmäßiger Fragen an den Angeschuldigten zum Ziele führen kann, fordern, daß für einen Angeklagten kein Bevollmächtigter zugelassen werde. Davon zu unterscheiden ist das Recht eines rechtsgelehrten Verteidigers, nach geschlossenen Akten, zur Einreichung einer Verteidigungsschrift sich zu bedienen[201].

Aktive Rechte der Verteidigung in einem Verfahrensabschnitt, in dem erfahrungsgemäß die Weichen für den weiteren Verlauf des Verfahrens gestellt werden, waren damit ausgeschlossen.

Dass die **preußische Criminalordnung von 1805** eine für ihre Zeit weitgehende und sorgfältige Regelung der Verteidigung (§§ 433–468 CrimO) aufstellte, lag möglicherweise daran, dass man seitens der verstaatlichten Justizkommissare keine Reibungsverluste des Rechtsganges besorgte[202]. Auch das **bayerische Strafgesetzbuch von 1813** (das auch einen prozessualen Teil umfasste) enthielt eine Reihe von Rechten für die Verteidigung[203]. Aber erst mit der um die Jahrhundertmitte sich durchsetzenden Verschiebung der Prozessstruktur durch Einbau akkusatorischer Elemente setzte sich auch eine Reihe von Verteidiger-Rechten allgemein durch[204]. Vor allem die Einführung der Staatsanwaltschaft fügte der Diskussion um die Stellung der Verteidigung eine neue Façette hinzu, denn die institutionelle Verselbständigung der Anklage verlangte rechtspolitisch und psychologisch mit gewisser Konsequenz ein prozessuales Gegengewicht[205], wenngleich dies nicht in der Logik des Inquisitionsprinzips lag. Es ist daher wohl kein Zufall, dass die bereits mehrfach

---

[201] *Mittermaier*, Strafverfahren in der Fortbildung (1827), § 45, S. 203; 1813 hatte Mittermaier in seiner Vorrede zur 1. Auflage seiner „Verteidigungskunst" erklärt: „Es konnte dabei meine Absicht nicht sein, den Defensoren Rathschläge zu geben, welche dienen sollten, die Gesetze unwirksam zu machen, und durch Kunstgriffe und Rabulisterien auch überwiesene Verbrecher dem Schwerte der strafenden Gerechtigkeit zu entziehen. Ich sah vielmehr in den Defensoren selbst heilige Diener des Gesetzes und der Gerechtigkeit, ich betrachtete sie nicht als notwendige Gegner der Richter, sondern als mit diesen verbunden, um Wahrheit zu entdecken. […] Alle Befugnisse der Verteidiger, die *aus übertriebener Begünstigung der Verteidigung einst gestattet wurden* und vor dem Gesetze nicht bestehen können, mußten entfernt werden"; *Mittermaier*, Verteidigungskunst, S. VI, zitiert nach der 2. Auflage. (Hervorhebung von mir – T.V.). Darstellung der Wandlungen in den Auffassungen Mittermaiers im Verhältnis zur Entwicklung der Rechtslage b. *Malsack*, Verteidigung.

[202] S. im einzelnen *Armbrüster*, Verteidigung, S. 109; *Manfred Hahn*, Die notwendige Verteidigung im Strafprozeß. Berlin 1975, S. 54 f.

[203] Art. 141–149 baySt GB; *Armbrüster*, Verteidigung, S. 109 f.

[204] Übersicht über die partikularrechtlichen Regelungen b. *Armbrüster*, Verteidigung, S. 110 ff.

[205] *Armbrüster*, Verteidigung, S. 104 ff.; *Knapp*, Verteidiger, S. 30.

erwähnte preußische **Verordnung von 1846,** welche die Staatsanwaltschaft – zunächst für die Residenzstadt – einführte, in § 16 S. 1 bestimmte: „Der Angeklagte kann sich in allen Fällen des Beistandes eines Verteidigers bedienen“[206].

Die Modifizierung der Verfahrensstruktur brachte im Einzelnen vor allem folgende Rechte der Verteidigung:

- Das Akteneinsichtsrecht[207],
- Das Recht zur Unterredung mit dem Beschuldigten[208],
- Mitwirkungsrechte in der Hauptverhandlung, vor allem das Recht auf Befragung von Zeugen[209] und das Beweisantragsrecht[210].

Schwach blieb allerdings die Stellung der Verteidigung (und damit des Beschuldigten) im Ermittlungsverfahren. Mitwirkungsrechte des Verteidigers waren hier ausgeschlossen. § 48 der preußischen Verordnung von 1846 stellte dies ausdrücklich auch für den Fall klar, dass die Staatsanwaltschaft eine gerichtliche Voruntersuchung beantragt hatte: „Die Zulassung eines Verteidigers in der Voruntersuchung ist unstatthaft“. Erst im mündlichen Verfahren vor dem erkennenden Gericht konnte der Verteidiger seine Rechte in vollem Umfang wahrnehmen.

7. Öffentlichkeit

Intensiv war auch der Kampf um die Öffentlichkeit des Strafverfahrens. Dem germanischen und mittelalterlichen Rechtsgang vertraut, war sie mit dem Aufkommen des von Amts wegen betriebenen Inquisitionsprozesses zurückgedrängt worden; „die durchgängige Schriftlichkeit des Verfahrens machte dieses zu einem geheimen“[211]. In der Peinlichen Halsgerichtsordnung von 1532 (*Carolina*) war von der Öffentlichkeit die Schwundform des „endlichen Gerichtstages“ (Art. 70, 80, 81 CCC) geblieben, an dem das bereits beschlossene Urteil nur noch verkündet wurde. Im *Partikularrecht* verschwand die Öffentlichkeit allerdings erst gegen Ende des 18. Jahrhunderts – also zu einer Zeit, als die Reformforderungen bereits in die Gegenrichtung zielten[212].

Für und gegen die Gerichtsöffentlichkeit wurden zahlreiche Argumente angeführt. Die **Gegner** machten geltend, sie bedeute eine Härte für den Angeklagten, gebe auch geheimste Familienverhältnisse der Öffentlichkeit preis und könne zur straflosen Verleumdung abwesender staatlicher Verfahrensbeteiligter sowie von

---

[206] Die preußische Verordnung vom 2. Januar 1849 (pr. Gesetz-Sammlung 1849, S. 1) behielt die Vorschriften über „Justizkommissarien und Advocaten“ ausdrücklich bei, führte für sie aber erstmals den „Amtskarakter“ *Rechtsanwalt* ein.

[207] *Armbrüster*, Verteidigung, S. 116 f.

[208] *Armbrüster*, Verteidigung, S. 117 f.

[209] Dazu, fokussiert auf das badische Verfahrensrecht von 1845/51, *Hettinger*, Fragerecht.

[210] *Armbrüster*, Verteidigung, S. 119.

[211] *Alber*, Öffentlichkeit, S. 15.

[212] *Alber*, S. 17.

Zeugen beitragen, sie gefährde die Gesundheit der Richter, diene der Gefallsucht der Verteidiger, beeinträchtige die Wahrheitsfindung, behindere Geständnisse, verschaffe noch nicht ermittelten Mitbeschuldigten wertvolle Kenntnisse, bringe Unannehmlichkeiten für Zeugen mit sich, sorge für Unruhe im Gerichtssaal, führe zu Zeitverschwendung, ziehe nur Müßiggänger an, pervertiere das Verfahren zum Schauspiel, verursache unnötige Kosten, sei eine Schule des Verbrechens, gefährde die Sittlichkeit, offenbare Schwächen der Justiz; sie passe nicht zu der deutschen Bevölkerung, die nicht sonderlich freiheitsliebend sei, und fördere den Jakobinismus[213].

Die **Befürworter** trugen vor, die Justiz bedürfe der Kontrolle, die Öffentlichkeit könne vor allem ein Gegengewicht gegen Leichtsinn und Gewissenlosigkeit von Geschworenen bilden; sie beruhige den Angeklagten, biete Schutz vor richterlicher Willkür und einen Schutz für die Unschuld, restituiere im Falle des Freispruchs die Ehre des Unschuldigen, sei ein Ansporn für den Verteidiger und bilde einen Anreiz für rednerisches Talent; sie erleichtere die Wahrheitsfindung, insbesondere die Überführung des Verbrechers, verschaffe dem Publikum den Eindruck von Gerechtigkeit, stärke die Unabhängigkeit der Gerichte und deren Unparteilichkeit; sie erfülle generalpräventive Funktionen, diene zur Warnung vor verdächtigen Subjekten und verbreite Rechtskenntnisse; für sie spreche ferner die Idee der Strafgerechtigkeit, denn sie demonstriere, dass Kriminaluntersuchungen öffentliche Angelegenheiten seien, befriedige ein berechtigtes öffentliches Interesse an hohen Rechtsgütern, entspreche der Übung beim Gesetzgebungsverfahren und hebe das Selbstbewusstsein der Bürger[214].

Die Frankfurter Nationalversammlung nahm den Grundsatz ohne Begründung und Diskussion als offenbar selbstverständlich in ihren Grundrechtskatalog auf (§ 178). Eine Einschränkung war nur „im Interesse der Sittlichkeit" vorgesehen (§ 178 Abs. 2). Die Partikularrechte schlossen sich an. In der Reaktionszeit wurden diese Regelungen nicht nur durch Vorschriften zum Schutze der Sittlichkeit, sondern auch durch solche zum Schutze der öffentlichen Sicherheit und Ordnung eingeschränkt, der Grundsatz blieb jedoch erhalten[215]. Diese Einschränkungen gingen in die Reichsgesetzgebung von 1877 ein (§ 173 RGVG), die allerdings klarstellte, dass die Urteilsverkündung in jedem Fall öffentlich zu erfolgen habe (§ 174 RGVG).

Fögen hat in einer eingehenden Untersuchung aufgezeigt, dass die Interessenlage der Beteiligten ein wenig anders war, als die öffentlichen Verlautbarungen es vermuten lassen könnten. Die Gerichtsöffentlichkeit wurde – so Fögen – nicht etwa gegen den Widerstand der Justiz und der Regierungen ertrotzt, sie wurde vielmehr von der Justiz gefördert (freilich mit Ausnahme der für die Öffentlichkeit eigentlich interessanten Phase, nämlich derjenigen der Beratung und Beschlussfassung, deren Geheimhaltung bis heute mit einer geradezu ethischen Würde umkleidet wird), um im Kampf um ihre Unabhängigkeit gegenüber Eingriffen der Regierung die öffent-

213 S. den Topoikatalog b. *Alber*, S. 46 ff.

214 Auch hierzu der Topoikatalog b. *Alber,* S. 36 ff.

215 Nachweise b. *Alber*, S. 152 ff.

liche Meinung auf ihre Seite zu ziehen. „Die Gerichtsöffentlichkeit war also ein Mittel, die (faktische) Unabhängigkeit der Justiz von der theoretisch ungeteilten Macht des Regenten durchzusetzen“[216].

Neben den erwähnten Ausnahmen im Hauptverfahren blieb vom Grundsatz der Öffentlichkeit auch das *Ermittlungsverfahren*, das weiterhin dem Grundsatz der Heimlichkeit unterlag, ausgeschlossen. Von einem Sieg des Grundsatzes der Öffentlichkeit kann also nur mit deutlichen Abstrichen gesprochen werden.

8. Mündlichkeit und Unmittelbarkeit

Eng mit der Öffentlichkeit hing die Forderung nach Mündlichkeit und Unmittelbarkeit des Strafverfahrens zusammen[217]. Zunächst begrifflich nicht klar voneinander getrennt, schälte sich allmählich die Trennung beider Prinzipien und sodann die Trennung zwischen formeller und materieller Unmittelbarkeit[218] heraus[219].

Sollte die Öffentlichkeit des Verfahrens funktional sein, so musste das Verfahren mündlich geführt werden, denn die Öffentlichkeit kann das Verfahren nicht nachvollziehen, wenn die Verfahrensbeteiligten schriftliche Dokumente austauschen. Das spiegelbildliche Problem galt bei Einführung des schwurgerichtlichen Verfahrens, denn weil die Geschworenen keine Aktenkenntnis besaßen, konnten sie sich nur dann ein vollständiges Bild von der Beweislage machen, wenn alle für die Entscheidung relevanten Umstände mündlich erörtert wurden. Insoweit wurde dem herkömmlichen Schriftlichkeitsprinzip, das sich im Inquisitionsprozess der frühen Neuzeit herausgebildet hatte, zuerst durch den französischen Code d'instruction criminelle das Mündlichkeitsprinzip *(oralité)* entgegengesetzt[220].

Die Schriftlichkeit des gemeinen Inquisitionsprozesses war auch dadurch bedingt gewesen, dass die Prozessakten häufig nach Ende der Beweisaufnahme an die landesherrliche Obrigkeit, an einen Oberhof oder an eine Juristenfakultät zwecks Fällung der Entscheidung versendet wurden[221]. Diese Entscheidung war nur bei genauer schriftlicher Protokollierung des Verfahrensverlaufs möglich. Dass diese schwierige Voraussetzung nicht immer zuverlässig ausgeführt werden konnte, lag

---

[216] *Fögen*, Gerichtsöffentlichkeit, S. 123.

[217] Dies bringt auch der Titel des wohl bekanntesten einschlägigen Werkes, *Feuerbachs* Buch über „Öffentlichkeit und Mündlichkeit der Gerechtigkeitspflege“ zum Ausdruck. Auch in *Mittermaiers* Buch aus dem Jahre 1845 sind Öffentlichkeit und Mündlichkeit (mit Anklageprinzip und Geschworenengericht) zu einem Titel verbunden.

[218] *Formelle Umittelbarkeit:* Alle Beweismittel müssen in Anwesenheit der Verfahrensbeteiligten erhoben werden. Im Ermittlungsverfahren erhobene Beweise müssen im gerichtlichen Verfahren reproduziert werden. *Materielle Unmittelbarkeit:* Von mehreren Beweismitteln muss das der Beweisquelle am nächsten liegende erhoben werden („best evidence“); bekanntestes Problem ist in diesem Zusammenhang der Zeuge vom Hörensagen.

[219] Darstellung bei *Geppert*, Unmittelbarkeit, S. 68 ff.

[220] Hierzu und zum folgenden *Geppert*, Unmittelbarkeit, S. 63.

[221] Hintergrund für dieses Verfahren war das häufige Fehlen der (römischrechtlichen) Rechtskenntnisse bei den unteren Gerichten; *Löhr*, Unmittelbarkeit, S. 26 f.

nicht nur an der Unzulänglichkeit von Protokollierenden, sondern auch in der Natur der Sache; kein Protokoll kann mit hinreichender Genauigkeit beispielsweise die Mimik und Gestik der vernommenen Person, ihr Erbleichen, ihr Erröten, ihre Verlegenheit wiedergeben. Hinzu kam, dass nicht der gesamte Spruchkörper des Obergerichts oder der Fakultät die eingesandten Akten las, sondern durch ihren Berichterstatter (Referenten) darüber informiert wurde. Insofern hingen Mittelbarkeit der Entscheidung und Schriftlichkeit des Verfahrens zusammen. Der Kampf um die Mündlichkeit wurde damit notwendigerweise auch ein solcher um die Unmittelbarkeit[222].

Zentraler Punkt der Diskussion um die Unmittelbarkeit war das Erfordernis der Reproduktion der im Ermittlungsverfahren durchgeführten Vernehmungen bzw. – aus der Gegensicht – die Möglichkeit, die Aussagen von Auskunftspersonen in der mündlichen Verhandlung durch die Verlesung der Protokolle über Vernehmungen im Ermittlungsverfahren zu ersetzen.

Den Durchbruch für die Mündlichkeit (und Öffentlichkeit) brachte die bereits mehrfach erwähnte preußische **Verordnung von 1846** (§ 15[223]). Die **Verordnung von 1849** bestätigte diese Regelung (§ 14[224]). Die Paulskirchenverfassung hatte in § 178 Abs. 1 bestimmt: „Das Verfahren soll öffentlich und mündlich sein".

Wie der Grundsatz der Öffentlichkeit wurde auch derjenige der Mündlichkeit/Unmittelbarkeit schließlich grundsätzlich anerkannt, er musste sich jedoch bis in die Reichsgesetzgebung hinein manche Ausnahme gefallen lassen (s. im Einzelnen §§ 248 ff. RStPO; heute – mit Modifizierungen – §§ 249 ff. StPO)[225].

9. Schwurgerichte

Das politisch brisanteste Thema der strafprozessualen Reformdiskussion war die Einführung der Schwurgerichte (oder Geschworenengerichte)[226]. Die französische Revolutionsgesetzgebung hatte sie aus dem anglo-amerikanischen Rechtskreis übernommen, und zwar sowohl mit Anklage- als auch mit Urteilsjury. Das Schwurgericht galt ihr – mit einer immer wieder aufgegriffenen Metapher – als „Palladium der bürgerlichen Freiheit"[227]. Es galt als Entsprechung der Volksvertretung

---

[222] *Löhr*, S. 30.

[223] „Der Fällung des Urteils soll ein mündliches Verfahren vor dem erkennenden Gericht vorhergehen, bei welchem der Staatsanwalt und der Angeklagte zu hören, die Beweisaufnahme vorzunehmen und die Verteidigung des Angeklagten mündlich zu führen ist".

[224] „Der Fällung des Urteils soll bei Strafe der Nichtigkeit ein mündliches öffentliches Verfahren vor dem erkennenden Gerichte vorhergehen, bei welchem [...]" (weiter wie in § 14 VO von 1846).

[225] Näher *Geppert*, Unmittelbarkeit, S. 77 ff. (zum Partikularrecht), 106 ff. (RStPO).

[226] Grundlegend: *Erich Schwinge*, Der Kampf um die Schwurgerichte bis zur Frankfurter Nationalversammlung. Breslau 1926; zuletzt *Diana Löhr*, Zur Mitwirkung der Laienrichter im Strafprozess. Hamburg 2008, S. 55 ff.

[227] Nachw. b. *Peters*, Temme, 8. Kap. A).

auf strafprozessualem Boden[228]. Napoleon hatte es, wenn auch in abgeschwächter Form (nämlich nur als Urteilsjury und nur für die Entscheidung der Tatfrage), trotz seines Missbrauchs in der Zeit des Terreur beibehalten; seine Einführung in die von ihm abhängigen Staaten hatte er allerdings nicht intensiv verfolgt, ihr teilweise – beispielsweise im Königreich Italien – sogar ausdrücklich widersprochen[229]. In der französischen Form blieb das Schwurgericht im Rheinland erhalten; auch hier übte das französische Recht – wie in manchen anderen Rechtsbereichen – die schon geschilderte katalysatorische Funktion aus.

Die deutsche Strafrechtslehre stand den Schwurgerichten lange Zeit skeptisch bis ablehnend gegenüber[230]. Feuerbach kam in seiner Untersuchung über die Geschworenengerichte, die den Anfang der wissenschaftlichen Debatte markiert, zu dem Ergebnis, dass deren Bewertung juristisch und politisch unterschiedlich ausfallen müsse; juristisch spreche nichts für sie, politisch seien sie in einem konstitutionellen Gemeinwesen zu begrüßen[231]; Mittermaier forderte ebenfalls, diese Ebenen zu unterscheiden, zeigte sich aber in beiderlei Hinsicht skeptisch[232].

Gegen Mitte des Jahrhunderts lockerte diese Auffassung allerdings auf, und die Zustimmung zum Schwurgericht nahm auch in der Wissenschaft zu[233]. Dabei spielte – neben politischen Erfahrungen mit Berufsrichtern in der Restaurationszeit – vor allem der Zusammenhang mit den anderen Reformforderungen eine Rolle: Auf den Zusammenhang mit Mündlichkeit und Unmittelbarkeit wurde bereits hingewiesen; noch wesentlicher war der Zusammenhang mit der Beweisfrage: Der Streit zwischen Beweistheorie und freier Beweiswürdigung (dazu sogleich unter 10) wurde vorzüglich zwischen den Anhängern und Gegnern des Schwurgerichts geführt[234]; die Berufsrichter glaubte man in ihrer Beweiswürdigung durch feste Beweisregeln binden zu müssen, während die Geschworenen gerade aufgrund eines nicht an Regeln gebundenen „Totaleindrucks"[235] entscheiden sollten. Da sich nun die Skepsis gegenüber der Möglichkeit einer Beweiswürdigung anhand von Beweisregeln mit der Zeit immer mehr durchsetzte, drängte die Entwicklung zumindest bei der Aburteilung schwerer Straftaten in die Richtung der Schwurgerichte. Erst ein weiterer

---

[228] *Ignor*, Geschichte, S. 249; *Peters*, Temme, 8. Kap. A).

[229] Zu Italien s. *Dezza*, Kodifikationszeitalter, S. 66; Napoleon erklärte 1805 in einer Ansprache zur Eröffnung der Session der Gesetzgebungskörperschaft des (ersten) Königreichs Italien: „Ich habe nicht geglaubt, dass die Lage, in der Italien sich zur Zeit befindet, mir gestatte, an die Einrichtung der Jury zu denken. Die Richter müssen jedoch, ebenso wie die Geschworenen, nach ihrer inneren Überzeugung ihr Urteil fällen, ohne sich auf jenes System der halben Beweise zu stützen, das noch viel häufiger die Unschuld als denjenigen beleidigt, der zur Aufdeckung des Verbrechens berufen ist. Die sicherste Richtlinie eines Richters, der eine Verhandlung geleitet hat, ist die Überzeugung seines eigenen Gewissens".

[230] S. die Aufzählung b. *Peters*, Temme, 8. Kap. B).

[231] *Feuerbach*, Geschworenengericht, S. 74 ff., 112 ff.; *Radbruch*, Feuerbach, S. 100 ff.

[232] *Mittermaier*, Mündlichkeit, S. 363 ff.

[233] Der Umschwung erfolgte auf der Lübecker Germanistenversammlung von 1847; dazu *Schwinge*, Schwurgerichte, S. 146 ff.; *Küper*, Richteridee, S. 219.

[234] *Schwinge*, Schwurgerichte, S. 74; s. auch *Küper*, Richteridee, S. 217.

[235] Dazu *Mittermaier*, Mündlichkeit, S. 364.

(gedanklicher und zeitlicher) Schritt führte dann dazu, die freie Beweiswürdigung auf Berufsrichter auszudehnen[236].

Im Verlauf der Revolution von 1848/49[237] wurden die Schwurgerichte fast überall in den deutschen Staaten eingeführt. In Preußen bestimmte Art. 93 der Verfassungsurkunde, dass bei den mit schweren Strafen bedrohten Verbrechen, bei allen politischen Verbrechen und bei Preßvergehen die Entscheidung über die Schuld des Angeklagten durch Geschworene erfolgen sollte. Umgesetzt wurde die Verfassungsbestimmung durch die **Verordnung vom 3. Januar 1849**. Nicht eingeführt wurde die Anklage-Jury; sie wäre auch schwer mit dem heimlichen, nichtöffentlichen, schriftlichen Charakter des Ermittlungsverfahrens vereinbar gewesen.

Im Unterschied zum französischen Recht waren die Geschworenen nicht nur für die Beurteilung der Tatsachenfrage, sondern für die gesamte Schuldfrage zuständig. Den Berufsrichtern blieb die Festsetzung des Strafmaßes.

10. Beweiswürdigung und Urteilsfindung

Wie in § 2 geschildert, hatte die Beseitigung der Folter ein wichtiges Element aus dem *faktischen* System des Inquisitionsprozesses herausgebrochen. Dass die Folter nicht ein notwendiges Element des Inquisitionsprozesses, sondern ein *historisch* ihm angefügtes Element war, wurde bereits erwähnt[238]. Es war wohl eine tief verwurzelte Vorstellung von der Notwendigkeit des Geständnisses – außer in den Fällen, in denen zwei Augenzeugen vorhanden waren –, die verhinderte, dass mit der Folter zugleich auch die Beweisregeln des gemeinen Strafrechts abgeschafft wurden. Zwar gab es bereits im ausgehenden 18. Jahrhundert die Forderung, die freie richterliche Beweiswürdigung in den Fällen, in denen bisher zur Folter geschritten worden war, den Ausschlag geben zu lassen[239]. Eingeführt wurde dieser Beweismaßstab aber in Frankreich nur für die Geschworenen[240], denn diese sollten gerade nicht, wie die Berufsrichter, den oft sehr komplizierten Beweisregeln, sondern ihrem „Wahrheitsinstinkt“ folgen und aufgrund eines „Totaleindrucks“ entscheiden. Den Berufsrichtern diesen Maßstab an die Hand zu geben, hielt man für zu gefährlich für den Beschuldigten. So blieben denn die Beweisregeln noch über Jahrzehnte bestehen, und mit ihnen die Lügen- und Ungehorsamsstrafen[241]. Eine in der Lehre entwickelte, vorübergehend auch in Gesetzbücher eingegangene[242] **negative Be-**

---

[236] So z. B. *Mittermaier*, NArchCrimR 13 (1833), 120 ff., 139 („Drehe und wende man sich soviel man wolle, – es bleibt nur *ein* Ausweg, der: *Geschworenengerichte einzuführen*“; Hervorhebung im Original). Zu den Hintergründen näher *Küper*, Richteridee, S. 219 ff.

[237] Die Paulskirchenverfassung regelte in § 179 Abs. 2: „Schwurgerichte sollen jedenfalls in schweren Strafsachen und bei allen politischen Vergehen urteilen“.

[238] S. in diesem Abschnitt unter 2.

[239] Z. B. bei *Pietro Verri*, Betrachtungen über die Folter, a. a. O., S. 68 f.

[240] *Nobili*, Überzeugungsbildung, S. 74; *Küper*, Richteridee, S. 174 ff.

[241] Dazu bereits § 2, Fußn. 38 ff.

[242] Z. B. das österreichische Gesetz von 1803, § 414, und das badische Gesetzbuch von 1845, § 270; Hinweis auf Bern b. *Nobili*, Überzeugungsbildung, S. 157, auf Bayern b. *Mittermaier*, Beweis, S. 84.

weistheorie, nach der „die minutiösen gesetzlichen Vorschriften über die Vollständigkeit des Beweises und den Wert der Beweismittel nur noch für die Verurteilung, nicht aber für den Freispruch herangezogen werden" sollten[243], hatte letztlich keinen Bestand. Beginnend mit der preußischen Verordnung von 1846 – und hier sogar schon vor der Einführung der Schwurgerichte – setzte sich überall der Grundsatz der freien richterlichen Überzeugungsbildung durch[244], die Napoleon in Frankreich und in den von ihm abhängigen Territorien bereits zu Beginn des Jahrhunderts eingeführt hatte. Der Erfolg dieses Systems hatte mehrere Gründe. Zum einen gewann die Überzeugung die Überhand, dass es unmöglich sei, die Behandlung aller auftretenden Beweisprobleme vorab in feste Regeln zu fassen; zum zweiten wurde die freie richterliche Überzeugungsbildung bei den Berufsrichtern durch die Pflicht zur Urteilsbegründung ergänzt, wodurch für die Berufsrichter die *conviction intime* zu einer durch die Rechtsmittelinstanz überprüfbaren *conviction raisonée* wurde; und schließlich ließen die Fortschritte der forensischen Wissenschaften hoffen, dass die rationale Erforschung der materiellen Wahrheit verbessert werden könne. Dies alles ändert freilich nichts daran, dass der „Preis" für die Beseitigung der Folter die freie richterliche Überzeugungsbildung war. Das jahrzehntelange Zögern von Theorie und Praxis, diese Konsequenz zu ziehen, zeigt, dass es verbreitete Hemmungen sowohl vor einem Justizirrtum als auch vor einem richterlichen Machtmissbrauch gab – Hemmungen, welche heute anscheinend nicht mehr geteilt werden, obwohl die heutigen Strafgesetze dem Richter wesentlich weitere Spielräume eröffnen als diejenigen des 19. Jahrhunderts.

11. Reichsstrafprozessordnung

Die geschilderten Faktoren ergaben insgesamt den sog. **reformierten Strafprozess,** der schließlich auch der Regelung der **Reichsstrafprozessordnung von 1877/79**[245] zugrunde gelegt wurde. Öffentlichkeit, Mündlichkeit und Unmittelbarkeit wurden mit Einschränkungen eingeführt; Geschworenengerichte waren für schwere Delikte, freilich gerade nicht für Pressedelikte und politische Hochkriminalität zuständig. Zentrales Strukturmerkmal auch der Reichsstrafprozessordnung war das sog. „Klageformprinzip": die Forderung nach der Trennung der Anklage- und Urteilsfunktionen wurde zwar erfüllt; jedoch beschränkte sich die Reform darauf, das Ermittlungsverfahren einer vom Gericht getrennten Behörde, der Staatsanwaltschaft, zu übertragen. Dem Untersuchungsrichter blieben allerdings auch in diesem Ver-

[243] *Nobili*, Überzeugungsbildung, S. 77, s. auch ebd. S. 154 ff.; *Küper*, Richteridee, S. 130. Zu den Vertretern dieser Lehre gehörten u. a. *Feuerbach* (Betrachtungen über das Geschworenengericht, S. 132 f.), *Grolman* (Grundsätze der Criminalrechtswissenschaft, S. 611) und *Mittermaier* (Beweis, S. 92).

[244] Dazu *Nobili*, S. 149 ff., *Dezza*, Kodifikationszeitalter, S. 64 ff., 143 ff. u.ö.

[245] Zur Entstehungsgeschichte ausführlich *Schubert*, Die Entstehung der Strafprozessordnung von 1877, in: Schubert/Regge (Hrsg.), StPO, S. 1 ff., 4 ff.

fahrensabschnitt einzelne Handlungen sowie bei schweren Straftaten eigene Ermittlungszuständigkeiten im Rahmen der nunmehr für schwere Straftaten obligatorischen gerichtlichen Voruntersuchung erhalten. Das liberale Modell einer sich durch den gesamten Prozess hindurchziehenden Gegenüberstellung von Anklage und Verteidigung als Parteien wurde nicht verwirklicht. Im ersten Verfahrensabschnitt blieb die Tätigkeit der Verteidigung nahezu wirkungslos. Die Staatsanwaltschaft war dort nicht Partei, sondern – so der bis heute gebräuchliche Ausdruck – „Herrin des Ermittlungsverfahrens". Hinzu kam, dass sie eine vom Justizministerium abhängige Behörde war, der – über den Bereich des Strafverfahrens hinaus – auch eine (wenngleich beschränkte) Aufgabe als „Wächterin der Gesetze" übertragen wurde. Erst im gerichtlichen Verfahren standen sich Anklage und Verteidigung dann wie Parteien gegenüber; jedoch fand auch hier nicht ein Parteiverfahren im eigentlichen Sinne statt, sondern ein unter der Instruktions- bzw. Inquisitionsmaxime stehendes Verfahren, in welchem dem Gericht die Verhandlungsleitung, die Beweisaufnahme und – abgesehen vom schwurgerichtlichen Verfahren – die Urteilsfällung zukam. Den Parteien blieben nur Randkorrekturen.

In der Reichsstrafprozessordnung wurde die Tätigkeit der Staatsanwaltschaft nach langer Diskussion[246] durch das **Legalitätsprinzip** (Verfolgungs- und Anklagezwang, § 152 Abs. 2 StPO) gebunden. Dessen Sicherstellung galt das Klageerzwingungsverfahren (§§ 172 ff. StPO)[247].

Als Ersatz für die weggefallene Folter setzte sich die **freie Überzeugungsbildung und Beweiswürdigung** des Richters durch. Skrupulösere Modelle, welche die alten Beweisregeln wenigstens *zugunsten* des Angeklagten, d. h. für die Verurteilung, beibehalten wollten, konnten sich nicht durchsetzen[248].

Das Gericht war nach § 244 RStPO verpflichtet, die **Beweisaufnahme** auf alle vorgeladenen Zeugen und Sachverständigen und andere herbeigeschaffte Beweismittel zu erstrecken. Die Ablehnung einer Beweiserhebung wegen verspäteten Vorbringens war durch § 245 Abs. 1 RStPO ausdrücklich ausgeschlossen. Dies galt freilich nicht für erstinstanzliche Verhandlungen vor dem Schöffengericht, sowie für Berufungsverhandlungen über Übertretungen und Privatklagen vor dem Landgericht; dort bestimmte das Gericht den Umfang der Beweisaufnahme ohne Bindung an Anträge, Verzichte oder frühere Beschlüsse (§ 244 Abs. 2 RStPO).

Mit der Rechtsanwaltsordnung von 1878 wurde die **freie Advokatur,** die Rudolf Gneist als „erste Forderung aller Justizreform in Preußen"[249] bezeichnet hatte, reichsweit eingeführt. Damit ging in Preußen die Zeit der beamteten Justizkommissare zu Ende.

[246] *Hertz*, Geschichte, S. 40 ff.

[247] Näher *Dettmar*, Legalität und Opportunität, 7. Kap. A) IV. 6.

[248] Zu dieser u. a. von *Feuerbach* vertretenen „negativen Beweistheorie" s. *Nobili*, Überzeugungsbildung, S. 154 ff.

[249] So der Untertitel seines Werkes „Freie Advocatur".

IV. Strafen und Strafvollzug

1. Entstehung des Zuchthauses

Das 19. Jahrhundert ist das Jahrhundert des allmählichen Rückgangs des staatlichen Zugriffs auf den menschlichen Körper. Lässt man rechtssystematische Einordnungen beiseite, so gehört zu dieser säkularen Entwicklung auch die Zurückdrängung und Beseitigung der Folter. Zurückgedrängt und beseitigt wurden auch **Körperstrafen** und **geschärfte Todesstrafen**; die Exekution der Todesstrafe als solche reduzierte sich bei Anwendung der Guillotine auf einen denkbar kurzen Vorgang; seit der Mitte des 19. Jahrhunderts ist die körperliche **Züchtigung** als Kriminalstrafe beseitigt.

Man kann dies als ein weiteres wichtiges Element der im 1. Kapitel angesprochenen Epochenschwelle ansehen. **Michel Foucault** hat für den Übergang von der Vormoderne zur Moderne einen Diskurswechsel von einer grausamen, aber oft nachlässig betriebenen zu einer von Konformität und Devianz bestimmten „gründlichen" Strafjustiz diagnostiziert[250]; **Richard Evans** fasst Foucaults Analyse in dem Satz zusammen: „Die Strafreformbewegung zielte dieser Auffassung nach darauf ab, die Menschen nicht weniger, sondern besser zu bestrafen"[251], und fügt damit der auch in unserem Text wiederholt betonten Ambivalenz der Strafrechts- und Kriminalpolitik der Aufklärung eine weitere Façette hinzu.

Der Fluchtpunkt dieser Entwicklung wäre an sich die Beseitigung der Todesstrafe gewesen. Dazu kam es jedoch im Verlauf des 19. Jahrhunderts nur vereinzelt. Mit der Reichsgesetzgebung wurde sie für ganz Deutschland beibehalten oder wieder eingeführt[252]. War sie somit schon nicht beseitigt, so wurde doch ihr Anwendungsbereich – zunächst durch Zunahme der Begnadigungen[253], dann auch von Gesetzes wegen – stark eingeschränkt; im Reichsstrafgesetzbuch war sie nur noch für Mord und schwere politische Delikte angedroht. Ihre Exekution fand seit der Jahrhundertmitte nicht mehr öffentlich statt[254].

Mit der tendenziellen Beseitigung von Körperstrafen und geschärften Todesstrafen und mit der Einschränkung des Anwendungsbereichs der einfachen Todesstrafe schob sich die Bedeutung der **Freiheitsstrafen**[255], und hier vor allem diejenige des Zuchthauses, in den Vordergrund.

---

[250] *Michel Foucault*, Überwachen und Strafen. Die Geburt des Gefängnisses. Frankfurt a. M. 1976, S. 93 ff.

[251] *Evans*, Rituale, S. 39. *Evans* kritisiert freilich, dass Foucault „[sich] über die Ursprünge von diskursiven Umbrüchen und die Mechanismen des historischen Wandels praktisch aus[schweigt]" (S. 41). Dies ist freilich ein Problem aller Diskurstheorien.

[252] S. bereits o. Fußn. 97.

[253] Diese Entwicklung begann bereits zu Beginn des 19. Jahrhunderts; *Hälschner*, Geschichte, S. 252 f.

[254] Eingehend dazu *Evans*, Rituale, S. 379 ff.; *Nicola Willenberg*, Das Ende des „Theater des Schreckens". Zum Wandel der Todesstrafe in Preußen im 19. Jahrhundert, in: Schulze/Vormbaum u. a. (Hrsg.), Strafzweck und Strafform, S. 265 ff.

[255] *Eb. Schmidt*, Zuchthäuser, S. 10.

Zuchthaus und Gefängnis gehen auf verschiedene Ursprünge zurück und verlaufen erst seit dem 19. Jahrhundert parallel. Während die Gefängnisstrafe ursprünglich nur für kleinere Kriminalität und auf verhältnismäßig kurze Dauer verhängt wurde (weshalb sie, da keine „peinliche" Strafe, in der Carolina von 1532 kaum Erwähnung findet)[256], haben die Zuchthäuser zu Beginn des 19. Jahrhunderts eine lange Geschichte hinter sich, auf die hier nur in aller Kürze zurückverwiesen werden kann. Unter dem Einfluss des Calvinismus, der Armut nicht mehr, wie dies im Mittelalter der Fall war, als willkommenen Anlass für Almosengeben und damit für verdienstvolles Tun ansah, sondern als Verstoß gegen die Arbeitsethik, entstand in England und Holland bis 1600 das „house of correction" und das „tuchthuis"; vom letzteren erhielten die späteren deutschen Einrichtungen ihren Namen[257].

Sie waren nicht in erster Linie Strafvollzugseinrichtungen, sondern Anstalten, in denen die Insassen, in erster Linie Prostituierte, Arbeitsscheue, Landstreicher (Vagabunden), Bettler, teilweise auch Geisteskranke, durch Arbeit und strenges Reglement gebessert werden sollten. Strafgefangene bildeten zunächst schon deshalb nur eine Randerscheinung, weil über sie in erster Linie die „peinlichen" Strafen, also Körperstrafen und Todesstrafen, verhängt wurden. Calvinistische Besserungsideologie mischte sich mit polizeilichen Erwägungen; mit dem merkantilistischen Denken trat die Ausnutzung der Arbeitskraft der Insassen hinzu[258]. In Deutschland hielt das Zuchthaus über die Hansestädte Einzug[259]. Am Ende des 18. Jahrhunderts gab es in Deutschland ca. 70 Zuchthäuser[260].

Bedeutung als Einrichtung des *Strafvollzuges* gewann das Zuchthaus vor allem durch die Zurückdrängung der Körperstrafen und der (geschärften und einfachen) Todesstrafe, für die es als Ersatz diente. In der zweiten Hälfte des 18. Jahrhunderts wurde es allmählich als *Strafe* erkannt und in den Kanon der Sanktionen eingebaut[261]. Unterstützt wurde seine Entwicklung durch die Zurückdrängung weiterer Sanktionen:

Die **Galeerenstrafe**, ohnehin eher eine Strafe für maritime Staaten, kam mit der Ablösung der Galeeren durch die moderne Segelschiffahrt außer Gebrauch; damit entfiel auch die Möglichkeit, Strafgefangene an Seehandelsstaaten, etwa an Venedig, Genua, Neapel oder Frankreich, zu überstellen[262].

Auch die **Deportationsstrafe** spielte in Deutschland mangels deutschen Kolonialbesitzes und deutscher Inseln, die als Sträflingsinseln hätten dienen können, nur

---

256 *Krause*, Geschichte, S. 21 f., 57.

257 *Eb. Schmidt*, Zuchthäuser, S. 6; *Krause*, Geschichte, S. 32 ff. – Am bekanntesten das „spinhuis" für Frauen und das „tucht- en rasphuis" für Männer in Amsterdam; dazu die Abbildungen b. *Robert v. Hippel*, ZStW 18 (1898), 482 f.; *Eb. Schmidt*, Zuchthäuser (Anhang) und *Krause*, Geschichte, S. 35.

258 *Krause*, Geschichte, S. 41.

259 *Rüping/Jerouschek*, Grundriss, S. 95 (Rn. 209); *Krause*, S. 38 ff. Bezeichnend sind die Bezeichnungen „Zucht-, Armen- und Waysenhaus" (Waldheim/Sachsen, 1716) und „Zucht- und Tollhaus" (Celle, ab 1717), *Krause*, S. 50. Gegen die Zuchthausarbeit richtete sich der Protest der Handwerkerzünfte, *Eb. Schmidt*, Zuchthäuser, S. 13.

260 *Krause*, Geschichte, S. 50.

261 *Rüping/Jerouschek*, Grundriss, S. 94; *Krause*, Geschichte, S. 50.

262 *Krause*, Geschichte, S. 30; *Rüping/Jerouschek*, Grundriss, S. 94; *Hans Schlosser*, Die Strafe der Galeere als poena arbitraria in der mediterranen Strafpraxis, in: ZNR 10 (1988), 19 ff.; *Ders.*, Deportation und Strafkolonien als Mittel des Strafvollzuges in Deutschland, in: Mario Da Passano (Hrsg.) (s. folgende Fußn.), S. 41 ff., 44 f.

eine geringe Rolle[263]. Preußen hatte zwar um 1800 den Versuch gemacht, aufgrund einer Vereinbarung mit Russland Sträflinge nach Sibirien zu überstellen, doch war dieser Versuch gescheitert[264].

Hingegen verschmolz die Strafe der **öffentlichen Arbeit,** die vor allem in Form des Festungsbaus vollzogen wurde, allmählich mit der Zuchthausstrafe[265]. Auf der anderen Seite löste sich das **Arbeitshaus** vom Zuchthaus ab und entschwand damit für längere Zeit dem Blickfeld von Strafrechtslehre und Strafrechtsgeschichte[266].

Mit den letzten Punkten ist das generelle Problem des Verhältnisses von **Strafrecht und Gleichheit** angesprochen, das sich besonders im Bereich der Sanktionen zeigte[267]. Während im Blick auf die *Straftatbestände* schon im 18. Jahrhundert die (formale) Gleichheit allgemein anerkannt war[268], war sie bei den *Strafen* umstritten. Die überwiegende Auffassung in Rechtslehre und Rechtsprechung sah noch in der Mitte des 18. Jahrhunderts „in den Standesverhältnissen des Delinquenten einen zentralen Aspekt, der bei der Wahl der Strafart – und teilweise auch der Strafhöhe – zu berücksichtigen sei“[269]. Noch während der Arbeiten am bayerischen Strafgesetzbuch von 1813 war umstritten, ob es eine Differenzierung der Strafdrohungen nach Ständen geben solle. Dass seit dem Beginn des 19. Jahrhunderts auf ausdrückliche Bezugnahmen auf Standesverhältnisse in den Neukodifikationen verzichtet wurde, lag an der Wirkmächtigkeit des (teilweise konstitutionell garantierten) Gleichheits-

---

[263] Ganz anders in **England** und **Frankreich**, wo Strafgefangene in die Kolonien (England: zunächst Nordamerika, dann Australien; Frankreich: Cayenne) verschifft werden konnten, und in **Italien**, das auf seinen zahlreichen Inseln Möglichkeiten zur Anlegung von Strafkolonien besaß; eingehend zu Frankreich und Italien: *Mario Da Passano* (Hrsg.), Europäische Strafkolonien im 19. Jahrhundert. Internationaler Kongreß des Dipartimento di Storia der Universität Sassari und des Parco Nazionale di Asinara. Porto Torres, 25. Mai 2001. Berlin 2006. Italien besaß überdies noch die Besonderheit der *Zwangskolonien*, in welche politisch und sonstwie verdächtige Personen verbannt werden konnten; dazu *Daniela Fozzi*, Eine „italienische Spezialität“: Die Zwangskolonien im Königreich Italien, in: ebd., S. 191 ff.

[264] Zu den Gründen *Eb. Schmidt*, Einführung, § 243, S. 254 f.; hierzu und zu weiteren Versuchen s. auch *Schlosser* (wie Fußn. 262), S. 46 f. m.w. Nachw.; dort auch Hinweise auf die erneut aufkommende Diskussion seit der Erwerbung deutscher Kolonien seit 1884, sowie die Versuche einer **Transportation**, d. h. „behördlich gesteuerte Auswanderungen Krimineller“ (*Schlosser*, S. 51 ff.), vor allem in die USA, bis der amerikanische Kongress diese Praxis 1875 durch Gesetz unterband.

[265] *Krause*, Geschichte, S. 55.

[266] Dies kritisiert zu Recht *Naumann*, Gefängnis und Gesellschaft, S. 13 ff.

[267] Das folgende in engem Anschluss an *Sylvia Kesper-Biermann*, „Notwendige Gleichheit der Strafen bey aller Verschiedenheit der Stände im Staat“? (Un)gleichheit im Kriminalrecht der ersten Hälfte des 19. Jahrhunderts, in: Geschichte und Gesellschaft 35 (2009), 603 ff. Das im Titel enthaltene Zitat ist einer schriftlichen Stellungnahme Feuerbachs während der Gesetzesberatungen entnommen.

[268] Was nicht ausschloss, dass bestimmte Straftaten, wie etwa das Duell (als Privilegierungstatbestand gegenüber den Tötungsdelikten), faktisch nur von Angehörigen bestimmter Gesellschaftsstände begangen werden konnten. In Randbereichen freilich lieferte der Bereich des Duells auch eigene Strafbegründungen, z. B. für *Herausforderung, Annahme und Beteiligung* (dazu im einzelnen *Baumgarten*, Zweikampf; zur gesamten Duellproblematik s. auch die Beiträge im Schwerpunktband „Duell/Zweikampf“ des Jahrbuchs der juristischen Zeitgeschichte 5 (2003/2004).

[269] *Kesper-Biermann*, a. a. O., S. 608.

grundsatzes, dessen Durchsetzung freilich weniger der Einsicht in die Interessen des Individuums an gleicher Behandlung als dem Wunsch des aufgeklärt-absolutistischen Staates „an der 'Gleichheit' seiner Untertanen ihm gegenüber" zu verdanken war[270].

Standesgesichtspunkte tauchten daher in den Sanktionsbestimmungen der neuen Gesetzbücher so wenig auf wie Differenzierungen nach Geschlechtern[271] oder nach Armen und Reichen. In der bayerischen Gesetzgebungskommission setzte sich *Feuerbach* mit dem Kompromissvorschlag der *Surrogatstrafe* durch, wonach die verhängte Freiheitsstrafe aufgrund entsprechender richterlicher Entscheidung an unterschiedlichen Orten vollzogen werden konnte; hier hatte die Einrichtung der **Festungshaft** und des **Festungsarrests**, die sich im Verlauf des 19. Jahrhunderts bis hin zum Reichsstrafgesetzbuch durchsetzte, ihren Ursprung. Kryptisch blieben damit freilich nach wie vor Differenzierungen möglich, da die Entscheidung über die Surrogatstrafe von den „persönlichen Verhältnissen" bzw. „Lebensverhältnissen", gelegentlich auch von der „Bildungsstufe", der „Persönlichkeit" oder der „Gesinnung" des Verurteilten abhängig gemacht werden sollte[272], was faktisch den Angehörigen der Mittel- und Oberschicht zugute kam. Legitimiert wurde dieses Ergebnis – in heutiger Terminologie – durch das Gebot, Ungleiches ungleich zu behandeln.

Die Festungshaft war ferner als privilegierte Strafe für verbotene **Duelle** und für **politische Delikte** vorgesehen, spielte freilich insoweit praktisch freilich keine bedeutende Rolle[273].

2. „Gefängnisreform"

Gegen Ende des 18. Jahrhunderts befanden sich die Zuchthäuser – nicht nur in Deutschland – in einem ziemlich desolaten Zustand[274]. Wichtigste strukturelle Ursache hierfür dürfte gewesen sein, dass mit dem Abklingen der merkantilistischen Politik die ökonomische Grundlage des Zuchthauses zerstört worden war[275].

Der Ruf nach einer Reform des Gefängniswesens ging zuerst von dem Engländer **John Howard** (1726–1790) aus, der über Jahre hinweg Strafvollzugsanstalten

---

[270] Ebd., S. 617.

[271] Freilich gab es geschlechtsbezogene Straftatbestände, wie den der Kindestötung, der nur für Frauen galt (im 19. Jahrhundert freilich von einem Qualifikations- zu einem Privilegierungstatbestand wurde) und den der Homosexualität, der überwiegend nur für Männer galt; Österreich war einer der wenigen europäischen Staaten, in denen auch weibliche Homosexualität unter Strafe gestellt war, s. dazu *Elisabeth Greif,* A Crime by all means – Female same-sex Sexuality in the First Republic of Austria, in: Journal on European History of Law 2013, 76 ff. (dt. Übers. in Vorbereitung).

[272] *Kesper-Biermann*, a. a. O., S. 620 ff.

[273] *Christian Baltzer,* Die geschichtlichen Grundlagen der privilegierten Behandlung politischer Straftäter im Reichsstrafgesetzbuch von 1871. Bonn 1966; *Krause*, Geschichte, S. 73 ff.

[274] *Eb. Schmidt,* Zuchthäuser, S. 12; *Ders.*, Einführung, S. 253; *Krause*, Geschichte, S. 52.

[275] *Rusche/Kirchheimer*, Sozialstruktur, S. 143.

zunächst in England und Wales, dann in ganz Europa besuchte und über deren überwiegend schlechten Zustand in seinen Werken „The State of the Prisons" (1777, über England und Wales) und „Account of the principal Lazarettos in Europe" (1789) berichtete. Neben besserer Beaufsichtigung der Anstalten, besserer Hygiene und einem System der stufenweisen Haftlockerung bei guter Führung gehörte zu seinem Forderungskatalog die Einführung der **Einzelhaft** als Mittel zur Verhinderung krimineller Ansteckung anstelle der bis dahin üblichen Gemeinschaftsunterbringung (ohne Trennung von Straftätern und anderen Gruppen, mitunter auch ohne Geschlechtertrennung).

Dieser Gedanke wurde realisiert in Philadelphia, der Hauptstadt des Quäkerstaates Pennsylvania; die 1790 gegründete Strafanstalt beruhte auf dem Grundsatz strenger Einzelhaft sowohl am Tag als auch in der Nacht ohne jede Arbeit. Den Gefangenen sollte auf diese Weise innere Einkehr und moralische Besserung ermöglicht werden. Die offenkundigen Mängel dieses **Philadelphia-Modells** versuchte man in der Strafanstalt von Auburn im US-Staat New York zu vermeiden. Das sog. **Auburn-Modell** sah nur für die Nacht die Haft in Einzelzellen vor, tagsüber hingegen sollten die Gefangenen gemeinsam, jedoch bei strengem Schweigegebot, zusammen bleiben[276].

In **Preußen** unternahm einen Reformversuch der von Minister *Albrecht Heinrich von Arnim* entwickelte „**Generalplan** zur allgemeinen Einführung einer besseren Criminalgerichtsverfasssung und zur Verbesserung der Gefängnis- und Strafanstalten" **von 1804**[277], gleichsam die Kehrseite der Diebstahlsverordnung von 1799[278]. Als Aufgabe der Straf-Anstalten sah er an: „Absonderung der Uebelthäter von der menschlichen Gesellschaft", Gewöhnung an Tätigkeit, Ordnung und Reinlichkeit zwecks Besserung sowie Abschreckung der übrigen Menschen durch „das Unangenehme, welches die Freiheits-Beraubung teils an sich, teils verbunden mit Zwangsarbeit und harter Lebensart hat". Die Gefangenen sollten in drei verschiedene Klassen eingeteilt werden, die sich aus dem bisherigen Lebenslauf und der „daraus und aus ihren Verbrechen hervorgehenden Moralität" bestimmten.

Wegen der napoleonischen Kriege wurde dieser „auf den Anschauungen des wohlmeinenden, patriarchalischen, aufgeklärten Polizeistaates" beruhende Plan nicht verwirklicht. Am Ende der napoleonischen Herrschaft aber hatte sich unterdessen in Deutschland eine neue Auffassung von der Aufgabe des Strafvollzuges durchgesetzt. Aus der Legierung von Vergeltungsstrafrecht und Generalpräventionsstrafrecht, die das 19. Jahrhundert beherrschte, zog die herrschende Auffassung Konsequenzen für den Strafvollzug. Aus einer Theorie der zweckfreien Strafe (*Kant*) und einer Theorie, welche Strafe und Strafvollzug nur als Bestätigung der

[276] *Krause*, Geschichte, S. 69; *Rüping/Jerouschek*, Grundriss, S. 96 (Rn. 211); *Eb. Schmidt*, Einführung, S. 348 f.; zur Diskussion um die Übernahme des Philadelphia-Modells im Kgr. Württemberg s. *Paul Sauer*, Im Namen des Königs. Strafgesetzgebung und Strafvollzug im Königreich Württemberg 1806 bis 1871. Stuttgart 1984, S. 138 ff.

[277] Auszugsweise abgedruckt b. *Sellert/Rüping*, Bd. 1, S. 451 ff.; danach die folgenden Zitate.

[278] *Eb. Schmidt*, Einführung, S. 254; *Ders.*, Zuchthäuser, S. 15 („nur als großartig zu bezeichnen"); zur Diebstahlsverordnung s. o. b. Fußn. 132.

Ernsthaftigkeit der Strafdrohung ansah (*Feuerbach*), wurde gefolgert, der Strafvollzug müsse sich jeglichen Bemühens um sittliche Besserung und Erziehung des Delinquenten enthalten. Da Aufgabe des Staates nur die Beförderung des rechtlichen Zustandes sei, könne der Strafvollzug nur auf Legalität des Häftlings zielen. Die Konsequenz bestand in strenger Disziplinierung, welche die Strafe als Übel empfinden lassen und zur Einübung äußerlich erkennbarer Tugenden führen sollte. Körperliche Züchtigung blieb als Disziplinarmaßnahme erhalten. „Willkomm und Abschied“, d. h. körperliche Züchtigung am Anfang und Ende des Vollzuges[279], sowie Züchtigungen am Jahrestag des Verbrechens blieben bis weit ins 19. Jahrhundert hinein erhalten.

Hieraus leitet sich der häufig gegen diese Theorien erhobene Vorwurf ab, sie hätten eine Reform des Strafvollzuges und eine humane Ausgestaltung der Strafvollzugsanstalten verhindert oder doch verzögert[280]. In Wahrheit war diese Konsequenz nicht zwingend. Aus den Lehren der genannten Autoren konnte nur abgeleitet werden, dass eine Erziehung zur Besserung nicht gegen den Willen des Häftlings erzwungen werden durfte. So, wie die Kantsche Pflichtenlehre in der preußischen Bürokratie zu einer abstrakten Pflichterfüllungsideologie verflachte, erschöpfte sich auch die Umsetzung von Kants Straflehre in einer schablonenhaften Umsetzung. *Sandra G. Müller-Steinhauer* hat in einer eingehenden Studie nachgewiesen, dass ein auf Freiwilligkeit beruhendes Resozialisierungsprogramm mit dem Kantschen Autonomiegedanken vereinbar ist[281].

Da die neue Auffassung jedoch den Strafvollzug auf lange Zeit beherrschte, blieb die Zahl derjenigen, die sich mit einer Verbesserung der Gefängnisse befassten, zunächst klein. Vor allem **Nikolaus Heinrich Julius** (1783–1862)[282] – bezeichnenderweise ein Arzt –, der in seinen „Vorlesungen über Gefängniskunde“ (1827), mit denen er der (heute als „Strafvollzugskunde“ bezeichneten) Wissenschaft für hundert Jahre ihren Namen verlieh, gab Erfahrungen aus seinen ausgedehnten Erkundungen in England (später auch in den USA) weiter; da zu seinen Hörern auch der spätere preußische König Friedrich Wilhelm IV. gehörte, konnte er später einen gewissen Einfluss auf die Politik ausüben. Neben Julius vor allem zu nennen sind **Carl Joseph Anton Mittermaier**, dessen empirischen Interessen die Befassung mit dem Strafvollzug entgegenkam[283], sowie **Franz von Holtzendorff** (1829–1889)[284] und der Theologe **Johann Heinrich Wichern** (1808–1881), Begründer der evangelischen „Inneren Mission“ und von 1856 bis 1872 Direktor der Vollzugsanstalt

---

279 *Krause*, Geschichte, S. 53.

280 *Rüping/Jerouschek*, Grundriss, S. 97.

281 *Müller-Steinhauer*, Autonomie, S. 234 ff.

282 *Rüping/Jerouschek*, Grundriss, S. 96 (Rn. 124); *Krause*, Geschichte, S. 69; *Albert Krebs*, Nikolaus Heinrich Julius, „Vorlesungen über Gefängnis-Kunde“, gehalten 1827 zu Berlin. Eine Studie, in: MschrKrim. 56 (1973), 307–315.

283 *Jürgen Friedrich Kammer*, Das gefängniswissenschaftliche Werk C. J. A. Mittermaiers. Freiburg i.Br. (iur. Diss.) 1971; *Heinz Müller-Dietz*, Der Strafvollzug im Werk Mittermaiers, in: Küper (Hrsg.), Mittermaier, S. 109 ff.

284 *H. J. Schneider*, Franz von Holtzendorff, seine Persönlichkeit und sein Wirken für den Strafvollzug, in: Zeitschrift für Strafvollzug 13 (1964), 63 ff.

Berlin-Moabit. Neben der allmählichen Herausbildung der Gefängniskunde trugen die nach amerikanischem Vorbild gegründeten *Gefängnisgesellschaften*, die sich neben der Verbesserung der Strafanstalten auch der Entlassenenfürsorge widmeten, zu einem allmählichen Vordringen der Reformgedanken bei[285].

Vorbild für praktische Maßnahmen wurde die 1842 errichtete englische Strafanstalt von **Pentonville**. Ihre bauliche Gestaltung prägt bis heute den Gefängnisbau mit den von einem Zentralgebäude sternförmig abzweigenden Zellentrakten. Die ersten Nachahmungen dieses „steingewordenen Riesenirrtums" *(Eb. Schmidt)* erfolgten in **Bruchsal** (1848) und **Berlin-Moabit** (1849).

3. Reichsstrafgesetzbuch

Nachdem die Partikulargesetzgebung mit zahlreichen Modellen experimentiert hatte[286], brachte das **Reichsstrafgesetzbuch** ein reichseinheitliches Strafensystem. Es kannte neben der **Todesstrafe** lebenslängliche oder ein- bis 15jährige **Zuchthausstrafe**, **Gefängnisstrafe** von einem Tag bis zu fünf Jahren, lebenslängliche oder ein- bis 15jährige **Festungshaft** sowie eintägige bis sechswöchige **Haft** (für Übertretungen). Die **Geldstrafe** spielte eine untergeordnete Rolle. Über den Strafvollzug finden sich nur spärliche Vorschriften. Immerhin ordnete § 22 Abs. 2 RStGB an, dass die **Einzelhaft** bei Zuchthaus und bei Gefängnis ohne Zustimmung des Gefangenen die Dauer von drei Jahren nicht übersteigen dürfe. Innovativ war die in § 24 vorgesehene, freilich nur fakultativ ausgestaltete **vorläufige Entlassung** aus dem Zuchthaus oder Gefängnis nach drei Vierteln, frühestens aber nach einem Jahr der verhängten Strafe (§§ 23 ff.)[287]. Die Kehrseite war die korrektionelle Nachhaft in einem **Arbeitshaus**, welche § 362 RStGB für diejenigen ermöglichte, welche nach § 361 Nr. 3 bis 8 wegen Landstreicherei, Bettelei, Spiel, Trunk und Müßiggang, Prostitution, Arbeitsscheu oder fehlenden Unterkommens verurteilt worden waren.

Die fragmentarische Regelung des Reichsstrafgesetzbuches ließ das Bedürfnis nach einer reichseinheitlichen Regelung des Strafvollzuges unbefriedigt. Nachdem 1879 der Entwurf eines einheitlichen Strafvollzugsgesetzes vor allem an finanziellen Hürden gescheitert war, kam es 1879 zu einer Vereinbarung der Regierungen der deutschen Einzelstaaten in Form der sog. **Bundesratsgrundsätze**. Diese beschränkten sich jedoch auf eine Vereinheitlichung verwaltungstechnischer Regelungen; inhaltlich brachten sie nichts Neues. Immerhin wurde damit wenigstens den Mindestanforderungen an einen geordneten Vollzug in ganz Deutschland Geltung verschafft[288].

---

[285] *Krause*, Geschichte, S. 70 f.; s. jetzt *Désirée Schauz*, Strafen als moralische Besserung. Eine Geschichte der Straffälligenfürsorge 1777–1933. München 2008.

[286] *Krause*, Geschichte, S. 72 ff.

[287] In dieser Hinsicht war *Sachsen* bereits 1862 vorangegangen, s. *Weber*, Sächsisches Strafrecht, 6. Kap.

[288] *Hans-Dieter Schwind/Günter Blau*, Strafvollzug in der Praxis. 2. Auflage. Berlin, New York 1988, S. 15.

V. Rückblick

Betrachtet man den Zustand des Strafrechts am Ende des liberalen Zeitalters, also etwa am Beginn des letzten Viertels des 19. Jahrhunderts, d. h. nach dem Erlass des Reichsstrafgesetzbuches und der Reichsjustizgesetze, und vergleicht ihn mit dem Zustand zu Beginn des Jahrhunderts, so lässt sich zunächst feststellen, dass es dem Liberalismus gelungen war, einige seiner Forderungen durchzusetzen. Wo die Herrschaftsinteressen der Regierenden und die ökonomischen Interessen des Bürgertums nicht entgegenstanden, wurde eine Milderung des Strafrechts erreicht.

Ungelöst geblieben war das Verhältnis von Kriminalstrafrecht und Polizeistrafrecht. Das Reichsstrafgesetzbuch hatte einen großen Teil der Bagatelltaten in einem eigenen Titel als dritte und unterste Kategorie der **Übertretungen** integriert. Andere Taten verblieben im Polizeistrafrecht.

Im **Strafprozessrecht** war das Inquisitionsprinzip herrschend geblieben. Ihm waren jedoch v. a. mit Öffentlichkeit, Mündlichkeit und Unmittelbarkeit der Hauptverhandlung, freier Advokatur, freier Verteidigerwahl, mit Fragerecht, Beweisantragsrecht und (beschränktem) Akteneinsichtsrecht der Verteidigung, mit der Pflicht des Gerichts zur Aufnahme präsenter Beweismittel sowie mit dem Richtervorbehalt für Zwangseingriffe Elemente des Akkusationsprinzips eingefügt worden. Dennoch war gerade die Stellung der Strafverteidigung einer jener Einzelpunkte, in dem die Reformagenda am wenigsten abgearbeitet worden war.

Dic Beteiligung der Bürger an der Strafrechtspflege war überwiegend, allerdings vor allem in Bagatellsachen, in Form der durch Berufsrichter besser kontrollierbaren **Schöffen** realisiert. Die **Schwurgerichte**, welche vom revolutionären Bürgertum vor allem für Pressedelikte und politische Straftaten gefordert worden waren, blieben von der Aburteilung gerade dieser Straftaten ausgeschlossen. In diesem Punkte bedeutete die Reichsjustizgesetzgebung einen Rückschritt gegenüber dem vorher bereits in einigen deutschen Staaten erreichten Rechtszustand[289]. Die Strafkammern beim Landgericht als Rückgrat der Strafjustiz waren nur mit Berufsrichtern besetzt; für die politische Hochkriminalität war das Reichsgericht in erster und letzter Instanz zuständig.

Alles in allem waren dem Inquisitionsprinzip einige wichtige Elemente des Anklagemodells angeheftet bzw. implantiert worden. Dass diese hart erkämpften Elemente Fremdkörper in einem Verfahrenskörper geblieben sind, zeigt sich daran, dass es bis in die jüngste Zeit immer wieder Abstoßungsreaktionen gegeben hat, die nicht alle erfolglos geblieben sind.

Der **Strafvollzug** pendelte während des 19. Jahrhunderts zwischen einem sich (kaum mit Recht) auf Kant berufenden Verwahrvollzug und fürsorglichen Reformen. Eine konstruktive Kombination von kantianisch-liberaler und sozialer Vollzugstheorie gelang nicht. Immerhin enthielt das Reichsstrafgesetzbuch mit der Beschränkung der Einzelhaft und der vorzeitigen Entlassung innovative Elemente.

---

[289] In Preußen beispielsweise waren nach § 60 Nr. 2 der Verordnung über das öffentlich-mündliche Verfahren und über Geschworene vom 3. Januar 1849 die Geschworenengerichte ausdrücklich auch für politische Vergehen und Preßvergehen zuständig gewesen.

Das *Arbeitshaus* bildet eine Brücke zwischen der Kriminalpolitik des 18. und des 20. Jahrhunderts. Die polizeiliche Tradition der Sozialdisziplinierung im Gefolge der Verordnung von 1799 setzte sich hier fort und schuf zugleich den Ansatzpunkt für weiter gehende Forderungen.

Trotz einiger Erfolge war also die Verlustliste der liberalen Forderungen nicht unbeträchtlich. Ob man deshalb von einem Scheitern der liberalen Reformbestrebungen sprechen muss[290], hängt von der Perspektive auf das Wort „liberal“ ab. Misst man beispielsweise im Strafprozess die errungenen Erfolge an dem Maßstab des reinen Anklageprinzips und versteht dieses als das Modell eines liberalen und rechtsstaatlichen Strafverfahrens, so hat es gewiss Reibungsverluste gegeben, aus denen man eine beachtliche Verlustliste an Rechtsstaatlichkeit filtern kann. Versteht man das Wort „liberal“ hingegen politisch-soziologisch im Sinne des Liberalismus als politischer Ausdrucksform des Bürgertums, so kann man zu einer anderen Bewertung gelangen, denn das Bürgertum hatte im Verlauf des 19. Jahrhunderts viel von seinem „liberalen“ Schwung verloren. Daran war nicht nur die Zähigkeit der 1815 restaurierten politischen Verhältnisse schuld, die sich im Sinne der „defensiven Modernisierung“ immer nur so weit öffneten, wie dies die politischen und ökonomischen Verhältnisse geboten. Hinzu kam, dass der Versuch einer revolutionären Umwälzung der politischen Verhältnisse zwar 1849 gescheitert und dass die politische Einigung Deutschlands, ursprünglich wenigstens partiell mit demokratischen Vorstellungen verknüpft, durch Bismarcks Reichsgründung obrigkeitsstaatlich bewerkstelligt worden war, dass jedoch damit nur eine Hälfte der „doppelten Revolution“ gebremst worden war, denn im Bereich der Wirtschaft hatte Deutschland vor allem seit der Mitte des Jahrhunderts eine Industrialisierungswelle erlebt, die es bis zum Ende des 19. Jahrhunderts in die erste Reihe der Industrienationen aufsteigen ließ. Mit dieser Entwicklung war aber auch das Entstehen großer und zunehmend sich politisierender Arbeitermassen verbunden, welche dem (Groß-)Bürgertum mindestens ebenso bedrohlich erschienen wie der Obrigkeitsstaat. War schon im 18. Jahrhundert der nachhaltige Eigentumsschutz ein zentraler Punkt gewesen, über den keine Reformdiskussion hinausführte, so wurde die Interessenidentität im Verlauf des 19. Jahrhunderts immer mehr zu einer sozialen und politischen Amalgamierung: das Bürgertum „feudalisierte“, der Adel stellte sich von feudalem auf kapitalistisches Wirtschaften um[291].

In dieser Situation stand die Durchsetzung eines radikal liberalen und rechtsstaatlichen Strafrechts und eines konsequenten Anklageprinzips im Strafprozess auf

[290] *Malsack*, Verteidigung, S. 187; tendenziell auch *Frommel*, Die Implementation der liberalen Forderung nach einer Reform des Strafverfahrens in der jüngeren Strafrechtsgeschichte, in: Heinz Monhaupt (Hrsg.), Rechtsgeschichte in den beiden deutschen Staaten (1988–1990). Beispiele, Parallelen, Positionen. Frankfurt am Main 1991, S. 561.

[291] Zu diesen Vorgängen s. z. B. *Thomas Nipperdey*, Deutsche Geschichte. Band 1(1866–1918). München 1992, S. 414 ff., 418; im Zusammenhang mit der Sozialdemokratie *Thomas Vormbaum*, Die Sozialdemokratie und die Entstehung des Bürgerlichen Gesetzbuchs. 2. Aufl. Baden-Baden 1997, S. XLI ff., im Zusammenhang mit dem Gesinderecht *Vormbaum*, Gesinderecht (wie Fußn. 141), S. 150 ff. – Zu den geistes- und mentalitätsgeschichtlichen Auswirkungen bzw. Parallelen der skizzierten Entwicklung s. § 4 I, II.

der rechtspolitischen Agenda des Bürgertums, früher Träger der liberalen Forderungen, nicht mehr weit oben. Schon seit der Zeit der Aufklärung gehörte „effektive Kriminalitätsbekämpfung" nicht nur zum Programm der Obrigkeit und der konservativen Machteliten, sondern auch zum Programm der bürgerlichen Reformer[292]. Der sog. reformierte Strafprozess kann damit auch als Kompromissprogramm zwischen Machteliten und Liberalen (mit deutlichen Vorteilen für die ersteren) angesehen werden. Dass die in der Paulskirchenverfassung geforderten und während des Revolutionsjahres durchgesetzten strafprozessualen Fortschritte nach 1849 mit einigen Einschränkungen erhalten blieben, bestätigt diese Sicht.

Der bürgerliche Liberalismus[293] ging damit einen Weg, den nach ihm die Arbeiterbewegung (die demokratische wie die nichtdemokratische), die Ökologiebewegung und die Frauenbewegung zurücklegten. Ursprünglich strafrechtsskeptisch und rechtsstaatlich orientiert, entdeckten alle diese Bewegungen das Strafrecht als wirksames Steuerungselement, sobald sie die Gelegenheit erhielten oder erhofften, auf den Erlass von Strafnormen Einfluss zu nehmen und mit ihrer Hilfe politische Ziele durchzusetzen.

Die weitere Darstellung wird zeigen, dass die Zeit, in der Reformen im Strafrecht gleichbedeutend mit einer Milderung des Strafrechts und mit rechtsstaatlichen Fortschritten im Straf- und Strafprozessrecht verbunden waren, der Vergangenheit angehörte. Im ausgehenden 19. Jahrhundert erlebte eine Strafrechtsschule ihren Aufstieg, deren gedanklicher Ausgangspunkt nicht eine Liberalisierung oder Milderung des Strafrechts und der Kampf gegen dessen noch immer bestehende Härten war, sondern dessen Unzweckmäßigkeit und deren Überwindung.

[292] *Ignor*, Geschichte, S. 290.

[293] Nicht für alle liberalen Politiker gilt die Beschreibung im Text. Der kleinere Teil des politischen Liberalismus hielt weiter an den liberalen und rechtsstaatlichen Forderungen fest. Die Spaltung des Liberalismus schlug sich im Kaiserreich (Nationalliberale und Freisinnige) und in der Weimarer Republik (Deutsche Volkspartei und Deutsche Demokratische Partei) auch organisatorisch nieder; in der Bundesrepublik ist je nach politischer Konjunktur die rechtsstaatsliberale oder die wirtschaftsliberale Richtung dominant geworden.

§ 4 Die Wende vom 19. zum 20. Jahrhundert

I. Hintergrund

Nicht nur in Deutschland – dort aber besonders – geriet im letzten Drittel des 19. Jahrhunderts die Gesellschaft in eine Modernisierungskrise. Industrialisierung, Bevölkerungsexplosion, Verstädterung ließen die herkömmlichen gesellschaftlichen Steuerungsmittel als unzulänglich erscheinen. Die Konjunktur erhitzte sich zunehmend. Das Jahr 1873 brachte den großen Bank- und Börsenkrach, der den Boom der „Gründerjahre" beendete und die „große Depression" in der Wirtschaft der letzten drei Jahrzehnte des 19. Jahrhunderts auslöste[1]. Damit einhergehend vollzog sich der Übergang vom liberalen „Nachtwächterstaat" zum sozialen Interventionsstaat. Immer mehr lieferte der Staat nicht mehr nur den Ordnungsrahmen für das Handeln freier Wirtschaftssubjekte, sondern entwickelte Steuerungselemente zur Lenkung der Wirtschaftsabläufe. In der Gesetzgebung schlug sich diese Tendenz spektakulär bereits wenige Jahre nach der Reichsgründung in der Aktiengesetzgebung nieder, die deutliche Kontrapunkte gegen den bis dahin geltenden laissez-faire-Standpunkt setzte[2]. Die Anti-Wucher-Gesetzgebung zielte in dieselbe Richtung[3]. Nach außen ersetzte seit 1879 die Schutzzollpolitik die Freihandelspolitik; innenpolitische Entsprechung war der Schwenk der Bismarckschen Bündnispolitik von den Libera-

---

[1] Dazu grundlegend *H. Rosenberg*, Große Depression und Bismarckzeit. Wirtschaftsablauf, Gesellschaft und Politik in Mitteleuropa. 3. Aufl. Berlin 1976; s. auch *Ders.*, Wirtschaftskonjunktur, Gesellschaft und Politik in Mitteleuropa 1873–1896, in: H.U. Wehler (Hrsg.), Moderne deutsche Sozialgeschichte. 3. Aufl. Köln, Berlin 1970, S. 225 ff.; *Wolfgang Zorn*, Wirtschafts- und sozialgeschichtliche Zusammenhänge der deutschen Reichsgründungszeit 1850–1879, ebd. S. 254 ff.; *Karl Erich Born*, Der soziale und wirtschaftliche Strukturwandel Deutschlands am Ende des 19. Jahrhunderts, ebd. S. 271 ff.

[2] Zur Änderung der Aktiengesetzgebung, insb. zur Aktiennovelle von 1884, s. *Bernhard Großfeld*, Aktiengesellschaft, Unternehmenskonzentration und Kleinaktionär. Tübingen 1968, S. 143 ff.; *Thomas Vormbaum*, Die Rechtsfähigkeit der Vereine im 19. Jahrhundert. Berlin 1976, S. 121 ff.

[3] Gesetz, betreffend den Wucher vom 24. Mai 1880, RGBl. 1880, 109; Gesetz betreffend Ergänzung der Bestimmungen über den Wucher vom 19. Juni 1893, RGBl. 1893, 197.

T. Vormbaum, *Einführung in die moderne Strafrechtsgeschichte,* Springer-Lehrbuch,
DOI 10.1007/978-3-662-45575-3_5

len zu den Konservativen[4], das Sozialistengesetz (auf das zurückzukommen ist) sowie – nicht etwa paradox, sondern dazu komplementär – die bald darauf einsetzende Sozialgesetzgebung. Der Vierte Stand sollte mit dem Zuckerbrot der sozialen Fürsorge und mit der Peitsche der Ausnahmegesetzgebung domestiziert werden. Die „soziale Frage" wurde von einem Gegenstand religiöser und gesellschaftlicher Mildtätigkeit zu einem solchen der Regulierung durch einen Staat, der immer deutlicher die Züge des modernen Anstaltsstaates annahm. Die liberale Ära ging ihrem Ende entgegen.

Mit diesen wirtschaftlichen und politischen Verschiebungen vollzogen sich geistesgeschichtliche, insb. wissenschaftsgeschichtliche Veränderungen. (Wo Ursache und Wirkung liegen, ist schwer auszumachen; jedenfalls gab es wechselseitige Beeinflussungen). Wie seinerzeit der von der Aufklärung verkündete Rationalismus sich im Laufe der Jahre und Jahrzehnte verbreitet hatte und – zunehmend von einer theoretischen Denkrichtung zu einer Alltagsattitüde mutierend und dabei sich trivialisierend – in alle Winkel des gesellschaftlichen Lebens eingedrungen war[5], so geschah im letzten Drittel des 19. Jahrhunderts Ähnliches mit den empirischen Wissenschaften. Wissenschaftsgläubigkeit dehnte sich in alle Bevölkerungskreise aus. Der Zoologe **Ernst Haeckel** (1834–1919) hielt die „Welträtsel" für lösbar[6]. Alltagstheoretische Evidenzerlebnisse begleiten den Siegeszug dieser Wissenschaften (die ihrerseits ihre theoretischen und praktischen Möglichkeiten häufig überschätzen) wie Mr. Hyde den Dr. Jekyll. Der Übergang von der Wissenschaft über die Populärwissenschaft zur Scharlatanerie war fließend, wie die ersten Ansätze zu einer „Rassenlehre" und der beginnende, sich wissenschaftlich gebende „moderne" rassistische Antisemitismus zeigen.

Die explosionsartige Entwicklung von Naturwissenschaften und Technik war geprägt durch die Hinwendung zur Empirie und zur tendenziellen Ablehnung alles „Transzendenten" nicht nur in seiner religiösen, sondern auch in seiner philosophischen Form. Die Übertragung dieser Haltung auf den gesellschaftlichen Bereich war nur eine Frage der Zeit. *Darwins* Entwicklungslehre bot vielen politischen Theorien Brückenköpfe: Durch Hegel an die Vorstellung von einem gesetzmäßigen Ablauf der Weltgeschichte gewöhnt und von der Dialektik des Darwinschen Denkens angezogen, erblickten beispielsweise **Karl Marx** und **Friedrich Engels** in diesem Denken Berührungspunkte[7].

---

[4] Dazu mit Nachw. *Thomas Vormbaum*, Einführung, in: Ders. (Hrsg.), Die Sozialdemokratie und die Entstehung des Bürgerlichen Gesetzbuches. 2. Aufl., Baden-Baden 1997, S. LI ff.

[5] Dazu *Rosenberg*, Rationalismus, S. 18 ff.

[6] *Ernst Haeckel*, Die Welträthsel. Gemeinverständliche Studien über Monistische Philosophie. zuerst Bonn 1899.

[7] Friedrich Engels am Grab von Karl Marx: „Wie Darwin das Gesetz der Entwicklung der organischen Natur, so entdeckte Marx das Entwicklungsgesetz der menschlichen Geschichte: die bisher unter ideologischen Überwucherungen verdeckte einfache Tatsache, dass die Menschen vor allen Dingen zuerst essen, trinken, wohnen und sich kleiden müssen, ehe sie Politik, Wissenschaft, Kunst, Religion usw. treiben können"; *Karl Marx/ Friedrich Engels*, Werke. Band 19. 9. Aufl. Berlin (O) 1989, S. 335.

Tendenziell am anderen Ende des politischen Spektrums, aber auch in der Sozialdemokratie nicht ohne Resonanz, überführte der **Sozialdarwinismus** die Lehre vom „Survival of the fittest" (unter gleichzeitiger Trivialisierung) in den gesellschaftlichen Bereich; gegen Ende des 19. Jahrhunderts wurden bereits Vorschläge für die eugenische Kategorisierung von Menschen sowie Selektions- und „Aufartungs"-Vorstellungen formuliert. Die **Rassenhygiene**, zunächst noch allgemein auf die Menschenrasse bezogen, begann sich zu entwickeln. Auch „Euthanasie"-Gedanken tauchten bereits auf, waren aber noch nicht mehrheits- und politikfähig[8]. Das Ende der wirtschaftlichen Depression am Ende des 19. Jahrhunderts ließ zwar die radikalen politischen Erscheinungsformen und Auswüchse mancher theoretisierender Vorstellungen vorübergehend verblassen; es blieb jedoch ein latentes, in „gesellschaftlichen Codes" sich niederschlagendes Potential, das unter erneut sich verschärfenden Randbedingungen (wie dem I. Weltkrieg und seinen Folgen) sich aktualisieren konnte.

Alles in allem vollzog sich in der hier angesprochenen Zeit eine Beschleunigung der von Max Weber apostrophierten „Entzauberung der Welt" – ein Vorgang, der bereits von der Aufklärung initiiert worden war und jetzt einen weiteren Schub erfuhr. Ihren Niederschlag in Kunst und Literatur erfuhr sie im Realismus *(Wilhelm Raabe)* und im Naturalismus *(Gerhard Hauptmann)*.

Wissenschaftlicher Zentralbegriff war der **Positivismus**. *Auguste Comte* (1798–1857), der Erfinder des Wortes „Soziologie", hatte bereits 1822 in seiner Schrift *Plan de traveaux scientifiques nécessaires pour réorganiser la société* das grundlegende Werk der Philosophie des Positivismus veröffentlicht, war damit aber zu Lebzeiten noch auf Widerstand gestoßen. Comte hatte drei Stadien des menschlichen Geistes: das theologisch-religiöse (kindliche) Stadium, das metaphysische (jugendliche) Stadium (dem er Philosophen und Juristen zuordnete) und das positivistische (erwachsene) Stadium unterschieden. In diesem dritten Stadium verzichtet der Mensch auf übernatürliche und metaphysische Einsichten und begnügt sich damit, durch Beobachtung und Experiment die Zusammenhänge der Erscheinungen aufzuspüren und induktiv Gesetzmäßigkeiten zu entdecken.

Die neue Grundstimmung in Staat und Gesellschaft blieb nicht ohne Auswirkung auf Recht und Rechtswissenschaft. Ableger des Positivismus im Recht wurde der **Rechtspositivismus**, der natur- und vernunftrechtliche Vorstellungen – also solche, die auf spekulativen bzw. transzendentalen, aus der Vernunft gewonnenen Erkenntnissen über menschliches und gesellschaftliches Dasein beruhten – ablehnte und sich ganz auf empirische inner- oder außerrechtliche Gegebenheiten stützte. In seiner engeren Erscheinungsform als *Gesetzespositivismus* stützte er sich nur auf das vom staatlichen Gesetzgeber erlassene „positive" Recht (dies die Variante der später so genannten „klassischen Schule"), in seiner allgemeineren Form bezog er empirische (naturwissenschaftliche, psychowissenschaftliche und soziologische) Erkenntnisse heran und forderte die ihnen gemäße Umgestaltung des positiven Rechts durch eine Strafrechtsreform (dies die Variante der späteren „soziologischen" oder „modernen" Schule). Begriffe wie „Gerechtigkeit", die sich nicht empirisch durch

[8] Dazu *Große-Vehne*, a. a. O., S. 48 ff.

Messen, Wägen, Zählen ausdrücken und begrifflich in Kategorien sortieren lassen, wurden entweder abgelehnt oder empiristisch überformt.

Ein früher Indikator dieser Entwicklung war im Strafrecht die Ersetzung der Rechtsverletzungslehre durch die Rechts*guts*verletzungslehre gewesen, denn diese warf, wie schon gezeigt, die Strafrechtswissenschaft letztlich auf das positive Gesetz zurück[9]. Doch war der in ihr zum Ausdruck kommende Positivismus, der sich seiner selbst kaum bewusst war, sondern aus der strafrechtspolitischen und gerichtlichen Praxis oder – wenn er sich theoretisch gab – aus dem Historismus erwuchs, ein gleichsam „naiver" Rechtspositivismus. Die gegen Ende des 19. Jahrhunderts zur Vorherrschaft gelangende Form des Rechtspositivismus hingegen „entspringt einer tief empfundenen, kämpferischen Überzeugung [...], die weit selbstsicherer ist [als der alte Positivismus], weil sie sich aufs engste mit dem Zeitgeist verbunden hat"[10]. Ethisch-politische Aussagen wie überhaupt Sollens-Aussagen wurden verdächtig. Rechtsphilosophie wurde zur „Allgemeinen Rechtslehre" und sollte sich nur noch mit dem positiven Recht auseinandersetzen. Die vor allem im Strafrecht bereits vollendete, im Zivilrecht bevorstehende Durchkodifizierung des Rechtsstoffes lieferte dem neuen Positivismus den Stoff, an dem er sich systemimmanent und „wertfrei" abarbeiten konnte[11].

Auch die am Ende von § 2 angesprochene Tendenz zu einem bloß formellen Rechtsstaatsverständnis kam dem Rechtspositivismus entgegen. Stand der Rechtsstoff prinzipiell zur Disposition des Gesetzgebers, so hingen dessen Inhalte von politischen Entscheidungen ab. Diese aber wurden im Deutschland des 19. Jahrhunderts unter den Rahmenbedingungen erst der Restauration, dann des Scheiterns der bürgerlichen Revolution und der Reaktion und dann des wilhelminischen Obrigkeitsstaates getroffen. Allseits anerkannte, unbefragte materielle Vorverständnisse über Bürgerfreiheiten und Menschenrechte konnten sich nur schwer entwickeln. „Rechtsstaatlichkeit" war zwar ein Element des von Bismarck geschaffenen Reiches, reduzierte sich aber im wesentlichen auf die Einhaltung der Verfahrensregeln beim Erlass von Gesetzen, auf die Gesetzesbindung von Verwaltung und Justiz und auf die Justizgewährung.

II. Wandlungen im Strafrecht

Wie am Ende von § 2 skizziert, war Ausgangpunkt der im 19. Jahrhundert vorherrschenden Strafrechtsauffassung die Begehung einer – im Gesetz möglichst präzise und nach objektiven Kriterien beschriebenen – Rechtsverletzung. Als subjektiver Faktor kam (neben der nur selten vorgesehenen Fahrlässigkeit) nur der Vorsatz in Betracht (gegen Ende des Jahrhunderts als „Schuld", vorher als „Zurechnung" bezeichnet). Die Zurechnungsfähigkeit wurde nur bei Bewusstlosigkeit und krank-

[9] Vgl. § 2 I. – Auch die Historische Rechtsschule, ursprünglich die rechtspolitische Gegenspielerin des Rechtspositivismus, konvergierte letztlich mit diesem, denn das (rechtshistorisch) Gewordene fällt letztlich mit dem (positivrechtlich) Seienden zusammen; s. für das Privatrecht *Wieacker*, Privatrechtsgeschichte, S. 430 ff.

[10] *Amelung*, Rechtsgüterschutz, S. 53.

[11] Ebd.

hafter Störung der Geistestätigkeit (§ 51 RStGB) in Frage gestellt[12]. Der subjektive Faktor (die „Schuld") war also ein rein psychologischer; Charakterfragen, Gesinnungen u.ä. spielten keine Rolle. Dieses Paradigma des strengen **Tatstrafrechts** begann gegen Ende des 19. Jahrhunderts zu erodieren.

Ein wichtiger Faktor für diese Erosion war die Auswirkung des neuen Denkens auf die Vorstellung von **Willensfreiheit** und damit auf einen Grundpfeiler des liberalen Strafrechts, die Autonomie des Täters. „Naturalistisch", als rein empirisches Phänomen betrachtet, unterliegt der Mensch, wie alle anderen in Raum und Zeit befindlichen Phänomene, dem Kausalgesetz, philosophisch ausgedrückt: dem Satz vom hinreichenden Grund. Das war auch den Philosophen des Idealismus nicht unbekannt gewesen. Immanuel Kant hatte zwischen der empirischen Seite des Menschen als Glied der Natur *(homo phainomenon)* und seiner „intelligiblen", von Raum und Zeit unabhängigen Seite *(homo noumenon)* unterschieden und damit das Nebeneinander von menschlicher Naturunterworfenheit und menschlicher Freiheit und Autonomie erklärt. Wurde nun der Mensch tendenziell auf seine empirische Natur reduziert, so stellte dies Freiheit und Autonomie – die Fähigkeit, selbstbestimmt zu handeln, das „Anders-handeln-können" – in Frage.

Wie allgemein in der Geistesgeschichte gelangen auch im Strafrecht neue Denkweisen nur selten (und auch dann meistens nur scheinbar) plötzlich zum Durchbruch. Regelmäßig reifen sie im Schoße der alten Verhältnisse heran. Ob sie Katalysatoren sozialer Veränderungen sind oder von jenen geprägt werden, ob also die gelehrten strafrechtlichen und strafprozessualen Theorien des 19. Jahrhunderts nur Schaumkronen auf den Wellen der politischen und sozialen Entwicklung gewesen sind oder sich auch gegen politischen Widerstand argumentativ haben durchsetzen können, bedarf noch näherer Untersuchung, die hier nicht geleistet werden kann. Einen Hinweis gibt immerhin die mentalitäts- und geistesgeschichtliche Entwicklung, die sich mit der Entwicklung der Strafrechtswissenschaft naturgemäß leichter parallelisieren lässt als die wirtschafts- und sozialgeschichtliche Entwicklung.

Hier erfuhr die Philosophie **Arthur Schopenhauers** (1788–1860), die zunächst jahrzehntelang kaum Resonanz gefunden hatte, in der zweiten Jahrhunderthälfte einen Aufschwung in der öffentlichen Aufmerksamkeit und eine beachtliche Rezeption in der Kunst (z. B. *Richard Wagners* „Tristan" und „Ring des Nibelungen"), Literatur (*Thomas Manns* „Buddenbrooks") und Philosophie (vor allem im Jugendwerk *Friedrich Nietzsches*). Schopenhauers pessimistische Philosophie, die als Ziel eines gelungenen Lebens die Überwindung des (Lebens-)*Willens* durch die (kontemplative) *Vorstellung* ansieht (weniger seine Mitleids-Philosophie), passte in einen zeitgeschichtlichen Kontext, in welchem ein großer Teil der kulturtragenden Gesellschaftsschicht einerseits mit dem Scheitern der Revolution von 1848/49 und andererseits mit der Einbindung in die autoritäre Staats- und Gesellschaftsordnung seinem optimistischen Glauben an den steten Fortschritt der Freiheit abgeschworen hatte.

Schopenhauer, der in seinem zuerst 1818 erschienen Hauptwerk *Die Welt als Wille und Vorstellung* eine an Beccaria und Feuerbach anschließende und ausdrücklich

[12] Dabei wurde die Zurechnungsfähigkeit selbst nicht als ein *Teil* der Schuld, sondern als Schuld*voraussetzung* angesehen. Zur Kritik von *Frank* s. u. § 5 II. 2.

gegen Kant gerichtete Theorie der Androhungs-Generalprävention vertritt[13], geht in seiner Abhandlung *Über die Freiheit des Willens* aus dem Jahre 1839[14] von der Annahme aus, dass der Mensch zwar frei sei, das zu *tun*, was er wolle, dass er aber nicht frei sei, etwas anderes zu *wollen*, als er wolle; es gebe also Handlungsfreiheit, aber keine Willensfreiheit: „Unter Voraussetzung der Willensfreiheit wäre jede menschliche Handlung ein unerklärliches Wunder – eine Wirkung ohne Ursache". Was der Mensch wolle, hänge von seinem unveränderlichen *Charakter* ab, sei also m. a. W. durch diesen determiniert: „Der Mensch ändert sich nie; wie er in jedem Falle gehandelt hat, so wird er, unter völlig gleichen Umständen [und bei gleichem Kenntnisstand] stets wieder handeln"; berichtigen lasse sich nur die *Erkenntnis*. Verantwortung trage der Mensch also nicht deshalb, weil er anders hätte *handeln* können, sondern weil er kein anderer *gewesen* sei. Die Tat „kommt dabei nur als Zeugniß von dem Charakter des Täters in Betracht"[15]. Daraus folge keineswegs, „dass kein Verbrecher gestraft werden dürfte". Vollstreckung der Strafe – hier folgt Schopenhauer Feuerbach – habe nur den Zweck, die Strafdrohung, die als einer der auf den Willen einwirkenden Faktoren wirke, als ernsthaft zu erweisen.

Mit der Verlegung der strafrechtlichen Verantwortung in den – überdies als unveränderlich gekennzeichneten – Charakter erweist Schopenhauers Lehre sich als Seismograph einer Entwicklung und einer Denkweise, mit der die Strafrechtswissenschaft, die Strafrechtspolitik und die Strafrechtspraxis bald darauf (mitsamt der aufkommenden Kriminologie) konfrontiert wurden und mit der sie sich bis heute auseinandersetzen. Das liberale Modell eines objektiv urteilenden, subjektive Faktoren nur als *Begrenzung* der Strafbarkeit heranziehenden Strafrechts geriet mit dem Zweifel an der Willensfreiheit und mit dem Interesse für den Tätercharakter ins Wanken. Der **Täter** wurde „entdeckt". Darauf ist noch zurückzukommen (u. IV.).

III. Der Zweckgedanke im Strafrecht

1. Das Marburger Programm

Die Herstellung des rechtlichen Zustandes als Aufgabe des Strafrechts wurde von der Aufgabe der Erreichung kriminalpolitischer Zwecke weiter zurückgedrängt. Mit dem **Zweckgedanken** wurde eine Denktradition wiederbelebt, die bereits in

[13] S. die betreffenden Texte aus den Jahren 1818 (Bd. 1) und 1844 (Bd. 2) b. *Vormbaum*, MdtStrD S. 110 ff. bzw. 372 f.; danach die folgenden Zitate.

[14] A.a.O., S. 374 ff.; danach die folgenden Zitate.

[15] Die Freiheit des Willens, die wir als Verantwortungsgefühl für die von uns begangenen Handlungen wahrnehmen, ist – so Schopenhauer unter Rückgriff auf Kant – „eine transcendentale, d. h. nicht in der Erscheinung hervortretende, sondern nur insofern vorhandene, als wir von der Erscheinung und allen ihren Formen abstrahieren, um zu dem zu gelangen, was, außer aller Zeit, als das innere Wesen des Menschen an sich selbst zu denken ist" (S. 379).

der Aufklärungsphilosophie eine wichtige Rolle gespielt hatte, seit Beginn des 19. Jahrhunderts jedoch zumindest in der Rechtswissenschaft zeitweise ihre Dominanz eingebüßt hatte.

Schon *Beccaria* hatte eine Verknüpfung zwischen Gerechtigkeit und Zweckmäßigkeit mit dem Satz hergestellt: „Um gerecht zu sein, *darf* eine Strafe *nur* jene Intensitätsgrade besitzen, die ausreichen, um Menschen von Verbrechen abzuhalten“[16]. Bei *Franz v. Liszt* hieß es nun ganz ähnlich: „Gerechtigkeit im Strafrecht ist die Einhaltung des durch den Zweckgedanken erforderten Strafmaßes“[17].

Rudolf v. Jhering (1818–1892), der bereits mit dem Titel seiner Schrift *Der Kampf ums Recht* (1872) unüberhörbar auf Darwins „Kampf ums Dasein“ angespielt hatte, lieferte mit seinem zweibändigen Werk *Der Zweck im Recht* (1877/1884) das Stichwort für die Programmschrift des neuen Strafrechtsdenkens, das sog. *Marburger Programm* **Franz v. Liszts** (1851–1919)[18]. Der aus einem 1882 an der Universität Marburg gehaltenen Vortrag hervorgegangene, 1883 veröffentlichte Aufsatz *Der Zweckgedanke im Strafrecht* war im doppelten Sinne eine „Kampfschrift“:Kampfansage an die herrschende Strafrechtslehre und Kampfansage an das Verbrechen[19]. Die strafrechtswissenschaftliche Kampfansage betraf die – inzwischen (gesetzes)positivistisch gewendete – Schuldausgleichs- bzw. Vergeltungslehre, als deren Repräsentant vor allem **Karl Binding** (1841–1920) galt. Liszt löste damit den sog. strafrechtlichen Schulenstreit (dazu u. § 5 II. 1.) aus.

Liszt war freilich nicht der erste, der die Strafrechtswissenschaft in den neuen Zeitgeist und das neue Denken einbettete. Bereits 1879 hatte beispielsweise der Oberstaatsanwalt und spätere Reichsgerichtsrat **Otto Mittelstädt** (1834–1899) mit seinem Buch „Gegen die Freiheitsstrafen“, in dem er sich gegen die Vergeltungsstrafe und für ihre Ersetzung durch eine harte, ja brutale generalpräventive Strafe wandte, Aufmerksamkeit erregt. In seiner im Jahr darauf erschienen Erwiderungsschrift „Die Abschaffung des Strafmaßes“ hatte der Psychiater **Emil Kraepelin** (1856–1926), ebenfalls von der Ablehnung der Vergeltungslehre ausgehend und einem strengen Determinismus huldigend, eine Besserungstheorie entwickelt, die den Straftäter als Kranken ansah und deshalb den Psychiater in den Mittelpunkt des Sanktions- und Vollzugswesens gestellt sehen wollte. Nicht Besserungsfähige sollten auf Lebenszeit interniert oder deportiert werden[20].

Mit dieser Besserungs- und Sicherungstheorie, die – wie schon der Buchtitel signalisiert – auf die Abschaffung der Schuldstrafe zugunsten der Sicherungsstrafe hinauslief, hatte Kraepelin manchen Gedanken des „Marburger Programms“ vorweggenommen.

Ähnliche Gedanken wuchsen während jener Zeit in *Italien* heran, und es ist nicht unwahrscheinlich, dass Liszt – bewusst oder unbewusst – von ihnen beeinflusst worden ist. **Cesare Lombroso** (1835–1909) (zu ihm noch u. Abschnitt 4), der einen kriminalanthropologischen Tätertypen entdeckt zu haben glaubte, wurde von seinem Schüler **Enrico Ferri** (1856–1929) und anderen Vertretern der italienischen rechtspositivistischen Schule *(scuola positiva)* wie **Raffaelle Garofalo** (1851–1934) in die Straftheorie überführt. Liszts Einteilung der Straftäter in Kategorien, von der

[16] *Beccaria*, Verbrechen, S. 51.

[17] *v. Liszt*, Zweckgedanke, S. 37.

[18] Zur Biographie *Naucke*, Kriminalpolitik, S. 229 mit Nachw.

[19] *Köhler*, Einführung, S. VI.

[20] Näher zu Mittelstädt und Kraepelin: *Schmidt-Recia/ Steinberg*, ZStW 2007, 195 ff., insb. S. 200 ff.; dort auch zu weiteren Diskutanten: **Ernst Sichart** (1833–1908) und **Richard Sontag** (geb. 1835); s. auch *Arndt Koch*, Binding vs. Lizt. – Klassische und moderne Strafrechtsschule, in: Hilgendorf / Weitzel, Strafgedanke, S. 127 ff., 131.

sogleich die Rede sein wird, findet sich bei ihm vorgeformt[21]. Ferri hat später (1921) im Auftrag des (faschistischen) Justizministeriums den Allgemeinen Teil eines allein auf die Gefährlichkeit abstellenden Strafgesetzbuches vorgelegt (sog. *progetto Ferri*)[22].

Liszt sieht in seinem Marburger Programm einleitend die herrschende Strafrechtslehre vor allem durch „das wachsende Entsetzen über die in der Kriminalstatistik zum unwiderlegbaren Ausdrucke gelangte Ohnmacht der doktrinären Strafrechtspflege" geschwächt[23]. Stoßrichtung seiner Kritik ist also – was häufig übersehen oder verdrängt worden ist – nicht etwa die praktizierte Härte des Vergeltungsstrafrechts seiner Zeit, sondern dessen unzureichender Erfolg bei der Verbrechensbekämpfung; sein Ausgangspunkt ist also keineswegs ein liberaler[24]. Ihm und seiner Schule geht es weniger um den Schutz des Individuums vor dem Staat als um den Schutz der Gesellschaft vor dem Verbrecher[25].

Seine weiteren Ausführungen bestätigen diese Bewertung. In deren erstem Teil entwickelt v. Liszt eine Art Naturgeschichte der Strafe: Diese ist ursprünglich „blinde, instinktmäßige, triebartige, durch die Zweckvorstellung nicht bestimmte Reaktion der Gesellschaft gegen äußere Störungen der Lebensbedingungen"[26] und zum Zwecke der „Arterhaltung"[27]. Auf der nächsten Stufe der Entwicklung wird

---

[21] S. zu diesem Komplex *Thomas Vormbaum*, Italienische Einflüsse auf die deutsche Strafrechtsreform. Eine erste Annäherung, in: JoJZG 7 (2013), S. 91 ff.

[22] Dt. Übersetzung in Vorbereitung für 2014 in der Reihe „Rechtsgeschichte und Rechtsgeschehen – Italien". Zu den möglichen Einflüssen dieses Entwurfs auf den deutschen Reformentwurf von 1922 („Entwurf Radbruch") s. u. S. 176 sowie *Vormbaum* a. a. O.

[23] *v. Liszt*, Zweckgedanke, S. 6.

[24] *Vogel*, Einflüsse S. 92.

[25] *Wetzell*, Inventing, S. 33.

[26] *v. Liszt*, Zweckgedanke, S. 8.

[27] A.a.O., S. 11. – Wenige Jahre später (1887) sollte **Friedrich Nietzsche**(1844–1900) in seiner „Genealogie der Moral" (Auszug b. *Vormbaum*, MdtStrD, S. 238 ff.) ebenfalls eine Evolutionstheorie der Strafe und der Strafzwecke entwickeln, die Gemeinsamkeiten, aber auch Unterschiede zu derjenigen Liszts aufweist (dass Nietzsche Liszt gelesen hat, ist kaum anzunehmen; dass er Jhering gelesen hat, ist bekannt): Nietzsche sieht wie Liszt, dass einem in der Gesellschaft vorhandenen Phänomen, einer Prozedur (dem „Festen") mit dem Begriff der Strafe ein Sinn („das Flüssige") unterlegt wird; freilich meint er, dass ein einziger Sinn für Strafe gar nicht definiert werden könne: „Definierbar ist nur das, was keine Geschichte hat". Als zweckmäßige Wirkung der Strafe sieht er allein – hier Schopenhauer folgend – die „Verschärfung der Klugheit […], die Verlängerung des Gedächtnisses" an (a. a. O., S. 247). Eine (moralische) Besserung des Täters hält er schon deshalb für unwahrscheinlich, weil dieser „genau die gleiche Art von Handlung im Dienste der Gerechtigkeit verübt und dann gutgeheißen [sieht]: also Spionage, Überlistung, Bestechung, Fallenstellen, die ganze durchtriebene Polizisten- und Anklägerkunst, sodann das grundsätzliche, selbst nicht durch den Affekt entschuldigte Berauben, Überwältigen, Beschimpfen, Gefangennehmen, Foltern, Morden, wie es in den verschiedenen Arten der Strafe sich ausprägt – alles somit von seinen Richtern nicht *an sich* verworfene und verurteilte Handlungen" (ebd.). – Näher zur Strafe in Nietzsches Philosophie: *Knut Engelhardt*, Die Transformation des Willens zur Macht. Bemerkungen zum Verhältnis vom Moral, Strafe und Verbrechen in Nietzsches Philosophie, in: ARSP 71 (1985), 499 ff.; *Lucas Gschwend*, Nietzsche und die Kriminalwissenschaften. Eine rechtshistorische Untersuchung der strafrechtsphilosophischen und kriminologischen Aspekte in Nietzsches Werk unter besonderer Berücksichtigung der Nietzsche-Rezeption in der deutschen Rechtswissenschaft; in: ZRG.GA 119 (2002), 919 ff.; *Jochen Bung*, Nietzsche über Strafe, in: ZStW 119 (2007), 120 ff.

die Strafe durch die Entdeckung des Zweckgedankens von der Triebhandlung zur Willenshandlung[28]. Der Mensch analysiert seine „Lebensbedingungen“ und fixiert sie zu Rechtsgütern; dann untersucht er genauer die gegen die Rechtsgüter gerichteten Handlungen und bildet damit allmählich die Begriffe der einzelnen Verbrechen heraus[29]. Daraus folgt das Postulat, „im einzelnen Falle diejenige Strafe [zu verhängen], welche notwendig ist, damit durch die Strafe die Rechtsgüterwelt geschützt werde. Die richtige, d. h. die gerechte Strafe ist die notwendige Strafe“. Der Zweckgedanke ist somit auch das Prinzip des Strafmaßes.

Aus diesem Prinzip entwickelt Liszt den Ansatz zur Bestimmung der im Einzelfall zu verhängenden Strafe. Strafe sei gegen den Willen des Verbrechers gerichteter Zwang. Zwang könne entweder durch Vermehrung und Kräftigung vorhandener Motive oder durch Gewalt ausgeübt werden. Damit übt Strafe folgende drei Wirkungen aus:

1. *Besserung*, d. h. „Einpflanzung altruistischer, sozialer Motive“,
2. *Abschreckung*, d. h. „Einpflanzung und Kräftigung egoistischer, aber in der Wirkung mit den altruistischen zusammenfallender Motive“,
3. *Unschädlichmachung*: Insoweit ist die Strafe

> Sequestrierung des Verbrechers; vorübergehende oder dauernde Unschädlichmachung, Ausstoßung aus der Gesellschaft oder Internierung in derselben. Sie erscheint als künstliche Selektion des sozial untauglichen Individuums. ‘Die Natur wirft denjenigen, der sich gegen sie vergangen hat, aufs Bett, der Staat wirft ihn ins Gefängnis (Jhering)’[30].

Diese und weitere Stellen zeigen: Die **Sprache** des *Marburger Programms* enthält „Wendungen, die, mögen sie auch der Unvermitteltheit des Neuanfangs geschuldet sein, doch nach den zwischenzeitlichen historischen Erfahrungen zumindest befremdlich wirken“[31]; das Programm „läßt sich über weite Strecken als bürokratisch mit heiklen emotionalen Untertönen (vor allem bei der Benutzung medizinischer und militärischer Vergleiche) auffassen“[32].

Die Ausführungen zur „Unschädlichmachung“ sind bei weitem nicht die einzigen problematischen Passagen. Liszt lag damit auf der Linie einer Zeit, die von „Humanitätsduselei“ nicht viel hielt. Ein populistisch-rüder Jargon, eine verwahrloste Sprache, durch den verrohenden Einfluss des Weltkriegs später noch verstärkt, wurde in den folgenden Jahrzehnten in der Kriminalpolitik heimisch. Der Anspruch auf Humanität, den die Aufklärungsphilosophen noch mit dem Utilitätsdenken hatten verbinden wollen, wurde zugunsten einer mitleidlosen „Wissenschaftlichkeit“ aufgegeben.

---

28 *v. Lizt*, Zweckgedanke, S. 21.

29 A.a.O., S. 23.

30 A.a.O., S. 40.

31 *Köhler*, Einführung, S. VII; ähnlich *Kubink*, Strafe, S. 94: Was Liszt für die Kategorie der Unverbesserlichen fordert, mute „zumindest auf den ersten Blick als Vorläufer von späteren Programmen der biologischen Säuberung und ‘Sonderbehandlung’ an“; s. auch *Koch*, Binding vs. Liszt, S. 135 f.

32 *Naucke*, Kriminalpolitik, S. 228.

Den drei Kategorien von Strafen entsprechen nach Liszt drei Kategorien von Verbrechern, womit das dreiteilige Schema folgende Ergänzung erfährt:

1. Besserung der besserungsfähigen und besserungsbedürftigen Verbrecher,
2. Abschreckung der *nicht* besserungsbedürftigen Verbrecher,
3. Unschädlichmachung der *nicht* besserungsfähigen Verbrecher.

Im Zusammenhang mit der dritten Gruppe verwendet Liszt den Begriff des *Gewohnheitsverbrechertums*[33], der im 20. Jahrhundert Karriere machen und einem der ersten Strafgesetze des nationalsozialistischen Gesetzgebers die Überschrift liefern sollte. Kam es nun aber für Art und Maß der Strafe entscheidend auf die Täterpersönlichkeit an, so war es nur konsequent, wenn Liszt in einem zehn Jahre später veröffentlichten Aufsatz feststellte, im Gegensatz zur herrschenden Auffassung, die bei der Strafzumessung nur die zur Aburteilung anstehende Tat berücksichtige, fordere er, dass „die durch die That bewiesene Gesinnung des Thäters den Ausschlag gebe“[34].

Da Liszt, entwicklungstheoretisch argumentierend, sich vorstellte, die Strafe gehe von der Rache als absoluter (vergeltender) Urform aus und schreite zur Zweckstrafe fort, nannte er seine Strafauffassung **Vereinigungstheorie**[35].

Den herkömmlichen Begriff der **Zurechnungsfähigkeit**, der die Straftat auf einen freien Willensentschluss des Täters zurückführte, konnte *Liszt* nicht akzeptieren. Zurechnungsfähigkeit bedeutete für ihn „normale Bestimmbarkeit durch Motive“[36] – anders ausgedrückt: „Wer auf Motive in normaler Weise reagiert, ist zurechnungsfähig“[37]. Dem aus dem Vernunfturteil abgeleiteten, also transzendentalen Begriff der Willensfreiheit, wie ihn Kant entwickelt hatte und wie ihn im Ergebnis – wenn auch trivialisiert – die herrschende Auffassung der Strafrechtswissenschaft des ausgehenden 19. Jahrhunderts noch vertrat[38], setzte *Liszt* einen empirischen Durchschnittsmaßstab für die Einwirkbarkeit von Kausalfaktoren auf das Täterbewusstsein entgegen[39]. Unzurechnungsfähigkeit war danach nicht mehr *defekte Autonomie*, sondern *defekte Bestimmbarkeit (bzw. Motivierbarkeit)*. Der Zusammenhang mit der Strafe wurde nicht nur dadurch hergestellt, dass diese bei

---

[33] A.a.O., S. 42.

[34] *v. Liszt*, Die deterministischen Gegner der Zweckstrafe, in: ZStW 1893, 325 ff., 354.

[35] Nicht zu verwechseln mit den heute in verschiedenen Varianten vertretenen Vereinigungstheorien, die verschiedene Strafzwecke miteinander zu kombinieren versuchen, beispielsweise das sog. Phasenmodell, das verschiedenen Stadien des Strafverfahrens verschiedene Strafzwecke zuordnet.

[36] *v. Liszt*, Die deterministischen Gegner, a. a. O., S. 342.

[37] *v. Liszt*, Die strafrechtliche Zurechnungsfähigkeit, in: Ders., Strafrechtliche Aufsätze und Vorträge. Band 2, S. 214 ff., S. 219.

[38] Das Reichsstrafgesetzbuch hatte freilich zu der Frage der Willensfreiheit nicht Stellung bezogen. Die – insoweit allerdings missverständliche – Formulierung „Ausschließung der freien Willensbestimmung“ in § 51 RStGB war als „relativ beste“ gewählt worden, ohne dass dadurch die „verschiedenen metaphysischen Auffassungen über die Freiheit des Willens im philosophischen Sinne in die Criminal-Verhandlungen gezogen werden“ sollten; s. den Nachw. b. *Schwarze*, StGB, S. 83.

[39] *Bohnert*, Schulenstreit, S. 167: „Die Umschreibung normaler Determinierbarkeit mit durchschnittlicher übergeht mit Hilfe der Statistik die zu Tage liegende Bewertungsfrage“.

Feststellung der Motivierbarkeit durch ethische und andere Motive rechtsstaatlich legitimiert ist, sondern auch dadurch, dass die verhängte Strafe ihrerseits in der Lage ist, den Verurteilten zu veranlassen, nicht rückfällig zu werden[40].

Bei dieser Argumentation geht freilich verloren, dass Zurechnungsfähigkeit nicht umfassend festgestellt wird, sondern *tatbezogen*, dass also Pauschalaussagen über beide Seiten der Motivierbarkeit sich verbieten. Auch hier verdrängt (zumindest *be*drängt) die Kriminalpolitik die strafrechtsdogmatisch-rechtsstaatlichen Strukturen.

Als Realfaktor (empirischer Faktor) ist Motivierbarkeit graduierbar. Alle Anhänger der modernen Schule *Liszts* erhoben daher die Forderung nach Einführung einer Rechtsfigur der **beschränkten Zurechnungsfähigkeit**. Hierin gingen sie mit den Vertretern der aufstrebenden Kriminologie konform[41].

Hielt *Liszt* somit – wenn auch mit anderem Gehalt – am Erfordernis der Zurechnungsfähigkeit und damit am Schuldbegriff fest, so konnte doch die Schuld als Maßstab und Grenze der Strafe für ihn nicht in Frage kommen. Wichtigster Zielpunkt seiner Überlegungen war die **Schutzstrafe,** d. h. eine am Zweck der Sicherung ausgerichtete Strafe. Sie sollte so aussehen: Während die „Unverbesserlichen", also die „Gewohnheitsverbrecher" – deren Kreis immerhin „Diebstahl, Hehlerei, Raub, Erpressung, Betrug, Brandstiftung, Sachbeschädigung, gewaltsame Unzucht und Unzucht mit Kindern (Eine Ergänzung dieser Liste auf Grund genauerer Beobachtung ist natürlich nicht ausgeschlossen.)" einbeziehen sollte – bei dritter Verurteilung „auf Lebenszeit (bzw. auf unbestimmte Zeit)" eingesperrt werden sollten[42], sollte gegen die „Besserungsbedürftigen" eine mindestens einjährige, höchstens fünfjährige, in einer Besserungsanstalt zu vollziehende Freiheitsstrafe, deren Dauer im Urteil nicht ausgesprochen werden sollte, verhängt werden. Je nach Besserungsstand konnte der Verurteilte jeweils nach Ablauf eines vollen Jahres entlassen werden.

Zu Ende gedacht liefen Liszts Vorstellungen über die Schutzstrafe eigentlich darauf hinaus, auf den Schuldbegriff ganz zu verzichten, denn die Gesinnung des Täters, auf die es entscheidend ankommen sollte, ist weniger Ausdruck seiner *Schuld* als seiner *Gefährlichkeit.* Und als Maßstab für die Strafhöhe sollte ja nicht die Schuld, sondern die erzielte Besserung bzw. die Gefährlichkeit herangezogen werden. Jedoch machte *Liszt* insoweit, wie zu zeigen sein wird, ein zwar begrüßenswertes, allerdings inkonsequentes Zugeständnis an die Rechtsstaatlichkeit.

Wo eine Kompromisslinie in der praktischen Kriminalpolitik verlaufen könnte, deutete Liszt in seinem Beitrag von 1893 an:

> Dabei soll es uns auf den Namen nicht ankommen, den man dem Kinde geben will. Das ist ja die liebenswürdige Seite in dem Verhalten unserer Gegner, daß sie zufrieden sind, wenn die altehrwürdigen Etiketten geschont werden. In der 'Bestrafung' des Gewohnheitsverbrechers darf das 'Gleichmaß zwischen Schuld und Sühne' nicht überschritten werden; aber gegen lebenslange oder doch sehr langwierige 'Sicherheitsmaßregeln' nach verbüßter

[40] *v. Liszt*, Zurechnungsfähigkeit, a. a. O., S. 221. Bei *Schopenhauer* war dieser Gedanke noch als „Berichtigung der Erkenntnis" bezeichnet worden.

[41] *Chr. Müller*, Verbrechensbekämpfung, S. 40, 164.

[42] *v. Liszt*, Zweckgedanke, S. 45 f.

> Strafe haben die Gegner nichts einzuwenden. Zwei Jahre Gefängnis gegen den unverbesserlichen Landstreicher gestattet die 'vergeltende' Gerechtigkeit nicht; aber fünf Jahre des wesentlich empfindlicheren Arbeitshauses würden uns die Gegner wohl zugestehen. Laßt es uns also Sicherungsmaßregel und Arbeitshaus nennen; laßt uns nehmen, was wir bekommen können[43].

Die Zweispurigkeit von Strafen und Sicherungsmaßregeln war damit angeboten, und in ihr sollte dann auch der sog. Kompromiss im sog. Schulenstreit bestehen – in einem Streit zwischen zwei Schulen, die offenbar beide kein Problem darin erblickten, Landstreicherei unter Strafe zu stellen (ein Tatbestand, der übrigens ebenso wie die Bettelei erst 1969 während einer kurzen Renaissance liberalen Strafrechtsdenkens aus dem Strafgesetzbuch verschwand).

2. Die „gesamte Strafrechtswissenschaft"

Konsequenz der Lisztschen Straf- und Tätertypologie war die Forderung nach wissenschaftlicher Erforschung der Verbrechensursachen. Strafrechtswissenschaft sollte sich nicht in der Pflege dogmatischer Figuren erschöpfen. Hinzukommen sollte die **Kriminologie** als die Lehre von den Verbrechensursachen – zu ihr gehörten die *Kriminalsoziologie* als Lehre von den (sozialen) Umweltfaktoren einerseits, die Kriminalanthropologie, später Kriminalpsychiatrie und dann vor allem *Kriminalbiologie* genannt[44], als Lehre von den Anlagefaktoren andererseits – sowie die **Kriminalistik** als Lehre von der Technik der Verbrechensaufklärung[45]. Als relativ selbständige Disziplin etablierte sich die **Kriminalstatistik**. Rechtspolitische, praktische Aufgabe der *Strafe* konnte nach Liszt aber „im günstigsten Falle" nur sein, den „individuellen Faktor des Verbrechens" zu treffen. Dies erklärt seine Kritik an Politikern, die glaubten, „durch ein paar neue Strafdrohungen die Gefahr beschwören zu können"[46].

Das Konzept der „gesamten Strafrechtswissenschaft" lag auch der von Liszt mitbegründeten und seinem Programm verpflichteten *Internationalen Kriminalistischen Vereinigung* (IKV) zugrunde[47].

Für Liszt musste sich die Frage stellen, welche Rolle das **Strafrecht** innerhalb der gesamten Strafrechtswissenschaft noch spielen sollte. 1907 brachte **Karl Birkmeyer** (1847–1920) dieses Problem auf die vielzitierte Formulierung seines Vor-

---

[43] *v. Liszt*, Gegner, S. 368.

[44] Die zuletzt genannte Bezeichnung, übrigens von *Liszt* eingeführt (s. *Baumann*, Verbrechen, S. 12), kam nach 1945 aus dem Gebrauch.

[45] Zur Kriminalistik der Jahrhundertwende: *Miloš Vec*, Die Spur des Täters. Baden-Baden 2002.

[46] *v. Liszt*, Verbrechen, S. 236; s. auch *Holzhauer*, S. 182.

[47] *Elisabeth Bellmann*, Die Internationale Kriminalistische Vereinigung (1889–1933). Frankfurt a. M. 1994. – Die IKV fügte sich in einen allgemeinen Trend zur Internationalisierung der Strafrechtswissenschaft und -politik ein; dazu *Sylvia Kesper-Biermann/Petra Overath* (Hrsg.), Die Internationalisierung von Strafrechtswissenschaft und Kriminalpolitik (1870–1930). Deutschland im Vergleich. Baden-Baden 2007.

trags- (und Broschüren-)Titels *Was läßt v. Liszt vom Strafrecht übrig?* Zu Ende gedacht blieb in der Tat bei seinem empirischen Ansatz „nur die zweckmäßige Strafe, aber nicht das Strafrecht“[48]. Während *Liszt* diese Frage im Marburger Programm nur streifte, nahm er bei anderer Gelegenheit dazu Stellung. Dabei formulierte er eine seiner am meisten zitierten Wendungen: Das Strafrecht sei „die **Magna Charta** des Verbrechers“; es sei „die unübersteigbare Schranke der Kriminalpolitik“. Der von Liszt geforderte weitgehende Zugriff auf den (überführten und) verurteilten Delinquenten sollte also erst stattfinden dürfen, wenn der dem Bestimmtheitsgrundsatz genügende gesetzliche Tatbestand erfüllt und die Tat in einem streng rechtsstaatlichen Strafverfahren nachgewiesen war. Die Grundsätze *nullum crimen sine lege* und *nulla poena sine lege* seien „das Bollwerk des Staatsbürgers gegenüber der staatlichen Allgewalt“[49]. Bei *Liszts* Konstruktion der Schutzstrafe konnte freilich der zweite Grundsatz bei weitem weniger Beachtung finden als der erste. Für die Unverbesserlichen und die Besserungsbedürftigen ergibt sich dies aus dem bereits Ausgeführten. Für die nicht Besserungsbedürftigen wird es deutlich, wenn man liest, dass *Liszt* dort eine einheitliche Freiheitsstrafe von 6 Monaten bis zu zehn Jahren forderte[50].

Die von *Liszt* geprägten Bilder sind übrigens schief: „Magna Charta des Verbrechers“ setzt bereits einen „Verbrecher“ voraus[51]. Ob aber ein Mensch Verbrecher ist, kann erst anhand der Straftatbestände und nach einem förmlichen Strafverfahren, also anhand des Strafrechts entschieden werden. Letztlich liegt dem Bild ein materieller Verbrechensbegriff zugrunde, d. h. die Vorstellung von einer Handlung, die unabhängig von tatbestandlichen Definitionen und von Verfahrensbedingungen bereits als „Verbrechen“ zu bezeichnen ist. Die Metapher von der „unübersteigbaren Schranke“ ist nur sinnvoll, wenn damit eine Schranke für den *Umfang* des Bereichs der Kriminalpolitik gemeint ist, denn wenn die strafrechtlichen und strafprozessualen Voraussetzungen für eine Verurteilung erfüllt sind, ist ja die Schranke für die Kriminalpolitik geöffnet.

Der *Umfang* der Kriminalpolitik wiederum – und damit beginnt die inhaltliche Kritik – liegt in der Hand des Gesetzgebers; er kann ihn erweitern; *Liszt* erklärt ausdrücklich: „Die Strafgesetzgebung ist unzweifelhaft Sache der staatlichen Kriminal*politik*“[52]. Positionierung und Verlauf des „Bollwerks“ standen somit jederzeit zur Disposition[53].

---

[48] *Naucke*, Kriminalpolitik, S. 233.

[49] *v. Liszt*, Gegner, S. 357; wie der zweite Grundsatz zu Liszts Forderung nach unbestimmter Strafe passt, ist nicht ganz klar. Bei anderer Gelegenheit ist Liszt von ihm auch abgerückt, vgl. *Liszt*, Die deterministischen Gegner der Zweckstrafe, a. a. O., S. 365 (b. *Vormbaum*, MdtStrD, S. 233 f.).

[50] *v. Liszt*, Zweckgedanke, S. 49.

[51] Dazu; dass die Formel tatsächlich missverstanden wurde, s. *Thomas Vormbaum*, Glosse „Magna Charta“, in: JZ 2014, S. 240 f.

[52] *v. Liszt*, Gegner, S. 367.

[53] *Koch*, Binding vs. Liszt, S. 138.

Abb. 13 Franz von Liszt (1851–1919)

Abb. 14 Karl Lorenz Binding (1841–1920)

Abb. 15 Arthur Schopenhauer (1788–1860)

Abb. 16 Adolf Merkel (1836–1896)

Die Emphase, mit der sich *Liszt* mitunter für die Bewahrung der Rechtsstaatlichkeit diesseits des Bollwerks einsetzte[54], die Ambivalenz des Zweckgedankens, der dort, wo unzweckmäßiges bzw. kontraproduktives Strafen anzutreffen war (beispielsweise bei der kurzen Freiheitsstrafe), zur Einschränkung des Strafrechts führen konnte, der Umstand, dass zu Liszts Schülern auch Sozialdemokraten (z. B. Gustav Radbruch) gehörten, und schließlich möglicherweise auch sein politisches

[54] Dass Liszt die Behandlung als Gewohnheitsverbrecher von einer bestimmten Zahl von Rückfalltaten, also von einem formalen Kriterium abhängig machen will, scheint in dieselbe Richtung zu weisen, kann aber auch als Abwehr von Übergriffen seitens der Psychiatrie und zur Rettung des Monopols der Juristen in der Strafrechtspflege interpretiert werden.

Engagement für den Freisinn (d. h. für die Linksliberalen im Reichstag) – all dies dürfte dazu beigetragen haben, dass *Liszts* Lehre über lange Zeit als eine liberal-rechtsstaatliche galt und als solche von den einen bekämpft, von den anderen verteidigt wurde. Da sie auch auf die Reformpläne der ausgehenden Kaiserzeit und der Weimarer Zeit starken Einfluss ausübte, war sie später bei den Nationalsozialisten verpönt. Es gelang Liszts Schülern – allen voran **Eberhard Schmidt** (1891–1977) und **Eduard Kohlrausch** (1874–1948) – jedoch ohne große Mühe, die Kompatibilität der Lisztschen Lehre mit dem „neuen Denken“ darzutun.

Damit ist der Entwicklung jedoch vorgegriffen. Ob die Schranke des Strafrechts sich wirklich als unübersteigbar erweisen würde, musste die Zukunft lehren. Und diese Lehre erwies sich als eine überwiegend negative.

IV. Die Entdeckung des „Täters“

Unabhängig von Liszt, seit dem Erscheinen des Marburger Programms aber verstärkt, entwickelte sich in Deutschland und darüber hinaus in Europa eine dem Zeitgeist entsprechende empirische Kriminalitätsforschung. Dabei geriet die junge Kriminologie, vor allem die deutsche, in das Fahrwasser einer individuellen, also die Anlagefaktoren betonenden Kriminalätiologie.

Kriminal*soziologie* blieb vor allem in Deutschland lange Zeit gegenüber Kriminalbiologie und Kriminalpsychiatrie nachrangig. Eine handfeste Erklärung ist darin zu erblicken, dass Gefängnisärzte und Psychiater in den Strafvollzugsanstalten das „individuelle“ Material vor Augen hatten und ihre Profession ihnen die Betonung des Anlagefaktors nahelegte. Sozialarbeiter, „streetworkers“ und andere soziale Berufe, die ein Gegengewicht hätten bilden können, gab es noch nicht. Hinzu kam, dass auch die Möglichkeiten praktischer kriminalpräventiver Tätigkeit sich eher in der Einwirkung auf einzelne Delinquenten eröffneten, während Veränderungen sozialer Verbrechensursachen in den Bereich der Politik fielen, für die man sich nicht zuständig fühlte und die man auch nur schwer oder gar nicht beeinflussen konnte. Damit blieb für die meisten Soziologen das Kriminalitätsproblem zu abstrakt, um sich dafür zu interessieren.

So war es denn auch ein Arzt und Psychiater, der Italiener **Cesare Lombroso**, der mit seinem 1876 in erster Auflage erschienenen Werk *L'uomo delinquente* (Der verbrecherische Mensch) erstmals unter Berufung auf naturwissenschaftlich-empirische Methodik eine Erklärung kriminellen Verhaltens formulierte. Verbrechen, so Lombroso, lasse sich anthropologisch erklären: Verbrecher gehörten einem atavistischen Menschenschlag an, sie seien ein eigenartiger anthropologischer Typus, der aus früheren Zeiten überlebt habe. Dieser Typus sei an Körpermerkmalen erkennbar: Starke Augenwülste, enorme Kinnlade, viereckiges Kinn, henkelförmige Ohrmuscheln (kurz, „ein mongolischer und bisweilen negerähnlicher Typus“)[55].

[55] *Albrecht*, Kriminologie. München 2002, S. 10 f. [m. Abb.]; *Wetzell*, Inventing, S. 28 ff.; *Ders.*, Kriminologie; *Bernd-Dieter Meier*, Kriminologie. München 2003, S. 17.

Unter dem Eindruck der Kritik, nicht zuletzt seines Schülers **Enrico Ferri**, relativierte Lombroso seine Aussage mit jeder Auflage seines Buches stärker und wollte schließlich seine Aussagen nur noch für 30 bis 40 % aller Straftäter gelten lassen[56].

Gegen Lombrosos Auffassung vom „geborenen Verbrecher" lässt sich aus heutiger Sicht vieles einwenden – aus historischer Erfahrung und aufgrund fortgeschrittener kriminologischer Kenntnisse. Die nachfolgende Zeit hat die Gefährlichkeit „kriminalanthropologischer" Theorien erwiesen; objektiv mag man Lombrosos Theorie in einen historischen Zusammenhang mit rassistischen Kriminalitätstheorien stellen, sie womöglich als „protofaschistisch" etikettieren – was abermals, wie schon bei den Aufklärungsphilosophen, zeigt, wie unterschiedlich objektive bzw. strukturelle Bewertung und individuelle Bewertung des Verhaltens einer Person ausfallen können. Wie schon das gewaltige Echo auf sein Werk zeigt, traf Lombroso mitten ins Herz des (natur-)wissenschaftsgläubigen Zeitgeistes, der noch frei war von den Erfahrungen des 20. Jahrhunderts (Lombroso selbst wäre als Jude und – wie er sich selbst einordnete – als Sozialist im nationalsozialistischen Deutschland alles andere als gelitten gewesen). Und nur der Enthusiasmus seiner Zeit für die Naturwissenschaften erklärt auch eine Kategorienverfehlung, die für einen heutigen Kriminologen, dem der *labeling approach* bekannt ist, auf der Hand liegt, aber auch damals bereits kritisiert wurde. So erhob der französische Kriminalsoziologe **Alexandre Lacassagne** (1843–1924) den Einwand, angesichts der kulturellen, legaldefinierten Fassung des Verbrechensbegriffes sei es absurd, ein spezielles Verbrechertum biologisch annehmen zu wollen[57].

Auch wer den Definitionsansatz und den *labeling approach* nicht als Passepartouts für die Erklärung von Kriminalität nimmt, kann nicht leugnen, dass der gesetzliche Straftatenkanon *auch* das Ergebnis politischer und gesellschaftlicher Definitionsprozesse ist, und dass die Entscheidung darüber, ob eine Person mit ihrer Tat im Dunkelfeld verbleibt oder ob sie verfolgt und abgeurteilt wird, auch ein Ergebnis sozialer Etikettierung und Selektion ist. Diese Dimensionen können mit naturwissenschaftlichen bzw. anthropologischen Kategorien nicht erfasst werden[58].

Freilich war auch der vorhergehenden Zeit eine „Kriminalpsychiatrie" und „Kriminalpsychologie" nicht unbekannt. Will man nicht bis auf das „lebhafte Interesse der frühaufklärerischen Juristen an der Psychologie" zurückgreifen, so kann man den Gießener Philosophen **Johann Christian Gott-**

---

[56] Eingehend zu Lombrosos Auffassungen *Person*, Der pathographische Blick; aus der jüngeren italienischen Literatur der Tagungsband *Lorenzo Picotti/Francesca Zanuso* (Hrsg.), L'antropologia criminale di Cesare Lombroso dall'Ottocento al dibattito filosofico-penale contemporaneo. Neapel (ESI) 2011, sowie die Beiträge zur Tagung „Scuola positiva e Codice Rocco", in der Zeitschrift"diritto penal XXI secolo" 10(2011), S. 181–559.

[57] *Gadebusch Bondio*, Rezeption, S. 44.

[58] Man kann dies als besondere Pointe des Rechtspositivismus bezeichnen: dass er einerseits einen formellen, auf den positiven Gesetzgeber abstellenden Unrechtsbegriff kreierte, andererseits die Befindlichkeit eines in der Realität existierenden Menschen – also eine „materielle" Gegebenheit – erforschte. Vielleicht erklärt die Vorliebe der Juristen für Anlagefaktoren sich daraus, dass eine Erforschung der sozialen Bedingungen von Kriminalität (und damit auch von Kriminalisierungsprozessen) das geschlossene System gefährdet hätte. Überdies sah man die sozialen Verhältnisse ohnehin als unveränderlich an; *Chr. Müller*, Verbrechensbekämpfung, S. 77; vgl. auch *Wetzell*, Inventing, S. 36.

lieb Schaumann (1768–1821) erwähnen, der wohl als erster in seinem Buch *Ideen zu einer Kriminalpsychologie* den zusammengesetzten Begriff verwendete[59]. Betrachtet man die Entwicklung aus der Sicht der Diskurstheorie, so zeigt sich, dass sich in dem im vorigen Kapitel betrachteten Zeitraum zwei Diskurse ablösten, als deren Schlüsselbegriffe *Peter Becker* „Verderbnis“ und „Entartung“ formuliert hat[60].

Gemeinsam ist beiden Diskursen eine „binäre Logik“, eine Dichotomie zwischen dem bürgerlichen Selbst und dem kriminellen „Anderen“; während aber im früheren Diskurs kriminalistische Praktiker (Polizeibeamte, Untersuchungsrichter) die Definitionshoheit besaßen, sind es im neuen Diskurs Mediziner, Psychiater, Anthropologen und Strafrechtsexperten. Die Praktiker machen also zunehmend Wissenschaftlern Platz. Das Interesse richtet sich im ersten Diskurs auf die *Handlungsweise* des Verbrechers, im zweiten Diskurs auf die *Person* des Verbrechers. Der Verbrecher ist dort ein „gefallener Mensch“, hier ein „verhinderter Mensch“. An die Stelle der „Moralgeschichte des Bösen“ tritt die „Naturalisierung von Kriminalität“[61]. Der Zusammenhang mit den zu Beginn von § 4 geschilderten Rahmenbedingungen ist deutlich.

Die heftige Kritik an Lombroso[62] drängte allenfalls dessen kriminalanthropologischen Ansatz zurück, hinderte aber nicht, dass in Deutschland die individuelle Kriminalitätserklärung hegemonial blieb. An die Stelle des „atavistischen“ Täters trat der „minderwertige“ Täter[63]. Der Tätertyp, später eine dogmatische Figur des nationalsozialistischen Strafrechts, begann in der Kriminologie seine Karriere[64].

Die Ablehnung Lombrosos durch die deutsche (Kriminal-)Psychiatrie betraf nicht seine These vom geborenen Verbrecher, sondern nur deren Ausgangspunkt bei körperlichen Merkmalen (die Lombroso selber von Auflage zu Auflage relativierte). Lombroso nahe stand die *Degenerationstheorie* von Morel. Julius Koch entwickelte daraus den Begriff der *psychopathischen Minderwertigkeit*; Abraham Baer verknüpfte die Degenerationsmerkmale mit ihrem gehäuften Vorkommen in der Unterschicht und sah daher als Auslöser der Kriminalität die sozialen Lebensbedingungen

[59] *Miloš Vec*, Die Seele auf der Bühne der Justiz. Die Entstehung der Kriminalpsychologie im 19. Jahrhundert und ihre interdisziplinäre Erforschung (Literaturbericht), in: Berichte zur Wissenschaftsgeschichte 30 (2007), 235 ff. (u. a. Bespr. des Buches von *Ylva Greve*, Verbrechen und Krankheit. Die Entdeckung der „Criminalpsychologie“ im 19. Jahrhundert. Köln 2004.

[60] *Peter Becker*, Verderbnis und Entartung. Eine Geschichte der Kriminologie des 19. Jahrhunderts als Diskurs und Praxis. Göttingen 2002; ausführliche Bespr. b. *Vormbaum*, JJZG 8 (2006/2007), 229 ff.

[61] Alle Bezeichnungen nach *Becker*, a. a. O.

[62] Auch *Liszt*, Gegner, S. 332, der für eine umfassende Erforschung *aller* Ursachenfaktoren des Verbrechens eintrat, distanzierte sich von Lombroso und wehrte sich vehement dagegen, in seine Nachbarschaft gestellt zu werden. Freilich hatte er mit der Tätertypologie seines Marburger Programms diesem Verständnis Vorschub geleistet.

[63] Näher *Gadebusch Bondio*, JJZG 8 (2006/2007), 280 ff.; *Wetzell*, Inventing, S. 39 ff.; *Ders.*, JJZG 2006/2007, 256 ff., insb. zum jahrzehntelang führenden Lehrbuch der Kriminologie von **Gustav Aschaffenburg** (geb. 1866, gest. 1944 im amerikanischen Exil), Das Verbrechen und seine Bekämpfung.

[64] Kurz vor der Jahrhundertwende entstanden auch konkrete tätertypische Diskurse (*die* Giftmörderin, *die* Kindermörderin, *der* Lustmörder), die in der Weimarer Republik ihren Höhepunkt erreichten und durch rückkoppelnde und bestätigende wissenschaftliche und außerwissenschaftliche Veröffentlichungen bis in die schöngeistige Literatur hinein sich zum wissenssoziologischen Besitzstand verfestigten. Dazu aus literaturgeschichtlicher und frauengeschichtlicher Sicht *Hania Siebenpfeiffer*, „Böse Lust“. Gewaltverbrechen in Diskursen der Weimarer Republik. Köln, Weimar, Wien 2005, S. 95 ff., 150 ff., 185 ff.; dazu Bespr. von *Vormbaum*, JoJZG 1 (2007), 157 ff.; zur Wissenssoziologie s. bereits § 1 II. 1. b).

der Täter an, hierin nachdrücklich unterstützt durch Paul Näcke, während Hans Kurella und Robert Sommer Lombroso gegen beide verteidigten. Großen Einfluss auf die Weichenstellung für das kriminalbiologische Paradigma übte Eugen Bleulers Werk *Der geborene Verbrecher* von 1896 aus. Kombinationen von biologischen und soziologischen Erklärungen der Kriminalität legten Hans Groß und Gustav Aschaffenburg vor. Aschaffenburgs Lehrbuch integrierte Kriminalsoziologie und Kriminalpsychiatrie als wechselseitig sich ergänzende Ansätze der Kriminalätiologie; soziale Ursachen konnten biologische Degeneration hervorrufen; die daraus resultierenden biologischen Anomalien behinderten die Betroffenen im sozialen Leben, diese Behinderung wiederum ließ einige von ihnen kriminell werden. In der von ihm begründeten *Monatsschrift für Kriminalpsychologie und Strafrechtsreform* (die mit den politischen Konjunkturen ihren Titel mehrfach änderte) stellte Aschaffenburg schon im Titel eine Verbindung zu den Forderungen Liszts her.

§ 5 Das 20. Jahrhundert

I. Zur Darstellung

Nachdem im vorhergehenden Kapitel die Verschiebungen am Ende des 19. und Beginn des 20. Jahrhunderts geschildert worden sind, ist jetzt der Faden der Darstellung wieder aufzugreifen und die Entwicklung im 20. Jahrhundert zu schildern. Allerdings ist „20. Jahrhundert" nicht im streng kalendarischen Sinne zu verstehen; vielmehr ist zunächst noch einmal zurückzugreifen und die Entwicklung seit dem ausgehenden 19. Jahrhundert darzustellen. Wenn diese bis nahe an die Gegenwart heran in einem einzigen Kapitel behandelt und damit eine Einheitlichkeit dieses Zeitabschnitts zum Ausdruck gebracht wird, ist ein Einwand zu gewärtigen, auf den vorab kurz einzugehen ist. Er lautet, die zwölf Jahre der NS-Herrschaft mit ihrer Rechtsperversion und ihren staatlich geförderten Massenverbrechen bedeuteten eine Unterbrechung der einheitlichen Entwicklung und dürften daher nicht in einer Gesamtentwicklung untergehen. Dieser Einwand, der auch für das diesem Buch zugrunde liegende Epochenverständnis belangreich ist, betrifft die Frage nach Kontinuität oder Diskontinuität der Strafrechtsgeschichte im 20. Jahrhundert. Dass diese Geschichte in einem einzigen umfassenden Kapitel dargestellt wird, bringt zum Ausdruck, dass (mit der inzwischen wohl überwiegenden Auffassung) die Kontinuitätsauffassung zugrunde gelegt wird. Jedoch soll die Frage nicht im voraus abstrakt erörtert, sondern zunächst im Verlauf der Darstellung plausibel gemacht werden – erste Ansätze hat bereits das vorige Kapitel sichtbar werden lassen – und sodann abschließend zusammenfassend erörtert werden.

Auch die Kontinuitätsauffassung sieht selbstverständlich die Zeit der NS-Herrschaft nicht als einen „ganz normalen" Zeitabschnitt an. Ihr ist daher in diesem Kapitel, das nach den staatsrechtlichen Etappen gegliedert ist, ein eigener Abschnitt gewidmet.

II. Die Zeit vor dem Ersten Weltkrieg

1. Strafrechtstheorie: Der sog. Schulenstreit

Liszts Marburger Programm und seine rastlose kriminalpolitische Organisations-, Publikations- und Vortragstätigkeit löste den sog. *strafrechtlichen Schulenstreit* aus. Diese in die Rechtsgeschichte eingegangene Etikettierung bringt auch das Selbst-

T. Vormbaum, *Einführung in die moderne Strafrechtsgeschichte*, Springer-Lehrbuch,
DOI 10.1007/978-3-662-45575-3_6

verständnis der Beteiligten zum Ausdruck, und man mag sie um der unvermeidlichen Vereinfachung willen, welche die Geschichtsschreibung an historischen Vorgängen vornehmen muss, hinnehmen; jedoch muss auch das Begrenzte einer solchen Gegenüberstellung im Auge behalten werden. Es ging bei dem „Schulenstreit" nicht um einen Streit zwischen einer liberalen und einer „sozialen" Schule, denn weder kann man den Hauptvertreter der sog. klassischen Schule, **Karl Binding**(1841–1920)[1], als Liberalen bezeichnen, noch **Franz v. Liszt** als Sozialisten[2]. Die der Lisztschen Richtung häufig beigelegte Bezeichnung *Moderne Schule* wiederum ist dann zutreffend, wenn man als „modern" eine Richtung bezeichnet, die „auf der Höhe der Zeit" ist; legt man inhaltliche Maßstäbe, etwa den einer Ausweitung menschlicher Freiheit zugrunde, so sind die beiden Hauptrepräsentanten des Strafrechts der Wende vom 19. zum 20 Jahrhundert alles andere als „modern".

Positivistisch ausgerichtet waren beide – *Binding* rein gesetzespositivistisch, *Liszt* in strafrechtsdogmatischer Hinsicht ebenfalls gesetzespositivistisch, in kriminalpolitischer Hinsicht positivistisch im Hinblick auf empirisch-kriminologische Erkenntnisse.

Zentral für die Einordnung *Bindings* ist seine „Normentheorie". Adressat der Straftatbestände ist nach Binding nicht der Bürger, sondern der Richter, denn der straffällige Bürger verletze nicht den Straftatbestand, den er ja gerade *erfülle*, sondern die hinter dem Tatbestand stehende und gedanklich diesem vorausgehende *Norm*, aus welcher der Straftatbestand jenen Teil ausschneide, dessen Beachtung für die Sicherung der Norm unbedingt erforderlich sei. Habe zur Zeit der Tat eine entsprechende *Norm* bestanden, so könne prinzipiell auch ein nachträglich erlassener *Straftatbestand* zur Anwendung kommen; dass dies faktisch nicht geschehe, liege nur daran, dass der Gesetzgeber sich selbst den Grundsatz *nullum crimen sine lege* auferlegt habe[3]; Aufgabe des positiven Rechts und seiner Anwendung ist somit *Normsicherung*. Da „Norm" aber eben nicht (unbedingt) etwas gesetzlich Fixiertes, sondern das *hinter* dem Gesetz Stehende ist, dient das Gesetz letztlich der Gesellschaftssicherung[4].

---

[1] Zu ihm *Westphalen*, Binding; *Naucke*, Staatsverbrechen.

[2] *Liszt* selbst bezeichnete sich freilich gelegentlich als „Sozialist" – mit zweifelhaftem Recht, doch machte er damit offenbar bei den Sozialdemokraten Eindruck; s. dazu *Vormbaum*, Sozialdemokratie, S. LIVIII, Fußn. 5; noch in der Exil-SPD nach 1933 (s. *Deutschland-Berichte der SPD (SoPaDe)*, Zweiter Jahrgang 1935. 3. Aufl. Frankfurt a. M. 1980, S. 245, 251) wurde Liszt als Stammvater eines „liberalen Strafrechtsverständnisses" gepriesen.

[3] *Dannecker*, JJZG 3 (2001/2002), 125 ff., 170 ff.; *Westphalen*, S. 39 f.; *Naucke*, Staatsverbrechen, S. XIII ff.; zu Bindings Kritik an der „Tyrannei" des Gesetzlichkeitsprinzips s. *Schreiber*, Gesetz und Richter, S. 169 ff., sowie o. § 3 I. 3. a).

[4] *Naucke*, Staatsverbrechen, S. XV.; s. jetzt auch *Ders*., „Schulenstreit?", in: Festschrift für Winfried Hassemer (2010), S. 559 ff., 563: „Die Auseinandersetzung zwischen Klassikern und Modernen zeigt das Strafrecht in der Epoche der unbezweifelten Präventionstechnik. Klassik und Moderne sind sich ergänzende, vikariierende Politikformen der unbestrittenen Forderung nach gesellschaftlicher Sicherheit und Stabilität durch Verbrechensminderung"; *ebd.* S. 566: „Der Schulenstreit bleibt aktuell in der Frage der Begrenzung der Kriminalpolitik. Die Anfänge der Lehre von der staatsrechtlich begründeten Begrenzung jeder Kriminalpolitik werden nicht fortgeführt; sie werden vernachlässigt, von der Kriminalpolitik eingefangen und neutralisiert".

Wenn *Binding* als Gegenstand der Normen die Garantie „der Voraussetzungen friedlichen und gesunden Rechtslebens" ansieht[5], so scheint damit noch ein Anklang der Kantschen Rechtsdefinition mitzuschwingen (s. o. § 2. III. 1.), doch steht „Rechtsleben" hier nicht als Umsetzung eines transzendentalen, auf einer Theorie wechselseitiger Abgrenzung von Freiheitssphären aufbauenden Rechtsbegriffs, sondern als Summe der vom positiven Gesetzgeber als „Bedingungen gesunden Lebens der Rechtsgemeinschaft" angesehenen Gegebenheiten[6]; und diese Gegebenheiten heißen eben *Rechtsgüter*[7]. Der Rechtsgutsbegriff ist mithin ebenso inhaltsleer wie der Unrechtsbegriff, denn beide beruhen auf nicht weiter überprüfbaren Wertungen und Entscheidungen des positiven Gesetzgebers[8], die so oder auch anders ausfallen konnten[9]. Mit seinem autoritären Staatsverständnis[10] ist *Binding* alles andere als ein Vertreter freiheitlich-liberalen Denkens.

Ob man seine 1920, in seinem letzten Lebensjahr, zusammen mit einem Beitrag des Psychiaters *Alfred Hoche*erschienene grauenvolle Schrift *Die Freigabe der Vernichtung lebensunwerten Lebens. Ihr Maß und ihre Form,* die später dem nationalsozialistischen Massenmord an psychisch Kranken das Firmenschild lieferte, mit seiner Normentheorie in Verbindung bringen kann, wird unterschiedlich beurteilt[11].

Ist bei Binding der Rechtsgutsbegriff faktisch ein Grenzbegriff zwischen den vom Gesetzgeber definierten „gesunden Bedingungen" und dem positiven Recht, so ist er dies bei Liszt, der den Ausdruck „Grenzbegriff" ausdrücklich verwendet, in einem doppelten Sinne, der für seine Ambivalenz zwischen (formal-) rechtsstaatlicher Strafrechtsdogmatik und rigider Kriminalpolitik charakteristisch ist. Als *Strafrechtsdogmatiker* versteht Liszt diesen Begriff positivistisch als durch den Gesetzgeber vorgegeben, als *Kriminalpolitiker* versteht er ihn als Ausdrucksform von zu

[5] *Binding*, Normen, 2. Aufl., Band I 1, S. 339.

[6] A.a.O., S. 353; Binding hat die Wendung von den „Bedingungen gesunden Lebens" später aufgegeben und durch eine noch allgemeinere Formulierung („alles, an dessen unveränderter und ungestörter Erhaltung das positive Recht nach seiner Ansicht ein Interesse hat") ersetzt; hierzu und zur weiteren Entwicklung *Frommel*, Präventionstheorien, S. 118 f.

[7] A.a.O., S. 340; zum ganzen *Amelung*, Rechtsgüterschutz, S. 74.

[8] *Amelung*, Rechtsgüterschutz, S. 74; *Frommel*, Präventionsmodelle, S. 117.

[9] *Amelung*, S. 76.

[10] *Dannecker*, S. 172.

[11] Skeptisch *Frommel*, Präventionsmodelle, S. 75 f.; mit detaillierter Begründung nachdrücklich bejahend jetzt *Naucke*, Staatsverbrechen, S. XVIII ff. – Der Text von Binding/Hoche ist 2006 als Neudruck in der Reihe „Juristische Zeitgeschichte. Taschenbücher" erschienen. Die Stadt Leipzig hat im Frühjahr 2010 unter Hinweis auf dieses Buch Karl Binding die Ehrenbürgerwürde posthum aberkannt.

sichernden „Lebensinteressen“[12]. Als Strafrechtsdogmatiker verbindet Liszt also mit Binding mehr, als ihn von ihm trennt[13].

Kernpunkt der theoretischen Auseinandersetzung war letztlich die kriminalpolitische Unterscheidung zwischen Schuldstrafe und Sicherungsstrafe; Bindings Mittel zur Aufrechterhaltung der Schuldstrafe waren strenge bis brutale Strafen und (*außerhalb* des Strafrechts) polizeirechtliche Sicherungsmaßnahmen. Damit war, auch wenn Binding es nicht wahrhaben wollte, der Kompromiss bereits angedeutet. Er bestand, wie von *Liszt* angeboten, in der Zweispurigkeit von Schuldstrafe und Maßregeln *innerhalb* des Strafrechts. Schon der erste Strafrechtsreformentwurf, der Vorentwurf von 1909, sah diese Zweispurigkeit vor (dazu sogleich)[14]. In der Sache hat sich damit Liszts Schule durchgesetzt, wenn sie auch auf das Etikett „Strafe“ für ihre Sicherungs-Sanktion hat verzichten müssen. Im November 1933 wurde mit dem Gewohnheitsverbrechergesetz des NS-Gesetzgebers ein wichtiger Punkt des Marburger Programms in Gesetzesform gegossen.

Um eine von den beiden Schulen unabhängige Position bemühte sich vor allem **Adolf Merkel** (1836–1896) mit einer ebenfalls – und mit größerem Recht als die Lisztsche Theorie – als „Vereinigungstheorie“ bezeichneten Lehre. Er hielt den von der modernen Schule aufgestellten Gegensatz zur Vergeltungstheorie für verfehlt; in das Gerechtigkeitsempfinden, das dem Vergeltungsgedanken zugrunde liege, seien faktisch bereits Zweckübeilegungen eingegangen. Zwecksetzungen und Gerechtigkeitsvorstellungen seien nicht kontradiktorisch, sondern polar. Der Bindingschen Normentheorie, die in der Straftat einen Angriff auf das staatliche Gehorsamsrecht sieht, wirft er vor, sie verweise die Rechtsnormen in die Rolle des Geßlerhutes, „dem gegenüber die Leute ihre Botmäßigkeit an den Tag legen sollen, denn die sachliche Bedeutung, welche die Normen von dem aufgehängten Hute unterscheidet, soll ja für diesen Standpunkt nicht in Betracht kommen“[15]; den Zwecktheorien seiner Zeit wirft er vor, sie knüpften mit der Gefährlichkeit an eine Kategorie an, welche sich richterlicher Quantifizierung entziehe, überdies, wenn konsequent angewendet, einerseits zu unberechtigten Einengungen, andererseits zu unübersehbaren Ausdehnungen des „strafrechtlichen Gebietes“ führen würde[16] und „eine tiefgehende Veränderung unseres Rechtszustandes begründen und denselben zugleich solcher Bestandteile berauben würde, welche bisher als

[12] So die Interpretation von *Frommel*, Präventionsmodelle, S. 120 f., die m. E. *Amelung* (Rechtsgüterschutz, S. 82 ff.) zu Recht vorwirft, diese Ambivalenz der Lisztschen Position zu verkürzen. – Zu der von Liszt erstmals vorgenommen Unterscheidung von geschütztem Rechtgut (= geschütztem Interesse) und Handlungsobjekt, in dem das Rechtsgut sich „verkörpert“, und zu der dadurch bedingten Vergeistigung und (weiteren) Verflüchtigung des Rechtsgutsbegriffes s. *Amelung*, Rechtsgüterschutz, S. 86.

[13] Damit relativiert sich auch die Aussage, Liszt habe einen materiellen Begriff der Rechtswidrigkeit, eben den der Rechtsgutverletzung, vertreten (so etwa *Rüping/ Jerouschek*, Grundriss, S. 110), denn diese Bestimmung gilt nur kriminalpolitisch, während rechtsdogmatisch der formale Gesichtspunkt des Normverstoßes die Rechtswidrigkeit bestimmt.

[14] Die historische Stunde dieses Kompromisses lässt sich wahrscheinlich fixieren: 1904 legte Liszt der Tagung der Internationalen Kriminalistischen Vereinigung einen Gesetzentwurf über Einsperrung von „geistig Minderwertigen“ bis zur Beseitigung ihrer Gefährlichkeit vor. Daneben sollte für „Gemeingefährliche“ Sicherungsverwahrung im Strafvollzug gelten. Diesem Entwurf trat später auch der Deutsche Juristentag bei; s. *Wetzell*, Inventing, S. 90 ff.; *Chr. Müller*, Verbrechensbekämpfung, S. 149.

[15] *Merkel*, Lehrbuch, S. 9 f.

[16] *Merkel*, Vergeltungsidee und Zweckgedanke [1892], in: *Vormbaum*, MdtStrD, S. 248 ff., 254.

besonders wertvoll und als eng verknüpft mit den Bedingungen unseres Kulturlebens angesehen wurden“[17].

2. Strafrechtsdogmatik

Waren die zahlreichen Partikularstrafrechte des 19. Jahrhunderts das Laboratorium für die Entwicklung der modernen Tatbestandsdefinitionen, während der Bereich der Allgemeinen Lehren weniger ziseliert wurde, so verlagert sich das strafrechtsdogmatische Interesse seit dem ausgehenden 19. Jahrhunderts auf den Allgemeinen Teil und dort auf die Verfeinerung des Straftatsystems.

Schuld und Rechtswidrigkeit werden unterschieden. Schuld wird seit *Liszt* im Sinne einer „psychologischen Schuldlehre“ auf Vorsatz und Fahrlässigkeit reduziert – trotz der Schwierigkeiten, die ein solcher Schuldbegriff für die Fahrlässigkeit bereitet[18]. Schuldfähigkeit wird als Voraussetzung, noch nicht als Bestandteil der Schuld angesehen[19]. **Ernst Beling** (1866–1932) begründet die moderne Tatbestandslehre mit der gesetzlichen „Beschreibung“ des strafbedrohten Verhaltens, die von der Bewertungsstufe der Rechtswidrigkeit zu unterscheiden ist[20]. Damit steht das klassische dreigliedrige Straftatsystem, in welchem Unrecht und Schuld jeweils mit der objektiven und der subjektiven Seite der Straftat gleichgesetzt werden[21] und das Unrecht seinerseits in Tatbestand und Rechtswidrigkeit gegliedert ist.

Nachdem sich jedoch einmal die strafrechtsdogmatische Tätigkeit intensiviert hatte, wurde dieser schlichte psychologische Schuldbegriff in Frage gestellt. 1907 erschien die für die Schuldlehre der weiteren Jahrzehnte folgenreiche Schrift von **Reinhard Frank** (1860–1934) *Der Aufbau des Schuldbegriffs*. Frank warf dem psychologischen Schuldbegriff vor, er könne mit seiner Beschränkung auf Vorsatz und Fahrlässigkeit nicht den entschuldigenden Notstand erklären, in dem der Täter ja vorsätzlich handele; auch sei die Annahme der Zurechnungsfähigkeit als Voraussetzung, nicht aber als Bestandteil des Schuldbegriffs widersprüchlich, denn auch ein Geisteskranker handle u. U. vorsätzlich. Der Schuldbegriff sei ein komplexer; er setze sich aus den Komponenten „normale geistige Beschaffenheit“, „eine gewisse konkrete psychische Beziehung des Täters zu der Tat“ und „eine normale Beschaffenheit der Begleitumstände der Tat“ zusammen. Das Wesen des Schuldbegriffes sei die *Vorwerfbarkeit*[22]. Aus dem psychologischen Schuldbegriff wurde damit ein **normativer Schuldbegriff**. Damit begann das Grundschema Objektiv (=Unrecht)/

---

[17] Ebd., S. 522; näher zur Strafrechtslehre Merkels *Achenbach*, Grundlagen, S. 44 ff.; *Frommel*, Präventionsmodelle, S. 43 ff., sowie umfassend *Gerhard Dornseifer*, Rechtstheorie und Strafrechtsdogmatik Adolf Merkels. Berlin 1979.

[18] *Achenbach*, Grundlagen, S. 38.

[19] *Achenbach*, Grundlagen, S. 40, 42 f.

[20] Dazu *Plate*, Beling, insb. S. 49 ff.

[21] S. auch *Roxin*, Strafrecht AT (4. Aufl.), S. 201.

[22] *Frank*, Aufbau des Schuldbegriffs, S. 11; Der Neudruck von 2009 enthält eine Einführung mit eingehender Analyse von *Hans Joachim Hirsch*.

Subjektiv (=Schuld) sich aufzulösen; an die Stelle dieser Dichotomie trat tendenziell das Begriffspaar generell/individuell.

Für die Einordnung dieses Vorgangs kommt es auf die dabei einzunehmende Sicht an:

Aus der internen Sicht der **Dogmengeschichte** bedeutete die Fortentwicklung vom psychologischen zum normativen Schuldbegriff zweifellos eine Verfeinerung der Ausdrucksmöglichkeiten des Straftatsystems in dem Sinne, dass manche Einzelprobleme sich widerspruchsfreier in das Straftatsystem einordnen ließen. **Geistesgeschichtlich** ist der Übergang einzuordnen in den Vorgang der allmählichen Ablösung des Positivismus durch den *Neukantianismus* (dazu näher u. IV. 1. a. A.), der freilich die Grundlagen des Gesetzespositivismus unberührt ließ; **rechtshistorisch** bedeutet er einen ersten Schritt zur *Ethisierung* des Strafrechts, d. h. zur Aufhebung der im 19. Jahrhundert weitgehend beibehaltenen Trennung von Recht und Ethik.

Erst durch die Unterscheidung dieser drei Sichtweisen entsteht ein angemessenes Gesamtbild. Der Dogmatiker (Frank) wird sich kaum Gedanken darüber gemacht haben, ob er mit seinem Konstruktionsvorschlag einen Beitrag zur Überwindung des Positivismus geleistet habe; beim neukantianischen Rechtsphilosophen ist eben dies der Fall, dafür wird er sich kaum darüber Gedanken gemacht haben, dass seine Lehre zu einer Aufweichung einer rechtsstaatlichen Strafrechtstradition beigetragen hat. Die Vermittlung der Ebenen ist regelmäßig erst im nachhinein möglich.

3. Strafgesetzgebung

Das Strafgesetzbuch für den Norddeutschen Bund, 1870 verabschiedet und nach der Gründung des Deutschen Kaiserreiches zum Reichsstrafgesetzbuch erweitert, bildete für das materielle Strafrecht ebenso den äußerlichen Abschluss einer Gesetzgebungsepoche wie die Strafprozessordnung und der strafprozessuale Teil des Gerichtsverfassungsgesetzes, beide 1877 verabschiedet und 1879 in Kraft getreten, für das Strafprozessrecht. Der preußische Justizminister *Leonhardt* hatte freilich bereits während der Verhandlungen des Norddeutschen Reichstages über das Strafgesetzbuch dessen baldige Revision in Aussicht gestellt[23].

Dennoch – vielleicht aber auch gerade deshalb – war die Zahl der Änderungen des Reichsstrafgesetzbuches bis zum Jahre 1914 gering[24]. Von den weit über 200 Änderungen und Neubekanntmachungen, die das Gesetzeswerk bis zum Jahr 2010,

---

[23] Stenographische Berichte über die Verhandlungen des Reichstages des Norddeutschen Bundes, 1. Legislaturperiode, Session 1870, Bd. 1, S. 47.

[24] Alle Änderungen des Strafgesetzbuches seit dem Inkrafttreten bei *Vormbaum/ Welp*, StGB, Bd. 1–4 und Suppl. 3, S. 7 ff.; Kurzdarstellungen der Änderungen des StGB in den verschiedenen politischen Entwicklungsabschnitten in den Beiträgen von *Roth*, *Rasehorn*, *Buschmann*, *Welp*, *Scheffler*und *Hilgendorf* in: Vormbaum/Welp, Das StGB, Suppl. 1; Abriss der Gesamtentwicklung b. *Vormbaum* ebd.; zur Entwicklung der Gesetzgebungstechnik *F.-C. Schroeder* ebd.; Einzelangaben zu allen Änderungsgesetzen in den Beiträgen von *Asholt*, *Werle/ Jeßberger* und *Utsch* ebd. Suppl. 3, S. 97 ff.

also in rund 140 Jahren erfahren hat, fallen auf die fast 45 Jahre bis 1914 gerade einmal 18. Die wichtigsten waren die folgenden:

Der Kulturkampf brachte – neben anderen Repressionsmaßnahmen gegen die katholische Kirche – mit dem sog. **Kanzelparagraphen** (§ 130a StGB)[25], der ersten Änderung des Strafgesetzbuches überhaupt, sogleich ein Meinungsäußerungsdelikt. Kernbegriff des Tatbestandes war die „Gefährdung des öffentlichen Friedens", die von da an in Entwürfen und Gesetzen eine vertraute Erscheinung werden sollte. Wichtige Neuerungen (neben der Umstellung der Geldstrafendrohungen von der Taler- auf die Markwährung), die überwiegend einer Erweiterung der Strafbarkeit und einer Intensivierung der Strafverfolgung dienten, brachte die **StGB-Novelle von 1876**[26]. Zu erwähnen sind vor allem die Einführung des Tatbestandes der *gefährlichen Körperverletzung* (§ 223a RStGB, vgl. heute § 224 StGB) sowie der als sog. *Lex Duchesne* bekannt gewordene § 49a RStGB (vgl. heute § 30 StGB), der erstmals die (erfolglose) Aufforderung zum Verbrechen oder zum Verbrechensversuch sowie das Anerbieten zu einem Verbrechen, ferner die Annahme der Aufforderung oder des Anerbietens – zunächst noch unter einschränkenden Voraussetzungen (Absatz 3) – unter Strafe stellte. Beide Vorschriften haben sich bis heute in leicht bzw. deutlich erweiterter Form erhalten[27]. Verschärfungen und Erweiterungen des sog. Sittlichkeitsstrafrechts im Bereich von Prostitution, Zuhälterei und Kuppelei brachte die nach rund zehnjähriger Beratung 1900 verkündete sog. **Lex Heinze**[28]. Dass der Grundsatz *nullum crimen sine lege* noch ernst genommen wurde, zeigt der – erst später in das Strafgesetzbuch integrierte – Tatbestand der **Entziehung elektrischer Energie**, der durch Gesetz vom 9. April 1900 (RGBl. S. 228) eingeführt wurde, da das Reichsgericht dieses Verhalten für nicht unter den Diebstahlstatbestand subsumierbar erklärt hatte[29]. Eine Milderung erfuhren die Bestimmungen über die **Majestätsbeleidigung** durch die Novelle von 1908[30]. Insofern ist zu erwähnen, dass die verbreitete Vorstellung, Majestätsbeleidigung sei ein vorwiegend von Künstlern, Schriftstellern und Journalisten begangenes Delikt gewesen, fehlgehen dürfte. Vieles spricht dafür, dass es sich um ein vor allem in der Arbeiterschaft verbreitetes Massendelikt handelte, das auch durchaus massenhaft verfolgt wurde[31]. Die **Novelle von 1912**[32] eröffnete für eine Reihe von Straftatbeständen alternativ die Möglichkeit der Verhängung von Geldstrafe und führte die Tatbestände des Notdiebstahls und des Notbetruges ein[33].

---

25 *Vormbaum/Welp*, StGB, Nr. 2.

26 *Vormbaum/Welp*, StGB, Nr. 3; eingehend jetzt *Vanessa Bargon*, Die Strafrechtsnovelle vom 26. Februar 1876. Münster, Berlin 2014.

27 Zu § 49a *Busch;* zu § 224 StGB *Korn*, S. 93 ff.

28 *Vormbaum/Welp*, StGB, Nr. 14; eingehend *Ilya Hartmann*, S. 72 ff.

29 RGSt 29, 111; 32, 165.

30 *Vormbaum/Welp*, StGB, Nr. 16; *Andrea Hartmann*, Majestätsbeleidigung, S. 173 ff.

31 *A. Hartmann*, Majestätsbeleidigung, S. 109 ff.; *Dies*. JoJZG 1 (2007), 49 ff.

32 *Vormbaum/Welp*, StGB, Nr. 18.

33 Dazu *Prinz*, Diebstahl, S. 42 f.

Die geringe Zahl der – wenn auch wichtigen – Änderungen des Reichsstrafgesetzbuches darf aber nicht vergessen machen, dass außerhalb der Strafrechtskodifikation eine anschwellende Flut strafrechtlicher Gesetze erlassen wurde. Das sog. **Nebenstrafrecht** begann seinen bis heute ungebremsten Siegeszug. Hatte es während des größten Teils des 19. Jahrhunderts seinen – damals freilich noch nicht gebräuchlichen – Namen verdient, so verschob sich das quantitative Verhältnis der Strafnormen nunmehr allmählich zu seinen Gunsten. Das Strafrecht – und parallel dazu das Polizei- bzw. Verwaltungsstrafrecht, später „Ordnungswidrigkeitenrecht" – dehnte sich in weite gesellschaftliche Bereiche aus.

Nebenstrafrechtliche Bestimmungen ergingen in der Zeit von 1871 bis 1914 in folgenden Bereichen: Urheber-, Patent-, Gebrauchsmuster-, Marken- und Wettbewerbsrecht, Vermögen, Gemeingefährliche Straftaten, Verteidigungs- und Auswanderungswesen, Presse- und Vereinswesen, Sicherheits-, Sittlichkeits- und Familienwesen, Wirtschaftswesen, Sozialwesen, Eisenbahn-, Schiffahrts- und Nachrichtenwesen, Finanzwesen, Militärwesen und Kolonialwesen[34].

Während der *sachliche* Grund für diese Expansion in der zu Beginn des vorigen Paragraphen skizzierten Entwicklung zum staatlichen Interventionismus zu suchen ist, erklärt sich die *Positionierung* der Regelungen außerhalb der Strafrechtskodifikation aus der Struktur der meisten nebenstrafrechtlichen Tatbestände: Die Tatbestände des Strafgesetzbuches sind regelmäßig so formuliert, dass die Tatbestandsmerkmale in ihnen selbst enthalten sind; hingegen bedrohen die meisten nebenstrafrechtlichen Tatbestände Verstöße gegen zivil- und verwaltungsrechtliche Normen eines Spezialgesetzes mit Strafe. Dies macht es einerseits schwierig, sie in das Strafgesetzbuch zu integrieren, und lässt es andererseits ratsam erscheinen, die Strafdrohung im Sachzusammenhang des Spezialgesetzes selbst zu platzieren. Inhaltliches Kennzeichen der Expansion des Nebenstrafrechts ist die gleichzeitige Expansion der Fahrlässigkeits-Strafdrohungen. Damit näherten sich Kriminalstrafrecht und Polizeistrafrecht weiter an.

Die Bedeutung dieser Entwicklung kann nicht überschätzt werden; sie wirkte sich in vielen Bereichen des Strafrechts aus – nicht zum Vorteil seines rechtsstaatlichen Charakters: Der Beginn der Expansion des Nebenstrafrechts markierte zugleich den Beginn einer Expansion des Strafrechts insgesamt. Diese Expansion betraf nicht nur die Anzahl der Straftatbestände, also die *Breite*, sondern auch die zeitliche *Längs*achse, denn da Nebenstrafrecht überwiegend Spezialbereiche normiert, betrifft das strafbewehrte Verbot regelmäßig den Verstoß gegen technische, in Grenzwerten ausgedrückte Normen; nebenstrafrechtliche Tatbestände normieren daher regelmäßig *Gefährdungsdelikte,* und zwar *abstrakte* Gefährdungsdelikte, und führen damit zu einer Vorverlegung der Strafbarkeit.

Mit der sich ausweitenden strafrechtlichen „Kolonialisierung von Lebenswelten" *(Habermas)* wuchs die Anzahl „ethisch farbloser" Straftatbestände, also solcher Tatbestände, welche nicht Verhaltensweisen normierten, die zugleich einen Moralverstoß bedeuteten und unter normalen Umständen von jedermann als strafwürdig an- (und ein-)gesehen werden konnten. Die Vermehrung solcher Normen konnte auf die Dauer die Irrtumslehre nicht unberührt lassen, da die Kenntnis der

[34] *R. Weber*, Nebenstrafrecht, passim; zum Wirtschaftsrecht *Werner*, S. 30 f.

Verbotsnorm in diesem Bereich immer weniger vorausgesetzt werden konnte[35]; ein gewisser Ausgleich trat dadurch ein, dass große Teile des Nebenstrafrechts spezialisierte Bereiche betreffen und sich an Fachleute richten, bei denen Normkenntnis angenommen werden kann[36].

Besonders nachdrücklich waren die Auswirkungen auf das Strafprozessrecht. Die Vermehrung von Strafnormen produzierte einen „Input", der die Strafjustiz immer mehr belastete. Entlastungsstrategien waren die notwendige Folge. Sie konnten in der Verkleinerung von Spruchkörpern, in der Vereinfachung von Verfahren (z. B. Strafbefehl) und in der vereinfachten Verfahrensbeendigung (Einstellung nach Opportunitätsgründen) bestehen. Unter bestimmten wirtschaftlichen und/oder politischen Randbedingungen (Kriege, Wirtschaftskrisen) aktualisierten und intensivierten sich diese Tendenzen und setzten sich schrittweise durch[37]. Zunächst freilich blieben sie noch erfolglos. Vor 1914 gab es vielmehr sogar Bemühungen, die Dreizügigkeit des Strafverfahrens zu Ende zu führen (dazu unten).

Auswirkungen zeigten sich auch im Bereich der Strafen. Ethisch farblose Straftatbestände durchweg mit Freiheitsstrafe zu bedrohen, musste als unangemessen empfunden werden (Freilich war es stets eine Versuchung für die Politik, diese Tatbestände in populistischer Weise ethisch „aufzuladen". Mitunter gelang dies, beispielsweise in der Zeit nach dem I. Weltkrieg mit der Figur des „Schiebers", bei der häufig antisemitische Stereotypen mitschwangen; in der Gegenwart lässt sich ähnliches für „Schwarzarbeiter" und „Raser" feststellen.).

Auch war es ausgeschlossen, parallel zur Expansion des Nebenstrafrechts die Zahl der Gefängniszellen zu vermehren. Es müsste die These untersucht werden, ob diese materielle Basis nicht ein wirksamerer Faktor für die völlige Umkehrung des Verhältnisses von Freiheitsstrafe und Geldstrafe im Verlauf des 20. Jahrhunderts gewesen ist als der theoretische Überbau („Schädlichkeit der kurzen Freiheitsstrafen", „Humanisierung des Strafrechts").

Das bis heute wohl bekannteste Nebenstrafgesetz des Kaiserreichs war das sog. **Sozialistengesetz** (Gesetz gegen die gemeingefährlichen Bestrebungen der Sozialdemokratie). Zwei anarchistische Attentate auf Kaiser Wilhelm I. nahm Bismarck zum Vorwand, um gegen den anfänglichen Widerstand der Liberalen ein Sondergesetz zur Unterdrückung der aufstrebenden Sozialdemokratie durchzusetzen. Das Gesetz wies die geschilderte Struktur nebenstrafrechtlicher Regelungen auf. Es verbot Vereine, Versammlungen und Druckschriften, „welche durch sozialdemokratische, sozialistische und kommunistische Bestrebungen den Umsturz der bestehenden Staats- und Gesellschaftsordnung bezwecken" und erweiterte dieses Verbot auf entsprechende Versammlungen und Druckschriften sowie auf das Einsammeln von Unterstützungsbeiträgen, war also primär ein Verwaltungsgesetz. In den §§ 17 ff.

---

[35] Dazu *Löw*, Erkundigungspflicht; *Dies.*, JJZG 4 (2002/2003), 312 ff.

[36] S. dazu für die heutige Diskussion *Donini*, Strafrechtstheorie S. 131, 135.

[37] Zu den Diskussionen über das Strafbefehlsverfahren: *Elobied*, Entwicklung, S. 57 ff.; zu den Diskussionen über das Legalitätsprinzip und die Einstellungsgründe *Dettmar*, Legalität und Opportunität, S. 109 ff.

des Gesetzes wurden dann unter stetiger Bezugnahme auf die verwaltungsrechtlichen Verbotstatbestände Zuwiderhandlungen unter Strafe gestellt[38].

Im Oktober 1878 erlassen und im Mai 1880, im April 1886 und im Februar 1888 verlängert, lief das Sozialistengesetz 1890 aus; eine erneute Verlängerung scheiterte letztlich an den Konservativen, die eine von den Liberalen vorgeschlagene Abmilderung nicht mittragen wollten und auf ein ganz neues, schärferes Gesetz hofften. Andererseits wollte die Reichsleitung nach Bismarcks Rücktritt zunächst versuchen, durch neue sozialpolitische Initiativen den sozialdemokratischen Einfluss auf die Arbeiterschaft zurückzudrängen. Nachdem dieser Weg sich als erfolglos erwiesen hatte, setzten in der Mitte der 90er Jahre erneut Versuche zur Unterdrückung der Sozialdemokratie ein. Eine Reihe anarchistischer Anschläge in ganz Europa lieferte den Vorwand für den Ruf nach durchgreifenden Maßnahmen gegen die „Umsturzpartei". Ende 1894 wurde im Reichstag die sog. **Umsturzvorlage**[39] eingebracht. Um dem Vorwurf einer erneuten politischen Sondergesetzgebung zu entgehen, zu der die Liberalen ihre Zustimmung verweigert hätten, wurde diesmal eine Änderung des Strafgesetzbuches ins Auge gefasst. Zu den zahlreichen Änderungsvorschlägen gehörte u. a. eine Änderung des § 130 StGB, wonach denjenigen Strafe treffen sollte, „welcher in einer den öffentlichen Frieden gefährdenden Weise die Religion, die Monarchie, die Ehe, die Familie oder das Eigentum durch beschimpfende Äußerungen öffentlich angreift". Nach einer sozialdemokratischen Pressekampagne zwischen der 1. und 2. Lesung und Misstimmigkeiten zwischen Zentrum, Konservativen und Liberalen scheiterte die Vorlage bereits in der 2. Lesung.

Eigene Erwähnung verdient das **Kolonialstrafrecht.** Inzwischen ist bekannt, dass die deutsche Herrschaftsausübung in den „Schutzgebieten"[40] alles andere als eine Idylle war. So gut wie unstreitig ist jetzt beispielsweise, dass es sich bei dem Vorgehen der deutschen Schutztruppen beim Herero-Aufstand von 1907 um einen Völkermord gehandelt hat. Ob man so weit gehen kann, die deutsche Kolonialpolitik, vor allem in Südwest-Afrika (Namibia), als Vorspiel zum Holocaust anzusehen[41], oder mit *Naucke*[42] im deutschen Kolonialstrafrecht eine zur Kenntlichkeit gebrachte Möglichkeit modernen Strafrechts zu sehen, bedarf noch weiterer Klärung. Jedenfalls wies das Kolonialstrafrecht erschreckend moderne Züge auf[43]: Die Gesetzgebung erfolgte durch kaiserliche Verordnungen (§ 1 des Schutzgebietsge-

[38] Zum Sozialistengesetz s. *Pack*, Sozialistengesetz; *Vormbaum*, Sozialdemokratie, S. LII ff.; *Wehler*, Gesellschaftsgeschichte Bd. 3, S. 902 ff. – Zur strafrechtlichen Bekämpfung des terroristischen **Anarchismus**, der von der Reichsspitze und den staatstragenden Parteien (absichtsvoll oder als Ergebnis einer Autosuggestion) mit der sozialistischen Arbeiterbewegung gleichgesetzt wurde, s. *Wagner*, Terrorismus, insb. S. 325 ff.; s. auch *Blasius*, Geschichte der politischen Kriminalität in Deutschland 1800–1980. Frankfurt/M. 1983, S. 55 ff.

[39] **Dazu** *Felske*, S. 87 ff.; *Vormbaum*, Sozialdemokratie, S. 133; *Grässle-Münscher*, Kriminelle Vereinigung, S. 53 f.

[40] Zu den allgemeinen Rechtsfragen s. *N.B. Wagner*, Schutzgebiete.

[41] Vgl. *Melber*, Kontinuitäten, S. 91 ff.

[42] *Naucke*, Kolonialstrafrecht, S. 285.

[43] Zum folgenden *Naucke*, Kolonialstrafrecht, und *Zimmerling*, Entwicklung.

setzes[44]), also außerhalb verfassungsrechtlicher und rechtsstaatlicher Bindungen. Da das Kolonial(straf)recht nur für Eingeborene, nicht aber für Weiße gelten sollte, ergaben sich Abgrenzungsregularien, die den Nachgeborenen in der Tat an spätere Rassegesetze gemahnen (§ 2 der Verordnung betreffend die Rechtsverhältnisse in den deutschen Schutzgebieten: „Japaner gelten nicht als Angehörige farbiger Stämme"). Da für Eingeborene das Reichsstrafgesetzbuch nicht in Kraft gesetzt worden war, erfolgte ihre Bestrafung nach dem Ermessen der Kolonialverwaltung. Gesetzliche Straftatbestände fehlten. Das schlichte „Lügen vor Gericht" (d. h. vor der Kolonialverwaltung) war strafbar (im Reich erst seit 1943); Verdachtsstrafen und Sippenhaftung wurden praktiziert; Prügel- und Rutenstrafe waren zulässig; anders als im Reich galt im Strafverfahren das Opportunitätsprinzip; eine unabhängige Justiz existierte nicht.

4. Beginn der Strafrechtsreform

Das Ergebnis der in § 4 beschriebenen sozialen, geisteswissenschaftlichen und strafrechtstheoretischen Verschiebungen war die allgemeine Bereitschaft zu einer Strafrechtsreform. In den Jahren vor der Jahrhundertwende waren allerdings die Kapazitäten der Gesetzgebung weitgehend durch die Arbeit an anderen Projekten (Überarbeitung des HGB und vor allem die Schaffung des BGB) ausgelastet. Nach Abschluss der intensiven und ergebnisreichen Reformarbeiten im zivilrechtlichen Bereich konnte dann aber das legislative Augenmerk wieder auf das Straf- und Strafprozessrecht gerichtet werden. Damit begann die sog. Strafrechtsreform, die sich über Jahrzehnte hinziehen sollte.

1902 wurde ein freies wissenschaftliches Komitee, bestehend aus acht Professoren, einberufen, dessen Arbeitsauftrag die Anfertigung einer **rechtsvergleichenden Darstellung** aller in Betracht kommenden strafrechtlichen Materien war, aus der sich Vorschläge für die Reform des Reichsstrafgesetzbuchs ergeben sollten.

Das Komitee, welches sich zusammensetzte aus den Professoren Karl Birkmeyer(München), Fritz v. Calker (Straßburg), Reinhard Frank (Tübingen), Robert v. Hippel (Preußen), Wilhelm Kahl (Preußen), Karl v. Lilienthal (Heidelberg), Franz v. Liszt (Berlin) und Adolf Wach (Leipzig), wurde am 16. Juli 1902 von dem Staatssekretär im Reichsjustizamt Nieberding, der zugleich den Vorsitz des Komitees übernahm, einberufen. Bis 1909 erschienen unter Hinzuziehung von weiteren fünfzig Mitarbeitern insgesamt 16 Bände (davon 6 zum Allgemeinen Teil, 9 zum Besonderen Teil und 1 Registerband).

Bereits kurze Zeit nach dem Erscheinen der ersten Bände der Vergleichenden Darstellung nahm im Mai 1906 eine vom Reichsjustizamt eingesetzte, aus fünf Juristen bestehende Kommission, die einen Vorentwurf zu einem Strafgesetzbuch (VE) erstellen sollte, ihre Arbeit auf. Im April **1909** legte sie den **Vorentwurf** zu einem Deutschen Strafgesetzbuch mit einer umfassenden Begründung vor. Er war nicht zur Einbringung in die gesetzgebenden Körperschaften, sondern nur zur allgemein-

[44] Dazu *Czeguhn*, JJZG 8 (2006/2007), 174 ff.

öffentlichen Beurteilung bestimmt. Im Oktober 1910 wurde er an die Regierungen der deutschen Bundesstaaten mit der Bitte um Stellungnahme versandt. Diese Stellungnahmen wurden in Buchform gedruckt. Außerdem erschien eine *Zusammenstellung der gutachtlichen Äußerungen über den Vorentwurf zu einem Deutschen Strafgesetzbuch*, gefertigt im Reichsjustizamt, ebenfalls im Jahre 1911. Aus der kritischen Literatur verdient besondere Hervorhebung das 1910 unter dem Titel *Die Reform des Reichsstrafgesetzbuchs* von *Aschrott* und *v. Liszt* herausgegebene zweibändige Werk.

Eingearbeitet wurden in den Vorentwurf nur wenige Nebengesetze, das Polizeistrafrecht wurde nicht abgetrennt, jedoch in einem besonderen Fünften Buch des Besonderen Teils verwiesen und vereinfacht. Der Entwurf nahm zu den Straftheorien keine abschließende Stellung. Im einzelnen vertiefte er den Unterschied zwischen der Zuchthaus- und Gefängnisstrafe durch die Aufnahme von Bestimmungen über den Vollzug dieser Freiheitsstrafen (§§ 14 ff.), reformierte die Geldstrafe, insbesondere durch Zulassung von Zahlungsfristen, Ratenzahlungen und das Abverdienen durch freie Arbeit (§§ 30 bis 35) und dehnte den Verweis auf Erwachsene aus (§ 37).

Die Auswirkung des Kompromisses im „Schulenstreit" wurde darin sichtbar, dass erstmals **„sichernde Maßnahmen"**, die neben oder anstatt der Strafe zu verhängen waren, ausdrücklich neben den Strafen im Allgemeinen Teil aufgeführt waren; es waren Arbeitshaus (§ 42)[45], Wirtshausverbot und Unterbringung in einer Trinkerheilanstalt (§ 43); die Verwahrung gemeingefährlicher Geisteskranker war im Zusammenhang mit der Schuld geregelt (§ 65)[46]. Noch nicht geregelt war die Sicherungsverwahrung.

Weitere Neuerungen waren: Einführung der **richterlichen Strafaussetzung**[47] (bedingte Verurteilung; §§ 38–41) und der richterlichen Rehabilitation (Wiedereinsetzung in die bürgerlichen Ehrenrechte; Löschung der Vorstrafen im Strafregister), besondere Abschnitte über Verschuldung (§§ 58 ff.), detaillierte Bestimmungen über Strafbemessung (§§ 81 ff. mit Regelung des Rückfalls), Ausbau des Jugendstrafrechts (Strafmündigkeit erst vom vollendeten 14. Lebensjahr an), Einschränkung der Verfolgungsverjährung, Wegfall der Polizeiaufsicht (statt dessen Aufenthaltsbeschränkung, § 53), **vorläufige Entlassung** (§ 28; Zusammenwirken mit der Fürsorgebehörde). Die Todesstrafe war absolut nur noch für den Angriff auf das Leben des Herrschers, nicht aber mehr bei Mord (§ 212) angedroht. Die starre Erfolgshaftung bei **erfolgsqualifizierten Delikten** wurde aufgegeben; Straferhöhung konnte nur noch eintreten, wenn der Täter die Möglichkeit des qualifizierten

[45] Der Text des § 42 Abs. 1 lohnt hier wiedergegeben zu werden: „Ist eine strafbare Handlung auf Liederlichkeit oder Arbeitsscheu zurückzuführen und ist für sie eine mindestens vierwöchige Gefängnis- oder Haftstrafe verwirkt, so kann in den im Gesetz besonders bestimmten Fällen das Gericht neben der Strafe oder, wenn die Strafe drei Monate nicht übersteigt, an ihrer Stelle auf Unterbringung des arbeitsfähigen Verurteilten in einem Arbeitshaus auf die Dauer von sechs Monaten bis zu drei Jahren erkennen, falls diese Maßregel erforderlich erscheint, um den Verurteilten wieder an ein gesetzmäßiges und arbeitsames Leben zu gewöhnen".

[46] Näher *Karl Meyer*, DJZ 1909, Sp. 1283.

[47] Näher *Meyer-Reil*, Strafaussetzung, S. 77 ff.

Erfolges wenigstens voraussehen konnte (§ 62). Der Forderung der Kriminalpsychiatrie folgend (s. o.) sah der Vorentwurf die Rechtsfigur der **verminderten Zurechnungsfähigkeit** mit obligatorischer Strafmilderung (außer bei selbstverschuldeter Trunkenheit) vor (§§ 63, 65, 70)[48]. Der Notstandsbegriff (§ 67) wurde verändert und erweitert (auf den Eigentumsnotstand; Nothilfe zugunsten eines jeden Dritten). Der Strafantrag sollte auf die nächsten Angehörigen vererblich sein. Die Festungshaft sollte in der Haftstrafe aufgehen (vgl. §§ 19 und 20). Insgesamt hatten sich also zahlreiche Punkte des Lisztschen Programms durchgesetzt[49].

Der Vorentwurf musste sich heftige **Kritik** vor allem in zwei Punkten gefallen lassen: die nicht durchgeführte Aussonderung der Polizeiübertretungen aus dem Bereich des kriminellen Unrechts und die fehlende Berücksichtigung der strafrechtlichen Nebengesetze.

Nachdem bereits einige Einzelkritiken erschienen waren, verfassten die Professoren *Kahl, v. Lilienthal, v. Liszt* und *Goldschmidt* im Jahre **1911** den **Gegenentwurf** zum Vorentwurf eines deutschen Strafgesetzbuches (GE). Dieser Gegenentwurf, der nicht als Antithese zum Vorentwurf, sondern vielmehr als dessen Ergänzung gedacht war, sollte nach der Intention seiner Verfasser „die Weiterführung der großen und wichtigen Reformarbeit – und zwar auf der Grundlage des Vorentwurfs – erleichtern und beschleunigen" sowie die zahlreichen Kritikpunkte in gesetzlicher Form zusammenfassen[50].

In der Konsequenz wies der Gegenentwurf den Übertretungen ein eigenes Buch mit einem eigenen Allgemeinen und Besonderen Teil zu, das nur noch durch die durchlaufende Paragraphenzählung mit dem „eigentlichen" Entwurf zusammenhing; der letztere galt daher nur noch für Verbrechen und Vergehen, was wiederum eine Höherstufung derjenigen Delikte zu Vergehen zur Folge hatte, die durch den Vorentwurf zu Übertretungen herabgestuft worden waren.

> § 1:
> (1) Eine mit dem Tode oder mit Zuchthaus bedrohte Handlung ist ein Verbrechen.
> (2) Eine mit Gefängnis bedrohte Handlung ist ein Vergehen.

---

[48] Die entsprechende Norm war so formuliert, dass sie vor allem auf Kosten bisheriger Fälle von Unzurechnungsfähigkeit ging (*Chr. Müller*, Verbrechensbekämpfung, S. 164).

[49] Übersicht zu wichtigen Vorschlägen zum Besonderen Teil des Vorentwurfs b. *Meyer*, a. a. O. – Näher zum **Staatsschutzstrafrecht** s. *Schroeder*, Schutz von Staat und Verfassung, S. 106; zur **Unterlassenen Hilfeleistung** s. *Gieseler*, S. 25 ff.; zu **kriminellen und terroristischen/anarchistischen Vereinigungen** s. *Felske*, S. 119 ff.; zur **unterlassenen Verbrechensanzeige** s. *Kisker*, S. 37 ff.; zum **Zweikampf** s. *Baumgarten*, S. 152 ff.; zum **Schwangerschaftsabbruch** s. *Koch*, S. 88 ff.; *Putzke*, S. 77 ff.; zum **Diebstahl** s. *Prinz*, S. 44 ff.; zur **falschen Verdächtigung** s. *Bernhard*, S. 37 ff.; zur **Brandstiftung** s. *Lindenberg*, S. 61 ff.; zur **Körperverletzung** s. *Korn*, S. 153 ff.; zur **Rechtsbeugung** s. *Thiel*, S. 59 ff.; zur **Tötung auf Verlangen** s. *Große-Vehne*, S. 59 ff.; zur **Vereitelung von Gläubigerrechten** s. *Seemann*, S. 58 ff.; zur **Majestätsbeleidigung** s. *Andrea Hartmann*, S. 185 ff.; zu **Prostitution, Zuhälterei, Kuppelei** s. *Ilya Hartmann*, S. 108 ff.; zum **Hausfriedensbruch** s. *Rampf*, S. 62 ff.; zu **Untreue** und **Unterschlagung** s. *Rentrop*, S. 74 ff.; zu den **Urkundendelikten** s. *Prechtel*, S. 87 ff.; zum **Straßenverkehrsstrafrecht** s. *Asholt*, S. 42 ff.; zur **Volksverhetzung** s. *Rohrßen*, S. 59 ff.

[50] *Kahl*, Gegenentwurf zum Vorentwurf eines deutschen Strafgesetzbuchs, in: DJZ 1911, Sp. 501.

Das neue (dritte) Buch begann folgerichtig mit der Vorschrift:

> § 343:
> Eine nur mit Geldstrafe bedrohte Handlung ist eine Übertretung.

Von einer Einarbeitung des Nebenstrafrechts nahm der Gegenentwurf aus Zeitgründen Abstand, obwohl er diese prinzipiell für möglich hielt. Daneben kürzte er die 116 unterschiedlichen Strafdrohungen des Vorentwurfes auf nur noch 16, die wiederum durch ein umfangreiches System allgemeiner Vorschriften flexibilisiert wurden. Die wichtigsten waren § 87, der eine dem heutigen § 49 StGB ähnliche Regelungsstruktur aufwies und – als Gegenstück – § 89, der Strafschärfungsvorgaben für die besonders schweren Fälle normierte. In der Systematik des Besonderen Teils wich der Gegenentwurf vielfach vom Vorentwurf ab: im Gegensatz zu jenem gliederte er den Besonderen Teil nicht in vier Bücher (Verbrechen und Vergehen gegen den Staat, Verbrechen und Vergehen gegen Einrichtungen des Staates, Verbrechen und Vergehen gegen die Person, Verbrechen und Vergehen gegen das Vermögen) auf, sondern gliederte ihn unmittelbar in 24 Abschnitte und kehrte damit zur Regelungstechnik des Reichsstrafgesetzbuches zurück[51].

Am 17. Juni 1911 stellte Reichskanzler *v. Bethmann-Hollweg* beim Kaiser einen Antrag auf Einsetzung einer Kommission, die die Strafrechtsreform unter Einbeziehung des Vorentwurfs von 1909 sowie der diesbezüglichen Kritik[52] fortführen und einen neuen Entwurf ausarbeiten sollte. Die Kommission, die aus 16 ordentlichen und zwei außerordentlichen Mitgliedern bestand, nahm ihre Arbeit am 4. November 1911 auf.

Der Kommission gehörten an: für das Reich *v. Tischendorf*, *Joël*, *Ebermayer* (Reichsgerichtsrat, später Oberreichsanwalt); für Preußen: *Lucas* (Kommissionsvorsitzender), *Schulz*, *Cormann*, *Lindenberg* (Kammergerichtsrat), *Kleine* (Kammergerichtsrat) und *Friedmann* (Rechtsanwalt); für Bayern: *Meyer*; für Sachsen: *v. Feilitsch*; für Württemberg: *v. Rupp*; für Baden: *Duffner*; für Hessen: *Rüster*; für Elsaß-Lothringen: *Pfersdorff*; für Hamburg: *Niemeyer*. Insoweit waren alle größeren im Justizausschuss des Bundesrates vertretenen Staaten sowie die Anwaltschaft vertreten. Die Rechtslehre wurde repräsentiert durch die Professoren *Kahl*, *Frank* und *v. Hippel*, allesamt Anhänger der vermittelnden Meinung im Schulenstreit. Nach dem altersbedingten Ausscheiden

---

[51] Näher zum Besonderen Teil des Gegenentwurfs: zum **Staatsschutzstrafrecht** s. *Schroeder*, Schutz von Staat und Verfassung, S. 106 f.; zur **Unterlassenen Hilfeleistung** s. *Gieseler*, S. 29 ff.; zu **kriminellen und terroristischen/anarchistischen Vereinigungen** s. *Felske*, S. 127 ff.; zur **unterlassenen Verbrechensanzeige** s. *Kisker*, S. 41 ff.; zum **Zweikampf** s. *Baumgarten*, S. 157 ff.; zum **Schwangerschaftsabbruch** s. *Koch*, S. 101 ff.; *Putzke*, S. 87 ff.; zum **Diebstahl** s. *Prinz*, S. 54 ff.; zur **falschen Verdächtigung** s. *Bernhard*, S. 52 ff.; zur **Brandstiftung** s. *Lindenberg*, S. 68 ff.; zur **Körperverletzung** s. *Korn*; S. 174 ff.; zur **Rechtsbeugung** s. *Thiel*, S. 63 ff.; zur **Tötung auf Verlangen** s. *Große-Vehne*, S. 64 ff.; zur **Vereitelung von Gläubigerrechten** s. *Seemann*, S. 62 ff.; zur **Majestätsbeleidigung** s. *Andrea Hartmann*, S. 189 ff.; zu **Prostitution, Zuhälterei, Kuppelei** s. *Ilya Hartmann*, S. 115 ff.; zum **Hausfriedensbruch** s. *Rampf*, S. 69 ff.; zu **Untreue** und **Unterschlagung** s. *Rentrop*, S. 82 ff.; zu den **Urkundendelikten** s. *Prechtel*, S. 102 ff.; zum **Straßenverkehrsstrafrecht** s. *Asholt*, S. 48 ff.; zur **Volksverhetzung** s. *Rohrßen*, S. 94 ff.

[52] Vgl. Zusammenstellung der gutachtlichen Äußerungen über den Vorentwurf zu einem Deutschen Strafgesetzbuch, gefertigt im Reichsjustizamt, 1911.

des ursprünglichen Kommissionsvorsitzenden *Lucas* wurde der Vorsitz in der 2. Lesung von *Kahl* übernommen.

Anfang 1913 lag ein erster Kommissionsentwurf vor, der jedoch nicht veröffentlicht wurde. Das Ergebnis der Anfang September abgeschlossenen 2. Lesung beriet die Kommission in weiteren sechs Sitzungen. Am 27. September 1913 wurde der endgültige (dritte) **Entwurf 1913** verabschiedet und als Manuskript gedruckt; er sollte dem Bundesrat als Regierungsvorlage übersandt werden. Wegen des Ausbruchs des Ersten Weltkrieges wurde er allerdings erst zusammen mit einer zwischenzeitlich überarbeiteten Fassung, dem E 1919, veröffentlicht. Der fertige Entwurf war weit umfangreicher als der Vorentwurf, was u. a. daran lag, dass der Übertretungsbereich mit einem eigenen Allgemeinen Teil versehen war, so dass er zwanglos aus dem Strafgesetzbuch würde ausgegliedert werden können. Der Entwurf erweiterte noch einmal die Befugnisse des Gerichts. Er war eng an den Vorentwurf angelehnt. Schon bei einer groben Durchsicht des Inhalts fällt auf, dass insbesondere die Rechtsfolgensystematik des Gegenentwurfes nicht übernommen, sondern jene des Vorentwurfes grundsätzlich beibehalten und – teilweise gleichwohl nach den Anregungen des Gegenentwurfes – weiterentwickelt worden war. Auch mit Blick auf die Schadensersatznorm als Vorschrift des Allgemeinen Teils sowie die Einführung einer Straferhöhungsvorschrift für die durch Beamte verübten vorsätzlichen Straftaten folgte die Kommission den Vorstellungen des Vorentwurfs[53].

5. Strafprozessrecht[54]

Weniger als das materielle Strafrecht war zunächst das Strafprozessrecht von den neuen Entwicklungen betroffen. Zwar setzten die Reformforderungen gegenüber der Strafprozessordnung und dem strafprozessualen Teil des Gerichtsverfassungsgesetzes schon kurze Zeit nach dem Inkrafttreten beider Gesetze im Jahre 1879 ein. Jedoch zielten sie gleichsam in die Gegenrichtung; gerade die Internationale

[53] Näher zum Besonderen Teil des Kommissionsentwurfs: zum **Staatsschutzstrafrecht** s. *Schroeder*, Schutz von Staat und Verfassung, S. 107 f.; zur **Unterlassenen Hilfeleistung** s. *Gieseler*, S. 30 ff.; zu **kriminellen und terroristischen/anarchistischen Vereinigungen** s. *Felske*, S. 129 ff.; zur **unterlassenen Verbrechensanzeige** s. *Kisker*, S. 44 ff.; zum **Zweikampf** s. *Baumgarten*, S. 160 ff.; zum **Schwangerschaftsabbruch** s. *Koch*, S. 103 ff.; *Putzke*, S. 91 ff.; zum **Diebstahl** s. *Prinz*, S. 56 ff.; zur **falschen Verdächtigung** s. *Bernhard*, S. 55 ff.; zur **Brandstiftung** s. *Lindenberg*, S. 70 ff.; zur **Körperverletzung** s. *Korn*; S. 192 ff.; zur **Rechtsbeugung** s. *Thiel*, S. 66 ff.; zur **Tötung auf Verlangen** s. *Große-Vehne*, S. 64 ff.; zur **Vereitelung von Gläubigerrechten** s. *Seemann*, S. 64 ff.; zur **Majestätsbeleidigung** s. *Andrea Hartmann*, S. 190 ff.; zu **Prostitution, Zuhälterei, Kuppelei** s. *Ilya Hartmann*, S. 116 ff.; zum **Hausfriedensbruch** s. *Rampf*, S. 75 ff.; zu **Untreue** und **Unterschlagung** s. *Rentrop*, S. 85 ff.; zu den **Urkundendelikten** s. *Prechtel*, S. 104 ff.; zum **Straßenverkehrsstrafrecht** s. *Asholt*, S. 50 ff.; zur **Volksverhetzung** s. *Rohrßen*, S. 99 ff.

[54] Zur Entwicklung einiger prozessrechtlicher Institute (bis in die Gegenwart) s. *Rieß*, Festschr. AG Strafrecht, S. 773 ff. (Verteidigung); *Ders.*, Festschrift Volk, S. 559 ff. (Aufgabenverteilung im Ermittlungsverfahren); *Ders.*, Festschrift Maiwald, S. 661 ff. (Unmittelbarkeit).

kriminalistische Vereinigung vertrat die Forderung, dem sozialen Strafrecht einen liberalen Strafprozess zuzuordnen[55].

Ob man den von der IKV angestrebten Rechtszustand im materiellen Recht als „soziales Strafrecht" bezeichnen kann, erscheint freilich fraglich; Eb. Schmidt[56] interpretiert die Forderung dahin, dass der Strafprozess gerade deshalb mit vielen schützenden Formen ausgestattet werden müsse, weil

> der moderne soziale Staat dem überführten Verbrecher gegenüber zu Maßnahmen greifen soll, die gegebenenfalls sehr viel einschneidender sind als die Tatvergeltungsstrafen des überkommenen liberalen Strafrechts, gerade weil insoweit seine Freiheitsrechte der Allgemeinheit weitgehend geopfert werden müssen.

Zweifelhaft erscheint auch, ob das geforderte Nebeneinander eines in diesem Sinne sozialen materiellen Strafrechts und eines liberalen Strafverfahrensrechts friktionslos möglich ist[57]. In der Tat ist ja die weitere Entwicklung des Strafprozessrechts bis zur Gegenwart nicht eine solche der Liberalisierung.

Das Gesetzeswerk von 1877/79 barg nicht nur die aus der Übernahme des sog. Reformierten Strafprozesses gleichsam organisch folgenden Friktionen in sich, sondern enthielt auch Ungereimtheiten im Detail – die Verteilung der erstinstanzlichen Zuständigkeiten und die Besetzung der Gerichte bieten besonders deutliche Beispiele. Die Reformbedürftigkeit des Strafprozessrechts und Strafgerichtsverfassungsrechts war daher früh anerkannt. Dem Reichstag lagen vor allem in den Jahren 1885, 1894 und 1895 Entwürfe vor[58], welche zu Einzelfragen, insb. zur Zuziehung von Laienrichtern in den Strafkammern und zur Einführung der Berufung gegen alle erstinstanzlichen Urteile Änderungsvorschläge brachten, jedoch nicht zu einem gesetzgeberischen Ergebnis führten. Auch andere Vorlagen der Reichsregierung und Anträge aus der Mitte des Reichstages mit Verbesserungsvorschlägen zu einzelnen grundlegenden Fragen, die „in bunter Folge (ab)wechselten"[59], blieben erfolglos[60].

Nachdem so die Versuche zur Ausbesserung und Modernisierung der bestehenden Gesetze fehlgeschlagen waren, trat der Gedanke einer *Gesamtreform* in den Vordergrund. Das Ergebnis mehrjähriger Kommissionsberatungen waren Entwürfe einer StPO und eines GVG, welche 1908 veröffentlicht und 1909 dem Reichstag vorgelegt wurden (*E 1908*). Nach erster Lesung und eingehender Kommissionsberatung im Reichstag scheiterten die Entwürfe an der Frage der Hinzuziehung von Laienrichtern zu den Berufungsgerichten.

Nunmehr gewann die Auffassung an Boden, dass eine Gesamtreform des Strafprozesses bis zur Beendigung der Reform des materiellen Strafrechts zurückzu-

---

[55] Vgl. *Eb. Schmidt*, Einführung, § 339, S. 414.

[56] Ebd.

[57] S. dazu *Krauß*, Wahrheit.

[58] Auflistung der amtlichen Materialien b. *Bolder*, S. XVIII ff.

[59] *Bumke*, S. 2.

[60] Aufstellung der wichtigsten amtlichen Materialien zur Reform der Strafgerichtsverfassung von 1861 bis 1920 b. *Zacharias*, Reformversuche S. X ff. Zu den Diskussionen um den Strafbefehl s. *Elobied*, Entwicklung, S. 64 ff.; zu den Diskussionen um das Legalitätsprinzip und die Einstellungsgründe s. *Dettmar*, Legalität, S. 114 ff.

stellen sei. Bis auf zwei – freilich nicht unbedeutende – Einzeleingriffe während des Weltkrieges[61] traten daher bis zum Ende des Kaiserreiches keine Änderungen des Strafprozessrechts und Strafgerichtsverfassungsrechts und auch keine Pläne zu ihrer Änderung mehr in Erscheinung.

III. Erster Weltkrieg und Nachkriegszeit

1. Strafgesetzgebung

Obwohl am Strafgesetzbuch während des I. Weltkrieges keine einzige Änderung vorgenommen wurde, erfuhr der strafrechtliche Normenbestand während dieser Zeit eine gewaltige Ausdehnung. Dies geschah aufgrund von Strafrechtsnormen, die bereits vor Kriegsbeginn für den Kriegsfall geschaffen worden waren und bei Eintritt des Kriegszustandes in Geltung traten („Schubladengesetze"). Sie ermächtigten, soweit sie nicht selber bereits inhaltliche Regelungen trafen, zum Erlass von Rechtsverordnungen[62]. Da diese Gesetze als nicht ausreichend angesehen wurden, wurde zusätzlich ein flexibles und rasch handbares Instrumentarium geschaffen[63]. Grundlage war ein vier Tage nach Kriegsausbruch erlassenes **Ermächtigungsgesetz**, das den Bundesrat ermächtigte, „während der Zeit des Krieges diejenigen gesetzlichen Maßnahmen anzuordnen, welche sich zur Abhilfe wirtschaftlicher Schädigungen als notwendig erweisen"[64]. Auf dieser Grundlage entstand das Kriegswirtschaftsstrafrecht als Nebenstrafrecht; der Begriff der „Wirtschaft" wurde flexibel gehandhabt[65]. Obwohl kriegsbedingt, setzte dieses Strafrecht doch einen seit dem Ausgang des 19. Jahrhunderts wahrnehmbaren Trend fort. Die strafrechtlich abgestützte staatliche Wirtschaftssteuerung machte vor kaum einem Lebensbereich halt. Die bereits angesprochene Problematik des Unrechtsbewusstseins bei ethisch farblosen und aufgrund ihrer Zahl nicht mehr überschaubaren Normen führte 1917 zu einer besonderen **Irrtums-Verordnung** des Bundesrates[66], die sich als folgenreich erweisen sollte, nahm sie doch weitgehend die heute geltende Regelung des § 17 StGB vorweg, die mit der „Vermeidungsformel" dem Bürger die Folgen der gescheiterten Kenntnisvermittlung über einen Wust von Strafnormen aufbürdet. Der

[61] VO des Bundesrates über die Zulassung von Strafbefehlen bei Vergehen gegen Vorschriften über wirtschaftliche Maßnahmen vom 4. Juni 1915 (RGBl. S. 325), ersetzt durch BundesratsVO vom 7. Okt. 1915 (RGBl. S. 631); Gesetz betreffend die Vereinfachung der Rechtspflege vom 21. Okt. 1917 (RGBl. S. 1037). Näher mit Nachweisen über zeitgenössische Stellungnahmen *Klingebiel*, S. 41 f.; kritisch *Naucke*, Weltkrieg S. 294 f.

[62] *Riechstein*, S. 61 ff.

[63] Hierzu und zum folgenden *Naucke*, Weltkrieg, S. 290.

[64] Näher *Riechstein*, S. 84 ff.

[65] *Naucke*, S. 293.

[66] *Riechstein*, S. 96 ff.

Bürger – so der Regelungskern – hat sich prinzipiell über den geltenden Normenbestand informiert zu halten.

Dass diese inzwischen ins Strafgesetzbuch eingezogene Regelung heute problemlos hingenommen wird, zeigt, dass sich in diesem Bereich, strafrechtsdogmatisch abgesichert, eine autoritäre Auffassung über das Verhältnis von Staat und Bürger fest etabliert hat. Schon der Begriff „Irrtum" führt seinerseits in die Irre, denn es handelt sich – wie die Lehrbücher dies meistens auch zutreffend darstellen – um *fehlende* Unrechts*kenntnis*; noch genauer wäre: „fehlender Unrechtsvorsatz". Dass dieser Vorsatz anders behandelt wird als der fehlende Tatumstandsvorsatz (§ 16 StGB), leuchtet nicht von selbst ein und wurde von der früher im Schrifttum herrschenden Vorsatztheorie auch bestritten. Noch der Entwurf von 1922 stand auf einem anderen Standpunkt[67].

Von dem im Weltkrieg entstandenen autoritären Wirtschaftsstrafrecht sollten die demokratischen, noch später dann die totalitären Machthaber gern Gebrauch machen; es verschwand nicht wieder. Auch der Stil der Strafgesetzgebung machte Schule. Als in München 1918 die **Räterepublik** ausgerufen wurde, erließ der provisorische Revolutionäre Zentralrat die „Bekanntmachung über die Einsetzung eines Revolutionstribunals", die den Satz enthielt:

> Jeder Verstoß gegen revolutionäre Grundsätze wird bestraft. Die Art des Strafens steht im freien Ermessen des Richters.

Die (berechtigte) Empörung über diese Bekanntmachung wurde auf die vorangegangene Kriegsgesetzgebung nicht ausgedehnt. Vorbildhaft war die letztere auch insofern für die Münchner Räterepublik, als diese in der kurzen Zeit ihres Bestehens eine Flut von Strafnormen erließ, die das Strafrecht als Instrument staatlicher Steuerung, nicht als Begrenzung staatlicher Tätigkeit einsetzten. Kriegs- und Nachkriegszeit brachten einen kräftigen Schub in der Instrumentalisierung und Funktionalisierung – d. h.: der Politisierung – des Strafrechts[68].

2. Strafrechtsreform

Die Arbeiten zur Reform des Strafgesetzbuchs waren bei Kriegsbeginn zum Erliegen gekommen. Als jedoch im Frühjahr 1918 nach dem Friedensschluss von Brest-Litowsk mit Sowjetrussland zusätzliche Kräfte für die Westfront freigesetzt worden waren und dort kurzfristig auch Geländegewinne erzielt wurden, die ein erfolgreiches Ende des Krieges zu ermöglichen schienen, wurden im Reichsjustizministerium die Pläne für die Strafrechtsreform wieder aufgegriffen. Eine kleine fünfköpfige Kommission trat im April 1918 zusammen[69] und erarbeitete vom 15.

---

[67] Dazu u. § 5 IV. 3.

[68] Zum Ganzen: *Barreneche*, Räterepublik, mit Nachw.

[69] Mitglieder: Joël (Direktor im Reichsjustizamt), Ebermayer (Senatspräsident am Reichsgericht), Cormann (OLG-Präsident), Bumke (Geheimer Oberregierungsrat) und Krause (Staatssekretär des Reichsjustizamtes), weitere Mitarbeiter: Amtsrichter Schäfer und Kiesow.

April 1918 bis zum 21. November 1919 einen Entwurf, der im wesentlichen auf den Beschlüssen der Strafrechtskommission von 1913 beruhte[70]. So bildeten die Entwürfe von 1909 (VE) und 1913 (KE) einerseits den materiellen Ausgangspunkt, andererseits unterlagen sie selbst der Nachprüfung, inwieweit die darin enthaltenen Beschlüsse den Nachkriegsverhältnissen anzupassen seien. Eine der aus dem Krieg, der Revolution und der darauf folgenden Zeit gezogenen Lehren war, dass „nichts der Strafrechtspflege und der staatlichen Autorität mehr schade als ein Übermaß an Strafdrohungen und Strafe“[71]. Diese Einsicht führte zu dem Vorschlag, auf eine Reihe von Strafdrohungen – insbesondere solcher politischer Natur – zu verzichten und einzelne Tatbestände, wie beispielsweise die der Nötigung und Erpressung, stärker zu begrenzen[72].

In der bevorstehenden Reformphase galt es aber auch, diese Erkenntnis gegenüber uneinheitlichen politischen Parteiinteressen zu verteidigen. Das sollte in der Zeit der Weimarer Republik – im Zuge des Prozesses der politischen Polarisierung der rechts- und linksextremen Flügel – zu einer Hürde mit einschneidenden Konsequenzen für die parlamentarische Zusammenarbeit werden. Schon frühzeitig – bei der Einteilung des Strafgesetzbuchs – stand auch die erwähnte kleine Kommission vor der Frage, ob es möglich sei, eine scharfe Scheidung des polizeilichen Unrechts vom kriminellen Unrecht zu treffen. Sie erwog, den besonderen Charakter der Übertretungen durch die ausschließliche Androhung von Geldstrafe zum Ausdruck zu bringen, die Haftstrafe hingegen nur als Ersatzfreiheitsstrafe vorzusehen oder rückfällig gewordenen Tätern vorzubehalten. Der Höchstbetrag der Geldstrafe, der zu der Zeit bei fünfhundert Mark lag, sollte darüber hinaus angehoben werden. Des Weiteren plante die Kommission, die polizeilichen Übertretungen in einem eigenen Buch zu behandeln. Die Beschlussfassung wurde am 17. Dezember 1918 zunächst noch ausgesetzt; es zeichnete sich aber eine Geneigtheit dahin gehend ab, bei der bevorstehenden Durchsicht des Besonderen Teils des 2. Buchs (Übertretungen), die Scheidung zwischen kriminellem und polizeilichem Unrecht in dem oben genannten Sinne zu versuchen.

Der E 1919 wurde erst im Jahre 1920 zusammen mit dem Kommissionsentwurf von 1913 und einer erläuternden „Denkschrift“ veröffentlicht. Wenngleich der Entwurf von 1919 nach seiner Veröffentlichung innerhalb Deutschlands anfangs nur wenig Beachtung fand, erlangte er im Vergleich zu den Vorgängerentwürfen insofern eine besondere Bedeutung, als ihm eine Modellfunktion für die österreichische

---

[70] Vgl. *Bumke*, Die neuen Strafgesetzentwürfe, in: DJZ 1921, Sp. 11, 16.

[71] *Bumke*, DJZ 1921, Sp. 14.

[72] Näher zum Besonderen Teil des Entwurfs von 1919: zum **Staatsschutzstrafrecht** s. *Schroeder*, Schutz von Staat und Verfassung, S. 137 ff; zur **Unterlassenen Hilfeleistung** s. *Gieseler*, S. 43 ff.; zu **kriminellen und terroristischen/anarchistischen Vereinigungen** s. *Felske*, S. 186 ff.; zur **unterlassenen Verbrechensanzeige** s. *Kisker*, S. 53 ff.; zum **Zweikampf** s. *Baumgarten*, S. 180 ff.; zum **Schwangerschaftsabbruch** s. *Koch*, S. 130 ff.; *Putzke*, S. 212 ff.; zum **Diebstahl** s. *Prinz*, S. 61 ff.; zur **falschen Verdächtigung** s. *Bernhard*, S. 71 ff.; zur **Brandstiftung** s. *Lindenberg*, S. 81 ff.; zur **Körperverletzung** s. *Korn*; S. 277 ff.; zur **Rechtsbeugung** s. *Thiel*, S. 74 ff.; zur **Tötung auf Verlangen** s. *Große-Vehne*, S. 69 ff.; zur **Vereitelung von Gläubigerrechten** s. *Seemann*, S. 74 ff.; zur **Majestätsbeleidigung** s. *Andrea Hartmann*, S. 194 ff.; zu **Prostitution, Zuhälterei, Kuppelei** s. *Ilya Hartmann*, S. 129 ff.; zum **Hausfriedensbruch** s. *Rampf*, S. 79 ff.; zu **Untreue** und **Unterschlagung** s. *Rentrop*, S. 93 ff.; zu den **Urkundendelikten** s. *Prechtel*, S. 127 ff.; zum **Straßenverkehrsstrafrecht** s. *Asholt*, S. 81 ff.; zur **Volksverhetzung** s. *Rohrßen*, S. 105 ff.

Strafrechtsreform zukam: Seine Veröffentlichung wurde zum Anlass genommen, die erstmals 1916 von *Graf Gleispach* angeregte[73] deutsch-österreichische Rechtsangleichung zu forcieren. Die Rechtsvereinheitlichung zwischen Deutschland und Österreich auf strafrechtlichem Gebiete wurde nach Beendigung des Krieges in erster Linie von der Österreichischen Kriminalistischen Vereinigung (ÖKV), die 1906 nach dem Vorbild der Deutschen Landesgruppe der Internationalen Kriminalistischen Vereinigung (IKV) gegründet worden war, auf der Grundlage des E 1919 vorangetrieben.

IV. Weimarer Republik

1. Strafrechtswissenschaft

Schon vor der Jahrhundertwende hatten sich gegen den Exklusivitätsanspruch auf Wissenschaftlichkeit, den die empirischen Naturwissenschaften erhoben hatten, Gegenbewegungen gebildet. Die philosophisch bedeutendste und für das Strafrecht auf lange Sicht einflussreichste Gegenbewegung war der sog. **Neukantianismus**[74]. Er stellte den Naturwissenschaften, welche wertfrei bzw. wertblind das Allgemeine, sich Wiederholende, unter Gesetzmäßigkeiten Subsumierbare erforschen, die Geistes- bzw. Kulturwissenschaften gegenüber. Für letztere sollte ein „wertbezogenes" Denken (nicht identisch mit „wertendem" Denken) charakteristisch sein[75].

„Neukantianismus" nannte die neue Richtung sich u. a. deshalb, weil sie von dem von Kant gelehrten (und vor ihm von **David Hume** [1711–1776] begründeten) Satz ausging, dass aus dem Sein kein Schluss auf das Sollen gezogen werden könne, die beiden Sphären also getrennt gehalten werden müssten („Methodendualismus"; Ablehnung des „naturalistischen Fehlschlusses"). Der Unterschied zwischen den beiden Wissenschaftsrichtungen wurde von dem Hauptvertreter des südwestdeutschen Neukantianismus, **Heinrich Rickert** (1863–1936), mit dem Gegensatz von Wert und Wirklichkeit, von Geltung und Tatsächlichkeit gekennzeichnet. Im Zentrum der neukantianischen Philosophie stand die *Wertlehre*: „Werte sind keine Wirklichkeiten, weder physische noch psychische. Ihr Wesen besteht in ihrer Geltung, nicht in ihrer Tatsächlichkeit"[76].

Für die Strafrechtswissenschaft wurde diese Richtung bedeutsam, weil sie Jurisprudenz nicht als eine auf tatsächliche Gegebenheiten gerichtete, sondern als eine normative, auf Sinndeutung der Rechtsnormen als des objektivierten Gemeinwillens gerichtete Wissenschaft auffasste. Dies führte zunächst einmal zu einem **teleologischen Rechtsgutsbegriff**, d. h. zu einem Verständnis des Rechtsguts als eines

[73] Vgl. *Gleispach*, DStrZ 1916, S. 107 ff.; vgl. auch *Schubert* I 3.1, S. XXIX.

[74] Zum Neukantianismus und seinem Einfluss auf das Strafrecht s. jetzt *Ziemann*, Neukantianisches Strafrechtsdenken (2009).

[75] Das folgende nach *Amelung*, Rechtsgüterschutz, S. 125 ff.

[76] *Heinrich Rickert*, Kulturwissenschaft und Naturwissenschaft. 1. Aufl. 1899, S. 89. Vgl. auch das Hauptwerk von **Max Ernst Meyer**(1875–1932): „Rechtsnormen und Kulturnormen" (1903); über M.E. Meyer s. *Sascha Ziemann*, JJZG 4 (2002/2003), 395 ff.

Wertes, dessen Schutz der Zweck (das *telos)* des gesetzlichen Straftatbestandes sei. Das Rechtsgut war damit deutlich unterschieden von dem *Handlungsobjekt*, an dem die strafbare Handlung sich vollzieht.

Die bereits bei Liszt zu findende Unterscheidung[77] dieser beiden Begriffe hat sich ebenso bis heute erhalten wie das Verständnis des Rechtsgutes als Kern der teleologischen, an Sinn und Zweck der gesetzlichen Regelung ausgerichteten Auslegungsmethode[78]. Mit der Unterscheidung von Rechtsgut und Handlungsobjekt wiederholte sich strukturell der von *Birnbaum* initiierte Vorgang. Hatte er das „Gut" vom „(subjektiven) Recht" unterschieden, so vergeistigte sich nunmehr der Gutsbegriff seinerseits, und zu seinem realen Substrat wurde das „Handlungsobjekt". Der materielle Verbrechensbegriff war also wieder auf der alten Abstraktionsebene angelangt, jedoch hatte sich eine wesentliche Wandlung vollzogen, denn während die Rechtsverletzungstheorie auf einen engen, allenfalls moderat erweiterbaren[79] Kreis von subjektiven Rechten bezogen gewesen war, bezieht sich der neue vergeistigte Rechtsgutbegriff auf das positive Gesetz und ist damit den Wandlungen der Politik und des Zeitgeistes ausgeliefert; seine begrenzende Kraft ist somit verhältnismäßig gering. Dass eine autoritäre Richtung in der Strafrechtstheorie, die vor allem in der Zeit der NS-Herrschaft Gewicht besaß, selbst diese Minimalleistung noch als liberalistisch denunzierte, hatte weniger sachliche als wissenschaftsstrategische und politische Gründe.

Strafrechtstheoretisch und **strafrechtsdogmatisch** führte der Einfluss des Neukantianismus (der i.ü. nicht überall einheitlich auftrat, sondern mehrere Zweige bzw. Strömungen aufwies[80]) zu einigen bleibenden „Entdeckungen", die bis heute das strafrechtsdogmatische Handwerk prägen:Auf den insoweit „bahnbrechenden" Beitrag von *Reinhard Frank* zum Schuldbegriff wurde bereits hingewiesen (o. § 5 II. 2.)[81]; im einzelnen ergaben sich aus der neuen Tendenz:

1. Die Bemühungen um eine Kausalitätstheorie, welche die Herbeiführung des strafrechtlichen Erfolges nicht rein naturwissenschaftlich bestimmte (Ausgangspunkt für die Ädäquanztheorie und die Relevanztheorie und darüber hinausgehend und in der Gegenwart fortwirkend für die Lehre von der objektiven Erfolgszurechnung);
2. Die „Entdeckung" der Absichten und sonstigen im gesetzlichen Tatbestand formulierten subjektiven Merkmale, die zu der Auffassung führte, dass das Unrecht auch subjektive Elemente aufweisen könne[82];

[77] S.o. Fußn. 12.

[78] *Amelung*, Rechtsgüterschutz, S. 133, unter Hinweis auf *Richard Honig*, Die Einwilligung des Verletzten (1919), *Erich Schwinge*, Teleologische Begriffsbildung im Strafrecht (1930) und *Max Grünhut*, Methodische Grundlagen der heutigen Strafrechtswissenschaft (Festgabe für Frank Bd. 1, 1930); s. auch *Schünemann*, Systemdenken, S. 25, 30.

[79] Ein gutes Beispiel bietet § 823 Abs. 1 BGB, in dessen Kanon (absoluter) Rechte im Verlauf von mehr als 100 Jahren nur das allgemeine Persönlichkeitsrecht und das Recht am eingerichteten und ausgeübten Gewerbebetrieb hinzugetreten ist; zu denken ist auch an das vom Bundesverfassungsgericht aus der Verfassung abgeleitete Recht auf informationelle Selbstbestimmung.

[80] Dazu im einzelnen *Ziemann*, Neukantianisches Strafrechtsdenken, S. 40 ff.

[81] Zur Entwicklung des Schuldbegriffs unter dem Einfluss des Neukantianismus s. *Achenbach*, Grundlagen, insb. S. 75 ff.

[82] Die „Entdeckung" der *subjektiven Unrechtselemente* erfolgte wohl durch *Edmund Mezger*, Die subjektiven Unrechtselemente, in: Gerichtssaal 1924, 207 ff.

3. Die weitere, schon von Frank gemachte „Entdeckung“, dass der entschuldigende Notstand auch objektive Elemente enthalte[83];
4. Ebenfalls im Zusammenhang mit dem normativen Schuldbegriff aus strafrechtssystematischer Sicht (zur historischen Sicht s. bereits o. II. 1.) die „Entdeckung“ des Verbotsirrtums.

Charakteristika dieses sog. **neoklassischen Systems** sind:

1. Die Aufweichung der Gleichsetzung des Unrechts mit der objektiven, der Schuld mit der subjektiven Seite der Straftat und damit eine *Flexibilisierung* des Straftatsystems;
2. Das Vordringen von *normativen Straftatelementen* in die Strafrechtsdogmatik; Liszt und Binding hatten noch angenommen, alle Wertentscheidungen seien bereits vom Gesetzgeber getroffen, die Strafrechtsdogmatik könne wertfrei vorgehen. Mit der Normativierung geriet das Straftatsystems zugleich in die Nähe der *Ethisierung*, d. h. in die Gefahr der Auflösung der seit Kant anerkannten Trennung von Recht und Ethik.

Wie schon im Zusammenhang mit der Frankschen Schuldlehre ist auch bei Einordnung der gerade skizzierten Weiterentwicklung zwischen dogmatischer und rechtshistorischer Sicht zu unterscheiden.

Strafrechtsdogmatisch konnte man die Entwicklung deshalb als Gewinn ansehen, weil sie bewusst machte, dass der Rechtsanwender nicht nur ohnehin – bewusst oder unbewusst – eigene Wertvorstellungen in seine Entscheidungen einfließen lässt, sondern auch von Rechts wegen Wertentscheidungen zu treffen oder doch zumindest nachzuvollziehen hat. Manche dogmatischen Probleme wurden erst im Rahmen dieses weiter ausdifferenzierten, aber auch flexibleren Systems lösbar.

Rechtshistorisch, also jenseits dogmatischer Kategorien betrachtet, bedeutete die Entwicklung den Zerfall der „besonders klaren und einfachen Verbrechenslehre“ des ausgehenden 19. Jahrhunderts[84], deren Klarheit und Einfachheit auch ein Stück Rechtssicherheit bedeutete. War der materielle Verbrechensbegriff im Verlauf des 19. Jahrhunderts durch den Positivismus aufgeweicht worden, so hatte der letztere doch immerhin auf *formaler* Ebene mit strenger Bindung des Richters an scharf konturierte Straftatbestände rechtsstaatliche Maßstäbe gesetzt. Mochte man im Sinne des Straftatsystems begrüßen, dass der neoklassische Verbrechensaufbau vom Positivismus ein Terrain zurückgewonnen hatte, das dieser zu Unrecht annektiert hatte, so waren für ein rechtsstaatlich liberales Strafrecht die neuen Erkenntnisse unbedeutend, wenn nicht sogar kontraproduktiv. Bereits *Liszt* hatte aus kriminalpolitischer Sicht für eine Täter- und Gesinnungsorientierung und für eine damit verbundene Erweiterung der richterlichen Ermessensbefugnis plädiert. In beiden Punkten konvergierten alte und neue Richtung. Das Neue freilich war, dass mit den

[83] Einfallsstelle für die Aufnahme des Notstandes in den Schuldbegriff war die durch die Normativierung geförderte Entdeckung des Gesichtspunkts der „Unzumutbarkeit“. Dies ermöglichte die – mit der Entscheidung RGSt 61, 242 ff. (s. u. Fußn. 138) einsetzende – differenzierende Einfügung des Notstandes in Rechtswidrigkeit und Schuld; *Schünemann*, Systemdenken, S. 29.

[84] *Roxin*, Strafrecht AT, S. 201.

neuen Einsichten diese Gesichtspunkte nunmehr auch in der Strafrechtsdogmatik leichter Fuß fassen konnten.

Ein anderer antipositivistischer Strang wies bereits in eine weitere Zukunft: der Irrationalismus und Antiliberalismus, der, beginnend mit der **Lebensphilosophie**, seinen stärksten Zulauf nach dem verlorenen I. Weltkrieg und unter dem Einfluss der konservativen Republikfeinde fand. Er verurteilte die neukantianische Trennung von Sein und Wert und verlangte eine ganzheitliche Wesensschau. Hier wurde also gerade das, was der Rechtspositivismus immerhin an Rechtsstaatlichkeit gebracht bzw. bewahrt hatte, nämlich die randscharfe genaue Bestimmung des Bereichs des Strafbaren, in Frage gestellt. Zu voller Entfaltung und zur Herrschaft gelangte diese Richtung in der Zeit der NS-Herrschaft[85].

Auch hier muss die Einschätzung zwischen systemimmanenter, strafrechtsdogmatischer Sicht und rechtshistorischer Sicht „von außen" unterscheiden. Eine systemimmanente Sicht neigt natürlicherweise dazu, dogmatische Unterschiede, die im Mittelpunkt ihrer Betrachtung stehen, zu vergrößern. So betrachtet ist gewiss die Aussage zutreffend, dass die Ganzheitsbetrachtung „in letzter Konsequenz zum Irrationalismus und Dezisionismus und damit zu einer Selbstabschaffung der Strafrechtswissenschaft geführt hätte"[86]. Aus der Außensicht relativiert sich jedoch abermals einiges, denn auch die irrationalistische Gesamtbetrachtung fügt sich in den Trend der Strafrechtsentwicklung seit dem Jahrhundertbeginn ein, radikalisierte ihn allerdings. Täterorientierung und Gesinnungsstrafrecht rückten weiter in den Vordergrund; der Grundsatz *nullum crimen, nulla poena sine lege*, bereits bei Binding nicht in hohem Ansehen stehend und in der Weimarer Republik niemals zum unbefragten Besitztum rechtsstaatlicher Errungenschaft geworden, passte noch viel weniger zu einem das zersetzende, formalistische Denken und den formellen Verbrechensbegriff ablehnenden Ganzheitsdenken.

Dominant in der Strafrechtswissenschaft der Weimarer Zeit war insgesamt ein **Antiliberalismus**[87]. In dem alten Konflikt zwischen staatlichem Strafen als Schutz *durch* den Staat und Straf*recht* als Schutz *vor* dem Staat war letzteres durchweg in der Defensive. Selbst diejenigen, die, wie Gustav Radbruch, für die Republik eintraten und ein menschliches Strafrecht propagierten, schreckten, wie die Darstellung des Reformentwurfs von 1922 zeigen wird, vor massiven Verschärfungen des Strafrechts nicht zurück.

Damit ist auch schon angedeutet, dass persönliche Zuordnungen nicht immer einfach sind. Der Liszt-Schüler *Gustav Radbruch* bekannte sich als Neukantianer, war aber auch einer der prononciertesten Vertreter des Rechtspositivismus. Berühmt (und nach 1945 berüchtigt) wurde sein Satz:

[85] Zum Antiliberalismus und Irrationalismus und ihren Auswirkungen auf die Strafrechtswissenschaft immer noch unübertroffen die Darstellung von *Marxen*, Kampf, S. 47 ff.

[86] *Schünemann*, Systemdenken, S. 33 f.

[87] Dazu grundlegend *Marxen*, a. a. O.

> Wir verachten den Pfarrer, der gegen seine Überzeugung predigt, aber wir verehren den Richter, der sich durch sein widersprechendes Rechtsgefühl in seiner Gesetzestreue nicht beirren lässt[88].

Radbruch wurde in der Weimarer Republik sozialdemokratischer Politiker, zeitweise Reichsjustizminister und nach 1933 aufgrund des Berufsbeamtengesetzes aus seinem Hochschullehrer-Amt vertrieben. Die Liszt-Schüler *Eduard Kohlrausch*[89] und *Eberhard Schmidt*[90] arrangierten sich mit dem NS-Regime und bemühten sich nachdrücklich, die Vereinbarkeit der Lisztschen Lehre mit der Kriminalpolitik des Regimes nachzuweisen. Die Neukantianer *Erich Schwinge* und *Leopold Zimmerl* verteidigten noch 1937 ihr Verständnis gegen die herrschende irrationale Richtung[91]. Schwinge wiederum war es, der bis in sein hohes Alter die NS-Militärjustiz, nicht zuletzt aufgrund persönlicher Einbindung, in Schutz nahm[92]. Biographien und politische Entwicklungen gehen eben nicht immer konform mit wissenschaftstheoretischen Entwicklungen[93].

Die Kritik an der hegemonial gewordenen Lisztschen Kriminalpolitik und dem von ihr beeinflussten StGB-Entwurfs von 1925 (dazu u. § 5 IV. 3.) führte am 6. Juni 1925 zur Gründung der **Deutschen strafrechtlichen Gesellschaft.** Die Initiative zur Gründung ging möglicherweise von dem Würzburger Strafrechtslehrer *Friedrich August Oetker* (1854–1937) aus[94]. Die Gesellschaft verabschiedete in ihrer vorbereitenden Versammlung folgende Resolution:

> Die Veröffentlichung des Entwurfs (sc. des Entwurfs von 1925) […] gibt Anlaß zu der ernsten Besorgnis, daß die Reichsgesetzgebung die bisherige Tradition unserer nationalen Strafrechtsentwicklung zu verlassen beabsichtigt. Die Idee der Gerechtigkeit, wie sie in einer bindend geregelten, gleichmäßig gegenüber allen Bürgern wirksamen Rechtsstrafe zum Ausdruck kommt, wird beeinträchtigt, wenn Maßnahmen vorgeschlagen werden, die in mancher Beziehung einen Rückfall in polizeistaatliche Verhältnisse bringen müssen, und durch ein fast schrankenloses richterliches Ermessen die Gleichförmigkeit der Rechtsübung in Frage gestellt wird[95].

---

[88] *Gustav Radbruch*, Rechtsphilosophie. 4. Aufl. nach dem Tode des Verfassers besorgt und eingeleitet von Erik Wolf. Stuttgart 1950, S. 182.

[89] Zu ihm *Karitzky*, Kohlrausch; *Vormbaum*, Opportunismus.

[90] Auch nach der kürzlich erschienenen umfangreichen Monographie von *Simone Gräfin von Hardenberg*, Eberhard Schmidt. Ein Beitrag zur Geschichte unseres Rechtsstaats. Berlin 2009, steht eine kritische Biographie zu **Eberhard Schmidt** (1891–1977) noch aus.

[91] *Erich Schwinge/Leopold Zimmerl*, Wesensschau und konkretes Ordnungsdenken im Strafrecht. 1937.

[92] *Erich Schwinge/P. Schweling*, Die deutsche Militärjustiz in der Zeit des Nationalsozialismus, 2. Aufl. 1978; *Erich Schwinge*, Verfälschung und Wahrheit, 1988; *Ders.*, Die Urteile der Militärstrafjustiz „offensichtlich unrechtmäßig"? In: NJW 1993, 368 f.

[93] Dies bedeutet nicht, dass politische Entwicklungen die wissenschaftstheoretischen Entwicklungen unbeeinflusst ließen. Einen Versuch, die beiden Entwicklungsstränge aufeinander zu beziehen, unternimmt *Kubink*, JJZG 5 (2003/2004), 517 ff. (s. insb. S. 520). Die Begrenztheit solcher Parallelisierungen muss indes stets bedacht werden.

[94] *Schubert*, Reform Abt. I Bd. 1.1, S. LXIV; Gründungsmitglieder waren u. a. die Strafrechtslehrer Philipp Allfeld, Ernst Beling, August Finger, Heinrich Gerland, August Hegler, Paul Heilborn, Eduard Kern, Karl Klee, Adolf Lobe, Edmund Mezger, Johannes Nagler, Richard Schmidt, August Schoetensack, Ludwig Träger, Adolf Wach und Friedrich Wachenfeld. Die Namen sämtlicher Gründungsmitglieder sind aufgeführt bei *Friedrich August Oetker*, Die Deutsche Strafrechtliche Gesellschaft, in: Gerichtssaal 91 (1925), 321 ff., 322.

[95] *Oetker*, a. a. O.; s. auch *A. Graf zu Dohna*, Die Deutsche Strafrechtliche Gesellschaft, in: DJZ 1925, Sp.1100 ff. In der Deutschen Juristenzeitung wurde seit 1926 jährlich mehrfach über Tagun-

Das Profil der Gesellschaft war also eben so ambivalent wie dasjenige der deutschen Landesgruppe der Lisztschen Internationalen Kriminalistischen Vereinigung (IKV). Den Gegensatz zwischen den beiden Gruppierungen darin zu erblicken, dass die letztere die liberalere gewesen sei, verbietet sich nach einer genauen Lektüre des von einem ihrer (überdies dem liberalen Flügel zugerechneten) Protagonisten, Gustav Radbruch, gestalteten Reformentwurfs von 1922. Die Deutsche Strafrechtliche Gesellschaft geriet zwar schneller als die IKV gegen Ende der 20er Jahre in autoritäres Fahrwasser, doch waren einige ihrer Einwände gegen die hegemoniale IKV-Politik auch rechtsstaatlich motiviert. Es gab übrigens auch Doppelmitgliedschaften. Die IKV ihrerseits erlebte auf ihrer Frankfurter Tagung vom 12./13. September 1932 eine heftige und nur mit einem Formelkompromiss abgeschlossene Auseinandersetzung[96] zwischen den Anhängern einer Fortsetzung der Strafrechtsreform und dem NS-Sympathisanten und Strafrechtslehrer **Wenzeslaus Graf Gleispach** (1876–1944)[97] und seinen Anhängern, darunter junge Nachwuchswissenschaftler wie **Friedrich Schaffstein** (1902–2001), **Karl Engisch** (1899–1990) und **Erik Wolf** (1902–1977). Schaffstein brachte um die folgende Jahreswende zusammen mit **Georg Dahm** (1905–1963) die Schrift „Liberales oder autoritäres Strafrecht?" heraus, die ihr Programm schon im Titel trug[98].

Im Bereich der **Kriminologie** erlebte die Weimarer Zeit ein enormes Anwachsen kriminalbiologischer Forschungstätigkeit[99]. Obwohl die Kriminalitätsentwicklung im I. Weltkrieg und in der unmittelbaren Nachkriegszeit einen Beleg für die Bedeutung von Umwelteinflüssen auf die Kriminalität erbracht hatte, blieben Soziologen an Kriminalitätsfragen desinteressiert; damit standen der Kriminologie aus dieser Richtung praktisch nur statistische Daten über zeitliche Entwicklung und geographische und altersmäßige Verteilung der Kriminalität zur Verfügung. Immerhin entwickelten auf dieser Grundlage **Moritz Liepmann** (1869–1928) und **Franz Exner** (1881–1947) beachtliche kriminalsoziologische Interpretationen, die sie vor allem an dem „gigantischen Experimentierfeld" des I. Weltkrieges festmachten[100].

---

gen und Verlautbarungen der Deutschen Strafrechtlichen Gesellschaft berichtet.

[96] Getrennt und mit unterschiedlichen Mehrheiten beschlossen wurden die beiden Sätze der folgenden Resolution: „Die deutsche Landesgruppe der IKV hält hinsichtlich der Fortführung der Strafrechtsreform an ihren bisherigen kriminalpolitischen Zielen fest (einstimmig angenommen) – unbeschadet der Anerkennung des Einflusses neuer Geistesströmungen und bedeutender Veränderungen im Verhältnis der politischen Kräfte" (angenommen mit 25 gegen 23 Stimmen bei 7 Enthaltungen); näher *Eb. Schmidt*, Einführung, § 345, S. 426; ausführlich *Marxen*, Kampf, S. 91 ff.; s. auch die Darstellung der Vorgänge aus der Sicht von *Schaffstein*: Erinnerungen an Georg Dahm, in: JJZG 7 (2005/2006), 173 ff.

[97] Zu ihm *Eduard Rabofsky/ Gerhard Oberkofler*, Verborgene Wurzeln der NS-Justiz. Strafrechtliche Rüstung für zwei Weltkriege. Wien, München. Zürich 1985, S. 111 ff.; *I. Müller*, Furchtbare Juristen, S. 76 ff.

[98] *Georg Dahm/ Friedrich Schaffstein*, Liberales oder autoritäres Strafrecht? Hamburg 1933; dazu ausführlich *Mario A. Cattaneo*, Strafrechtstotalitarismus, S. 194 ff. *Marxen*, Kampf, S. 103 ff.; zur Diskussion, Ablehnung und Rezeption der genannten Lehren in der *italienischen* Strafrechtswissenschaft s. *Giorgio Marinucci*, Giuseppe Bettiol und die Krise des Strafrechts in den 30er Jahren, in: JJZG 10 (2008/2009), S. 173 ff.; dort auch zu weiteren Texten der genannten Autoren.

[99] *Wetzell*, Inventing the criminal, S. 107, 125.

[100] *Wetzell*, a. a. O., S. 109 ff.

Die kriminalbiologische Forschung wurde fast ausschließlich von Psychiatern (Gustav Aschaffenburg, Kurt Schneider, Karl Birnbaum, Johannes Lange, Hans Gruhle) betrieben. In Bayern entwickelte der Psychiater **Theodor Viernstein** (1878–1949) kriminalbiologische Fragebögen für Neuaufnahmen im Strafvollzug zur Unterscheidung von Besserungsfähigen und Unverbesserlichen. Aus den gesammelten Fragebögen ging 1925 der **Kriminalbiologische Dienst** hervor[101], den Viernstein selbst als einen Beitrag zur Rassenhygiene auffasste, da er kriminelles Verhalten als in einer kriminellen Persönlichkeit verwurzelt ansah. Von seiten der Gefängnisreformer wurden Viernsteins Erhebungsmethoden heftig kritisiert[102]. Die Mehrzahl der Forscher schrieb dem Erbfaktor nur die Rolle einer *Disposition* oder eines Faktors unter mehreren zu. 30 Jahre nach dem ersten Erscheinen seines Lehrbuches musste Gustav Aschaffenburg 1932 einräumen, dass die Kriminalbiologie immer noch in den Kinderschuhen steckte[103]. Dennoch kann man als Trend feststellen, dass das kriminalbiologische Paradigma sich immer mehr in den Vordergrund drängte[104].

Sterilisierungsforderungen waren ständige Begleiter der Strafrechtsreform-Diskussion der Weimarer Republik; ihre Berührungspunkte mit der Kriminalbiologie – aber auch mit den Exklusions-Vorstellungen vieler Strafrechtsreformer in der Liszt-Nachfolge (Sicherungsverwahrung) – liegen auf der Hand. „Eugenik“ oder „Rassenhygiene“ waren nicht das Anliegen einer bestimmten politischen Richtung – dieser Eindruck ist dadurch entstanden, dass die politische (extreme) Rechte später bereit war, mit der „Euthanasie“-Aktion die letzte tödliche Konsequenz zu ziehen. Sie war auch nicht nur eine deutsche Obsession – wenngleich die in Deutschland besonders ausgeprägte Neigung zu „erbarmungsloser“ systematischer Konsequenz[105] die Realisierung ihres tödlichen Potentials gefördert haben mag. Der I. Weltkrieg mit seiner „Negativselektion“ beförderte den Ruf nach Kompensationsmaßnahmen[106]. Streitig waren vor allem die Fragen, ob nur freiwillige Sterilisierung oder auch Zwangssterilisierungsmaßnahmen zulässig sein sollten und ob Straffälligkeit einen Anlass für Sterilisierung sollte abgeben können. Die zweite Frage wurde in der Wissenschaft überwiegend bejahend beantwortet[107], die Politik hingegen war darüber uneins; einige Parteien wechselten im Laufe der Zeit ihren Standpunkt von der Zustimmung zur Ablehnung. Durchgängig

---

[101] *Wetzell*, a. a. O., S. 131 ff., insb. S. 135; *Christian Müller*, Verbrechensbekämpfung, S. 241 ff.; *I. Baumann*, Verbrechen, S. 55 ff.; *Wachsmann*, Gefangen, S. 44 ff.

[102] Ausführlich *Wetzell*, a. a. O., S. 137 ff.: „Viernstein's unsophisticated methodology and crude hereditarianism were not representative of psychiatric research on the causes of crime, most of which presented a far more complex picture of the interaction of biological and social factors in criminal behaviour“ (a. a. O., S. 142).

[103] *Wetzell*, a. a. O., S. 178.

[104] *I. Baumann*, Verbrechen, S. 66 ff.

[105] Für sie gibt es – neben den unbegrenzten Möglichkeiten einer zu allem entschlossenen und bereiten Diktatur – historische Erklärungen, die wohl als erster *Heinrich Heine* hellsichtig erkannt hat (s. dazu bereits § 2 Fußn. 78).

[106] *Wetzell*, a. a. O., S. 237; das Stichwort hatten 1920 Karl Binding und Alfred Hoche formuliert; s. o. § 5 II. 1.; s. auch *Große-Vehne*, Tötung auf Verlangen, S. 89 ff.; *Christian Müller*, Verbrechensbekämpfung, S. 150 ff., insb. S. 173.

[107] *Wetzell*, a. a. O., S. 241 ff.

positiv äußerten sich Sozialdemokraten und Nationalsozialisten – freilich mit dem großen Unterschied, dass erstere nur *freiwillige* Maßnahmen zulassen wollten[108].

2. Strafgesetzgebung

Mit der **Weimarer Reichsverfassung** trat erstmals ein gesamtdeutscher Grundrechtekatalog in Kraft. Deutschland wurde eine demokratische Republik. Die Verfassung normierte in **Art. 116** den Grundsatz *nullum crimen sine lege*, wenn auch in einer Fassung, die, wie sich zeigen sollte, Möglichkeiten zu einer Auslegung eröffnete, welche die Erstreckung auf Strafart und Strafmaß (nulla-*poena*-Grundsatz) ausschloss:

> Eine Handlung kann nur dann mit einer Strafe belegt werden, wenn die Strafbarkeit gesetzlich bestimmt war, bevor die Handlung begangen wurde.

Klarer war der aus der Kaiserzeit stammende **§ 2 Abs. 1 RStGB**:

> Eine Handlung kann nur dann mit einer Strafe belegt werden, wenn diese Strafe gesetzlich bestimmt war, bevor die Handlung begangen wurde.

Art. 136 Abs. 3 WRV bestimmte, dass niemand zur Benutzung einer religiösen Eidesform gezwungen werden könne. Auf Antrag der Deutschen Volkspartei erhielt die Verfassung ferner in **Art. 177 WRV** eine Übergangsbestimmung, wonach anstelle der religiösen Eidesform auch mit den Worten „Ich schwöre" rechtswirksam geschworen werden konnte[109]. Der alte Streit darüber, ob es einen nichtreligiösen Eid geben könne, war damit zumindest entschärft[110].

Unterhalb der Ebene des staats- und verfassungsrechtlichen Umbruchs blieb die Rechtsordnung weitgehend unverändert bestehen. **Art. 178 WRV** ließ bis auf die Verfassung von 1871 alle bestehenden Gesetze in Kraft, soweit ihnen nicht die Verfassung entgegenstand. Besonders heikel war dies im Bereich des Staatsschutzstrafrechts. Soweit die Hochverratsbestimmungen die Person des Kaisers betrafen, gingen sie nicht auf den Reichspräsidenten über[111]. Da eine Anpassung des Staatsschutzstrafrechts – das in der Zeit der Weimarer Republik, anders als im Kaiser-

[108] *Wetzell*, a. a. O., S. 250 ff.; *I. Baumann*, Verbrechen, S. 73 ff.; zur Sozialdemokratie s. *Michael Schwartz*, Sozialistische Eugenik. Eugenische Sozialtechnologien in Debatten um Politik der deutschen Sozialdemokratie 1890–1933. Bonn 1995; *Ders.*, Medizinische Tyrannei: Eugenisches Denken und Handeln in international vergleichender Perspektive (1900–1945), in: JJZG 7 (2005/2006), 37 ff., insb. S. 38 f.; *Christian Müller*, Verbrechensbekämpfung, S. 209 u.ö.

[109] Näher und zur weiteren Entwicklung *Vormbaum*, Eid, S. 97 ff.

[110] Endgültig beigelegt wurde er erst 1975 durch die auf Anordnung des Bundesverfassungsgerichts (BVfGE 33, 33) eröffnete Möglichkeit, eine eidesersetzende Erklärung abzugeben; näher *Vormbaum*, Eid, S. 164 f.; *Ders.*, Reform der Aussagedelikte (§§ 153–162 StGB). Reformüberlegungen und Gesetzentwurf. (Rechtsgeschichte und Rechtsgeschehen – Kleine Schriften. 36). 2. Auflage. Münster, Berlin 2012, S. 5 ff.

[111] *Gusy*, Weimar, S. 108; *Ders.*, Der Schutz des Staates gegen seine Staatsform. Die Landesverratsrechtsprechung in der Weimarer Republik, in: GA 1992, 195 ff.; *A. Hartmann*, Majestätsbeleidigung, S. 196.

reich, einige praktische Bedeutung erlangte[112] – an die republikanischen Verhältnisse bis 1933 nicht gelang, war die Anwendung in die Hände der Rechtsprechung gelegt, die zwar eine handwerklich ausgefeilte Auslegung entwickelte, sie aber tendenziell einseitig, die Kommunistische Partei deutlich strenger als die NSDAP behandelnd, umsetzte[113].

Ähnlich wie später in der Besatzungszeit und in der Frühzeit der Bundesrepublik war die Republikanisierung und Demokratisierung der Justiz dadurch behindert, dass diese mit dem Personal des früheren politischen Systems auskommen musste[114].

Generell setzte sich der Gesetzgebungstrend der Vorkriegs- und Kriegszeit fort. Die durch den Krieg hervorgerufene Verrohung sowie die nach Kriegen (gerade nach verlorenen Kriegen) häufigen wirtschaftlichen Krisensymptome (Schwierigkeiten der Umstellung von der Kriegs- auf die Friedenswirtschaft; Schwarzmarkt; „Kriegsgewinnler"), vor allem der durch eine verfehlte Kriegsfinanzierungspolitik (Kriegsanleihen statt Steuererhöhungen) bereits in den Kriegsjahren einsetzende Geldwertverfall, der durch alliierte (vor allem französische) Reparationsforderungen noch verstärkt wurde und im Krisenjahr 1923 in die Hyperinflation mündete, produzierten eine beachtliche **Wirtschaftskriminalität.** „Organisierte Kriminalität" wurde, wenn auch noch nicht unter diesem Namen, zum Thema („Diebes-und-Hehler-Ringe", „Schieber", Verbrechersyndikate)[115].

Diese Kriminalität wurde durch eine umfängliche Wirtschaftskontrollgesetzgebung nebst einem zugehörigen Nebenstrafrecht einerseits bekämpft, andererseits

---

[112] *Gusy*, Weimar, S. 126; *Rasehorn*, Justizkritik, S. 159 ff.; zeitgenössisch: *Emil Julius Gumbel*, Vier Jahre politischer Mord und Denkschrift des Reichsjustizkommissars zu „Vier Jahre politischer Mord". Berlin 1924. Neudruck Heidelberg 1980 mit einer Einleitung von Hans Thill. Gumbel, Mathematiker und Privatdozent für Statistik an der Universität Heidelberg, hatte zunächst 1920 sein Buch „2 Jahre politischer Mord" veröffentlicht, worin er seine Berechnung vorgestellt hatte, dass „die deutsche Justiz über 300 politische Morde ungestraft läßt". Im Nachfolgeband rechnet er vor, dass 22 Morden von links 332 Morde von rechts gegenüber gestanden hätten und dass die durchschnittliche Dauer des Freiheitsentzuges pro Mord von links 15 Jahre, für die Morde von rechts 4 Monate betragen habe. Das Reichsjustizministerium bestätigte in einer Denkschrift im Wesentlichen die Zahlen Gumbels. Eine Reaktion seitens der Justiz – das Reichsgericht war für politische Morde in erster und letzter Instanz zuständig – erfolgte nicht. Allerdings wurden gegen Gumbel 1924 gleich drei Strafverfahren wegen Landesverrats eingeleitet, weil er in Aufsätzen in der „Weltbühne" und in einem weiteren Buch mit dem Titel „Verschwörer" über die sog. Schwarze Reichswehr und über die Verbindung der bayerischen Landesregierung zu rechten Mordorganisationen berichtet hatte.

[113] *Gusy*, S. 109 ff., 127.

[114] Differenzierend, jedenfalls die Besonderheiten Badens betonend, *Kißener*, S. 52 ff.; generell zur politischen Justiz und zur Einseitigkeit der Rechtsprechung gegen „links": *Hannover/ Hannover-Drück*, Politische Justiz.

[115] Künstlerische Ausdrucksformen, wenn auch teilweise zeitversetzt, sind u. a. *Bertold Brechts* Dreigroschenoper (1928), *Norbert Jacques* Roman „Dr. Mabuse der Spieler" (1922) und die Schlussszene des *Fritz-Lang*-Films „M – Eine Stadt sucht einen Mörder" (1931) (Fritz Lang hat übrigens auch den Roman von Jacques verfilmt). Weitere einschlägige Werke werden erörtert b. *Hania Siebenpfeiffer*, Böse Lust. Gewaltverbrechen in Diskursen der Weimarer Republik. Köln, Weimar, Wien 2005; dort auch Hinweise auf geschlechtsspezifische Täter(innen)-Diskurse (Giftmörderin; Kindesmörderin).

auch durch Definition hervorgebracht[116]. Die Form der Normsetzung folgte dem aus dem Weltkrieg bekannten Schema. So ermächtigte das *Gesetz über eine vereinfachte Form der Gesetzgebung für die Zwecke der Übergangswirtschaft* vom 17. April 1919 die Reichsregierung, den Staatenausschuss und einen 28köpfigen, von der Nationalversammlung gewählten Ausschuss zum Erlass von gesetzesvertretenden Verordnungen, die sich „zur Regelung des Übergangs von der Kriegswirtschaft in die Friedenswirtschaft [...] als notwendig und dringend erweisen"[117]. Weitere Ermächtigungsgesetze folgten bis zum Jahre 1924[118].

Der sog. *Kapp-Putsch* und die Mordanschläge auf republikanische Politiker (Matthias Erzberger, Walter Rathenau), denen jeweils regelrechte Mordhetze-Artikel in der rechtsextremen Presse vorangegangen waren, führten seit 1921 zu mehreren Wellen einer **Republikschutzgesetzgebung**[119] mit Verschärfungen des Presse-, Versammlungs- und Vereinsrechts. Nach Aussage von Reichskanzler Wirth war es zentrale politische Aufgabe dieser Bestimmungen, „den Schutz des Staates und der Republik und das Leben seiner durch politische Mordorganisationen bedrohten Vertreter zu sichern"[120]. Nachdem mehrere Notverordnungen nach kurzer Geltung wieder aufgehoben worden waren, mündeten die Bemühungen schließlich in das *(Erste) Gesetz zum Schutze der Republik* ein. Sein erster Abschnitt enthielt „Strafbestimmungen zum Schutze der Republik".

Die *Teilnahme an Vereinigungen oder Verabredungen*, zu deren Bestrebungen es gehörte, „Mitglieder der republikanischen Regierung des Reichs oder eines Landes durch den Tod zu beseitigen", wurde mit Zuchthaus, bei eingetretener oder versuchter Tötung „mit dem Tode oder mit lebenslangem Zuchthaus" bestraft (§ 1 RepSchG I). § 5 des Gesetzes bestrafte die *Nichtanzeige* einer solchen Vereinigung oder Verabredung. Ausgenommen waren Fälle des Beichtgeheimnisses sowie enge Verwandte, diese aber nur, wenn sie sich nach Kräften bemüht hatten, den Täter von der Tat abzuhalten; eine Rückausnahme galt für den Fall, dass es zur Tötung oder zum Tötungsversuch gekommen war. Die *Begünstigung* des Täters einer versuchten oder vollendeten Tötung i.S. des Gesetzes wurde mit Zuchthaus bestraft; Ausnahmen für Verwandte gab es insoweit nicht.

Neben diesen schon in den Vorgänger-Verordnungen ähnlich vorgesehenen Tatbeständen enthielt das Gesetz auch Normen gegen Beschimpfung oder Verächtlichmachung der Republik, ihrer Symbole und ihrer Repräsentanten (§ 8)[121]. Auch diese Bestimmungen waren zweifellos problematisch, weil die inkriminierten Verhaltensweisen eine große Nähe zur – verfassungsrechtlich zulässigen – Kritik aufwiesen. Um des guten politischen Zieles willen fand die Republik sich hier zu einer weiten Vorverlegung des Einsatzes des Strafrechts und zu seiner Verschärfung bereit; gerade die in das Gesetz zusätzlich aufgenommenen Tatbestände erlangten während der

[116] Näher *Werner*, Wirtschaftsstrafrecht, S. 34 ff.

[117] *Richstein*, Das belagerte Strafrecht, S. 148.

[118] Aufgrund eines solchen Ermächtigungsgesetzes erging auch die sog. Emminger-Verordnung über Gerichtsverfassung und Strafprozess (dazu u. IV. 4.).

[119] Zu den einzelnen Gesetzen *Gusy*, Weimar, S. 128 ff.; *Grässle-Münscher*, Kriminelle Vereinigung, S. 71 ff.

[120] *Gusy*, Weimar, S. 135.

[121] Näher *Gusy*, Weimar, S. 142 ff.

Geltungszeit des Gesetzes bis 1929 beachtliche (in den ruhigen Jahren der Republik freilich abnehmende) praktische Bedeutung[122].

Besonders umstritten und nach 1945 besonderer Gegenstand der Kritik war die Rechtsprechung zur Bezeichnung der Republik als „Judenrepublik", eine gerade für die staatstragenden Weimarer Parteien besonders heikle Thematik, da sie ja, um die Bezeichnung als verunglimpfend oder verächtlich machend anzusehen, das Referenzsystem der antisemitischen und republikfeindlichen Parteien zugrundelegen mussten[123]. Freilich war die Rechtsprechung, indem sie sich – jedenfalls zunächst – auf einen naiven Standpunkt stellte, scheinheilig[124]. Bei der Interpretation ist allerdings zu berücksichtigen, dass man einerseits in diesen Vorgängen und ihrer Beurteilung durch die Rechtsprechung objektiv (und aus dem Rückblick) Etappen auf dem Weg in den Holocaust erblicken kann, dass aber andererseits selbst diejenigen, die den Antisemitismus und die erwähnte Rechtsprechung kritisierten, nicht die Phantasie besessen haben, sich diesen heute allgemein bekannten Fluchtpunkt der Entwicklung vorzustellen.

Das Gesetz wurde 1926 und 1927 verlängert und trat 1929 außer Kraft. 1930 wurde ein – deutlich abgeschwächtes – Zweites Republikschutzgesetz erlassen[125]. Mehrere Notverordnungen „zur Bekämpfung politischer Ausschreitungen", bei denen der Schutz der Republik nicht mehr im Vordergrund stand, begleiteten das Ende der Weimarer Republik[126].

Bei allem Verständnis für die Verteidigungsbedürfnisse der bedrängten Republik muss doch festgehalten werden, dass die Republikschutzgesetzgebung das Strafrecht in einem Ausmaße zum politischen Instrument machte, das der Weimarer Republik nach 1945 allzu bereitwillig nachgesehen wurde. Der Stil der Strafgesetzgebung, der sich spätestens seit 1914 etabliert hatte und nach 1918 fortgesetzt worden war, wurde bereitwillig beibehalten. Der aufgrund des Gesetzes eingerichtete **Staatsgerichtshof zum Schutze der Republik** konnte jedenfalls formal als Vorgänger des Volksgerichtshofes dienen, wie ja auch die häufigen Ermächtigungsgesetze und Notverordnungen ein gesetzgeberisches Muster für die spätere Machtübertragung an die Nazi-Partei bildeten. Es ist die Aufgabe des Historikers, solche Feststellungen unabhängig von persönlichen Sympathien und Antipathien (die hier selbstverständlich eindeutig verteilt sind) zu treffen.

Unvollständig wären diese Hinweise, würden sie nicht ergänzt um denjenigen auf die zahlreichen, vor allem politisch bedingten **Amnestien** der Weimarer Republik. Die Republik nahm damit zwar dem Strafrecht, das sie gerade aus politischen Gründen als Kampfmittel geschärft hatte, einiges an seiner Wirkung, schuf sich damit aber ein – nun auch in der Gegenrichtung – flexibles politisches Instrumentarium. Und auch in dieser Hinsicht wurde sie stilbildend für das nachfolgende politische System[127].

---

[122] Zahlen b. *Gusy*, S. 169.

[123] *Gusy*, Weimar, S. 161 f.

[124] Näher *Gusy*, S. 160 ff.; *Angermund*, S. 34.

[125] Dazu *Gusy*, S. 171 ff.

[126] Näher *Gusy*, Weimar, S. 193 ff.; *Nobis*, Strafprozessgesetzgebung.

[127] Zu den Amnestien der Frühzeit s. *Max Alsberg*, Die Reichs-Amnestiegesetze. Berlin 1919; s. auch *Marxen*, Rechtliche Grenzen der Amnestie. Heidelberg 1984, S. 11 ff.

Wie generell an der Wiege der Lisztschen Kriminalpolitik hatten auch an derjenigen der **Jugendgerichtsbewegung** Gesichtspunkte der Kriminalitätsbekämpfung gestanden[128]. Den Kontext bildeten demgemäß, wie im allgemeinen Strafrecht, vornehmlich staatliche Interventions- und Kontrollbefugnisse; Zweckmäßigkeit gebot jene Flexibilisierung, die bis heute für das Jugendstrafrecht charakteristisch ist und sich zu ihrer Rechtfertigung auf den Erziehungsgedanken – straftheoretisch: auf den Besserungsgedanken – stützen konnte. Entpönalisierungseffekte waren auch hier vor allem Rückwirkungen kriminalpolitischer Zweckmäßigkeitserwägungen. Das **Jugendgerichtsgesetz** von 1923 brachte vor allem „Rechtsfolgensonderstrafrecht“[129]. Es öffnete das Jugendstrafrecht den „Reaktionsmöglichkeiten aus dem Fürsorgerecht“[130]; in der Konsequenz lag ebenso die erstmalige Regelung der bedingten Strafaussetzung wie auch die erstmalige Durchbrechung des Legalitätsprinzips[131] (die letztere freilich nur mit kurzem zeitlichen Vorsprung vor dem allgemeinen Strafrecht; s. dazu u. IV. 4.).

Das **Strafgesetzbuch** erfuhr in der Zeit der Weimarer Republik nur verhältnismäßig wenige, nämlich 13 Änderungen[132]; es handelte sich mit einer Ausnahme um redaktionelle Folgeänderungen anderer Gesetzgebungsakte oder um punktuelle Ergänzungen, von denen einige freilich nicht unbedeutend waren:

Die *Republikschutzgesetzgebung* schlug sich 1922 in einer Erweiterung des **§ 49a RStGB** nieder. Neben die versuchte Anstiftung und das Eingehen auf eine Anstiftung zu einem Verbrechen, die seit der Lex Duchesne von 1876 (o. § 5 II. 2.) strafbar waren, trat die Strafbarkeit der Verabredung eines Verbrechens des Mordes; betraf die Verabredung die Ermordung einer Person aus Gründen, die in ihrer Stellung im öffentlichen Leben lagen, so trat eine Qualifikation ein. Die Ausgangsstrafe war Gefängnis nicht unter einem Jahr, die Strafe der Qualifikation Zuchthaus – eine beachtliche Strafdrohung für eine im ursprünglichen Reichsstrafgesetzbuch noch straflose Verhaltensweise[133].

Eine zusätzliche Erweiterung, die ebenfalls aus der Republikschutzgesetzgebung in das Strafgesetzbuch übertragen wurde, erfuhr dieser Komplex 1932 mit einem durch die *Verordnung des Reichspräsidenten zur Erhaltung des inneren Friedens* eingefügten **§ 49b**[134]. Strafbar machte sich nach Absatz 1, wer an einer Verbindung oder Verabredung teilnahm, „die Verbrechen wider das Leben bezweckt oder als Mittel für andere Zwecke in Aussicht nimmt oder wer eine solche Verbindung unterstützt“[135]. Die Strafe betrug Gefängnis nicht unter drei Monaten, in besonders schweren Fällen Zuchthaus bis zu fünf Jahren.

---

128 *Kubink*, Strafen, S. 127.

129 *Kubink*, Strafen, S. 190.

130 *Kubink*, Strafen, S. 192.

131 *Kubink*, Strafen, S. 197.

132 *Vormbaum/Welp*, StGB, Nr. 20–32; *Rasehorn*, Weimar, in: Vormbaum/Welp, Suppl. 1, S. 38 ff.

133 Zur Einordnung sei erwähnt, dass nach dem heutigen Rechtszustand die Strafe für eine Verabredung zu einem Verbrechen sich nach den Grundsätzen über den Versuch des Verbrechens bestimmt, theoretisch somit bis zur vollen Täterstrafe gesteigert werden kann (§ 30 Abs. 2 StGB).

134 *Vormbaum/Welp*, StGB, Nr. 32.

135 Dazu und zur Vorgeschichte *Felske*, Vereinigungen, S. 185.

Eine Novelle aus dem Jahre 1926[136] stufte den **Schwangerschaftsabbruch** – außer, wenn er gegen den Willen der Schwangeren erfolgte – zum Vergehen herab[137]. Im Jahr darauf entwickelte das Reichsgericht anhand der medizinischen Indikation beim Schwangerschaftsabbruch die später verallgemeinerte Rechtsfigur des **übergesetzlichen Notstandes**[138], die es aus dem Güterabwägungsprinzip ableitete; sie wurde später durch das 2. Strafrechtsreformgesetz als **rechtfertigender Notstand** (§ 34 StGB) gesetzlich normiert und ist als solcher 1975 in Kraft getreten.

Im Übrigen scheint die Arbeit an der Strafrechtsreform (dazu u. IV. 3.) auch in der Zeit der Weimarer Republik die Aufschiebung gesetzlicher Einzeländerungen im Kernbereich des Strafrechts zur Folge gehabt zu haben.

In einem Punkt brachte diese Zeit allerdings eine beachtliche Änderung des Strafgesetzbuches. Durch mehrere Gesetze und Verordnungen war bereits in den Jahren seit 1921 der Anwendungsbereich der Geldstrafe ausgeweitet worden. Durch die **Verordnung über Vermögensstrafen und Bußen** vom 6. Februar 1924[139] wurde diese Gesetzgebung in das Strafgesetzgebung überführt und mit ihren Folgeregelungen systematisch ausgearbeitet[140]. Zentrale Vorschrift der Novelle war der neue § 27b Abs. 1 StGB:

> Ist für ein Vergehen oder eine Übertretung, für die an sich eine Geldstrafe überhaupt nicht oder nur neben Freiheitsstrafe zulässig ist, Freiheitsstrafe von weniger als drei Monaten verwirkt, so ist an Stelle der Freiheitsstrafe auf Geldstrafe […] zu erkennen, wenn der Strafzweck durch eine Geldstrafe erreicht werden kann.

Diese Regelung schrieb einen Trend der Strafgesetzgebung und Strafjustiz fest, der in der Rechtsprechung bereits zu Beginn des 20. Jahrhunderts eingesetzt hatte und sich mit Unterbrechungen über das ganze Jahrhundert hinziehen sollte: die stetige Ausweitung des Anteils der Geldstrafe auf Kosten der Freiheitsstrafe, die in der Gegenwart zum starken Übergewicht der Geldstrafe geführt hat[141], freilich durch die relativ hohe Zahl der Ersatzfreiheitsstrafen (ebenfalls über den gesamten Zeitraum hinweg) wieder relativiert wurde. Gefördert wurde die Entwicklung auch durch die gleichzeitige Expansion des Strafrechts, vor allem des Nebenstrafrechts, wo Straftatbestände geschaffen wurden, die von vornherein für eine Sanktionierung durch Freiheitsstrafe nicht geeignet sind[142]. Charakteristisch war die Regelung auch dadurch, dass sie die Lisztsche Forderung nach Zurückdrängung der kurzen Freiheitsstrafen zu einem beachtlichen Teil durchsetzte, zugleich aber auch mit der vagen Formulierung „wenn der Strafzweck durch eine Geldstrafe erreicht werden kann" dem Richter einen weiten Beurteilungsspielraum auf Kosten der Gesetzesbestimmtheit eröffnete und auch damit der Lisztschen Kriminalpolitik entsprach.

---

[136] *Vormbaum/Welp*, StGB, Nr. 26.

[137] Näher *Putzke*, Abtreibung, S. 273 ff.

[138] RGSt 61, 242 ff., Urteil v. 11. März 1927; näher *Putzke*, Abtreibung, S. 25 ff.

[139] *Vormbaum/Welp*, StGB, Nr. 24.

[140] Näher mit Interpretation *Stapenhorst*, S. 39 ff.

[141] *Kubink*, Strafen, S. 103.

[142] Zum ganzen *Stapenhorst;* ferner *Kubink*, Strafen, a. a. O.

3. Fortführung der Strafrechtsreform

In der neuen Regierung des Reichskanzlers Josef *Wirth* setzte der zum Reichsjustizminister ernannte Strafrechtsprofessor und Liszt-Schüler *Gustav Radbruch* die Strafrechtsreform fort. Mit seinen Mitarbeitern *Bumke*, *Kiesow*, *L. Schäfer*, *Joël* und *Koffka* und dem österreichischen Hofrat *Kadečka* erstellte er den später nach ihm benannten **Entwurf von 1922**[143], der am 13. September 1922 der Reichsregierung als Kabinettsvorlage übersandt wurde.

Der erst dreißig Jahre später mit einem Vorwort von *Eberhard Schmidt* veröffentlichte Entwurf gilt – nicht zuletzt wegen der in diesem Vorwort herausgestellten Bewertungslinie – als „Höhepunkt der strafrechtlichen Reformarbeit".

Bei der Erstellung des Entwurfes mussten sich Radbruch und seine Mitarbeiter in einem Kraftfeld bewegen, dessen Pole der Vorgängerentwurf von 1919, der Wunsch nach Rechtsangleichung mit Österreich, die Herkunft Radbruchs aus der Liszt-Schule und schließlich eigene Vorstellungen Radbruchs bildeten. Diese vielfältigen Einflüsse lassen es schwierig und letztlich wohl unlösbar erscheinen, in allen wichtigen Punkten den entscheidenden Einflussfaktor dingfest zu machen[144]. Einen hohen Rang besaß aber zweifellos der Wunsch nach deutsch-österreichischer Rechtsangleichung.

Äußerlich unterschied der **Aufbau** des Entwurfs sich von dem seiner Vorgänger vor allem durch die Dreiteilung „Verbrechen und Vergehen", „Übertretungen" und „gemeinschädliches Verhalten"; die letzten beiden Gruppen waren völlig separat geregelt; der Übertretungsteil, dessen Sanktionsform neben der Geldstrafe die Haft war, besaß einen eigenen Allgemeinen Teil; das „gemeinschädliche Verhalten" wurde als „unsoziales Verhalten" vom „antisozialen Verhalten" des Kriminalstrafrechts abgegrenzt und war mit Arbeitshaus bedroht. Beide Teile sollten später abgetrennt und einem besonderen Rechtszweig zugeordnet werden. Besondere Regelungen für Jugendliche waren ausgeschieden, weil die Verabschiedung des Jugendgerichtsgesetzes bevorstand.

Sucht man nach der dem Entwurf zugrunde liegenden Straftheorie, so wird deutlich, dass die Gedankenwelt Franz v. Liszts auch Radbruchs kriminalpolitische Vorstellungen beherrschte. Immerhin gehen seine Vorstellungen in Richtung einer philosophischen Vertiefung dieser Vorstellungen; vor allem die Staatsauffassung erfährt eine grundlegende (und an sich liberale) Erwägung. Radbruch sieht, vor allem seit dem Ende des Kaiserreiches, bei aller Ablehnung des Vergeltungsgedankens doch auch dessen rechtsstaatlich-liberale Seite[145].

Auffallendstes und bis heute am meisten gerühmtes Merkmal des Entwurfes ist, dass er die **Todesstrafe** nicht mehr vorsah. In seinen Bemerkungen zum Entwurf ließ Radbruch allerdings ausdrücklich die Frage offen, ob sie in Verordnungen des Reichspräsidenten nach Art. 48 WRV noch vorgesehen werden dürfe. Die

---

143 Zur Entstehungsgeschichte dieses Entwurfs nunmehr eingehend *Goltsche*, Entwurf Radbruch (2008).

144 So auch das Resümee von *Goltsche*, Entwurf Radbruch, S. 394, die alle erreichbaren (deutschen und österreichischen) Quellen über die Entstehung des Entwurfs erschlossen hat.

145 Näher *Goltsche*, Entwurf Radbruch, S. 110 ff.

Beseitigung der Todesstrafe war von der österreichischen Seite in den Beratungen mit Nachdruck gefordert worden, weil sie in Österreich durch die Verfassung abgeschafft war[146].

Beide Umstände werfen Fragen über die Bedeutung der Beseitigung der Todesstrafe im StGB-Entwurf einerseits, ihrer Androhung in der Republikschutzgesetzgebung andererseits auf. Man könnte annehmen, dass die Abschaffung der Todesstrafe im Entwurf – ähnlich wie bei Beccaria – unter dem Vorbehalt ruhiger politischer Verhältnisse stand; andererseits könnte sich die Androhung der Todesstrafe im Republikschutzgesetz auf die noch bestehende Androhung der Todesstrafe im RStGB bezogen haben, um eine Privilegierung von „Mörderklubs" zu vermeiden[147]. Überzeugend erscheint letzteres nicht, denn wenn die „Mörderklubs" zum Morde schritten, drohte ihnen ja ohnehin nach dem RStGB die Todesstrafe; von einer drohenden Privilegierung konnte also nicht die Rede sein. Andererseits konnte der Vorbehalt für Präsidialverordnungen (und damit für das Nebenstrafrecht) auch als ein Schlupfloch gedacht sein, um die (von österreichischer Seite kategorisch geforderte) Beseitigung der Todesstrafe auf das Strafgesetzbuch beschränken zu können.

Die zweite stets hervorgehobene Neuerung des Entwurfs war die Ersetzung des Zuchthauses durch das **„strenge Gefängnis"**. Für die Beurteilung dieser Neuerung ist die Beantwortung von zwei Fragen wichtig: 1) Änderte sich durch die neue Bezeichnung etwas am Strafvollzug, oder gab es – abgesehen von der längeren Dauer gegenüber der einfachen Gefängnisstrafe – keinen Unterschied mehr zwischen beiden Gefängnisarten? 2) Waren die ehrmindernden Folgen der Zuchthausstrafe beseitigt? Während auf die erste Frage eine präzise Antwort nicht möglich ist, weil es zur Ausarbeitung eines Strafvollzugsgesetzes, das gleichzeitig mit dem neuen StGB erlassen werden sollte, nicht kam, ist hinsichtlich der zweiten Frage festzustellen, dass nach dem Entwurf der Verlust von Ehrenrechten nicht mehr kraft Gesetzes vorgesehen war; allerdings konnte der Richter den Verlust der Amtsfähigkeit und des Wahl- und Stimmrechts als *Maßregel* anordnen. Immerhin hatte *Radbruch* sich hier von seinem Lehrmeister *v. Liszt* emanzipiert, der den unbedingt entehrenden Charakter" der Zuchthausstrafe „scharf" hatte kennzeichnen" wollen[148]; für *Radbruch* spricht auch, dass er für diese Entscheidung von österreichischer Seite anscheinend keine Unterstützung (wenn auch keinen Widerstand) erfuhr[149]. Problematisch ist, dass die richterliche Entscheidung über die Maßregel am Maßstab des „besonderen Vertrauens", das der Verurteilte verdiene, entschieden werden sollte.

Dass trotz mancher Abmilderung der nicht liberale Ausgangspunkt Lisztscher Positionen auch im Radbruchschen Entwurf sichtbar wurde, zeigt sich an der in der Entwurfsbegründung propagierten konsequenten **Durchführung des Schuldprinzips**. Radbruch leitete aus dieser Zielsetzung nicht nur – mit einer bereits vordringenden Auffassung im Schrifttum und in Übereinstimmung mit dem E 1919 – die Beseitigung der reinen Erfolgshaftung bei erfolgsqualifizierten Delikten ab (§ 15 E

---

146 Näher *Goltsche*, Entwurf Radbruch, S. 252 ff.

147 Wie Radbruch in einem Brief an seine Frau andeutet, *Goltsche*, Entwurf Radbruch, S. 258.

148 *Liszt*, Zweckgedanke, a. a. O., S. 46 f.; *Goltsche*, Entwurf Radbruch, 6. Kapitel A) II. 1. b) cc).

149 *Goltsche*, Entwurf Radbruch, S. 264.

1922)[150] ab, sondern auch eine subjektive, auf die Gesinnung des Täters abstellende Versuchstheorie mit der Konsequenz der nur noch fakultativen Strafmilderung (23 Abs. 2 E 1922)[151]; hierher gehört auch die Verschmelzung von Anstiftung und mittelbarer Täterschaft und die prinzipielle Gleichbehandlung von Beihilfe und Anstiftung (mit nur fakultativer Strafmilderung der ersteren)[152] sowie die Aufhebung der unterschiedlichen Behandlung von Real- und Idealkonkurrenz[153].

Der Beurteilungsspielraum des Richters wurde vor allem im Bereich der **Strafzumessung** massiv erweitert, da von ihm umfangreiche soziale, psychologische und medizinische Beurteilung verlangt wurde – der Richter als eine Art „Sozialbeamter, Diagnostiker und sozialer Therapeut". Die Leitlinien für die Strafzumessung, die in §§ 67–77 E 1922 aufgestellt wurden, machten vor allem die „verwerfliche Gesinnung" (§ 67 Abs. 1) und den verbrecherischen Willen" des Täters (§ 76) sowie den zweimaligen Rückfall (§ 77) zu Entscheidungskriterien und stellten im zuletzt genannten Fall darauf ab, ob aus den Taten hervorging, dass „der Täter ein für die öffentliche Sicherheit gefährlicher Gewohnheitsverbrecher ist". Die Milderungsmöglichkeiten eröffneten dem Richter andererseits erhebliche Ermessensspielräume.

Eine Besonderheit des Entwurfs und ein besonderes Anliegen seines Schöpfers war die besondere Behandlung des **Überzeugungstäters**. Nach § 71 des Entwurfs sollte an die Stelle von Gefängnis oder strengem Gefängnis Einschließung von gleicher Dauer treten, „wenn der ausschlaggebende Beweggrund des Täters darin bestand, daß er sich zu der Tat aufgrund seiner sittlichen, religiösen oder politischen Überzeugung für verpflichtet hielt". Die Einschließung, Ersatz für die frühere Festungshaft als *custodia honesta*, sollte also auf eine neue Grundlage gestellt werden. Mit diesem Versuch einer positiven Berücksichtigung der Gesinnung stieß Radbruch jedoch auf breite Ablehnung[154].

Einen Quantensprung in der Verschärfung der strafrechtlichen Sanktionen bedeutete im Rahmen der Maßregeln der Besserung und Sicherung (§§ 42 ff.), deren der Entwurf zehn kannte, die Regelung der **Sicherungsverwahrung** (§ 45 E 1922); sie knüpfte an die erwähnte Rückfallvorschrift des § 77 an, griff also bereits nach

---

[150] „Eine höhere Strafe, die das Gesetz an eine besonders bezeichnete Folge der Tat knüpft, trifft den Täter nur, wenn er diese Folge wenigstens fahrlässig herbeigeführt hat".

[151] „Der Versuch kann milder bestraft werden als die vollendete Tat". – § 23 Abs. 4 ordnete für den Fall der groben Unwissenheit obligatorisch Straflosigkeit an.

[152] §§ 25, 26 E 1922. § 27 löste die Strafbarkeit des Anstifters und des Gehilfen von der Strafbarkeit (also nicht nur von der Schuld) des Täters. Die Regelung des § 28 E 1922 über straf*begründende* persönliche Eigenschaften oder Verhältnisse traf eine gegenüber der Regelung des heutigen § 28 Abs. 1 StGB (die Ziffernidentität ist zufällig) strengere Regelung: Sie sollten für Anstifter und Gehilfen gelten, wenn sie bei ihnen *oder* beim Täter vorlagen; beim Anstifter war für den Fall, dass die Umstände bei ihm nicht vorlagen, bloß eine *fakultative* Strafmilderung vorgesehen.

[153] Für beide Konkurrenzarten galt, dass nur auf eine Strafe zu erkennen sei (§ 63). Die Strafe war nach dem strengsten Gesetz zu bestimmen; das Höchstmaß durfte bis um die Hälfte erhöht werden (§ 64 I, II E 1922); näher *Goltsche*, Entwurf Radbruch, S. 182 ff.

[154] Näher *Markus Thiel*, Gustav Radbruch und die Rechtsfigur des Überzeugungsverbrechers, in: JJZG 3 (2001/2002), 259 ff.; *Schroeder*, Schutz von Staat und Verfassung, S. 134 f.; *Goltsche*, Entwurf Radbruch, 6. Kapitel A) II. 3. b).

zwei Verurteilungen zu schwerer Freiheitsstrafe ein (§ 45 E 1922). Für sie wie für alle anderen Formen der Unterbringung (Heil- und Pflegeanstalt, Trinkerheilanstalt) galt die Regel, dass die Unterbringung so lange dauern sollte, als es der Zweck der Anordnung erforderte (§ 46 Abs. 1 E 1922). Während bei der Unterbringung in eine Trinkerheilanstalt die absolute Höchstgrenze bei zwei Jahren lag, galt für die anderen Arten der Unterbringung eine Höchstdauer von 3 Jahren, die aber jeweils vor Ablauf vom Gericht verlängert werden konnte. Der Entwurf sah erstmals die Möglichkeit des **Vikariierens** von Strafe und Maßregel vor (§§ 47, 48 E 1922) und milderte damit zweifellos die strenge Regelung der Sicherungsverwahrung; im Zusammenspiel mit der gleichzeitig vorgesehenen Möglichkeit des bedingten Straferlasses (§§ 35 ff.) war letztlich die von Liszt geforderte unbestimmte Verurteilung zu einem guten Teil verwirklicht.

Nach alledem muss das Urteil über den Entwurf differenzierter ausfallen, als dasjenige, mit dem Eberhard Schmidt – wie Radbruch Schüler Franz v. Liszts – die Rezeption des Entwurfs seit den 50er Jahren bestimmte.

Noch einige weitere Punkte des Entwurfs lassen dessen Einordnung als „liberal“ zweifelhaft erscheinen, so erweiterte er bei der versuchten Teilnahme den Strafbarkeitsbereich und erhöhte die Strafdrohung; bei der Vortäuschung einer Straftat bezog er erstmal die falsche Selbstbezichtigung mit ein; im Bereich der Nötigung operierte er mit einer Höchststrafdrohung, die nicht einmal in der NS-Zeit wieder erreicht wurde; beim geplanten Tatbestand der falschen uneidlichen Aussage machte er die Zuständigkeit der vernehmenden Behörde zur (bloßen) objektiven Bindung der Strafbarkeit und damit vom Vorsatz unabhängig; bei den Urkundendelikten schlug er erstmals seit dem Vorentwurf von 1909 wieder die Vorverlagerungslösung vor (die sich von da an bis 1936 in allen Entwürfen fand)[155].

Eine weitere Frage ist, ob und wieweit Radbruch durch den 1921 veröffentlichten „Entwurf Ferri“ beeinflusst worden ist, den Enrico Ferri im Auftrag des (faschistischen) Justizministeriums erarbeitet hatte[156]. In diesem Entwurf wurde erstmals (allerdings nur für den Allgemeinen Teil) der Versuch zur Formulierung eines einspurigen „Strafgesetzbuches“ (das diesen Namen an sich nicht mehr verdiente) unternommen. Radbruch hat einige Zeit später seine Sympathie für diesen Entwurf bekundet; näher: *Thomas Vormbaum*, Italienische Einflüsse auf die deutsche Strafrechtsreform. Eine erste Skizze, in: JoJZG 7 (2013), 93 ff., hier S. 98 ff.

Nachdem sowohl der Allgemeine als auch der Besondere Teil[157] Ende September 1922 fertiggestellt waren, legte *Radbruch* dem Kabinett den Entwurf in der Sitzung

---

[155] Die genannten Punkte sind nur diejenigen, die sich aus der Sicht der sog. Strafrechtsangleichungsverordnung von 1943 (dazu u. § 5 V. 5. b) ergeben, die zahlreiche problematische Punkte des Entwurfes 1922 in Gesetzesform goss; näher *Vormbaum*, Strafrechtsangleichungsverordnung, S. 60 f.

[156] Deutsche Übersetzung in Vorbereitung für 2014 in der Schriftenreihe „Rechtsgeschichte und Rechtsgeschehen – Italien“.

[157] Schrifttum zu einzelnen Tatbeständen und Tatbestandskomplexen des Entwurfs von 1922: zur **Unterlassenen Hilfeleistung** s. *Gieseler*, S. 55 ff.; zu **kriminellen und terroristischen/anarchistischen Vereinigungen** s. *Felske*, S. 193 ff.; zur **unterlassenen Verbrechensanzeige** s. *Kisker*, S. 57 ff.; zum **Zweikampf** s. *Baumgarten*, S. 183 f.; zum **Schwangerschaftsabbruch** s. *Putzke*, S. 222 ff.; *Koch*, S. 136 ff.; zum **Diebstahl** s. *Prinz*, S. 72 ff.; zur **falschen Verdächtigung** s. *Bernhard*, S. 75 ff.; zur **Brandstiftung** s. *Lindenberg*, S. 85 ff.; zur **Körperverletzung** s. *Korn*, S. 294 ff.; zur **Rechtsbeugung** s. *Thiel*, S. 75 f.; zur **Tötung auf Verlangen** s. *Große-Vehne*, S. 71 f.; zur **Vereitelung von Gläubigerrechten** s. *Seemann*, S. 76 f.; **zur Verunglimpfung des**

am 5. Oktober 1922, an der Reichskanzler *Wirth* nicht teilnahm, vor. *Wirth* ordnete jedoch am 6. Oktober telegraphisch an, die Erörterung bis zu seiner Rückkehr am 5. November auszusetzen. Das Kabinett *Wirth* trat im November 1922 aus außenpolitischen Gründen zurück. Eine Woche später wurde der parteilose *Wilhelm Cuno* (1876–1933) zum Reichskanzler berufen und *Karl Rudolf Heinze* (1865–1928) zum Reichsjustizminister ernannt. Beide vernachlässigten den Fortgang der Strafrechtsreform.

Radbruch – 1923 noch einmal für einige Monate Reichsjustizminister – machte im August 1923 die Regierung *Stresemann* auf die erforderliche Verabschiedung des Entwurfs im Kabinett aufmerksam, da die Gefahr bestehe, dass der Plan eines einheitlichen Strafrechts mit Österreich vereitelt werde. In einem Schreiben an Radbruch vom 25. Mai 1927 erklärte *Bumke* später, dass weder der Ruhreinbruch noch die Inflation für die Verzögerung der Strafrechtsreform verantwortlich gewesen seien, sondern „innere Hemmungen bei den Mitgliedern des Kabinetts". Schließlich wurde *Stresemann* am 23. November 1923 durch ein Misstrauensvotum des Reichstages gestürzt, so dass eine Fortführung der Strafrechtsreform vorläufig gescheitert war.

Nachdem *Radbruch* die Durchsetzung seines Entwurfs im Kabinett nicht gelungen war und die Reformarbeiten vorerst zum Stillstand gekommen waren, nahm Staatssekretär *Joël*, der von April 1924 bis zum Beginn des Jahres 1925 das Ministeramt verwaltete, eine Überarbeitung des E 1922 vor, bei der Änderungen vor allem im Hinblick auf das Sanktionssystem vorgenommen wurden. Der so umgestaltete *Radbruch*sche Entwurf wurde am 12. November 1924 vom Kabinett verabschiedet und durch *Joël* am 17. November 1924 als „Amtlicher Entwurf eines allgemeinen deutschen Strafgesetzbuchs nebst Begründung" dem Reichsrat zur Beschlussfassung vorgelegt.

Nach über 20jähriger Reformarbeit erschien damit der erste amtliche, d. h. von der Reichsregierung getragene Strafgesetzentwurf, der insbesondere hinsichtlich der Strafmittel dem geltenden Recht des RStGB entsprach. Im Anschluss an den Entwurf 1922 waren auch im **Entwurf 1925** die Übertretungen in einem besonderen Buch normiert und mit einem eigenen Allgemeinen Teil versehen und war in einem dritten Buch das „Gemeinschädliche Verhalten" geregelt, als dessen Hauptfälle Bettelei, Landstreicherei sowie bestimmte Arten der Prostitution aufgeführt wurden. Todesstrafe[158] und Zuchthausstrafe wurden wieder aufgenommen; beibe-

Staatsoberhauptes s. *Andrea Hartmann*, S. 217 f.; zu **Prostitution, Zuhälterei, Kuppelei** s. *Ilya Hartmann*, S. 167 ff.; zum **Hausfriedensbruch** s. *Rampf*, S. 83 ff.; zu **Untreue** und **Unterschlagung** s. *Rentrop*, S. 98 ff.; zu den **Urkundendelikten** s. *Prechtel*, S. 132 ff.; zum **Straßenverkehrsstrafrecht** s. *Asholt*, S. 86 ff.; zu **Volksverhetzung** s. *Rohrßen*, S. 110 f.

[158] In welcher defensiven Position sich auch Skeptiker der Todesstrafe befanden, zeigt die Äußerung des sozialdemokratischen Innenministers *Stollman* aus dem Jahre 1923 (zit. b. *Chr. Müller*, Verbrechensbekämpfung, S. 189): „Wenn ein staatlicher Notstand besteht, wenn insbesondere sich gegen die Staatsgewalt organisierter Widerstand erhebt", werde „es vielleicht auch künftig nötig sein, die Verhängung der Todesstrafe zuzulassen"; es liege aber „kein Grund vor, eine Strafart, die im Falle besonderer Staatsgefährdung vielleicht notwendig ist, nun auch für normale Zeiten beizubehalten, in denen sie sehr wohl entbehrt werden kann". Dies ist bis in die Details eine Wiederholung des Hauptarguments, das **Cesare Beccaria** am Ende des 18. Jahrhunderts gegen die Todes-

halten wurden hingegen die Versuchs-, und Teilnahme- und Konkurrenzvorschriften des Entwurfs von 1922, also u. a. auch die bloß fakultative Strafmilderung für den Versuch. Ebenfalls beibehalten wurde die niedrige Schwelle, die der Vorgängerentwurf für die Anordnung der Sicherungsverwahrung angesetzt hatte. Wie dort wurde dem Richter bei der Frage der Strafzumessung ein hohes Maß von Freiheit gegeben, ihm insbesondere weit mehr als bisher die Befugnis eingeräumt, einem besonders strafwürdigen Verhalten mit „dem notwendigen Ernst" zu begegnen. Andererseits wurde die faktische Beseitigung der erhöhten Mindeststrafe angestrebt, da es dem Richter durch die allgemein zulässige Annahme „mildernder Umstände" möglich werde, stets bis an die unterste Grenze des Strafsystems herabzugehen. So wurde im E 1925 sowohl den Forderungen nach einer Verschärfung der Strafandrohung Rechnung getragen, als auch durch Zulassung der Geldstrafe das aus der Kriminalstatistik folgende Bedürfnis nach Abschaffung kurzzeitiger Freiheitsstrafen berücksichtigt. Auch hier knüpfte man an einen der zentralen Punkte des *Radbruch*schen Entwurfs an[159].

Am 27. November 1924 wurde die Vorlage den Vereinigten Ausschüssen VII, VIII und V des Reichsrats überwiesen[160], deren Detailberatungen unter dem Vorsitz von *Bumke* vom 8. Oktober 1926 bis zum 22. Dezember 1926 dauern sollten. Grundlage der Ausschussberatungen im Reichsrat war die Vorlage von 1924/25, erweitert um eine Aufbereitung, die sie durch Anträge einzelner Landesregierungen erfahren hatte. Die Plenarberatungen des Reichsrates fanden am 5. und 13. April 1927 statt. Der neu gefasste Entwurf wurde am 14. Mai 1927 durch den Reichsjustizminister in den Reichstag eingebracht. Der Entwurf wollte die Aufteilung des Strafgesetzbuchs in nunmehr drei Bücher beibehalten. Der **Entwurf von 1927** wich trotz grundsätzlicher Übereinstimmung in einigen, auch bedeutenderen, Punkten vom Entwurf von 1925 ab; so wurde die auf einen Gedanken Radbruchs zurückgehende Privilegierung des Überzeugungsverbrechers aufgegeben und der Notstands-

---

strafe vorgetragen hat. Die unter politischen Zweckmäßigkeitsvorbehalt gestellte Abschaffung der Todesstrafe gehört zum ambivalenten Vermächtnis der Aufklärungsphilosophie an die Moderne.

159 Schrifttum zu einzelnen Tatbeständen und Tatbestandskomplexen der Reichsratsvorlage: zur **Unterlassenen Hilfeleistung** s. *Gieseler*, S. 55 ff. (mit E 1922); zu **kriminellen und terroristischen/anarchistischen Vereinigungen** s. *Felske*, S. 195 ff.; zur **unterlassenen Verbrechensanzeige** s. *Kisker*, S. 60 ff.; zum **Zweikampf** s. *Baumgarten*, S. 184 ff.; zum **Schwangerschaftsabbruch** s. *Putzke*, S. 261 ff.; *Koch*, S. 143 ff.; zum **Diebstahl** s. *Prinz*, S. 74 ff.; zur **falschen Verdächtigung** s. *Bernhard*, S. 75 ff. (mit E 1922); zur **Brandstiftung** s. *Lindenberg*, S. 85 ff. (mit E 1922); zur **Körperverletzung** s. *Korn*, S. 294 ff. (mit E 1922); zur **Rechtsbeugung** s. *Thiel*, S. 76 ff.; zur **Tötung auf Verlangen** s. *Große-Vehne*, S. 75 f.; zur **Vereitelung von Gläubigerrechten** s. *Seemann*, S. 77 ff.; **zur Verunglimpfung des Staatsoberhauptes** s. *Andrea Hartmann*, S. 217 f. (mit E 1922); zu **Prostitution, Zuhälterei, Kuppelei** s. *Ilya Hartmann*, S. 171 ff.; zum **Hausfriedensbruch** s. *Rampf*, S. 84 ff.; zu **Untreue** und **Unterschlagung** s. *Rentrop*, S. 98 ff. (mit E 1922); zu den **Urkundendelikten** s. *Prechtel*, S. 136 ff.; zum **Straßenverkehrsstrafrecht** s. *Asholt*, S. 86 ff. (mit E 1922); zu **Volksverhetzung** s. *Rohrßen*, S. 112.

160 Die Reichsratsvorlage wurde 1925 als Buchausgabe veröffentlicht. 1926 erschien eine „Kritische Besprechung des Amtlichen Entwurfs eines Allgemeinen Deutschen Strafgesetzbuchs auf Veranlassung der Deutschen Landesgruppe der Internationalen Kriminalistischen Vereinigung", herausgegeben von *Aschrott* und *Kohlrausch*.

begriff eingeengt[161]; die Strafmilderung für den Versuch war wieder obligatorisch (§ 26 Abs. 2).

Der E 1927 wurde nach zweitägiger Plenardebatte am 21. und 22. Juni 1927 dem neu geschaffenen 32. Strafrechtsausschuss überwiesen. Dieser nahm unter dem Vorsitz von *Wilhelm Kahl* am 21. September 1927 die Detailberatungen, die bis zum 2. März 1928 andauerten, auf. Dem 32. Ausschuss gelang es innerhalb dieses Zeitraums, die Vorschriften bis § 202 E 1927 einer Beratung zu unterziehen, bevor das Reformvorhaben wegen der anstehenden Reichstagsauflösung Mitte Mai 1928 vorzeitig zu scheitern drohte. Durch das Gesetz zur Fortführung der Strafrechtsreform vom 31. März 1928 (RGBl. I 1928, S. 135) wurde jedoch die Möglichkeit geschaffen, unter Verzicht auf eine Neueinbringung des Entwurfs die bisherigen Beratungsergebnisse in die neue Legislaturperiode zu übertragen. § 1 dieses Gesetzes lautete:

> Die dem Reichstag am 14. Mai und 19. September 1927 zur Beschlussfassung vorgelegten Entwürfe eines Allgemeinen Deutschen Strafgesetzbuchs und eines Strafvollzugsgesetzes (Drucksache des Reichstags Nr. 3390 und 3628) unterliegen, wenn der Reichstag in der III. Wahlperiode nicht über sie beschließt, der Beschlußfassung des Reichstags der folgenden Wahlperiode, ohne dass es ihrer erneuten Einbringung bedarf. Die Entwürfe gelten als neue Vorlage.

Der neu gewählte Reichstag überwies den E 1927 am 11. Juli erneut zur Beratung an die Kommission, die nunmehr als 21. Ausschuß ihre Arbeit am 12. Juli 1928 aufnahm: Die Detailarbeiten – wiederum führte *Kahl* den Vorsitz – begannen am 9. Oktober 1928 und dauerten bis zum 11. Juli 1930.

Die letzte Sitzung des 21. Strafrechtsausschusses fand am 11. Juli 1930 statt. Die beabsichtigte Wiederaufnahme der Beratungen nach der Sommerpause wurde durch die erneute Auflösung des Reichstages der IV. Wahlperiode am 18. Juli 1930 zunächst verhindert. Versuche, erneut ein Gesetz zur Fortführung der Reform zu erlassen, scheiterten. In Zusammenarbeit mit dem Reichsjustizministerium führte *Kahl* die Strafrechtsreform dennoch in der sich anschließenden V. Legislaturperiode des Reichstages fort und stellte am 6. Dezember 1930 im Reichstag den Antrag, den „Entwurf eines Allgemeinen Deutschen Strafgesetzbuchs" anzunehmen. Inhaltlich gab dieser Antrag die Beschlüsse erster Lesung des 21. Strafrechtsausschusses in der Fassung wieder, die sie auf den deutschen und österreichischen parlamenta-

[161] Schrifttum zu einzelnen Tatbeständen und Tatbestandskomplexen der Reichstagsvorlage: zur **Unterlassenen Hilfeleistung** s. *Gieseler*, S. 64 ff.; zu **kriminellen und terroristischen/anarchistischen Vereinigungen** s. *Felske*, S. 218 ff.; zur **unterlassenen Verbrechensanzeige** s. *Kisker*, S. 62 ff.; zum **Zweikampf** s. *Baumgarten*, S. 187 ff.; zum **Schwangerschaftsabbruch** s. *Putzke*, S. 304 ff.; *Koch*, S. 156 ff.; zum **Diebstahl** s. *Prinz*, S. 88 ff.; zur **falschen Verdächtigung** s. *Bernhard*, S. 82 ff.; zur **Brandstiftung** s. *Lindenberg*, S. 90 ff.; zur **Körperverletzung** s. *Korn*, S. 318 ff.; zur **Rechtsbeugung** s. *Thiel*, S. 82 ff.; zur **Tötung auf Verlangen** s. *Große-Vehne*, S. 77 f.; zur **Vereitelung von Gläubigerrechten** s. *Seemann*, S. 78 ff.; **zur Verunglimpfung des Staatsoberhauptes** s. *Andrea Hartmann*, S. 219 ff.; zu **Prostitution, Zuhälterei, Kuppelei** s. *Ilya Hartmann*, S. 174 ff.; zum **Hausfriedensbruch** s. *Rampf*, S. 92 ff.; zu **Untreue** und **Unterschlagung** s. *Rentrop*, S. 116 ff.; zu den **Urkundendelikten** s. *Prechtel*, S. 145 ff.; zum **Straßenverkehrsstrafrecht** s. *Asholt*, S. 95 ff.; zu **Volksverhetzung** s. *Rohrßen*, S. 116.

rischen Strafrechtskonferenzen erhalten hatten[162]. Bei den Reichstagswahlen vom 14. September 1930 war die NSDAP mit 18,3 % und 107 Abgeordneten als zweitstärkste Partei hinter der SPD in den Deutschen Reichstag eingezogen. Aufgrund dieses Ergebnisses hatte die NSDAP auch 5 Stimmen im 28 Mitglieder zählenden Strafrechtsausschuss erhalten. Da sich zeigte, dass die Abgeordneten der NSDAP, wie zuvor schon die der KPD, eine konstruktive Mitarbeit verweigerten und größtenteils politische Propaganda betrieben, stagnierten in der Folgezeit die Reformarbeiten, bedingt einerseits durch den am 14. Mai 1932 eingetretenen Tod *Kahls*, der treibenden Kraft der Strafrechtsreform, und andererseits durch die erneute Auflösung des Reichstags am 4. Juni 1932. Die letzte Sitzung des 18. Ausschusses fand am 18. März 1932 statt. In Ermangelung jeglicher nennenswerter parlamentarischer Arbeit sowie der Bereitschaft, das Werk *Kahls* fortzuführen, erlahmten die Bemühungen um eine Reform des Strafrechts und kamen schließlich ganz zum Erliegen.

4. Strafprozessrecht

Nach der Revolution von 1918/19 entstand das Bedürfnis, eine den neuen staatsrechtlichen und politischen Bedingungen der Republik entsprechende Gesamtkonzeption des Strafprozesses und der Gerichtsverfassung, notfalls auch noch vor der Reform des materiellen Strafrechts, zu entwickeln. Anfang 1920 veröffentlichte Reichsjustizminister Schiffer (DDP) einen im Wesentlichen von James Goldschmidt verfassten *Entwurf eines Gesetzes zur Änderung des Gerichtsverfassungsgesetzes und eines Gesetzes über den Rechtsgang in Strafsachen* mit Begründung. (**Entwürfe Goldschmidt/Schiffer**). Diese Entwürfe eines Strafrechtsprofessors (und führenden Mitglieds der Internationalen Kriminalistischen Vereinigung) unter der Ägide eines liberalen Reichsjustizministers[163] beabsichtigten nach dem Selbstverständnis der Verfasser eine „Demokratisierung der Strafrechtspflege"[164]. Eberhard

[162] Schrifttum zu einzelnen Tatbeständen und Tatbestandskomplexen des „Entwurfs Kahl": zur **Unterlassenen Hilfeleistung** s. *Gieseler*, S. 66 ff.; zu **kriminellen und terroristischen/anarchistischen Vereinigungen** s. *Felske*, S. 235 ff.; zur **unterlassenen Verbrechensanzeige** s. *Kisker*, S. 65 ff.; zum **Zweikampf** s. *Baumgarten*, S. 192 ff.; zum **Schwangerschaftsabbruch** s. *Putzke*, S. 328 ff.; *Koch*, S. 164 ff.; zum **Diebstahl** s. *Prinz*, S. 104 ff.; zur **falschen Verdächtigung** s. *Bernhard*, S. 85 ff.; zur **Brandstiftung** s. *Lindenberg*, S. 96 ff.; zur **Körperverletzung** s. *Korn*, S. 349 ff.; zur **Rechtsbeugung** s. *Thiel*, S. 93 ff.; zur **Tötung auf Verlangen** s. *Große-Vehne*, S. 78 ff.; zur **Vereitelung von Gläubigerrechten** s. *Seemann*, S. 80 f.; **zur Verunglimpfung des Staatsoberhauptes** s. *Andrea Hartmann*, S. 229 f.; zu **Prostitution, Zuhälterei, Kuppelei** s. *Ilya Hartmann*, S. 179 ff.; zum **Hausfriedensbruch** s. *Rampf*, S. 98 ff.; zu **Untreue** und **Unterschlagung** s. *Rentrop*, S. 123 ff.; zu den **Urkundendelikten** s. *Prechtel*, S. 153 ff.; zum **Straßenverkehrsstrafrecht** s. *Asholt*, S. 98 ff.; zu **Volksverhetzung** s. *Rohrßen*, S. 117 ff.

[163] Zu den Entwürfen jetzt umfassend *Wolfgang Rentzel-Rothe*, Der „Goldschmidt-Entwurf". Inhalt, reformgeschichtlicher Hintergrund und Schicksal des Entwurfs eines Gesetzes über den Rechtsgang in Strafsachen. Pfaffenweiler 1995.

[164] So *Löwenfeld*, Sozialistische Monatshefte 1920 II, 810. – Zum Legalitätsprinzip und zu Einstellungsgründen s. *Dettmar*, Legalität, S. 179 ff.

Schmidt[165], der selber die Entwürfe stets skeptisch beurteilte, bescheinigte ihnen[166] noch 1965, sie seien die ersten gewesen, die wirklich „eine große Linie“ gezeigt hätten. Ihre Merkmale:

> An allgemeiner Laienbeteiligung in erster Instanz, insb. auch am Schwurgericht in seiner alten Form, sollte festgehalten werden. Die Berufung in allen Strafsachen erschien als politisch selbstverständliche Notwendigkeit [...] Die gerichtliche Voruntersuchung kam in Wegfall, desgleichen auch der gerichtliche Eröffnungsbeschluß“. Am Legalitätsprinzip wurde festgehalten (§ 176 Abs. 2 E 1920). „Starker Ausbau der Verteidigerrechte sollte die Verteidigungsmöglichkeiten verbessern. Wie der Beschuldigte selbst sollte auch der Verteidiger das Recht haben, schon im Vorverfahren bei allen Vernehmungen, nicht nur richterlichen, sondern auch staatsanwaltlichen, mit vollem Fragerecht anwesend zu sein. Das Recht der Akteneinsicht und des Verkehrs mit dem Beschuldigten wurde erweitert. Die Untersuchungshaft wurde an sehr viel strengere Voraussetzungen gebunden. Das Vorverfahren wurde ganz in die Hand des Staatsanwalts gelegt, die Hauptverhandlung von allen Beeinflussungen durch die Ermittlung im Vorverfahren befreit. Und auf die Beweiserhebung in der Hauptverhandlung [...] wurde dem Staatsanwalt und dem Verteidiger, durch Einräumung eines selbständigen Rechts zur Vernehmung der Zeugen, bedeutsamer Einfluß eingeräumt.

Dass in der gerichtlichen Voruntersuchung ein Restbestand des alten Inquisitionsprozesses gesehen wurde, zeigt, wohin historisch unaufgeklärte Argumentation führt. Das bloße Klageformprinzip, das sich im 19. Jahrhundert durchgesetzt hatte, wurde inzwischen so selbstverständlich als Ausdruck des Anklageprinzips angesehen, dass die Mitwirkung eines unabhängigen (vom späteren erkennenden Gericht unterschiedenen) Gerichts im Vorverfahren nicht als Relativierung der gefährlichen Macht des Staatsanwalts, sondern als ein letzter Rest des Inquisitionsprozesses angesehen wurde und in ihrer Beseitigung die folgerichtige Durchführung des Gedankens des Anklageverfahrens erblickt wurde. 55 Jahre später wurde dann in der Tat mit dieser Argumentation die gerichtliche Voruntersuchung beseitigt.

Die Entwürfe, von der Reichsregierung veröffentlicht, gelangten nicht an die Nationalversammlung, weil sie bereits im Reichsrat auf Widerstand stießen. Vor allem die preußische Regierung äußerte in einer gutachtlichen Stellungnahme gegenüber dem Reichsjustizministerium nicht nur Bedenken gegen die Grundkonzeption, welche vom Nebeneinander eines sozialen Strafrechts und eines liberalen Strafprozessrechts ausging, sondern vertrat auch die Auffassung, die Gerichtsverfassung der Entwürfe sei „zu kompliziert und [...] unter den durch den Kriegsausgang geschaffenen Verhältnissen viel zu teuer“, weshalb sie sich nicht zur Weiterberatung eigneten. Von Gewicht war auch immer noch der Einwand, dass es besser sei, „zunächst den Neubau des materiellen Rechts zu vollenden“. Eine gewisse Tragik der Goldschmidt/Schifferschen Entwürfe, des bis heute letzten Versuchs der völligen Neuschöpfung eines rechtsstaatlich-liberalen Strafverfahrensrechts, kann darin erblickt werden, dass aus ihnen Einzelregelungen herausgebrochen und realisiert wurden, welche durch den Verlust des Zusammenhanges mit anderen Regelungselementen andere Funktion und anderes Gewicht erhielten.

---

165 *Eb. Schmidt*, Einführung, S. 417.

166 In Übereinstimmung mit *Kohlrausch*, DtStrRZ 1920, Sp. 138.

Die Folgezeit brachte Regelungen strafprozessualer Detailfragen, darunter so wichtiger Fragen wie der **Zuziehung von Frauen zum Schöffen- und Geschworenenamt**[167] und des **Jugendstrafverfahrens**[168]. Waren die gescheiterten Goldschmidt-Entwürfe und die beiden zuletzt genannten Gesetze Ausdruck von Reformaktivitäten, so ging das „Gesetz zur **Entlastung der Gerichte**" vom 11. März 1921 den Weg weiter, den bereits das im Kriegsjahr 1917 erlassene *Gesetz zur Vereinfachung der Strafrechtspflege* mit der Ausdehnung des Strafbefehlsverfahrens und der Erweiterung der schöffengerichtlichen Zuständigkeiten auf Kosten der Strafkammern gegangen war[169]. „Entlastung der Gerichte" wurde seither mit wenigen Unterbrechungen ein Dauerthema der Geschichte des deutschen Strafprozessrechts; die Lösungen, die für dieses Problem schubweise gefunden wurden, gingen regelmäßig zu Lasten schützender rechtsstaatlicher Formen.

Einen neuen Schritt zur mehr als nur punktuellen Umgestaltung des Strafverfahrens bedeutete der unter Gustav Radbruch in seiner ersten Amtszeit als Reichsjustizminister (Kabinett Wirth) verfasste *Entwurf eines Gesetzes zur Neuordnung der Strafgerichte,* der im Januar 1922 nebst Begründung im Reichsjustizministerium erstellt wurde. Er sah – wie bereits der Entwurf von 1920– eine massive Erweiterung des Zuständigkeitsbereichs der Schöffengerichte bei gleichzeitiger Reduzierung der erstinstanzlichen Zuständigkeit der Strafkammern vor und führte die Unterscheidung von kleinen und großen Schöffengerichten ein; ferner enthielt er Regelungen über eine Demokratisierung und Straffung der Schöffen- und der Geschworenenwahl, ließ aber ansonsten die Vorschriften über das Schwurgericht (bis auf eine Verkleinerung der Spruchliste) unverändert.

Der Entwurf wurde vom Kabinett in der Sitzung vom 28. April 1922 gebilligt. Am 16. Mai legte Radbruch eine überarbeitete Fassung vor, welche den Vorschlägen und Bedenken der Ländervertreter Rechnung trug. Das Kabinett billigte am 14. Juni 1922 auch diese Fassung. Sie wurde im Monat darauf – allerdings ohne die Begründung – im Reichsanzeiger veröffentlicht („Entwurf Radbruch"). Ab Juni 1922 wurde der Entwurf in den zuständigen Ausschüssen des **Reichsrates** beraten. Dort wurden mehrere teils finanziell, teils politisch motivierte Änderungen angeregt. Einige gingen vom Reichsrat selber, andere von Heinze (DVP), dem neuen Reichsjustizminister des Kabinetts Cuno aus, der im November 1922 Radbruch im Amte nachgefolgt war. Die Änderungsanregungen betrafen vor allem die Zahl der Laienrichter und das Verfahren zu ihrer Auswahl, ferner Verfassung und Zuständigkeit des Schwurgerichts. Im Reichsjustizministerium wurde sodann der Entwurf erneut überarbeitet. Das Kabinett Cuno stimmte der neuen Entwurfsfassung am 16. Februar 1923 zu. Am 29. Mai wurde der Entwurf dem Reichstag vorgelegt („Entwurf Heinze").

Anders als seine Vorgänger brachte es dieser Entwurf zu einer Beratung im Reichstag. Radbruch – diesmal von der Abgeordnetenseite her als sozialdemokrati-

---

[167] Gesetz vom 25. April 1922, RGBl. I, S. 465.

[168] Jugendgerichtsgesetz v. 16. Februar 1923, RGBl. I, S. 135, 252.

[169] Dazu *Elobied*, Entwicklung, S. 93 ff.

scher Redner teilnehmend – erklärte im Reichstag, das Wiedersehen mit dem Entwurf sei kein freudiges. Die Vaterschaft an diesem Entwurf lehnte er ab[170].

Reichsjustizminister Heinze drängte auf zügige Beratung – nicht zuletzt, um die Unzulässigkeit der bayerischen Volksgerichte (von denen eines im Februar des folgenden Jahres mit dem Hitler/Ludendorff-Prozess ein besonders skandalöses Schauspiel geben sollte) in rechtlich einwandfreier Weise dartun zu können.

Der Entwurf Heinze wurde an den Rechtsausschuss des Reichstages überwiesen. Dieser begann die Beratung, vertagte sie jedoch alsbald und nahm sie nicht wieder auf. Nach Erlass eines Ermächtigungsgesetzes am 13. Oktober 1923 begab der Reichstag sich in Urlaub. Das Reichsjustizministerium sah nunmehr die Gelegenheit gekommen, die Reform der Strafgerichtsverfassung im Wege der Notverordnung zu realisieren.

Die neue Version des Entwurfs war das Ergebnis einer völligen Umstrukturierung. Sein geänderter sachlicher Gehalt war nach den Worten des Sachbearbeiters im Reichsjustizministerium, Bumke, dadurch geprägt, dass wegen der Finanzschwäche des Reiches der Gesichtspunkt der Kosteneinsparung in den Vordergrund getreten war und u. a. der alte Gedanke, „nutzlose Strafverfahren durch eine Beschränkung des Legalitätsprinzips ganz und gar zu vermeiden“, Bedeutung gewonnen hatte. Andererseits war, entsprechend der von der SPD eingenommenen Position, unter Radbruchs neuerlicher Amtsführung die Beibehaltung des Schwurgerichts wieder vorgesehen. Dieser *Entwurf einer Verordnung zur Vereinfachung der Strafrechtspflege* war es dann, den der neue Reichsjustizminister Emminger bei seinem Amtsantritt vorfand und nach Zustimmung der Reichsregierung den im Ermächtigungsgesetz vorgesehenen Kontrollausschüssen von Reichsrat und Reichstag zum Zwecke der Anhörung übermittelte. Im Ausschuss des Reichsrates wurden neben einigen weiteren Anträgen beantragt, die Schwurgerichte in Schöffengerichte mit 3 Berufsrichtern und 6 Schöffen umzuwandeln. Im Ausschuss des Reichstages, der am 23. Dezember 1923 über die Vorlage beriet, wurden diese Anträge gebilligt; ein Antrag, die Reichsregierung aufzufordern, die Trennung von Richterbank und Geschworenenbank beim Schwurgericht beizubehalten, wurde mit knapper Mehrheit abgelehnt[171]. Im Reichsjustizministerium wurden daraufhin die Forderungen des Reichsratsausschusses in den Verordnungstext eingearbeitet.

[170] Im einzelnen griff Radbruch die Unübersichtlichkeit der erstinstanzlichen Zuständigkeiten und deren zu große Beweglichkeit, die Mehrheit der Berufsrichter im Großen Schöffengericht und das Auswahlverfahren für Schöffen und Geschworene an, forderte aber für den Fall, dass diese Neuerung verabschiedet werden sollte, nachdrücklich die Zulassung der Berufung gegen Schwurgerichtsurteile oder doch wenigstens der Möglichkeit der Wiederholung der Hauptverhandlung vor einem anderen Schwurgericht. – Seitens der Redner der bürgerlichen Parteien wurde der Entwurf günstiger beurteilt als von Radbruch.

[171] Zu den Umständen, insb. auch zur undeutlichen Rolle Gustav Radbruchs bei der Beseitigung der Schwurgerichte, s. *Vormbaum*, Lex Emminger, Kap. 10.

Mit der **Beseitigung der Schwurgerichte**[172], einer massiven **Verlagerung der erstinstanzlichen Zuständigkeiten** nach unten[173] und den ersten **Durchbrechungen des Legalitätsprinzips**[174] bedeutete die Emminger-Verordnung einen beachtlichen Schub, vielleicht sogar den Wendepunkt der modernen Strafprozessentwicklung: Hatte bereits das 19. Jahrhundert mit dem sog. Reformierten Strafprozess einen Kompromiss zwischen Anklageprinzip und inquisitorischem Prinzip gebracht, so kann man den gesetzgeberischen Eingriff von 1924 als Wiederkehr des Übergewichts des bürokratisch-inquisitorischen Elements über das akkusatorisch-kontradiktorische Element des Strafprozesses bezeichnen[175].

Während in den mittleren – den sog. goldenen – 20er Jahren der Weimarer Republik der Rechtszustand im Strafverfahrensrecht weitgehend unverändert blieb, waren die letzten Jahre der Republik von einer Fortsetzung des mit der Emminger-Verordnung eingeschlagenen Weges geprägt[176]. Wie in der Frühzeit die weitgehend interne Wirtschaftskrise, so wirkte sich in der Spätzeit die Weltwirtschaftskrise in sozialen und politischen Erschütterungen aus. Wie damals schuf die Republik sich zur Bekämpfung der Krise flexible Regelungsinstrumente, diesmal überwiegend in Form von Notverordnungen des Reichspräsidenten. Der Reichstag war weitgehend ausgeschaltet und wurde wiederholt aufgelöst; die Reichskanzler Brüning, v. Papen und v. Schleicher regierten mit sog. Präsidialkabinetten. Und abermals wurde unter dem Vorwand von Sparbedürfnissen die Strafjustiz „entlastet". Mehrere Verordnungen griffen intensiv und nachhaltig in die Strafgerichtsverfassung ein. Langfristig wirksam blieben weitere Durchbrechungen des Legalitätsprinzips und die Ausweitung der Möglichkeit einer Verwerfung von Revisionen als „offensichtlich unbegründet" auf die Oberlandesgerichte. Die letzte dieser Verordnungen, die *Verordnung des Reichspräsidenten über Maßnahmen auf dem Gebiet der Rechtspflege und Verwaltung vom 14. Juni 1932,* bieb in ihrer Bedeutung – wie schon Zeitgenossen feststellten – kaum hinter derjenigen der Emminger-Verordnung zurück. Sie führte zur Bewältigung von sog. Monsterverfahren zwar die – von der Emminger-Verordnung beseitigte – erstinstanzliche Zuständigkeit der großen Strafkammern wieder ein, die teilweise nicht kraft Gesetzes, sondern durch Antrag der Staatsanwaltschaft begründet wurde[177]. Damit war eine Einschränkung der Rechtsmittel verbunden, da die zweite Tatsacheninstanz wegfiel. In allen Fällen, die in die erstinstanzliche Zuständigkeit des Amtsgerichts fielen, wurde der dreizügige Instanzenzug durch Einführung des Wahlrechtsmittels (Berufung oder Revision) auf zwei Instanzen

---

[172] *Vormbaum*, Lex Emminger, S. 109 ff.

[173] Ebd. S. 85 ff., mit Schaubild S. 98; zu den Auswirkungen auf den Instanzenzug und die Rechtsmittel s. auch *Stefan Braum*, Geschichte der Revision im Strafverfahren von 1877 bis zur Gegenwart. Frankfurt am Main u. a. 1996, S. 103 ff.

[174] Ebd. S. 153 ff., mit Schaubild S. 168; näher *Dettmar*, Legalität und Opportunität, 5. Kapitel, insbesondere B) und C).

[175] *Vormbaum*, a. a. O., S. 84, 174 ff.

[176] Näher zum folgenden *Frank Nobis*, Die Strafprozessgesetzgebung der späten Weimarer Republik (1930–1932). Baden-Baden 2000.

[177] Näher *Nobis*, Strafprozeßgesetzgebung, S. 33.

verkürzt. Außer für die erstinstanzlichen Strafkammersachen wurde das freie Beweiserhebungsermessen des Gerichts eingeführt, das dadurch vor allem von der Erstreckung der Beweisaufnahme auf präsente Beweismittel befreit wurde.

5. Strafvollzug

Während der ersten beiden Jahrzehnte des 20. Jahrhunderts hatte sich der Strafvollzug in den deutschen Bundesstaaten äußerlich in Form der Einzelhaft weitgehend vereinheitlicht, so dass an eine reichseinheitliche Gesetzgebung gedacht werden konnte. Da aber die Strafvollzugsreform zusammen mit der Reform des materiellen Strafrechts gedacht wurde, kam es zunächst nicht zu einer reichseinheitlichen Gesetzgebung, obwohl **Art. 7 Nr. 3 WRV** dem Reich ausdrücklich die (konkurrierende) Gesetzgebungskompetenz und die Aufsicht in diesem Bereich zusprach. Daher wurden auf Initiative von Reichsjustizminister Gustav Radbruch abermals die Länder tätig und ersetzten 1923 die Bundesratsgrundsätze (o. § 3. IV. 3. a.E.) durch die „**Reichsratsgrundsätze**“[178], welche über jene hinausgingen, indem sie einerseits konkreter das Vollzugsziel definierten und andererseits die Rechtsstellung der Strafgefangenen verbesserten. Die Reichsratsgrundsätze wurden im Laufe des nächsten Jahres in Dienst- und Vollzugsordnungen der Länder umgesetzt. § 48 der Reichsratsgrundsätze lautete:

> Durch den Vollzug der Freiheitsstrafe sollen die Gefangenen, soweit es erforderlich ist, an Ordnung und Arbeit gewöhnt und sittlich so gefestigt werden, dass sie nicht wieder rückfällig werden.

Damit war, wenn auch sprachlich unvollkommen, der **Besserungsgedanke** in die Definition des Vollzugsziels eingegangen. Organisatorisch gingen die Reichsratsgrundsätze von einem Progressionssystem bzw. einem **Stufenstrafvollzug** nach englischem und irischem Vorbild aus[179], der einerseits den Gefangenen auf das Leben in Freiheit vorbereiten sollte, andererseits aber unter dem Einfluss Lisztscher Gedankengänge die unverbesserlichen Gewohnheitstäter selektieren sollte.

Starke Anstöße für die Reform des Strafvollzuges lieferte das dem Erziehungsgedanken besonders affine **Jugendstrafrecht**, nachdem bereits 1912 eine eigenständige Jugendstrafanstalt in Wittlich an der Mosel ein auf dem Stufenstrafvollzug aufbauendes Konzept praktizierte[180] und nachdem das **Jugendgerichtsgesetz** von 1923 die Einrichtung eigener Jugendstrafanstalten vorgeschrieben hatte.

Die **Geldstrafengesetzgebung** (o. § 5 IV. 2.) barg großes Entlastungspotential für den Strafvollzug; dieses wurde jedoch durch die Zunahme von Kriminalisierung

---

[178] Grundsätze über den Vollzug von Freiheitsstrafen. Vom 7. Juni 1923, RGBl. II 1923, 263 ff.; auch abgedruckt b. *Schubert/ Regge*, Reform, Abt. 1 Bd. 5, S. 113 ff.

[179] *Krause*, Geschichte, S. 85; *Laubenthal*, Strafvollzug, S. 41 m. weiteren Nachw.; *Eb. Schmidt*, Einführung, § 344, S. 422.

[180] *Krause*, Geschichte, S. 83 f.; *Laubenthal*, Strafvollzug, S. 41 f.

und Kriminalität in wirtschaftlichen Krisenzeiten sowie durch Ersatzfreiheitsstrafen weitgehend wieder aufgezehrt[181].

Vor allem in Thüringen, Hamburg und Preußen bemühten sich engagierte Reformer (Otto Krebs, Albert Krebs, Lothar Frede, Curt Bondy, Walter Herrmann, Siegfried Rosenfeld u. a.) um praktische Reformschritte im Strafvollzug[182].

Ab 1925 gingen die Vollzugsreformpläne mit Stufenstrafvollzugs- und Progressionssystemen in den meisten Ländern aus dem Pilotstadium in das gesamte Vollzugswesen über[183]. Doch zeigte sich, dass während der 2. Hälfte der 20er Jahre die Zahl der für „besserungsfähig" Gehaltenen mehr und mehr zurückging[184]. Etwa ab 1929 versteifte sich dann der Widerstand gegen die angebliche übertriebene Milde der Weimarer Strafjustiz. Berufsvertretungen des Anstaltspersonals (das die Konkurrenz der pädagogischen Fachkräfte fürchtete), Presse, politische Instrumentalisierung und der Einspruch der Deutschen Strafrechtlichen Gesellschaft, die in ihre Kritik auch die Pläne für einen resozialisierenden Strafvollzug einbezog, machten den Reformern das Leben schwer. Das erforderliche Fachpersonal wurde nur in unzulänglichem Ausmaß eingestellt.

Die Gesetzgebung kam auch im Strafvollzug überwiegend nicht über Entwürfe hinaus[185]. Bayern sah in seinem 1926 erlassenen Landfahrergesetz (einem der wenigen umgesetzten Gesetzespläne jener Zeit) Arbeitshaus bis zu zwei Jahren für Personen über 16 Jahren vor, welche „nach Zigeunerart herumziehen". Ähnliche Pläne für ein „Bewahrungsgesetz" auf Reichsebene, die von Radbruch und der deutschen Landesgruppe der IKV unterstützt wurden, scheiterten. Das Strafvollzugsgesetz, das zusammen mit einem neuen Strafgesetzbuch verabschiedet werden sollte, versandete gegen Ende der Republik ebenso wie dieses[186].

V. Zeit der NS-Herrschaft

1. Vorbemerkung

Am 30. Januar 1933 kam es zur Übertragung der Macht an die Nationalsozialistische Deutsche Arbeiterpartei (NSDAP) und die Deutschnationale Volkspartei (DNVP) sowie zur Ernennung *Hitlers* zum Reichskanzler. Der Beginn der nationalsozialistischen Herrschaft bedeutete zugleich das Ende des parlamentarisch-demokratischen Systems (falls man dem Zustand der Präsidialkabinette in den letzten zwei Jahren der Weimarer Republik diese Bezeichnung noch zubilligen will). Die juristische Zementierung der NS-Herrschaft erfolgte mit der Gleichschaltung von Legislative und Exekutive durch das bald darauf vom Reichstag (gegen die Stimmen der Sozialdemokraten) ver-

---

[181] *Krause*, Geschichte S. 84.

[182] Näher *Naumann*, Gefängnis, S. 64 ff.

[183] *Naumann*, Gefängnis, S. 62.

[184] *Naumann*, a. a. O., S. 72.

[185] *Naumann*, Gefängnis, S. 96 ff.

[186] *Naumann*, a. a. O., S. 99 ff.

abschiedete Ermächtigungsgesetz (das übrigens, wenn auch in milderer Form, seine Vorläufer im I. Weltkrieg und in der Weimarer Republik hatte [o. § 5 III. 1., IV. 1. und IV. 4.])[187].

In der allgemeinen Geschichtsschreibung scheint ausgemacht: Die zwölf Jahre der nationalsozialistischen Herrschaft sind zwölf dunkle Jahre, die einen Bruch in der deutschen Geschichte darstellen – die Bezeichnung „Zivilisationsbruch“ hat sich seit einigen Jahren etabliert[188]. An diesem Verständnis ist zweifellos richtig, dass während dieser Zeit sich Ereignisse abspielten, welche diese Zeit in katastrophaler Weise aus dem Fluss der deutschen Geschichte herausheben. Die logistisch durchgeplante und fabrikmäßig durchgeführte Vernichtung von Millionen „fremdrassischer“ Menschen, und dies nicht einmal – was schlimm genug wäre – aus politischer Gegnerschaft, sondern im Namen einer angeblich wissenschaftlichen Rassentheorie, hat es vor 1933 und nach 1945 in der Tat in Deutschland eben so wenig gegeben wie die Ermordung Hunderttausender angeblich lebensunwerter Menschen im Rahmen einer beschönigend „Euthanasie“ genannten Aktion, deren Motivation sich aus denselben Quellen speiste[189]. Dennoch hat die historische Forschung in den vergangenen Jahren zahlreiche „Normalitätsanteile“ festgestellt, die sich durch die Zeit der NS-Herrschaft hindurchziehen. Sie ergeben sich zum einen aus dem trivialen Umstand, dass unter jedem politischen System Menschen auch weiter lieben und hassen, dass sie heiraten und Kinder großziehen, dass sie in der Schule und im Beruf vorankommen oder scheitern, dass sie Krankheiten erleiden, von ihnen genesen oder an ihnen sterben, dass sie feiern und trauern. Die Hartnäckigkeit von natürlich gegebenen oder langfristig eingeschliffenen Lebensgewohnheiten erweist sich häufig als resistent und renitent gegenüber politischen Einflussfaktoren.

Noch entscheidender für Kontinuitätsaussagen in der historischen Erforschung des Nationalsozialismus ist jedoch die Feststellung von zahlreichen Modernisierungsfaktoren in der Zeit seiner Herrschaft. Der Widerstand gegen diese Aussage resultiert zu einem guten Teil aus einem positiven Vorverständnis, das mit dem Begriff „modern“ verbunden ist. Deshalb muss, wie schon in den vorigen Paragraphen betont, klargestellt werden, dass dieses Vorverständnis hier nicht zugrunde gelegt wird. Die bürokratisch-technische Perfektionierung des Massenmordes bis hin zur Fahrplangestaltung der in die Vernichtungslager fahrenden Güterzüge ist eine erschreckende Erscheinungsform von Modernität. Schon in der Frühzeit der Aufarbeitung des Nationalsozialismus wurde der Einsatz moderner Technik für den Wahlkampf der NSDAP (Verwendung moderner Kommunikationsmittel, Mobilitätssteigerung durch Einsatz von Flugzeugen) thematisiert; hinzu kam die Modernisierung der Kriegstechnik einschließlich der nicht mehr rechtzeitig zu voller Pra-

[187] Zum „Ermächtigungsgesetz“ (offiziell: „Gesetz zur Behebung der Not von Volk und Reich“ vom 24. März 1933, RGBl. I 1933, S. 141) s. die Dokumentation in der Kleinen Reihe der Schriftenreihe „Juristische Zeitgeschichte“. Berlin 2003.

[188] S. z. B. *Dan Diner* (Hrsg.), Zivilisationsbruch. Denken nach Auschwitz. Frankfurt a. M. 1988.

[189] Eine Rekonstruktion der Euthanasie-Aktion aufgrund der staatsanwaltschaftlichen Ermittlungen der Nachkriegszeit enthält die Anklageschrift des hessischen Generalstaatsanwalts (**Fritz Bauer**, 1903–1968) gegen den Euthanasiearzt Heyde alias Sawade; veröffentlicht in: *Institut für juristische Zeitgeschichte Hagen*, Euthanasie vor Gericht.

xisreife gediehenen Raketentechnik. Aber auch weniger technikbezogene Elemente sind unverkennbar: die Nutzbarmachung der Erkenntnisse moderner Massenpsychologie für die Propaganda; der Einsatz sozialer Sicherungen und Wohltaten zur Erhaltung der Massenloyalität[190]. Dass auch die Rassentheorie und die Vorstellungen von sozialer Hygiene Abfallprodukte der seit dem 19. Jahrhundert herangewachsenen Wissenschaftsgläubigkeit waren, wurde bereits erwähnt[191].

Damit fügt sich die Herrschaft des Nationalsozialismus, ungeachtet ihrer verbrecherischen Exorbitanz[192], in eine Entwicklungsstruktur, die bereits vor 1933 angelegt gewesen ist und nach 1945 nicht abgerissen ist. Elemente der Modernisierung sind auch im Recht feststellbar[193]. Dies gilt auch für das Strafrecht, wo einerseits an Strukturen und Tendenzen aus der Zeit vor 1933 angeknüpft wurde, andererseits nach 1945 manches übernommen wurde, was unter der Herrschaft des Nationalsozialismus eingeführt worden war. Wenn daher im folgenden Eigenheiten des Strafrechts im Nationalsozialismus dargestellt werden, so ist stets im Auge zu behalten, wie weit sie sich in die Entwicklung vor 1933 und nach 1945 einfügen. Zusammenfassend wird die Kontinuitätsproblematik in einem späteren Paragraphen dieses Buches angesprochen werden (u. § 7).

2. Strafrechtslehre

Wie oben (§ 3 I. 1.) beschrieben, stand an der Wiege des Rechtsgutsverletzungsgedankens nicht die Vorstellung von einer Bändigung staatlichen Strafens, sondern die Vorstellung einer Lockerung der von Kant und Feuerbach vertretenen Rechtsverletzungslehre. Bei einer liberalen, zurückhaltenden Handhabung des Rechtsgüterschutzgedankens vermag dieser freilich – ungeachtet seiner Herkunft aus dem Geiste der Strafrechts*expansion* – ein reduziertes Strafrecht zu stützen. Überdies hat er von seiner Vorgängerin, der *Rechtsschutz*-Lehre, immerhin die Voraussetzung übernommen, dass prinzipiell nur *äußere,* **objektive** Vorgänge Anknüpfungspunkt strafrechtlichen Einschreitens sein können (Die inneren Komponenten, insbesondere Vorsatz und Schuld, treten anschließend als *Begrenzungen* hinzu.). Anknüpfungspunkt für strafrechtliche Erörterungen ist m. a. W. nicht die Gesinnung des Täters, sondern die im Gesetz formell umschriebene *Tat.* Hinzu kommt, dass der Rechtsgüterschutzgedanke – wenn auch weniger streng als der Rechtsschutzgedan-

---

[190] Dazu neuerdings *Götz Aly*, Hitlers Volksstaat. Raub, Rassenkrieg und nationaler Sozialismus. 3. Auflage. Frankfurt a. M. 2005.

[191] Weitere Modernitäts-Elemente sind dargestellt b. *Michael Prinz/ Rainer Zitelmann* (Hrsg.), Nationalsozialismus und Modernisierung. 2. Auflage. Darmstadt 1994.

[192] Zu dem, was hier „spezielle Pathologie" des Nationalsozialismus genannt wird, s. noch § 5 V. 8.

[193] Beispiele in den Beiträgen zum Kolloquium des Instituts für Zeitgeschichte *NS-Recht in historischer Perspektive*. München, Wien 1981; ferner in den Beiträgen zum Symposium „Justiz und Nationalsozialismus" der Justizakademie NRW: *Pauli/ Vormbaum*, Justiz und Nationalsozialismus.

ke – tendenziell strafbare Komplexe untereinander und von straflosem Verhalten abzugrenzen vermag.

Zwar waren diese praktischen Konsequenzen – liberale Handhabung, Tendenz zur objektiven Strafrechtsbetrachtung und Denken in voneinander getrennten Gütern – nicht zwingend; und mit der Vergeistigung, die der Rechtsgüterschutzgedanke seit der Jahrhundertwende erfahren hatte, waren sie geschwächt worden; dennoch sah sich die Rechtsgüterschutzlehre ebenso wie die Liszt-Schule und die in ihrem Geiste betriebene Strafrechtsreform während der Zeit der NS-Herrschaft Angriffen seitens nationalsozialistischer Rechtsgelehrter ausgesetzt, mit denen alle drei Positionen bestritten wurden. Die als Reflexe des Zweckgedankens *auch* möglichen Strafmilderungen wurden von NS-Strafrechtlern für das Ganze genommen und als „Erweichung der Verbrechensbekämpfung" *(Erik Wolf)* gebrandmarkt[194]. Dem Liberalismus, der dem Rechtsgüterschutzgedanken angeblich innewohnte, wurde ein autoritäres Strafrechtsdenken entgegen gesetzt; danach war die Volksgemeinschaft ein Organismus gleichartiger (d. h. letztlich: gleichrassiger) Wesen. Kriminalität war ein Indikator dafür, dass das betreffende Mitglied der Volksgemeinschaft aus der Art geschlagen war. Primäres Ziel der Kriminalpolitik und des Strafrechts sollte also nicht sein, auf **Taten** zu reagieren, sondern gefährliche Elemente der Gemeinschaft auszumerzen. Ausgangspunkt einer solchen Lehre ist folgerichtig der **Täter,** der seine Pflichten gegenüber der Gemeinschaft verletzt. In juristischer Terminologie entsteht aus einem solchen Ansatz die **Pflichtverletzungs-Lehre**; das Strafrecht wandelt sich vom Tatstrafrecht zum **Täterstrafrecht** bzw. zum Gesinnungsstrafrecht. Will man aber schädliche Gesinnung ermitteln, so ist eine formelle Umschreibung von sozialschädlichem Verhalten dysfunktional. Die förmliche Straftat ist nur noch als **Indiz** für die gemeinschaftsfeindliche **Gesinnung** interessant. Freilich waren dies keine ganz neuen Gedanken, denn nicht nur waren Irrationalismus und Ganzheitsbetrachtung schon in der Weimarer Zeit von einem Teil der Strafrechtswissenschaft propagiert worden, sondern auch in Liszts Marburger Programm waren Täterorientierung und Gesinnungsbewertung wesentliche Punkte.

Weitere Konsequenzen dieser Strafrechtsauffassung sind die Ausweitung der Versuchsstrafbarkeit und die bloß fakultative Strafmilderung für den Versuch (vgl. heute noch § 23 Abs. 2 StGB), die Vorverlagerung der Strafbarkeit der Teilnahme (vgl. heute noch § 30 StGB) sowie die Aufstellung von Tatbeständen, welche bereits die Vorbereitung der eigentlichen schädigenden Handlung unter Strafe stellen (vgl. heute noch als extremes Beispiel: § 129a StGB).

Die Ablehnung des Tatstrafrechts führt zugleich zu einem **materiellen Verbrechensbegriff.** An sich besagt dieser Begriff nichts anderes, als dass hinter den förmlichen Straftatbeständen eine Auffassung von dem steht, was bestimmte Verhaltensweisen als strafwürdig erscheinen lässt. In der Straftheorie der Aufklärung war dies die Verletzung des Gesellschaftsvertrages, bei Kant und Feuerbach die (unterschiedlich hergeleitete) Rechtsverletzung, seit Birnbaum, Mittermaier, Binding und Liszt die Rechtsgutverletzung. Regelmäßig ist damit die Vorstellung verbunden, dass aus diesem materiellen Verbrechensbegriff ein Begrenzungsmaßstab

---

[194] *Kubink*, Strafen, S. 250.

für den Erlass und die Interpretation von förmlichen Straftatbeständen abgeleitet werden soll[195]. Die Berufung nationalsozialistischer Strafrechtslehrer auf den materiellen Verbrechensbegriff zielte jedoch in eine andere Richtung, letztlich in die Gegenrichtung. Gemeint war hier, dass das Strafrecht sich nicht von den im Gesetz förmlich formulierten Straftatbeständen abhängig machen, sondern „die offenkundige substantielle Gerechtigkeit der Sache" sehen und verwirklichen[196], zur „Wirklichkeit" der Lebensverhältnisse vorstoßen solle, wie sie sich in den **konkreten Ordnungen** des Gemeinschaftslebens manifestierte[197]; die Tendenz war also, den Rechtsanwender von der Bindung an das förmliche Gesetz zu befreien. Kein „volksschädliches" Verhalten sollte straflos bleiben.

In diesem Zusammenhang wurde von der NS-Doktrin gelegentlich die Formel *nullum crimen sine poena* (kein Verbrechen ohne Strafe) bemüht, welche dem „liberalistischen" Grundsatz *nullum crimen sine lege* entgegengesetzt wurde. Dies wirft die Frage auf, welcher Maßstab denn für das „Verbrecherische", eben das *crimen*, angelegt werden sollte. Eine Erklärung hierfür wurde, abgesehen von den erwähnten Hinweisen auf konkrete Ordnungen der Gemeinschaft und auf das in dem 1935 eingeführten neuen § 2 StGB (u. § 5 V. 3.) erwähnte „gesunde Volksempfinden" nicht geliefert[198].

Aus dem Übergang zum Pflichtverletzungsgedanken und zum Täterstrafrecht folgte ferner die Ablehnung der begrifflichen und systematischen Zergliederung des Verbrechens und die Forderung nach einer wesenhaften und ganzheitlichen Begriffsbildung und Verbrechenssystematik[199]; „Strafbarkeitslücken", die sich aus dem formellen Verbrechensbegriff wegen dessen sprachlicher Basis zwangsläufig ergeben,

---

[195] Näher *Marxen*, Kampf, S. 172 ff.

[196] *Carl Schmitt*, Nationalsozialismus und Rechtsstaat, in: JW 1934, 714. Zur Schmittschen Straftheorie s. auch *Mario A. Cattaneo*, Strafrechtstotalitarismus, S. 181 ff.; ein interessanter Unterschied zur deutschen Strafrechtsentwicklung im Hinblick auf den Grundsatz *nullum crimen sine lege* zeigt sich im faschistischen Italien, wo das 1930/31 erlassene neue Strafgesetzbuch, der sog. *Codice Rocco*, trotz seiner autoritären, auch totalitären Züge, am Analogieverbot festhielt, s. dazu *Cattaneo* a. a. O., S. 257 ff., der zugleich darauf hinweist, dass durch die Möglichkeit der unbestimmt langen Verwahrung bis zur Erreichung des Sicherungszweckes dieses Verbot unterlaufen wurde; die a. a. O., S. 259 f. zitierten Äußerungen *Alfredo Roccos* finden sich freilich in der Sache bereits in § 46 Abs. 2 des Radbruchschen Entwurfs von 1922: „Die Unterbringung dauert so lange, als es der Zweck der Anordnung erfordert".

[197] Zum „konkreten Ordnungsdenken" s. *Carl Schmitt*, Über die drei Arten des rechtswissenschaftlichen Denkens. Hamburg 1934, wo die drei Arten des Regeln- und Gesetzesdenkens, des Entscheidungsdenkens und des konkreten Ordnungs- und Gestaltungsdenkens unterschieden werden (a. a. O., S. 8).

[198] Die Formel *nullum crimen sine poena* findet sich auch schon bei *Feuerbach* (Lehrbuch, § 20), meint dort freilich etwas anderes, nämlich, dass kein (gesetzlich definiertes) Verbrechen unbestraft bleiben darf. Dies ist zwar, wie man heute weiß, eine Illusion und u. U. nicht einmal wünschenswert (s. dazu *Heinrich Popitz*, Über die Präventivwirkung des Nichtwissens [1968]. Neuveröffentlichung mit einer Einführung von Fritz Sack und Hubert Treiber in der Schriftenreihe „Juristische Zeitgeschichte. Kleine Reihe". Berlin 2003), hat aber eine andere Bedeutung als dieselbe Formel in der NS-Zeit; dazu *Vormbaum*, ZNR 2000, 259. Überdies lautet bei Feuerbach die Formel *„... sine poena legali"*, womit deutlich wird, das das genaue Gegenteil der in der NS-Zeit verwendeten Formel gemeint ist.

[199] Näher *Marxen*, Kampf, S. 214.

können nicht hingenommen werden. Die **Ablehnung des Analogieverbots** ist die notwendige Folgerung.

Eine besonders charakteristische Ausprägung erfuhr die Subjektivierung durch die Lehre vom **Willensstrafrecht**. Auch hier vollzog sich eine Radikalisierung bereits bekannter Gedanken, war doch nach Liszts ausdrücklicher Aussage bei der Strafverhängung die Gesinnung des Täters der entscheidende Gesichtspunkt. Auch die sog. **Tätertypenlehre**[200] findet ihren Vorläufer in der (freilich kriminalpolitisch, nicht strafrechtsdogmatisch orientierten) Lisztschen Trias der Verbrechertypen. Die von *Liszt* für möglich gehaltene Schranke zwischen der rechtlichen und der kriminalpolitischen Sphäre wurde, soweit sie noch vorhanden war, niedergelegt[201].

Mit Willensstrafrecht und Tätertypenlehre erreichte die seit dem Ausgang des 19. Jahrhunderts anhebende Schwerpunktverlagerung vom Tatstrafrecht zum Täterstrafrecht ihren extremen Punkt.

Die (aus der Sicht seiner Vertreter) verborgene Tücke des Tätertypen- und Willensstrafrechts bestand freilich darin, dass es sich strafbarkeitseinschränkend auswirken konnte, wenn der Täter trotz Begehung der (förmlichen) Straftat nicht dem vorausgesetzten Tätertypus entsprach. Wo diese Möglichkeit auftauchte, wurde sie allerdings nicht in die Praxis umgesetzt[202].

Die polemischen Ausfälle der NS-Strafrechtstheoretiker gegen die Rechtsgüterschutzlehre, besonders die Angriffe der nationalsozialistischen Strafrechtslehrer, beispielsweise **Georg Dahm** (1904–1963) und **Friedrich Schaffstein** (1905–2001) – später Mitglieder der Kieler „Stoßtruppfakultät“[203], an der außer ihnen u. a. noch **Karl Michaelis** (1900–2001), **Ernst Rudolf Huber** (1903–1990), **Wolfgang Siebert** (1905–1959) und **Karl Larenz** (1903–1993) aktiv waren – zeigen zwar, dass man die Rechtsgüterschutzlehre und die Liszt-Schule als zu „liberal“ kritisieren konnte; im Grunde waren diese Angriffe aber ideologischer Natur, denn bei „richtiger Anwendung“ konnte das von der NS-Strafrechtslehre angestrebte autoritäre, expansive Strafrecht auch durch die Anwendung der Rechtsgüterschutzlehre erreicht werden, wie die kritische Schrift von *Erich Schwinge* und *Leopold Zimmerl* aus dem Jahre 1937 über „Wesenschau und konkretes Ordnungsdenken im Strafrecht“ deutlich machte, die den Verfassern, soweit bekannt, keinerlei politische Schwie-

---

[200] Dazu *Marxen*, Kampf, S. 189 ff.

[201] Interessanterweise geschah dies, wie *Marxen* (Kampf, S. 167 ff.) gezeigt hat, nicht, wie man denken könnte, durch eine Öffnung der Schranke für die Kriminalpolitik in Richtung Recht, sondern gerade im Gegenteil durch eine Verlagerung der Diskussion von kriminalpolitischen auf dogmatische Fragen.

[202] Beispielsweise, als bei den Diskussionen der NS-Strafrechtskommission über das Konkursstrafrecht die Vertreter der Strafrechtswissenschaft (Gleispach, Mezger, Nagler) unter Berufung auf das Willensstrafrecht vorschlugen, die objektive Strafbarkeitsbedingung des damaligen § 209 KO (heute § 283 Abs. 6 StGB) durch ein objektives Tatbestandsmerkmal mit Vorsatzkonsequenz zu ersetzen; näher *Seemann*, Vereitelung von Gläubigerrechten, S. 92 f., 176; zu einer ähnlichen Situation bei der Diskussion des Sexualstrafrechts s. *Müting*, Vergewaltigung und sexuelle Nötigung, 7. Kapitel A) I.

[203] Zu ihr *Eckert*, Stoßtruppfakultät, S. 21, sowie zuletzt *Christina Wiener*, Kieler Fakultät und „Kieler Schule“. Die Rechtslehrer an der Rechts- und Staatswissenschaftlichen Fakultät zu Kiel in der Zeit des Nationalsozialismus und ihre Entnazifizierung. Baden-Baden 2013.

rigkeiten einbrachte[204]. Ganz zu Recht betonte daher der *Liszt*-Schüler *Eberhard Schmidt* im Jahre 1942, dass man die Strafauffassung Liszts gänzlich verkenne, wenn man sie als „weichlich-nachgiebige 'Besserungs'-Theorie" auffasse[205]. Mit dem Gewohnheitsverbrechergesetz vom November 1933 (dazu sogleich) sei „Liszts alte Forderung nach der Intensivierung des Kampfes gegen das Gewohneitsverbrechertum" erfüllt worden[206].

Freilich bedarf historische Betrachtung auch der angemessenen Quantifizierung. *Liszts* Forderung nach „Unschädlichmachung" der Unverbesserlichen meint noch nicht deren „Ausmerzung". In der Struktur jedoch stehen solche Gedanken in einer Tradition, in der Liszts Strafrechtsauffassung eine Etappe bildet. *Kubink* formuliert es dahin, dass nunmehr „die negativen Seiten strafrechtlicher Reformbestrebungen" hervorgetreten seien[207], dass nunmehr „die rechtlich kaum mehr gebundene Verwendung des Strafrechts – also die radikale Liszt-Linie" – dominant geworden sei[208]. Anders als möglicherweise von der Staatsrechtswissenschaft[209] kann man daher von der Strafrechtswissenschaft wohl nicht sagen, dass sie einen „radikalen Umbruch" erfahren habe.

Diese Feststellung schließt nicht aus, dass die deutsche Strafrechtswissenschaft in der Zeit der NS-Herrschaft einen moralischen und intellektuellen Niedergang vollzog, der in dem von **Carl Schmitt** 1936 zusammen mit dem „Reichsrechtsleiter" **Hans Frank** veranstalteten Kongress mit dem Thema „Das Judentum in der Rechtswissenschaft"[210] einen seiner Tiefpunkte erreichte[211]. Revisionsbedürftig

---

204 Wie übrigens auch in der Kriminologie keineswegs eine „Pflicht" zur Favorisierung kriminalbiologischer Ansätze bestand; dazu *Richard F. Wetzell*, Der Verbrecher und seine Erforscher: Die deutsche Kriminologie in der Weimarer Republik und im Nationalsozialismus, in: JJZG 8 (2006/2007), 256 ff.

205 *Eb. Schmidt*, Anselm von Feuerbach und Franz von Liszt, in: Monatsschrift f. Kriminologie 1942, 205 ff., 221 f. Ähnlich äußerten sich auch andere Liszt-Schüler, beispielsweise *Eduard Kohlrausch*; s. dazu *Vormbaum*, Kohlrausch, und die dortigen Nachweise zur Kohlrausch-Biographie von *Karitzky*.

206 Ebd.; näher *Kubink*, Strafen, S. 254.

207 *Kubink*, Strafen, S. 233.

208 A.a.O., S. 249; *Muñoz Conde*. Liszt, S. 558, meint, dass, „wenn es den Nationalsozialismus nicht gegeben hätte, [...] heute vermutlich kaum ein Schatten des Zweifels auf die Lehren des Franz von Liszt fallen" würde. Daran ist zweifellos richtig, dass der Nationalsozialismus ein extrem starker Katalysator für das Ausbrechen der problematischen Seiten der Lisztschen Lehren gewesen ist. Im übrigen ist es schwierig, hypothetische Geschichtsverläufe zu diskutieren; lässt man sich darauf ein, so müsste man fragen, ob das moderne, von Lisztschen Gedanken geprägte Strafrecht, wie wir es derzeit besichtigen können (dazu u. § 7), auch ohne die NS-Phase seine kritikwürdigen Seiten präsentieren und damit zur Kritik an Liszt herausfordern würde; die *heuristische* Bedeutung jener Phase (dazu § 7 II a.E., Ziff. 4) würde freilich entfallen.

209 Dazu *Kroeschell*, 20. Jahrhundert, S. 74.

210 Dazu *Rüthers*, Carl Schmitt im Dritten Reich. Wissenschaft als Zeitgeist-Verstärkung? München 1989, S. 53 ff.

211 Mit der Dienstfertigkeit vieler ihrer Angehörigen steht die Rechtswissenschaft, wie inzwischen bekannt, nicht allein; s. z. B. *Till Bastian*, Furchtbare Ärzte. Medizinische Verbrechen im Dritten Reich. München 1995; *Ernst Klee*, Auschwitz, die NS-Medizin und ihre Opfer. Frankfurt a. M. (Fischer-TB) 2001; *Norbert Frei* (Hrsg.), Karrieren im Zwielicht. 2. Auflage. Frankfurt Main 2002 (mit Beiträgen über Mediziner, Unternehmer, Offiziere, Juristen und Journalisten); zur Psychoanalyse *Hans-Martin Lohmann* (Hrsg.), Psychoanalyse und Nationalsozialismus. Beiträge zur

erscheint daher die generalisierende Aussage von Eberhard Schmidt (die auch ein Urteil in eigener Sache enthält), in der Zeit der NS-Herrschaft sei „die Kontinuität echter Strafrechtswissenschaft nicht abgerissen“[212]; dass diese Kontinuitätsauffassung mit der bereits angesprochenen und im letzten Paragraphen dieses Buches noch einmal aufzugreifenden Kontinuitätsauffassung nicht zu verwechseln ist, liegt auf der Hand[213].

Dass Urteile über den Stellenwert wissenschaftlicher Lehren nur bedingt zu Urteilen über Personen führen können, ist bereits mehrfach, beginnend bei *Beccaria* (s. o. § 2 I. 4.), erwähnt worden. Erstere lassen sich – vor allem im nachhinein – im allgemeinen leicht, wenn auch mit der für geisteswissenschaftliche Aussagen typischen Unschärfe, treffen, letztere müssen *gerecht* sein; sie können dies aber nur sein, wenn der Urteilende sich in die Situation des Handelnden versetzt. Tut man dies, so ergibt sich *auf dieser Ebene* ein differenziertes Spektrum. Selbstverständlich musste ein etablierter Hochschullehrer wie *Carl Schmitt* nicht ein solches niederträchtiges Machwerk wie das eben erwähnte publizieren[214], wie ja überhaupt kaum jemand zum Publizieren gezwungen war[215]. Andererseits ist manche Publikation, die sich aus der Rückschau in eine verhängnisvolle Entwicklung einfügt, für die Handelnden etwas, was sie gleichsam unschuldig und im Bewusstsein

---

Bearbeitung eines unbewältigten Traumas. TB-Ausgabe Frankfurt am Main 1994; zur Geschichtswissenschaft *Winfried Schulze/ Otto Gerhard Oexle*, Deutsche Historiker im Nationalsozialismus. 3. Auflage. März 2000; zur Altphilologie: *Volker Losemann*, Nationalsozialismus und Antike. Studien zur Entwicklung des Faches Alte Geschichte 1993–1945. Hamburg 1977; für die Naturwissenschaften zuletzt *John Cornwell*, Forschen für den Führer. Deutsche Naturwissenschaftler und der Zweite Weltkrieg. Bergisch Gladbach 2004 (das Buch reicht erheblich weiter, als der Untertitel angibt). „In allen weltanschauungsbezogenen Tätigkeitsbereichen und Disziplinen, in den Schulen und Hochschulen, in Zeitungen und Rundfunk, in Illustrierten und bei den Schriftstellern, sogar in so neutralen Sparten wie der angewandten Mathematik, der Physik, der Chemie, der Musik und der Industrie setzten sich die Führungs- und Kontrollstrategien der NS-Machthaber durch. Selbst in erheblichen Teilen der kirchlichen Organisationen war ihr Einfluß nicht nur spürbar, sondern partiell dominant“; *Bernd Rüthers*, Entartetes Recht. Rechtslehren und Kronjuristen im Dritten Reich. München 1988, S. 213.

212 *Eb. Schmidt*, Einführung, S. 451. Dass als Schwurzeuge für diese Aussage Eduard **Kohlrausch** nur bedingt taugt, zeigt Karitzky in seiner Kohlrausch-Biographie: *Holger Karitzky*, Eduard Kohlrausch – Kriminalpolitik in vier Systemen. Eine strafrechtshistorische Biographie. Berlin 2002. (Versuch einer Sekundäranalyse und Bewertung anhand des Werkes von Karitzky b. *Vormbaum*, Opportunismus oder Kontinuität? Eduard Kohlrausch (1874–1948), in: Festschrift 200 Jahre Humboldt-Universität. Juristische Fakultät. Berlin 2010, in seinem vielbenutzten StGB-Kommentar, der auch die wichtigsten Nebengesetze umfasste, überließ *Kohlrausch* die Kommentierung der Rassegesetze seinem Schüler **Richard Lange** [1906–1995] später einer der führenden Strafrechtslehrer der Bundesrepublik. Langes Kommentierung kann keineswegs bescheinigt werden, dass sie sich um eine Eingrenzung der problematischen Vorschriften bemühe). Den von **Carl Schmitt** in Zusammenarbeit mit dem „Reichsrechtsführer“ **Hans Frank** organisierten Kongress erwähnt *Eb. Schmidt* (a. a. O., § 46, S. 428) allerdings ausdrücklich und kritisch.

213 Zu Kontinuitäten in der Straftatlehre, die sich durch die NS-Zeit hindurchziehen, s. auch *Klaus Marxen*, Die rechtsphilosophische Begründung der Straftatlehre im Nationalsozialismus. Zur Frage der Kontinuität strafrechtswissenschaftlichen Denkens, in: Hubert Rottleuthner (Hrsg.), Recht, Rechtsphilosophie und Nationalsozialismus (ARSP-Beiheft Nr. 18). Wiesbaden 1983, S. 55 ff.

214 Auch wenn er sich davon eine bessere Position in den Fraktionskämpfen innerhalb des Systems versprach; s. dazu *Bernd Rüthers*, Carl Schmitt im Dritten Reich. München 1989, S. 74 ff.; *Ders.*, Entartetes Recht, S. 125 ff.

215 *Rüthers*, Carl Schmitt im Dritten Reich, S. 40.

eigener gedanklicher Originalität produzieren, ohne sich ihrer Einbettung in eine langfristigere Entwicklungstendenz und ihrer politischen Funktion bewusst zu sein[216]. Und selbstverständlich gibt es auch den „Normalitätsanteil", der sich beispielsweise in der Abhandlung dogmatischer Detailprobleme eines unpolitischen Straftatbestandes abspielen kann.

Wie weit allerdings Strafrechtswissenschaft und Politik verflochten sind, zeigt der Bereich der **Kriminalpolitik und Kriminologie**. Obwohl zwischen 1933 und 1945 auch kriminalsoziologische Forschung möglich blieb und auch betrieben wurde[217], zeigt sich doch eine weitere deutliche Schwerpunktverschiebung zum Anlagefaktor und dort wiederum zur erbbiologischen Komponente[218], ferner in einem Institutionalsierungsschub der Kriminalbiologie in der Mitte der 30er Jahre[219]. Die Nazis kritisierten die „Verweichlichung" der Weimarer Strafjustiz (von der sie selbst profitiert hatten); ihre Neigung zu biologistischen Auffassungen musste sie, soweit sie sich überhaupt für wissenschaftliche Begründungen interessierten, in die Nähe der Kriminalbiologie führen. Prominente Kriminologen sahen die Chancen und Gefahren des Machtantritts der Nazis. Allseitig wurde beteuert, dass die kriminalbiologische Forschung nicht der Verweichlichung das Wort rede. Vor allem im Hinblick auf die als unverbesserlich Angesehenen ergaben sich Berührungspunkte. Einige Kriminologen dienten sich sogleich den neuen Machthabern an.

Auch für die Kriminologie der NS-Zeit stellt sich die Frage nach einer Kontinuität[220]. Angesichts der bereits geschilderten Entwicklungsetappen kann diese Frage nicht verneint werden; jedoch ist auch hier davon auszugehen, dass die Zeit der NS-Herrschaft zu einer *Radikalisierung* der Entwicklung geführt hat[221].

3. Strafgesetzgebung bis Kriegsbeginn[222]

„Grundgesetz" des nationalsozialistischen Herrschaftssystems war die sog. **Reichstagsbrandverordnung** *(Verordnung zum Schutze von Volk und Staat vom 28.*

[216] Wenn beispielsweise **Hans Welzel** (1904–1977) im Jahre 1944 in seinem Aufsatz „Über den substantiellen Begriff des Strafrechts" (Auszug b. *Vormbaum*, MdtStrD, S. 291 ff.) sich dafür ausspricht, den Gehalt der Strafrechtssätze nicht im bloßen Rechtsgüterschutz, sondern in der Erhaltung der Aktwerte rechtlicher Gesinnung zu sehen (S. 564), und ausdrücklich zwar nicht einer völligen Aufhebung der Trennung von Strafrecht und Ethik, wohl aber einer Relativierung dieser Unterscheidung das Wort spricht (S. 562), so will er subjektiv ein rechtsphilosophisches Problem traktieren, fügt sich aber objektiv in den Trend der Ethisierung des Strafrechts ein, der sich über das ganze 20. Jahrhundert hinzieht (dazu noch u. § 7).

[217] S. dazu *Wetzell*, Inventing, S. 295 ff.

[218] *I. Baumann*, Geschichte, S. 93.

[219] Ebd., S. 94; *Baumann* belegt diese Interpretation anhand des Werkes von *Edmund Mezger* (a. a. O., S. 98 ff.).

[220] Dazu *I. Baumann*, a. a. O., S. 91 ff.

[221] So auch *I. Baumann*, Geschichte, S. 91 ff.

[222] Die Fülle der in der Zeit der nationalsozialistischen Herrschaft ergangenen Notverordnungen und Gesetze auf dem Gebiete des Strafrechts kann hier nicht im einzelnen dargestellt werden. Alle wichtigen Strafgesetze des NS-Staates sind dargestellt bei *Werle*, Justiz-Strafrecht, S. 65 ff.;

83

Reichsgesetzblatt

Teil I

1933	Ausgegeben zu Berlin, den 28. Februar 1933	Nr. 17

Verordnung des Reichspräsidenten zum Schutz von Volk und Staat. Vom 28. Februar 1933.

Auf Grund des Artikels 48 Abs. 2 der Reichsverfassung wird zur Abwehr kommunistischer staatsgefährdender Gewaltakte folgendes verordnet:

§ 1

Die Artikel 114, 115, 117, 118, 123, 124 und 153 der Verfassung des Deutschen Reichs werden bis auf weiteres außer Kraft gesetzt. Es sind daher Beschränkungen der persönlichen Freiheit, des Rechts der freien Meinungsäußerung, einschließlich der Pressefreiheit, des Vereins- und Versammlungsrechts, Eingriffe in das Brief-, Post-, Telegraphen- und Fernsprechgeheimnis, Anordnungen von Haussuchungen und von Beschlagnahmen sowie Beschränkungen des Eigentums auch außerhalb der sonst hierfür bestimmten gesetzlichen Grenzen zulässig.

§ 2

Werden in einem Lande die zur Wiederherstellung der öffentlichen Sicherheit und Ordnung nötigen Maßnahmen nicht getroffen, so kann die Reichsregierung insoweit die Befugnisse der obersten Landesbehörde vorübergehend wahrnehmen.

§ 3

Die Behörden der Länder und Gemeinden (Gemeindeverbände) haben den auf Grund des § 2 erlassenen Anordnungen der Reichsregierung im Rahmen ihrer Zuständigkeit Folge zu leisten.

§ 4

Wer den von den obersten Landesbehörden oder den ihnen nachgeordneten Behörden zur Durchführung dieser Verordnung erlassenen Anordnungen oder den von der Reichsregierung gemäß § 2 erlassenen Anordnungen zuwiderhandelt, oder wer zu solcher Zuwiderhandlung auffordert oder anreizt, wird, soweit nicht die Tat nach anderen Vorschriften mit einer schwereren Strafe bedroht ist, mit Gefängnis nicht unter einem Monat oder mit Geldstrafe von 150 bis zu 15 000 Reichsmark bestraft.

Wer durch Zuwiderhandlung nach Abs. 1 eine gemeine Gefahr für Menschenleben herbeiführt, wird mit Zuchthaus, bei mildernden Umständen mit Gefängnis nicht unter sechs Monaten und, wenn die Zuwiderhandlung den Tod eines Menschen verursacht, mit dem Tode, bei mildernden Umständen mit Zuchthaus nicht unter zwei Jahren bestraft. Daneben kann auf Vermögenseinziehung erkannt werden.

Wer zu einer gemeingefährlichen Zuwiderhandlung (Abs. 2) auffordert oder anreizt, wird mit Zuchthaus, bei mildernden Umständen mit Gefängnis nicht unter drei Monaten bestraft.

§ 5

Mit dem Tode sind die Verbrechen zu bestrafen, die das Strafgesetzbuch in den §§ 81 (Hochverrat), 229 (Giftbeibringung), 307 (Brandstiftung), 311 (Explosion), 312 (Überschwemmung), 315 Abs. 2 (Beschädigung von Eisenbahnanlagen), 324 (gemeingefährliche Vergiftung) mit lebenslangem Zuchthaus bedroht.

Mit dem Tode oder, soweit nicht bisher eine schwerere Strafe angedroht ist, mit lebenslangem Zuchthaus oder mit Zuchthaus bis zu 15 Jahren wird bestraft:

1. Wer es unternimmt, den Reichspräsidenten oder ein Mitglied oder einen Kommissar der Reichsregierung oder einer Landesregierung zu töten oder wer zu einer solchen Tötung auffordert, sich erbietet, ein solches Erbieten annimmt oder eine solche Tötung mit einem anderen verabredet;
2. wer in den Fällen des § 115 Abs. 2 des Strafgesetzbuchs (schwerer Aufruhr) oder des § 125 Abs. 2 des Strafgesetzbuchs (schwerer Landfriedensbruch) die Tat mit Waffen oder in bewußtem und gewolltem Zusammenwirken mit einem Bewaffneten begeht;
3. wer eine Freiheitsberaubung (§ 239) des Strafgesetzbuchs in der Absicht begeht, sich des der Freiheit Beraubten als Geisel im politischen Kampfe zu bedienen.

§ 6

Diese Verordnung tritt mit dem Tage der Verkündung in Kraft.

Berlin, den 28. Februar 1933.

Der Reichspräsident
von Hindenburg

Der Reichskanzler
Adolf Hitler

Der Reichsminister des Innern
Frick

Der Reichsminister der Justiz
Dr. Gürtner

Herausgegeben vom Reichsministerium des Innern. — Gedruckt in der Reichsdruckerei, Berlin.

Abb. 17 Auszug aus dem Reichsgesetzblatt von 1933. Verordnung des Reichspräsidenten zum Schutz von Volk und Staat. Vom 28. Februar 1933

Februar 1933). Durch diese von Reichspräsident **Hindenburg** erlassene Notverordnung, nicht erst durch das Ermächtigungsgesetz, wurden wichtige Grundrechte suspendiert und für eine Reihe von Straftaten die Todesstrafe eingeführt und das Terrorsystem der SA legitimiert[223].

Die ersten Gesetzgebungsakte des NS-Regimes im Bereich der Gerichtsverfassung und des Strafverfahrens waren widersprüchlich. Zum einen wurde – ausgelöst durch das Urteil des Reichsgerichts im Reichstagsbrandprozess (zwar rückwirkend angewandte Todesstrafe für den Angeklagten *van der Lubbe*, jedoch Freispruch für die Mitangeklagten *Torgler*, *Dimitroff*, *Popoff* und *Taneff* aus Mangel an Beweisen) – durch die **Verordnung über den Volksgerichtshof vom 12. Juni 1934** der Volksgerichtshof mit zunächst provisorischem Charakter gegründet; durch Gesetz vom 18. April 1936 wurde er zum „ordentlichen Gericht im Sinne des Gerichtsverfassungsgesetzes" befördert. Damit wurde dem Reichsgericht die Zuständigkeit für die Staatsschutzdelikte entzogen. Nach Kriegsbeginn wurde die Zuständigkeit des Volksgerichtshofs stufenweise erweitert. Die Senate des Volksgerichtshofs urteilten in der Hauptverhandlung mit fünf Richtern, von denen nur zwei die Befähigung zum Richteramt besitzen mussten. Die Ernennung der ehrenamtlichen Richter und der planmäßigen Berufsrichter erfolgte durch Hitler auf Vorschlag des Reichsjustizministeriums[224].

Der Volksgerichtshof urteilte über Staatsschutzverbrechen in erster und letzter Instanz. Damit wurde dem Reichsgericht die Zuständigkeit für Hochverrat und Landesverrat entzogen. Diese ausschließliche Zuständigkeit in erster und letzter Instanz war keine Erfindung der Nationalsozialisten, sondern konnte auf Vorläufer in den vorhergehenden politischen Systemen zurück-

---

die Änderungen des Strafgesetzbuches bei *Arno Buschmann*, Das Strafgesetzbuch in der Zeit von 1933 bis 1945– Die Novellierungen des Strafgesetzbuchs in der Zeit des Nationalsozialismus, in: *Vormbaum/ Welp*, StGB, Supplementband 1, S. 53 ff.; die wichtigsten Texte b. *Arno Buschmann*, Nationalsozialistische Weltanschauung und Gesetzgebung 1933–1945. Band II (Dokumentation einer Entwicklung). Wien, New York 2000, S. 199 ff., 699 ff.; *Heribert Ostendorf*, Dokumentation des NS-Strafrechts. Baden-Baden 2000. Im folgenden werden die für das Verständnis der Strafrechtsentwicklung grundlegenden Gesetze dargestellt. Zum *Nebenstrafrecht* s. noch die Hinweise in Fußn. 238.

[223] *Eisenhardt*, Rechtsgeschichte, S. 438 f.; *Kroeschell*, 20. Jahrhundert, S. 70 f.; *Werle*, Justiz-Strafrecht, S. 65 ff.; *Thomas Raithel/ Irene Strenge*, Die Reichstagsbrandverordnung. Grundlegung der Diktatur mit den Instrumenten des Weimarer Ausnahmezustands, in: VfZ 2000, 413 ff. – Zum **Ermächtigungsgesetz** s. die in der Schriftenreihe „Juristische Zeitgeschichte. Kleine Reihe" erschienene Dokumentation *Das Ermächtigungsgesetz* („Gesetz zur Behebung der Not von Volk und Reich") vom 24. März 1933. Reichstagsdebatte, Abstimmung, Gesetzestext. Mit einer Einführung von Adolf Laufs. Berlin 2003.

[224] Näher zum Volksgerichtshof *Heinz Hillermeier* (Hrsg.), „Im Namen des Deutschen Volkes". Todesurteile des Volksgerichtshofes. Darmstadt, Neuwied 1980; *Klaus Marxen*, Das Volk und sein Gerichtshof. Eine Studie zum nationalsozialistischen Volksgerichtshof. Frankfurt a. M. 1994; *Holger Schlüter*, Die Urteilspraxis des Volksgerichtshofes. Berlin 1995; *Klaus Marxen/Holger Schlüter* (Hrsg.), Terror und „Normalität". Urteile des nationalsozialistischen Volksgerichtshofs 1934–1945. Eine Dokumentation (Juristische Zeitgeschichte NRW. 13). Recklinghausen 2004; Vorstellung und Besprechung weiterer Werke über den VolksGH b. *Thomas Vormbaum*, Strafjustiz im Nationalsozialismus. Ein kritischer Literaturbericht, in: GA 1998, 1 ff.; s. auch noch in diesem Abschnitt unter 6.

blicken. Nach dem Gerichtsverfassungsgesetz von 1877 war das Reichsgericht für politische Kapitaldelikte in erster und letzter Instanz zuständig, und es entschied – wie auch sonst – ohne die Beteiligung von Laienrichtern. Deshalb fand auch der Reichstagsbrand-Prozess vor dem Reichsgericht statt. Auch der durch die Republikschutz-Gesetzgebung der Weimarer Republik geschaffene *Staatsgerichtshof zum Schutze der Republik* kann, jedenfalls auf formaler Ebene, als Vorläufer des Volksgerichtshofes angesehen werden, wie ja auch die häufigen Ermächtigungsgesetze und Notverordnungen ein gesetzgeberisches Muster für die spätere Machtübertragung an die Nazi-Partei bildeten. Es ist die Aufgabe des Historikers, solche Feststellungen unabhängig von persönlichen Sympathien und Antipathien (die hier selbstverständlich eindeutig verteilt sind) zu treffen.

Bei den durch die **Verordnung über die Bildung von Sondergerichten** vom 21. März 1933 gebildeten Sondergerichten setzte das Regime hingegen von Anfang an auf die ausschließliche Besetzung mit Berufsrichtern. Sondergerichte wurden in jedem Oberlandesgerichtsbezirk an einem Landgericht errichtet. Ursprünglich nur für die Taten nach der Reichstagsbrandverordnung zuständig, wurde ihre Zuständigkeit schrittweise erweitert; im Krieg schließlich waren sie neben originärer Zuständigkeit stets auch dann zuständig, wenn „die Anklagebehörde der Auffassung ist, dass die sofortige Aburteilung durch das Sondergericht mit Rücksicht auf die Schwere oder die Verwerflichkeit der Tat, wegen der in der Öffentlichkeit hervorgerufenen Erregung oder wegen ernster Gefährdung der öffentlichen Ordnung oder Sicherheit geboten ist“ (§ 14 Abs. 1 der Zuständigkeitsverordnung vom 21. Februar 1940). Auch wurde während des Krieges die Zahl der Sondergerichte vermehrt. Das Verfahren war geprägt vom Ideal des kurzen Prozesses: Gerichtliche Voruntersuchung und Eröffnungsbeschluss entfielen (§§ 11, 12 Abs. 2 der Verordnung vom 21. März 1933); die Ablehnung von Beweisanträgen war erleichtert (§ 13 a. a. O.); die Protokollierungspflichten waren gelockert (§ 15 a. a. O.); Rechtsmittel fanden nicht statt (§ 16 a. a. O.).

Mit dem *Gesetz über die Verhängung und den Vollzug der Todesstrafe vom 29. März 1933*, der sog. **Lex van der Lubbe**, wurde die Verhängung der Todesstrafe für die in § 5 der Reichstagsbrandverordnung genannten Delikte rückwirkend auf Taten seit dem 31. Januar 1933 bezogen und damit die dann vom Reichsgericht auch ausgesprochene Todesstrafe gegen den angeblichen Reichstagsbrandstifter Marinus van der Lubbe ermöglicht.

Diese Anordnung rückwirkender Geltung wurde ihrerseits durch das wenige Tage zuvor ergangene Ermächtigungsgesetz ermöglicht. Drei Strafrechtslehrer – **Johannes Nagler** (1876–1951), **Friedrich August Oetker** (1854–1937) und **Hellmuth von Weber** (1893–1970) – hatten zuvor in einem für das Reichsjustizministerium erstatteten Gutachten die Zulässigkeit des rückwirkenden Gesetzes sogar schon vor Erlass des Ermächtigungsgesetzes bejaht; diese Auffassung erschien selbst dem Ministerium als zu weitgehend, und es drang mit seinen Bedenken durch[225].

[225] Näher *Manfred Seebode*, Streitfragen des strafrechtlichen Rückwirkungsverbots im Zeitenwandel. Das Rechtsgutachten für den Reichstagsbrandprozeß, in: JJZG 3 (2001/2002), S. 203 ff.; Faksimile des Gutachtens ebd. S. 229 ff.

Eine erste deutliche Kontinuitätsmarke im Bereich des materiellen Strafrechts setzte der nationalsozialistische Gesetzgeber mit dem **Gesetz gegen gefährliche Gewohnheitsverbrecher und über Maßregeln der Sicherung und Besserung** vom 24. November 1933[226].

Da es schon in der Weimarer Zeit eine enge Verbindung von Kriminalpolitik und Eugenik gegeben hatte, hatten die neuen Machthaber sich 1933 mit ihren sofort einsetzenden und rasch umgesetzten eugenischen Maßnahmen (1933 ErbgesundheitsG; 1935 EhegesundheitsG) auf Pläne der Weimarer Zeit, u. a. einen Gesetzentwurf aus dem preußischen Landesgesundheitsamt, zurückgreifen können. Und so ging denn auch die konkrete Initiative zum Gewohnheitsverbrechergesetz nicht von der Kriminal-, sondern von der Rassenpolitik aus[227]. Zu den nunmehr zum ersten Mal Gesetz gewordenen Maßregeln der Besserung und Sicherung gehörte auch die Zwangskastration („Entmannung", § 42k StGB n.F.). Allerdings gelang es dem hartnäckigen Widerstand der Juristen des Reichsjustizministeriums, die Sterilisierung von Straftätern *als solchen* aus gesetzlichen Regelungen fernzuhalten[228].

Kernpunkt des neuen Gesetzes war die *Sicherungsverwahrung* für gefährliche Gewohnheitsverbrecher. Diese Maßregel hatte im Gefolge der Lisztschen Kriminalpolitik bereits der Entwurf von 1919 und – in größerem Stil – der Entwurf Radbruch von 1922 vorgesehen (o. § 5 IV. 3.). Maßregeln neben der Schuldstrafe waren, wenn auch in zurückhaltenderer Form, bereits im Vorentwurf von 1909 enthalten. Die Rückfallstrafschärfung und die Sicherungsverwahrung für gefährliche Gewohnheitsverbrecher entsprach dem nationalsozialistischen Täterstrafrecht, nahm aber auch auf die bereits von *Liszt* geprägte Täterkategorie Bezug. Eine vergleichende Lektüre der neuen §§ 20a, 42e der Neufassung des StGB vom November 1933 mit den §§ 45, 77 des Radbruch-Entwurfs von 1922 ergibt für den Normalfall der Behandlung dieser Täterkategorie Übereinstimmungen bis in die sprachlichen Einzelheiten hinein. Allerdings enthielt das Gesetz einige darüber hinausgehende Verschärfungen; mit diesem Nebeneinander von Kontinuität und Radikalisierung ist es repräsentativ für zahlreiche Gesetze des NS-Regimes. Die Rechtsprechung trug ihren Teil zur ausgedehnten Anwendung der Sicherungsverwahrung bei[229].

Mit der Einführung der Kategorie der *beschränkten Zurechnungsfähigkeit* erfüllte der Entwurf eine alte Forderung der Lisztschen Schule und der täterbezogenen Kriminologie. Ferner führte das Gesetz den Tatbestand der *Volltrunkenheit* (§ 330a, heute § 323a StGB) ein.

Nach 1945 blieb das Gesetz in Kraft, und es hatte im bundesdeutschen Strafrecht, was die Gewohnheitsverbrecher anging, mit leichten Änderungen bis 1968, im übrigen bis heute Bestand.

---

226 Dazu *Chr. Müller*, Gewohnheitsverbrechergesetz (1997); *Werle*, Justiz-Strafrecht, S. 86 ff.

227 Näher *Chr. Müller*, Verbrechensbekämpfung, S. 279 ff.

228 *Wetzell*, Inventing, S. 260 ff.

229 *Chr. Müller*, Verbrechensbekämpfung, S. 282.

Das **Heimtückegesetz vom 20. Dezember 1934** (Vorläufer war die Heimtücke-VO vom 21. März 1933) stellte „Greuelpropaganda“ unter Strafe und wurde von der Rechtsprechung durch die Einführung des Begriffs der „mittelbaren Öffentlichkeit“ weit ausgelegt, seine Anwendung stand unter dem Anordnungsvorbehalt des Reichsjustizministers oder des Stellvertreters des Führers, was eine flexible, politisch gesteuerte Handhabung ermöglichte[230].

Ins Zentrum des materiellen Strafrechts griff die sog. **Analogienovelle vom 28. Juni 1935** ein. Sie bezweckte die „vorsichtige Vorwegnahme einiger Gedanken der Gesamtreform“ und wollte „die Umstellung des Strafrechts auf den Geist des neuen Staates um ein weiteres Stück vorantreiben“[231]. Art. 1 (= § 2 RStGB n.F.) ermöglichte die „entsprechende Anwendung der Strafgesetze“[232], Art. 2 (= § 2b RStGB n.F.) ließ die Wahlfeststellung zu[233]. Mit diesem Gesetz gelangte der *materielle Verbrechensbegriff,* in gewisser Weise das materiellrechtliche Pendant zum prozessualen Begriff der materiellen Wahrheitsfindung, zum Durchbruch. (s. bereits § 5 V. 2.)

Mit einem generell-abstrakten, aber sprachlich präzise gefassten Gesetz kann die materielle Gerechtigkeit im Einzelfall immer einmal verfehlt werden („fragmentarischer Charakter des Strafrechts“); das liberale Strafrechtsverständnis beruhigt sich darüber mit dem Hinweis, dass der Grundsatz *nullum crimen sine lege* nur eine Ungerechtigkeit *zugunsten* des beschuldigten Bürgers nach sich ziehen kann. Verfolgt man aber eine unbedingte materielle Einzelfallgerechtigkeit im Strafrecht, so muss das Richterbild sich ändern; der Richter ist nicht mehr Diener des im Gesetz konkretisierten Rechts, sondern dessen Gestalter; er wird – wie schon bei der Vorstellung der nationalsozialistischen Strafrechtslehre erwähnt – zum verständnisvollen Partner des Gesetzgebers. Zwingend war auch aus der Sicht einer nationalsozialistischen/faschistischen Rechtsauffassung diese Sicht nicht. Das 1930 erlassene Strafgesetzbuch des faschistischen Italien *(Codice Rocco)* hielt trotz oder gerade wegen seines autoritären Charakters am *nullum-crimen*-Grundsatz fest, weil es alle nachgeordneten Stellen an den Willen des faschistischen Gesetzgebers binden wollte.

Immerhin folgte der NS-Gesetzgeber nicht radikaleren Vorschlägen, die den Richter von nahezu jeder Bindung an das Gesetz befreien wollten. Der neue § 2 StGB band den Richter an den „Grundgedanken eines [sc. *vorhandenen*] Strafgesetzes“ *und* [kumulativ] an das „gesunde Volksempfinden“ – gewiss keine sonderlich strenge Bindung, aber doch immerhin eine solche, die im konkreten Fall einen

---

[230] Näher zur Praxis der Anwendung *Werle*, Justiz-Strafrecht, S. 139; *Bernward Dörner*, „Heimtücke“: Das Gesetz als Waffe. Kontrolle, Abschreckung und Verfolgung in Deutschland 1933–1945. Paderborn 1998.

[231] Zitat nach *Werle*, Justiz-Strafrecht, S. 141.

[232] „Bestraft wird, wer eine Tat begeht, die das Gesetz für strafbar erklärt oder die nach dem Grundgedanken eines Strafgesetzes und nach gesundem Volksempfinden Bestrafung verdient. Findet auf die Tat kein bestimmtes Strafgesetz unmittelbar Anwendung, so wird die Tat nach dem Gesetz bestraft, dessen Grundgedanke auf sie am besten zutrifft“.

[233] „Steht fest, dass jemand gegen eines von mehreren Strafgesetzen verstoßen hat, ist aber eine Tatfeststellung nur wahlweise möglich, so ist der Täter aus dem mildesten Gesetz zu strafen“.

Begründungsaufwand für die Überschreitung des Gesetzeswortlauts forderte. Es wäre interessant zu untersuchen, ob ein Vergleich zwischen den Anwendungsfällen der Analogie nach § 2 StGB 1935 und der großherzigen Auslegungstätigkeit der bundesdeutschen Strafgerichte bedeutsame Unterschiede zutage fördern würde[234].

Da freilich, worauf *Naucke*[235] hingewiesen hat, der Grundsatz *nullum crimen sine lege* bereits in der Rechtslehre vor 1933 relativiert worden war (das zu Beginn dieses Abschnitts erwähnte Gutachten der drei Strafrechtslehrer zur geplanten Lex van der Lubbe ist dafür symptomatisch), bedeutete diese auf den ersten Blick spektakuläre Gesetzesänderung letztlich wohl doch eher einen symbolischen Akt. „Der nulla-poena-Satz wird zur 'Trophäe' eines Sieges über das rechtsstaatlich-liberale Strafrecht“[236].

Das **Gesetz zur Änderung von Vorschriften des Strafverfahrens und des Gerichtsverfassungsgesetzes,** ebenfalls vom 28. Juni 1935, führte in den Strafprozess die neuen Haftgründe der Wiederholungsgefahr und der Schwere der Tat ein[237].

Die **Nebenstrafgesetzgebung**, vor allem auch jetzt wieder im Wirtschaftsstrafrecht, das nicht zuletzt die Kriegsvorbereitungen absicherte, schwoll weiter an; daneben diente sie auch, teilweise sich damit überschneidend, der Ausschaltung der Juden aus dem öffentlichen Leben und Wirtschaftsleben[238].

Das bis heute bekannteste – und berüchtigste – Nebenstrafgesetz war freilich das *Gesetz zum Schutze des deutschen Blutes und der deutschen Ehre* (sog. **Blutschutzgesetz vom 15. September 1935**), das vor allem den „außerehelichen Verkehr“ zwischen Juden und „Staatsangehörigen deutschen oder artverwandten Blutes“ unter Strafe stellte.

§ 5 Abs. 2 in Verb. mit § 2 des Blutschutzgesetzes bedrohte den „außerehelichen Verkehr“ zwischen Juden und „Staatsangehörigen deutschen oder artverwandten Blutes“ mit Gefängnis oder Zuchthaus für den männlichen Beteiligten. § 11 der Ausführungsverordnung zu diesem Gesetz vom 14. November 1935 stellte klar, dass unter Verkehr im Sinne des Blutschutzgesetzes „nur der Geschlechtsverkehr“ zu verstehen sei – eine, wie man meinen sollte, klare Definition im Sinne des Beischlafes. Der Große Senat des Reichsgerichts hatte jedoch schon bald die Frage nach der Reichweite des Begriffs „Geschlechtsverkehr“ zu klären. Er entschied, dass der Begriff „nicht jede unzüchtige Handlung“ umfasse, aber auch nicht auf den Beischlaf beschränkt sei; er umfasse „alle geschlechtlichen Betätigungen mit einem Angehörigen des anderen Geschlechts,

---

[234] Einen ersten Versuch in dieser Richtung hat unternommen: *Jens-Michael Priester*, Zum Analogieverbot im Strafrecht, in: Hans-Joachim Koch Hrsg.), Juristische Methodenlehre und analytische Philosophie. Kronberg/Ts. 1976, S. 155 ff.

[235] *Naucke*, Die Aufhebung des strafrechtlichen Analogieverbots 1935, in: Ders. Zerbrechlichkeit, S. 301 ff, S. 324 ff.

[236] *Werle*, Justiz-Strafrecht, S. 143, unter Aufgreifen einer Wendung von *Carl Schmitt.*

[237] Art. 5 des Gesetzes ließ Untersuchungshaft auch dann zu, wenn Tatsachen vorlagen, aus denen zu schließen war, dass der Beschuldigte „die Freiheit zu neuen strafbaren Handlungen mißbrauchen werde oder wenn es mit Rücksicht auf die Schwere der Tat und die durch sie hervorgerufene Erregung der Öffentlichkeit nicht erträglich wäre, den Angeschuldigten in Freiheit zu lassen“.

[238] Ausführlich zum nationalsozialistischen Nebenstrafrecht jetzt *Schmitzberger*, Nebenstrafrecht; ferner *Werner*, Wirtschaftsstrafrecht, S. 124 ff.; *Joseph Walk*, Das Sonderrecht für die Juden im NS-Staat. Eine Sammlung der gesetzlichen Maßnahmen und Richtlinien – Inhalt und Bedeutung. Heidelberg 1981 (und weitere Aufl.); dazu *Vormbaum*, GA 1983, 372 f.

die nach der Art ihrer Vornahme bestimmt sind, an Stelle des Beischlafs der Befriedigung des Geschlechtstriebes wenigstens des einen Teils zu dienen“[239]. Zur Begründung führte das Gericht an, der Gesetzgeber kenne das Wort Beischlaf, habe es aber hier nicht verwendet, und das BlutschutzG enthalte noch andere, nicht der Verhinderung von gemischtrassigem Nachwuchs dienende Vorschriften. Den Höhepunkt dieser höchstrichterlichen Auslegungskunst bildete ein methodisch kunstgerechtes Vorgehen, das sich bis heute großer Beliebtheit erfreut und wesentlich zur Schwächung des – ohnehin geringen – Begrenzungspotentials der Rechtsgüterschutzlehre beiträgt, nämlich das Argument der sog. „doppelten Schutzrichtung“[240]. Danach kann ein Straftatbestand mehrere Rechtsgüter schützen, und zwar sollen diese Rechtsgüter – in sprachlich unkorrekter Bezeichnung – „alternativ“ geschützt werden; damit ist gemeint, dass es zur Tatbestandserfüllung genügt, wenn die fragliche Tat *eines* der Schutzgüter tangiert. Im konkreten Fall stützte das Reichsgericht seine Ansicht auf den doppelten Schutzzweck des Gesetzes („deutsches Blut“ *und* „deutsche Ehre“)[241].

Interessant ist, dass das Reichsgericht in dieser Entscheidung nicht von der neuen Möglichkeit der analogen Gesetzesanwendung Gebrauch machte – im Gegenteil: Eine entsprechende Anregung der Reichsanwaltschaft lehnte das Gericht ausdrücklich ab; es behauptete, sein Vorgehen falle noch unter die „Auslegung“. Bei einem solchen Verständnis von „Auslegung“ konnte man freilich auf die Heranziehung des neuen § 2a (später § 2) StGB verzichten[242].

4. Fortführung der Strafrechtsreform

Auch das NS-Regime wandte sich bald wieder der Arbeit an der Strafrechtsreform zu. Dabei wurde eine Abkehr von den vorangegangenen Reformarbeiten sowie dem liberalen Reichsstrafgesetzbuch von 1871 propagiert[243]. Als Grundgedanken des neuen Strafrechts wurden in den amtlichen und wissenschaftlichen Darstellungen immer wieder die Aufhebung des Analogieverbots zu Ungunsten des Angeklagten, also die Ersetzung des tatbestandsbezogenen formellen Unrechts durch den Begriff des „materiellen Unrechts“, die Hinwendung zum Willensstrafrecht, der „Einbau

---

[239] Leitsatz RGSt (Gr. Senat) 70, 375.

[240] Die mitunter noch weiter, bis hin zu einer *achtfachen* Schutzzweckvervielfachung, getrieben wird; *Friedrich-Christian Schroeder*, NJW 1993, 2581, 2582, unter Hinweis auf ein Beispiel aus dem Sexualstrafrecht.

[241] RGSt 70, 377; zum Ganzen *Gerhard Werle*, „Das Gesetz ist Wille und Plan des Führers“ – Reichsgericht und Blutschutzgesetz, in: NJW 1995, 1267–1271; *Regina Ogorek*, „Rassenschande“ und juristische Methode. Die argumentative Grammatik des Reichsgerichts bei der Anwendung des Blutschutzgesetzes von 1935, in: KritV 3 (2003), 280 ff.; zahlreiche Beispiele aus der Rechtsprechung b. *Majer*, „Fremdvölkische“, S. 600 ff.; *Hans Robinsohn*, Justiz als politische Verfolgung. Die Rechtsprechung in „Rassenschandefällen“ beim Landgericht Hamburg 1936–1943. Stuttgart 1977.

[242] Insgesamt scheint die Frage, wie die Rechtsprechung mit der erweiterten Möglichkeit der Strafbarkeitsbegründung umging, noch nicht umfassend erforscht. Einzeluntersuchungen deuten darauf hin, dass sie das neue Instrument eher zurückhaltend anwendete. Zum Teil mag dies, wie im Falle des Blutschutzgesetzes, auf ein recht weites Verständnis von Auslegung zurückzuführen sein. Es mag aber auch der Scheu entsprungen sein, mit einem inzwischen Jahrzehnte alten Grundsatz förmlich zu brechen.

[243] *Monika Frommel*, Von der Strafrechtsreform zur Rechtserneuerung, in: Hubert Rottleuthner (Hrsg.), Recht, Rechtsphilosophie und Nationalsozialismus (ARSP-Beiheft Nr. 18). Wiesbaden 1983, S. 45 ff.

ausfüllungsbedürftiger Tatbestandsmerkmale mit sittlichem Wertungszwang" und endlich ein „völliger Neubau des Besonderen Teils" in Aussicht gestellt[244]. Bereits im Sommer 1933 wurde im Reichsjustizministerium ein Referentenentwurf (**Entwurf 1933**)[245] ausgearbeitet, der am 25. September 1933 als Entwurf eines Allgemeinen Strafgesetzbuchs den Landesjustizverwaltungen zugeleitet wurde. Dieser Referentenentwurf war die nur teilweise umgearbeitete Reichstagsvorlage von 1927. Er sollte einer im Auftrage *Hitlers* durch Reichsjustizminister *Gürtner* einberufenen Kommission als Diskussionsgrundlage zur Beratung der „Strafrechtserneuerung" dienen.

Zum Arbeitsmaterial der Kommission gehörte ferner, obschon sekundär, die ebenfalls im September 1933 erschienene **Denkschrift „Nationalsozialistisches Strafrecht"** des preußischen Justizministers *Kerrl*, die dessen Strafrechtsabteilung erarbeitet hatte. Mit dieser Denkschrift sollten die in der Strafrechtspraxis Preußens gesammelten Erfahrungen nutzbar gemacht und Vorschläge für die Gestaltung des neuen Strafgesetzbuchs unterbreitet werden. Ganz allgemein wurde gemäß der Forderung nach Schaffung eines „Willensstrafrechts" in erster Linie auf das „Unternehmen" der strafbaren Handlung abgestellt.

Auch die im Herbst 1933 von Reichsjustizkommissar **Hans Frank** (1900–1946)[246] gegründete **Akademie für Deutsches Recht** und das **Reichsrechtsamt der NSDAP** steuerten Arbeiten für die Sitzungen der Strafrechtskommission bei. Dies waren zum einen die Denkschrift des Strafrechtsausschusses der Akademie „Grundzüge eines allgemeinen deutschen Strafrechts" vom Juni 1934 und die „Nationalsozialistischen Leitsätze für ein neues deutsches Strafrecht" aus dem Reichsrechtsamt der NSDAP vom 1. Mai 1935. Die „amtliche Kommission zur Beratung der Strafrechtserneuerung"[247] nahm am 3. November 1933 unter der Leitung *Gürtners* ihre Beratungen auf[248].

[244] Nachweise bei *Schubert*, Reform, Bd. II 1.1, S. XII.

[245] Abgedruckt bei *Vormbaum/Rentrop*, Reform, Bd. 2, S. 265 ff.

[246] Zur Person s. jetzt *Dieter Schenk*, Hans Frank. Hitlers Kronjurist und Generalgouverneur. Frankfurt am Main 2006.

[247] Mitglieder der Kommission: Reichsjustizminister Gürtner als Vorsitzender, die Justizminister von Preußen und Bayern Kerrl und Frank als stellvertretende Vorsitzende, zwei Staatssekretäre (Freisler und Schlegelberger), fünf Vertreter der Praxis (u. a. Reimer und Klee) und als Vertreter der Hochschulen u. a. Kohlrausch, Nagler, Dahm, Graf Gleispach, Mezger.

[248] Nähere Schilderung b. *Schubert/ Regge*, Quellen, Abt. II Bd. 1.1, S. XV ff.; zu den Beratungen der Kommission über Tatbestände des Besonderen Teils s. zur **Unterlassenen Hilfeleistung** *Gieseler*, S. 74 ff.; zu **kriminellen und terroristischen/anarchistischen Vereinigungen** s. *Felske*, S. 241 ff.; zur **unterlassenen Verbrechensanzeige** s. *Kisker*, S. 93 ff.; zum **Zweikampf** s. *Baumgarten*, S. 208 f.; zum **Schwangerschaftsabbruch** s. *Putzke*, S. 344 ff.; *Koch*, S. 185 ff.; zum **Diebstahl** s. *Prinz*, S. 114 ff.; zur **falschen Verdächtigung** und zum **Vortäuschen einer Straftat** s. *Bernhard*, S. 112 ff.; zur **Brandstiftung** s. *Lindenberg*, S. 108 ff., 117 ff.; zur **Körperverletzung** s. *Gröning*, S. 10 ff.; zur **Rechtsbeugung** s. *Thiel*, S. 103 f.; zur **Tötung auf Verlangen** s. *Große-Vehne*, S. 109 f.; zur **Vereitelung von Gläubigerrechten** s. *Seemann*, S. 89 ff.; **zur Verunglimpfung des Staatsoberhauptes** s. *Andrea Hartmann*, S. 229 ff.; zu **Prostitution, Zuhälterei, Kuppelei** s. *Ilya Hartmann*, S. 201 ff.; zum **Hausfriedensbruch** s. *Rampf*, S. 101 ff.; zu **Untreue**

Nach der ersten Lesung wurde der Entwurf verschiedenen Unterkommissionen zur weiteren Beratung überwiesen. Diese leiteten ihre Vorschläge einer Redaktionskommission zu, welche eine Vorlage erarbeitete. Darin war, im Sinne der Volkstümlichkeit, der Besondere Teil nach vorne gezogen, so dass sich die Nummerierungen völlig verändert hatten. Nachdem auch diese Ergebnisse zur Weiterberatung an eine aus *Mezger*, *Reimer*, *Leopold Schäfer* und *Karl Schäfer* bestehende Unterkommission weitergeleitet worden waren, wurde vom RJM schließlich am 15. Juli 1935 ein weiterer „Entwurf eines Strafgesetzbuchs" vorgelegt, in dem der Allgemeine Teil wieder vorangestellt war. Der Entwurf wurde noch mehrfach redigiert. Die letzte Fassung vom 1. Juli 1936 bildete die Grundlage für eine Revision durch die Strafrechtskommission. Am 1. Dezember 1936 wurde der daraus entstandene Entwurf als Kabinettsvorlage der Reichskanzlei sowie den Ressortministern übersandt **(E 1936)** und am Tage darauf nebst ausführlicher Begründung in das Reichskabinett eingebracht. Zu diesem Entwurf von 1936 verhielten sich die von *Gürtner* und *Freisler* herausgegebene Schrift *Das neue Strafrecht – Grundsätzliche Gedanken zum Geleit* sowie das von *Gürtner* herausgegebene zweibändige Werk *Das kommende deutsche Strafrecht – Bericht über die Arbeit der Amtlichen Strafrechtskommission.*

Nach den Planungen von Minister *Gürtner*sollte der Entwurf eines Deutschen Strafgesetzbuchs bereits in der Sitzung des Reichskabinetts am 26. Januar 1937 vollständig verabschiedet werden. In einem dem Entwurf beigefügten Begleitschreiben an die Reichskanzlei und die Reichsministerien erklärte *Gürtner*, dass nach dem Willen des Führers und Reichskanzlers das Deutsche Strafgesetzbuch am 30. Januar 1937, dem 4. Jahrestag der „Machtergreifung", verkündet werden solle. Gegen diese Absicht intervenierten jedoch Reichsminister *Frank*, die übrigen Reichsministerien und die Parteikanzlei. Daher ließ *Hitler* am 22. Dezember 1936 *Gürtner* mitteilen, dass eingehende Vorberatungen des Gesetzentwurfes unumgänglich seien und die Beratungen im Reichskabinett bis zu dem in Aussicht genommenen Zeitpunkt unmöglich erledigt sein könnten. Das Kabinett solle sich daher in erster Lesung zunächst einmal grundsätzlich mit dem Entwurf beschäftigen. In der Sitzung vom 26. Januar 1937 wurde daher lediglich beschlossen, den Entwurf auf die Tagesordnung der kommenden Sitzungen zu setzen.

Als Folge dieses Entschlusses wurden verschiedene Entwürfe für die kommenden Kabinettssitzungen verfasst, die jeweils die bis dahin bereits in Aussicht genommenen Änderungen berücksichtigten (Sitzungen des Reichskabinetts vom 9. März, 5. Mai, 22. Juni und Oktober/Dezember 1937). Da die für den Juni 1938 geplante Kabinettssitzung nicht zustande kam und sich in der Folgezeit zeigte, dass der Versuch *Gürtners* gescheitert war, den Entwurf in den Kabinettssitzungen zum Abschluss zu bringen, ordnete die Reichskanzlei auf Bitten des Reichsjustizministers schriftliche Beratung im Umlaufverfahren an. Bis zum 31. September 1938 gingen umfangreiche Stellungnahmen von verschiedenen Institutionen ein; der Ent-

und **Unterschlagung** s. *Rentrop*, S. 141 ff.; zu den **Urkundendelikten** s. *Prechtel*, S. 165 ff.; zum **Straßenverkehrsstrafrecht** s. *Asholt*, S. 111 ff.; zu **Volksverhetzung** s. *Rohrßen*, S. 125 ff.

wurf wurde unter Berücksichtigung dieser Stellungnahmen im April 1939 neu gefasst.

Unter den Stellungnahmen befindet sich auch die von Reichsminister *Frank*. Dieser bemängelte vor allem die sprachliche Fassung, die Aufspaltung von Tatbeständen, entbehrliche Kasuistik sowie Mängel im Aufbau und in der Gliederung des Gesamtwerkes. Die vom Reichsjustizministerium initiierte Erledigung des Entwurfs im Umlaufwege könne die klärende und endgültig entscheidende Stellungnahme des Führers und Reichskanzlers zu den einzelnen Bestimmungen des Entwurfes keinesfalls ersetzen. *Gürtner* wies diese Vorwürfe zurück.

Nach Ausbruch des Zweiten Weltkrieges versuchte *Gürtner*, den Entwurf durch den „Ministerrat für die Reichsverteidigung" verabschieden zu lassen, der von *Hitler* zwei Tage vor Kriegsausbruch zu seiner Entlastung eingerichtet worden war, um eine rasche Erledigung der gesetzgeberischen Aufgaben bei der Umstellung von Verwaltung und Wirtschaft auf die Erfordernisse des Krieges zu erreichen. Unter Hinweis auf eine Reihe kriegswichtiger strafrechtlicher Bestimmungen, die der Entwurf enthielt, gelang es *Gürtner* im Dezember 1939, *Göring* für weitere Beratungen im Ministerrat für die Reichsverteidigung zu gewinnen. Für diese Beratungen wurde im Dezember 1939 ein neuer Entwurf aufgestellt. Zu Beratungen im Ministerrat für die Reichsverteidigung kam es jedoch nicht mehr: Am 18. Dezember 1939 ließ *Hitler* Reichsjustizminister *Gürtner* mitteilen, dass die Verabschiedung des Deutschen Strafgesetzbuchs im Wege der ordentlichen Gesetzgebung erfolgen müsse und er im übrigen Zweifel habe, ob der Zeitpunkt für das neue Strafgesetzbuch schon gegeben sei. Damit war die Strafrechtsreform des Dritten Reichs an der Abneigung *Hitlers* gescheitert, während des Krieges grundlegende Gesetze zu erlassen.

Allerdings gab es in den Jahren 1944 und 1945 noch einmal „Reform"-Pläne, welche im Entwurf eines **Gesetzes zur Behandlung Gemeinschaftsfremder** gipfelten[249].

Dieser Entwurf, der in der Rechtsgeschichte lange unbeachtet geblieben oder ignoriert worden ist, brachte eine Entwicklung an ihren äußersten (und äußerst grauenvollen) Punkt: Was in den neuen Tatbeständen des Mordes und des Totschlages (§§ 211, 212 StGB) mit der Einführung der personalisierenden Begriffe „Mörder" und „Totschläger" letztlich folgenlose Kosmetik geblieben war, gewann jetzt konkrete Gestalt. Schon die Gesetzesbezeichnung zeigt, dass nunmehr nicht mehr gegen konkrete Unrechtstaten vorgegangen werden sollte, sondern die Gesellschaft nach gefährlichen Menschen durchforstet werden sollte; dieses Bild steht hier nicht nur als botanische Metapher, sondern überträgt botanische Vorstellungen ganz konkret in eine „Ausmerzungs"- und „Aufartungs"-Ideolo-

[249] Zur Entstehung *Werle*, Justiz-Strafrecht, S. 621 ff.; s. ferner *Francisco Muñoz Conde*, Edmund Mezger. Beiträge zu einem Juristenleben. Berlin 2007. (Der Band fasst Abschnitte aus der 4. Auflage des Werkes „Edmund Mezger y el Derecho penal de su Tiempo. Estudios sobre el Derecho penal en el Nacionalsocialismo". Valencia 2003, zusammen); zur Vorgeschichte der Gemeinschaftsfremden-Bekämpfung *Wolfgang Ayass*, „Asoziale" im Nationalsozialismus. Stuttgart 1995; *Detlev Peukert*, Volksgenossen und Gemeinschaftsfremde. Anpassung, Ausmerze und Aufbegehren unter dem Nationalsozialismus. Köln 1982.

gie. Was dies konkret bedeutete, zeigt sich am deutlichsten, wenn man einige der Bestimmungen wörtlich wiedergibt. Gemeinschaftsfremder war nach § 1 des Entwurfs:

1. Wer sich nach Persönlichkeit und Lebensführung, insbesondere wegen außergewöhnlicher Mängel des Verstandes oder des Charakters außerstande zeigt, aus eigener Kraft den Mindestanforderungen der Volksgemeinschaft zu genügen,
2. Wer
   a. Aus Arbeitsscheu oder Liederlichkeit ein nichtsnutzes, unwirtschaftliches oder ungeordnetes Leben führt und dadurch andere oder die Allgemeinheit belastet oder gefährdet oder einen Hang oder eine Neigung zum Betteln oder Landstreichen, zu Arbeitsbummelei, Diebereien, Betrügereien oder anderen nicht ernsten Straftaten oder zu Ausschreitungen in der Trunkenheit betätigt oder eine Unterhaltspflicht gröblich verletzt oder
   b. Aus Unverträglichkeit oder Streitlust den Frieden der Allgemeinheit hartnäckig stört,
3. Wer nach Persönlichkeit und Lebensführung erkennen lässt, dass seine Sinnesart auf die Begehung von ernsten Straftaten gerichtet ist (gemeinschaftsfeindlicher Verbrecher und Neigungsverbrecher).

Neben polizeilichen Maßnahmen (Überwachung, Überweisung an die Fürsorgeverbände, Lagerunterbringung – § 4: „Der Gemeinschaftsfremde hat die Kosten seiner Unterbringung zu erstatten“) waren strafrechtliche Maßnahmen vorgesehen. §§ 6 und 7 sprechen für sich selbst:

§ 6

1. Wer durch wiederholte verbrecherische Betätigung sowie nach seiner sonstigen Lebensführung und nach seiner Persönlichkeit einen eingewurzelten Hang zu ernsten Straftaten erkennen läßt, wird als gemeinschaftsfeindlicher Verbrecher zu Zuchthaus von unbestimmter Dauer verurteilt, sofern nicht aus Anlaß der Tat auf eine schwerere Strafe zu erkennen oder der Täter als unverbesserlich der Polizei zu überweisen ist. Der Richter setzt im Urteil das Mindestmaß der Zuchthausstrafe fest; es darf nicht weniger als 5 Jahre betragen.
2. Der gemeinschaftsfeindliche Verbrecher verfällt der Todesstrafe, wenn der Schutz der Volksgemeinschaft oder das Bedürfnis nach gerechter Sühne es erfordert.
3. Erlangt der Richter die Überzeugung, daß ein gemeinschaftsfeindlicher Verbrecher die Einordnung in die Volksgemeinschaft nicht mehr erwarten läßt, so überweist er ihn als unverbesserlich der Polizei, sofern nicht auf Todesstrafe zu erkennen ist.

§ 7

1. Wer durch wiederholte verbrecherische Betätigung sowie nach seiner sonstigen Lebensführung und nach seiner Persönlichkeit, eine Neigung zu ernsten Straftaten erkennen läßt, wird als Neigungsverbrecher zu Gefängnis von unbestimmter Dauer, wenn aber zur Ahndung Zuchthausstrafe geboten ist zu Zuchthaus von unbestimmter Dauer verurteilt, sofern nicht aus Anlaß der Tat auf eine schwerere Strafe zu erkennen ist.
2. Der Richter setzt im Urteil das Mindestmaß der Freiheitsstrafe fest; es soll auch bei Gefängnis nicht weniger als 1 Jahr betragen.

Das Kriegsende verhinderte das Inkrafttreten des Entwurfes.

Beschämend für die deutsche Strafrechtswissenschaft ist, dass zwei ihrer Vertreter, *Edmund Mezger* und *Franz Exner* sich zur Mitarbeit an diesem gesetzgeberischen Machwerk hergaben – keineswegs, um Schlimmeres zu verhüten, sondern aktiv fördernd, wie der von Francisco Muñoz Conde veröffentlichte Schriftwechsel zwischen dem Reichssicherheitshauptamt und den beiden Hochschullehrern zeigt[250].

Ein weiterer Briefwechsel mit dem Reichssicherheitshauptamt wurde durch den Wunsch Mezgers ausgelöst, das KZ Dachau zu besuchen, um vor Ort „gewisse Menschentypen in den Konzentrationslagern [...] an Ort und Stelle ansehen zu können" – ein Wunsch, den man dem prominenten und stets kooperativen Professor gern erfüllte.

Gewiss sollte man in der Debatte über die Kontinuität oder Diskontinuität der Strafrechtsentwicklung die personelle Komponente nicht überbetonen – schließlich kann man nach dem Ende eines Regimes nicht das Volk auflösen und ein neues einsetzen. Dennoch ist es schon bemerkenswert, dass ein Autor, der sich an einem solchen Gesetzeswerk aktiv beteiligt hatte, sich derartigen Freizeitaktivitäten hingegeben hatte, sich publizistisch über „rassehygienische Maßnahmen zur Ausrottung krimineller Stämme" und für die „Ausmerzung volks- und rassenschädlicher Teile der Bevölkerung" ausgesprochen hatte[251] und in Gürtners Strafrechtsreformkommission das Strafrecht als ein Mittel im Rassenkampf deklariert hatte[252], in den 50er Jahren in der Strafrechtsreformkommission des Bundesjustizministeriums maßgeblich mitwirken konnte.

---

[250] *Muñoz Conde*, Mezger, S. 95 ff.

[251] Nachweise b. *Klaus Rehbein*, Zur Funktion von Strafrecht und Kriminologie im nationalsozialistischen Rechtssystem, in: MschrKrim 1987, 193 ff., 201.

[252] 37. Sitzung vom 5. Juni 1934, (in: Schubert/ Regge, Quellen, Abt. II, Bd. 2.2, S. 297): „... ich betone ausdrücklich: im Rassenkampfe; denn ich meine, es handelt sich hier um einen Kampf... Es handelt sich um einen Kampf der Rassen im deutschen Lebensraum, und ich muß persönlich gestehen, ich kann manche Härten und Ungerechtigkeiten des Kampfes viel eher ertragen, wenn ich mir den Gedanken klar mache, daß es sich hier um einen Kampf mit zwei gegenüberliegenden Fronten handelt, in dem es hart auf hart geht. Da meine ich grundsätzlich, daß das Strafrecht in einem solchen Kampfe ein durchaus taugliches, wirkungsvolles, ja in manchem vernichtendes Mittel sein kann". In der korrigierten Fassung des Protokolls ist dieser Passus (a. a. O., S. 239) deutlich abgeschwächt. Man muss schon fragen, ob im Bundesjustizministerium, wo die Protokolle der damaligen Strafrechtskommission vorhanden waren und die Materialien der NS-Zeit für die Reformarbeiten der 50er Jahre als Arbeitsunterlagen herangezogen wurden, niemand darin geblättert hat, bevor der Münchner Professor Mezger zum stellvertretenden Vorsitzenden der Großen Strafrechtskommission des demokratischen Nachkriegsdeutschland gemacht wurde. Oder wusste man Bescheid und sah darin kein Problem? Zu Edmund Mezger s. auch *Gerit Thulfaut*, Kriminalpolitik und Strafrechtslehre bei Edmund Mezger (1883–1962). Baden-Baden 1999.

Reformpläne verfolgte das Regime auch im Bereich des **Strafverfahrens.** Eine *Kleine Kommission* erstellte in Beratungen, die sich von Dezember 1933 bis Februar 1936 erstreckten, den Entwurf einer Strafverfahrensordnung, einer Friedensrichter- und Schiedsmannsordnung sowie eines Gerichtsverfassungsgesetzes[253], die zahlreichen Institutionen, jedoch nicht der Öffentlichkeit zur Begutachtung vorgelegt wurden. Ab Dezember 1936 tagte sodann die ebenfalls vom Reichsjustizministerium eingesetzte *Große Kommission*, die ihre Arbeit im Februar 1939 abschloss[254]. Im Mai 1939 lagen die fertigen Entwürfe vor.

Zu den Grundgedanken des Entwurfs einer Strafverfahrensordnung gehörten die Stärkung der Stellung der Staatsanwaltschaft und die klare Unterscheidung zwischen Staatsanwalt und Gericht; die Staatsanwaltschaft sollte wirklich Herrin des Vorverfahrens werden – ein Gedanke, der zu Beginn der Weimarer Zeit als konsequente Verwirklichung des Anklageprinzips aufgefasst worden war, nunmehr aber als Überwindung des „sogenannten Parteiprozesses" geschätzt wurde[255]. Der Staatsanwalt sollte das Recht erhalten, einen Haftbefehl zu erlassen und Durchsuchungen sowie körperliche Untersuchungen anzuordnen. Für die kleine und mittlere Kriminalität sollte das Legalitätsprinzip beseitigt werden; abgeschafft werden sollten auch die Antragsdelikte. Das gerichtliche Verfahren sollte durch Einschränkung des Anwesenheitszwangs des Angeklagten, durch Erleichterung der Erweiterung der Anklage und der Anwendung eines anderen rechtlichen Gesichtspunktes, durch Erweiterung der Ermessensbefugnis bei der Ablehnung von Beweisanträgen, durch die Möglichkeit zur Beschränkung des Prozessstoffes aufgelockert werden; innerhalb des Gerichts sollte das Führerprinzip zugunsten des Vorsitzenden gelten[256].

Da in den Beratungen des Reichsjustizministeriums mit verschiedenen Gremien grundsätzliche Fragen offen blieben, brachte Reichsjustizminister Gürtner den Entwurf nicht ins Kabinett ein, um die Beratungen des StGB-Entwurfs nicht zusätzlich zu belasten. Letztlich scheiterten damit die Kodifikationspläne sowohl im Strafprozessrecht wie im materiellen Strafrecht.

5. Strafgesetzgebung nach Kriegsbeginn

a) Kriegsstrafgesetzgebung

Mit dem Beginn des II. Weltkrieges trat eine brutale Kriegsstrafgesetzgebung in Kraft, die vor allem darauf zielte, die „innere Front" zu stabilisieren. Hintergrund war die von ihren Erfindern selbst verinnerlichte „Dolchstoßlegende", wonach dem

---

[253] *Schubert/Regge*, Reform Abt. III Bd. 1, S. VIII ff.; danach auch das Folgende.

[254] Die Protokolle und Entwürfe sind b. *Schubert/Regge*, a. a. O., Bd. 1 bis 3, wiedergegeben.

[255] So die offiziellen Leitgedanken zur Reform des Strafverfahrens; zit. nach *Schubert/Regge*, a. a. O., Bd. 1, S. XI.

[256] Ebd., S. XI f.

deutschen Heer, das angeblich kurz vor dem endgültigen Sieg im I. Weltkrieg gestanden hatte, in der Heimat von der Revolution ein Dolchstoß in den Rücken versetzt worden war.

Die **Kriegssonderstrafrechtsverordnung** vom 17. August 1938/26. August 1939 brachte Vorschriften gegen *Wehrkraftzersetzung* („wer [...] öffentlich den Willen des deutschen oder verbündeten Volkes zur wehrhaften Selbstbehauptung zu lähmen oder zu zersetzen sucht"). Die unbestimmte Tatbestandsfassung, der durch den erweiterten Öffentlichkeitsbegriff, den die Rechtsprechung wie im Heimtückegesetz auch hier zugrundelegte, die letzte Kontur genommen wurde, ermöglichte eine flexible Handhabung, die von der Verurteilung wegen groben Unfugs bis zur Todesstrafe alle Möglichkeiten offen ließ[257].

Die **Verordnung über außerordentliche Rundfunkmaßnahmen** vom 1. September 1939 stellte das Abhören von Feindsendern und das Verbreiten von Nachrichten ausländischer Sender unter Strafe[258]. Strafbar war nach § 1 das „absichtliche Abhören ausländischer Sender"; erfasst waren also nicht nur feindliche, sondern alle nichtdeutschen Sender. Die Strafdrohung war Zuchthaus, „in leichteren Fällen" Gefängnis; die Rechtsprechung wandte die Vorschrift direkt oder analog auf das *mittelbare* Abhören feindlicher Sender, also auf die Kenntnisnahme des Inhalts durch Mittelsmänner an[259]. § 2 verbot das vorsätzliche Verbreiten von Nachrichten ausländischer Sender, wenn diese Nachrichten „geeignet sind, die Widerstandskraft des deutschen Volkes zu gefährden"; die Vorschrift diente der Bekämpfung der „zersetzenden Flüsterpropaganda"[260]. Für die Verbreitung reichte die Mitteilung an eine Einzelperson aus. Die Strafe war Zuchthaus, in besonders schweren Fällen die Todesstrafe. Zuständig zur Aburteilung der Handlungen nach der Verordnung waren die Sondergerichte. Um eine flexible Handhabung zu gewährleisten, machte § 5 der Verordnung die Verfolgung der Taten nach §§ 1 und 2 von einem Antrag der Geheimen Staatspolizei abhängig.

Die **Kriegswirtschaftsstrafverordnung** vom 4. September 1939 bedrohte mit Strafe, wer „Rohstoffe oder Erzeugnisse, die zum lebenswichtigen Bedarf der Bevölkerung gehören, vernichtet, beiseiteschafft oder zurückhält und dadurch böswillig die Deckung dieses Bedarfs gefährdet"[261].

Besondere Bedeutung erlangte die **Verordnung gegen Volksschädlinge** vom 5. September 1939. Sie ist in kriminalpolitischer wie in strafrechtstheoretischer Hinsicht eines der zentralen Normengebilde nicht nur des Kriegsstrafrechts, sondern des NS-Strafrechts überhaupt. Und sie sollte denn auch nach dem Wunsch ihrer Verfasser richtungweisend für die weitere Entwicklung des deutschen Strafrechts

---

[257] Näher *Werle*, Justiz-Strafrecht, S. 210 ff.

[258] Näher *Werle*, a. a. O., S. 217 ff.

[259] Nachweise b. *Werle*, Justiz-Strafrecht, S. 216.

[260] *Werle*, a. a. O., S. 217, *Schmitzberger*, Nebenstrafrecht, jeweils m. Nachw.

[261] *Werle*, a. a. O., S. 220 ff.

sein[262]. Schon die Überschrift machte deutlich, dass die Lehre von Tätertyp hier zum tragenden Prinzip eines Strafgesetzes avanciert war. Regelungstechnisch enthielt sie eine Mischung aus eigenen Straftatbeständen und allgemeinen Strafschärfungsregeln.

§ 1 stellte das „Plündern im freigemachten Gebiet“ unter Strafe[263]. Angedroht war zwingend die Todesstrafe. Streitig war, ob in die Auslegung dieses Tatbestandes unter Berufung auf die Überschrift der Verordnung der Tätertyp des „Plünderers“ hineingelesen und damit im Verfahren positiv festgestellt werden müsse (was theoretisch zur Einschränkung des Anwendungsbereiches führen musste) oder ob er bei Erfüllung der Tatbestandsmerkmale als unwiderlegbar gegeben anzusehen sei. Das Reichsgericht vertrat die zuerst genannte Auffassung. Angesichts der weiten Formulierung des Tatbestandes und der großzügigen Bejahung der „Plünderer“-Eigenschaft war im Ergebnis der Unterschied zwischen beiden Auffassungen freilich ohne große Relevanz[264].

§ 2 bedrohte mit Zuchthaus bis zu 15 Jahren, lebenslangem Zuchthaus, in besonders schweren Fällen mit dem Tode denjenigen, der „unter Ausnutzung der zur Abwehr von Fliegergefahr getroffenen Maßnahmen ein Verbrechen oder Vergehen gegen Leib, Leben oder Eigentum“ beging. Der Deliktscharakter des Tatbestandes war umstritten. Der Auffassung, es handele sich um einen Strafschärfungsgrund für das einschlägige Delikt gegen Leben, Leib oder Eigentum, die sich auf den Wortlaut der Norm berufen konnte, stand die (herrschende) Gegenauffassung gegenüber, es handele sich um einen Sondertatbestand, der das Bezugsdelikt überlagere. Konsequenz der letzteren Auffassung war die Anwendbarkeit der Vorschrift auch bei bloß versuchtem Bezugsdelikt. Hauptanwendungsbereich war die Ausnutzung von Verdunkelungsmaßnahmen. Auch hier stellte sich die Frage, ob der Tatbestand auf einen Tätertyp („Meintäter bei Fliegergefahr“) zu reduzieren sei; wegen der im Vergleich zu § 1 noch weiteren Fassung des Tatbestandes fand diese Auffassung hier eine größere Anhängerschaft im Schrifttum als dort[265].

§ 3 drohte wiederum Todesstrafe an für denjenigen, der „eine Brandstiftung oder ein sonstiges gemeingefährliches Verbrechen begeht und dadurch die Widerstandskraft des deutschen Volkes schädigt“; anders als bei §§ 1 und 2 spielte hier die Streitfrage, ob die ausdrückliche Feststellung des Tätertyps „gemeingefährlicher Saboteur“ keine besondere Bedeutung, weil die Tat bereits den Täter kennzeichnete.

Große Bedeutung in der Praxis erlangte der Auffangtatbestand des § 4 VVO, wonach derjenige, der „vorsätzlich unter Ausnutzung der durch den Kriegszustand verursachten außergewöhnlichen Verhältnisse eine sonstige Straftat begeht“, über

---

262 *Gruchmann*, Justiz, S. 906; *Schmitzberger*, Nebenstrafrecht, S. 138; *Werle*, Justiz-Strafrecht, S. 233 ff.

263 Näher dazu *Irmtraud Eder-Stein*, Plünderung im saarländischen Freimachungsgebiet 1939/40. Ein Straftatbestand in Strafrecht und Rechtsprechung des NS-Staates, in: Franz Josef Düwell/ Thomas Vormbaum: Themen juristischer Zeitgeschichte (1). Schwerpunktthema: Recht und Nationalsozialismus. Baden-Baden 1998, S. 116 ff.

264 Nachweise b. *Schmitzberger*, Nebenstrafrecht, S. 142; *Werle*, Justiz-Strafrecht, S. 237 ff.; *Marxen*, Kampf, S. 209; *Gribbohm*, „Geführte“ Strafjustiz, S. 21 ff.

265 Nachweise bei den in der vorigen Fußn. Genannten.

den gewöhnlichen Strafrahmen hinaus mit Zuchthaus bis zu 15 Jahren, lebenslangem Zuchthaus oder mit dem Tode bestraft" werden sollte, „wenn dies das gesunde Volksempfinden wegen der besonderen Verwerflichkeit der Tat" erforderte. Hier war klar, dass ohne Rückgriff auf den Tätertypus des „Volksschädlings" eine Handhabung des uferlosen Tatbestandes, der nicht einmal Übertretungen als Bezugstaten ausschloss, gar nicht mehr möglich war.

Zuständig für die in der Praxis besonders wichtigen Taten nach §§ 2 und 4 VVO waren zwar nicht zwingend die Sondergerichte, doch konnte ihre Zuständigkeit unter gewissen Voraussetzungen begründet werden. War dies geschehen, so kam (ebenso wie nach § 1, wo ihre Zuständigkeit obligatorisch war) gem. § 5 eine Beschleunigung des sondergerichtlichen Verfahrens zum Zuge, bei dem die Aburteilung sofort ohne Einhaltung von Fristen erfolgen musste, wenn der Täter „auf frischer Tat betroffen ist oder sonst seine Schuld offen zutage liegt"[266].

Tätertypen-Erfordernisse enthielten auch die **Verordnung gegen jugendliche Schwerverbrecher** vom 4. Oktober 1939 und die **Verordnung gegen Gewaltverbrecher** vom 5. Dezember 1939.

Die **Gewaltverbrecherverordnung** (RGBl. 1939 I, S. 2378)[267], ebenso wie die VolksschädlingsVO erlassen vom „Ministerrat für die Reichsverteidigung", diente der Schließung von Lücken, welche die Volksschädlingsverordnung noch gelassen hatte. § 1 drohte obligatorisch die Todesstrafe für denjenigen an, der „bei einer [...] schweren Gewalttat Schuß-, Hieb- oder Stoßwaffen oder andere gleich gefährliche Mittel anwendet oder mit einer solchen Waffe einen anderen an Leib oder Leben bedroht" (Absatz 1); dieselbe Strafe sollte den „Verbrecher [treffen], der Verfolger mit Waffengewalt angreift oder abwehrt" (Absatz 2). § 2 gewährte demjenigen, der sich „bei der Verfolgung eines Verbrechers für dessen Ergreifung persönlich einsetzt", „denselben strafrechtlichen Schutz, wie er Polizei- und Justizbeamten zuteil wird".

Die Verordnung verschaffte auch einer besonders folgenreichen Konsequenz des Willensstrafrechts Gesetzeskraft. Hatte § 44 Abs. 1 des RStGB seit 1870 eine obligatorische **Strafmilderung für den Versuch** vorgesehen, so schwächte § 4 der Gewaltverbrecherverordnung nunmehr die Strafmilderung zu einer bloß fakultativen ab. Die neue Regelung

> Für den strafbaren Versuch eines Verbrechens oder Vergehens oder für die Beihilfe dazu ist allgemein die Strafe zulässig, die für die vollendete Tat vorgesehen ist

[266] Nachweise wie vor; zu den verschiedenen Ansätzen zur Definition des Tätertyps s. *Werle*, Justiz-Strafrecht, S. 244 ff.

[267] Text b. *Buschmann*, Weltanschauung, S. 745; zur Gewaltverbrecherverordnung *Schmitzberger*, Nebenstrafrecht, S. 177 ff.; *Klaus Marxen*, Juristische Vergangenheitsbewältigung am Beispiel der Versuchsbestrafung im deutschen Strafrecht, in: Staatsverbrechen vor Gericht. Festschr. f. Christiaan Frederik Ruter. Amsterdam 2003, S. 138 ff.; zur Rechtsprechung des Reichsgerichts *Gribbohm*, „Geführte" Strafjustiz, S. 42 ff.

ermöglichte – so die amtliche Begründung –, „die Strafe des Versuches und der Beihilfe nach dem Maß der Willensschuld zu bestimmen“[268]. Sie galt nicht nur für die in der Verordnung geregelten Taten, sondern für das gesamte Strafrecht. Sie war darüber hinaus – wie die gesamte Verordnung – gem. § 5 mit rückwirkender Kraft versehen[269]. Mit dieser faktischen Aufhebung des § 44 RStGB hatte eine wesentliche Zielsetzung nationalsozialistischer Kriminalpolitik –„möglichst früh und mit aller Macht“ auf einem „nach vorn verlegten Kampffeld“ zuzuschlagen – ihren prägnanten Ausdruck gefunden. Vier Jahre später in abgewandelter Form in das Reichsstrafgesetzbuch überführt, hat die neue Regelung sich als dauerhaft erwiesen – und zwar sowohl in der DDR als auch in der Bundesrepublik[270]. Es mag erwägenswerte strafrechtsdogmatische Gründe für die bloß fakultative Strafmilderung beim versuchten Delikt geben[271], doch erstaunt es schon, dass die bundesdeutsche Strafrechtsdogmatik in ihrer Geschichtsvergessenheit die Geburtsumstände der heutigen Regelung nicht in ihre Reflexionen einbezieht[272].

b) Weitere Gesetze

Neben der Kriegsstrafgesetzgebung gab es auch Änderungen im Strafgesetzbuch. Waren die Strafrechtsreformpläne gescheitert (nach derzeitigem Forschungsstand am Einspruch Hitlers) und zumindest bis zum „Endsieg“ vertagt worden, so lag es nahe, wenigstens dasjenige, was vom Reichsjustizministerium als politisch durchsetzbar angesehen wurde, aus dem gescheiterten Entwurf herauszubrechen und im Wege der Novellengesetzgebung in Kraft zu setzen. Neben einigen kleineren Gesetzen, die überwiegend Strafschärfungen brachten, sind folgende besonders hervorzuheben, die zum großen Teil bis weit in die Zeit der Bundesrepublik hinein galten, zum noch größeren Teil bis heute gelten.

Die **Verordnung vom 2. April 1940** (*Verordnung zur Änderung der Strafvorschriften über fahrlässige Tötung, Körperverletzung und Flucht bei Verkehrsunfällen)* relativierte das Antragserfordernis für einfache Körperverletzung und für fahrlässige Körperverletzung, indem es der Staatsanwaltschaft die Verfolgung auch dann ermöglichte, wenn sie das besondere öffentliche Interesse bejahte. Außerdem überführte die Verordnung die Strafbestimmung über die *Unfallflucht* unter gleichzeitiger drastischer Verschärfung der Strafandrohung aus dem Kraftfahrzeuggesetz in das Strafgesetzbuch (§ 139a StGB a.F.)[273].

---

[268] *Roland Freisler*, Gedanken zum Kriegsstrafrecht und zur Gewaltverbrecherverordnung, in: DJ 1939, 1849 ff.

[269] Die Durchführungs- und ErgänzungsVO vom 9. Dezember 1939 zur GewaltverbrecherVO (RGBl. 1940 I, S. 17) schwächte die Rückwirkung allerdings in der Weise ab, dass von ihr abzusehen war, wenn die Tat vor Kriegsausbruch, also vor dem 1. September 1939, begangen worden war; Ausnahmen bedurften der Zustimmung der Staatsanwaltschaft.

[270] *Marxen*, a. a. O., S. 139 f., der ferner darauf hinweist, dass bislang nicht erforscht ist, wie viele Menschen aufgrund der neuen Vorschrift wegen einer bloß versuchten Straftat zum Tode verurteilt wurden.

[271] S. dazu *Marxen*, a. a. O., S. 142; ferner *Vormbaum*, Aktuelle Bezüge, S. 78.

[272] So auch die Kritik von *Marxen*, a. a. O., S. 141.

[273] Näher *Werle*, Justiz-Strafrecht, S. 306 f.

Die Verordnung über den Geltungsbereich des Strafrechts vom 6. Mai 1940 stellte das deutsche **Internationale Strafrecht** (§§ 3 ff. StGB) auf das **Personalitätsprinzip** um; das deutsche Strafrecht galt demnach für Deutsche, wo immer sie sich auf der Welt aufhielten, selbst dort, wo das fragliche Verhalten nicht strafbar war. Der dahinter stehende Grundgedanke wird in der zeitgenössischen Kommentierung von *Richard Lange* deutlich[274]:

> Ein Hauptzweck unserer neuen Bereichsnormen ist es ja gerade, den Deutschen dazu zu erziehen, daß er sich überall als Deutscher fühlt und beträgt. […] In den Äußerungen zu der neuen Verordnung wird namentlich von *Freisler* und *Rietzsch* hervorgehoben, dass das bisherige Strafrechtsdenken die Tat, das neue den Täter in den Mittelpunkt rücke, und dass die Betonung des Personalprinzips gegenüber dem Territorialprinzip durch die neue Verordnung einen Anwendungsfall der allgemeinen Wendung zum Täterstrafrecht darstelle. […] Auch wenn der Deutsche mit seiner Tat im Ausland keinerlei reale Interessen der deutschen Volksgemeinschaft berührt, keinerlei deutsche Rechtsgüter verletzt, wird die Pflichtverletzung um ihrer selbst willen geahndet, wird er bestraft, weil er sich gegen eine Bindung vergangen hat.

Das **Gesetz zur Änderung des Reichsstrafgesetzbuches** vom 4. September 1941[275] brachte neben der Verschärfung mehrerer Strafdrohungen eine Ausweitung der Anwendung der **Todesstrafe**. § 1 bestimmte:

> Der gefährliche Gewohnheitsverbrecher (§ 20a des Strafgesetzbuchs) und der Sittlichkeitsverbrecher (§§ 176 bis 178 des Strafgesetzbuchs) verfallen der Todesstrafe, wenn der Schutz der Volksgemeinschaft oder [!] das Bedürfnis nach gerechter Sühne es erfordern.

Todesstrafe konnte damit bei dreimaliger Straffälligkeit (§ 20a Abs. 2 RStGB) prinzipiell für jedes beliebige Delikt verhängt werden.

§ 2 stellte die Tatbestände des **Mordes** und des **Totschlages** (§§ 211, 212 StGB), die bis dahin danach unterschieden worden waren, ob der Täter mit oder ohne Überlegung gehandelt hatte, auf die im wesentlichen bis heute geltenden Fassungen um. Charakteristisch war nicht nur die in der 1. und 3. Mordmerkmal-Gruppe vorgenommene Subjektivierung, sondern auch die Hinzufügung der Tätertypen „Mörder" und „Totschläger". Soweit ersichtlich, sind diese Etiketten aber nicht als zusätzliche (Tätertypen-)Merkmale und damit strafbarkeitseinschränkend verstanden oder angewendet worden[276].

Ein besonders schlimmes Beispiel nationalsozialistischer Strafgesetzgebung – wenn auch kein Novum[277] – bildete die **Verordnung über die Strafrechtspflege gegen Polen und Juden in den eingegliederten Ostgebieten** vom 4. Dezember 1941. Sie fasste die bis dahin bereits erlassenen einschlägigen Vorschriften[278] zu

---

[274] *Lange*, Die grundsätzliche Bedeutung der neuen Bestimmungen über den Geltungsbereich des Strafrechts, in: GA 1941, 6 ff.

[275] *Vormbaum/Welp*, StGB, Nr. 47.

[276] Näher *Sven Thomas*, Die Geschichte des Mordparagraphen. Eine normgenetische Untersuchung bis in die Gegenwart. Bochum 1985. S. 239 ff.; *Katharina Linka*, Mord und Totschlag, 7. Kapitel B) I.

[277] Dies betont *Werle*, Justiz-Strafrecht, S. 371, gegen *Majer*, „Fremdvölkische", S. 753.

[278] Zu diesen *Werle*, Justiz-Strafrecht, S. 351 ff.

einem geschlossenen Sonderstraf- und Strafprozessrecht zusammen[279]. Materiellrechtlich drohte die Verordnung die Todesstrafe gegen Polen und Juden an, wenn sie „gegen einen Deutschen wegen seiner Zugehörigkeit zum deutschen Volkstum eine Gewalttat begehen"[280]. Todesstrafe, in minder schweren Fällen Freiheitsstrafe drohte denjenigen, die

> durch gehässige oder hetzerische Betätigung eine deutschfeindliche Gesinnung bekunden, insbesondere deutschfeindliche Äußerungen machen oder öffentliche Anschläge deutscher Behörden oder Dienststellen abreißen oder beschädigen, oder wenn sie durch ihr sonstiges Verhalten das Ansehen oder das Wohl des Deutschen Reiches oder des deutschen Volkes herabsetzen oder schädigen[281].

Dieselbe Strafdrohung galt denjenigen Polen oder Juden, welche in einem fünfteiligen Katalog umschriebene Tatbestandsmerkmale erfüllten. Überdies waren sie strafbar, „wenn sie gegen die deutschen Strafgesetze verstoßen oder eine Tat begehen, die gemäß dem Grundgedanken eines deutschen Strafgesetzes nach den in den eingegliederten Ostgebieten bestehenden Staatsnotwendigkeiten Strafe verdient"[282]. Damit war das Analogieverbot noch über das in der „Analogie-Novelle" von 1935 bestimmte Maß hinaus aufgelockert.

Für das Strafverfahren galt das Opportunitätsprinzip[283]; zuständig waren – letztlich nach Wahl des Staatsanwaltes – Sondergericht oder Amtsrichter[284]. Urteile waren sofort vollstreckbar. Berufung und Beschwerde standen nur dem Staatsanwalt zu. Befangenheitsanträge seitens der Angeklagten waren unzulässig. Verhaftung und vorläufige Festnahme waren bei dringendem Tatverdacht „stets zulässig". Im Vorverfahren konnte auch der Staatsanwalt „Verhaftungen und die sonst zulässigen Zwangsmittel" anordnen[285]. Polen und Juden wurden nicht „beeidigt"; stattdessen fanden auf ihre uneidliche Aussage die Vorschriften über Meineid und Falscheid Anwendung. Damit war erstmals seit 1871 eine falsche uneidliche Aussage nach deutschem Recht strafbar[286]. Zwei Jahre später – durch die sogleich vorzustellende Strafrechtsangleichungsverordnung – wurde sie allgemein für strafbar erklärt.

Für Juden galt diese Verordnung nur bis zum Inkrafttreten der **13. Verordnung zum Reichsbürgergesetz** vom 1. Juli 1943. Diese erklärte in § 1 lapidar: „Strafbare Handlungen von Juden werden durch die Polizei geahndet". Man kann diese Bestimmung als die strafrechtliche Seite des Holocaust bezeichnen, denn sie bedeutete

[279] Text b. *Hirsch/ Majer/Meinck*, Nationalsozialismus, S. 496 ff.

[280] Abschn. 1 I, Abs. 2.

[281] Abschn. 1 I, Abs. 3.

[282] Abschn. 1 II.

[283] Abschn. 2 IV.

[284] Abschn. 2 V.

[285] Abschn. 2 V–VIII.

[286] Abschn. 2 IX. Das Wort „beeidigt" kennt die deutsche Rechtssprache nicht, sondern nur die „beeidete" Aussage und die „vereidigte" Aussageperson; zum Stellenwert der Vorschrift in der Geschichte der Aussagedelikte s. *Vormbaum*, Eid, S. 138 ff.

die nunmehr auf auch förmliche „völlige Überantwortung an das rechtlose Polizeisystem (d. h. Tod oder Konzentrationslager)“[287].

Die sog. **Strafrechtsangleichungsverordnung** *(Verordnung zur Angleichung des Strafrechts des Altreichs und der Alpen- und Donau-Reichsgaue vom 29. Mai 1943*[288]*)* brachte den umfangreichsten und auf Dauer einschneidendsten Eingriff des NS-Regimes in das Strafgesetzbuch. Diese Verordnung, ein weitgehend in Vergessenheit geratener Knotenpunkt der Geschichte der deutschen Strafgesetzgebung, dürfte besonders von dem Wunsch geleitet gewesen sein, wenigstens Bruchstücke der gescheiterten Gesamtreform des Strafrechts zu realisieren. Das Reichsjustizministerium stellte allerdings einen anderen Gesichtspunkt in den Vordergrund, nämlich die Rechtsunterschiede im „Altreich“ und im eingegliederten Österreich (das in der Verordnung weder so noch als „Ostmark“ bezeichnet wurde, sondern hinter der Pluralformulierung „Alpen- und Donaureichsgaue“ verschwand). Deshalb wurde in der Überschrift der Verordnung der Gesichtspunkt der Angleichung der Strafrechtsverhältnisse der beiden Reichsteile herausgestellt.

Um die Bedeutung der Verordnung (unter Einschluss ihrer Durchführungsverordnungen) zu ermessen, genügt es, jene Vorschriften aufzuzählen, die damals mehr oder minder endgültig ihre heutige Gestalt erhielten:

1. Nur noch fakultative Strafmilderung für den Versuch (heute § 23 Abs. 2 StGB),
2. Limitierung der Akzessorietät der Teilnahme (heute § 28 Abs. 1 StGB),
3. Verallgemeinerung der Strafbarkeit der versuchten Anstiftung und anderer Vorfeldverhaltensweisen (heute § 30 StGB),
4. Vortäuschung einer Straftat (§ 145d StGB)[289],
5. Aussagetatbestände (insbesondere Einführung des Tatbestands der falschen uneidlichen Aussage) (heute § 153 StGB)[290],
6. Verunglimpfung des Andenkens Verstorbener (§ 189 StGB),
7. Nötigung (§ 240 StGB),
8. Urkundenfälschung (§ 267 StGB)[291].

Generell kann gesagt werden, dass, soweit es um die Übernahme einer deutschen oder österreichischen Norm ging, die jeweils weitere bzw. strengere übernommen wurde. Im übrigen folgten die Änderungen aus strafrechtstheoretischen Entwicklungen, die zum Teil vor 1933 diskutiert, in der NS-Zeit aber radikalisiert worden waren. Die in der Gesetzgebung seit dem Jahrhundertbeginn sichtbare Linie setzte sich fort: Die bloß fakultative Strafmilderung für den **Versuch** erweiterte das richterliche Ermessen; die **limitierte Akzessorietät** flexibilisierte Bestrafung und

[287] *Hirsch/Majer/Meinck*, Nationalsozialismus, S. 535.

[288] *Vormbaum/Welp*, StGB, Nr. 53; zur Strafrechtsangleichungsverordnung s. jetzt *Vormbaum*, Strafrechtsangleichungsverordnung; dort in der Einleitung, S. 60 auch die (nicht wenigen) Punkte, in denen die Verordnung Pläne realisierte, welche zuerst im Entwurf von 1922 (sog. Entwurf Radbruch) auftauchten.

[289] Näher *Bernhard*, Falsche Verdächtigung, S. 132 ff.

[290] Näher *Vormbaum*, Eid, S. 138 ff.

[291] Näher *Prechtel*, Urkundendelikte, S. 178 ff.

Strafzumessung; die Verallgemeinerung des § 49a (heute **§ 30 StGB**) erweiterte die Vorfeldstrafbarkeit; der Tatbestand der **Vortäuschung einer Straftat** schloss vor allem mit der Strafbarkeit der falschen Selbstbezichtigung eine „Lücke“, die man in § 164 StGB entdeckt hatte; mit dem Tatbestand der **falschen uneidlichen Aussage** sollten die „Lücken“ geschlossen werden, die durch die Einschränkungen der Eide im Zivil- und Strafverfahren entstanden waren; die Regelung reagierte also letztlich auf die Flexibilisierung und Entformalisierung der Gerichtsverfahren; eine weitere „Lücke“ schloss der Tatbestand der **Verunglimpfung des Andenkens Verstorbener**; die Neuformulierung des Tatbestandes der **Urkundenfälschung** zog die Strafbarkeit auf den Zeitpunkt der Herstellung der unechten Urkunde vor; die Neuformulierung des **Nötigungstatbestandes** forderte in der Drohungsvariante nicht mehr die Drohung mit einem Verbrechen oder Vergehen, sondern ließ die Drohung mit einem „empfindlichen Übel“ ausreichen und war damit der von der Rechtsprechung betriebenen Aufweichung des Gewaltbegriffes kongenial.

Interessant ist, wie die frühe BGH-Rechtsprechung (also eine Rechtsprechung von Richtern, die notwendigerweise ihre juristische Prägung oder Praxis in der NS-Zeit erfahren hatten) mit dem neuen Absatz 2 des § 240 umging, der für die Beurteilung der Rechtswidrigkeit auf das „gesunde Volksempfinden“ abstellte[292]. – Nach BGHSt 5, 154, 256 betraf die 1953 erfolgte Umformulierung des Merkmals *gesundes Volksempfinden* in das Merkmal *Verwerflichkeit* „im wesentlichen die sprachliche Fassung“.

Eine Verschärfung erfuhr, ohne dass im Grundsätzlichen etwas geändert wurde, das Jugendstrafrecht durch die **Neufassung des Jugendgerichtsgesetzes 1943**[293]. Sie gipfelte in der Einführung des Jugendarrestes im Jahre 1943– einer Sanktion, die sich bis heute bei Kriminalpolitikern einer problematischen Beliebtheit erfreut[294].

6. Strafjustiz

Wie vor allem die Analogienovelle (o. § 5 V. 3.) zum Ausdruck brachte, tendierte die Gesetzgebung des NS-Staates zu einer **Stärkung der Rolle des Richters**. Das Regime verstand aus seiner eigenen Ideologie heraus den Richter als Führerpersönlichkeit, darüber hinaus bewegte es sich mit dieser Einstellung in einer Kontinuität des Strafrechtsdenkens seit der Jahrhundertwende: Das Bild des Richters hatte sich seither weiter verschoben. War den Richtern im 19. Jahrhundert sowohl von der Obrigkeit als auch von den Nachfolgern der Aufklärungsphilosophie Misstrauen ent-

[292] BGHSt 1, 84 ff.; näher *Vormbaum*, Fschr. StA Schleswig-Holstein; *Dencker*, Kontinuität und Diskontinuität; *Ders.*, NS-Justiz vor Gericht.

[293] Näher *Kubink*, S. 280 ff.

[294] Näher *Meyer-Höger*, Jugendarrest; zur polizeilichen Überwachung der Jugendlichen während des II. Weltkrieges s. den 3. Teil der Untersuchung von *Franz*, Curfew; allgemein zum Jugendstrafrecht im Nationalsozialismus: *Christian Amann*, Ordentliche Jugendgerichtsbarkeit und Justizalltag im OLG-Bezirk Hamm von 1939 bis 1945. Berlin 2003; *Frank Kebbedies*, Außer Kontrolle. Jugendkriminalität in der NS-Zeit und der frühen Nachkriegszeit. Essen 2000.

gegen gebracht worden und war komplementär dazu der Grundsatz *nullum crimen, nulla poena sine lege*, vor allem der Bestimmtheitsgrundsatz, streng gehandhabt worden, so hatten sich jetzt erneut zwei Faktoren zusammengefunden – diesmal solche, die in die Gegenrichtung drängten. Zum einen folgte aus der Lisztschen Kriminalpolitik notwendig die Forderung nach größerer Gestaltungsfreiheit des Richters, der die für den einzelnen Täter jeweils zweckmäßigste Strafe aussprechen sollte, zum anderen hatte die Obrigkeit in der Kaiserzeit und in der Zeit der Weimarer Republik mit der deutschen Richterschaft Erfahrungen gemacht, welche es ihr vertretbar, ja wünschbar erscheinen ließen, den Richter als „verständnisvollen Partner des Gesetzgebers" zu behandeln.

Die Richterschaft hat die in sie gesetzte Erwartung im allgemeinen nicht enttäuscht. Die Liste der skandalösen Urteile ist lang[295]. Tausende von Todesurteilen der allgemeinen Strafjustiz und Militärjustiz[296] sprechen eine beredte Sprache. Wiederholt wurden Gerichte von der Partei und vom Reichssicherheitshauptamt sogar wegen zu harter Urteile gerügt[297].

Das Bild des **Volksgerichtshofes** ist im historischen Bewusstsein Nachkriegsdeutschlands und in der Geschichtswissenschaft geprägt durch die Rechtsprechung des Ersten Senats, dessen Präsident seit August 1942 Roland Freisler war. Hitler bezeichnete Freisler als „unseren Wishinsky" (d. h. der Ankläger – nicht Richter – in den Schauprozessen der Sowjetunion in den 30er Jahren). In die Zeit seiner Präsidentschaft fallen jene Verfahren und Urteile, welche auch politisch von besonders spektakulärer Bedeutung waren: vor allem die Verfahren und Todesurteile gegen

---

[295] Im einzelnen muss hier auf einschlägige Werke verwiesen werden. Urteile zum politischen Strafrecht sind nachgewiesen in: *Wolfgang Form* (Hrsg.), Literatur- und Urteilsverzeichnis zum politischen NS-Strafrecht. Baden-Baden 2001; alle bis 1997 zur Kenntnis gelangten und erreichbaren Werke über einzelne Sondergerichte sind vorgestellt und besprochen b. *Thomas Vormbaum*, GA 1998, 1 ff.; seither hinzugekommen sind: *Robert Bohn/ Uwe Danker*, Standgericht der Inneren Front: Das Sondergericht Altona/Kiel 1932–1945. Hamburg 1998; *Hans-Ulrich Ludewig/ Dietrich Kuessner* Es sei also jeder gewarnt: Das Sondergericht Braunschweig 1933–1945. Braunschweig 2000; *Holger Schlüter*, „für die Menschlichkeit im Strafmaß bekannt...". Das Sondergericht Litzmannstadt und sein Vorsitzender Richter. (Juristische Zeitgeschichte NRW. 14). Recklinghausen 2005. *Justizministerium NRW* (Hrsg.), „... eifrigster Diener und Schützer des Rechts, des nationalsozialistischen Rechts...". Nationalsozialistische Sondergerichtsbarkeit. Ein Tagungsband. Recklinghausen o. J. (2006).

[296] Zur **Wehrmachtsgerichtsbarkeit** s. *Günter Gribbohm*, Das Reichskriegsgericht. Die Institution und ihre rechtliche Bewertung. Berlin 2004; *Ders.*, Selbst mit einer „Repressalquote" von zehn zu eins? Über Recht und Unrecht einer Geiseltötung im Zweiten Weltkrieg. Münster 2006; *Norbert Haase*, Das Reichskriegsgericht und der Widerstand gegen die nationalsozialistische Herrschaft. Berlin 1993; *Manfred Messerschmidt/ Fritz Wüllner*, Die Wehrmachtsjustiz im Dienste des Nationalsozialismus. Zerstörung einer Legende. Baden-Baden 1987; *Manfred Messerschmidt*, Was damals Recht war... NS-Militär- und Strafjustiz im Vernichtungskrieg. Essen 1996.

[297] *Angermund*, Richterschaft, S. 142, 199, 209. – Besondere Aufmerksamkeit erlangte später in der Öffentlichkeit die **Marinegerichtsbarkeit**, weil der Schriftsteller Rolf Hochhuth 1978 den baden-württembergischen Ministerpräsidenten Hans Filbinger wegen dessen Tätigkeit als Marinerichter in der NS-Zeit als „furchtbaren Juristen" bezeichnete. Die Äußerung wurde 1987 zum Stichwort für das vielbeachtete gleichnamige Buch von Ingo Müller, das sich mit der Verstrickung der Juristen in das Herrschaftssystem des Nationalsozialismus befasst.

die Münchner Widerstandsgruppe der sog. „Weißen Rose" im Jahre 1943 und gegen die Beteiligten der militärischen Verschwörung, welche zum Attentatsversuch auf Hitler am 20. Juli 1944 geführt hatte.

Im Falle der „Weißen Rose", deren Mitglieder – vor allem die Studenten Sophie und Ernst Scholl – wegen „Wehrkraftzersetzung", „Feindbegünstigung" und „Vorbereitung zum Hochverrat" zum Tode verurteilt wurden, weil sie antifaschistische Flugblätter verteilt hatten, erfolgte die Verhaftung am 18. Februar 1943; am 22. Februar 1943 fand das Verfahren vor dem Volksgerichtshof statt. Freisler und seine Richter waren eigens von Berlin nach München geflogen; die Angeklagten wurden zum Tode verurteilt und noch am selben Tage hingerichtet.

Im Falle der Verschwörer des 20. Juli 1944 hatte Freisler veranlasst, dass die Verhandlung gefilmt wurde, so dass wir heute in der Lage sind, sie in ihren Einzelheiten zu verfolgen. Jedoch wurde – wahrscheinlich auf persönlichen Befehl Hitlers – der Film nicht veröffentlicht, weil zum einen die mutige Haltung der Angeklagten nicht die propagandistische Behauptung bestätigte, sie seien „Volksschädlinge", und zum anderen die Verhandlungsleitung Freislers geeignet war, Mitleid mit den Angeklagten zu erregen: Die Angeklagten wurden von Freisler gedemütigt, angebrüllt und beschimpft. Man hatte ihnen ihre Hosenträger weggenommen, so dass sie während der Verhandlung ständig ihre Hose mit beiden Händen festhalten mussten.

Auch wenn diese Verhandlungsführung Freislers, die ihm auch den Namen „Blutrichter" eintrug, nur einen extremen Punkt darstellte, besteht doch kein Zweifel, dass die Praxis des Volksgerichtshofes auch insgesamt von großer Härte gekennzeichnet war. Der Anteil der Todesstrafen an den Urteilen des Volksgerichtshofes war – vor allem nach Beginn des Krieges – hoch. In seinen Verfahren gegen insgesamt 16.700 Personen verhängte das Gericht ca. 5.200 Todesurteile; das entspricht einem Durchschnitt von 31 %. Lag der Prozentsatz der Todesurteile vor Kriegsbeginn noch bei höchstens 10 %, so erreichte er in den Jahren 1942–1944 ca. 50 %[298] – und dies, obwohl in dieser Zeit nicht mehr nur, wie vor dem Krieg, Hochverrat und Landesverrat, also traditionell schwere Delikte, verhandelt wurden, sondern häufig Bagatellen wie das Verteilen von Flugblättern (so im Falle der „Weißen Rose") oder Spenden von minimalen Geldbeträgen für die verbotene Kommunistische Partei oder defätistische Reden wie Kritik an der Führung der Partei und des Reiches im Wirtshaus.

Solche defätistischen Reden fielen unter den Tatbestand des § 5 der *Kriegssonderstrafrechtsverordnung* aus dem Jahre 1939, die sog. Wehrkraftzersetzung. Strafbedroht war – neben anderen Fällen –, „wer öffentlich den Willen des deutschen oder eines verbündeten Volkes zur wehrhaften Selbstbehauptung zu lähmen oder zu zersetzen sucht". Hier war bereits die gesetzliche Regelung sehr unbestimmt; durch weitere Ergänzungsverordnungen wurde der Ermessensspielraum des Gerichts bei der Strafzumessung so sehr erweitert, dass Gespräche als ungefährliches Gerede straflos, als grober Unfug milde bestraft oder als Wehrkraftzersetzung mit dem Tode bestraft werden konnte.

Die neuere Forschung[299] hat freilich ergeben, dass das Bild, das die grauenvollen Filmaufnahmen von der Verhandlung des Volksgerichtshofs gegen die Attentäter des 20. Juli 1944 vermitteln, nicht repräsentativ für den Justizalltag des Volksgerichtshofes[300] und der Sondergerichte war. Die Ergebnisse verblüffen denjenigen,

---

[298] *Marxen*, Gerichtshof, S. 85 ff.

[299] *Marxen*, Gerichtshof, *Schlüter*, Volksgerichtshof, jeweils a. a. O.

[300] Urteile des Volksgerichtshofes sind gesammelt b. *Heinz Hillermeier*(Hrsg.), „Im Namen des Deutschen Volkes. Todesurteile des Volksgerichtshofes. Darmstadt, Neuwied 1980; repräsentativer: *Klaus Marxen/Holger Schlüter*, Terror und „Normalität". Urteile des nationalsozialistischen Volksgerichtshofs 1934–1945. Eine Dokumentation. (Juristische Zeitgeschichte NRW. 13). Recklinghausen o. J. (2004).

der im Volksgerichtshof nichts anderes als ein Terrorinstrument zur Unterdrückung des deutschen Volkes erblicken will. Ungeachtet des zweifellos terroristischen Charakters des Gerichts vor allem in seiner Spätphase entdecken die Autoren „zahlreiche Züge justizieller Normalität"[301]. So erfolgte die Rekrutierung der Berufsrichter in erster Linie nach juristischer Befähigung, regionaler Herkunft und Dienstalter[302]; die Beschuldigten waren durchweg durch Verteidiger vertreten; der Prozentsatz der Freisprüche entsprach dem auch sonst üblichen (er nahm übrigens gegen Kriegsende sogar zu, wie andererseits der Anteil der Todesurteile abnahm[303]). „Selbst in der Spätphase weist (somit) die Volksgerichtshofpraxis... noch Reste judikativen Handelns auf"[304].

Der zu erwartende Einwand, bei solcher Untersuchungs- und Betrachtungsweise werde die Tätigkeit der NS-Strafgerichtsbarkeit verharmlost, geht ins Leere; er widerspricht sogar der zu vermutenden Intention der Kritik. Zwei Zitate der Autoren weisen in die Richtung, in die kritische Fragen gestellt werden müssen: „Die noch ungelöste Aufgabe (besteht) darin..., eine komplizierte Verbindung von Terror und Normalität aufzudecken und zu erklären"[305]; „gerade die Tatsache, daß der Terror mit tausenden von Todesurteilen von einer Institution verbreitet wurde, die viele Züge einer normalen Gerichtstätigkeit aufweist, gibt Anlaß zur Besorgnis"[306].

Dafür, dass es nach 1945 eine Zeit lang gelingen konnte, die Justiz als Opfer des NS-Regimes hinzustellen, gibt es mehrere – auch wechselseitig wirksame – Erklärungen:

1. **Hitler** persönlich verachtete und hasste die Juristen (obwohl seine Erfahrungen mit der Justiz der Weimarer Zeit ihm dafür wenig Anlass gaben). Die betreffenden Zitate, allen voran sein Ausruf, er werde nicht eher ruhen, bis jeder Deutsche einsehe, dass es eine Schande sei, Jurist zu sein, gehören bis heute zum festen Inventar der rechtshistorischen Literatur. Recht wird von Herrschenden wegen seiner Regelhaftigkeit oft als Sand im Getriebe empfunden. Weder Juristen noch insbesondere die Justiz der NS-Zeit können aus dieser Einstellung Hitlers ein Verdienst ableiten.
2. Die Entscheidung des Reichsgerichts im **Reichstagsbrandprozess** hatte, wie geschildert, zur Gründung des Volksgerichtshofes geführt; sie konnte damit im Nachhinein als unfreundlicher Akt gegenüber dem Regime hingestellt werden.

[301] *Schlüter*, a. a. O., S. 231.

[302] *Marxen*, Gerichtshof, S. 58.

[303] *Marxen*, a. a. O., S. 89.

[304] *Marxen*, a. a. O., S. 90.

[305] Ebd.

[306] *Schlüter*, Volksgerichtshof, S. 232. – Zur Verbindung von tradierter Rechtsförmigkeit und maßnahmegerechter Justizpraxis zur politischen Justiz s. auch *Niermann*, Strafjustiz, S. 375 ff.

3. Im Verhältnis zur Staatsanwaltschaft[307], Polizei und SS[308] verlor vor allem die Strafjustiz zunehmend an Boden. Bei Entscheidungen, die dem Regime oder dessen örtlichen Repräsentanten nicht zusagten, drohten bei Freisprüchen **Urteilskorrekturen**, d. h. die Festnahme des Freigesprochenen und seine Verbringung in ein Konzentrationslager. Entsprechendes konnte bei als zu milde empfundenen Urteilen nach der Entlassung aus dem Strafvollzug geschehen (Manches harte Urteil mag in der Tat ergangen sein, um eine solche Urteilskorrektur zu vermeiden. Insgesamt aber kann man die Konkurrenz zwischen Polizei und SS einerseits und Justiz andererseits getrost als einen Fraktionskampf um die Ressource „Strafrecht" ansehen. Dabei darf aber auch nicht übersehen werden, dass es weite Bereiche gab, in denen beide Fraktionen eng zusammen arbeiteten.)[309].
4. Mit seiner berüchtigten Reichstagsrede vom 26. April 1942, in welcher der oben zitierte Satz fiel, und in der er seiner Empörung über das vermeintlich zu milde Oldenburger Urteil im **Fall Schlitt** Ausdruck gab, forderte und erhielt *Hitler* vom Reichstag das Recht der Amtsenthebung gegenüber jedem Deutschen, also auch gegenüber Richtern[310]. Dies wird gewiss manchen Richter eingeschüchtert und ihm eine etwaige Neigung zu nonkonformen Urteilen genommen haben. Indes zeigt der Vorgang auch, dass die richterliche Unabhängigkeit bis dahin nicht förmlich aufgehoben worden war, wenngleich es Druckmittel in Form von Dienstbesprechungen, Empfehlungen und „Richterbriefen" gab[311].
5. Mit den 1939 bzw. 1940 eingeführten Möglichkeiten des **außerordentlichen Einspruchs** und der **Nichtigkeitsbeschwerde** gegen rechtskräftige Urteile[312]

---

[307] Zur Verschiebung der Gewichte innerhalb der Justiz vom Gericht zur Staatsanwaltschaft eingehend *Ulrich Schumacher*, Staatsanwaltschaft und Gericht im Dritten Reich. Zur Veränderung der Kompetenzverteilung im Strafverfahren unter Berücksichtigung der Entwicklung in der Weimarer Republik und in der Bundesrepublik. Köln 1985.

[308] Zur Einführung einer eigenen SS- und Polizei-Gerichtsbarkeit s. *Bianca Vieregge*, Die Gerichtsbarkeit einer „Elite". Nationalsozialistische Rechtsprechung am Beispiel der SS- und Polizei-Gerichtsbarkeit. Baden-Baden 2002.

[309] *Rüping*, Staatsanwaltschaft, S. 113 ff.; *Naumann*, Gefängnis, S. 145.

[310] Einzelheiten b. *Jens Luge*, Fschr. OLG Oldenburg, S. 244 f.; zu den Folgen *Günter Gribbohm*, Die dem Richter gebührende Sühne – Zur rechtlichen Stellung des Richters im Dritten Reich nach dem Reichstagsbeschluss vom 26. April 1942, in: JoJZG 2 (2008), 1 ff.

[311] Zu den ab 1942 vom Reichsjustizministerium versandten „Richterbriefen" s. die Dokumentation *Heinz Boberach* (Hrsg.), Richterbriefe. Dokumente zur Beeinflussung der deutschen Rechtsprechung 1942–1944. Boppard 1975.

[312] Die **Nichtigkeitsbeschwerde** – eingeführt durch § 34 der *Verordnung über die Zuständigkeit der Strafgerichte, die Sondergerichte und sonstige strafverfahrensrechtliche Vorschriften* vom 21. Februar 1940 – konnte der Oberreichsanwalt gegen rechtskräftige Urteile des Amtsrichters, der Strafkammer und des Sondergerichts beim Reichsgericht einlegen, „wenn das Urteil wegen eines Fehlers bei der Anwendung des Rechts auf die festgestellten Tatsachen ungerecht ist". – Der **außerordentliche Einspruch**, der bereits am 16. September 1939 durch das *Gesetz zur Änderung von Vorschriften des allgemeinen Strafverfahrens, des Wehrmachtstrafverfahrens und des Strafgesetzbuchs* eingeführt worden war, ermächtigte den Oberreichsanwalt zur Einlegung dieses Einspruchs bei dem Besonderen Senat des Reichsgerichts; der ao. Einspruch konnte auch noch nach Abweisung der Nichtigkeitsbeschwerde eingelegt werden; s. das Beispiel b. *Werle*, Justiz-Strafrecht, S. 320 f.

wurde ein weiteres Instrument zur Beseitigung politisch unliebsamer Urteile geschaffen. Ein Misstrauen gegenüber der Justiz kann freilich daraus nicht abgeleitet werden, denn auch die neuen Rechtsbehelfe richteten sich wieder an das Reichsgericht (allerdings ging der außerordentliche Einspruch an einen besonderen Strafsenat des Reichsgerichts, und die Nichtigkeitsbeschwerde konnte nicht gegen Urteile des Volksgerichtshofes erhoben werden).

6. Eine Rolle mag schließlich auch gespielt haben, dass – wie in vielen anderen Lebensbereichen – auch in der Justiz, jedenfalls nach der Umsetzung des Gesetzes zur Wiederherstellung des Berufsbeamtentums, das **Alltagsgeschäft** überwog. Dies galt sogar, wie geschildert, für den Volksgerichtshof vor der Ära Freisler und für die Sondergerichte. Die kritisierten Urteile konnten daher nach 1945 als „Ausreißer" bzw. als Einzelfälle hingestellt werden.

7. Strafen und Strafvollzug[313]

Ein Nebeneinander von Kontinuitäten und Brüchen zeigt sich auch in der Entwicklung des Strafvollzuges unter der NS-Herrschaft[314].

Durch die „Verreichlichung der Justiz" erhielt das Reichsjustizministerium 1934 die Oberaufsicht über den Strafvollzug im ganzen Reich. Dass der Strafvollzug prinzipiell von autoritäreren Grundsätzen beherrscht sein sollte, zeigt das Vollzugsziel, das § 48 der vom Ministerium erlassenen Vollzugsordnung vom 14. Mai 1934 formulierte:

> Durch die Verbüßung der Freiheitsstrafe sollen die Gefangenen das begangene Unrecht sühnen. Der Freiheitsentzug ist so zu gestalten, daß sie für die Gefangenen ein empfindliches Übel ist und auch bei denen, die einer inneren Erziehung nicht zugänglich sind, nachhaltige Hemmungen gegenüber der Versuchung, neue Straftaten zu begehen, erzeugt. Die Gefangenen sind zu Zucht und Ordnung anzuhalten, an Arbeit und Pflichterfüllung zu gewöhnen und sittlich zu festigen.

Die Formulierung knüpfte an die Reichsratsgrundsätze an, fügte aber den Gesichtspunkt der Sühne und der Individualabschreckung hinzu[315]. Die in den Reichsratsgrundsätzen verbrieften Rechte der Gefangenen wurden weitgehend beseitigt[316].

---

[313] Die Erforschung des Strafvollzuges in der Zeit der NS-Herrschaft ist erst in jüngerer Zeit erheblich verbessert worden. Bestandsaufnahme aus der Sicht des Jahres 1988: *Heinz Müller-Dietz*, Der Strafvollzug in der Weimarer Zeit und im Dritten Reich. Ein Forschungsbericht, in: Ders., Recht und Nationalsozialismus. Gesammelte Beiträge. Baden-Baden 2000; s. ferner *I. Baumann*, Geschichte, S. 91 ff. *Naumann*, Gefängnis, S. 113 ff.

[314] Umfassend zum Strafvollzug im NS-Staat jetzt: *Nikolaus Wachsmann*, Gefangen unter Hitler. Justizterror und Strafvollzug im NS-Staat. (Orig.: „Hitler's Prisons. Legal Terror in Nazi-Germany"). München 2004.

[315] Die 1940 erlassene Dienst- und Vollzugsordnung des Reichsjustizministeriums verschärfte noch diese Tendenz, allerdings wurde in § 48 Abs. 2 das Ziel formuliert, „Gefangene, die besserungsfähig sind, so zu ertüchtigen, daß sie sich bei der Rückkehr in die Freiheit als brauchbare Mitglieder in die Volksgemeinschaft einfügen".

[316] *Krause*, Geschichte, S. 86.

Mehr als für jede andere Epoche bedeutet freilich die Reduzierung der Betrachtung auf den „regulären“ Strafvollzug für die Epoche des Nationalsozialismus eine Verkürzung, denn die Formen der Freiheitsentziehung waren vielfältig und vernetzten sich untereinander zunehmend[317]. Zu den Opfergruppen des NS-Regimes gehörten – mag diese Feststellung angesichts der Millionen „unschuldigen“ Opfer des Regimes auch irritieren – die Straftäter und Strafgefangenen[318].

Beginnend mit der ReichstagsbrandVO setzte die Eskalation polizeilicher Verbrechensbekämpfung ein. „Berufsverbrecher“ wurden noch vor Erlass des GewohnheitsverbrecherG in „vorbeugende Polizeihaft“ genommen. Die in der Weimarer Zeit auch von „linksliberalen“ Vertretern der Liszt-Schule propagierte „Bewahrung“ von Nichtstraftätern wurde weiterverfolgt und ab 1937 – zunächst ohne gesetzliche Grundlage – gegenüber Wohnungslosen, Prostituierten, Landstreichern, Bettlern und Alkoholikern umgesetzt. Der Zusammenhang zwischen polizeilicher Verbrechensbekämpfung und nationalsozialistischer Vernichtungspolitik wurde immer enger; Internierungsmaßnahmen wurden auf „Asoziale“ und „Jenische“, auf „unerziehbare“ und „unverbesserliche“ Jugendliche sowie auf „Juden, Zigeuner, Russen und Ukrainer“ ausgedehnt[319]. Die Euthanasie-Mordaktion griff ab 1941 aus den psychiatrischen Anstalten auf Arbeitshäuser, Fürsorgeheime und Konzentrationslager über und verband sich mit dem Programm der „Vernichtung durch Arbeit“[320]. Es begann die „Konkurrenz“ zwischen Himmlers Innenministerium und Gürtners Justizministerium um die Zuständigkeit für Freiheitsentziehungen. Diese Konkurrenz, die im Schrifttum überwiegend als Gegeneinander dargestellt wird, bei dem die Justiz schließlich unterlegen sei, war, wie schon erwähnt, in Wirklichkeit über große Strecken hinweg ein Miteinander, ein Einander-Zuarbeiten. Unter Gürtners (kommissarischem) Nachfolger Schlegelberger lieferte die Justiz erstmals Strafgefangene vor Ablauf der Strafhaft an die Polizei aus, unter Thierack erhielt letztere erstmals Kompetenzen im regulären Strafvollzug[321].

Die Zahl der Sicherungsverwahrten stieg in der NS-Zeit über die in der Weimarer Zeit prognostizierte Höhe. Seit 1937 wurde die Mehrzahl von ihnen an Konzentrationslager überstellt. Gedanken aus der Zeit vor 1933 aufgreifend ging auch die Justiz dazu über, Strafgefangene für die Urbarmachung von Ödland, später für

---

[317] *Laubenthal*, Strafvollzug, S. 44.

[318] Vgl. *Chr. Müller*, Verbrechensbekämpfung, S. 13 ff.; zu den „unschuldigen“ Opfern gehören selbstverständlich auch jene, die zu Unrecht verurteilt wurden oder durch Kriminalisierungsentscheidungen des Regimes zu Straftätern „gemacht“ wurden.

[319] *I. Baumann*, Geschichte, S. 110 f. – Spiritus rector dieser Politik war der „Zigeuner- und Asozialenforscher“ Dr. med. Robert Ritter (ebd.).

[320] *I. Baumann*, Geschichte, S. 288; *Institut für Juristische Zeitgeschichte Hagen*, Euthanasie vor Gericht. Die Anklageschrift des Generalstaatsanwalts beim OLG Frankfurt/M. gegen Dr. Werner Heyde u. a. vom 22. Mai 1962. Hrsg. von Thomas Vormbaum. Mit Anmerkungen von Uwe Kaminsky und Friedrich Dencker. Berlin 2005, S. 17 ff. (sog. Aktion „Sonderbehandlung 14 f 13“).

[321] Zum Ganzen s. *Naumann*, Gefängnis, S. 143; sowie neuerdings übersichtlich *Helmut Kramer*, Der Beitrag der Juristen zum Massenmord an Strafgefangenen und die strafrechtliche Ahndung nach 1945, in: KJ 2010, 89 ff.

die Rüstungsindustrie einzusetzen[322]. Die Ernährungslage in den Strafvollzugsanstalten verschlechterte sich vor allem während des Krieges dramatisch. Die Rassenideologie führte zur Hierarchisierung von Überlebenschancen. Für deutsche Volksgenossen wurde das Konzept des Stufenstrafvollzuges in der NS-Zeit nicht aufgegeben, im Bereich des Jugendstrafvollzuges sogar mit Nachdruck betrieben, allerdings mit einer Schwerpunktverlagerung „nach unten", d. h. in Richtung auf „Aussonderung"[323].

8. Spezielle Pathologie des NS-Systems

Haben die vorhergehenden Unterabschnitte deutlich gemacht, dass unter der Herrschaft des NS-Regimes Radikalisierungen einer vorhergehenden Entwicklung stattfanden, aber auch zahlreiche Normalitätselemente fortwirkten – oder, wenn man es im Gegenlicht sieht, zahlreiche problematische Elemente, die schon vor 1933 angelegt waren, weiterwirkten –, so ist dies eine überwiegend an strukturellen Merkmalen entwickelte Erkenntnis, die einen ersten Erkenntnisschritt in der Kontinuitätsfrage bedeutet. Um Missverständnisse zu vermeiden, darf über diesen Kontinuitätselementen aber nicht die allgemeine und die spezielle Pathologie des NS-Regimes übersehen werden, die vornehmlich im politischen und verfassungsrechtlichen Bereich sichtbar wird.

Unter *allgemeiner Pathologie* verstehe ich den rechtsstaatswidrigen, autoritär-totalitären Charakter des Regimes im Innern, der im Bereich des Strafrechts vor allem in der Rassengesetzgebung und in der Kriegsgesetzgebung sichtbar wird, sowie nach außen seine Revisions- und Eroberungspolitik, die im Weltkrieg und in einer die Zahlen des I. Weltkrieges weit übertreffenden Millionenzahl von Toten durch Krieg und Vertreibung endete. Diese Züge allein würden das NS-Regime freilich allenfalls quantitativ von vielen anderen diktatorischen Regimen der Weltgeschichte und insbesondere der Moderne unterscheiden, und selbst die besondere Quantität der Opfer wäre eher das Merkmal moderner Kriege als gerade ein Merkmal des NS-Regimes.

Es gibt jedoch eine darüber hinausgehende *spezielle Pathologie* des NS-Regimes. Darunter fasse ich jene Vorgänge zusammen, die *Herbert Jäger* als „Makrokriminalität" in ihren Besonderheiten analysiert hat[324]. Sie stellen den herkömmlichen Gegenstand strafrechtsgeschichtlicher Betrachtung, der zu einem wesentlichen Teil in (staatlichen) Strafrechtsnormen besteht, geradezu auf den Kopf, denn hier geht es nicht um den Staat als Normsetzer, sondern um den Staat als Normbrecher, um „staatsverstärkte Kriminalität" (*Naucke*). Obwohl dieser Aspekt damit eher Gegenstand der allgemeinen Geschichtsschreibung ist, muss er hier wenigstens erwähnt

[322] *Naumann*, a. a. O., S. 161 ff.

[323] *Naumann*, a. a. O., S. 175 ff.

[324] *Herbert Jäger*, Makrokriminalität. Studien zur Kriminologie kollektiver Gewalt. Frankfurt am Main 1989; *Ders.*, Verbrechen unter totalitärer Herrschaft. Studien zur nationalsozialistischen Gewaltkriminalität (1967). 2. Auflage. Frankfurt am Main 1982.

Heft 15 Berlin, den 1. August 1934 39. Jahrgang

Deutsche Juristen-Zeitung

Organ
der Reichsfachgruppe Hochschullehrer
des Bundes Nationalsozialistischer Deutscher Juristen

Unter Mitwirkung der Mitglieder des Reichsfachgruppenrates

Dr. V. BRUNS, Professor in Berlin — Dr. G. DAHM, Professor in Kiel — Dr. Dr. C. A. EMGE, Professor in Jena, Direktor des Nietzsche-Archivs in Weimar — Dr. W. GRAF GLEISPACH, Professor in Berlin

Dr. J. HECKEL, Professor in Bonn — Dr. E. R. HUBER, Professor in Kiel — Dr. W. KISCH, Geh. Justizrat, Professor in München, stellv. Präsident d. Akademie f. Deutsches Recht — Dr. F. KLAUSING, Professor in Frankfurt a. M.

Dr. H. LANGE, Professor in Breslau — Dr. J. POPITZ, Preuß. Finanzminister, Staatsrat, Professor in Berlin — Dr. P. RITTERBUSCH, Professor in Königsberg

herausgegeben vom Reichsfachgruppenleiter
Dr. CARL SCHMITT
Staatsrat, Professor in Berlin

C. H. Beck'sche Verlagsbuchhandlung München und Berlin

Hauptschriftleitung: Berlin W 35, Tiergartenstr. 20 — Schriftleitung und Geschäftsstelle: Berlin W 57, Potsdamer Str. 96

Bankkonto: Deutsche Bank u. Disconto-Ges., Kasse P, Berlin — Postscheckkonto: Nr. 45561 Postscheckamt Berlin NW 7

Die „Deutsche Juristen-Zeitung" erscheint am 1. und 15. jeden Monats. Ueber die Bezugspreise und die Preise für einzelne Hefte vgl. die Angaben auf der 2. Umschlagseite. Bestellungen werden durch den Buchhandel und die Postanstalten sowie unmittelbar durch die Geschäftsstelle Berlin W 57, Potsdamer Str. 96, entgegengenommen.

Alle redaktionellen Sendungen nur an die Schriftleitung Berlin W 57, Potsdamer Str. 96 erbeten. Jeder Einsendung bitte Rückporto beizufügen. Anzeigen-Annahme der DJZ., Berlin W 57, Potsdamer Str. 96, u. bei allen Anzeigenstell. Anzeigenpr.: die 4gesp. Millimeterzeile (Großspalte: 46 mm breit) 22 Pf. Fernspr. B 7 Pallas 2403 u. 2564.

Der Führer schützt das Recht

Zur Reichstagsrede Adolf Hitlers vom 13. Juli 1934

Von Staatsrat, Professor Dr. Carl Schmitt, Berlin

I. Auf dem Deutschen Juristentag in Leipzig, am 3. Okt. 1933, hat der Führer über Staat und Recht gesprochen. Er zeigte den Gegensatz eines substanzhaften, von Sittlichkeit und Gerechtigkeit nicht abgetrennten Rechts zu der leeren Gesetzlichkeit einer unwahren Neutralität und entwickelte die inneren Widersprüche des Weimarer Systems, das sich in dieser neutralen Legalität selbst zerstörte und seinen eigenen Feinden auslieferte. Daran schloß er den Satz: „Das muß uns eine Warnung sein".

In seiner an das ganze Deutsche Volk gerichteten Reichstagsrede vom 13. Juli 1934 hat der Führer an eine andere geschichtliche Warnung erinnert. Das starke, von Bismarck gegründete Deutsche Reich ist während des Weltkriegs zusammengebrochen, weil es im entscheidenden Augenblick nicht die Kraft hatte, „von seinen Kriegsartikeln Gebrauch zu machen". Durch die Denkweise eines liberalen „Rechtsstaats" gelähmt, fand eine politisch instinktlose Zivilbürokratie nicht den Mut, Meuterer und Staatsfeinde nach verdientem Recht zu behandeln. Wer heute im Band 310 der Reichstags-Drucksachen den Bericht über die öffentliche Vollsitzung vom 9. Okt. 1917 liest, wird erschüttert sein und die Warnung des Führers verstehen. Die Mitteilung der damaligen Reichsregierung, daß Rädelsführer der meuternden Matrosen mit Reichstagsabgeordneten der Unabhängigen Sozialistischen Partei verhandelt hatten, beantwortete der Deutsche Reichstag in lauter Entrüstung damit, daß man einer Partei ihr verfassungsmäßiges Recht, im Heere Propaganda zu treiben, nicht verkürzen dürfe und daß schlüssige Beweise des Hochverrates fehlten. Nun, diese schlüssigen Beweise haben uns die Unabhängigen Sozialisten ein Jahr später ins Gesicht gespien. In beispielloser Tapferkeit und unter furchtbaren Opfern hat das Deutsche Volk vier Jahre lang einer ganzen Welt standgehalten. Aber seine politische Führung hat im Kampfe gegen die Volksvergiftung und die Untergrabung des deutschen Rechts und Ehrgefühls auf eine traurige Weise versagt. Bis zum heutigen Tage büßen wir die Hemmungen und Lähmungen der deutschen Regierungen des Weltkriegs.

Alle sittliche Empörung über die Schande eines solchen Zusammenbruchs hat sich in Adolf Hitler angesammelt und ist in ihm zur treibenden Kraft einer politischen Tat geworden. Alle Erfahrungen und Warnungen der Geschichte des deutschen Unglücks sind in ihm lebendig. Die meisten fürchten sich vor der Härte solcher Warnungen und flüchten lieber in eine ausweichende und ausgleichende Oberflächlichkeit. Der Führer aber macht Ernst mit den Lehren der deutschen Geschichte. Das gibt ihm das Recht und die Kraft, einen neuen Staat und eine neue Ordnung zu begründen.

II. Der Führer schützt das Recht vor dem schlimmsten Mißbrauch, wenn er im Augenblick der Gefahr kraft seines Führertums als oberster Gerichtsherr unmittelbar Recht schafft: „In dieser Stunde war ich verantwortlich für das Schicksal der deutschen Nation und damit des Deutschen Volkes oberster Gerichtsherr". Der wahre Führer ist

Abb. 18 Auszug aus der Deutschen Juristen-Zeitung von 1934. Der Führer schützt das Recht. Aufsatz Carl Schmitts zur Reichstagsrede Adolf Hitlers vom 13. Juli 1934

werden, denn nach 1945 kehrte sich der Aspekt um: eben diese Staatsverbrechen wurden – wenn auch mitunter zögerlich – zum Gegenstand von Strafverfolgung und zum Auslöser staatlicher Normsetzung gemacht. Es sind, um nur die gewichtigsten zu nennen[325]:

1. Mordaktionen im Zusammenhang mit dem sog. **Röhm-Putsch**[326];
2. Sog. **Euthanasie-Aktion**, der systematische Mord an Hunderttausenden von Geisteskranken[327];
3. **Einsatzgruppen-Morde** in Polen und der Sowjetunion[328];
4. Die systematische Ermordung von ca. 6 Mio. Juden (sog. **Holocaust**, „Endlösung der Judenfrage")[329];

[325] Vollständige Aufzählung b. *Rückerl*, NS-Verbrechen.

[326] Die Morde, durch das nachträglich erlassene *Gesetz über Maßnahmen der Staatsnotwehr vom 3. Juli 1934* für rechtens erklärt (näher *Gruchmann*, Justiz, S. 433 ff.), wurden vom Rechtsprofessor *Carl Schmitt* bereits einen Monat später in der von ihm herausgegebenen „Deutschen Juristenzeitung" in einem Aufsatz mit dem Titel „Der Führer schützt das Recht" gerechtfertigt (DJZ 1934, Sp. 945 ff.: „In der Tat war die Tat des Führers echte Gerichtsbarkeit. Sie untersteht nicht der Justiz, sondern war selbst höchste Justiz"); dazu *Bernd Rüthers*, Entartetes Recht. Rechtslehren und Kronjuristen im Dritten Reich. München 1988, S. 120 ff.; *Ders.*, Carl Schmitt im Dritten Reich. Wissenschaft als Zeitgeist-Verstärkung? München 1989, S. 53 ff.; ferner *Gruchmann*, „Dummheiten eines Genies?", in: JZ 2005, 763 ff. (der Verf. weist gegenüber den nach 1945 unternommenen Versuchen, die Aktivitäten Schmitts als aus dem Rahmen fallende Verirrungen hinzustellen, auf dessen elaborierte und konsequent durchgehaltene nationalsozialistische Theoreme zum Strafprozess hin).

[327] Dazu die Darstellung in der Anklageschrift gegen den „Euthanasie"-Arzt Dr. Heyde (der nach 1945 als „Dr. Sawade" jahrelang in mehr oder weniger offener Anonymität als Arzt in Schleswig-Holstein praktizierte): *Institut für Juristische Zeitgeschichte Hagen*, Euthanasie vor Gericht.; ferner die Beiträge zum Symposium „NS-Euthanasie" in der Justizakademie NRW im Oktober 2005 von Hans Schmuhl, Petra Fuchs u. a., Michael Schwartz, Uwe Kaminsky, Klaus-Detlev Godau Schüttke, Friedrich Dencker, Helia-Verena Daubach und Heinz Holzhauer, in: Jahrbuch der Juristischen Zeitgeschichte 7 (2005/2006), sowie den Tagungsbericht von *Helia-Verena Daubach*, in: JoJZG 1 (2007), 30 ff.; *Große-Vehne*, S. 125 ff.; zur Rolle von Reichsjustizministerium und Justiz *Gruchmann*, Justiz, S. 497 ff. – In diesen Zusammenhang gehören auch die Menschenexperimente der NS-Medizin; dazu *Ernst Klee*, Auschwitz, die NS-Medizin und ihre Opfer. Überarbeitete Neuausgabe. Frankfurt a. M. 2001; zur Schrift von *Binding/ Hoche*, die der Mordaktion das Stichwort lieferte, s. bereits § 5 II. 1.

[328] Dazu *Christopher Browning*, Ganz normale Männer. Das Polizeibataillon 101 und die „Endlösung" in Polen. Reinbek b. Hamburg 1996.

[329] In dem unübersehbaren Schrifttum nach wie vor das Standardwerk: *Raul Hilberg*, Die Vernichtung der europäischen Juden. TB-Ausgabe in 3 Bänden. Frankfurt a. M. 1994; zuletzt *Christopher Browning*, Die Entfesselung der „Endlösung". Nationalsozialistische Judenpolitik 1939–1942. München 2003. Der Historiker und Antisemitismusforscher Wolfgang Benz ist auf die von rechtsextremistischer Seite geäußerten Zweifel an der im bundesdeutschen Dialog standardisierten Zahl von 6 Mio. jüdischen Opfern eingegangen. Nach intensiver Untersuchung ist er zu dem Ergebnis gelangt, dass die Zahl zwischen einem Minimum von 5,29 Mio. und einem Maximum von knapp über 6 Mio. liege; *Wolfgang Benz* (Hrsg.), Dimension des Völkermords. Die Zahl der jüdischen Opfer des Nationalsozialismus. München 1996, S. 15 ff.; zur sog. Wannsee-Konferenz vom 20. Januar 1942, die den Beginn der Systematisierung der „Endlösung der Judenfrage" markiert, s. den Ausstellungskatalog der Wannsee-Villa, des Ortes der Konferenz: *Haus der Wannsee-Konferenz*

5. Die systematische Ermordung von **Sinti und Roma** und anderen Zigeunern[330];
6. Verbrechen an **Kriegsgefangenen**[331];
7. Die erst um die Jahrtausendwende wieder ins Bewusstsein der Öffentlichkeit gerückte **Ausbeutung von Zwangsarbeitern** (mit einigem Recht auch „Sklavenarbeiter" genannt) durch Staat und Wirtschaft[332].

VI. Besatzungszeit; Bundesrepublik Deutschland

1. Transformation

Nach der Kapitulation der deutschen Wehrmacht am 8. Mai 1945 wurde Deutschland von den Siegermächten in Besatzungszonen aufgeteilt, die durch den Alliierten Kontrollrat – mit abnehmender Tendenz – zusammengehalten wurden. In den Besatzungszonen übernahmen die Siegermächte die Regierungsgewalt. Das Ausmaß der sozialen und logistischen Aufgaben, vor denen sie standen, ist heute kaum noch nachzuvollziehen. In einem Land mit zerstörten Städten und (daraus resultierender) Wohnungsnot, das unter Nahrungsmangel litt und überdies Millionen von neu hinzu kommenden Flüchtlingen zu versorgen hatte, war die erste Sorge der Regierenden, durch Planung, der Regierten, durch Improvisation die unmittelbaren Lebensbedürfnisse zu befriedigen. Die Konzentration auf diesen täglichen Überlebenskampf, aber auch das auf Grund des alliierten Luftkrieges verbreitete Selbstverständnis als Opfer mag dazu beigetragen haben, dass die Bereitschaft der deutschen Bevölkerung, sich mit den nationalsozialistischen Verbrechen auseinanderzusetzen, begrenzt war.

(Hrsg.), Die Wannsee-Konferenz und der Völkermord an den europäischen Juden. Katalog der ständigen Ausstellung. Berlin 2006; zur Rolle der Juristen bei den Beratungen s. *Alex Jettinghoff*, Die Wannsee-Juristen, in: JoJZG 2007, 129 ff.

[330] Dazu die Beiträge in: *Tilman Zülch*, In Auschwitz vergast, bis heute verfolgt. Zur Situation der Roma (Zigeuner) in Deutschland und Europa. Reinbek b. Hamburg 1979, S. 89 ff.

[331] Dazu *Christian Streit*, Keine Kameraden. Die Wehrmacht und die sowjetischen Kriegsgefangenen 1941–1945. Bonn 1991; *Jochen Böhler*, Auftakt zum Vernichtungskrieg. Die Wehrmacht in Polen 1939. Frankfurt a. M. 2006, S. 169 ff.

[332] Dazu *Klaus Kastner*, Sklaverei oder Arbeitsverhältnisse? Historische und rechtliche Aspekte der Zwangsarbeit des nationalsozialistischen Regimes, in: Ged.schr. für Wolfgang Blomeyer. Berlin 2004, S. 99 ff. – Zu den Bemühungen um die Entschädigung von Zwangsarbeitern u. a. *Diemut Majer*, Die Frage der Entschädigung für ehemalige NS-Zwangsarbeiter in völkerrechtlicher Sicht, in: Dies., Nationalsozialismus im Lichte der Juristischen Zeitgeschichte. Baden-Baden 2002, S. 226 ff.; s. zuletzt *Sascha Koller*, Die Entschädigung ehemaliger NS-Zwangsarbeiter nach Inkrafttreten des Gesetzes zur Errichtung der Stiftung „Erinnerung, Verantwortung und Zukunft". Bonn (jur. Diss.) 2006.

Schon deshalb, weil die Bewältigung dieses Überlebenskampfes ohne den Erlass von Rechtsnormen nicht möglich war, stellte sich für die Besatzungsmächte die Frage, wie sie es mit den aus der Zeit der NS-Herrschaft überkommenen Normen halten wollten. Sollten sämtliche Normen, die zwischen dem 30. Januar 1933 und dem 8. Mai 1945 erlassen worden waren, aufgehoben werden? Diese Lösung ist niemals ernsthaft erwogen worden. Vielmehr sollte ein *Teil* dieser Normen aufgehoben werden, ein *anderer* Teil in Kraft bleiben. Und dies verstand man so, dass *nationalsozialistisches* Recht aufgehoben werden sollte, *nicht-nationalsozialistisches* Recht aber bestehen bleiben sollte.

Der Alliierte Kontrollrat hob eine Reihe von Gesetzen auf, die er als typisch nationalsozialistisch und/oder rechtsstaatswidrig ansah. Gleich mit seinem ersten Gesetz beseitigte er das Ermächtigungsgesetz, das die Herrschaft Hitlers formell begründet hatte, das Gesetz gegen die Neubildung von Parteien, mit dem das Monopol der NSDAP begründet worden war, und das Gesetz über die Geheime Staatspolizei, ferner die Rassengesetze und andere diskriminierende Gesetze; mit weiteren Gesetzen wurden diskriminierende Bestimmungen des Ehegesetzes, des Erbrechts, des Arbeitsrechts, des Landwirtschaftsrechts und des Film- und Presserechts beseitigt. In Kraft blieben vor allem zahllose Gesetze zur Regulierung der Wirtschaft und zur Bekämpfung des Schwarzmarktes (mit entsprechenden Strafbestimmungen)[333].

Auch das *Strafrecht*, wie es sich am Ende der nationalsozialistischen Herrschaft darstellte, musste so transformiert werden, dass man es der Praxis eines rechtsstaatlichen Gemeinwesens überlassen konnte[334]. Der Alliierte Kontrollrat und die Militärregierungen versuchten auch hier, in einer Mischung aus Einzelgesetzen und allgemeinen Grundsätzen Gesetze zu beseitigen, die als untragbar empfunden wurden. Aufgehoben wurden u. a. Gesetze und Verordnungen, die der Erhaltung der Kriegsmaschinerie, der Kriegs- und Rüstungswirtschaft, der nationalsozialistischen Propaganda, der Verfolgung von sog. Volksschädlingen und der Unterdrückung von Polen und Juden gedient hatten; die in Kraft gebliebenen Normen durften nicht mehr nach „nationalsozialistischen Lehren“ ausgelegt werden, insbesondere wurde Bestrafung aufgrund von Analogie oder unter Berufung auf „gesundes Volksempfinden“ verboten. Todesstrafen, die nach 1933 eingeführt worden waren, durften nicht mehr verhängt werden; die vor der Machtübertragung auf die Nationalsozialisten geltenden Höchststrafen durften nicht überschritten werden. Im Strafgesetzbuch wurden die 1935 eingeführte Möglichkeit analoger Gesetzesanwendung, das gesamte Staatsschutzstrafrecht sowie das Strafrecht zum Schutz der Wehrmacht förmlich aufgehoben.

[333] Zum ganzen: *Matthias Etzel*, Die Aufhebung von nationalsozialistischen Gesetzen durch den Alliierten Kontrollrat (1945–1948). Tübingen 1992; zum Wirtschaftsstrafrecht: *Hans Achenbach*, Zur Entwicklung des Wirtschaftsstrafrechts in Deutschland seit dem späten 19. Jahrhundert, in: Jura 2007, 342 ff., 344; *Werner*, Wirtschaftsordnung, S. 571 ff.

[334] Zum Folgenden eingehend *Jürgen Welp*, Die Strafgesetzgebung der Nachkriegszeit (1945–1953) in: Vormbaum/ Welp, StGB, Supplementband I, S. 139 ff.; *Friedrich-Christian Schroeder*, Probleme der Dekontaminierung des deutschen Strafrechts nach 1945, in: Festschrift für Kristian Kühl. München 2014, S. 101 ff.

Allerdings wurde einer Reihe problematischer Normen die rechtsstaatliche Kompatibilität bescheinigt. Dazu gehörte die Regelung der StrafrechtsangleichungsVO von 1943 über die bloß fakultative Strafmilderung für den Versuch, die von den Alliierten und später von den deutschen Gerichten nicht in Zweifel gezogen wurde, obwohl gewichtige Stimmen im Schrifttum ihre Rechtsstaatsverträglichkeit anzweifelten[335], ebenso die bei derselben Gelegenheit eingeführte Neufassung des Nötigungstatbestandes, die vom Bundesgerichtshof in einer seiner ersten Entscheidungen in Strafsachen mit befremdlicher Begründung für unbedenklich erklärt wurde[336].

2. Beseitigung nationalsozialistischen Unrechts

Neben der Bereinigung des Rechts von nationalsozialistischen Bestandteilen ging es darum, nationalsozialistisches Unrecht durch Restitution[337], Wiedergutmachung[338] und Urteilsrevisionen[339] zu beseitigen. Hier interessiert die Beseitigung von Strafurteilen.

Für die in der Zeit der NS-Herrschaft ergangenen **Strafurteile,** vor allem diejenigen der Sondergerichte und des Volksgerichtshofes, stellte sich die Aufgabe, eine Überprüfung zu ermöglichen. Durch alliierte Gesetzgebung wurden unter Beteiligung der neu gegründeten Bundesländer teils Gesetze, teils Verordnungen erlassen, wonach – teils von Amts wegen, teils auf Antrag – schwere, als unverhältnismäßig empfundene Strafen herabgesetzt, in vielen Fällen auch Urteile insgesamt aufgehoben werden konnten[340]. Letzteres galt insbesondere für die Verurteilung von Wider-

---

335 *Otto Schwarz*, StGB, 13. Auflage. München und Berlin 1949, § 44 Anm. 1a (die Regelung sei mit post-nationalsozialistischem Denken unvereinbar); in der 16. Aufl. von 1953 ist der betreffende Passus gestrichen; *Eduard Kohlrausch*, StGB mit Nebengesetzen. Textausgabe mit Erläuterung der Änderungen. Berlin 1947, S. 44: „So ist die neue deutsche Versuchsstrafe eine dem Nationalsozialismus entsprechende Überspannung des Willensgedankens bis zu einem Gesinnungsstrafrecht geworden. Rechtsstaatlichem Denken steht die alte Regelung näher" (hier zitiert nach *Karitzky*, Kohlrausch, S. 409).

336 Näher dazu *Vormbaum*, Fschr. StA Schleswig-Holstein, S. 75 ff.; *Dencker*, Kontinuität, S. 135 ff.; *Ders.*, NS-Justiz vor Gericht. Behandlung weiterer Komplexe des Besonderen Teils in der unmittelbaren Nachkriegszeit: zum **politischen Strafrecht** s. *Schroeder*, Schutz, S. 175 f.; zu den **Aussagedelikten** s. *Vormbaum*, Eid, S. 144 ff.; zur **Unterlassenen Hilfeleistung** s. *Gieseler*, S. 86 ff.; zur **unterlassenen Verbrechensanzeige** s. *Kisker*, S. 119 f.; zum **Zweikampf** s. *Baumgarten*, S. 222 f. (insb. zur Frage der Zulässigkeit der Bestimmungsmensur); zum **Diebstahl** s. *Prinz*, S. 132 ff.; zur **falschen Verdächtigung** und zum **Vortäuschen einer Straftat** s. *Bernhard*, S. 136 f.; zur **Körperverletzung** s. *Gröning*, S. 44 ff.; zur **Rechtsbeugung** s. *Thiel*, S. 130 ff.; zur **Vereitelung von Gläubigerrechten** s. *Seemann*, S. 89 ff.; **zur Verunglimpfung des Staatsoberhauptes** s. *Andrea Hartmann*, S. 239 ff.; zu **Prostitution, Zuhälterei, Kuppelei** s. *Ilya Hartmann*, S. 215 f.; zur **Volksverhetzung** s. *Rohrßen*, S. 125 ff.

337 Dazu *Wogersien*, ferner *Vogl*, S. 187.

338 Dazu *van Bebber*, Wiedergutgemacht?; ferner *Vogl*, Wiedergutmachung, S. 187.

339 *Vogl*, Wiedergutmachung, S. 190 ff.

340 *Vogl*, a. a. O.

standskämpfern gegen den Nationalsozialismus. Überhaupt wurde tendenziell mehr auf die antinazistische Gesinnung der Verurteilten als auf das objektive Unrecht der ergangenen Urteile, z. B. in Form der Unverhältnismäßigkeit, Wert gelegt. Erst mehr als 50 Jahre nach dem Ende der NS-Herrschaft, im August 1998, erging ein Bundesgesetz, das als Grundsatz die Aufhebung aller Urteile, die gegen elementare Grundsätze der Gerechtigkeit verstießen, verfügte[341]. Voraussetzung bleibt, dass das begangene Justizunrecht spezifisch nationalsozialistisches Unrecht gewesen ist. Bei der Beantwortung dieser Frage hilft der Gesetzgeber mit einigen weiteren Kriterien sowie durch einen Katalog von insgesamt 59 Gesetzen der NS-Zeit, bei deren Anwendung diese Voraussetzung unwiderlegbar als gegeben angesehen wird[342].

3. Strafrechtliche Aufarbeitung der NS-Vergangenheit

Das Thema „Strafrechtliche Aufarbeitung nationalsozialistischen Unrechts" bildete einen Teil der Bewältigung der NS-Vergangenheit, die, zögerlich begonnen, seit den 70er Jahren zu einem zentralen, von einem breiten politischen Konsens getragenen Thema der Bundesrepublik Deutschland geworden ist[343].

Die Auseinandersetzung mit den **NS-Verbrechen** – zu ihnen gehörten vor allem die unter § 5 V. 8. aufgeführten Komplexe – wurde zunächst von den Alliierten betrieben. Die Hauptkriegsverbrecher, d. h. 22 Überlebende der NS-Führung, wurden im **Nürnberger Tribunal gegen die Hauptkriegsverbrecher** abgeurteilt. Die Bezeichnung „Kriegsverbrecher" ist ungenau, denn Kriegsverbrechen bildeten nur eine von mehreren angeklagten Verbrechensgruppen. Daneben verhandelt wurden Verbrechen gegen den Frieden und – für die weitere Rechtsentwicklung wohl am wichtigsten – die Verbrechen gegen die Menschlichkeit (unter ihnen vor allem der – damals freilich noch nicht so genannte –*Völkermord*), ferner der mit kontinentaleuropäischen Rechtskategorien schwer fassbare Komplex der „Verschwörung" (conspiracy) aufgrund dessen auch Organisationen für verbrecherisch erklärt werden konnten[344].

---

341 Gesetz zur Aufhebung nationalsozialistischer Unrechtsurteile in der Strafrechtspflege vom 25. August 1998 (BGBl. I, S. 2501).

342 Näher *Vogl*, Wiedergutmachung, S. 195.

343 Sammlung der wegen NS-Verbrechen ergangenen Urteile: *C.F. Ruter/ D.W. de Mildt* (Hrsg.), Justiz und NS-Verbrechen. Die deutschen Strafverfahren wegen nationalsozialistischer Tötungsverbrechen 1945–1999. 22 Bände. München 1998; auch digital: www.jur.uva.nl/junsv/.

344 Zum Nürnberger Tribunal und zu seiner Bedeutung für die Weiterentwicklung des Völkerstrafrechts zuletzt: *Herbert R. Reginbogin/ Christoph J.M. Safferling* (Hrsg.), The Nuremberg Trials/Die Nürnberger Prozesse. International Criminal Law Since 1945/Völkerstrafrecht seit 1945. München 2006: vorher u. a.: *Bradley F. Smith*, Der Jahrhundert-Prozeß. Die Motive der Richter von Nürnberg – Anatomie einer Urteilsfindung. Frankfurt a. M. 1977; Protokolle: *Internationaler Militärgerichtshof Nürnberg* (Hrsg.), Der Prozeß gegen die Hauptkriegsverbrecher vor dem Internationalen Militärgerichtshof (14. November 1945 bis 1. Oktober 1946). Amtlicher Wortlaut in deutscher Sprache. Nürnberg 1947–1949. Nachdruck der Bände I – XXIV (mit einem Begleitband) o.O. 1994. – Urteilstext in: *Lothar Gruchmann* (Einl.), Das Urteil von Nürnberg

Zu dem Entschluss, die Verfahren vor einem „Tribunal der Sieger“ stattfinden zu lassen, hatte neben der fehlenden justitiellen Infrastruktur im zerstörten Nachkriegsdeutschland auch beigetragen, dass das nach dem I. Weltkrieg gewählte Vorgehen, im Versailler Friedensvertrag Deutschland zu verpflichten, die deutschen Kriegsverbrechen durch das Reichsgericht selbst abzuurteilen, zu unbefriedigenden Ergebnissen geführt hatte[345].

Verurteilt wurden nach 218 Verhandlungstagen zwölf Angeklagte zum Tode, drei zu lebenslanger Freiheitsstrafe und vier zu zeitigen Freiheitsstrafen; drei Angeklagte wurden freigesprochen. Vier Organisationen (SS, Sicherheitsdienst [SD], Gestapo und das Führerkorps der NSDAP) wurden für verbrecherisch erklärt.

Es schlossen sich die sog. **Nürnberger Nachfolgeprozesse**[346] gegen verschiedene Berufsgruppen – u. a. Juristen, Diplomaten (sog. Wilhelmstraßen-Prozess), Mediziner, Industrielle[347] – und die sog. Einsatzgruppen an. Diese Verfahren wurden nicht mehr von den Hauptsiegermächten (Frankreich Großbritannien, Sowjetunion und USA) gemeinsam betrieben, sondern nur noch von der amerikanischen Besatzungsmacht.

Die Nürnberger Prozesse gaben der Entwicklung zu einer internationalen Strafbarkeit, die sich seit dem 19. Jahrhundert in einem jahrzehntelangen straf- und völkerrechtlichen Diskussionsprozess angebahnt hatte[348], eine konkrete Form. Die erst kurz vor Ende der Vorbereitungen gefundene Gliederung der Anklagepunkte[349] förderte die Dogmatisierung des Völkerstrafrechts. Die Akzeptanz der „Nürnberger Prinzipien“ litt freilich darunter, dass eine der Siegermächte selbst, die UdSSR,

---

1946. 3. Auflage. München (dtv) 1977; aus der Sicht eines Beteiligten (des Mitglieds der Anklagevertretung, und späteren Hauptanklägers in den sog. Nachfolgeprozessen) *Telford Taylor*, Die Nürnberger Prozesse. Hintergründe, Analysen und Erkenntnisse aus heutiger Sicht. 3. Auflage. München 1996; aus der Perspektive zeitgenössischer Gerichtsreporter: *Steffen Radlmaier* (Hrsg.), Der Nürnberger Lernprozeß. Von Kriegsverbrechern und Starreportern. Frankfurt a. M. 2001; aus der Sicht des Anklägers Harris s. dessen umfangreichen, jetzt auch in deutscher Sprache vorliegenden Bericht *Whitney R. Harris*, Tyrannen vor Gericht. Das Verfahren gegen die deutschen Hauptkriegsverbrecher nach dem Zweiten Weltkrieg in Nürnberg 1945–1946 („Tyranny on Trial, zuerst 1954). Zur *conspiracy* s. *Grässle-Münscher*, Kriminelle Vereinigung, S. 83; *Christoph Safferling*, Die Strafbarkeit wegen „Conspiracy“ in Nürnberg und ihre Bedeutung für die Gegenwart, in: KritV 2010, 65 ff.

[345] Zu den Leipziger Kriegsverbrecherprozessen *Heiko Ahlbrecht*, Geschichte der völkerrechtlichen Strafgerichtsbarkeit im 20. Jahrhundert. Baden-Baden 1999, S. 41 ff. m.w.Nachw.

[346] Übersicht über sämtliche Nachfolgeprozesse b. *Gerd R. Überschär* (Hrsg.), Der Nationalsozialismus vor Gericht. Die alliierten Prozesse gegen Kriegsverbrecher und Soldaten 1943–1953, S. 73 ff., sowie zuletzt eingehend *Priemel/Stiller* (Hrsg.), NMT, und die darin enthaltenen Beiträge zu den einzelnen Verfahren.

[347] Zum Juristenprozess s. *Klaus Kastner*, „Der Dolch des Mörders war unter der Robe des Juristen verborgen“. Der Nürnberger Juristenprozeß 1947, in: JA 1997, 699 ff.; aktualisierte Fassung in: JoJZG 2007, 81 ff.; zum Wilhelmstraßen-Prozess (1948/49), in: Festschrift für Heinz Stöckel (2010), S. 499 ff.

[348] S. dazu z. B. *Daniel Marc Segesser*, Die historischen Wurzeln des Begriffs „Verbrechen gegen die Menschlichkeit“, in: JJZG 8 (2006/2007), 75 ff.

[349] Zur Vorgeschichte der Nürnberger Prozesse s. *Ahlbrecht*, Strafgerichtsbarkeit, S. 65 ff.; *Christina Möller*, Völkerstrafrecht und Internationaler Strafgerichtshof. Kriminologische, straftheoretische und rechtspolitische Aspekte. Münster 2003, S. 75 ff.

schon damals für zahllose Verbrechen gegen die Menschlichkeit verantwortlich war und in der Folgezeit Frankreich im Algerienkrieg und die Vereinigten Staaten im Vietnamkrieg keine Bereitschaft zeigten, diese Prinzipien gegen sich gelten zu lassen. Erst die nach dem Ende des Kalten Krieges begangenen Verbrechen gegen die Menschlichkeit im ehemaligen Jugoslawien und in Ruanda führten zur Errichtung von ad-hoc-Tribunalen in Den Haag und Arusha sowie zur Gründung des ständigen Internationalen Strafgerichtshofes.

Mit dem Aufkommen des Kalten Krieges und mit dem Wunsch der westlichen Alliierten nach (West-)Deutschlands Wiederbewaffnung und Eintritt in die NATO ließ der Eifer für die Fortsetzung der Verfolgung von NS-Verbrechen nach. Eine Welle von Begnadigungen zu Beginn der 50er Jahre[350] schloss dieses Kapitel der Vergangenheitsbewältigung ab. Nachdem die Zuständigkeit auf die deutschen Gerichte übergegangen war, wurde die Verfolgung von NS-Verbrechen deutlich nachlässiger betrieben.

Es war dies ein Bestandteil des „Beschweigens" der Vergangenheit (*Herrmann Lübbe)*, das möglicherweise zum politischen Konsens und damit zum relativ friedlichen wirtschaftlichen Wiederaufbau in der frühen Bundesrepublik beigetragen hat. Hinweise auf ehemalige hochrangige und diskreditierte Nationalsozialisten in der politischen und wirtschaftlichen Führungselite und auf den Lehrstühlen – nicht zuletzt auf den juristischen Lehrstühlen – der frühen Bundesrepublik lieferten der östlichen Seite im Kalten Krieg Material, das um so schwieriger zurückzuweisen war, weil es eben nicht bloßes Propagandamaterial war, sondern wenigstens teilweise aus belegbaren Tatsachen bestand[351]. Mahnungen zur Vergangenheitsbewältigung wurden, wenn nicht in Sonntagsreden, sondern mit Anspruch auf politische Konsequenzen erhoben, häufig als kommunistische Propaganda abgetan[352].

Verbreitet war eine „Schlussstrich"-Mentalität, welche dadurch begünstigt wurde, dass die Beweisunterlagen, vor allem diejenigen für den Völkermord an den europäischen Juden, überwiegend jenseits des „Eisernen Vorhangs" lagerten und dort teils aus politischer Absicht zurückgehalten wurden, teils aber auch wegen diplomatischer Komplikationen nicht zugänglich wurden oder doch so schwer zugänglich waren, dass diese Schwierigkeit einen (vielleicht nicht unwillkommenen) Grund für Verfahrenseinstellungen lieferte. Erst nach dem sog. **Ulmer Einsatzgruppenprozess** von 1958[353] kam Bewegung in die Verfolgung von NS-Verbrechen. Der Zufall wollte es, dass 1958 in Ulm ein Prozess gegen ehemalige Angehörige einer

---

[350] *Werle*, Die Bestrafung von NS-Unrecht in Westdeutschland, in: Marxen/ Miyazawa/Werle, S. 137 ff., S. 144: „Es brach ein regelrechtes Gnadenfieber aus".

[351] Zur „Braunbuch"-Kampagne gegen westdeutsche „NS-Blutrichter" s. *Michael Greve*, Der justitielle und rechtspolitische Umgang mit den NS-Gewaltverbrechen in den sechziger Jahren. Frankfurt a. M.u. a. 2001, 2. Kapitel; s. auch *Hans-Eckhard Niermann*, Zwischen Unbehagen und Verdrängung. Die Reaktion in Richterschaft und Justizverwaltung des Oberlandesgerichtsbezirks Hamm auf die „Braunbuch-Kampagne" der DDR 1957 bis 1968, in: Requate, Recht und Justiz im gesellschaftlichen Aufbruch (1960–1975), S. 103 ff.

[352] Zu den politischen Hintergründen s. *Frei*, Vergangenheitspolitik; *Peter Steinbach*, Nationalsozialistische Gewaltverbrechen. Die Diskussion in der deutschen Öffentlichkeit nach 1945. Berlin 1981; für Österreich s. *Rabofsy/ Oberkofler*, S. 207 ff.

[353] Dazu *Rückerl*, S. 140; *Werle*, Bestrafung, S. 146 ff.; *Werle/Wandres*, Auschwitz, S. 23 f.

Einsatzgruppe wegen Massenerschießungen von Juden an der deutsch-litauischen Grenze stattfand; und es kam ans Licht, dass keiner der Anführer dieser Einheiten in den westlichen Zonen oder in der Ostzone jemals wegen dieser Taten verfolgt worden war[354]. Die Angelegenheit wurde in der Konferenz der Landesjustizminister beraten, und dort wurde erkannt, dass die gesamte Materie dem Zufall überlassen worden war und in der Zuständigkeit der Staatsanwaltschaften der einzelnen Orte lag, wo die *notitia criminis* zufällig erlangt wurde, weshalb es Bedarf an einer systematischen und klärenden Untersuchung gab. So wurde die Einrichtung einer zentralen Behörde für ganz Deutschland beschlossen, die dem Justizminister des Landes Baden-Württemberg unterstellt war und ihren Sitz in Ludwigsburg hatte. Sie nahm am 1. Dezember 1958 ihre Arbeit auf. Ihre Zuständigkeit wurde im April 1959 auf die Untersuchung aller NS-Verbrechen ausgeweitet, egal ob sie auf dem Gebiet der Bundesrepublik oder außerhalb desselben begangen worden waren. So kam es denn zum Wiederbeginn der Prozesse wegen der NS-Verbrechen in den 60er Jahren. Denn die Zentrale Stelle leitetete nach ihren ersten Ermittlungen die Akten an die zuständigen Staatsanwaltschaften weiter, und die Prozesse begannen.

Die Einrichtung der Ludwigsburger **Zentralen Stelle der Landesjustizverwaltungen** zur Verfolgung nationalsozialistischer Verbrechen führte zur Intensivierung und Systematisierung der Verfolgung[355]. Die daraufhin erbrachten Leistungen sind beachtlich[356]. Der Frankfurter **Auschwitz-Prozess** (1963–1965)[357] erregte – nicht zuletzt wegen der literarischen Begleitung durch *Peter Weis'* Schauspiel „Die Ermittlung" – weltweites Aufsehen[358].

Viele Verfolgungsmöglichkeiten waren freilich durch das jahrelange Zögern zunichte gemacht geworden, denn für alle Fälle, die nicht den Tatbestand des Mordes erfüllten, war in den frühen 60er Jahren die **Verjährung** eingetreten, falls sie nicht rechtzeitig unterbrochen worden war. Durch einen gesetzgeberischen Fehler beim

---

[354] Zum Ulmer Einsatzgruppen-Prozess s. jetzt *Karolina Kukielka/Tonio Walter*, Vergangenheitsbewältigung durch Strafrecht? Der Einsatzgruppen-Prozess von Ulm, in: Jahrbuch JZG 14 (2013), S. 61 ff.

[355] *Rückerl*, S. 141 ff.; s. auch *Rüdiger Fleiter*, Die Ludwigsburger Zentrale Stelle und ihr politisches und gesellschaftliches Umfeld, in: Geschichte in Wissenschaft und Unterricht (GWU) 53 (2002), 32 ff.

[356] Zahlen b. *Werle*, Bestrafung, S. 148; *Vassalli*, Radbruchsche Formel S. 190 m.w.Nachw. Nicht in Vergessenheit geraten sollte, welche Schwierigkeiten sich der Tätigkeit der Zentralstelle in der ersten Zeit im Wortsinne in den Weg stellten. Das baden-württembergische politische und administrative Establishment reagierte hektisch und drohend auf öffentliche Erklärungen der Staatsanwältin *Barbara Just-Dahlmann*, die wegen ihrer Polnisch-Kenntnisse an die Zentralstelle versetzt worden war, um wenige Monate vor dem Eintritt der Totschlags-Verjährung im Jahre 1960 noch möglichst viele Dokumente zu übersetzen, und bei dieser Tätigkeit die personelle Unterausstattung der Behörde zur Kenntnis nehmen musste; tage- und nächtelang arbeitete sie zusammen mit ihrem Ehemann an den Übersetzungen im Wettlauf mit dem Ablauf der Verjährungsfristen. Näher *Helmut Kramer*, Laudatio zur Verleihung des Arnold-Freymuth-Preises an Barbara Just-Dahlmann, in: Jahrbuch JZG 2 (2000/2001), 238 ff.

[357] Dazu *Werle*, Bestrafung, S. 148 ff.; *Ders./Wandres*, Auschwitz.

[358] *Hermann Langbein*, Der Auschwitz-Prozeß. Eine Dokumentation. 2 Bände. Wien 1965. Neudruck Frankfurt a. M. 1995; *Werle/Wandres*, Auschwitz vor Gericht.

Erlass des Einführungsgesetzes zum Ordnungswidrigkeitengesetz (EGOWiG) von 1968, von dem bis heute nicht klar ist, ob er von Sympathisanten der NS-Täter im Bundesjustizministerium lanciert worden ist[359], trat überdies Verjährung auch für Beihilfe zum Mord ein. Der Beginn der Verjährungsfristen für NS-Gewaltverbrechen war zunächst auf den 8. Mai 1945 festgelegt worden; als 1965 die damals 20jährige Verjährungsfrist für Mord abzulaufen drohte, wurde der Verjährungsbeginn ein weiteres Mal, diesmal auf den Zeitpunkt der Gründung der Bundesrepublik 1949, verschoben[360]. 1969 wurde die Verjährungsfrist für Mord auf dreißig Jahre verlängert und weitere zehn Jahre später ganz aufgehoben.

Die strafrechtstheoretische und strafrechtsdogmatische Behandlung der NS-Verbrechen sah sich von Anfang an mit der **Rückwirkungsproblematik** konfrontiert. Ihr gegenüber konnte es mehrere Strategien geben:

1. Man konnte sich auf *Naturrecht* berufen, also auf den zeitlosen Verbrechenscharakter jener Handlungen, die bis ins 17. und 18. Jahrhundert als *delicta in se* bezeichnet worden waren und die man in heutiger Terminologie einem „Kernstrafrecht" zuordnen würde. Von diesem Ausgangspunkt aus stellt sich kein Rückwirkungsproblem. Das, was damals Unrecht gewesen war, war auch jetzt noch Unrecht. So argumentierte das Nürnberger Hauptkriegsverbrecher-Tribunal, das darauf verwies, dass die Angeklagten gegen die von allen Kulturvölkern der Erde anerkannten, zu allen Zeiten Geltung beanspruchenden Rechtsgrundsätze verstoßen hätten, und dies war auch der Ausgangspunkt des **Gesetzes Nr. 10 des Alliierten Kontrollrates**, das den sogenannten Nürnberger Nachfolgeprozessen zugrunde lag.
2. Die extrem entgegengesetzte Position vertritt einen Rechtsbegriff, den man als „soziologischen" bezeichnen könnte. Jeder, dem es gelungen ist, seinen Anordnungen in Staat und Gesellschaft Gehorsam zu verschaffen, schafft mit seinen Anordnungen auch „Recht". Also war das Verhalten der Angeklagten damals rechtens, da es dem Willen der Herrschenden entsprach. Umgekehrt hat der Strafrichter der Bundesrepublik Deutschland nur das Strafrecht der Bundesrepublik Deutschland anzuwenden. Und wenn das, was nach damaligem Recht Recht war, nach heutigem Recht Unrecht ist, so wird – bei Vorliegen der Schuld – nach heutigem Recht, also nach dem Recht der Bundesrepublik Deutschland, verurteilt. Von hier aus konnte man entweder argumentieren, dass das Rückwirkungsverbot nur innerhalb des Rechtssystems der Bundesrepublik Deutschland gelte; oder man konnte das Rückwirkungsverbot durch Verfassungsänderung einschränken[361].

[359] Näher *Michael Greve*, Amnestierung von NS-Gehilfen – eine Panne? In: Jahrbuch JZG 4 (2002/2003), 295 ff.

[360] In der Sache handelte es sich nicht bloß – wie der Gesetzgeber suggerierte – um eine neue „Berechnung" der Verjährungsfristen, sondern – wie das Bundesverfassungsgericht (BVfGE 25, 295) klarstellte, aber nicht beanstandete – um eine nachträgliche Verlängerung der Verjährungsfrist.

[361] Wäre dies geschehen, so hätte der Tatbestand des Völkermordes – damals § 220a StGB, seit 2002 in das deutsche Völkerstrafgesetzbuch (§ 6 VStGB) überführt – angewendet werden können. Da aber eine solche verfassungsändernde Ausnahmeregelung nicht geschaffen wurde und

3. In der Praxis der strafrechtlichen Auseinandersetzung mit den nationalsozialistischen Verbrechen ist keiner dieser beiden Ansätze zugrunde gelegt worden. Vielmehr bediente man sich einer gemischten Argumentation. Man knüpfte an eine Äußerlichkeit an, nämlich daran, dass die einschlägigen Straftatbestände – Mord, Totschlag, Körperverletzung, Rechtsbeugung usw. – damals schon bestanden hatten. Damit – so hieß es – stelle sich gar kein Problem der Rückwirkung[362]. Aber das durch die Vordertür des Tatbestandes vertriebene Problem kehrte durch die Hintertür der Rechtswidrigkeit zurück. Konnten die Angeklagten sich darauf berufen, dass ihr (tatbestandsmäßiges) Verhalten damals *gerechtfertigt* gewesen sei? Nachdem man bis an diesen Punkt den zweiten – den „soziologischen" – Ansatz (kryptisch) befolgt hatte, kam nun der „naturrechtliche" Ansatz wieder ins Spiel, und zwar in Form der sogenannten **Radbruchschen Formel**. Dass Gustav Radbruch, der diese Formel in seinem 1946 veröffentlichten Aufsatz „Gesetzliches Unrecht und übergesetzliches Recht" entwickelte, damit seinen positivistischen Standpunkt aufgegeben habe, erscheint zweifelhaft. Liest man die Formel genau, so stellt man fest, dass sie mit dem Satz beginnt:

> Der Konflikt zwischen der Rechtssicherheit und der Gerechtigkeit dürfte dahin zu lösen sein, dass das positive, durch Satzung und Macht gesicherte Recht auch dann den Vorrang hat, wenn es inhaltlich ungerecht und unzweckmäßig ist;

danach erst folgt die Einschränkung für den Fall, dass

> der Widerspruch des positiven Gesetzes zur Gerechtigkeit ein so unerträgliches Maß erreicht, dass das Gesetz als ‘unrichtiges Recht’ der Gerechtigkeit zu weichen hat.

Darüber hinaus gibt es nach Radbruch die Fälle, in denen Satzungen nicht nur „unrichtiges Recht", sondern „Nicht-Recht" sind, nämlich jene Fälle, in denen „Ge-

der Völkermordtatbestand erst 1954 in das Strafgesetzbuch eingefügt worden war, spielte er bei den Diskussionen um die strafrechtliche Aufarbeitung der NS-Vergangenheit keine Rolle. Art. 7 Abs. 2 der Europäischen Menschenrechtskonvention, der vom Rückwirkungsverbot ausdrücklich eine Ausnahme für den Fall macht, dass die Tat schon „im Zeitpunkt ihrer Begehung nach den von den zivilisierten Völkern allgemein anerkannten Rechtsgrundsätzen strafbar war", konnte ebenfalls nicht herangezogen werden, denn die Bundesrepublik hatte diese Bestimmung ausdrücklich von der Ratifizierung ausgenommen. Die unter 1 erwähnte Auffassung („Naturrecht") und die auf der Grundlage der Radbruch-Formel operierende Auffassung hatten – in unterschiedlichem Ausmaß – ein Problem gemeinsam: Einigermaßen sicher handhabbar ist ihr Maßstab in den Fällen der Schwerstkriminalität. Unsicher wird die Beurteilung, wenn Kriminalität von weniger großem Gewicht in Frage steht. Bei der Radbruch-Formel fragt sich bereits, ob jeder Fall von Tötung die Schwelle der „Unerträglichkeit" erreicht (zu den „Mauerschützen s. weiter unten); dies ist für den Naturrechtsmaßstab zwar kein Problem, doch fragt sich, bis in welche Regionen hinab dieser Maßstab als hinreichend sicher angesehen werden kann. Der Bereich der Individualschutz-Delikte im Bereich der klassischen *delicta in se* mag hier einen Maßstab abgeben; außerhalb dessen aber wird die Beurteilung schwankend (gehört ein normaler Fall der Nötigung noch dazu? zu Rechtsbeugung und Wahlfälschung in der Aufarbeitung der DDR-Vergangenheit s. weiter unten).

[362] Kritisch dazu *Dencker*, Anmerkung 63, in: *Institut für juristische Zeitgeschichte Hagen*, Euthanasie vor Gericht, S. 405; *Ders.*, Die Strafverfolgung der Euthanasie-Täter nach 1945, in: JJZG 7 (2005/2006), 113 ff., hier 119 ff.

rechtigkeit nicht einmal angestrebt" und die Gleichheit, „die den Kern der Gerechtigkeit ausmacht", bei der Setzung positiven Rechts „bewußt verleugnet wurde".

Rechtsprechung und Rechtslehre ließen sich schon früh auf diese „Radbruchsche Formel" ein. Angesichts der Exorbitanz der NS-Verbrechen wurde deren Vagheit nicht zum Problem, weil das Vorliegen ihrer Voraussetzungen leicht plausibel gemacht werden konnte[363].

Trotz ihrer Unklarheit wies die Formel damit einen pragmatischen Weg für die Lösung der fraglichen Fälle in der Praxis. Methodisch, rechtspolitisch und historisch war dieser Weg freilich problematisch. *Methodisch* täuschte er darüber hinweg, dass die geleugnete Rückwirkung eben doch praktiziert wurde; *rechtspolitisch* war es fatal, dass weder Naturrecht noch das Strafrecht der Bundesrepublik, sondern – zumindest im Ansatz – das Recht des NS-Staates den Entscheidungen zugrunde gelegt wurde; und *historisch* war es – worauf Werle zu Recht hingewiesen hat[364] – einfach unangemessen, ausgerechnet das NS-Recht zur Grundlage der Aburteilung von nationalsozialistischen Massenmorden zu machen.

In der Praxis ging man so vor, dass man sich bemühte, zunächst einmal die Rechtswidrigkeit des Verhaltens nach dem eigenen Recht des NS-Staates festzustellen.

Ein Beispiel dafür, wie eine solche Argumentation vor sich ging, bietet der Umgang mit den Tätern der sogenannten Euthanasie-Aktion: Hitler hatte 1939 dem Leiter seiner Kanzlei Bouhler ein Schreiben ausgehändigt, in welchem Bouhler und Hitlers Begleitarzt Dr. Brandt beauftragt wurden, Ärzte zur Tötung von unheilbar Geisteskranken zu ermächtigen. Dieses Schreiben war auf einem Briefbogen der persönlichen Kanzlei Hitlers geschrieben, der das Wappen der Nazi-Partei trug, einen Adler, in seinen Krallen das Swastika-Symbol. Genau so sah damals das Wappen des Deutschen Reiches aus – mit dem einzigen Unterschied, dass der Adler nach rechts schaute, während der Adler des Wappens der Partei nach links schaute. Nach 1945 haben im Verfahren gegen Euthanasie-Ärzte die Staatsanwaltschaften argumentiert, der Befehl Hitlers habe das Handeln der Angeklagten nicht rechtfertigen können, da der Brief nicht das Wappen des Deutschen Reiches, sondern das Wappen der Partei getragen habe, also habe Hitler auch nach damaligem Recht nicht als Träger von Hoheitsrechten, sondern als Privatmann bzw. als Parteimann gehandelt. Da der Tatbestand des Mordes erfüllt sei, hätten die angeklagten Ärzte sich strafbar gemacht.

Mir erscheint sehr zweifelhaft, ob diese Argumentation immanent (d. h. innerhalb des NS-Rechtssystems) zutreffend ist, denn die Nazi-Partei war nach damaligem Verständnis eine Körperschaft des öffentlichen Rechts, also Trägerin von Hoheitsrechten. Auch wenn man diesen Einwand mit dem Hinweis begegnet, dass die Partei für die Erlaubnis solcher Aktionen wie der Euthanasieaktion auch damals nicht zuständig gewesen sei, bleibt doch immer noch der Einwand, dass eine

---

[363] Inzwischen ist genügend Zeit ins Land gegangen, um auch die Kosten, die für das berechtigte Bemühen um strafrechtliche Vergangenheitsbewältigung gezahlt werden mussten, beim Namen zu nennen. Bei dieser Frage zeigt sich, dass es unterschiedliche Sichtweisen von Historikern und Rechtshistorikern geben kann; näher *Pauli/ Vormbaum*, Vorwort, in: Dies., Justiz und Nationalsozialismus, S. VII ff., XII; ferner *Th. Vormbaum*, Vergangenheitsbewältigung im Rechtsstaat, in: Festschrift f. Knut Amelung (2009), S. 783 ff.

[364] *Werle*, Bestrafung, S. 153.

Aufspaltung der Person des Führers in eine Staatsperson und eine Partei- oder Privatperson damals nie akzeptiert worden wäre.

Der Vorgang zeigt, dass man sich bemühte, zunächst einmal die Rechtswidrigkeit des Verhaltens nach dem Recht des NS-Staates festzustellen; erst wenn dieser Versuch scheiterte, griff man auf die Radbruchsche Formel zurück[365].

Innerhalb des so gezogenen Rahmens baute die bundesdeutsche Strafjustiz sich freilich selbst Hürden auf, die einen nicht unerheblichen Teil der Täter, wenn er wirklich vor Gericht gebracht wurde, straflos bleiben ließ.

Im Bereich der nationalsozialistischen **Gewaltverbrechen** stellte sich die Frage, ob die Angeklagten als Täter oder als Gehilfen zu bestrafen seien. Die bundesdeutsche Rechtsprechung entwickelte die These, dass nach der – damals herrschenden – subjektiven Beteiligungslehre nur wenige führende Nationalsozialisten, Hitler allen voran, als Täter anzusehen seien, weil nur sie einen Täterwillen gehabt hätten; alle nachgeordneten Beteiligten wurden im Zweifel als bloße Gehilfen angesehen[366]. Eine Ausnahme wurde für sog. Exzesstäter gemacht, also vor allem für solche Täter, die mit sadistischen Handlungen oder mit Handlungen, die über einen erteilten Befehl hinausgingen, ihren vom System vorgegebenen Handlungsrahmen überschritten hatten. Weil aber von der Beteiligungsform auch der Strafrahmen und von diesem wiederum die Länge der Verjährungsfrist abhing, machte sich hier das lange Zögern bei der Verfolgung von nationalsozialistischen Verbrechen bemerkbar, denn zahlreiche Verfahren mussten wegen eingetretener Verjährung eingestellt werden.

Im Bereich des **Justizunrechts** führten die Hürden, die vor einer Verurteilung der richterlichen Täter errichtet wurden, zu dem bemerkenswerten Ergebnis, dass nach 1950[367] *kein einziger* Richter – weder einer der Sondergerichte, noch des Volksgerichtshofes noch der Militärjustiz – von der bundesdeutschen Justiz für eines der Tausenden Todesurteile strafrechtlich zur Verantwortung gezogen wurde[368]. Die wichtigsten Hürden waren folgende: Zum einen wurde argumentiert, es gebe ein sog. *Richterprivileg*, wonach ein Richter wegen des Inhalts seines Urteils – zum Beispiel bei Todesstrafe oder Freiheitsstrafe wegen Tötung oder Freiheitsberaubung in mittelbarer Täterschaft – nur dann strafrechtlich zur Verantwortung gezogen werden könne, wenn er zugleich den Tatbestand der Rechtsbeugung erfülle. Zugunsten dieses Richterprivilegs wurde angeführt, es schütze die richterliche Entscheidungs-

---

[365] Dazu *Vera Große-Vehne*, Tötung auf Verlangen usw., S. 130 ff.; s. auch *Dies.*, Die nationalsozialistischen Pläne für ein „Euthanasie-Gesetz", in: JoJZG 1 (2007), 2 ff.; kritisch *Friedrich Dencker*, Anmerkung 62 ff., in: *Institut für juristische Zeitgeschichte Hagen*, Euthanasie vor Gericht, S. 401 ff.

[366] *Jörg Friedrich*, Die kalte Amnestie. NS-Täter in der Bundesrepublik. Frankfurt a. M. (Fischer-TB) 1984, S. 321 ff.; zuletzt *Heinz-Willi Heinckes*, Täterschaft und Teilnahme bei NS-Tötungsverbrechen. Analyse und Kritik der Rechtsprechung des Bundesgerichtshofes. Bonn (jur. Diss.) 2005.

[367] Zu den wenigen Fällen von Verurteilungen *bis* 1950 s. *Hubert Rottleuthner*, Kontinuität und Identität. Justizjuristen und Rechtslehrer vor und nach 1945, in: Franz-Jürgen Säcker (Hrsg.), Recht und Rechtslehre im Nationalsozialismus. Baden-Baden 1992, S. 243 f.; *Ders.*, Karrieren und Kontinuitäten deutscher Justizjuristen vor und nach 1945. Berlin 2010, S. 97.

[368] Zum letzten (erfolglosen) Versuch, einen Richter des Volksgerichtshofes strafrechtlich zur Verantwortung zu ziehen (Fall Rehse), s. statt vieler *Freudiger*, Aufarbeitung, S. 386 ff.

freude und Unabhängigkeit und berücksichtige die Pflicht des Richters zur Fällung einer Entscheidung[369]. Es sieht ganz danach aus, dass dieses sog. Richterprivileg nach 1945 ad hoc erfunden worden ist. Soweit ersichtlich, findet sich die Auffassung erstmals in *Gustav Radbruchs* bereits erwähntem Aufsatz „Gesetzliches Unrecht und übergesetzliches Recht" aus dem Jahre 1946[370].

Dies war aber nicht die einzige Hürde: Der Rechtsbeugungstatbestand kann nur vorsätzlich erfüllt werden; wenn nicht das Gesetz oder die Natur der Sache etwas anderes fordert, reicht nach allgemeiner Auffassung zur Erfüllung des Vorsatzerfordernisses *dolus eventualis* aus. Für den Rechtsbeugungsvorsatz wurde von der Rechtsprechung jedoch *dolus directus* gefordert[371]. Da aufgrund der besonderen Struktur des Rechtsbeugungstatbestandes das Unrechtsbewusstsein faktisch mit dem Tatbestandsvorsatz zusammenfällt, konnten die angeklagten Richter sich darauf berufen, sie hätten ihr damaliges Handeln nicht für rechtswidrig gehalten. Dies wurde ihnen von ihren Richtern durchweg geglaubt; je unsensibler und abgebrühter der richterliche Angeklagte erschien, desto glaubhafter war seine diesbezügliche Einlassung[372].

Es sprechen durchaus gute Gründe für ein Richterprivileg; und es gibt auch gute Gründe dafür, dass der Rechtsbeugungstatbestand nur mit *dolus directus* erfüllt werden kann. Auffällig ist jedoch, dass die Kumulation beider Elemente – verbunden mit einer sensiblen Anwendung des Grundsatzes *in dubio pro reo*, die man sich auch in manchem anderen Verfahren wünschen würde – damals, wie es der Historiker Jörg Friedrich als Buchtitel formuliert hat, zu einem „Freispruch für die Nazi-Justiz" führte[373]. Heute verlangt die herrschende Meinung auch für die Rechtsbeugung nur noch *dolus eventualis*. Diese Absenkung der Vorsatzschwelle ist ein Preis, der für die Verfolgung von NS-Richtern bezahlt worden ist – allerdings zu einer Zeit, als dieses Kapitel der Aufarbeitung der NS-Vergangenheit faktisch bereits beendet war. Sie wirkte sich dann allerdings bei der Aufarbeitung der DDR-Vergangenheit wieder aus[374].

War die Aburteilung von NS-Verbrechen die reaktive Seite der strafrechtlichen Auseinandersetzung mit der NS-Vergangenheit, so ist die Gesetzgebung im aus-

---

[369] Der Verf. hat in den 80er Jahren im Rahmen seiner Habilitationsschrift alle ihm erreichbaren Lehrbücher, Kommentare und Gerichtsentscheidungen aus der Zeit bis 1945 durchgesehen und keine einzige Stelle gefunden, an der von einem solchen Richterprivileg die Rede war; sein Doktorand Carsten Thiel, der kürzlich die Geschichte des Rechtsbeugungstatbestandes seit dem 19. Jahrhundert untersucht hat, hat einen weiteren, noch breiter angelegten Versuch unternommen und ist zu demselben negativen Ergebnis gelangt; s. *Vormbaum*, Schutz des Strafurteils, S. 354 ff.; *Thiel*, Rechtsbeugung, S. 136 ff.

[370] *Radbruch*, Gesetzliches Unrecht, S. 15.

[371] S. die Nachweise b. *Ursula Schmidt-Speicher*, Hauptprobleme der Rechtsbeugung. Berlin 1982, S. 82 ff.

[372] Näher *Schmidt-Speicher*, a. a. O., S. 105 ff.; *Freudiger*, Aufarbeitung, S. 395.

[373] *Jörg Friedrich*, Freispruch für die Nazi-Justiz. Eine Dokumentation. Reinbek 1983.

[374] Dazu, dass selbst bei Anerkennung sowohl des Richterprivilegs als auch der erhöhten Vorsatzschwelle zahlreiche rechtliche Einwände gegen die Exemption der NS-Richter sprachen, s. eingehend *Thomas Vormbaum*, Die „strafrechtliche Aufarbeitung" der nationalsozialistischen Justizverbrechen in der Nachkriegszeit, in: Manfred Görtemaker/Christoph Safferling (Hrsg.), Die Rosenburg. Das Bundesministerium der Justiz und die NS-Vergangenheit – eine Bestandsaufnahme. Göttingen 2013, S. 142 ff., hier S. 164 ff.

gehenden 20. Jahrhundert zur aktiven Kriminalisierung in Form des strafbewehrten Verbots der Holocaust-Leugnung **(§ 130 Abs. 2 StGB)** übergegangen. Ob mit dieser Kriminalisierung einer (zweifellos verwerflichen) Geschichtsauffassung der Sache ein guter Dienst erwiesen ist, erscheint schon unter Zweckmäßigkeitsgesichtspunkten als fraglich. Objektiv fügt der Tatbestand als Meinungsäußerungstatbestand sich jedenfalls in den im ausgehenden 20. Jahrhundert herrschenden Trend des „Bekämpfens“ und der Vorfeldkriminalisierung ein[375].

4. Frühe Gesetzgebung

Ging es einerseits um die „Bereinigung und Aufarbeitung rechtlicher Exzesse der NS-Zeit“[376], war andererseits die Frühzeit der Bundesrepublik durch eine zurückhaltende, vorsichtige Reformschritte allerdings nicht ausschließende Haltung der Gesetzgebung gegenüber liberalen Reformen des Strafrechts geprägt. Immerhin brachte diese Phase nicht nur ein vom Kalten Krieg geprägtes politisches Strafrecht, sondern auch die Abschaffung der Todesstrafe, die gesetzliche Regelung der Strafaussetzung zur Bewährung im allgemeinen Strafrecht sowie die Wiederaufnahme der Strafrechtsreform. Ambivalent waren die Änderungen im Jugendstrafrecht: einige Verschärfungen der NS-Zeit wurden beibehalten[377], andererseits das Jugendstrafrecht für Heranwachsende (behutsam) geöffnet.

Durch Art. 102 des Grundgesetzes wurde die **Todesstrafe** abgeschafft – fast 80 Jahre, nachdem der Reichstag dies schon einmal in zweiter Lesung beschlossen hatte[378]. Die folgenden 15 Jahre waren geprägt von immer neuen, aber erfolglosen Versuchen, diese Entscheidung wieder rückgängig zu machen[379].

Politische Vorgänge waren es, welche die ersten Strafgesetze der jungen westdeutschen Republik auslösten, prägten oder begleiteten – vor allem der Kalte Krieg, der mit dem Korea-Krieg in die Nähe eines neuen Weltkrieges geriet und die zunehmende Verfestigung der deutschen Teilung zur Folge hatte. Am Anfang stand das **Gesetz zum Schutze der persönlichen Freiheit**, mit dem die Mehrheit des Bundestages es auf einen Konflikt mit den Besatzungsmächten ankommen ließ[380]. Das Gesetz bedrohte mit Strafe die Verschleppung einer Person aus der.

---

375 Zum Rechtszustand in den EU-Staaten und zur theoretischen Auseinandersetzung mit dem strafrechtlich gestützten Gedenken s. *Emanuela Fronza*, Recht und Gedenken. Ein schwieriger Dialog, in: Jahrbuch JZG 6 (2004/2005), 435 ff.; zur Geschichte des § 130 StGB *Benedikt Rohrßen*, Von der „Anreizung zum Klassenkampf“ zur „Volksverhetzung“ (§ 130 StGB). Reformdiskussion und Gesetzgebung seit dem 19. Jahrhundert. Berlin 2009, insb. S. 189 ff.

376 *Welp*, Nachkriegszeit, S. 315.

377 *Kubink*, Strafen, S. 381; *Meyer-Höger*, Jugendarrest, S. 118 ff.

378 *Bernhard Duesing*, Die Abschaffung der Todesstrafe in der Bundesrepublik Deutschland. Offenbach/M. 1952, S. 276 ff.; *Evans*, Rituale, S. 923 ff.

379 Dazu jetzt eingehend die Untersuchung von *Yvonne Hötzel*, Debatten um die Todesstrafe in der Bundesrepublik Deutschland (1949–1989). Berlin 2010 oder 2011.

380 Gesetz zum Schutz der persönlichen Freiheit vom 15. Juli 1951, *Vormbaum/Welp*, StGB, Nr. 60; *Welp*, Nachkriegszeit, S. 153.

KONTROLLRAT

Gesetz Nr. 10

Bestrafung von Personen, die sich Kriegsverbrechen, Verbrechen gegen Frieden oder gegen Menschlichkeit schuldig gemacht haben.

[...]

ARTIKEL II

1. Jeder der folgenden Tatbestände stellt ein Verbrechen dar:

a) Verbrechen gegen den Frieden. Das Unternehmen des Einfalls in andere Länder und des Angriffskrieges als Verletzung des Völkerrechts und internationaler Verträge einschließlich der folgenden den obigen Tatbestand jedoch nicht erschöpfenden Beispiele: Planung, Vorbereitung eines Krieges. Beginn oder Führung eines Angriffskrieges oder eines Krieges unter Verletzung von internationalen Verträgen, Abkommen oder Zusicherungen; Teilnahme an einem gemeinsamen Plan oder einer Verschwörung zum Zwecke der Ausführung einer der vorstehend aufgeführten Verbrechen.

b) Kriegsverbrechen. Gewalttaten oder Vergehen gegen Leib, Leben oder Eigentum, begangen unter Verletzung der Kriegsgesetze oder -gebräuche einschließlich der folgenden den obigen Tatbestand jedoch nicht erschöpfenden Beispiele: Mord, Mißhandlung der Zivilbevölkerung der besetzten Gebiete, ihre Verschleppung zur Zwangsarbeit oder anderen Zwecken, Mord oder Mißhandlung von Kriegsgefangenen, Personen auf hoher See; Tötung von Geiseln; Plünderung von öffentlichem oder privatem Eigentum; vorsätzliche Zerstörung von Stadt oder Land; oder Verwüstungen, die nicht durch militärische Notwendigkeit gerechtfertigt sind.

c) Verbrechen gegen die Menschlichkeit. Gewalttaten und Vergehen, einschließlich der folgenden den obigen Tatbestand jedoch nicht erschöpfenden Beispiele: Mord, Ausrottung, Versklavung, Zwangsverschleppung, Freiheitsberaubung, Folterung, Vergewaltigung oder andere an der Zivilbevölkerung begangene unmenschliche Handlungen; Verfolgung aus politischen, rassischen oder religiösen Gründen, ohne Rücksicht darauf, ob sie das nationale Recht des Landes, in welchem die Handlung begangen worden ist, verletzen.

d) Zugehörigkeit zu gewissen Kategorien von Verbrechervereinigungen oder Organisationen, deren verbrecherischer Charakter vom Internationalen Militärgerichtshof festgestellt worden ist.

2. Ohne Rücksicht auf seine Staatsangehörigkeit oder die Eigenschaft, in der er handelte, wird eines Verbrechens nach Maßgabe von Ziffer 1 dieses Artikels für schuldig erachtet, wer

a) als Täter oder

Abb. 19 Auszug aus dem Kontrollratsgesetz Nr. 10

b) als Beihelfer bei der Begehung eines solchen Verbrechens mitgewirkt oder es befohlen oder angestiftet oder

c) durch seine Zustimmung daran teilgenommen hat oder

d) mit seiner Planung oder Ausführung in Zusammenhang gestanden hat oder

e) einer Organisation oder Vereinigung angehört hat, die mit seiner Ausführung in Zusammenhang stand, oder

f) soweit Ziffer 1 a) in Betracht kommt, wer in Deutschland oder in einem mit Deutschland verbündeten, an seiner Seite kämpfenden oder Deutschland Gefolgschaft leistenden Lande eine gehobene politische, staatliche oder militärische Stellung (einschließlich einer Stellung im Generalstab) oder eine solche im finanziellen, industriellen oder wirtschaftlichen Leben innegehabt hat.

3. Wer eines der vorstehend aufgeführten Verbrechen für schuldig befunden und deswegen verurteilt worden ist, kann mit der Strafe belegt werden, die das Gericht als gerecht bestimmt. Die folgenden Strafen können – allein oder nebeneinander – verhängt werden:

a) Todesstrafe,

b) lebenslängliche oder zeitlich begrenzte Freiheitsstrafe mit oder ohne Zwangsarbeit.

c) Geldstrafe und, im Falle ihrer Uneinbringlichkeit, Freiheitsstrafe mit oder ohne Zwangsarbeit.

d) Vermögenseinziehung.

e) Rückgabe unrechtmäßig erworbenen Vermögens.

f) Völlige oder teilweise Aberkennung der bürgerlichen Ehrenrechte.

Vermögen, dessen Einziehung oder Rückgabe von dem Gerichtshof angeordnet worden ist, wird dem Kontrollrat für Deutschland zwecks weiterer Verfügung ausgehändigt.

4. a) Die Tatsache, daß jemand eine amtliche Stellung eingenommen hat, sei es die eines Staatsoberhauptes oder eines verantwortlichen Regierungsbeamten, befreit ihn nicht von der Verantwortlichkeit für ein Verbrechen und ist kein Strafmilderungsgrund.

b) Die Tatsache, daß jemand unter dem Befehl seiner Regierung oder seines Vorgesetzten gehandelt hat, befreit ihn nicht von der Verantwortlichkeit für ein Verbrechen; sie kann aber als strafmildernd berücksichtigt werden.

5. In einem Strafverfahren oder einer Verhandlung wegen eines der vorbezeichneten Verbrechen kann sich der Angeklagte nicht auf Verjährung berufen, soweit die Zeitspanne vom 30. Januar 1933 bis zum 1. Juli 1945 in Frage kommt. Ebensowenig stehen eine vom Naziregime gewährte Immunität, Begnadigung oder Amnestie der Aburteilung oder Bestrafung im Wege.

[...]

Abb. 19 (Fortsetzung)

Bundesrepublik (also vor allem: in die DDR) sowie die Anzeige oder Verdächtigung einer Person, wenn diese dadurch

> „der Gefahr ausgesetzt [wird] aus politischen Gründen verfolgt zu werden und hierbei im Widerspruch zu rechtsstaatlichen Grundsätzen durch Gewalt- oder Willkürmaßnahmen Schaden an Leib oder Leben zu erleiden, der Freiheit beraubt oder in [ihrer] beruflichen oder wirtschaftlichen Stellung empfindlich beeinträchtigt zu werden“[381].

Konnte dieses Gesetz als eine Defensivwaffe im Kalten Krieg angesehen werden, so löste der Kalte Krieg kurz darauf ein vom (diesmal demokratischen) „starken Staat“[382] geprägtes **Staatsschutzstrafrecht** aus[383], das bis 1968 in Geltung blieb und auf eine Strafjustiz stieß, die wieder einmal zum „verständnisvollen Verbündeten“ des Gesetzgebers wurde[384].

Mit ihrer Verurteilung von Tausenden von Kommunisten lieferte diese Rechtsprechung der ostdeutschen Propaganda willkommenes Material. Regelrechte Fehlurteile sind freilich – so die Erkenntnis einer Tagung über die politische Justiz 1951–1968[385] – nicht bekannt geworden; auch hatte der Gesetzgeber selber bei dem Erlass des Gesetzes erklärtermaßen ein ungutes Gefühl.

Mit dem **Dritten Strafrechtsänderungsgesetz** von 1953 wurde das Strafrecht – für den Bereich Westdeutschlands und unter Inkaufnahme der damit verbundenen Manifestierung der deutschen Teilung – wieder auf eine formell sichere Grundlage gestellt. Dies schloss die Übernahme zahlreicher in der NS-Zeit entstandener Normen – darunter auch problematischer Normen – ein. Zugleich wies das Gesetz aber auch zukunftsweisende Neuerungen auf wie die Ermöglichung der Strafaussetzung zur Bewährung und der Aussetzung des Strafrestes (bedingte Entlassung)[386].

Das **Jugendgerichtsgesetz** von 1953 beseitigte Änderungen der NS-Zeit, führte insb. die Strafaussetzung zur Bewährung wieder ein und beseitigte die kurze Freiheitsstrafe unter 6 Monaten, behielt jedoch den 1943 eingeführten Jugendarrest bei[387].

5. Fortführung und (vorläufiger) Abschluss der Strafrechtsreform

Im übrigen zeigte sich eine gewisse Zurückhaltung des Gesetzgebers gegenüber Änderungen des Strafgesetzbuches; sie wird auch dadurch bedingt gewesen sein,

---

[381] §§ 234a und § 241a StGB in der Fassung des Gesetzes zum Schutz der persönlichen Freiheit; *Vormbaum/Welp*, StGB, Nr. 60.

[382] *Kubink*, Strafen, S. 319.

[383] Eingehend zur Entstehung *Schiffers*, Bürgerfreiheit; *F.-C. Schroeder*, Schutz, S. 178 ff.

[384] *Alexander von Brünneck*, Politische Justiz gegen Kommunisten in der Bundesrepublik Deutschland 1949–1968. Frankfurt a. M. (edition Suhrkamp) 1978; ferner die Beiträge in: *Justizministerium NRW* (Hrsg.), Politische Strafjustiz 1951–1968; ferner *Diether Posser*, Anwalt im Kalten Krieg. 3. Auflage. Baden-Baden 1999.

[385] *Justizministerium NRW* (Hrsg.), Strafjustiz, S. 72.

[386] *Welp*, Strafgesetzgebung, S. 169 ff.

[387] Dazu *Meyer-Höger*, Jugendarrest, S. 138 ff.

dass schon bald nach Gründung der Bundesrepublik Deutschland auf Initiative des Bundesjustizministers *Thomas Dehler*, unterstützt durch Anregungen aus der Mitte des Bundestages, die Arbeit an der Gesamtreform des Strafrechts wieder aufgenommen wurde. Zu diesem Zwecke erteilte das Bundesjustizministerium im Vorfeld 18 führenden deutschen Strafrechtslehrern den Auftrag, Gutachten zu den grundsätzlichen Fragen der Strafrechtsreform zu erstellen[388]. Neben diesen Gutachten wurden rechtsvergleichende Arbeiten zu allen wesentlichen Themen des Allgemeinen und Besonderen Teils angefertigt[389]. Im Anschluss an diese Vorarbeiten wurde im Frühjahr 1954 eine Große Strafrechtskommission unter dem Vorsitz von Dehlers Nachfolger Bundesjustizminister *Neumayer* einberufen[390].

Die Kommission trat erstmals am 6. April 1954 zusammen und beschloss, die Beratungen zum Besonderen Teil in drei selbständigen Unterkommissionen vorbereiten zu lassen. Als Grundlage der Beratungen in den Unterkommissionen sollte in erster Linie der Entwurf von 1927 (Reichstagsvorlage) dienen, daneben galt es – wie die Richtlinien für die Arbeit der Unterkommissionen in bemerkenswerter Unbefangenheit bestimmten – zu prüfen, inwieweit Abweichungen des Entwurfs von 1936 gegenüber der Reichstagsvorlage im Einzelfall den Vorzug verdienten. Die Unterkommissionen erarbeiteten in der Folgezeit Fassungsvorschläge, die in einer vorläufigen Zusammenstellung (VZ) zusammengefasst wurden; diese sollte ihrerseits Grundlage der Beratungen der Großen Strafrechtskommission in erster Lesung sein.

Nach Abschluss der ersten Lesung durch die Große Strafrechtskommission stellte das Bundesjustizministerium alle Beschlüsse und Vorschläge zusammen und legte den **Entwurf 1959 I** vor. Die Beratungsergebnisse der zweiten Lesung, die Stellungnahmen der Bundesressorts und Landesjustizverwaltungen sowie Änderungswünsche der Sachbearbeiter des Bundesjustizministeriums wurden im **Entwurf**

---

[388] Materialien zur Strafrechtsreform 1. Band. Bonn 1954: Gutachten der Strafrechtslehrer. Gutachten wurden erstellt von Edmund Mezger, Bernhard Schmidt, Paul Bockelmann, Hans Welzel, Ernst Heinitz, Richard Lange, Thomas Würtenberger, Rudolf Sieverts, Wilhelm Gallas, Werner Niese, Karl Schneidewien, Reinhart Maurach, Hellmuth Mayer, Hellmuth von Weber, Horst Schröder, Eduard Kern (2 ×), Arthur Wegner; s. ferner (ohne numerische Zuordnung zu den „Materialien zur Strafrechtsreform"): Gutachten und Stellungnahmen zu Fragen der Strafrechtsreform mit ärztlichem Einschlag. Bonn (Bundesministerium der Justiz) 1958. Gutachten wurden erstellt von W. Bitter, K. Ernst, R. Gaupp, Hans Walter Gruhle, E. Kretschmer, Albrecht Langelüddeke, Theodor Ziehen. Stellungnahmen wurden abgegeben von neun medizinischen und psychiatrischen Berufsverbänden, darunter der Deutschen Gesellschaft für Psychotherapie und Tiefenpsychologie mit beigefügten Gutachten von Alexander Mitscherlich und Jutta von Graevenitz.

[389] Materialien zur Strafrechtsreform. 2. Band: Rechtsvergleichende Arbeiten (in 2 Teilbänden für Allg. Teil und Bes. Teil), erstellt am Institut für ausländisches und internationales Strafrecht in Freiburg. Bonn 1954.

[390] **Zusammensetzung**: Abgeordnete des Deutschen Bundestages: Hoogen (CDU/CSU), Rehs (SPD), Schneider (FDP), Czermak (BG/BHE), Merkatz (DP). Strafrechtswissenschaftler: Paul Bockelmann, Wilhelm Gallas, Hans-Heinrich Jescheck, Richard Lange, Edmund Mezger, Eberhard Schmidt, Hans Welzel. Vertreter des Deutschen Richterbundes: Resch. Vertreter der Rechtsanwaltschaft: Dahs. Vertreter des Bundesgerichtshofs und des Oberbundesanwalts beim BGH: Baldus, Wiechmann. Besonders berufene Einzelmitglieder: Koffka, Niethammer, Richter, Schäfer, Skott.

1959 II gebündelt[391]. Dieser wurde einer vom Justizminister des Landes Nordrhein-Westfalens einberufenen Länderkommission zur Überprüfung vorgelegt, welche in insgesamt 17 Tagungen von September 1959 bis Januar 1962 Änderungsvorschläge erarbeitete, die in erster Linie den Allgemeinen Teil betrafen. Von der Bundesregierung wurden einige der vorläufigen Beratungsergebnisse dieser Länderkommission in den E 1959 II eingearbeitet und so der **Entwurf 1960** erstellt[392]. Dieser wurde am 7. Oktober 1960 in den Bundesrat eingebracht, der, um das Verfahren zu beschleunigen, den Entwurf in seiner Sitzung vom 28. Oktober 1960 unverändert passieren ließ. Die Eile war geboten, da sich die dritte Legislaturperiode ihrem Ende zuneigte.

Nach den Bundestagswahlen im August 1961 griff die neugebildete Bundesregierung den E 1960 wieder auf. Dieser wurde überarbeitet und schließlich im Juli 1962 dem Bundesrat als **Entwurf 1962** zur Beratung vorgelegt[393]. Der Entwurf übernahm die Tatbestände weitgehend in den Fassungen des Entwurfs von 1960.

Der Bundesrat beanstandete in seiner 248. Sitzung am 2. und 13. Juli 1962 den Regierungsvorschlag nicht. Jedoch hielten es einige Landesregierungen für angemessen, dem Entwurf, den Bundesjustizminister *Stammberger* als das bedeutendste deutsche Gesetzesvorhaben seit dem Bürgerlichen Gesetzbuch lobte, einige grundsätzliche kritische Anmerkungen entgegenzuhalten, bevor er an den Bundestag weitergeleitet wurde. Der hessische Ministerpräsident befürwortete eine schrittweise Novellierung des Strafrechts, die den gegenwärtigen Rechtszustand ergänze und verbessere. Baden-Württemberg, Nordrhein-Westfalen und Niedersachsen zeigten sich ebenfalls enttäuscht darüber, dass viele ihrer in der Länderkommission erarbeiteten Vorschläge und Anträge nicht berücksichtigt worden waren. Auch innerhalb der Strafrechtswissenschaft setzte sich die ablehnende Haltung gegenüber den Regierungsvorschlägen allmählich durch. Obwohl die Kritiker an den unterschiedlichsten Punkten ansetzten, begrüßten sie grundsätzlich die Reform des Strafrechts, lehnten jedoch weitgehend übereinstimmend den Entwurf von 1962 als eine geeignete Grundlage ab. Die Einstellung im Schrifttum war hauptsächlich durch die Ansicht geprägt, sowohl der Großen Strafrechtskommission als auch der Bundes-

---

[391] Zu den Erörterungen einzelner Tatbestände und Tatbestandskomplexe des Besonderen Teils im Rahmen der Strafrechtsreform (einschließlich der Alternativentwürfe) s. zum **politischen Strafrecht** *Schroeder*, Schutz, S. 211 ff.; zu den **Aussagedelikten** *Vormbaum*, Eid, S. 150 ff.; zur **Unterlassenen Hilfeleistung** *Gieseler*, S. 96 ff., 118 ff.; zu **kriminellen und terroristischen/anarchistischen Vereinigungen** *Felske*, S. 306 ff.; zur **unterlassenen Verbrechensanzeige** *Kisker*, S. 131 ff.; zum **Zweikampf** *Baumgarten*, S. 224 ff.; zum **Diebstahl** *Prinz*, S. 137 ff., 162 ff.; zur **falschen Verdächtigung** und zum **Vortäuschen einer Straftat** *Bernhard*, S. 137 ff.; zur **Brandstiftung** *Lindenberg*, S. 124 ff.; zur **Körperverletzung** *Gröning*; S. 47 ff.; zur **Rechtsbeugung** *Thiel*, S. 115 ff.; zur **Tötung auf Verlangen** *Große-Vehne*, S. 167 ff.; zur **Vereitelung von Gläubigerrechten** *Seemann*, S. 100 ff.; **zur Verunglimpfung des Staatsoberhauptes** *Andrea Hartmann*, S. 256 ff.; zu **Prostitution, Zuhälterei, Kuppelei** *Ilya Hartmann*, S. 216 ff.; zum **Hausfriedensbruch** *Rampf*, S. 124 ff.; zu **Untreue** und **Unterschlagung** *Rentrop*, S. 168 ff.; zu den **Urkundendelikten** *Prechtel*, S. 185 ff.; zum **Straßenverkehrsstrafrecht** s. *Asholt*, S. 160 ff.; zur **Volksverhetzung** s. *Rohrßen*, S. 173 ff.; zur **Todesstrafe** s. *Hötzel*, S. 175 ff. – **Richard Lange**, in diesem Buch bereits mehrfach erwähnt, war der einzige Strafrechtslehrer der Kommission, der für die Wiedereinführung der Todesstrafe stimmte, s. *Hötzel*, S. 188, Fußn. 89.

[392] *Vormbaum/ Rentrop*, Reform, Bd. 3, S. 109 ff.

[393] *Vormbaum/Rentrop*, Reform, Bd. 3, S. 245 ff.

regierung fehle es an konkreten kriminalpolitischen Konzepten, andererseits werde versucht, dieses Fehlen durch eine fortgesetzte Verankerung sittlicher Verbote und Gebote im Strafrecht auszugleichen. Der Staat habe nur da das Recht zu strafen, wo er mit seinen Regelungen einen bestimmten kriminalpolitischen Effekt anstrebe, nicht aber da, wo es ihm lediglich um moralisches oder sittliches Verhalten des Bürgers gehe. Streitpunkte der bisweilen heftig geführten Reformdiskussion waren die Strafbarkeit der einfachen Homosexualität und des Ehebruchs, die heterologe Insemination und die kriminologische und soziale Indikation beim Schwangerschaftsabbruch. Protagonist der Kritik am Entwurf von 1962 war der Tübinger Strafrechtslehrer **Jürgen Baumann** (1922–2003)[394].

Der Bundestag verabschiedete den Entwurf in erster Lesung und überwies ihn dem Rechtsausschuss; dieser setzte am 3. Mai 1963 einen Unterausschuss „Strafrecht" ein, welcher am 4. Dezember 1963 in einen selbständigen, vom Rechtsausschuss unabhängigen Sonderausschuss unter dem Vorsitz des ehemaligen Generalbundesanwalts **Max Güde**(1902–1984)[395] umgewandelt wurde und bis zum Ende der Legislaturperiode 1965 nur noch den Allgemeinen Teil weitgehend durchberaten konnte. Bereits wenige Wochen nach der konstituierenden Sitzung des V. Bundestages wurde der Entwurf durch die Regierungsfraktionen von CDU/CSU und FDP sogleich wieder eingebracht. Auf diesem Wege wollten diese den zeitintensiveren Weg einer erneuten Gesetzesvorlage durch die Bundesregierung, die vor einer ersten Lesung im Bundestag zunächst einen Beschluss des Kabinetts und eine Stellungnahme des Bundesrates hätte herbeiführen müssen, vermeiden. Bereits am 13. Januar 1966 fand die erste Lesung im Bundestag statt, und der Entwurf wurde dem „Sonderausschuss für die Strafrechtsreform" überwiesen, der gleich am nächsten Tag die Arbeit aufnahm.

> Obwohl sogar in der Großen Koalition ab Ende 1966 mit Gustav Heinemann ein Politiker der bis dahin zögerlichen SPD Justizminister wurde, […] der fest beabsichtigte, bis zum Ende der damaligen Legislaturperiode, d. h. bis 1969, eine Reform des gesamten Strafrechts auf der Basis des Entwurfs 1962 durchzuführen, […] blieb der erwartete 'Durchbruch' infolge der veränderten politischen Konstellation aus[396].

Parallel zu den „offiziellen" Reformarbeiten schloss sich im Jahre 1965 ein Kreis von Strafrechtswissenschaftlern zusammen und erarbeitete einen **Alternativ-Entwurf** eines Strafgesetzbuchs, dessen Allgemeiner Teil im Oktober 1966 veröffentlicht wurde und dem diverse Entwürfe zu ausgewählten Abschnitten des Beson-

---

[394] *Jürgen Baumann*, Kleine Streitschriften zur Strafrechtsreform. 10 Beiträge. Bielefeld 1965; *Ders.* (Hrsg.), Programm für ein neues Strafgesetzbuch. Der Alternativentwurf der Strafrechtslehrer. Frankfurt a. M. 1968; *Ders.* (Hrsg.), Mißlingt die Strafrechtsreform? Der Bundestag zwischen Regierungsentwurf von 1962 und Alternativ-Entwurf der Strafrechtslehrer von 1966. Neuwied und Berlin 1969; *Ders.*, Weitere Streitschriften zur Strafrechtsreform. 10 Beiträge. Bielefeld 1969.

[395] Zur Person s. *Volker Tausch*, Max Güde (1902–1984). Generalbundesanwalt und Rechtspolitiker. Baden-Baden 2002.

[396] *Uwe Scheffler*, Das Reformzeitalter 1953–1975, in: Vormbaum/Welp, StGB, Supplement I, S. 174, 182 f.

deren Teils folgen sollten[397]. Der Sonderausschuss für die Strafrechtsreform, dem neben dem Entwurf von 1962 auf Initiative der seit Ende 1966 oppositionellen FDP-Fraktion auch die Alternativ-Entwürfe vorlagen, berücksichtigte in seinen 101 Sitzungen umfassenden Beratungen auch diese. Wegen der Fülle des zu verwertenden Stoffes, der Komplexität der Materie und des Gewichts und der Tragweite der zu treffenden Entscheidungen konnte allerdings an eine Verwirklichung der gesamten Reform in einer einzigen Wahlperiode nicht gedacht werden. Daher stellte der Sonderausschuss die Neugestaltung des Besonderen Teils des StGB vorerst zurück und schlug vor, zunächst mit zwei Gesetzen kriminalpolitisch besonders bedeutsame Reformen zu verwirklichen.

Mit dem **Ersten Gesetz zur Reform des Strafrechts** (1. StrRG vom 25. Juni 1969) wurde das Sanktionssystem grundreformiert, und zwar durch Maßnahmen wie die Ersetzung von Zuchthaus und Gefängnis durch eine einheitliche Freiheitsstrafe, die Eindämmung der kurzzeitigen Freiheitsstrafen, die Erweiterung der Strafaussetzung zur Bewährung, die Bindung der Maßregeln der Besserung und Sicherung an den Verhältnismäßigkeitsgrundsatz, die Abschaffung des Arbeitshauses und des Verlusts der bürgerlichen Ehrenrechte. Im Besonderen Teil erfolgte die Streichung nicht mehr zeitgemäßer bzw. unzweckmäßiger Vorschriften – z. B. der fahrlässigen Gefangenenbefreiung, der leichtfertigen falschen Verdächtigung, des Ehebruchs, der Zweikampfregelungen sowie der Unzucht mit Tieren. Zugleich wurden durch Modifikationen im Bereich der Religionsdelikte und der Fälschung technischer Aufzeichnungen Einschränkungen, aber auch Ausdehnungen des Strafrechts vorgenommen.

Das **Zweite Gesetz zur Reform des Strafrechts** vom 4. Juli 1969 brachte Änderungen einzelner elementarer Vorschriften des Allgemeinen Teils des Strafgesetzbuches mit sich. Zu nennen sind insoweit die unechten Unterlassungsdelikte, der Tatbestandsirrtum, der Verbotsirrtum, der Versuch, Täterschaft und Teilnahme sowie der rechtfertigende Notstand. „Herzstück" des Zweiten Strafrechtsreformgesetzes war die Fortsetzung der Reform des Sanktionssystems, bestehend beispielsweise in der Erhöhung des Mindestmaßes der Freiheitsstrafe auf einen Monat, der Einführung des Tagessatzsystems sowie der sozialtherapeutischen Anstalt und der Führungsaufsicht. Redaktionell wurde in das Strafgesetzbuch ein vollständig neuer Allgemeiner Teil eingebaut. Der Abschnitt über **Übertretungen** wurde gestrichen. Die betreffenden Tatbestände wurden gestrichen, zu Ordnungswidrigkeiten umgewandelt oder zu Vergehen hochgestuft.

Das zunächst für das Jahr 1973 geplante Inkrafttreten der Neuredaktion wurde zwischenzeitlich auf den 1. Januar 1975 verschoben, weil sie zusammen mit zahlreichen sachlichen und redaktionellen Änderungen des Besonderen Teils erfolgen sollte, die sich als diskussions- und zeitaufwendig erwiesen[398].

Das **Dritte Strafrechtsreformgesetz** vom 20. Mai 1970 bestand in der Reformierung des „Demonstrationsstrafrechts". So wurden neben weiteren Neuerungen

---

[397] *Vormbaum/Rentrop*, Reform des StGB, Bd. 3, S. 401 ff.

[398] Sie traten im Rahmen des Einführungsgesetzes zum Strafgesetzbuch ebenfalls zum 1. Januar 1975 in Kraft (*Vormbaum/ Welp*, StGB, Nr. 98); zugleich wurde das gesamte Strafgesetzbuch neu bekannt gemacht (*Vormbaum/Welp*, StGB, Nr. 103).

§ 110 StGB a.F. aufgehoben, §§ 111, 113 und 125 StGB neu gefasst, § 114 StGB a.F. ersetzt und § 125a StGB eingefügt.

Mit dem **Vierten Strafrechtsreformgesetz** vom 23. November 1973 (BGBl. I, S. 1725) ging der Gesetzgeber die Neugestaltung des Familien- und Sexualstrafrechts an, indem er strafrechtliche Sanktionen einschränkte – hiervon betroffen waren etwa die Vorschriften über die unzureichende Beaufsichtigung Jugendlicher, die Personenstandsfälschung, die Eheerschleichung, die Verschleuderung von Familienhabe, die Versagung der Hilfe gegenüber Geschwängerten oder die Verletzung der Fürsorge- oder Erziehungspflicht –, im Bereich der Sexualdelikte einen umfangreichen Jugendschutz konstituierte, das Sexualstrafrecht bei Erwachsenen aber liberalisierte und die einschlägigen Tatbestände unter die Überschrift „Schutz der sexuellen Selbstbestimmung" stellte.

Das **Fünfte Strafrechtsreformgesetz** vom 18. Juni 1974 (BGBl. I, S. 1297) schließlich widmete sich im Kern der Neuregelung des Rechts des Schwangerschaftsabbruchs. Das frühere Verbrechen „Abtreibung" – bereits durch das 1. StrRG in ein Vergehen umgewandelt – wurde nunmehr von der Strafbarkeit freigestellt, falls bestimmte Vorgaben eingehalten wurden.

Kernstück der Novellierung bildete die Fristenlösung in § 218a StGB, wonach ein Abbruch nicht strafbar war, falls er innerhalb der ersten 3 Schwangerschaftsmonate von einem Arzt, nach Einwilligung der Schwangeren, vorgenommen wurde. Ein Abbruch blieb auch *nach* Ablauf der ersten 12 Schwangerschaftswochen straflos, wenn er medizinisch oder embryopathisch indiziert war. Für die Selbstabtreibung sah § 218 III StGB einen Strafrahmen von bis zu einem Jahr Freiheitsstrafe vor. Die Strafbarkeit des Arztes bestimmte sich nach § 218 I StGB mit einer Höhe von bis zu 3 Jahren Freiheitsstrafe. Dies kam insbesondere in Betracht, wenn der Eingriff ohne vorherige soziale (§ 218 c I Nr. 1 StGB) oder ärztliche (§ 218 c I Nr. 2 StGB) Beratung erfolgte. Strafbar war die Vornahme des Abbruchs gem. § 219 Abs. 1 StGB weiterhin, wenn dieser erst nach Ablauf der ersten 3 Schwangerschaftsmonate durchgeführt wurde, ohne dass eine geeignete Stelle zuvor die erforderliche Indikation attestiert hatte.

Allerdings trat dieses Gesetz auf Grund der einstweiligen Anordnung des dagegen angerufenen Bundesverfassungsgerichts[399] nie in Kraft. Stattdessen sollte bis zur Neuregelung ein Indikationsmodell gelten[400]. Im endgültigen Urteil erklärte das Bundesverfassungsgericht die Fristenregelung für verfassungswidrig[401]. Hierbei vertrat die Senatsmehrheit insbesondere die Ansicht, dass das ungeborene Leben unter dem Schutz von Art. 2 Abs. 1 GG stehe und grundsätzlich Vorrang gegenüber der freien Persönlichkeitsentfaltung der Schwangeren genieße. Weiterhin leitete das Gericht aus dem objektivrechtlichen Gehalt der grundrechtlichen Norm eine entsprechende Schutzpflicht des Staates ab, welche ihm gebiete, sich für die gesamte Dauer der Schwangerschaft schützend und fördernd vor das ungeborene Leben zu stellen. Eine Ausnahme hiervon sei nur im Falle der Unzumutbarkeit der Fortsetzung der Schwangerschaft denkbar, insbesondere bei medizinischer, embryopathischer, kriminologischer oder sozialer Indikation. Eine generalisierende Ausnahme

---

[399] BVerfGE 37, 324.

[400] BVerfGE 37, 324, 325.

[401] BVerfGE 39, 1, 65, 68.

von der Strafbarkeit, lediglich auf Grundlage des Schwangerschaftsstadiums und Einhaltung verfahrensrechtlicher Schritte, sei hingegen mit der Verfassung nicht vereinbar[402].

Der Gesetzgeber war damit gehalten, ein Gesetz zu verabschieden, das seinen kriminalpolitischen Vorstellungen zuwider lief. Es erstaunt daher nicht, dass er den gebliebenen Gestaltungsspielraum voll ausschöpfte. Dadurch entstand ein Indikationsmodell, welches zwar von der grundsätzlichen Strafbarkeit des Schwangerschaftsabbruchs ausging, jedoch eine medizinisch-soziale Indikation verankerte, welche auch die embryopathische, kriminologische und soziale Indikation erfasste. Mit Blick auf § 218 Abs. 3 S. 2 StGB war die Neuregelung jedoch eher als „verkappte Fristenlösung" zu klassifizieren, denn die Schwangere blieb straflos, wenn der Eingriff in den ersten 22 Schwangerschaftswochen nach einer Beratung i. S. d. § 218 b I Nr. 1, 2 StGB von einem Arzt vorgenommen wurde. Das Vorliegen einer Indikation war dafür nicht erforderlich. Die Strafbarkeit des Arztes blieb zwar bestehen, doch konnte dieses Hemmnis mittels Auslandsabtreibungen umgangen werden.

Überblickt man das „Reformzeitalter" *(Scheffler)*, so zählt zweifellos zu seinen positiven Ergebnissen neben der Liberalisierung des **Sexualstrafrechts** die durch eine Entspannung der weltpolitischen Lage begünstigte Liberalisierung des **politischen Strafrechts** im Jahre 1968 (Achtes Strafrechtsänderungsgesetz), ferner die Zurückdrängung der **kurzen Freiheitsstrafen** (§§ 38, 47 StGB) und die Erweiterung des Anwendungsbereichs der **Strafaussetzung zur Bewährung** (§ 56 StGB) und der **vorzeitigen Entlassung** (§ 57 StGB). Zu erwähnen ist ferner vor allem der drastische Rückgang der Fälle von Sicherungsverwahrung infolge der Neufassung des § 66 StGB – ein Trend, der sich seit den 90er Jahren wieder umgekehrt hat und die Sicherungsverwahrung zum Zentrum von Exklusions-Begehrlichkeiten von Kriminalpolitikern und -politikerinnen sowie von Boulevardjournalisten und von -journalistinnen gemacht hat.

Es bedürfte allerdings genauerer Untersuchung, inwieweit die Strafrechtsreform insgesamt auf der Tatbestandsseite zu einer Zurückdrängung des Strafrechts, auf der Rechtsfolgenseite zu einer Milderung des Strafens geführt hat. Als Gegenbeispiele fallen immerhin die Aufwertung des **Mundraubs** zum Vergehen (mit der – rechtsstaatlich nicht gerade vorbildlichen – Kompensation durch §§ 248a StGB, 153a StPO), die Ersetzung der Qualifikationstatbestände durch **Regelbeispiele** beim schweren Diebstahl und die Lockerung der **Verjährungsvorschriften** (auch ohne Berücksichtigung der durch die Notwendigkeiten der Verfolgung von NS-Gewaltverbrechen bedingten) ins Auge. Vor allem im Besonderen Teil müsste überdies geprüft werden, ob die Gleichsetzung von Entkriminalisierung und Strafrechtsreform (auch, was die Alternativ-Entwürfe angeht[403]) berechtigt ist. Und schließlich

[402] Die Senats*minderheit* machte geltend, dass durch die Herleitung einer Straf*pflicht* aus den Grundrechtsbestimmungen der freiheitliche Gehalt der Grundrechte in sein Gegenteil verkehrt werde.

[403] Zu den Vorschlägen der „Alternativ-Professoren" zum Straßenverkehrs-Strafrecht s. bspw. *Asholt*, Straßenverkehrsstrafrecht, S. 209 ff.

gilt auch für die Reformzeit, dass eine gerechte Würdigung die Entwicklung des Nebenstrafrechts berücksichtigen müsste. Was schließlich die Milderungen auf der Sanktionsseite angeht, so darf nicht übersehen werden, dass sie zum guten Teil auf die – seit der Mitte der 70er Jahre erneut eskalierende – Vermehrung der Straftatbestände zurückzuführen ist, deren konsequente Umsetzung in exekutierte freiheitsentziehende Sanktionen vom Vollzugssystem kaum hätte bewältigt werden können.

6. Strafrechtslehre

Nach 1945 geriet ein beachtlicher Teil der Strafrechtswissenschaft und -praxis in das Fahrwasser des **konservativen Naturrechts** der Ära Adenauer; im Strafrecht bedeutete dies die Renaissance einer harten Sühnetheorie. Eine hochartifizielle Strafrechtsdogmatik verstand sich als Reaktion auf die „ganzheitliche und intuitiv-wertefühlige Erkenntnismethode" der NS-Zeit[404].

Gerechtfertigt wurde diese Naturrechtsrenaissance u. a. mit der These des führenden Vertreters des Rechtsrelativismus und Rechtspositivismus vor 1933, *Gustav Radbruchs*[405], der 1946 meinte, der den Juristen im ersten Drittel des Jahrhunderts in der Ausbildung vermittelte Rechtspositivismus habe die Richter rechtsblind gemacht und sie in der Haltung „Gesetz ist Gesetz" bestärkt[406]. Die Berechtigung dieser These ist zweifelhaft; sie gilt heute als widerlegt. Abgesehen davon, dass es in der Rechtslehre der 20er Jahre mit der sog. Freirechtsschule eine starke Strömung gegen den Rechtspositivismus gegeben hatte, welche die Stellung des Richters gegenüber dem Gesetzgeber stärken wollte und damit (wohl ungewollt) eine später von den Nationalsozialisten erhobene Forderung vorwegnahm, ist auch zweifelhaft, ob die Behauptung von Radbruch faktisch zutrifft, denn der Großteil skandalöser Urteile der NS-Zeit bezog sich auf die Handhabung von Gesetzen, die aus der Zeit vor 1933 stammten, und zeichnete sich gerade dadurch aus, dass nationalsozialistisches Gedankengut gegen den (noch) bestehenden positiven Gesetzeswortlaut ins Feld geführt wurde[407]. Soweit es hingegen um die Befolgung der vom nationalsozialistischen Gesetzgeber erlassenen Gesetze ging, mag die Behauptung in einzelnen Fällen zutreffen, wenngleich insoweit darauf hinzuweisen ist, dass diese Gesetze häufig so unbestimmt gefasst waren, dass sie dem Richter weite Auslegungsspielräume ließen, von ihm also verständnisvolles Eingehen auf den Willen des Gesetz-

[404] *Kubink*, Strafen, S. 389.

[405] S. zuletzt *Klaus Adomeit*, Der Rechtspositivismus im Denken von Hans Kelsen und von Gustav Radbruch, in: JuS 2003, 161 ff.; *Christoph M. Scheuren-Brandes*: Der Weg von nationalsozialistischen Rechtslehren zur Radbruchschen Formel. Untersuchungen zur Geschichte der Idee vom „Unrichtigen Recht". Paderborn, München, Wien, Zürich 2006.

[406] S. den bereits erörterten Beitrag *Radbruch*, Gesetzliches Unrecht, S. 10.

[407] Dazu *Wrobel*, S. 215: „Wären sie damals doch nur Positivisten gewesen!"; nachdrücklich widersprechend auch *Reifner*, S. 18 f.; *Eisenhardt*, Rechtsgeschichte, S. 475 f.; *Jettinghoff*, JoJZG 1 (2007), 129 ff., 131. Zum Streit um die Positivismus-These eingehend m. umfangreichen Nachweisen *Vassalli*, Radbruchsche Formel, S. 26 ff.

gebers, nicht aber positivistischen Buchstabenglauben forderten; und insoweit hatte die Rechtsprechung der NS-Zeit sich eher als „kreativ“ denn als „positivistisch“ erwiesen.

Gerade ein großer Teil der von den Nationalsozialisten erlassenen positiven Strafnormen bietet ein Beispiel dafür, wie problematisch der (ebenfalls von *Gustav Radbruch* stammende) Satz ist, jedes positive Gesetz sei – ohne Rücksicht auf seinen Inhalt – immer noch besser als kein Gesetz, weil es zumindest Rechtssicherheit schaffe[408]. Diese Gleichsetzung von Rechtspositivismus und Rechtssicherheit ist kurzschlüssig, so lange nicht der Bestimmtheitsgrundsatz und bestimmte materielle Mindeststandards mitgedacht werden.

Um das Jahr 1960 beherrschte mehrere Jahre lang der dogmatische Grundsatzstreit zwischen der sog. **kausalen** und der sog. **finalen Handlungslehre** die deutsche Strafrechtsdogmatik. Während die erstere dem herkömmlichen, bis auf den klassischen Verbrechensaufbau der Jahrhundertwende zurückgehenden Handlungsbegriff (Handlung als willensgetragenes, in der Außenwelt wirksames Verhalten) entspricht[409], ist der finalistische Handlungsbegriff, den **Hans Welzel** (1904–1977) bereits vor 1945 entwickelt hat[410], dogmatisch voraussetzungsreich. Nach der finalen Handlungslehre besitzt menschliches Handeln eine ontologische (besser: ontische) Struktur, deren wesentliches Kennzeichen die *Zielgerichtetheit,* eben die *Finalität* ist. Es durchläuft die Stadien Zieldefinition, Auswahl der zur Zielerreichung erforderlichen Mittel und Zielrealisierung[411].

Wesentliches Element des finalen Handlungsbegriffs ist das sog. **Handlungsunrecht**, das dem Erfolgsunrecht an die Seite gestellt bzw. übergeordnet wird, und der daraus folgende **personale Unrechtsbegriff**. Für Studierende der Rechtswissenschaft zeigen sich die Konsequenzen äußerlich vor allem in der Anerkennung eines *subjektiven Unrechtstatbestandes* (Tatumstandsvorsatz) für *alle* Vorsatzdelikte[412]. Schwierigkeiten bereitet der finalen Handlungslehre die Erfassung der Unterlassungsdelikte und der Fahrlässigkeit[413].

In seiner strengen Observanz ist der Finalismus eine „Schule“ geblieben; in einzelnen – und wesentlichen – Forderungen hat er sich jedoch durchgesetzt; sein

---

[408] *Gustav Radbruch*, Gesetzliches Unrecht, a. a. O., S. 10.

[409] S. vor allem *Gustav Radbruch*, Der Handlungsbegriff in seiner Bedeutung für das Strafrechtssystem (1904). Neudruck, eingel. und hrsg. von Arthur Kaufmann, Darmstadt 1967.

[410] *Hans Welzel*, Kausalität und Handlung, in: ZStW 51 (1932), 703 ff.; *Ders.*, Studien zum System des Strafrechts, in: ZStW 58 (1939), 491 ff.; *Ders.*, Das neue Bild des Strafrechtssystems. 4. Auflage. Göttingen 1961 (1. Aufl. 1951).

[411] *Welzel*, Das neue Bild, S. 2 f.

[412] Eine unübertroffene Darstellung der Entwicklung der Dogmatik in der Mitte des 20. Jahrhunderts bietet *Hans Joachim Hirsch*, Der Streit um Handlungs- und Unrechtslehre, insbesondere im Spiegel der Zeitschrift für die gesamte Strafrechtswissenschaft, in: ZStW 1981, 831 ff., 1982, 239 ff. Die Lektüre dieses Aufsatzes gehört zum Pflichtpensum für das Verständnis der strafrechtlichen Dogmengeschichte dieses Zeitraums.

[413] S. zu den letzteren den Lösungsversuch von *Eberhard Struensee*, Der subjektive Tatbestand des Fahrlässigkeitsdelikts, in: Ders., Grundlagenprobleme des Strafrechts. Berlin 2005, S. 1 ff.

Handlungsbegriff ist im Rahmen einer sog. **sozialen Handlungslehre** mit abgewandelter Begründung herrschend geworden[414].

Für die Einordnung des Streits um den Handlungsbegriff ist abermals zwischen einer immanent-dogmatischen und einer rechtshistorischen Betrachtung zu unterscheiden.

Dogmatisch bedeutete die Entwicklung des personalen Unrechtsbegriffs eine weitere Ausdifferenzierung und Verfeinerung des Straftatsystems. Mit der Forderung, den Tatbestandsvorsatz und die objektive Sorgfaltspflichtverletzung bei der Fahrlässigkeit aus dem Schuldbegriff auszuscheiden und dem Unrechtstatbestand zuzuordnen, hat die finale Handlungslehre die letzte Konsequenz aus dem normativen Schuldbegriff gezogen; der Schuldbegriff enthält damit nur noch normative Elemente. Die Gleichsetzung der Unterscheidung von Unrecht und Schuld mit derjenigen von „objektiv" und „subjektiv" ist damit endgültig aufgegeben. Geblieben ist die Unterscheidung von *genereller* und *individueller* Seite der Straftat, oder, anders ausgedrückt, von *Sollen* und *Können* – eine Transformation, deren Ursprünge sich bis zu dem epochemachenden Aufsatz von *Reinhard Frank* über den Aufbau des Schuldbegriffs (o. § 5 II 2) zurückverfolgen lassen[415].

Rechtshistorisch betrachtet fügt sich die finale Handlungslehre in den seit den ersten Jahrzehnten des 20. Jahrhunderts dominant gewordenen Trend zur Subjektivierung des Strafrechts ein und transformiert diese in Strafrechtsdogmatik; hingegen harmonierte die kausale Handlungslehre mit dem herkömmlichen liberal-positivistischen Strafrechtssystem, das den staatlichen Zugriff auf den Bürger zunächst einmal von äußerlichen, objektiven Kriterien abhängig macht und erst zuletzt fragt, was in seinem „Inneren" vorgegangen ist.

Die neue, in ihren wesentlichen Konsequenzen heute wohl herrschende Richtung gerät – wenn nicht zwingend, so doch mit gewisser Zwangsläufigkeit – in die Nähe des „Gesinnungsstrafrechts". Dies muss noch nicht bedeuten, dass sie in das Fahrwasser des nationalsozialistischen Täterstrafrechts gerät. Die Berücksichtigung der Gesinnung des Täters ist – wie die Darstellung der Entwicklung gezeigt hat – keine Erfindung der nationalsozialistischen Strafrechtsdoktrin, sondern findet sich bereits bei Franz v. Liszt[416]. Dies ändert freilich nichts daran, dass es sich um eine Erscheinung handelt, die in der NS-Doktrin ihre radikale Ausprägung fand. Die Gefahr, dass die Bewertung der „Gesinnung" sich von der *Tatbezogenheit* löst und in die allgemeine *Täter*bewertung abgleitet, ist stets groß[417]. Gerade ein führender Vertreter des Finalismus hat allerdings in jüngster Zeit wiederholt gesinnungsstrafrechtliche Elemente bzw. Interpretationen des geltenden Strafrechts kritisiert und betont, dass diese nicht notwendig aus der personalen Unrechtslehre folgen[418].

Faktisch hat die dogmatische Entwicklung, im Einklang mit Rechtsprechung und Gesetzgebung, unter dem Einfluss der Tendenz zur Subjektivierung des Strafrechts

---

[414] *Wessels/ Beulke*, Strafrecht AT, S. 32 ff.

[415] S. dazu die Einführung von *Hans Joachim Hirsch* zur Neuausgabe des Textes von Frank (Berlin 2008).

[416] *H.J. Hirsch*, Über Irrungen und Wirrungen in der gegenwärtigen Schuldlehre, in: Fschr. für Harro Otto. Köln u. a. 2007, S. 307 ff., 309 f.

[417] *H.J. Hirsch*, a. a. O., S. 313 f., 316.

[418] *H.J. Hirsch*, a. a. O.; *Ders.*, JZ 2007, 494 ff., 499.

überwiegend zu einer Ausweitung des Strafrechts geführt. Da eine systematische Vertiefung nicht in der Absicht dieses Lehrbuches liegen kann, seien nur drei wichtige Konsequenzen erwähnt:

1. Subjektive Versuchstheorie (ausgehend von der „betätigten rechtsfeindlichen Gesinnung") mit der Konsequenz der bloß fakultativen Strafmilderung (bereits 1943 gesetzlich eingeführt, nach 1945 trotz Kritik nicht wieder beseitigt);
2. Anerkennung subjektiver Rechtfertigungselemente mit der Konsequenz, dass das objektive Vorliegen der Rechtfertigungsvoraussetzungen nicht ausreicht, obwohl das Gesetz ein solches Element bei den meisten Rechtfertigungsgründen nicht fordert;
3. Trennung von Tatumstandsvorsatz und Unrechtsvorsatz (gesetzlich zum Ausdruck gebracht durch das Nebeneinander der Regelungen von § 16 und § 17 StGB; vorbereitet durch die Entscheidung BGHSt 2, 200; erstmals ansatzweise geregelt in der Irrtumsverordnung von 1917) mit der für den Bürger nachteiligeren Behandlung des Unrechtsirrtums[419].

Strafbarkeitseinschränkend wirkt sich die Subjektivierung – jedenfalls bei *rechtshistorischer* Betrachtung – bei den Erfolgsqualifikationen (heute § 18 StGB) aus, da die ältere Auffassung den bloßen Erfolgseintritt hatte genügen lassen[420]. Ebenfalls strafbarkeitseinschränkend würde die Subjektivierung sich bei den bis heute anerkannten Fällen der sog. objektiven Bedingungen der Strafbarkeit auswirken, wenn man den entsprechenden Bestrebungen zum Einbau von Fahrlässigkeitselementen[421] folgte.

Eher eine innerdogmatische Verschiebung als eine Zurückdrängung der Subjektivierung und Expansion des Strafrechts ist der über die deutschen Grenzen hinausreichende Siegeszug der Lehre von der **objektiven Erfolgszurechnung**, mit der eine letzte Bastion des „klassischen" Straftatsystems geschleift wurde[422]. Für einige dogmatische Probleme wie „Sozialadäquanz"[423], erlaubtes Risiko und

---

[419] Es bedürfte der Untersuchung, ob der gängige Ausdruck „Verbotsirrtum" auf die Normentheorie Bindings zurückgeht. – Zur Kritik der Schuldtheorie s. *Jürgen Baumann*, Die Reform des Allgemeinen Teils eines Strafgesetzbuches, in: Leonhard Reinisch (Hrsg.), Die deutsche Strafrechtsreform. München 1967, S. 56 ff., 59: „Wie leicht kann man in gutem Glauben und ohne Unrechtsbewußtsein zu haben, einen der weitgespannten Tatbestände des Strafgesetzbuches oder gar des Nebenstrafrechts verwirklichen! [...] Will die Mehrzahl der Rechtsgenossen hinnehmen, daß trotz bloßer Rechtsfahrlässigkeit eine Bestrafung wegen vorsätzlicher Tatbegehung jedenfalls dann erfolgt, wenn der Irrtum (z. B. durch Erkundung) vermeidbar war?"

[420] Bei *systematischer* Betrachtung normiert § 18 StGB freilich eine Strafbarkeits*erweiterung*, denn ohne ihn würde der Grundsatz des § 15 gelten und auch insoweit Vorsatz gefordert sein; die Wörter „nur" und „wenigstens" in § 18 sind daher nur historisch verständlich.

[421] *H.J. Hirsch*, GA 1972, 65, 77 (u.ö.).

[422] Dazu *Claus Roxin*, Strafrecht Allg.Teil/1. 4. Auflage. München 2006, 12/138; *Udo Ebert/ Kristian Kühl*, Kausalität und objektive Zurechnung, in: Jura 1979, 561 ff.; *Eberhard Struensee*, Grundlagenprobleme des Strafrechts. Berlin 2005, S. 1 ff., 31 ff., 37 ff.; für Italien zuletzt *Massimo Donini*, Imputazione oggettiva dell'evento. Turin 2006; zur Dogmengeschichte s. *Christoph Hübner*, Die Entwicklung der objektiven Zurechnung. Berlin 2004.

[423] *Claus Roxin*, Strafrecht AT, § 10 Rn. 38 (S. 243).

Risikoverminderung sowie für die Fahrlässigkeitsdogmatik[424] hält sie elegantere dogmatische Lösungsangebote bereit[425], an anderer Stelle führt sie zu neuen Widersprüchlichkeiten, beispielsweise bei atypischen Kausalverläufen, wo sie mit der Berücksichtigung des „Sonderwissens des Täters" ein *subjektives* Element integriert. Ihr Bestreben, Straflosigkeit möglichst frühzeitig und objektiv zu konstatieren, mag man als Bemühen um Strafreduktion interpretieren (obwohl es wohl eher von arbeitsökonomischen Überlegungen geleitet ist); doch ist die Gefahr, dass Problemlösungsmodelle, die aufgrund jahrzehntelanger strafrechtsdogmatischer Arbeit befriedigend auf die verschiedenen Problem- und Systemebenen aufgeteilt worden sind, wieder in einen „großen Topf" geworfen werden, groß. In rechtsstaatlicher Hinsicht erweckt die Lehre mit ihrer topischen (d. h. nach „Fallgruppen" vorgehenden) Methodik und ihrer „amorphen Struktur"[426] Bedenken; auch hat sich bei der Problematik der Risikoerhöhung gezeigt, dass die Versuchung, mit Hilfe der Lehre von der objektiven Zurechnung den Grundsatz *in dubio pro reo* zu überspielen, immerhin vorhanden ist[427].

Die recht beliebigen, vor allem aber die autoritären Konsequenzen, die in der Nachkriegszeit aus der Naturrechtslehre gezogen worden waren, brachten in der folgenden Phase jede Form des Naturrechts – auch ein rationales, etwa der Kantschen Tradition verpflichtetes Naturrecht – in Verruf, so dass es in den 60er Jahren als fortschrittlich gelten konnte, den **„Abschied von Kant und Hegel"** *(Klug)* zu propagieren[428]. Wie nach 1933 mit dem autoritären, so verbündete sich in den 60er Jahren das Zweckstrafrecht mit dem antiautoritären Zeitgeist (der seinerseits individuelle Befreiung und Vergesellschaftung widersprüchlich mischte) und der zugehörigen Politik.

Diesem Optimismus der 60er und 70er Jahre gegenüber der Kriminalpolitik ist auch die Schrift von **Claus Roxin,** „Kriminalpolitik und Strafrechtssystem", eine der (auch international) erfolgreichsten programmatischen Strafrechtsschriften der letzten Jahrzehnte[429], verpflichtet, die nach „systematischer Einheit zwischen Kriminalpolitik und Strafrecht" strebt, welche „auch im Aufbau

[424] *Claus Roxin*, Bilanz des Finalismus, in: Festschrift für Androulakis. Athen 2004, S. 573 ff., 588.

[425] Freilich lassen sich, wie *Struensee* gezeigt hat, die meisten der von dieser Lehre reklamierten Leistungen auch durch eine angemessene Auslegung des tatbestandlichen Erfolgs oder durch die normale Vorsatzdogmatik erzielen; s. z. B. *Eberhard Struensee*, „Objektives Risiko" und subjektiver Tatbestand, in: Ders., Grundlagenprobleme des Strafrechts. Berlin 2005, S. 31 ff.

[426] *Paeffgen*, in: Nomos-Kommentar zum StGB. 2. Aufl. Vor § 32, Rn. 35; s. auch *Bernd Schünemann*, Über die objektive Zurechnung, in: GA 1999, S. 207: „wie ein riesiger Krake mit zahllosen Tentakeln".

[427] *Wessels/ Beulke*, Strafrecht AT, S. 74.

[428] *Ulrich Klug*, Abschied von Kant und Hegel, in: MdtStrD S. 300 ff.; s. jetzt die harsche Kritik von *Joachim Hruschka*, Die „Verabschiedung" Kants durch Ulrich Klug im Jahre 1968: Einige Korrekturen, in: ZStW 2010, 493 ff.

[429] *Claus Roxin*, Kriminalpolitik und Strafrechtssystem 2. Auflage 1973; s. auch *Ders.*, Zur kriminalpolitischen Fundierung des Strafrechtssystems, in: Fschr. Günther Kaiser. Berlin 1998, S. 885 ff.

der Verbrechenslehre verwirklicht werden" soll[430], und versucht, „die einzelnen Deliktskategorien [...] von vornherein unter dem Blickwinkel ihrer kriminalpolitischen Funktion zu sehen, zu entfalten und zu systematisieren"[431].

Das neue Zweckstrafrecht konnte einige überfällige Entkriminalisierungen an seine Fahnen heften. Für einen kurzen historischen Augenblick wurden Zweckstrafrecht und Rechtsgüterschutzgedanke in ihrem strafbegrenzenden Potential dominierend[432]. Die Eindämmung des Sexualstrafrechts und des politischen Strafrechts, die Durchsetzung des Tagessatzsystems und die weitere Zurückdrängung der kurzen Freiheitsstrafe, ferner die Erweiterung des Anwendungsbereichs der Strafaussetzung zur Bewährung gehen weitgehend auf seinen Einfluss zurück.

Die **Liberalisierung des Sexualstrafrechts** hatte bereits in der Zeit der Weimarer Republik auf der kriminalpolitischen Agenda gestanden, doch war diese Entwicklung durch den Machtantritt der Nationalsozialisten gestoppt worden, und das Sexualstrafrecht war einer jener Bereiche gewesen, in denen sich die Wertvorstellungen der NS-Zeit in den 50er Jahren fortgesetzt hatten. Auch die **Liberalisierung des politischen Strafrechts** bedeutete im wesentlichen eine Kompensation der Überspitzungen des Kalte-Kriegs-Strafrechts der frühen 50er Jahre; sie wurde begünstigt durch ein zwischenzeitliches Abflauen des Kalten Krieges und durch die beginnende Entspannungspolitik zwischen den beiden deutschen Staaten[433].

Dass in den 60er und 70er Jahren ungeachtet der Erfahrungen mit dem nationalsozialistischen Strafrecht und seinem hemmungslosen Zweckdenken eine neue Welle utilitären Strafrechtsdenkens über das deutsche Strafrecht (und nicht nur über das deutsche) kommen konnte und Franz von Liszt abermals die Stunde regierte, hat mehrere untereinander in kompliziertem Zusammenhang stehende Gründe:

1. Nach 1945 war, wie schon erwähnt, ein beachtlicher Teil der Strafrechtswissenschaft und -praxis in das Fahrwasser des **konservativen Naturrechts** der Adenauer-Ära, im Strafrecht damit aber erneut in dasjenige einer harten Sühnetheorie geraten, die es pikanterweise mit einem Strafgesetzbuch zu tun hatte, dem gerade auch in der Zeit des Nationalsozialismus wesentliche Elemente Lisztscher Kriminalpolitik eingepflanzt worden waren. Wer sich gegen Ende dieser Ära für ein mildes Zweckstrafrecht aussprach, war damit liberal und „progressiv".
2. Zur Lehre Franz v. Liszts gehörte untrennbar die Einbeziehung der Kriminalstatistik wie überhaupt der **Empirie**; seine Schule wird häufig auch als die „soziologische Schule" (oder auch die „moderne" Schule) bezeichnet. Traditionell

430 *Roxin*, Kriminalpolitik, S. 11.

431 *Roxin*, Kriminalpolitik, S. 15.

432 *Kubink*, Strafen, S. 433.

433 Ein Anlass für die von einem breiten Konsens getragene Liberalisierung des politischen Strafrechts im Jahre 1968 war auch, dass bei den 1972 bevorstehenden Olympischen Spielen Sportler und Funktionäre der DDR nach dem seit 1951 geltenden politischen Strafrecht mit Verhaftungen rechnen mussten und damit ein Boykott der Spiele durch die sozialistischen Staaten drohte; näher aus der Zeitzeugen-Perspektive *Diether Posser*, Anwalt im Kalten Krieg. 3. Aufl. Baden-Baden 1999, S. 419 ff.

denkende Juristen wehren sich seit je gegen das Eindringen der Soziologie bzw. Kriminologie in das Recht. Wer sich *dafür* ausspricht, ist damit „modern". Dabei blieb unberücksichtigt, dass nicht nur die Strafrechtswissenschaft, sondern auch zahlreiche Vertreter der Kriminologie (und gerade sie) sich den NS-Machthabern angedient hatten[434].

3. Franz v. Liszt war der Vertreter eines Strafrechtsdenkens, das *unzweckmäßiges* Strafrecht abschaffen wollte – unzweckmäßig nach dem Maßstab der Individualprävention, also des Zwecks, zukünftige Straftaten des Verurteilten zu verhindern. Und gemessen an diesem Maßstab gab es auch in der Frühzeit der Bundesrepublik noch eine Reihe von Möglichkeiten, das Strafrecht, vor allem im Bereich der Sexualdelikte, zu reduzieren. Ansatzpunkte boten nicht zuletzt jene Verschärfungen des Sexualstrafrechts, die in der Zeit des Nationalsozialismus eingeführt worden waren. Hingegen wurden beispielsweise die 1943 durch die Strafrechtsangleichungsverordnung eingeführten Neukriminalisierungen und Verschärfungen kaum angetastet.

Unter den Strafzwecken hat seit dem ausgehenden 20. Jahrhundert die sog. **positive Generalprävention**, die dem Strafrecht die Aufgabe zuweist, Rechtsgüterschutz durch Stärkung des Rechtsbewusstseins der Bevölkerung zu bewirken, die Vorherrschaft errungen. Sie wendet sich nicht (wie die Feuerbachsche Strafandrohungs-Generalprävention) an den Tatgeneigten, sondern ebenso an den Rechtstreuen, um „Versuchungen" gar nicht erst aufkommen zu lassen. Da für ihre – nur schwer, wenn überhaupt, feststellbare – Wirksamkeit prinzipiell auch normative „Botschaften" ausreichen[435], ist ihre Nähe zum **symbolischen Strafrecht** groß. Gerade aber die Neigung zum Erlass symbolischer Normen ist einer der Kausalfaktoren für die seit dem letzten Drittel des 20. Jahrhunderts kaum noch zu bremsende Expansion des Strafrechts[436].

In der **Kriminologie** und der Strafvollzugspraxis führte das Ende des NS-Regimes keineswegs sogleich zu einem Umdenken. Als die meisten Sicherungsverwahrten von den Alliierten freigelassen wurden, stieß dies auf vehementen Widerspruch deutscher Stellen, die sich darauf beriefen, dass die Pläne für die Sicherungsverwahrung schon vor 1933 diskutiert und prinzipiell befürwortet worden waren[437]. Das Bild der deutschen Vollzugspraktiker war nach wie vor von der Vorstellung

---

[434] *Wetzell*, Inventing, S. 179 ff.; *Ders.*, Der Verbrecher und seine Erforscher, in: Jahrbuch JZG 8 (2006/2007), S. 256 ff.

[435] Als repräsentativ für eine elaborierte Darstellung dieser Theorie kann gelten das Lehrbuch von *Günther Jakobs*, Strafrecht Allgemeiner Teil. Die Grundlagen und die Zurechnungslehre. (Berlin, New York 1. Aufl. 1983; 2. Aufl. 1991). Die betreffenden Passagen sind abgedruckt in: *Vormbaum*, MdtStrD, S. 330 ff. Ob sich die vom selben Autor aufgestellten Thesen zum sog. Feindstrafrecht (dazu u. § 6 b. Fn. 8 ff.) mit seiner Straftheorie in Verbindung bringen lassen, wird auffällig wenig thematisiert; s. dazu *Vormbaum*, Einführung, in: Vormbaum/Asholt, Feindstrafrecht, S. XXXI ff.

[436] *Winfried Hassemer*, Das Symbolische am symbolischen Strafrecht, in: Ders., Strafrecht. Sein Selbstverständnis, seine Welt. Berlin 2008, S. 93 ff.; dort S. 95 (Fußn. 14) alle erforderlichen Nachweise zum symbolischen Strafrecht.

[437] Ein von da an immer wiederkehrendes Argumentationsmuster, bei dem die Frage, *warum* die betreffenden Bestimmungen vor 1933 *nicht* realisiert worden waren, nicht gestellt wurde.

einer homogenen Gruppe von „Berufs- und Gewohnheitsverbrechern" bestimmt. Täterbeurteilungen aus der NS-Zeit wurden unreflektiert übernommen. Die „Erforschung der Täterpersönlichkeit" blieb ein zentrales Vorhaben im Strafvollzug. „Erbanlagen" waren ein mit großer Unbefangenheit herangezogenes Kriterium. Der „Kriminalbiologische Dienst" wurde freilich nicht reaktiviert; doch sollten Rückfragen bei Pfarrern, Lehrern, „Vertrauten", Fürsorgeämtern, Schulbehörden und Gesundheitsämtern die Angaben des Probanden über sich, seine Vorfahren und andere Verwandte („Selbstmorde, Geisteskrankheiten, Trunksucht, Erbkrankheiten") überprüfen und ergänzen[438]. Die Neuauflagen der Kriminologie-Lehrbücher trugen NS-Metaphern wie „Volksganzes", „Volksgemeinschaft als blutsmäßige Verwandtschaft", „Hochwertigkeit" und „Minderwertigkeit" von Individuen, „Gemeinschaftsfremde", „Entartung", „Auslese", „Ausmerzung", „Bekämpfung der Zigeunerplage" sowie Auffassungen von rassentypischer Kriminalität weiter; es war von der Bedrohung des „Volkskörpers" durch „Kriminalitätserreger" die Rede; im Lehrbuch von *Ernst Seelig* aus dem Jahre 1951[439] findet sich noch die Aussage, das Berufsverbrechertum sei durch den „ständigen Zustrom von Juden und Zigeunern durchmischt" worden[440]. In der Großen Strafrechtskommission sprach *Eduard Dreher* von „Minusauslese" und von „ganz bestimmten Menschentypen, die [...] durch ungünstige endogene Einflüsse charakterisiert werden"[441]. In den Akten der Justiz- und Vollzugspraxis fanden sich Charakterisierungen wie „großkotzig", „ein seltener Dreckspatz", „Schwätzer", „Stänkerer", „Faulenzer", „übles Früchtchen". Die Sichtweisen, die bereits den Stufenstrafvollzug der 20er Jahre beherrscht hatten, waren weiter hegemonial[442]. Erst der Mentalitätswandel der 50er und 60er Jahre schuf „allmählich ein neues Bewußtsein und damit die Voraussetzungen für die Schwerpunktverlagerung der Kriminologie"[443].

Ein neues Element in die kriminologische Diskussion brachte in den 70er Jahren der sog. **labeling approach**, der den bis dahin diskutierten Kriminalitätsfaktoren den der gesetzlichen Definition (und Schaffung) von Kriminalität hinzufügte[444]. Diesem Definitionsansatz benachbart, aber nicht mit ihm identisch ist die **Selektionstheorie**, welche die Gesetzmäßigkeiten der selektiven Wahrnehmung der

[438] *I. Baumann*, Verbrechen, S. 140–143.

[439] Zitiert nach *Baumann*, Verbrechen, S. 162 ff.

[440] I. Baumann weist alle zuvor zitierten Wendungen anhand der Neuauflagen der Lehrbücher von Franz Exner, Wilhelm Sauer, Edmund Mezger und Ernst Seelig nach; vgl. *Baumann*, Verbrechen, S. 145 ff.

[441] *I. Baumann*, Verbrechen, S. 189.

[442] *I. Baumann*, Verbrechen, S. 205 ff. In einer (vom Gericht übernommenen) gutachtlichen Stellungnahme der Strafvollzugsanstalt Bruchsal aus dem Jahre 1955 heißt es: „Sicherungsverwahrung und KZ-Haft konnten ihn nicht davon abhalten, bereits vom Jahre 1946 an erneut, insbesondere wegen Körperverletzung und Betrügereien, straffällig zu werden" (a. a. O., S. 211).

[443] *Naumann*, Gefängnis, S. 215.

[444] S. statt vieler: *Fritz Sack*, Definition von Kriminalität als politisches Handeln: der labeling approach; in: Arbeitskreis Junger Kriminologen (Hrsg.), Kritische Kriminologie. Positionen, Kontroversen und Perspektiven. München 1974, S. 18 ff.

Strafverfolgungsinstanzen bei der Identifizierung von Straftätern untersucht[445]. Beide Ansätze wurden zwar nicht dominant, öffneten aber den Horizont der Kriminologie für bislang vernachlässigte Aspekte und waren zugleich ein Indikator, dass die (weit verstandene) Kriminalsoziologie inzwischen das Übergewicht über individualfaktorielle Ansätze gewonnen hatte.

7. Gesetzgebung nach der Reform

Noch dem (bereits zur Neige gehenden) Reformzeitalter zuzurechnen ist die Einführung der Möglichkeit der **Aussetzung der lebenslangen Freiheitsstrafe** (im Jahre 1981). Sie war das Ergebnis einer Entscheidung des Bundesverfassungsgerichts[446], das diese Strafe zwar für grundsätzlich mit dem Grundgesetz vereinbar erklärt hatte, aber aus dem Menschenwürdepostulat (Art. 1 Abs. 1 GG) den Schluss gezogen hatte, dass dem Inhaftierten grundsätzlich die Hoffnung verbleiben müsse, irgendwann wieder in die Freiheit zu gelangen[447].

Im Gefolge der Strafrechtsreform wurde 1976 das bundeseinheitliche **Strafvollzugsgesetz** erlassen, in dem die Resozialisierung als primäres Vollzugsziel (§ 2 Abs. 1 StVollzG) sowie der sog. Angleichungsgrundsatz (§ 3 StVollzG) gesetzlich festgeschrieben wurden. Auch dem Erlass dieses Gesetzes war eine Entscheidung des Bundesverfassungsgerichts vorhergegangen; in ihr waren die (übereinstimmenden) Dienst- und Vollzugsordnungen der Bundesländer als nicht ausreichende Rechtsgrundlagen für (weitere) Beschränkungen der Rechte von Strafgefangenen erklärt und eine gesetzliche Grundlage gefordert worden[448].

Mit der am 1. September 2006 in Kraft getretenen „Föderalismusreform I" ist die Zuständigkeit für die gesetzliche Regelung des Strafvollzuges auf die Länder übergegangen. Seither haben alle Bundesländer eigene Strafvollzugsgesetze erlassen[449].

Das liberale kriminalpolitische Klima der 60er und der frühen 70er Jahre schlug in der Mitte der 70er Jahre um. Ursächlich dafür war neben schwer fassbaren menta-

---

445 Statt vieler die Beiträge in: *Hans Steinert* (Hrsg.), Der Prozeß der Kriminalisierung. Untersuchungen zur Kriminalsoziologie. München 1973; ferner *Hans-Wilhelm Schünemann*, Selektion durch Strafverfahren? Die Bedeutung des labeling approach für unser Strafverfahren, in: Deutsche Richter-Zeitung 1974, 278 ff.

446 BVfGE 45, 187, 229, 239.

447 Eine weitere Konsequenz aus dem Urteil des Bundesverfassungsgerichts war die (bis heute umstrittene) Entscheidung BGHSt 30, 105 (=NJW 1981, 1965), welche die sog. Rechtsfolgenlösung zu § 211 StGB verkündete, um der Forderung des Bundesverfassungsgerichts gerecht zu werden, nur diejenigen Fälle des Mordes mit der Höchststrafe zu belegen, die ein Höchstmaß an Unrecht und Schuld aufweisen.

448 BVfGE 33, 1 (=NJW 1972, 811).

449 S. den jeweils aktuellen Stand unter: www.strafvollzugsarchiv.de.

litäts- und strukturgeschichtlichen Vorgängen[450] der wechselseitige Eskalationsprozess zwischen einer Welle anarchistisch-**terroristischer Anschläge** der sog. Roten Armee Fraktion und der bereitwilligen Reaktion konservativer Kriminalpolitiker zu Strafrechtsverschärfungen und -ausweitungen, die einen großen Teil ihrer Forderungen regelmäßig im Wege des Kompromisses mit sozialdemokratischen Kriminalpolitkern durchsetzten konnten[451].

Hinzu trat die vom kritischen Zeitgeist getragene Entdeckung der **Wirtschaftskriminalität**, deren *Bekämpfung* unter der Flagge der gleichmäßigen Kriminalisierung sozialschädlichen Verhaltens von „Großen" und „Kleinen" einen beachtlichen Teil zur Expansion des Strafrechts beitrug und sich mit einem weiteren kriminalpolitischen Großthema des zu Ende gehenden Jahrhunderts, der Bekämpfung der **organisierten Kriminalität**, verband.

Aber auch neue soziale Bewegungen – Feminismus, Ökologiebewegung – taten sich nicht zuletzt mit Forderungen nach neuen Strafgesetzen und Strafrechtsverschärfungen hervor. Die Folge war eine kriminalpolitische Militanz, die mit der Wiedervereinigung und den mit ihr einhergehenden wirtschaftlichen und sozialen Strukturproblemen noch verschärft wurde. Beginnend mit den 70er Jahren fand geradezu ein Wettbewerb aller politischen Richtungen um neue Straftatbestände statt. Staats-, Wirtschafts-, Frauen-, Kinder- und Tierschützer sahen offenbar erst mit der Durchsetzung von einschlägigen Strafdrohungen und mit harten Urteilen ihre politische Programmatik als rechtlich akkreditiert an. Die höchstrichterliche Rechtsprechung fügte sich häufig gerade im Bereich des Wirtschaftsstrafrechts, wo sie offenbar unter Beweis stellen will, dass sie nicht nur „die Kleinen hängt", mit extensiven Auslegungen in diesen Trend ein.

Der Zusammenhang zwischen fortschreitender Flexibilisierung des Strafrechts und dem wegen der Ausweitung des Strafrechts stets wachen Wunsch nach Entlastung der Strafrechtspflege führte zu Milderungen auf der Sanktionsseite – statt Entkriminalisierung also Entpoenalisierung (oder, mit einer neuen Bezeichnung, **Diversion**). Sichtbares Zeichen war die schrittweise Ausweitung des sog. **Täter-Opfer-Ausgleichs** (§ 46a StGB), der, gewiss in guter Absicht geschaffen, zusammen mit gleichlaufenden Änderungen im Strafprozessrecht (dazu sogleich), das liberale, sorgsam austarierte Gegenüber von Staat und Beschuldigtem heikel werden ließ.

---

[450] Ende des „Wirtschaftswunders", „Ölschock" von 1973, Auflösung sozialer Strukturen und Milieus, relativ hohe Sockelarbeitslosigkeit nach 20 Jahren Vollbeschäftigung, ökologische und rüstungspolitische Krisenszenarien.

[451] Instruktiv für dieses Wechselspiel und spannend die Dokumentation *Die Anti-Terror-Debatten im Parlament. Protokolle 1974–1978*. Reinbek b. Hamburg 1978.

8. Strafprozessrecht[452]

Wie schon zu Beginn des 20. Jahrhunderts zeigte die Entwicklung des Strafprozessrechts gegenüber derjenigen des materiellen Strafrechts gewisse Eigengesetzlichkeiten. Bis zum Erlass des Strafprozessänderungsgesetzes von 1964 (StPÄG) bemühte die Gesetzgebung sich um eine behutsame Liberalisierung und um Stärkung der Beschuldigtenrechte[453]. Die schon erwähnte Welle terroristischer Anschläge bildete den Auslöser für eine Umkehrung dieses Trends. Und wie schon häufig in der Strafrechtsgeschichte (beispielsweise beim Erlass der Emminger-Verordnung im Jahre 1924) gingen rechtsdogmatische und allgemeinpolitische Argumente Hand in Hand. Ein heterogenes rechtspolitisches Bündnis aus Rechtspolitikern und Interessenvertretern glaubte, mit der Beseitigung des (erst 1964 eingeführten) Schlussgehörs und der traditionsreichen gerichtlichen Voruntersuchung[454], einer richterlichen Schutzgarantie im Ermittlungsverfahren, das Anklageprinzip im Strafprozessrecht endgültig durchzusetzen, machte aber damit und mit der Vermehrung der Möglichkeiten staatsanwaltschaftlicher Verfahrensbeendigung, gipfelnd in der seit 1975 durch § 153a StPO ermöglichten Einstellung in Verbindung mit Geldauflagen[455], den Staatsanwalt tendenziell zu einem „Richter vor dem Richter“[456], zumal bei gleicher Gelegenheit der Staatsanwaltschaft Eingriffsvollmachten zugestanden wurden, die der zwangsweisen Durchführung von Vernehmungen dienen (§§ 161a, 163a StPO)[457].

Die tragende Begründung für die Beseitigung der gerichtlichen Voruntersuchung, heutzutage sei das Misstrauen der Reichsstrafprozessordnung gegenüber dem damals noch jungen Amt des Staatsanwalts nicht mehr gerechtfertigt, zeugt nicht von einem sensiblen Umgang mit dem Gedanken der prozessualen Gewaltenteilung. Überdies war es beim Erlass der RStPO nicht um ein bloßes „Misstrauen“ gegenüber der jungen Institution Staatsanwaltschaft gegangen, sondern um 30jährige handfeste Erfahrungen mit ihrer preußischen Erscheinungsform[458]. „Vertrau-

---

[452] Einen Überblick über die Entwicklung aus der Sicht des Jahres 2006 gibt *Peter Rieß*, Tendenzen der Strafprozessgesetzgebung in der Bundesrepublik Deutschland, in: Fschr. f. Roland Miklau. Innsbruck, Wien, Bozen 2006, S. 433, der die Entwicklung insgesamt günstiger als der hiesige Text beurteilt.

[453] *Schumacher*, Staatsanwaltschaft, S. 209 ff.

[454] Durch Art. 1 Ziff. 52 und 57 des Ersten Gesetzes zur Reform des Strafverfahrens vom 9. Dezember 1974 (RGBl. I, S. 3393).

[455] Ebenfalls durch das 1. StVRG (Art. 1 Nr. 36).

[456] *Erhard Kausch*, Der Staatsanwalt. Ein Richter vor dem Richter? Untersuchungen zum § 153a StPO. Berlin 1980; s. auch zu einem konkreten Fall (Einstellung des Strafverfahrens gegen Bundeskanzler Helmut Kohl wegen Untreue durch Verstoß gegen Parteispendenvorschriften) die Kommentare von *Wolfgang Naucke*, *Wilhelm Hennis* und *Thomas Vormbaum*, in: JJZG 2 (2000/2001), 722 ff., 725 ff. und 728 ff.

[457] Durch Art. 1 Ziff. 43, 46 des 1. StVRG; s. dazu die vernichtende Kritik von *Jürgen Welp*, Zwangsbefugnisse für die Staatsanwaltschaft. Tübingen 1976.

[458] *Schumacher*, Staatsanwaltschaft, S. 233.

en“ gegenüber Strafverfolgungsorganen ist im Übrigen weder eine rechtsstaatliche noch eine demokratische Tugend[459].

Das **Legalitätsprinzip** wurde zwar nach seiner im Zuge der Kriegsgesetzgebung erfolgten Aufhebung wieder installiert. Der mit der Emminger-Verordnung ausgelöste Trend zu seiner Auflockerung setzte sich dann aber auch in der Bundesrepublik fort. Vor allem die Einstellungsmöglichkeit des § 153a StPO löste einen weiteren Schub in diese Richtung aus.

Ein klassisches Beispiel für einen „Mißbrauch der Gesetzgebungstechnik“[460] bildet **§ 129a StGB** (Terroristische Vereinigungen). In den 70er und 80er Jahren wurde dieser Vorfeldkriminalisierungs-Tatbestand, verstärkt durch Medienberichterstattung, nachgerade zum Synonym für die terroristische Bedrohung. Dabei war er – dieser Hinweis versetzte Studierende damals regelmäßig in Erstaunen – ursprünglich als *Vergehen* ausgestaltet. Die Verurteilungsquote ist bis heute stets gering, da regelmäßig die „eigentliche“ Tat (Tötungs-, Entführungs-, Anschlagsdelikt) abgeurteilt werden kann[461]. Der Hauptzweck der Vorschrift lag denn auch nicht im materiellrechtlichen Bereich, sondern darin, bei Vorliegen eines Tatverdachts nach § 129a StGB als Anknüpfungspunkt für prozessuale Folgeregelungen, vor allem Fernmeldeüberwachung und Beschränkungen der Strafverteidigung, zu dienen[462]. Eine hektische gesetzgeberische Betriebsamkeit infolge einer neuen Welle von Anschlägen – diesmal nicht mehr anarchistischer, sondern „ökoterroristischer“ Provenienz (Anschläge auf Strommasten u. ä.) – führte 1986 dazu, den Tatbestand zu „materialisieren“ und zum Verbrechen hochzustufen[463].

Angeregt durch die seit den 70er Jahren expandierende Viktimologie, deren Vertreter zeitweise sogar ihren Forschungszweig zu einer eigenen Wissenschaft *neben* der Kriminologie machen wollten (was implizit eine *Täter*-Orientierung der letzteren voraussetzt), hielt seit den 80er Jahren der **Opferschutz** Einzug in das Strafverfahren; ausgelöst durch berechtigte Kritik an Missständen – wie das mitunter überzogene Verhalten von Verteidigern in Vergewaltigungsprozessen, das freilich durch eine angemessene Verhandlungsführung in den meisten Fällen hätte unterbunden werden können –, schoss er bald über sein Ziel hinaus. Schon der Grundsatz, dass die Erhebung der öffentlichen Klage (§ 170 Abs. 1 StPO) nur ein *mutmaßliche* Täterschaft und damit regelmäßig (und gerade in den problematischen Fällen) auch nur eine *mutmaßliche* Opferstellung konstatiert, muss zur Vorsicht mahnen. Wie

---

[459] S. auch *Welp*, a. a. O. S. 9; *I. Müller*, Rechtsstaat und Strafverfahren, S. 206 ff.

[460] *F.-C. Schroeder*, Die Entwicklung der Gesetzgebungstechnik, in: Vormbaum/Welp, StGB, Supplementband 1, S. 381 ff., 416 ff.

[461] *F.-C. Schroeder*, a. a. O., S. 417.

[462] Ebd.

[463] Eingehend zu Geschichte, Dogmatik und Kritik des § 129a StGB jetzt *Katrin Hawickhorst*, § 129a StGB – Ein feindstrafrechtlicher Irrweg zur Terrorismusbekämpfung. Kritische Analyse einer prozessualen Schlüsselnorm im materiellen Recht. Berlin 2011.

schon so häufig in unserem Gang durch die Strafrechtsgeschichte festgestellt, produzierte das gut Gemeinte nicht nur das Gute[464].

VII. Deutsche Demokratische Republik

1. Skizze der Strafrechtsentwicklung

Ein Blick auf die inzwischen abgeschlossen vorliegende ca. 40jährige Strafrechtsgeschichte der Deutschen Demokratischen Republik trifft auf Gemeinsamkeiten und Unterschiede im Vergleich zur Entwicklung in der Bundesrepublik. Der von einer „antifaschistisch-demokratischen" Umwälzung der ersten Nachkriegsjahre vorbereitete Aufbau des real existierenden Sozialismus, im Namen des Fortschritts zumindest von einem Teil der Bevölkerung und insbesondere einem Teil der Gegner des Nationalsozialismus hoffnungsvoll begonnen, stand von Anfang an unter dem Einfluss einer stalinistischen Hegemonialmacht und unter der Wohlfahrtsdiktatur der führenden Partei und verlor schon früh durch Internierungen[465] und Deportationen[466] seitens der sowjetischen Besatzungsmacht weitgehend an Zustimmung in der Bevölkerung.

Wie im Westen stellten sich in der sowjetischen Besatzungszone die Probleme der Transformation und der strafrechtlichen Aufarbeitung der NS-Vergangenheit. Die vom Alliierten Kontrollrat erlassenen Normen galten auch dort; anders als in den westlichen Besatzungszonen wurde die Entnazifizierung der Justiz aber nicht nur in der Anfangszeit konsequent betrieben. Von den 1945 in der Justiz Beschäftigten wurden zwei Drittel auf Grund der Entnazifizierung entlassen, was zu spürbarem Personalmangel führte; zwischen 1945 und 1950 waren in der sowjetischen Zone durchschnittlich 25 bis 30% der Richterämter und 5 bis 10% der Staatsanwaltsstellen unbesetzt[467]. Während in den westlichen Besatzungszonen dieses Problem durch allmähliche Wiedereinstellung belasteter Personen behoben wurde, praktizierte man in der sowjetischen Zone bis etwa 1948 ein System der **Volksrichter-**

---

[464] S. dazu zuletzt: *Bernd Schünemann*, Der Ausbau der Opferstellung im Strafprozeß – Fluch oder Segen? in: Fschr. R. Hamm. Berlin 2008, S. 687 ff. Zur Kritik an der „martialischen" Terminologie „Opfer" anstelle der herkömmlichen, im Strafprozess prinzipiell bis heute üblichen Bezeichnung „Verletzter" s. *F.-C. Schroeder*, a. a. O., S. 381 ff., 390.

[465] 160.000 bis 260.000 Deutsche wurden in den ersten Jahren nach 1945, teilweise willkürlich, als „aktive Faschisten" oder Kriegsverbrecher interniert; *Helmut Müller-Engbers*, Garanten äußerer und innerer Sicherheit, in: Matthias Judt (Hrsg.), DDR-Geschichte in Dokumenten. Beschlüsse, Berichte, interne Materialien und Alltagszeugnisse. Bonn 1998, S. 431 ff., 432.

[466] Etwa 40.000 Menschen wurden während dieser Zeit in die Sowjetunion deportiert und mussten dort am Wiederaufbau der von den Deutschen zerstörten Wirtschaft mitarbeiten; *Müller-Engbers*, ebd.

[467] Zahlen nach *Andreas Gängel*, Die Volksrichterausbildung, in: BMJ (Hrsg.), Justiz, S. 47 ff.; der Personalmangel wurde durch die Abwanderung auch unbelasteter Personen in die Westzonen noch verstärkt, ebd. S. 48.

ausbildung[468], das die Behebung einer Notlage mit der Rekrutierung eines neuen systemtreuen Personals, aber auch mit der Verwirklichung einer bis in die Weimarer Zeit zurückgehenden Vorstellung von volksnaher Justiz verband[469].

Der Aufbau der Justiz in den – bis 1952 existierenden – fünf östlichen Ländern wurde von den Rechtsabteilungen der Sowjetischen Militäradministration (SMAD) in der Besatzungszone und in den Ländern und Provinzen sowie durch die auf ihre Anweisung gegründete Deutsche Zentralverwaltung für Justiz (DJV) gesteuert; ab etwa 1948 wurde die Justiz zunehmend gleichgeschaltet[470]. Die Rechtsprechung wurde in wichtigen Rechtsfragen bis zum Ende der DDR von Partei und Staatsführung über das Oberste Gericht als Leitungsorgan zentral gelenkt[471].

Die strafrechtliche **Aufarbeitung der NS-Vergangenheit** wurde im Allgemeinen früh und intensiv angegangen. So fand bereits 1947– zeitgleich mit dem Nürnberger Nachfolgeprozess gegen NS-Ärzte – in Dresden ein großer „Euthanasie"-Prozess statt[472]. Bis 1977 wurden 127 wegen NS-Verbrechen Angeklagte zum Tode verurteilt und hingerichtet[473]. Die Überzeugungskraft dieser konsequenten Strafverfolgung von NS-Verbrechen wurde freilich dadurch beeinträchtigt, dass sie zum einen – zumindest punktuell – mit der politischen Verfolgung von Regime-Gegnern vermengt wurde[474], zum anderen für die Propaganda gegen ehemalige NS-Funktionsträger instrumentalisiert wurde, die in Westdeutschland in hohe Ämter aufgestiegen, zurückgekehrt oder in ihnen verblieben waren[475].

---

[468] Dazu *Gängel*, a. a. O.; *Wentker*, Justiz, S. 119 ff.; *Andrea Feth*, Die Volksrichter, in: Rottleuthner (Hrsg.), Steuerung, S. 351 ff.

[469] Auch Eugen Schiffer, in der Weimarer Republik Mitglied der (linksliberalen) Deutschen Demokratischen Partei, von 1919 bis 1921 Reichsjustizminister und von 1945 bis 1948 Präsident der Deutschen Zentraljustizverwaltung in der Sowjetzone, hatte sich nachdrücklich für den Ausbau der Stellung von Laienrichtern ausgesprochen; s. *Joachim Ramm*, Eugen Schiffer und die Reform der deutschen Justiz. Neuwied und Darmstadt 1987, S. 176.

[470] *Andrej P. Nikitin*, Die sowjetische Militäradministration und die Justiz in Ostdeutschland, in: JJZG 1 (1999/2000), 123 ff.; *Thomas Lorenz*, Die deutsche Zentralverwaltung der Justiz (DJV) und die SMAD in der sowjetischen Besatzungszone 1945 bis 1949, in: Rottleuthner (Hrsg.), Steuerung, S. 135 ff.; für Brandenburg s. *Dieter Pohl*, Justiz in Brandenburg 1945–1955. Gleichschaltung und Anpassung. München 2001; für Sachsen-Anhalt *Hermann Wentker*, Anfänge der „Volksjustiz in Sachsen-Anhalt 1945–1949. Zum Neuaufbau einer Landesjustiz unter sowjetischer Besatzung, in: JJZG 6 (2004/2005), 141 ff.

[471] *Andreas Gängel*, Das Oberste Gericht der DDR – Leitungsorgan der Rechtsprechung – Entwicklungsstationen, in: Rottleuthner (Hrsg.), Steuerung, S. 253 ff. – Zur **Militärjustiz** s. *Heinz Josef Wagner*, Die Militärjustiz der DDR. Unter besonderer Berücksichtigung der Rechtsprechung der Militärgerichte. 2 Bände. Berlin 2006.

[472] Dazu *Joachim S. Hohmann*, Der „Euthanasie"-Prozess Dresden 1947. Eine zeitgeschichtliche Dokumentation. Frankfurt u. a. 1993.

[473] Nach einer ostdeutschen Dokumentation; Nachw. b. *Koch*, JZ 2007, 719 ff., 720.

[474] So in den sog. Waldheimer Prozessen; dazu *Marxen/ Werle*, DDR-Unrecht, Bd. 5/2, S. 791 ff.; *Haase/ Pampel*, Waldheimer „Prozesse"; *Dirks*, Verbrechen der anderen, S. 48 ff.; *Falko Werkentin*, Politische Strafjustiz in der Ära Ulbricht. Berlin 1995, S. 174 ff.

[475] Zu den Schauprozessen (in Abwesenheit) gegen Bundesminister **Theodor Oberländer** und den Staatssekretär im Bundeskanzleramt (und früheren Kommentator der Nürnberger Rassegeset-

Trotz des offiziell verkündeten Antifaschismus war die Einschätzung der Strafrechtswissenschaft vor 1945 in der DDR ambivalent. Während die problematischen Elemente der Liszt-Schule durchaus gesehen und kritisiert wurden – eine Bewertung, die sich gegen Ende der DDR deutlich abmilderte[476] –, schien man andererseits auch Normalitätsanteile bzw. Kontinuitätsanteile zu akzeptieren.

Symptomatisch hierfür ist die Behandlung des Strafrechtslehrers **Eduard Kohlrausch** (1874–1948), eines Liszt-Schülers, der auch und gerade in der Zeit von 1933 bis 1945 zu den führenden deutschen Strafrechtslehrern gehört hatte und u. a. in der Strafrechtsreform-Kommission des Reichsjustizministeriums mitgewirkt hatte. Er wurde mit Billigung der SMAD Dekan der juristischen Fakultät der in „Humboldt-Universität" umgetauften Berliner Hochschule und nahm intensiv am Wiederaufbau der Fakultät und des Lehrbetriebs teil; 1947 wurde er jedoch aus nicht ganz geklärten Gründen fallen gelassen und „beurlaubt"[477].

Tatsächlich zeigt die Strafrechtsentwicklung der DDR außerhalb des – freilich weit gespannten – politischen Bereichs große Anteile von **Normalität** im Sinne einer „Modernität", mit der sie sich in die **Kontinuität** der Strafrechtsentwicklung im 20. Jahrhundert einfügt[478].

Das Reichsstrafgesetzbuch von 1871 galt nach 1945 auch in der SBZ/DDR zunächst weiter; es galten aber auch die Vorschriften des Alliierten Kontrollrats über die Aufhebung strafrechtlicher Bestimmungen[479]. 1957 erging ein umfangreiches Gesetz „zur Ergänzung des Strafgesetzbuchs"[480]. Es ergänzte den Allgemeinen Teil u. a. um die Möglichkeit der bedingten Verurteilung für Freiheitsstrafen bis zu 2 Jahren (§§ 1, 2), um die Sanktionen des „öffentlichen Tadels" (§ 3 ff.) und der „öffentlichen Bekanntmachung von Bestrafungen" (§ 7) sowie um eine Vorschrift über den „Ausschluß der strafrechtlichen Verantwortlichkeit" (§ 8). Danach lag eine Straftat

> nicht vor, wenn die Handlung zwar dem Wortlaut eines gesetzlichen Tatbestandes entspricht, aber wegen ihrer Geringfügigkeit und mangels schädlicher Folgen für die Deutsche Demokratische Republik, den sozialistischen Aufbau, die Interessen des werktätigen Volkes sowie des einzelnen Bürgers nicht gefährlich ist[481].

---

ze) **Hans Globkes**. *Christian Dirks*, Verbrechen der anderen, S. 63 ff. Zur „Braunbuch-Kampagne" s. bereits o. § 5 VI. 3., ferner *Dirks*, Verbrechen der anderen, S. 59 ff.

476 S. die Nachweise b. *Karitzky*, Kohlrausch, S. 24 ff.

477 Näher *Karitzky*, a. a. O., S. 179 ff.; s. auch die Sekundäranalyse b. *Vormbaum*, Kohlrausch, a. a. O.

478 S. dazu die Beiträge in: *Jörg Arnold* (Hrsg.), Die Normalität des Strafrechts der DDR. 2 Bände. Freiburg i. B. 1995, 1996; zu einem besonderen Kontinuitätsaspekt – der Bekämpfung von „Asozialen" – s. *Sven Korzelius*, „Asoziale" und „Parasiten" im Recht der SBZ/DDR. Randgruppen im Sozialismus zwischen Repression und Ausgrenzung. Köln, Weimar, Wien 2005.

479 S. vor allem KontrollratsG Nr. 11 vom 30. Januar 1946 (Aufhebung einzelner Bestimmungen des deutschen Strafrechts), in: *Vormbaum/ Welp*, Suppl. II, Nr. 1, sowie Kontrollratsgesetz Nr. 55 (Aufhebung von Vorschriften auf dem Gebiet des Strafrechts) vom 20. Juni 1947, in: *Vormbaum/ Welp*, Suppl. II, Nr. 2; näher zur frühen Strafgesetzgebung in der SBZ/DDR *Jörg Arnold*, Einige Aspekte der Entwicklung des StGB der DDR, in: Vormbaum/Welp, Suppl. I, S. 423 ff.

480 *Vormbaum/Welp*, Suppl. II, Nr. 3.

481 Die Vorschrift wurde ergänzt durch § 9, der Straflosigkeit anordnete, wenn in der Zeit zwischen Tat und Aburteilung die Gesellschaftsgefährlichkeit entfallen war oder im Verhalten des Täters

Im Bereich des Besonderen Teils wurde ein umfangreiches politisches Strafrecht in Kraft gesetzt (§ 13 ff.)[482]. Dazu gehörten neben den herkömmlichen Tatbeständen die Tatbestände der „Staatsgefährdenden Propaganda und Hetze“ und der „Staatsverleumdung“ (§§ 19, 20), die ihre Entsprechungen im Kalter-Kriegs-Strafrecht der Bundesrepublik besaßen, aber auch Tatbestände wie „Verleitung zum Verlassen der DDR“, „Diversion“, „Schädlingstätigkeit [!] und Sabotage“ (§§ 21–23). Neu eingeführt wurde ferner ein Abschnitt über „Verbrechen gegen gesellschaftliches Eigentum“. Ein weiterer Abschn. (§§ 32 ff.) normierte Verbrechen gegen die militärische Disziplin.

Am 1. Juli **1968** trat ein **neues Strafgesetzbuch** in Kraft[483]. Es unterschied Straftaten und Verfehlungen. Straftaten waren entweder gesellschaftswidrig (Vergehen) oder gesellschaftsgefährlich (Verbrechen); Verfehlungen waren (gesetzlich als solche bezeichnete) „Verletzungen rechtlich geschützter Interessen der Gesellschaft oder der Bürger, bei denen die Auswirkungen der Tat und die Schuld des Täters unbedeutend“ waren (§ 4 Abs. 1). Das Gesetz übernahm aus dem Ergänzungsgesetz von 1957 die Vorschriften über die Behandlung von **Bagatelltaten** (§ 3). Die **Schuld** wurde positiv und weitgehend objektiv mit normativen Elementen formuliert („wenn der Täter trotz der ihm gegebenen Möglichkeiten zu gesellschaftsgemäßem Verhalten durch verantwortungsloses Handeln den gesetzlichen Tatbestand eines Vergehens oder Verbrechens verwirklicht“) (§ 5). Die Zurechnungsunfähigkeit war ähnlich definiert wie in § 20 des bundesdeutschen StGB, jedoch musste die Bewusstseinsstörung keine „tiefgreifende“ sein, und Bezugspunkt der Zurechnungsfähigkeit war nicht „das Unrecht“ der Tat, sondern es waren die „durch die Tat berührten Regeln des gesellschaftlichen Zusammenlebens“. In schuldhaft herbeigeführtem Rauschzustand begangene Taten wurden nach dem verletzten Gesetz bestraft (§ 15). **Vorsatz und Fahrlässigkeit** waren gesetzlich definiert (§§ 6–9)[484]. Rechtfertigungen durch **Notwehr und Notstand** standen unter dem Vorbehalt der *Angemessenheit* der Handlung (§§ 17 ff.).

Für den **Versuch** blieb es, wie im bundesdeutschen Zweiten Strafrechtsreformgesetz, bei der bloß fakultativen Strafmilderung (§ 21 Abs. 4 S. 3).

§ 21 Abs. 4 S. 2 schrieb für die Strafzumessung die Berücksichtigung der Beweggründe des Täters, der von ihm angestrebten oder für möglich gehaltenen Folgen, des Grades der Verwirklichung der Straftat und der Gründe, aus denen sie nicht vollendet wurde, vor. Das offiziöse Strafrechts-Lehrbuch warnte vor einer „einseitigen Überbetonung des Fehlens des tatbestandsmäßigen Erfolges, der objektiven Unmöglichkeit oder des Wahrscheinlichkeitsgrades der Vollendung der Straftat, der Untauglichkeit des ‘Objekts’ oder des Mittels“[485].

---

eine „grundlegende Wandlung“ eingetreten war.

[482] *Friedrich-Christian Schroeder*, Die Entwicklung des politischen Strafrechts, in: BMJ (Hrsg.), Justiz III, S. 107 ff.

[483] *Vormbaum/Welp*, Suppl. II, Nr. 4.

[484] Beide waren in den Abschnitt „Schuld“ eingefügt.

[485] *John Lekschas/ Joachim Renneberg* (Hrsg.), Strafrecht. Allgemeiner Teil. Lehrbuch. Autoren Erich Buchholz u. a. Berlin (Staatsverlag der DDR) 1976, S. 366.

Bei den Strafen fällt vor allem die als materiellrechtliche Vorschrift eingeordnete, jedoch prozessuale Vorschrift über die **„Beratung und Entscheidung durch ein gesellschaftliches Organ der Rechtspflege“** auf (§ 28). Diesen Organen musste die Aburteilung von Verfehlungen überlassen werden, und es konnte ihnen auch die Aburteilung leichter Vergehen übertragen werden, insbesondere in Fällen, in denen „Verpflichtungen der Arbeitskollektive, der Hausgemeinschaften, der Brigaden oder anderer Kollektive eine erfolgreiche Erziehung des Rechtsverletzers gewährleisten […]“ (§ 28)[486].

Die **Todesstrafe,** zunächst mit dem Reichsstrafgesetzbuch übernommen, wurde auch im neuen Strafgesetzbuch beibehalten[487]. Angedroht war sie für sieben Staatsschutzverbrechen, vier Kriegsverbrechen und Verbrechen gegen die Menschlichkeit und acht Militärstraftaten, zugelassen ferner für bestimmte Fälle des Mordes. Konsequent verhängt und vollstreckt wurde sie in Verfahren wegen NS- und Kriegsverbrechen; von den Verurteilungen wegen Mordes lautete nur ein verhältnismäßig kleiner Prozentsatz auf Todesstrafe[488]; und auch diese Todesstrafen wurden seit 1975 regelmäßig vom Staatsratsvorsitzenden *(Erich Honecker)* in lebenslange Freiheitsstrafen umgewandelt. 1987 schaffte die DDR als erstes Ostblock-Land die Todesstrafe ab[489].

Die **Strafrahmen** waren bei Grundtatbeständen meistens niedriger als im bundesdeutschen Strafrecht. Das Standardhöchstmaß der Freiheitsstrafe, im bundesdeutschen Strafrecht 5 Jahre, betrug im StGB der DDR 2 Jahre; freilich sagt dies noch nichts über die Praxis der Strafzumessung aus, die einer genaueren Untersuchung bedürfte. Bei Qualifikationstatbeständen war der häufigste Strafrahmen Freiheitsstrafe von zwei bis zu acht oder zehn Jahren.

Im Besonderen Teil standen die „Verbrechen gegen die Souveränität der Deutschen Demokratischen Republik, den Frieden, die Menschlichkeit und die Menschenrechte“ an erster Stelle; gleich danach folgten, deutscher Strafgesetzgebungs-Tradition entsprechend, die Staatsschutzdelikte, in denen der Begriff der „Staatsfeindlichkeit“ eine prominente Rolle einnahm (§§ 105–107).

Auch in der sozialistischen Gesellschaftsordnung bildeten die **Eigentumsdelikte** mit etwa 50 % die zahlenmäßig größte Gruppe von Straftaten. Die Hälfte von ihnen wiederum waren Straftaten zum Nachteil sozialistischen Eigentums[490]. Die entsprechenden Strafvorschriften fanden sich – getrennt nach „sozialistischem Eigentum“ und „persönlichem oder privatem Eigentum“ – in den §§ 157 ff., 177 ff.

---

486 Kritisch zu den gesellschaftlichen Gerichten der DDR *Felix Herzog*, Rechtspflege – Sache des ganzen Volkes? Bericht über eine Studie zu den Gesellschaftlichen Gerichten der DDR, in: JJZG 2 (2000/2001), 180 ff.

487 Näher zur Todesstrafe in der DDR und ihrer Abschaffung *Evans*, Rituale, S. 958 ff.; *Arnd Koch*, Das Ende der Todesstrafe in Deutschland, in: JZ 2007, 719 ff.

488 *Koch*, a. a. O., S. 720.

489 Zu den Hintergründen der Abschaffung *Koch*, a. a. O., S. 722.

490 *Erich Buchholz/ Ulrich Dähn/ Hans Weber* (Hrsg.), Strafrecht. Besonderer Teil. Lehrbuch. Autoren: Paul Abisch u. a. Berlin (Staatsverlag der DDR) 1981; zum Diebstahl sozialistischen Eigentums s. *Wilhelm Rettler*, Der strafrechtliche Schutz des sozialistischen Eigentums in der DDR. Berlin 2010.

Die **Straftaten gegen die staatliche und öffentliche Ordnung** enthielten u. a. die Tatbestände des *Ungesetzlichen Grenzübertritts* (darunter die Strafbarkeit dessen, der „ohne staatliche Genehmigung das Gebiet der Deutschen Demokratischen Republik verläßt oder in dieses nicht zurückkehrt", § 213) und des „*Rowdytums*"[491]. Das Strafgesetzbuch erlebte bis zur Öffnung der innerdeutschen Grenze nur fünf Änderungsgesetze[492], von denen das 3. Änderungsgesetz vom 28. Juni 1979 eine beachtliche Verschärfung des politischen Strafrechts brachte. Durch das Gesetz über die gesellschaftlichen Gerichte erhielt § 34 des Strafgesetzbuches einen Katalog der Erziehungsmaßnahmen, welche durch diese Gerichte ausgesprochen werden konnten.

Infolge des Vertrags zur Schaffung einer Währungs-, Wirtschafts- und Sozialunion mit der Bundesrepublik wurden die in Anlage III des Vertrages aufgelisteten Bestimmungen des Strafgesetzbuchs der DDR aufgehoben[493]. Durch das von der frei gewählten Volkskammer der DDR verabschiedete 6. Strafrechtsänderungsgesetz vom 29. Juni 1990[494] wurde das Strafgesetzbuch der DDR in weiten Partien, vor allem im Bereich des Wirtschaftsstrafrechts, demjenigen der Bundesrepublik angepasst. Dennoch wurde dann durch den am 3. Oktober 1990 in Kraft getretenen Einigungsvertrag[495] das Strafgesetzbuch der DDR mit wenigen Ausnahmen[496] aufgehoben; dies war zwar für die ab dem Zeitpunkt der Wiedervereinigung begangenen Straftaten sachgerecht, erwies sich jedoch für die Verfolgung von Alttaten, insbesondere eines Teils der DDR-Regierungskriminalität als ein Hindernis, über das sich Rechtsprechung und herrschende Literaturauffassung freilich hinwegsetzten[497].

2. Strafrechtliche Aufarbeitung der DDR-Vergangenheit

Die Wiedervereinigung Deutschlands brachte neben der Aufgabe, die neuen Bundesländer zu integrieren, die Frage nach der Auseinandersetzung mit der Systemvergangenheit der DDR. Anders als in der fast gleichzeitig sich vollziehenden Aufarbeitung des Apartheid-Systems in Südafrika stand in Deutschland (neben Rehabi-

[491] „Wer sich an einer Gruppe beteiligt, die aus Mißachtung der öffentlichen Ordnung oder der Regeln des sozialistischen Gemeinschaftslebens Gewalttätigkeiten, Drohungen oder grobe Belästigungen gegenüber Personen oder böswillige Beschädigungen von Sachen oder Einrichtungen begeht…".

[492] Alle sind dokumentiert in: *Vormbaum/ Welp*, StGB, Supplement II.

[493] *Vormbaum/Welp*, Suppl. II, Nr. 12.

[494] *Vormbaum/Welp*, Suppl. II, Nr. 13.

[495] Einschlägige Bestimmungen des Einigungsvertrages b. *Vormbaum/Welp*, StGB, Nr. 141.

[496] Die Ausnahmen betrafen neben einigen wirtschafts- und umweltstrafrechtlichen Bestimmungen vor allem die Tatbestände der homosexuellen Handlungen, die in der DDR straflos waren, und des Schwangerschaftsabbruchs, für den in der DDR eine Fristenregelung galt.

[497] Zu Fragen der Strafrechtsgeltung im Zusammenhang mit der Teilung Deutschlands s. *Gerhard Werle/ Florian Jeßberger*, in: Leipziger Kommentar zum StGB. 12. Aufl. Vor § 3 Rn. 433 ff.

litationen, Restitutionen, Wiedergutmachung und anderen „positiven" Maßnahmen) wieder die **strafrechtliche Aufarbeitung** im Vordergrund[498].

Gegenüber der strafrechtlichen Auseinandersetzung mit der NS-Vergangenheit weist diejenige mit der DDR-Vergangenheit einige Unterschiede auf. Zum einen wurde die Strafverfolgung diesmal ohne Zögern angegangen. Dies mag zum einen daran gelegen haben, dass die Justiz sich nicht nachsagen lassen wollte, ein zweites Mal bei der Vergangenheitsbewältigung versagt zu haben. Eine wichtige Rolle spielte auch, dass diesmal Interessenkollisionen nicht auftauchen konnten. Es ging um die Staatskriminalität „der anderen", nicht, wie nach 1945, um die der „eigenen Leute". Auch waren die theoretischen Probleme einer solchen Vergangenheitsbewältigung inzwischen aufgrund der Erfahrungen nach 1945 durchdiskutiert.

Für die Geltungsfrage wurde abermals auf die „Radbruch-Formel" zurückgegriffen. Ob dies im Sinne des Erfinders der Formel war, ist nicht zweifelsfrei, denn dieser hatte die Formel unter dem Eindruck der Menschheitsverbrechen des Nationalsozialismus entwickelt. Da Radbruch bis zuletzt sehr weitgehend an der Geltung auch ungerechter Gesetze festgehalten hatte und nur für extreme Ausnahmefälle eine Ausnahme eingeräumt hatte, ist nicht einmal sicher, ob er die Mauerschützen-Fälle unter diese Ausnahmeregel subsumiert hätte[499].

Daneben gab es als zweite Spur der Argumentation die sog. menschenrechtsfreundliche Auslegung, welche das DDR-Recht einschließlich seiner Rechtfertigungsgründe (z. B. die Vorschriften über den Schusswaffengebrauch an der Grenze) beim Wort nehmen wollte, jedoch nicht eine diesen Regelungen widersprechende Staatspraxis (Schießbefehl) berücksichtigen wollte[500].

Ein Vergleich der Pathologie der beiden deutschen Diktaturen des 20. Jahrhunderts ist freilich ein Unterfangen, das an den allgemeinen Schwierigkeiten des Systemvergleichs und insbesondere des Diktaturvergleichs teilnimmt[501]. In § 5 V. 8. ist für das NS-Regime zwischen allgemeiner und spezieller Pathologie unterschieden worden. Nimmt man anhand dieser Kategorisierung die DDR in den Blick, so kann man wichtige Elemente der allgemeinen Pathologie bejahen, denn dort,

---

498 Wertvolle Informationen zu Hintergründen und zu Details der Durchführung b. *Bettina Lang*, Vergangenheitspolitik. – Umfassend die kürzlich vollendete Dokumentation von *Marxen/ Werle*; Zusammenfassung: *Marxen/Werle/Schäfter*, Strafverfolgung; s. ferner *Klaus Lüderssen*, Der Staat geht unter – das Unrecht bleibt? Regierungskriminalität in der ehemaligen DDR. Frankfurt (edition suhrkamp) 1992; *Jörg Arnold*, Strafrechtliche Auseinandersetzung mit Systemvergangenheit am Beispiel der DDR. Baden-Baden 2000; *Ernst-Joachim Lampe* (Hrsg.), Deutsche Wiedervereinigung. Die Rechtseinheit. Arbeitskreis Strafrecht. Band II: Die Verfolgung von Regierungskriminalität der DDR nach der Wiedervereinigung. Köln u. a. 1993.

499 S. dazu *Adomeit*, Gustav Radbruch – zum 50. Todestag, in: JJZG 1 (1999/2000), S. 343 ff., 353 f.; umfassend zur Anwendung der Radbruch-Formel im Zusammenhang mit der Aufarbeitung der DDR-Vergangenheit *Giuliano Vassalli*, Formula di Radbruch e diritto penale. Note sulla punizione dei „delitti di Stato" nella Germania postnazista e nella Germania postcomunista. Mailand 2001, S. 60 ff.

500 S. *Vassalli*, Radbruchsche Formel, S. 92 ff.

501 Dazu aus jüngerer Zeit z. B. *Detlef Schmiechen-Ackermann*, NS-Regime und SED-Herrschaft – Chancen, Grenzen und Probleme des empirischen Diktaturenvergleichs, in: Geschichte in Wissenschaft und Unterricht 52 (2001), 544 ff., insb. 649 ff.; s. auch *Frank Rohrer*, Strafjustiz im Dritten Reich und in der SBZ/DDR. Frankfurt a. M.u. a. 2007.

wo der politikneutrale Alltagsbereich verlassen wurde, lassen sich zweifellos rechtsstaatswidrige, autoritäre bis totalitäre Elemente des Regimes im Innern dingfest machen. Politische Prozesse gegen Systemgegner bis hin zur Verhängung von Todesstrafen sind ein klassisches Merkmal dieser Kategorie. Dass das Verlassen des Staatsterritoriums unter Strafe gestellt wurde, wird man ebenfalls zur allgemeinen Pathologie eines diktatorischen Systems zu zählen haben. Auch der Aufbau eines ausgeklügelten Überwachungssystems durch den Staatssicherheitsdienst zählt hierher. Nach *außen* konnte das Regime schon mangels Stärke und wegen seiner Abhängigkeit von der östlichen Vormacht keinen Krieg auslösen wie das NS-Regime, es bemühte sich allerdings in den 80er Jahren auch aktiv um die Deeskalierung der letzten Welle des Kalten Krieges[502].

Ob man von einer *speziellen Pathologie* der DDR sprechen kann, ist zumindest dann, wenn man von den frühen Jahren absieht, zweifelhaft. Verwendet man den Begriff so, dass darunter vor allem jene Vorgänge fallen, die *Herbert Jäger* angesichts der Erfahrungen mit dem NS-Regime als „Makrokriminalität“ in ihren Besonderheiten analysiert hat, so kann man zwar auch in der DDR von staatsverstärkter Kriminalität sprechen; doch erscheint es zweifelhaft, ob die Behauptung einer Vergleichbarkeit auf *dieser* Ebene noch mit angemessen Kategorien arbeitet. Am ehesten geeignet für die Annahme einer Vergleichbarkeit sind Vorgänge wie

1. Gewalttaten an der innerdeutschen Grenze,
2. Verschleppungen (vor allem in der Frühzeit der Sowjetzone/DDR)[503],
3. Zwangsadoptionen,
4. Die sog. Waldheimer Prozesse, in denen wirkliche NS-Verbrecher und als NS-Verbrecher deklarierte Systemgegner in Schauprozessen, die jeder Rechtsstaatlichkeit entbehrten, zu vorher politisch festgelegten hohen Strafen, häufig zu Todesstrafen, verurteilt wurden[504].

Die Masse der Fälle, die nach der Wiedervereinigung strafrechtlich aufgearbeitet wurden, betraf freilich Bereiche, die man der *allgemeinen* Pathologie zuzuordnen hat: Drangsalierung von Systemgegnern, auch mit Mitteln der Justiz (vor allem im Bereich des Arbeitsrechts), Bespitzelungen durch die Staatssicherheit, Verletzung des Postgeheimnisses, Fälschungen der (freilich ohnehin wirkungslosen, von der Bevölkerung als „Zettelfalten“ bezeichneten) Volkskammerwahlen, Korruption und Spionage. Die Strafen bewegten sich überwiegend in dem der Strafaussetzung zur Bewährung zugänglichen Bereich[505].

---

[502] Vom Einmarsch von Truppen des Warschauer Paktes in die CSSR im August 1968 war die DDR – entgegen dem Wunsch ihrer Partei- und Staatsführung – ausgeschlossen geblieben.

[503] S. dazu als Beispiel *Siegfried Mampel*, Entführungsfall Dr. Walter Linse – Menschenraub und Justizmord als Mittel des Staatsterrors (Schriftenreihe des Berliner Landesbeauftragten für die Stasi-Unterlagen. 10). 3. Aufl. Berlin 2006.

[504] S. dazu *Haase/ Pampel*, Waldheimer „Prozesse“.

[505] Diese prozentual „günstigere“ Statistik folgt freilich auch daraus, dass anders als bei der Verfolgung von NS-Straftaten die Strafverfolgung früh begonnen wurde, so dass die Fälle von Verjährung seltener waren.

Vor allem bei der Verfolgung von **Wahlfälschungen** und **Rechtsbeugungen**[506] wurden ernsthafte rechtliche Bedenken, die sich daraus ergaben, dass durch den Einigungsvertrag das Strafgesetzbuch der DDR mit seinen Institutionenschutz-Tatbeständen, damit aber auch die Rechtsgrundlage für eine „systemimmanente" Strafverfolgung der betreffenden Delikte, aufgehoben worden war, beiseite geschoben[507].

Auch den Richtern der DDR wurde das Radbruchsche Richterprivileg eingeräumt, obwohl die richterliche Unabhängigkeit in der DDR nicht garantiert war. Die geänderte Auffassung zum Rechtsbeugungsvorsatz konnte sich praktisch kaum auswirken, weil der Bundesgerichtshof einen anderen Weg fand, die Strafbarkeit wegen Rechtsbeugung einzuschränken – diesmal im objektiven Tatbestand. Danach soll nicht „jede unrichtige Rechtsanwendung" Rechtsbeugung sein, sondern es sollen – jedenfalls was die Bestrafung von DDR-Richtern angeht – nur noch diejenigen Fälle erfasst sein, „in denen die Rechtswidrigkeit der Entscheidung offensichtlich war und insbesondere die Rechte anderer, hauptsächlich ihre Menschenrechte, derartig schwerwiegend verletzt worden sind, dass sich die Entscheidung als Willkürakt darstellt"[508].

Problematisch war zunächst auch die Strafverfolgung der **DDR-Spione**, die aber durch eine Entscheidung des Bundesverfassungsgerichts[509] an hohe Voraussetzungen gebunden und damit faktisch beendet wurde.

Insgesamt wird man aber der strafrechtlichen Aufarbeitung des DDR-Unrechts durch die bundesdeutsche Justiz bescheinigen können, dass sie mit Augenmaß rechtspolitischen Bedürfnissen und solchen der Gerechtigkeit gleichermaßen gerecht zu werden sich bemühte. Auch die Verurteilung der **Mauerschützen** berücksichtigte weitgehend deren persönliche Situation; die härtere Verurteilung des Mitglieds des Nationalen Sicherheitsrates der DDR und letzten Staatsratsvorsitzenden der SED Egon Krenz wurde durch den Europäischen Gerichtshof für Menschenrechte nicht beanstandet[510].

---

[506] Dazu *Thomas Vormbaum*, Der Schutz von Institutionen der DDR durch das bundesdeutsche Strafrecht, in: Fschr. Diether Posser. Köln u. a. 1997, S. 153 ff.; *Ute Hohoff*, An den Grenzen des Rechtsbeugungstatbestandes. Eine Studie zu den Strafverfahren gegen DDR-Juristen. Berlin 2001.

[507] BGHSt 40, 35 ff., 39.

[508] BGHSt 40, 41; zum Ganzen s. auch *Friedrich Denker*, Strafrechtliche Aufarbeitung des DDR-Unrechts und Rechtskultur, in: Politisches Denken. Jahrbuch 2009, S. 197 ff.

[509] BVerfG 92, 277 ff. – Anders die Fälle der Inlandstätigkeit des Ministeriums für Staatssicherheit; s. dazu *Roland Schißau*, Strafverfahren wegen MfS-Unrechts. Die Strafprozesse bundesdeutscher Gerichte gegen ehemalige Mitarbeiter des Ministeriums für Staatssicherheit der DDR. Berlin 2006.

[510] S. dazu *Lensing/ Mertens*, Jahrbuch JZG 3, S. 352 ff.; umfassend auch *Helmut Kreiker*, Art. 7 EMRK und die Gewalttaten an der deutsch-deutschen Grenze. Zu den Urteilen des Europäischen Gerichtshofs für Menschenrechte. Baden-Baden 2002.

§ 6 Strafrechtliches Zeitgeschehen

Mit dem Beitritt der DDR zur Bundesrepublik wurde das Rechtssystem der Bundesrepublik auf die neuen Bundesländer ausgeweitet. Der Aufbau der dortigen Rechtspflege konnte nur mit der Unterstützung durch westdeutsches Personal erfolgen. Die durch dessen Abordnung entstandenen Personallücken führten erneut zu einer **Entlastung der Strafrechtspflege** durch Verkleinerung von Spruchkörpern und Beschränkung von Rechtsmitteln, Beschränkungen des förmlichen Beweisantragsrechts, Ausweitung des Strafbefehlsverfahrens und Ausdehnung des Opportunitätsprinzips[1].

Eine Liberalisierung im Bereich der Sexualdelikte brachte die Wiedervereinigung dadurch, dass die Entkriminalisierung **homosexueller Handlungen**, welche die Strafrechtsreform der 60er Jahre nur mit Einschränkungen realisiert hatte, die in der DDR aber bereits zu Ende geführt worden war, nunmehr bundesweite Geltung gewann[2].

Ebenfalls durch die Wiedervereinigung veranlasst war ein erneuter Anlauf zur Einführung der Fristenregelung beim **Schwangerschaftsabbruch**.

Seit der Wiedervereinigung bestanden in Deutschland zwei verschiedene Regelungen im Bereich des Abtreibungsstrafrechts nebeneinander: das Indikationsmodell auf Drittbeurteilungsbasis in den alten Bundesländern und eine Fristenlösung ohne Beratungspflicht im ehemaligen Gebiet der DDR. Da eine sofortige Einigung undenkbar schien, wurde dem Gesetzgeber in Art. 31 Abs. 4 des Einigungsvertrages für die gesamtdeutsche Regelung eine Frist bis zum 31.12.1992 gesetzt. Das Schwangeren- und Familienhilfegesetz[3] sah eine rechtfertigende Fristenlösung mit Beratungspflicht vor (§ 218 a StGB). Auch diese Neuregelung wurde jedoch durch einstweilige Anordnung des Bundesverfassungsgerichts vom 4. August 1992 sus-

---

[1] *Rechtspflege-Entlastungsgesetz 1993*; s. dazu die kritische Stellungnahme der Strafverteidigervereinigungen. Köln 1991.

[2] Zur Vorgeschichte *Christian Schäfer*, „Widernatürliche Unzucht". Reformdiskussion und Gesetzgebung seit 1945. Berlin 2006; *Greg Taylor*, Zur strafrechtlichen Gleichstellung Homosexueller in der späten DDR, in: JoJZG 8 (2014), 1 ff.

[3] BGBl. I S. 1398 v. 27.07.1992, *Vormbaum/Welp*, StGB, Nr. 146.

T. Vormbaum, *Einführung in die moderne Strafrechtsgeschichte,* Springer-Lehrbuch,
DOI 10.1007/978-3-662-45575-3_7

pendiert[4]. In der am 28. Mai 1993 erlassenen endgültigen Entscheidung erklärte die Senatsmehrheit § 218a Abs. 1 StGB und § 219 StGB für verfassungswidrig und somit nichtig, da sie mit Art. 1 Abs. 1 i. V. m. Art. 2 Abs. 2 S. 1 GG unvereinbar seien[5]. Diese Entscheidung beruhte im Wesentlichen auf der Argumentation des 1. Fristenregelungsurteils und machte abermals eine Neuregelung erforderlich. Auf Grundlage dieser Entscheidung erging schließlich das Schwangeren- und Familienhilfeänderungsgesetz vom 1. Oktober 1995, in das die vom Bundesverfassungsgericht geforderte „nicht rechtfertigende Fristenregelung mit Beratungspflicht" übernommen wurde.

Danach bleibt ein Schwangerschaftsabbruch gem. § 218 grundsätzlich strafbar, § 218a Abs. 1 normiert jedoch die Möglichkeit eines Tatbestandsausschlusses (Fristenregelung mit Beratungspflicht). Als Rechtfertigungsgründe sind durch § 218 a Abs. 2 und 3 die medizinisch-soziale sowie die kriminologische Indikation anerkannt. Die Beratungsregelung des § 219 wird durch das Schwangerschaftskonfliktgesetz ergänzt. Mit dem Schwangeren- und Familienhilfeänderungsgesetz wurde das vorläufige Ende der Debatte um die Strafbarkeit der Abtreibung erreicht.

Im Übrigen setzt sich in der **Gesetzgebung zum materiellen Strafrecht** die seit dem Ende der Reformphase zu beobachtende Entwicklung fort. Herausragendes Merkmal ist die sprachliche Hochrüstung, die an frühere Phasen der Kriminalpolitik erinnert. „Bekämpfung" ist das kriminalpolitische Schlagwort des strafrechtlichen Zeitgeschehens. Ein Blick auf die Gesetzesüberschriften des ausgehenden 20. und des beginnenden 21. Jahrhunderts macht dies deutlich. Nachdem bereits die 70er und 80er Jahre ein Erstes Gesetz zur *Bekämpfung* der Wirtschaftskriminalität (1976), ein Gesetz zur *Bekämpfung* der Umweltkriminalität (1980), ein Zweites Gesetz zur *Bekämpfung* der Wirtschaftskriminalität (1986) und ein Gesetz zur *Bekämpfung* des Terrorismus (1986) hervorgebracht hatte, setzte sich diese Serie nach der Wiedervereinigung fort:

1990 Gesetz zum Übereinkommen [...] zur *Bekämpfung* widerrechtlicher Handlungen gegen die Sicherheit der Seeschifffahrt und zum Protokoll ... zur Bekämpfung widerrechtlicher Handlungen gegen die Sicherheit fester Plattformen;
1991 Gesetz zur *Bekämpfung* des illegalen Rauschgifthandels und anderer Erscheinungsformen der Organisierten Kriminalität;
1991 Zweites Gesetz zur *Bekämpfung* der Umweltkriminalität (31. StÄG),
1994 Verbrechensbekämpfungsgesetz;
1997 Gesetz zur *Bekämpfung* der Korruption;
1998 Gesetz zur *Bekämpfung* von Sexualdelikten und anderen gefährlichen Straftaten; Gesetz zur Verbesserung der *Bekämpfung* der Organisierten Kriminalität;
2001 Gesetz zur *Bekämpfung* der Steuerverkürzung;
2001 Gesetz zur *Bekämpfung* gefährlicher Hunde (!);
Gesetz zur Verbesserung der *Bekämpfung* der Geldwäsche und zur Bekämpfung der Finanzierung des Terrorismus;

[4] BVerfGE 86, 390, 393.
[5] BVerfGE 88, 203, 208.

Gesetz zur Erleichterung der *Bekämpfung* von illegaler Beschäftigung und Schwarzarbeit;

2003 Gesetz zur Umsetzung des Rahmenbeschlusses [...] zur Terrorismus*bekämpfung* [...];
Gesetz zur Intensivierung der *Bekämpfung* der Schwarzarbeit.

Die Anwendungsfälle der **Sicherungsverwahrung**, eines Rechtsinstituts, das in den 70er Jahren nicht zuletzt aufgrund von historischen Erfahrungen auf dem Aussterbe-Etat stand und in der DDR aufgrund eben dieser Erfahrungen abgeschafft worden war, wurden innerhalb von 10 Jahren fünfmal vermehrt; immer neue „Lücken" ihrer Anwendbarkeit werden entdeckt[6].

1998 Gesetz zur Bekämpfung von Sexualdelikten und anderen gefährlichen Straftaten (Erweiterung des Anwendungsbereichs der Sicherungsverwahrung);

2002 Gesetz zur Einführung der vorbehaltenen Sicherungsverwahrung;

2003 Gesetz zur Änderung der Vorschriften über die Straftaten gegen die sexuelle Selbstbestimmung [...] (Erweiterung des Anwendungsbereichs der Sicherungsverwahrung);

2004 Gesetz zur Einführung der nachträglichen Sicherungsverwahrung;

2008 (Juni) Verabschiedung des Gesetzes zur Einführung der nachträglichen Sicherungsverwahrung bei Verurteilungen nach Jugendstrafrecht durch den Bundestag.

Der **Europäische Gerichtshof für Menschenrechte** entschied mit Urteil vom 17. Dezember 2009 auf die Individualverfassungsbeschwerde eines in Sicherungsverwahrung Einsitzenden, dessen Sicherungsverwahrung rückwirkend über den Zeitraum hinaus verlängert worden war, der durch die zum Zeitpunkt seiner Straftat und Verurteilung geltenden Rechtsvorschriften vorgesehen gewesen war, dass der Beschwerdeführer in seinem Recht aus Art. 7 der Europäischen Menschenrechtskonvention (**Rückwirkungsverbot**) verletzt worden sei. Während der Drucklegung der gegenwärtigen Auflage dauern die Diskussionen über die Konsequenzen aus diesem Urteil noch an[7]. Im Gefolge dieser Rechtsprechung des EGMR hat das Bundesverfassungsgericht am 4. Mai 2011[8] in Abkehr von seiner vorherigen Rechtsprechung die bisherige Regelung der Sicherungsverwahrung größtenteils für verfassungswidrig erklärt.

Bald nach dem Ende der Welle des anarchistischen Terrorismus begann eine weltweite, Deutschland bisher verschonende, aber auch hier von den Sicherheitsdiensten als „abstrakte Gefahr" wahrgenommene Welle des **islamistischen Terro-**

[6] Dazu auch: *Klaus Lüderssen*, Die ewige Versuchung des Täterstrafrechts. Das Verhalten im Strafvollzug als Voraussetzung für vorbehaltene oder nachträgliche Sicherungsverwahrung, in: KJ 2006, 361 ff.

[7] Das Urteil des EuGMR ist abrufbar unter: http://cmiskp.echr.coe.int/tkp197/view.asp?action=html&documentId=868979&portal=hbkm&source=externalbydocnumber&table=F69A27FD8FB86142BF01C1166DEA398649.

[8] BVfGE 128, 326; zu den Bemühungen um eine der verfassungsgerichtlichen Rechtsprechung entsprechenden gesetzlichen Neuregelung s. *Böllinger/Dessecker*, NK StGB 4. Aufl. (2013) § 66 Rn. 6 ff.

rismus, der seine spektakulärsten Ausdrucksformen in Anschlägen auf das World Trade Center in New York (2001), auf Vorortbahnhöfe in Madrid (2003) und auf U-Bahnen in London (2005) fand. Neben einer Reihe von einschlägigen „Bekämpfungsgesetzen" brachte er international eine Intensivierung der Diskussion über das sog. **Feindstrafrecht** hervor. Dieser Begriff, zunächst beschreibend und in kritischer Absicht thematisiert[9], wurde im Laufe der Zeit zunehmend auch präskriptiv verwendet, doch ist dieses Verständnis bislang in der Minderheit geblieben[10].

Eng mit der Diskussion um das Feindstrafrecht verbunden ist ein **neuer Diskurs über die Folter**. In den USA hat sich unter der Regierung von **George W. Bush** (20001–2008) unter regierungsnahen Hochschullehrern des Rechts (*John C. Yoo, Alan Dershowitz u.a.)* eine regelrechte neue Folterdogmatik entwickelt, die bis in Details ausformuliert ist – freilich in moderner, aufgeklärter Form; so müssen die Nadeln, die unter die Fingernägel getrieben werden, vorher sterilisiert werden[11].

Anders als in den USA ist die Folterdebatte in Deutschland weniger im Kontext der Debatte um Feindstrafrecht und Terrorismusbekämpfung in die Öffentlichkeit gedrungen[12] als im Zusammenhang mit einem konkreten „normalen" Kriminalfall. Ein vernehmender Polizeibeamter hatte auf Anweisung seines stellvertretenden Polizeipräsidenten einem Beschuldigten mit der Zufügung von „erheblichen Schmerzen" gedroht, falls dieser nicht das Versteck des (mutmaßlich) von ihm entführten Kindes preisgebe. Unter dem Eindruck dieser Drohung hatte der Beschuldigte die Ermittler zu dem (von ihm bereits getöteten) Kind geführt und ein Geständnis abgelegt. Das Schwurgericht verurteilte ihn zu lebenslanger Freiheitsstrafe unter Nichtverwertung des durch die Drohung veranlassten Geständnisses, jedoch unter Verwertung der durch dieses gewonnenen Beweismittel und auf der Grundlage eines späteren erneuten Geständnisses. Es wurde die besondere Schwere der Schuld festgestellt. Der vernehmende Polizeibeamte und der Polizeivizepräsident wurden wegen Nötigung im Amt bzw. wegen Verleitung eines Untergebenen zur Nötigung im Amt zu einer Verwarnung mit Strafvorbehalt (§ 59 StGB) verurteilt. Das Disziplinarverfahren gegen sie endete ohne Sanktion. Nachdem das Bundesverfassungsgericht eine Verfassungsbeschwerde des Entführers nicht zur Entscheidung angenommen hatte, rief dieser den Europäischen Gerichtshof

---

[9] *Günther Jakobs*, Kriminalisierung im Vorfeld einer Rechtsgutsverletzung, in: ZStW 1985, 751 ff.

[10] Kritisch z. B. *Francisco Muñoz Conde*, Über das „Feindstrafrecht". Dt. Münster 2007; *Tatjana Hörnle*, Deskriptive und normative Dimensionen des Begriffs „Feindstrafrecht", in: GA 2006, S. 81 ff; *Frank Saliger*, Feindstrafrecht: Kritisches oder totalitäres Strafrechtskonzept? In: JZ 2006, 756 ff.; differenzierend zwischen Feindstrafrecht und „Bekämpfungsstrafrecht" *Massimo Donini*, Das Strafrecht und der Feind. Dt. Münster 2007. Textsammlungen zur Diskussion des Feindstrafrechts: *Thomas Uwer* (Hrsg.): Bitte bewahren Sie Ruhe. Leben im Feindrechtsstaat. Berlin 2006; *Thomas Vormbaum/ Martin Asholt* (Hrsg.), Kritik des Feindstrafrechts (m. Einführung Th. Vormbaum). Berlin, Münster 2009 (Beiträge deutscher, italienischer und spanischer Autoren).

[11] S. dazu *Massimo La Torre*, Ohne Erbarmen. Das Recht der Folter, in: JahrbuchJZG 10 (2008/2009), S. 266 ff., 277 Fußn. „A sterilized needle inserted under the fingernails to produce unbearable pain without any threat to health or life" (so der amerikanische Jurist *Alan Deshowitz*); im April 2014 meldet die Presse, dass der interne Untersuchungsbericht der CIA über die unter der Regierung Bush angewendeten Foltermethoden wenigstens teilweise veröffentlicht werden soll (Frankf. Allg. Ztg. vom 5. April 2014, S. 1 und 10).

[12] Obwohl das *ticking bomb*-Argument schon sehr früh von einem bekannten deutschen Philosophen und Rechtstheoretiker angeführt wurde. Luhmann hatte 1992 in einem Vortrag dieses Szenario evoziert und „die Zulassung von Folter durch international beaufsichtigte Gerichte, Fernseh-Überwachung der Szene in Genf oder Luxemburg, telekommunikative Fernsteuerung" vorgeschlagen: *Niklas Luhmann*, Gibt es in unserer Gesellschaft noch unverzichtbare Normen? Heidelberg 1993, S. 1 ff., 27 hier zitiert nach *La Torre*, a. a. O., S. 285

für Menschenrechte an, weil ihm die Prozesskostenhilfe für ein Amtshaftungsverfahren gegen das Land Hessen verweigert worden war. Die Große Kammer des Gerichtshofs stellte fest, dass eine Verletzung des Art. 3 der Europäischen Menschenrechtskonvention (Verbot der Folter und unmenschlicher Behandlung), nicht aber des Art. 6 (Recht auf ein faires Verfahren) vorliege[13].

Nach der Gründung des Internationalen Strafgerichtshofes[14], an dessen Zustandekommen die Bundesrepublik Deutschland aktiven Anteil genommen hatte[15], unternahm diese mit dem Erlass eines deutschen **Völkerstrafgesetzbuches** ein weiteren Schritt zur Ausbildung des Völkerstrafrechts[16].

Mit der Positivierung des Völkerstrafrechts wird für künftige Fälle einer Aufarbeitung von Systemunrecht der Rückwirkungsproblematik vorgebeugt. Zugleich eröffnet die Zusammenfassung des Völkerstrafrechts in einem eigenen Gesetzbuch die Möglichkeit, Tendenzen zu einer Lockerung rechtsstaatlicher Maßstäbe und strafrechtsdogmatischer Strenge gegenüber „Makrokriminellen" auf diesen Bereich einzugrenzen[17]. Ein Blick auf das strafrechtliche Zeitgeschehen wäre unvollständig ohne die Erwähnung des **Europastrafrechts**. Anders als die nationale Vereinheitlichung des deutschen Strafrechts im Jahre 1870, die auf eine jahrzehntelange partikularrechtliche und strafrechtswissenschaftliche Erarbeitung eines ausgewogenen Verhältnisses von Beschuldigtenschutz und Strafverfolgungsinteressen ausgerichtet

[13] Zum Fall Daschner und zu der Frage, ob auch in Deutschland über eine Relativierung des Folterverbots nachgedacht werden solle – beispielsweise, indem man es dem Polizeirecht unterstellt und damit der Abwägung zugänglich macht –, s. *Olaf Miehe*, NJW 2003, 1219 ff.; *Winfried Brugger*, JZ 2003, 165 ff.; *Rainer Hamm*, NJW 2003, 946 ff.; *Hans Christoph Schäfer*, NJW 2003, 947 ff. – Entscheidung des Landgerichts Frankfurt vom 20. Dezember 2004 im Fall Daschner: NJW 2005, 692 ff. Die Entscheidung des EuGMR ist abrufbar unter http://cmiskp.echr.coe.int/tkp197/viewhbkm.asp?skin=hudoc-en&action=html&table=F69A27FD8FB86142BF01C1166DEA398649&key=82707&highlight=

[14] Zur Vorgeschichte *Heiko Ahlbrecht*, Geschichte der völkerstrafrechtlichen Strafgerichtsbarkeit im 20. Jahrhundert. Baden-Baden 1999, insb. S. 335 ff.; *Christina Möller*, Völkerstrafrecht und Internationaler Strafgerichtshof, Münster 2003, insb. S. 573 ff. Der Einführung des Internationalen Strafgerichtshofes war diejenige der Ad-hoc-Tribunale für Verbrechen im ehemaligen Jugoslawien in Den Haag und für Verbrechen im Ruanda-Konflikt in Arusha vorausgegangen. Hingegen war nach Beendigung des Irak-Krieges der frühere Diktator Saddam Hussein nach einem verhältnismäßig kurzen Prozess hingerichtet worden; dazu *Massimo Donini*, Der Tod des Saddam Hussein, in: JJZG 8 (2006/2007), S. 408 ff.; kritisch *Kai Ambos/ Primurat Said*, Das Todesurteil gegen Saddam Hussein, in: JZ 2007, 822 ff. Angesichts der Machtverhältnisse fand eine gerichtliche Untersuchung des Irak-Krieges unter völkerrechtlichem Gesichtspunkt nicht statt; s. dazu den Sammelband *Kai Ambos/Jörg Arnold* (Hrsg.), Der Irak-Krieg und das Völkerrecht. Berlin 2004; sowie *Stefan Baufeld*, Der 11. September 2001 als Herausforderung für das Völkerrecht. Münster 2005, S. 24 ff.

[15] Dazu eingehend *Ronen Steinke*, The Politics of International Criminal Law. German Perspectives from Nuremberg to the Hague. Oxford, Portland 2012.

[16] Zur Entstehung s. *Bundesministerium der Justiz* (Hrsg.) Arbeitsentwurf eines Gesetzes zur Einführung des Völkerstrafgesetzbuchs mit Begründung. Erstellt von der vom Bundesministerium der Justiz eingesetzten Arbeitsgruppe Völkerstrafgesetzbuch. Baden-Baden 2001; *Sascha Lüder/ Thomas Vormbaum* (Hrsg.), Materialien zum Völkerstrafgesetzbuch. Dokumentation des Gesetzgebungsverfahrens. Münster 2002.

[17] Zu feindstrafrechtlichen Elementen im Völkerstrafrecht s. *Emanuela Fronza*, Feindstrafrecht und Internationale Strafgerichtsbarkeit, in: JoJZG 1 (2007), 121 ff.

gewesen ist, setzt das von der EU ausgehende Strafrecht zeitgemäß auf „Schutz“ und „Bekämpfung“. Im Vordergrund stehen Richtlinien und Rahmenbeschlüsse, welche die Mitgliedsstaaten nicht etwa zur gleichmäßigen Heraufsetzung rechtsstaatlicher Standards im Strafrecht, sondern durchweg zu Neukriminalisierungen verpflichten[18].

Zu den beschriebenen Erscheinungen des gegenwärtigen Strafrechts passt ein gesetzgeberisches Produkt, das sich mit wenig Recht den Namen „Strafrechtsreformgesetz“ beigelegt hat.

Nachdem die in den fünfziger Jahren in Angriff genommene Strafrechtsreform ein „Torso“[19] geblieben war, knüpfte man ein Vierteljahrhundert später wieder an die Reformgesetzgebung an mit der Intention, nunmehr durch ein weiteres Strafrechtsreformgesetz die Erneuerung des Besonderen Teils des Strafgesetzbuchs „soweit wie möglich abzuschließen“[20]. Im Bundesjustizministerium wurde 1996 der Referentenentwurf eines **Sechsten Strafrechtsreformgesetzes** (RefE–6. StrRG) erarbeitet, der über die Strafrahmenharmonisierung hinaus auch beispielsweise die Körperverletzungs-, Freiheits-, Sexual-, Eigentums- und Vermögens- sowie die Brandstiftungsdelikte nicht unerheblich zu ändern beabsichtigte, tatsächlich aber „bei näherer Betrachtung [...] auch Grundsatzfragen der Konstruktion von Straftatbeständen [betraf] und für viele Fragen des Besonderen Teils des Strafgesetzbuches Bedeutung [besaß]“[21].

Dieser Referentenentwurf wurde im Oktober 1996 zur Diskussion freigegeben. Einem Arbeitskreis von 29 Strafrechtslehrerinnen und Strafrechtslehrern sowie den Landesjustizverwaltungen, dem Bundesgerichtshof und den Strafverteidigervereinigungen, denen der Entwurf offiziell zur Begutachtung übersandt worden war, setzte man eine Frist zur Stellungnahme bis zum 21. Februar 1997, also von knapp 5 Monaten[22]. Bundesregierung und Koalitionsfraktionen brachten bereits am 14. März 1997 Gesetzentwürfe ein, die zwar vom Referentenentwurf ausgingen, aber erste, nicht unwesentliche Veränderungen vornahmen. Im Mai 1997 nahm sodann der Bundesrat eingehend zu diesen Gesetzesentwürfen Stellung.

In der Gegenäußerung der Bundesregierung zur Stellungnahme des Bundesrates vom September 1997 wurden zahlreiche Anregungen der Länder aufgegriffen, zudem konnten noch eine Reihe von zwischenzeitlich eingegangenen Stellungnahmen sowie die Ergebnisse der vom Deutschen Bundestag durchgeführten Sachverständigenanhörung berücksichtigt werden.

---

[18] Dazu *Wolfgang Naucke*, Europäische Gemeinsamkeiten in der neueren Strafrechtsgeschichte und Folgerungen für die aktuelle Debatte, in: JJZG 3 (2001/2002), 439 ff.; *Massimo Donini*, Ein neues strafrechtliches Mittelalter? Altes und Neues in der Expansion des Wirtschaftsstrafrechts, in: Ders., Strafrechtstheorie, S. 203 ff.

[19] *H.J. Hirsch*, Bilanz der Strafrechtsreform, in: Gschr. Hilde Kaufmann (Berlin 1986), S. 133 f.

[20] BT-Drucksache 13/7164, Begr. S. 18.

[21] *Freund*, ZStW 109 (1997), S. 455 (455): „Ohne Übertreibung läßt sich sagen: Das Vorhaben entspricht in seiner Dimension einer Großen Reform des Besonderen Teils“.

[22] Zu Einzelheiten: *Freund*, ZStW 109 (1997), S. 455, 469.

Im Rechtsausschuss des Bundestages hatte am 4. Juni 1997 eine öffentliche Anhörung stattgefunden, in der sich auch einige Sachverständige zu den geplanten Änderungen geäußert hatten[23]. Unter den Sachverständigen war insbesondere kontrovers, inwieweit dem Vorhaben des Entwurfs, anstelle von Qualifikationstatbeständen vermehrt auf den Einsatz von Regelbeispielen zu setzen, zuzustimmen sei. Die Mehrheit der Sachverständigen hatte sich gegen die Ausweitung der Regelbeispielmethode ausgesprochen: es sei bedenklich, die Verantwortung für das richtige Strafmaß noch mehr, als ohnehin durch die Erweiterung der Strafrahmen geschehen, auf die Richter zu verlagern. Diesen Bedenken wurde jedoch im weiteren Gesetzgebungsverfahren keine Folge geleistet.

Entsprechend der Beschlussempfehlung des Rechtsausschusses wurde das 6. StrRG vom Deutschen Bundestag am 14. November 1997 mit den Stimmen von CDU, CSU und FDP beschlossen. Obwohl die sozialdemokratischen Mitglieder des Rechtsausschusses den Änderungsvorschlägen weitgehend zugestimmt hatten, enthielten sich die SPD-Abgeordneten der Stimme. Gegen das Gesetz stimmten die Abgeordneten von Bündnis 90/Die Grünen und PDS. Der Bundesrat verzichtete auf die Einlegung eines Einspruchs. Am 1. April des Wahljahres 1998 trat das Gesetz in Kraft.

Wohl selten hat ein Gesetz, das sich Reformgesetz nennt, so wenig diesen Namen verdient. Dieser Titel, seit den 60er Jahren für Gesetze im Gebrauch, welche den Bestand des Strafrechts kritisch überprüfen, und deshalb seit 1975 einsichtsvoll keinem Gesetz mehr gegeben worden war, wurde nunmehr über ein Gesetz geschrieben, dessen Neuerungen – neben einigen Reverenzen an die gleichstellungsgerechte Sprache – im wesentlichen in strafverschärfenden Regelungen bestanden, die überdies ein hohes Maß an technischer Unvollkommenheit aufweisen[24].

Dass ausgerechnet durch ein Gesetz, das der feministischen Forderung nach gleichstellungsgerechter Sprache Raum gibt, mit dem Privilegierungstatbestand des § 217 StGB (Kindestötung) eine der wenigen wirklich frauenfreundlichen Vorschriften des StGB gestrichen worden ist, gehört zu den bemerkenswerten Paradoxien der zeitgenössischen Strafgesetzgebung[25].

Das erste Jahrzehnt des 21. Jahrhunderts brachte zwei wichtige Neuerungen im Straf- und Strafprozessrecht:

Durch § 46b StGB[26] wurden bereits bestehende Spezialregelungen durch eine allgemeine **Kronzeugenregelung** abgelöst. Abgesehen von den allgemeinen Bedenken gegen solche Regelungen, gegen die die Strafrechtswissenschaft wiederholt Einwände erhoben hatte, spricht gegen die neue Vorschrift, dass sie gerade auf die

---

[23] Beteiligt waren Generalstaatsanwalt Frenzel, Oberstaatsanwältin Gold-Pfuhl, Hubmann (Staatsanwaltschaft Landgericht Nürnberg-Fürth), Kempf (Deutscher Anwaltverein), Richter am BGH Nack, Vors. Richter am BGH Schäfer, Prof. Sack (Hamburg), Weber (Präsident des Landgerichts Traunstein), Wick (Staatsanwaltschaft München) und Rechtsanwalt Prof. Widmaier (Karlsruhe).

[24] Dazu die Beiträge in: *Friedrich Dencker/Eberhard Struensee/Ursula Nelles/Ulrich Stein*, Einführung in das 6. Strafrechtsreformgesetz 1998. München 1998.

[25] S. dazu *Andrea Czelk*, „Privilegierung“ und Vorurteil. Positionen der Bürgerlichen Frauenbewegung zum Unehelichenrecht und zur Kindstötung im Kaiserreich. Köln, Weimar, Wien 2005, S. 234 ff.

[26] Eingefügt durch das 43. StrÄndG vom 29. Juli 2009 (BGBl. I, S. 2288); näher *Streng*, NK. 3. Aufl. 2009

schwersten Straftaten beschränkt ist. Paradoxerweise können diese Bedenken allenfalls unter Hinweis auf eine andere bedenkliche Regelung – die Einstellung nach § 153a StPO – gemildert werden. Die gänzlich unkoordinierte Folgevorschrift – ein Qualifikationstatbestand der falschen Verdächtigung in § 164 Abs. 3 StGB[27] – belegt, dass die Gesetzgebungstechnik, die mit dem Sechsten Strafrechtsreformgesetz einen Tiefpunkt erreicht hatte, im neuen Jahrtausend keinen neuen Aufschwung genommen hat. Nicht übersehen werden darf freilich, dass § 46b StGB ebenso § 153a StPO von Verteidigung und Beschuldigten bereitwillig angenommen werden dürfte. Dies gilt mit Einschränkungen auch vom neuen § 257c StPO, der die schon vorher von der Rechtsprechung in engem Rahmen anerkannte und konturierte **Verständigung im Strafverfahren** in eine gesetzliche Form gebracht hat[28]. Der Trend zur „Entlastung" der Rechtspflege, dessen entscheidender Durchbruch, wie oben dargestellt, mit der Lex Emminger vom 4. Januar 1924 anzusetzen ist, erhielt durch die neuen Regelungen einen weiteren Schub.

[27] Näher *Vormbaum*, NK. 4. Aufl 2013, § 164 Rn. 79 ff.

[28] Trotz vielfacher Kritik hat das Bundesverfassungsgericht in seinem Urteil vom 19. März 2013 (JZ 2013, 626) prinzipiell für verfassungsgemäß erklärt.

§ 7 Rückblick und Ausblick

I. Rückblick

Am Ende dieses Gangs durch die Geschichte des Strafrechts in unserer Rechtsepoche sei an das erinnert, was zu Beginn über die Erweiterung des Blickfeldes der Rechts- und Strafrechtsgeschichte gesagt worden ist: Juristische Zeitgeschichte solle kritische, rechtswissenschaftlich angeleitete Fragen an die Entwicklung des Rechts in unserer Rechtsepoche stellen. Dazu haben wir uns den Zustand des Strafrechts am Anfang der Rechtsepoche vor Augen geführt und sind in der Aufklärungsphilosophie den Postulaten eines säkularisierten, rationalisierten und humanen Strafrechts begegnet. Wir haben freilich auch die Gefährdung des humanitären Elementes durch den Zweckrationalismus des Aufklärungsdenkens bemerkt, dem die Rechtsphilosophie Immanuel Kants entgegengetreten war. Wir haben weiter festgestellt, dass diese Philosophie durch strenge Gesetzlichkeit und Respektierung der Autonomie des Bürgers geprägt war, dass aber das Strafrecht während des 19. Jahrhunderts ein insgesamt hohes Strafniveau beibehielt, vom Rechtsschutz zum weniger strengen Rechtsgüterschutz überging und zudem in einer interventionistischen politischen und polizeilichen Gelegenheitsstrafgesetzgebung eine ständige Begleiterin besaß.

Gegen Ende des 19. Jahrhunderts löste das liberale, aber strenge Vergeltungsstrafrecht sich auf – nicht wegen seiner Strenge (gegen die auch ein mildes Vergeltungsstrafrecht hätte ins Feld geführt werden können), sondern wegen seiner tatsächlichen oder vermeintlichen Unfähigkeit zu effektiver Kriminalitätsbekämpfung. Immerhin brachte dieser neue Schub des Zweckdenkens nicht nur eine – sich diesmal kaum noch humanitär verbrämende – Ausweitung des Strafrechts hervor, deren ganzer Umfang erst klar wird, wenn man die Flut des den politischen Bedürfnissen folgenden Nebenstrafrechts berücksichtigt, und bewirkte eine schleichende Aufweichung strenger strafrechtlicher Gesetzlichkeit, sondern zeigte auch noch einmal Möglichkeiten der Rücknahme von zweckwidrigem Strafrecht und/oder Strafvollzug. Die kurz nach dem Beginn des 20. Jahrhunderts einsetzende Strafrechtsreform stand unter dem Banner der Lisztschen Forderungen: einerseits Vermeidung der **kurzen Freiheitsstrafen**, andererseits Ausweitung der richterli-

T. Vormbaum, *Einführung in die moderne Strafrechtsgeschichte,* Springer-Lehrbuch,
DOI 10.1007/978-3-662-45575-3_8

chen Ermessensspielräume auf Kosten gesetzlicher Bestimmtheit und Einführung von **Sicherungsmaßregeln** zusätzlich zur schuldangemessenen Strafe. Gerade die am wenigsten problematische Seite der modernen Strafrechtsschule, die Forderung nach Reduzierung zweckwidrigen Strafrechts, trug der Strafrechtsreform die Gegnerschaft zunächst konservativer, später nationalsozialistischer Rechtstheoretiker und Kriminalwissenschaftler ein.

Die Auflösung strafrechtlicher Gesetzlichkeit zeigt sich in **Materialisierung**, **Ethisierung**, **Subjektivierung** und **Flexibilisierung** aller Ebenen des Strafrechts (Straftatlehre, Strafgesetzgebung, Strafrechtsprechung), die in der Tätertypenlehre (Subjektivierung), in der Ersetzung der Rechtsgutsverletzungslehre durch die **Pflichtverletzungslehre** (Materialisierung), in der Aufweichung der spätestens seit Kant anerkannten Trennung von Legalität und Moralität (Ethisierung) und in der Aufwertung der Rolle des Richters und der Zulassung der **Analogie** in malam partem (Flexibilisierung) ihren Ausdruck finden. Eine brutale Kriegsgesetzgebung bringt (wie schon in schwächerer Form während des Ersten Weltkrieges) die menschenrechtswidrigen Potentiale eines Zweckstrafrechts (ungeachtet seiner Vermummung als „Sühne“) zur Sichtbarkeit.

Eine historische Schrecksekunde brachte nach 1945 eine **Naturrechts-Renaissance** hervor – freilich in einer autoritären Ausprägung, die sich vor allem in der Rechtsprechung (deren Personal seine Prägung überwiegend in der NS-Zeit erfahren hat) niederschlug und sich überdies auf zahlreiche gesetzliche Strafnormen stützen konnte, die in der NS-Zeit geschaffen und nach 1945 in Kraft geblieben waren. Eine dagegen sich richtende **erneute Betonung des Zweckgedankens** glaubte in Verkennung historischer Zusammenhänge, den „Abschied von Kant und Hegel“ als Mittel zur Erreichung eines liberalen Strafrechts propagieren zu können. Zugute kam ihr nicht nur der Zeitgeist, der während der 60er Jahre Reformen in Staat und Gesellschaft verlangte, sondern auch der Umstand, dass die Verschärfung und Ausweitung des Strafrechts während der NS-Zeit ein zunächst vernachlässigtes Potential für Entkriminalisierungen hinterlassen hatte. Gerade die nach 1945 nicht rückgängig gemachten Verschärfungen des Sexualstrafrechts bildeten den in der Öffentlichkeit am meisten beachteten und diskutierten Reformbereich. Und so wurde denn der neu belebte *Rechtsgüterschutzgedanke* zur Legitimierung von Entkriminalisierungen in einem Bereich herangezogen, dessen Kriminalisierung im 19. Jahrhundert gerade ein Grund für die „Erfindung“ des Rechtsgüterschutzgedankens gewesen war. War während der Herrschaft des Nationalsozialismus ein funktionalisiertes, politisiertes Zweck-Strafrecht radikalisiert worden, so konnte dessen insgesamt milde Variante in der Zeit von 1965 bis 1975 kurzzeitig hegemonial werden. Ab der Mitte der 70er Jahre wurde das kriminalpolitische Klima wieder rauer. Verschärft seit der deutschen Wiedervereinigung, die hier als Grenze zum „juristischen Zeitgeschehen“ angesetzt wurde, ist eine **erneute Verschärfung des Strafrechts** zu beobachten, ohne dass ein Anstieg der Kriminalität, der dies hätte rechtfertigen können, sichtbar ist. Die Parallelen zur vorhergehenden Jahrhundertwende sind unverkennbar. Die Politik reagiert auf Meldungen der Boulevardpresse mit hektischer kriminalpolitischer (und kriminalisierender) Betriebsamkeit. Entkriminalisierung – um 1970 ein Schlüsselwort der Kriminalpolitik – trägt dem, der sie heute fordert, den Vorwurf der Weltfremdheit ein. In der Zeit von 1995 bis 2006 hat sich die Zahl der inhaftierten Personen in Deutschland um mehr als ein Drittel erhöht[1].

Vieles spricht freilich dafür, dass die Expansion (und in letzter Zeit auch wieder die Verschärfung) des Strafrechts jedenfalls im Ansatz kein auf Deutschland beschränktes Phänomen ist. Die Analyse von Silva Sanchez aus dem Jahre 2003, inzwischen fast ein internationaler Klassiker der Strafrechtsliteratur, registriert Phänomene und ihre Ursachen, die für alle Industrienationen – gerade im Zeitalter der Globalisierung – gelten dürften.

Insgesamt kann daher eine Betrachtung der Strafrechtsentwicklung der vergangenen 200 Jahre den häufig behaupteten Trend des modernen Strafrechts zu Milde und Humanisierung nicht bestätigen. Das Strafrecht mag in dieser Zeit moderner geworden sein – liberaler, humaner und milder ist es allenfalls in einigen eng umgrenzten Bereichen und in kurzen zeitlichen Phasen geworden, und zu diesen Phasen gehört die Gegenwart nicht[2]. Dass das expandierte und in seinen Tatbestandsbeschreibungen immer unbestimmter werdende Strafrecht von der bundesdeutschen Justiz im Allgemeinen maßvoll angewendet wird, ist kein Anlass zur Beruhigung, denn in einem Rechtsstaat sollte eine liberale Strafrechtspraxis nicht durch die Einsicht der Strafrichter, sondern durch den Gesetzgeber garantiert werden.

II. Kontinuität

Wie mehrfach angesprochen wurde, bildet ein besonderes Problem der Rechtsgeschichte, vor allem aber der Strafrechtsgeschichte des 20. Jahrhunderts die Frage der **Kontinuität.** Dieses Problem kristallisiert sich in der Frage, ob die Zeit des Nationalsozialismus der allgemeinen Strafrechtsentwicklung folgt oder einen Bruch bedeutet. Für die Zeit des Nationalsozialismus selbst ist der Aspekt der Normalität und Modernität bereits angesprochen worden (s. o. § 5 V. 1.). Im Übrigen dürfte die Gesamtdarstellung die Kontinuitätsauffassung bereits plausibel gemacht haben, so dass die Beispiele von in der Zeit der NS-Herrschaft erlassenen und bis heute in Kraft gebliebenen Straftatbeständen, an denen der Verfasser an anderer Stelle die

---

[1] S. den Bericht in: Frankfurter Allgemeine Zeitung v. 12. Dezember 2006, S. 11.

[2] Man kann diese Feststellung verallgemeinern zu einer Kritik an einem unreflektierten Entwicklungsoptimismus, wie er sich beispielsweise in einer herablassenden Kritik des mittelalterlichen Strafrechts (bereits durch die Aufklärer) zeigt. Dazu *Evans*, Rituale, S. 30: „Das Unhistorische und Selbstgefällige dieser Sichtweise ist seit langem offenkundig. Im 20. Jahrhundert haben die Regierungen immer neuer Länder, angefangen beim revolutionären Russland und dem nationalsozialistischen Deutschland bis hin zu Kambodscha, Chile und Serbien, an ihrem eigenen Volk und oft genug auch an fremden Völkern physische Gewalt und Vernichtung in einem Ausmaß und mit einer Verfeinerung der Grausamkeit geübt, die alles in den Schatten stellt, was uns in den Rechtstexten des frühneuzeitlichen Europas begegnet". Auch Säkularisierung garantiert, wie in unserer Darstellung schon mehrfach gezeigt, keineswegs Humanisierung. Dazu *Evans*, a. a. O., S. 31: „Wo im 20. Jahrhundert Ideologien zur Rechtfertigung staatlicher Gewalt herhalten mussten, hatten sie oft recht wenig mit Religion zu tun".

Kontinuitätsauffassung illustriert hat[3], hier nicht wiederholt zu werden brauchen. In allen Beispielsfällen erweist sich, dass die problematischen Tatbestände bereits in den Strafrechtsreformarbeiten der Weimarer Zeit, teilweise schon früher diskutiert worden sind. Und es sind die erwähnten Elemente *Materialisierung*, *Ethisierung*, *Subjektivierung* und *Flexibilisierung*, in welche sie eingebettet sind[4,5].

In der Strafgesetzgebung konvergieren alle genannten Merkmale in zwei Punkten: in der Zunahme der *Zahl* von Straftatbeständen also in **Kriminalisierung**, und in der Zunahme **unbestimmter** Strafrechtsnormen. Und dieser Zug der Strafgesetzgebung ist auch nach 1945 nicht verloren gegangen. Der Zusammenhang mit den vier genannten Elementen, insbesondere mit der Funktionalisierung des Strafrechts, ergibt sich aus der im Abschnitt „Juristisches Zeitgeschehen" aufgeführten Kette von Bekämpfungs-Gesetzen[6]. Der Beginn dieses Stils der Gesetzgebung ist, von Vorläufern abgesehen, in der Mitte der 30er Jahre des 20. Jahrhunderts anzusetzen. Seither entdeckt der Gesetzgeber in immer kürzeren Abständen „Schutz-" und „Bekämpfungs"-Bedarf. Dieser Entwicklung korrespondiert die Entwicklung der Intensität der gesetzgeberischen Tätigkeit: Von den weit über 200 Gesetzesänderungen des Strafgesetzbuchs von 1871 bis zur Gegenwart fallen insgesamt 32 in die Zeit von 1871 bis 1933, 59 in die Zeit von 1871 bis 1949 und weit über 150 allein in die rund 55 Jahre der Bundesrepublik. Dabei ist nicht einmal berücksichtigt, dass ein großer Teil neuer Strafrechtsnormen – der größere nämlich – nicht mehr im Strafgesetzbuch, sondern in strafrechtlichen Nebengesetzen zu finden ist, und dass deren Zunahme (ebenso wie die Zunahme der Ordnungswidrigkeitentatbestände) mit dieser Entwicklung Schritt hält. Änderungen, welche zur

[3] *Vormbaum*, Fschr. OLG Schleswig-Holstein, S. 71 ff., 74 ff.: bloß fakultative Strafbarkeit des Versuchs; Maßregeln der Besserung und Sicherung; Nötigungstatbestand (§ 240 StGB); Treubruch-Tatbestand (§ 266 StGB); Unterlassene Hilfeleistung (§ 323c StGB); falsche uneidliche Aussage (§ 153 StGB).

[4] Ähnlich hat *Gerhard Pauli*, Rechtsprechung, anhand eines Vergleichs der Strafrechtsprechung des Reichsgerichts von 1933 bis 1945 und des Bundesgerichtshofs die gemeinsamen Merkmale *Materialisierung*, *Subjektivierung* und *Sozialrechtstendenz* ermittelt (Unter „Sozialrechtstendenz" versteht er die der Materialisierung eng benachbarte Tendenz einer Orientierung am „sozial Notwendigen").

[5] Zur Materialisierung und zur Flexibilisierung gehört auch die Entwicklung der sog. *faktischen Betrachtungsweise*. Wichtiges Begrenzungsmerkmal für ein liberales Strafrecht ist seine **Subsidiarität** gegenüber der Gesamtrechtsordnung; es soll nicht Verhaltensweisen unter Strafe stellen, die im Zivil- und öffentlichen Recht nicht als rechtswidrig oder zumindest nicht als sanktionswürdig angesehen werden. Schon in jenen Rechtsgebieten nicht unproblematisch, mag die faktische Betrachtungsweise dort – beispielsweise im Gesellschafts- und im Arbeitsrecht – einem gerechten Interessenausgleich dienen, den die gesetzliche Regelung nicht hinreichend berücksichtigt hat; im Strafrecht dient sie nur dazu, den Bereich des Strafbaren auszudehnen und gerät damit in Konflikt mit dem Grundsatz *nullum crimen sine lege*. „Vater" dieser Argumentationsfigur ist **Hans-Jürgen Bruns** (1908–1994), der sie in seiner 1938 veröffentlichten Habilitationsschrift „Die Befreiung des Strafrechts vom zivilistischen Denken" auf die ergänzende Heranziehung des „gesunden Volksempfindens" stützte. Trotz dieser anrüchigen Herkunft erfreut sie sich noch heute in der Strafrechtsprechung großer Beliebtheit; zur Figur des faktischen Geschäftsführers im Zusammenhang mit § 14 Abs. 2 StGB *Marc Büning*, Die Strafbarkeit des faktischen Gesellschafters einer GmbH. Münster 2004.

[6] Auf sie hat auch *Michael Hettinger*, NJW 1996, 2263, (2264), hingewiesen: „Man mag Schädlinge bekämpfen und Seuchen, vielleicht auch noch einen in das Land eingedrungenen Feind. Das Strafrecht in einem Rechtsstaat verfolgt jedoch andere Ziele". Ob es sich (bloß) um „die *sprachliche* Zersetzung eines Rechtgebietes" [sc.: des Strafrechts] handelt (so *Hettinger* a. a. O., S. 2263), erscheint mir zweifelhaft.

Streichung von Straftatbeständen geführt haben, bilden trotz der Strafrechtsreform der 60er Jahre eine quantitée negligeable[7].

Die Frage nach einer Kontinuität des Strafrechts im 20. Jahrhundert – evtl. noch länger – zu stellen, die Zeit des Nationalsozialismus also nicht als eine Zäsur anzusehen[8], erscheint als Provokation. Was durch Stichworte wie „Konzentrationslager", „Holocaust" und „Vernichtungskrieg" wachgerufen wird, prägt die Vorstellung von jener Zeit so stark – und dies zu Recht –, dass man leicht annimmt, diese Elemente müssten auf alle anderen Lebensbereiche ausgestrahlt haben. Diese Annahme verstellt aber den Zugang zu den Problemen und hindert uns letztlich, unser jetziges Strafrecht kritisch zu befragen. Darauf ist noch zurückzukommen. Zunächst aber einige weitere Hinweise zur Kontinuitätsthese.

1. Eine handgreifliche Kontinuitätskomponente zeigte sich in der Frühzeit der Bundesrepublik in der **personellen Kontinuität**: Ein Teil der Hochschullehrer, die noch in den 60er Jahren Strafrecht lehrten, hatte dies bereits in der Zeit des Nationalsozialismus getan[9]. Das klassische Beispiel bietet die schon früher angesprochene Gestalt Edmund Mezgers[10]. Die Aufmerksamkeit für diesen Aspekt der Kontinuität hat sich allerdings inzwischen durch biologischen Zeitablauf erledigt; sie kann auch problematisch werden, denn der Blick auf das Persönliche

---

[7] Ich habe an anderer Stelle versucht, die bedenklichen Elemente in einem 10-Punkte Katalog zu erfassen: *Vormbaum*, „Politisches" Strafrecht, in: ZStW 1995, 734 ff., 738.

[8] Eine sozusagen naive, systemimmanente Kontinuitätsauffassung hat es schon früh, nämlich in den Fünfzigerjahren, gegeben. **Eberhard Schmidt** meinte in seiner 1947 erstmals erschienenen *Einführung in die Geschichte der deutschen Strafrechtspflege*, „die Kontinuität echter Strafrechtswissenschaft [sei während der Zeit des Nationalsozialismus] nicht abgerissen" (*Eb. Schmidt*, Einführung, § 360, S. 451; s. bereits o. § 5 b. Fußn. 205); damit war freilich eher das Gegenteil von dem gemeint, was den Inhalt der hier angesprochenen Kontinuitätsauffassung bildet. – Im Vorwort zu dieser 1. Auflage bemerkt Eb. Schmidt, er habe das Buch in den „dunkelsten Tagen der deutschen Geschichte" verfasst. Da er sogleich hinzufügt, der Plan dazu sei schon „vor dem politischen Zusammenbruch" gefasst worden, können mit den dunkelsten Tagen der deutschen Geschichte nur die Tage *nach* diesem Zusammenbruch gemeint sein. Überlebende des Holocaust und Regimegegner dürften eher der Meinung gewesen sein, dass mit dem „Zusammenbruch" die finstersten Jahre der deutschen Geschichte ihr Ende gefunden hätten. Ob der Autor wirklich, wie er sich *ebd.* selbst bescheinigt, „gegen Geistesverwirrungen im Bereich des Strafrechts in Wort und Schrift" angegangen ist und sich „mit den verschiedensten Erscheinungen einer entarteten [!] Zweckjurisprudenz auseinandergesetzt" hat, mag zukünftige Forschung überprüfen; manches spricht dagegen. Eine kritische Biographie über Eberhard Schmidt steht auch nach der kürzlich erschienenen Monographie von *Gräfin von Hardenberg* Eberhard Schmidt (1891–1977), Ein Beitrag zur Geschichte unseres Rechtsstaats, 2009, noch aus. Nachzugehen wäre dem Hinweis von *Georg Dahm* in seinem Brief an Eberhard Schmidt vom 4. Februar 1948 (abgedruckt in Jahrbuch JZG 7 (2005/2006), 199 ff.), den die Verfasserin auf S. 366 ff. recht wohlwollend im Sinne Schmidts interpretiert.

[9] Darauf hinzuweisen, galt damals als ungehörig, was wohl, abgesehen von kollegialen Loyalitätsbedürfnissen, die man auch als Kumpanei bezeichnen könnte, auf eine stillschweigende, mehr oder weniger reflektierte Kontinuitätsthese – die sich freilich bald darauf als zweischneidig erweisen sollte – zurückzuführen war.

[10] S. bereits § 5 Fußn. 247; dazu *Francisco Muñoz Conde*, Edmund Mezger. Beiträge zu einem Juristenleben. Berlin 2007.

birgt auch die Gefahr, dass von der strukturellen Kontinuität abgelenkt wird, also eine Gefahr, die man als „Personalisierungsfalle" bezeichnen kann[11].

2. Inzwischen kann die Auffassung von einer **strukturellen Kontinuität** des Strafrechtsdenkens im 20. Jahrhundert als unter Rechtshistorikern herrschend bezeichnet werden. Das „Zäsurmodell" („Perversion" 1933 – „Gesundung" 1945) wird inzwischen kaum noch vertreten. Auch die allgemeine Geschichtswissenschaft hat lange Zeit gebraucht, ehe sie sich, wie es zur Zeit geschieht, der Untersuchung derjenigen Bereiche zugewendet hat, in denen die Zeit des Nationalsozialismus keine Unterbrechung, sondern eine Fortsetzung vorhandener Entwicklungsstränge bedeutet – und solche Bereiche werden immer mehr entdeckt (dazu bereits § 5 V. 1.)[12].
3. Offenbar erfuhr nun allerdings die kritisierte Entwicklung des Strafrechts während der Zeit der nationalsozialistischen Herrschaft einen besonders kräftigen Schub. In der rechtshistorischen Diskussion wird versucht, dies mit dem Begriff der **Radikalisierung** oder **Beschleunigung** der Entwicklung zu erfassen. Dies hat den Vorteil, die Kontinuitätslinien im Blick zu behalten, gleichzeitig aber Besonderheiten jener Zeit zu berücksichtigen. Denn natürlich besteht kein Anlass, die qualitativen Unterschiede zwischen der Weimarer Demokratie und der Nachkriegsdemokratie einerseits und dem NS-Regime andererseits zu vernachlässigen. Immerhin waren viele fragwürdige Normen, die von den Nationalsozialisten in Kraft gesetzt worden sind, zwar in der Zeit vor der NS-Herrschaft bereits diskutiert worden, aber damals eben *nicht* in Kraft gesetzt worden. Es war eben das NS-Regime mit seinen weniger skrupulösen rechtspolitischen Maximen, seiner größeren Hermetik und seiner durch kein Wählervotum unterbrochenen Herrschaftskontinuität, welches diese Gesetzgebungspläne leicht realisieren konnte.

   Auch die Radikalisierungsthese ändert freilich nichts daran, dass die manifeste Rechtsstaatswidrigkeit des nationalsozialistischen Regimes und seine exorbitanten Untaten auch durch eine Tradition vorbereitet worden sind, dass also das „Anormale" des Nationalsozialismus zu einem großen Teil nicht als Unterbrechung der Tradition, sondern als extreme Konsequenz wichtiger Traditionselemente zu verstehen ist, die bis heute fortwirken.
4. Die Feststellung der Herkunft einer Strafvorschrift aus der Zeit des Nationalsozialismus ist damit jedenfalls heuristisch, also als Ansatzpunkt für Fragestellungen, für die aktuelle kriminalpolitische Diskussion gewinnbringend. Die deutsche Strafrechtswissenschaft besitzt – wenn man so will – in der nationalsozialistischen Vergangenheit und ihrem Strafrecht *auch* eine Chance, die andere Völker nicht besitzen: dass eine Strafrechtsnorm oder eine strafrechtliche Denkfigur mit dem Nationalsozialismus kompatibel war, gibt Anlass, sie kritisch zu befragen.

[11] *Pauli/ Vormbaum*, Vorwort, in: Dies., Justiz und Nationalsozialismus, S. VII.

[12] Ebd.

In Deutschland gibt es seit Jahrzehnten das Schlagwort von der „Bewältigung der Vergangenheit". „Bewältigung der Vergangenheit" kann aber nur heißen: Bewältigung der Gegenwart, oder – noch besser – der Zukunft[13].

III. Ausblick

Merkmale der kritisierten Entwicklung sind, wie mehrfach erwähnt:

Flexibilisierung Dominanz der Zweckidee anstelle der Rechtsidee. Jeder halbwegs plausible Zweck, meistens als Schutzzweck oder – in der strengeren Variante – als Bekämpfungszweck formuliert, hat Aussicht, strafrechtlich Unterstützung zu bekommen.

Moralisierung Zurückdrängung der seit Immanuel Kant anerkannten strengen Trennung von Legalität einerseits und Moralität andererseits, von Recht einerseits und Ethik andererseits, von sittlicher Verurteilung einerseits und Verurteilung wegen Störung des menschlichen Zusammenlebens andererseits. Häufig versteckt sie sich hinter emotional aufgerüsteten Schutzzweckformulierungen.

Materialisierung Abbau schützender rechtsstaatlicher Formen und „Durchgriff" auf inhaltliche Bewertungen. Ein beliebter Weg zu diesem Ziele ist das Argumentieren mit „Strafbarkeitslücken"[14].

Subjektivierung Zunehmende Bewertung der Tat nach Maßstäben, die im Innern des Täters gefunden werden; *gesetzgebungstechnisch* ausgedrückt: Zunahme subjektiver Tatbestandsmerkmale gegenüber objektiven Tatbestandsmerkmalen; *strafrechtstheoretisch* ausgedrückt: Zunahme gesinnungsstrafrechtlicher Elemente gegenüber tatstrafrechtlichen Elementen. Im Grenzbereich von Strafrechtsdogmatik und Kriminalpolitik spielen Personalisierungen („Terrorist", „Dealer", „Kinderschänder", „Raser") eine beachtliche Rolle.

Hält man diese Entwicklung für verhängnisvoll – und sie verdient, dafür gehalten zu werden –, so stellt sich die Frage nach den praktischen Folgerungen für die Gegenwart. Dies ist indes kein Thema mehr für ein Lehrbuch der Strafrechtsgeschichte. Daher kann hier nur noch auf zwei allgemeine und damit notwendig etwas abstrakte Punkte eingegangen werden: **Strafbegrenzungswissenschaft** und **Rechtsidee**.

Der erste Aspekt betrifft das Verständnis von Strafrechtswissenschaft. Man kann mit *Wolfgang Naucke* zwei Vorverständnisse unterscheiden, mit denen man Strafrechtswissenschaft betreiben kann:

---

[13] *Arthur Kaufmann*, Rechtsphilosophie und Nationalsozialismus, in: Recht, Rechtsphilosophie und Nationalsozialismus. (ARSP–Beiheft Nr. 18). Wiesbaden 1983, S. 1: „Mir scheint, dass wir die Zukunft bewältigen müssen, wenn denn schon etwas bewältigt werden muss".

[14] Dazu *Thomas Vormbaum*, Glosse: Strafbarkeitslücken, in: JZ 1999, 613.

1. Strafrechtswissenschaft als Versuch, dem Staat eine „klare Beschreibung der als Verbrechen zu bekämpfenden Verhaltensweisen an die Hand zu geben, Strafrecht also als Zweckinstrument zu schärfen“. Dann ist Strafrechtsdogmatik *Strafverfolgungsdogmatik*, technisches Hilfsmittel zur Effektivierung der Strafverfolgung.
2. Strafrechtswissenschaft als liberale Dogmatik oder als Strafbefreiungsdogmatik. *Strafen* ist stets autoritär. Denn wie soll man es anders bezeichnen, wenn der Staat einem seiner Bürger eine Geldstrafe auferlegt, ihm für eine bestimmte Zeit verbietet, sein Kraftfahrzeug zu benutzen, ihm die Freiheit entzieht oder ihm (in einigen Ländern der Welt, auch in demokratisch regierten Ländern) sogar das Leben nimmt? Hält man dies für das Wesen des Strafrechts, so ist in der Tat auch jedes Straf*recht* autoritär. Ist man jedoch der Meinung, dass alles dies nur Merkmale des *Strafens* seien, Strafrecht aber, eben weil es Recht ist, seine vornehmste Aufgabe darin besitze, diesem staatlichen Tun und diesen gesellschaftlichen Bestrafungswünschen seine Grenzen aufzuzeigen, dann ist Strafrecht seinem Wesen nach geradezu anti-autoritär; und ob es liberal ist, hängt nur davon ab, in welchem *Umfang* es staatliches Strafen begrenzt.

Die beiden Begriffe sind idealtypische Begriffe; in der Realität lassen sie sich nicht immer sauber auseinanderhalten. Idealtypische Begriffe haben indes den Vorteil, Richtlinien für das praktische Handeln vorzugeben, denen nahezukommen man sich in der alltäglichen Praxis bemühen kann. In diesem Sinne sei hier für das Verständnis einer Strafbegrenzungswissenschaft geworben. Sollen aber gegenüber der Funktionalisierung und Expansion des Strafrechts (besser: des Strafens) wieder autonome Rechtsvorstellungen zur Geltung gebracht werden, der reinen Zweckidee wieder die Rechtsidee entgegengesetzt werden, so gilt es, *allen* Elementen der Rechtsidee – der *Gerechtigkeit*, der *Rechtssicherheit* und schließlich (ja gewiss: auch) der *Zweckmäßigkeit* Geltung zu verschaffen[15]. Jede Strafrechtsnorm und jede Auslegung dieser Norm muss vor jedem dieser drei Kriterien bestehen. Wie das aussehen könnte, kann hier nicht näher ausgeführt werden[16]. Gemessen an diesem dreifachen Maßstab müsste manches in unserem Strafrecht anders aussehen.

[15] Vgl. *Gustav Radbruch*, Rechtsphilosophie. 7. Aufl., hrsg. von Erik Wolf. Stuttgart 1970, S. 124 ff., 146 ff., 168 ff.

[16] S. den Ansatz bei *Thomas Vormbaum*, Aktuelles zur Lage des Strafrechts, in: Fschr. f. Dimitris Th. Tsatsos. Baden-Baden 2003, S. 703 ff.

Wichtige Quellen und Literatur

Aufgeführt sind vor allem Werke, die entweder mehrfach, insbesondere in mehr als einem Paragraphen – und dort abgekürzt – zitiert sind und / oder von grundlegender Bedeutung sind. Bei Autoren, die mit mehreren Werken vertreten sind, ist, soweit nicht die Unterscheidung sich aus dem Kontext von selbst ergibt, bei Zitaten außer dem Namen ein sinntragendes Wort aus dem Titel angegeben.

ACHENBACH, Hans: Historische und dogmatische Grundlagen der strafrechtssystematischen Schuldlehre. Berlin 1974.

ALBER, Peter-Paul: Die Geschichte der Öffentlichkeit im deutschen Strafverfahren. Berlin 1974.

AMELUNG, Knut: Rechtsgüterschutz und Schutz der Gesellschaft. Untersuchungen zum Inhalt und zum Anwendungsbereich eines Strafrechtsprinzips auf dogmengeschichtlicher Grundlage. Zugleich ein Beitrag zur Lehre von der „Sozialschädlichkeit" des Verbrechens. Frankfurt/M. 1972.

ANGERMUND, Ralph: Deutsche Richterschaft 1919–1945. Krisenerfahrung, Illusion, politische Rechtsprechung. Frankfurt a. M. 1990.

ARMBRÜSTER, Klaus: Die Entwicklung der Verteidigung in Strafsachen. Ein rechtsgeschichtlicher Beitrag von den Anfängen einer Verteidigertätigkeit in Deutschland bis zum Ende der Weimarer Zeit. Berlin 1980.

ARNOLD, Jörg (Hrsg.): Die Normalität des Strafrechts der DDR. Band 1. Gesammelte Beiträge und Dokumente. Unter Mitarbeit von Birte E. Keppler u. a. Freiburg i.Br. 1995.

ARNSWALDT, Wolf-Christian von: Savigny als Strafrechtspraktiker. Ministerium für die Gesetzrevision (1842–1848). Baden-Baden 2003.

ASHOLT, Martin: Straßenverkehrstatbestände – Reformdiskussion und Gesetzgebung seit dem Ausgang des 19. Jahrhunderts. Berlin 2007.

BANDEMER, Dagmar: Heinrich Albert Zachariae. Rechtsdenken zwischen Restauration und Reformation. Frankfurt a. M. 1985.

BANKE, Waldemar: Der erste Entwurf eines Deutschen Einheitsstrafrechts. 2 Bde. Berlin 1912.

BARRENECHE, Ninette: Materialien zu einer Strafrechtsgeschichte der Münchener Räterepublik. Berlin 2004.

BAUMANN, Immanuel: Dem Verbrechen auf der Spur. Eine Geschichte der Kriminologie und Kriminalpolitik in Deutschland, 1880 bis 1980. Göttingen 2006.

BAUMGARTEN, Ralf: Zweikampf – §§ 201–210 StGB a.F. Reformdiskussion und Gesetzgebung von 1870 bis zur Aufhebung der Zweikampfbestimmungen. Berlin 2002.

BEBBER, Katharina van: Wiedergutgemacht? Die Entschädigung für Opfer der nationalsozialistischen Verfolgung nach dem Bundesergänzungsgesetz durch die Entschädigungsgerichte im OLG-Bezirk Hamm, in: Pauli/ Vormbaum, S. 251 ff.

T. Vormbaum, *Einführung in die moderne Strafrechtsgeschichte,* Springer-Lehrbuch,
DOI 10.1007/978-3-662-45575-3

BECCARIA, Cesare: Von den Verbrechen und von den Strafen (1764). Mit einer Einführung von Wolfgang Naucke. Berlin 2004.

BECKER, Peter: Verderbnis und Entartung. Eine Geschichte der Kriminologie des 19. Jahrhunderts als Diskurs und Praxis. Göttingen 2002.

BERNER, Albert Friedrich: Die Strafgesetzgebung in Deutschland vom Jahre 1751 bis zur Gegenwart. Leipzig 1867 (Neudruck Aalen 1978).

BERNER, Albert Friedrich: Lehrbuch des deutschen Strafrechts. Leipzig 1872.

BERNHARD, Lars: Falsche Verdächtigung – §§ 164, 165 StGB – und Vortäuschung einer Straftat – § 145 d StGB. Reformdiskussion und Gesetzgebung seit 1870. Berlin 2003.

BINDING, Karl: Die Normen und ihre Übertretung. Eine Untersuchung über die rechtmäßige Handlung und die Arten des Delikts. 4 Bde., Bd. 1, Teilbd. 1. 4. Aufl. Leipzig 1922. Neudruck Aalen 1991.

BINDING, Karl, und Alfred Hoche: Die Freigabe der Vernichtung lebensunwerten Lebens. Ihr Maß und ihre Form (1920). Neudruck Berlin 2006.

BIRNBAUM, Johann Michael Franz: Zwei Aufsätze. Ueber das Erforderniß einer Rechtsverletzung zum Begriffe des Verbrechens (1834); Bemerkungen über den Begriff des natürlichen Verbrechens (1836). Herausgegeben von José Luis Guzman Dalbora und Thomas Vormbaum. (Rechtsgeschichte und Rechtsgeschehen. Kleine Schriften, 31). Münster, Berlin 2011.

BLASIUS, Dirk: Bürgerliche Gesellschaft und Kriminalität. Zur Sozialgeschichte Preußens im Vormärz. Göttingen 1976.

BLEICH, F.: Verhandlungen des im Jahre 1848 zusammenberufenen ständischen Ausschusses. 4 Bde. Berlin 1848. Unveränd. Neudruck. Frankfurt a. M. 1991.

BOHNERT, Cornelia: Zu Straftheorie und Strafverständnis im Schulenstreit der Jahrhundertwende. Pfaffenweiler 1992.

BOLDER, Paul Otto: Der Versuch einer Reform des Strafverfahrens und der Strafgerichtsverfassung in den Jahren 1885, 1894 und 1895. Freiburg (jur. Diss.) 1934.

BRAUM, Stefan: Geschichte der Revision im Strafverfahren von 1877 bis zur Gegenwart. Zugleich eine kritik der Kontinuität politischer Macht im Recht. (Frankfurter kriminalwissenschaftliche Studien, 55). Frankfurt a. M., Berlin, Bern u. a. 1996.

BRUNS, Hans-Jürgen: Die Befreiung des Strafrechts vom zivilistischen Denken. Berlin 1938.

BUMKE, Erwin: Verordnung über Gerichtsverfassung und Strafrechtspflege vom 4. Januar 1924. Berlin 1924.

[BMJ] BUNDESMINISTERIUM DER JUSTIZ (Hrsg.): Im Namen des Volkes? Über die Justiz im Staat der SED. Ausstellung des Bundesministeriums der Justiz. I: Katalogband, II: Dokumentenband, III: Wissenschaftlicher Begleitband. Leipzig 1994.

BUSCH, Jost-Dietrich: Die Strafbarkeit der erfolglosen Teilnahme und die Geschichte des § 49a StGB. Marburg (jur. Diss.) 1964.

BUSCH, Tim: Die deutsche Strafrechtsreform – Ein Rückblick auf die sechs Reformen des deutschen Strafrechts (1969–1998). Baden-Baden 2005.

BUSCHMANN, Arno: Das Strafgesetzbuch in der Zeit von 1933 bis 1945– Die Novellierungen des Strafgesetzbuchs in der Epoche des Nationalsozialismus, in: Vormbaum/ Welp (Hrsg.), Das Strafgesetzbuch. Supplementband I, S. 53–138.

BUSCHMANN, Arno: Nationalsozialistische Weltanschauung und Gesetzgebung 1933–1945. Bd. 2 (alles bisher Erschienene): Dokumentation einer Entwicklung. Wien 2002.

BYRD, B. Sharon, und Joachim Hruschka: Kant zu Strafrecht und Strafe im Rechtsstaat, in: Juristenzeitung 2007, 957–964.

CARSTEN, Ernst: Die Geschichte der Staatsanwaltschaft in Deutschland bis zur Gegenwart (Breslau 1932). Neudruck Frankfurt/Main/ Tokyo 1970.

CATTANEO, Mario A.: Aufklärung und Strafrecht. Beiträge zur deutschen Strafrechtsphilosophie des 18. Jahrhunderts. Baden-Baden 1998.

CIPOLLA, Tamara: Friedrich Karl von Strombeck. Leben und Werk. Berlin 2010.

COLLIN, Peter: „Wächter der Gesetze" oder „Organ der Staatsregierung"? Konzipierung, Einrichtung und Anleitung der Staatsanwaltschaft durch das preußische Justizministerium. Von den Anfängen bis 1860. Frankfurt am Main 2000.

CORNELIUS, Kai: Vom spurlosen Verschwindenlassen zur Benachrichtigungspflicht bei Festnahmen. Berlin 2006.

CZEGUN, Ignazio: Die Mitwirkung von Bundesrat und Reichstag bei der Kolonialgesetzgebung, in: JJZG 8 (2006/2007), 174–202.

CZELK, Andrea: „Privilegierung“ und Vorurteil. Positionen der Bürgerlichen Frauenbewegung zum Unehelichenrecht und zur Kindstötung im Kaiserreich. Köln, Weimar, Wien 2005.

DANNECKER, Gerhard: Die Entwicklung des strafrechtlichen Rückwirkungsverbots und des Milderungsgebots in Deutschland, in: JJZG 3 (2001/2002), 125–202.

DENCKER, Friedrich: Die strafrechtliche Beurteilung von NS-Rechtsprechungsakten, in: Peter Salje (Hrsg.), Recht und Unrecht im Nationalsozialismus. Münster 1985, S. 294 ff.

DENCKER, Friedrich: Kontinuität und Diskontinuität im materiellen Strafrecht am Beispiel des Nötigungstatbestandes, in: Pauli/ Vormbaum, S. 129 ff.

DENCKER, Friedrich: NS-Justiz vor Gericht, in: Jörg Requate (Hrsg.), Recht und Justiz im gesellschaftlichen Aufbruch (1960–1975). Bundesrepublik Deutschland, Italien und Frankreich im Vergleich. Baden-Baden 2003, S. 93 ff.

DERSCH, Gisela: Begünstigung, Hehlerei und unterlassene Verbrechensanzeige in der gemeinrechtlichen Strafrechtsdoktrin bis zum Erlass des Reichsstrafgesetzbuchs. Göttingen 1980.

DETTMAR, Juliane: Legalität und Opportunität im Strafprozess. Reformdiskussion und Gesetzgebung von 1877 bis 1933. Berlin 2008.

DEZZA, Ettore: Die aussichtslose Versöhnung. Strafprozeß, Absolutismus und Rechtsstaatlichkeit im habsburgischen Gesetzbuch von 1804, in: Ders., Beiträge Strafprozeß, S. 123–148.

DEZZA, Ettore: Beiträge zur Geschichte des modernen italienischen Strafrechts. Berlin 2004.

DEZZA, Ettore: Beiträge zur Geschichte des italienischen Strafprozesses im Kodifikationszeitalter. Münster 2007.

DEZZA, Ettore: Der Feind der Wahrheit. Das Verteidigungsverbot und der Richter als „Faktotum“ in der habsburgischen Strafrechtskodifikation (1768–1873), in: JJZG 9 (2007/2008).

DEZZA, Ettore, und Loredana Garlati: Beiträge zur Geschichte der habsburgischen Strafgesetzgebung in Italien. Mit einem Anhang: Cesare Beccarias Gutachten zum Allgemeinen Gesetzbuch über Verbrechen und Strafen aus dem Jahre 1791. Münster, Berlin 2010.

DEZZA, Ettore, Sergio Seminara und Thomas Vormbaum (Hrsg.): Moderne italienische Strafrechtsdenker. Berlin, Heidelberg 2012.

DIRKS, Christian: „Die Verbrechen der anderen“. Auschwitz und der Auschwitz-Prozeß der DDR. Das Verfahren gegen den KZ-Arzt Dr. Horst Fischer. Paderborn 2004.

DONINI, Massimo: Strafrechtstheorie und Strafrechtsreform. Beiträge zum Strafrecht und zur Strafrechtspolitik in Italien und Europa. Berlin 2006.

DURYNEK Jürgen: Korruptionsdelikte (§§ 331 ff. StGB). Reformdiskussion und Gesetzgebung seit dem 19. Jahrhundert. Berlin 2008.

DÜWELL, Franz Josef, und Thomas Vormbaum (Hrsg.): Themen juristischer Zeitgeschichte (1). Schwerpunktthema: Recht und Nationalsozialismus. Baden-Baden 1998.

ECKERT, Jörn: Die Kieler rechtswissenschaftliche Fakultät – „Stoßtruppfakultät“, in: Heribert Ostendorf/ Uwe Danker (Hrsg.), Die NS-Strafjustiz und ihre Nachwirkungen. Baden-Baden 2003, S. 21 ff.

EISENHARDT, Ulrich: Deutsche Rechtsgeschichte. 4. Auflage. München 2004.

ELLING, K.: Die Einführung der Staatsanwaltschaft in Deutschland. Ein Beitrag zur Geschichte des Strafprozesses. (Breslau 1911). Neudruck Frankfurt/M. 1977.

ELOBIED, Tarig: Die Entwicklung des Strafbefehlsverfahrens von 1846 bis in die Gegenwart. Berlin 2010.

EVANS, Richard J.: Rituale der Vergeltung. Die Todesstrafe in der deutschen Geschichte 1532–1987. Berlin, Hamburg 2001.

FELSKE, Karsten: Kriminelle und terroristische Vereinigungen (§§ 129, 129a StGB). Reformdiskussion und Gesetzgebung seit dem 19. Jahrhundert. Baden-Baden 2001.

FEUERBACH, Paul Johann Anselm: Revision der Grundsätze und Grundbegriffe des positiven peinlichen Rechts. 2 Bde. Jena 1799, Chemnitz 1800.

FEUERBACH, Paul Johann Anselm: Lehrbuch des gemeinen in Deutschland gültigen Peinlichen Rechts (zuerst 1801), letzte Auflage Gießen 1847.

FEUERBACH, Paul Johann Anselm: Betrachtungen über das Geschwornengericht. Landshut 1813.

FEUERBACH, Paul Johann Anselm: Betrachtungen über die Öffentlichkeit und Mündlichkeit der Gerechtigkeitspflege (1821). Neudruck Aalen 1969.

FÖGEN, Marie Theres: Der Kampf um Gerichtsöffentlichkeit. Berlin 1974.

FRANK, Reinhard: Über den Aufbau des Schuldbegriffs (1907). Mit einer Einführung von Hans Joachim Hirsch. Berlin 2009.

FRANZ, Oliver: Ausgehverbot für Jugendliche („Juvenile Curfew") in den USA. Reformdiskussion und Gesetzgebung seit dem 19. Jahrhundert. Mit einem Exkurs: Ausgehverbot für Jugendliche in Deutschland während des Zweiten Weltkrieges. Baden-Baden 1999.

FREI, Norbert: Vergangenheitspolitik. Die Anfänge der Bundesrepublik Deutschland und die NS-Vergangenheit. 2. Auflage München 1997.

FREUDIGER, Kerstin: Die juristische Aufarbeitung von NS-Verbrechen. Tübingen 2002.

FRIEDRICH, Jörg: Freispruch für die Nazi-Justiz. Die Urteile gegen NS-Richter seit 1948. Eine Dokumentation. Reinbek b. Hamburg 1983.

FRIEDRICH, Jörg: Die kalte Amnestie. NS-Täter in der Bundesrepublik. Frankfurt a. M. 1984.

FROMMEL, Monika: Präventionsmodelle in der deutschen Strafzweck-diskussion. Beziehungen zwischen Rechtsphilosophie, Dogmatik, Rechtspolitik und Erfahrungswissenschaften. Berlin 1987.

FROMMEL, Monika: Strafjustiz und Polizei. Muß man die Strafrechtsgeschichte vom Kopf auf die Füße stellen?, in: Akten des 26. Deutschen Rechtshistorikertages 1986. Frankfurt am Main 1987, S. 169 ff.

FROMMEL, Monika: Die Implementation der liberalen Forderung nach einer Reform des Strafverfahrens in der jüngeren Strafrechtsgeschichte, in: Heinz Monhaupt (Hrsg.), Rechtsgeschichte in den beiden deutschen Staaten (1988–1990). Beispiele, Parallelen, Positionen. Frankfurt am Main 1991, S. 548 ff.

GADEBUSCH BONDIO, Mariacarla: Die Rezeption der kriminalanthropologischen Theorien von Cesare Lombroso in Deutschland von 1880–1914. (Abhandlungen zur Geschichte der Medizin und der Naturwissenschaften. Heft 70). Husum 1995.

GADEBUSCH BONDIO, Mariacarla: From the „Atavistic" to the „Inferior" Criminal Type. The Impact of the Lombrosian Theory of the Born Criminal on German Psychiatry, in: Peter Becker/ Richard F. Wetzell (Hrsg.), Criminals and Their Scientists. The History of Criminology in International Perspective. New York (Cambridge University Press) 2006, S. 183 ff.; dt.: Vom „atavistischen" zum „minderwertigen" Verbrechertypus. Der Einfluss der Lehre Lombrosos vom geborenen Verbrecher auf die deutsche Psychiatrie, in: JJZG 8 (2006/2007), 280 ff.

GARLATI, Loredana: s.b. Dezza, Ettore.

GEPPERT, Klaus: Der Grundsatz der Unmittelbarkeit im deutschen Strafverfahren. Berlin 1979.

GIESELER, Kirsten: Unterlassene Hilfeleistung – § 323 c StGB. Reformdiskussion und Gesetzgebung seit 1870. Berlin 1998.

GLASER, Julius: Handbuch des Strafprozesses. Band 1. Leipzig 1883.

GNEIST, Rudolf: Freie Advocatur. Die erste Forderung aller Justizreform in Preußen. Berlin 1867 (unveränderter Neudruck 1911).

GOLTSCHE, Friederike: Der Entwurf eines Allgemeinen Deutschen Strafgesetzbuches von 1922 (Entwurf Radbruch). (jur. Diss.) erscheint 2009.

GRÄSSLE-MÜNSCHER, Josef: Kriminelle Vereinigung. Von den Burschenschaften bis zur RAF. Hamburg 1991.

GRECO, Luis: Lebendiges und Totes in Feuerbachs Straftheorie. Ein Beitrag zur gegenwärtigen strafrechtlichen Grundlagendiskussion. Berlin 2009.

GRIBBOHM, Günter: „Geführte Strafjustiz – Reichsgericht und Kriegsstrafrecht im Zweiten Weltkrieg. Berlin, Münster 2009.

GROLMAN, Karl: Grundsätze der Kriminalrechtswissenschaft nebst einer systematischen Darstellung des Geistes der deutschen Criminalgesetze (1805). Neudruck Glashütten 1970.

GRÖNING, Christian: Körperverletzung – §§ 223 ff, 340 StGB. Reformdiskussion und Gesetzgebung seit 1933. Berlin 2003.

GRÖSCHNER, Rolf, und Gerhard Haney: Die Bedeutung P.J.A. Feuerbachs (1775–1833) für die Gegenwart, Tagung der Internationalen Vereinigung für Rechtsphilosophie (IVR) in Jena, 15. und 16. März 2002. Wiesbaden 2003.

GROSSE-VEHNE, Vera: Tötung auf Verlangen (§ 216 StGB), „Euthanasie" und Sterbehilfe. Reformdiskussion und Gesetzgebung seit 1870. Berlin 2005.

GRUCHMANN, Lothar: Justiz im Dritten Reich 1933–1940. Anpassung und Unterwerfung in der Ära Gürtner. München 1988.

GUMBEL, Emil Julius: Vier Jahre politischer Mord (Neudruck der Ausgabe 1924). Heidelberg 1980.

GÜNTHER, Hans: Staatsanwaltschaft. Kind der Revolution. Berlin 1973.

GUSY, Christoph: Weimar – die wehrlose Republik? Verfassungsschutzrecht und Verfassungsschutz in der Weimarer Republik. Tübingen 1991.

GUZMAN DALBORA, José Luis: Inhalt und aktuelle Bedeutung der Rechtsgutstheorie im Werk Johann Michael Franz Birnbaums, in: Birnbaum, Zwei Aufsätze, S. 67 ff.

HAASE, Norbert, und Bert Pampel (Hrsg.): Die Waldheimer „Prozesse" – 50 Jahre danach. Baden-Baden 2001.

HABER, Günter: Strafgerichtliche Öffentlichkeit und öffentlicher Ankläger in der französischen Aufklärung. Mit einem Ausblick auf die Gesetzgebung der Konstituante. Berlin 1979.

HAEBERLIN, C.F.W.J.: Sammlung der neuen deutschen Strafprocessordnungen. Mit Einschluß der französischen und belgischen sowie der Gesetze über die Einführung des mündlichen und öffentlichen Strafverfahrens mit Schwurgerichten. Greifswald 1852.

HÄLSCHNER, Hugo: Das preußische Strafrecht. In 3 Teilen. Teil 1: Geschichte des brandenburg-preußischen Strafrechts. Ein Beitrag zur Geschichte des deutschen Strafrechts. Bonn 1855. Neudruck Aalen 1975.

HANNOVER, Heinrich, und Elisabeth Hannover-Drück: Politische Justiz 1918–1933 (zuerst Frankfurt 1966). Hamburg 1977.

HARTMANN, Andrea: Majestätsbeleidigung und Verunglimpfung des Staatsoberhauptes (§§ 94 ff. RStGB, 90 StGB). Reformdiskussion und Gesetzgebung seit dem 19. Jahrhundert. Berlin 2006.

HARTMANN, Ilya: Prostitution, Kuppelei, Zuhälterei. Reformdiskussion und Gesetzgebung seit 1870. Berlin 2006.

HARTMANN, Andrea: „Chronik der Majestätsbeleidigungsprozesse" im „Vorwärts": Massenphänomen Majestätsbeleidigung, in: JoJZG 1 (2007), 49 ff.

HERRMANN, Joachim: Die Reform der deutschen Hauptverhandlung nach dem Vorbild des angloamerikanischen Strafverfahrens. Bonn 1971.

HERTZ, Adolf: Die Geschichte des Legalitätsprinzips. Diss. Freiburg/B. 1935.

HETTINGER Michael: Das Fragerecht der Verteidigung im reformierten Inquisitionsprozeß, dargestellt am badischen Strafverfahrensrecht von 1845/51 im Vergleich mit anderen Partikulargesetzen. Berlin 1985.

HILGENDORF, Eric, und Jürgen Weitzel (Hrsg.): Der Strafgedanke in seiner historischen Entwicklung. Ringvorlesung zur Strafrechtsgeschichte und Strafrechtsphilosophie. (Schriften zum Strafrecht. 189). Berlin 2007.

HIPPEL, Robert von: Beiträge zur Geschichte der Freiheitsstrafe, in: ZStW 18 (1898), 419–494, 608–666.

HIPPEL, Robert von: Deutsches Strafrecht. In zwei Bänden. Neudruck der Ausgabe Berlin 1925. Aalen 1971.

HIRSCH, Hans Joachim: Die subjektive Versuchstheorie, ein Wegbereiter der NS-Strafrechtsdoktrin, in: Seminara/ Hirsch, S. 61 ff.

HIRSCH, Hans Joachim: Der Streit um Handlungs- und Unrechtslehre, insbesondere im Spiegel der Zeitschrift für die gesamte Strafrechtswissenschaft, in: ZStW 1981, 831–863, 1982, 239–278.

HIRSCH, Martin, Diemut Majer und Jürgen Meinck (Hrsg.), Recht, Verwaltung und Justiz im Nationalsozialismus. Köln 1984.

HOLTZENDORFF, Franz von (Hrsg.): Handbuch des deutschen Strafrechts. Erster Band: Die geschichtlichen und philosophischen Grundlagen des Strafrechts. Berlin 1871.

Holzhauer, Heinz: Willensfreiheit und Strafe. Das Problem der Willensfreiheit in der Strafrechtslehre des 19. Jahrhunderts und seine Bedeutung für den Schulenstreit. Berlin 1970.

Hötzel, Yvonne: Debatten um die Todesstrafe in der Bundesrepublik Deutschland (1949–1989). Berlin 2010 oder 2011.

Huber, Ernst Rudolf: Deutsche Verfassungsgeschichte seit 1789. Bd. I: Reform und Restauration 1789 bis 1830. 2. Aufl. Stuttgart 1990; Bd. II: Der Kampf um Einheit und Freiheit 1830 bis 1850. 3. Aufl. Stuttgart 1988.

Ignor, Alexander: Geschichte des Strafprozesses in Deutschland 1532–1846. Von der Carolina Karls V. bis zu den Reformen des Vormärz. Paderborn 2002.

Institut für Juristische Zeitgeschichte Hagen: „Euthanasie vor Gericht. Die Anklageschrift des Generalstaatsanwalts beim OLG Frankfurt/M. gegen Dr. Werner Heyde u. a. vom 22. Mai 1962 Hrsg. von Thomas Vormbaum. Berlin 2005.

Justizministerium NRW (Hrsg.): Politische Strafjustiz 1951–1968 (Schriftenreihe Juristische Zeitgeschichte NRW. Bd. 7). (Mit Beiträgen von Dirk Blasius, Diether Posser, Alexander von Brünneck, Reinhard Schiffers, Gerhard Pauli und Gerhard Wolf und Diskussionsberichten von Markus Rheinländer und Thomas Vormbaum). Düsseldorf 1998.

Karitzky, Holger: Eduard Kohlrausch – Kriminalpolitik in vier Systemen. Eine strafrechtshistorische Biographie. Berlin 2002.

Kern, Eduard: Geschichte des Gerichtsverfassungsrechts. München und Berlin 1954.

Kesper-Biermann, Sylvia: Einheit und Recht. Strafgesetzgebung und Kriminalrechtsexperten in Deutschland vom Beginn des 19. Jahrhunderts bis zum Reichsstrafgesetzbuch 1871. Frankfurt am Main 2009.

Kisker, Silke: Die Nichtanzeige geplanter Straftaten – §§ 138, 139 StGB. Reformdiskussion und Gesetzgebung seit 1870. Berlin 2002.

Kissener, Michael: Zwischen Diktatur und Demokratie. Badische Richter 1919–1952. Konstanz 2003.

Klesczewski, Diethelm: Die Rolle der Strafe in Hegels Theorie der bürgerlichen Gesellschaft. Eine systematische Analyse des Verbrechens- und des Strafbegriffs in Hegels Grundlinien der Philosophie des Rechts. Berlin 1991.

Klingebiel, Hans: Die Gerichtsverfassung des Strafprozesses in ihrer Entwicklung seit 1879. Göttingen (jur. Diss.) 1936.

Knapp, Wolfgang: Der Verteidiger – ein Organ der Rechtspflege? Köln, Berlin, Bonn, München 1974.

Knollmann, Johann Wilhelm: Die Einführung der Staatsanwaltschaft im Königreich Hannover. Studien zur Einführung des reformierten Strafprozesses. Berlin 1994.

Koch, Arnd: Das Ende der Todesstrafe in Deutschland, in: JZ 2007, 720 ff.

Koch, Arnd, Michael Kubiciel, Martin Löhnig und Michael Pawlik (Hrsg.): Feuerbachs Bayerisches Strafgesetzbuch. Die Geburt des liberalen, modernen und rationalen Strafrechts. Tübingen 2014.

Köhler, Michael: Einführung, in: v. Liszt, Zweckgedanke, S. V ff.

Korn, Frank: Körperverletzung – §§ 223–233, 340 StGB. Reformdiskussion und Gesetzgebung von 1870 bis 1933. Berlin 2003.

Korzelius, Sven: „Asoziale" und „Parasiten" im Recht der SBZ/DDR. Randgruppen im Sozialismus zwischen Repression und Ausgrenzung. Köln, Weimar, Wien 2005.

Krause, Thomas: Geschichte des Strafvollzugs. Von den Kerkern des Altertums bis zur Gegenwart. Darmstadt 1999.

Krauss, Detlef: Das Prinzip der materiellen Wahrheit im Strafprozeß, in: Herbert Jäger (Hrsg.), Kriminologie im Strafprozeß. Zur Bedeutung psychologischer, soziologischer und kriminologischer Erkenntnisse für die Strafrechtspraxis. Frankfurt/M. 1980, S. 65 ff.

Krey, Volker: Keine Strafe ohne Gesetz. Einführung in die Dogmengeschichte des Satzes „nullum crimen, nulla poena sine lege". Berlin 1983.

Kroeschell, Karl: Rechtsgeschichte Deutschlands im 20. Jahrhundert. Göttingen 1992.

Kubink, Michael: Strafen und ihre Alternativen im zeitlichen Wandel (Kölner Kriminalwissenschaftliche Schriften. 37). Berlin 2002.

KÜPER, Wilfried: Die Richteridee der Strafprozeßordnung und ihre geschichtlichen Grundlagen. Berlin 1967.

KÜPER, Wilfried (Hrsg.): Carl Joseph Anton Mittermaier. Symposium 1987 in Heidelberg. Vorträge und Materialien. Heidelberg 1988.

LANDSBERG, Götz: Karl Joseph Anton Mittermaier (1787–1867). Ein Professorenleben in Heidelberg; in: Heidelberger Jahrbücher XII (1968), S. 29 ff.

LANDWEHR, Götz: Karl Joseph Anton Mittermaier (1787–1867), Ein Professorenleben in Heidelberg, in: Küper, Wilfried (Hrsg.), Heidelberger Strafrechtslehrer im 19. u. 20. Jahrhundert. Heidelberg 1986, S. 69 ff.

LANG, Bettina: Strafrechtsbezogene Vergangenheitspolitik. Politischer Wille und Strafrechtsrealität im Spannungsverhältnis am Beispiel von Deutschland und Südafrika. Freiburg/Br. 2005.

LAUBENTHAL, Klaus: Strafvollzug. Berlin, Heidelberg, New York, Tokyo 1995.

LENSING, Hans, und Thomas Mertens: Der Europäische Gerichtshof für Menschenrechte und die „Mauerschützen". Die Radbruchsche Formel oder: Innerer Widerspruch, in: JJZG 3 (2001/2002), 352 ff.

LINDENBERG, Stefan: Brandstiftung – §§ 306 ff. StGB. Reformdiskussion und Gesetzgebung seit 1870. Berlin 2004.

LISZT, Franz von: Das Verbrechen als sozial-pathologische Erscheinung, in: Ders., Strafrechtliche Aufsätze und Vorträge Bd. 2, S. 230 ff.

LISZT, Franz von: Die strafrechtliche Zurechnungsfähigkeit, in: Ders., Strafrechtliche Aufsätze und Vorträge. Bd. 2, S. 214 ff.

LISZT, Franz von: Der Zweckgedanke im Strafrecht (zuerst in ZStW 3 [1883], 1 ff.). Mit einer Einführung von Michael Köhler. Baden-Baden 2002 (Textauszug b. *Vormbaum*, Strafrechtsdenker, S. 468 ff.).

LISZT, Franz von: Die deterministischen Gegner der Zweckstrafe, in: ZStW 1893, 325 ff. (Textauszug b. *Vormbaum*, Strafrechtsdenker, S. 484 ff.).

LISZT, Franz von: Strafrechtliche Aufsätze und Vorträge (AuV). 2 Bände. Berlin 1905.

LOENING, Richard: Über geschichtliche und ungeschichtliche Behandlung des deutschen Strafrechts, in: ZStW 3 (1883), S. 219 ff.

LÖHR, Holle Eva: Der Grundsatz der Unmittelbarkeit im deutschen Strafprozeßrecht. Berlin 1972.

LÖW, Christine: Die Entwicklung des Verbotsirrtums und der Erkundigungspflicht seit dem 19. Jahrhundert, in: JJZG 4 (2002/2003), 312 ff.

LÖW, Christine: Die Erkundungspflicht beim Verbotsirrtum nach § 17 StGB. Frankfurt/M., Berlin, Bern 2003.

LÜDERSSEN, Klaus: Karl Joseph Anton Mittermaier und der Empirismus in der Strafrechtswissenschaft, in: Küper, Wilfried (Hrsg.), Heidelberger Strafrechtslehrer im 19. und 20. Jahrhundert. Heidelberg 1986, S. 101 ff.

LUGE, Jens: Konflikte in der regionalen Strafrechtspflege 1932–1945, in: Festschrift 175 Jahre OLG Oldenburg. Köln 1989, S. 217 ff.

LUGE, Jens: Die Rechtsstaatlichkeit der Strafrechtspflege im Oldenburger Land 1932–1945. Hannover 1993.

MAJER, Diemut: „Fremdvölkische" im Dritten Reich. Ein Beitrag zur nationalsozialistischen Rechtssetzung und Rechtspraxis in Verwaltung und Justiz unter besonderer Berücksichtigung der eingegliederten Ostgebiete und des Generalgouvernements. Boppard am Rhein 1981.

MAJER, Diemut: Nationalsozialismus im Lichte der Juristischen Zeitgeschichte. Ideologie – Staat – Besatzungsregime in Europa 1939–1945. Baden-Baden 2002.

MALSACK, Birgit: Die Stellung der Verteidigung im reformierten Strafprozeß. Eine rechtshistorische Studie anhand der Schriften von C.J.A. Mittermaier. Frankfurt a. M. 1992.

MARXEN, Klaus: Der Kampf gegen das liberale Strafrecht. Eine Studie zum Antiliberalismus in der Strafrechtswissenschaft der zwanziger und dreißiger Jahre. Berlin 1975.

MARXEN, Klaus: Das Problem der Kontinuität in der neueren deutschen Strafrechtsgeschichte, in: KritV 1990, 287 ff.

MARXEN, Klaus: Das Volk und sein Gerichtshof. Eine Studie zum nationalsozialistischen Volksgerichtshof. Frankfurt a. M. 1994.

MARXEN, Klaus: Strafrecht nach der Überwindung zweier Unrechtsregime in Deutschland. Ein Plädoyer für eine zeithistorische Rechtsschule im Strafrecht, in: Festschrift 200 Jahre Juristische Fakultät der Humboldt-Universität zu Berlin. Berlin 2010.

MARXEN, Klaus, und Holger Schlüter: Terror und „Normalität“. Urteile des nationalsozialistischen Volksgerichtshofs 1934–1945. Eine Dokumentation. (Juristische Zeitgeschichte NRW. 13). Düsseldorf o. J. (2004).

MARXEN, Klaus, und Gerhard Werle (Hrsg.): Strafjustiz und DDR-Unrecht. Dokumentation. *Bd. 1*: Wahlfälschung. Berlin 2000; *Bd. 2*: Gewalttaten an der deutsch-deutschen Grenze. 2 Teilbde. Berlin 2002; *Bd. 3*: Amtsmissbrauch und Korruption. Berlin 2002; *Band 4*: Spionage. 2 Teilbde. Berlin 2004; *Bd. 5*: Rechtsbeugung. 2 Teilbde. Berlin 2007; *Bd. 6*: MfS-Straftaten. Berlin 2006. (wird noch fortgesetzt)

MARXEN, Klaus, Koichi Miyazawa und Gerhard Werle (Hrsg.): Der Umgang mit Kriegs- und Besatzungsunrecht in Japan und Deutschland. Berlin 2001.

MARXEN, Klaus, Gerhard Werle und Petra Schäfter: Die Strafverfolgung von DDR-Unrecht. Fakten und Zahlen. Berlin 2007.

MELBER, Henning: Kontinuitäten totaler Herrschaft: Völkermord und Apartheid in „Deutsch-Südwestafrika“. Zur kolonialen Herrschaftspraxis im Deutschen Kaiserreich, in: Jahrbuch für Antisemitismusforschung 1 (1992), 91 ff

MERKEL, Adolf: Lehrbuch des deutschen Strafrechts. Stuttgart 1889. Neudruck Frankfurt a. M. 1996.

MEYER-HÖGER, Maria: Der Jugendarrest. Entstehung und Weiterentwicklung einer Sanktion. Baden-Baden 1998.

MEYER-REIL, Arndt: Strafaussetzung zur Bewährung. Reformdiskussion und Gesetzgebung seit 1870. Münster 2006.

MITTERMAIER, Carl Joseph Anton: Anleitung zur Vertheidigungskunst im deutschen Criminalprocesse und in dem auf Öffentlichkeit und Geschwornengerichte gebauten Strafverfahren mit Beispielen. 2. Auflage. Landshut 1820.

MITTERMAIER, Carl Joseph Anton: Die gesetzliche Beweistheorie in ihrem Verhältniß zu Geschworenengerichten, mit besonderer Rücksicht auf den neuesten Entwurf eines Gesetzbuchs über das Verfahren in Strafsachen von 1831 für das Königreich Baiern; in: NArchCrR 13 (1833), 120–140.

MITTERMAIER, Carl Joseph Anton: Die Lehre vom Beweise im deutschen Strafprozesse nach der Fortbildung durch Gerichtsgebrauch und deutsche Gesetzbücher in Vergleichung mit den Ansichten des englischen und französischen Strafverfahrens. Darmstadt 1834.

MITTERMAIER, Carl Joseph Anton: Die Strafgesetzgebung in ihrer Fortbildung geprüft nach den Forderungen der Wissenschaft und nach den Erfahrungen über den Werth neuer Gesetzgebungen, und über die Schwierigkeiten der Codifikation, mit vorzüglicher Rücksicht auf den Gang der Berathungen von Entwürfen der Strafgesetzgebung in constitutionellen Staaten. 2 Bände. Heidelberg 1841, 1843.

MITTERMAIER, Carl Joseph Anton: Der deutsche Strafprozeß, verglichen mit dem auf Oeffentlichkeit, Mündlichkeit und Anklageprinzip gebauten Verfahren, mit Prüfung der neuesten Ergebnisse der Strafprozeßgesetzgebung, mit besonderer Beziehung auf den neuesten köngl. sächsischen Entwurf des Criminalverfahrens, in: ArchCrR 1842, 424–458.

MITTERMAIER, Carl Joseph Anton: Die Mündlichkeit, das Anklageprinzip, die Oeffentlichkeit und das Geschwornengericht in ihrer Durchführung in den verschiedenen Gesetzgebungen dargestellt und nach den Forderungen des Rechts und der Zweckmäßigkeit mit Rücksicht auf die Erfahrungen der verschiedenen Länder geprüft. Stuttgart und Tübingen 1845.

MITTERMAIER, Carl Joseph Anton: Das englische, schottische und nordamerikanische Strafverfahren im Zusammenhange mit den politischen, sittlichen und socialen Zuständen und in den Einzelheiten der Rechtsausübung dargestellt. Erlangen 1851.

MITTERMAIER, Carl Joseph Anton: Das deutsche Strafverfahren in der Fortbildung durch Gerichts-Gebrauch und Partikular-Gesetzbücher und in genauer Vergleichung mit dem englischen und französischen Straf-Prozesse. Erste Abtheilung. Heidelberg 1927.

Müller, Ingo: Kontinuität und Diskontinuität im Strafprozessrecht, in: Pauli/ Vormbaum, S. 161 ff.

Müller, Ingo: Der Wert der „materiellen Wahrheit", in: Leviathan 5 (1977), 522 ff.

Müller, Ingo: Rechtsstaat und Strafverfahren. Frankfurt/Main 1980.

Müller, Helga: Der Begriff der Generalprävention im 19. Jahrhundert. Von P.J.A. Feuerbach bis Franz v. Liszt. Frankfurt a. M., Bern, New York 1984.

Müller, Ingo: Furchtbare Juristen. Die unbewältigte Vergangenheit unserer Justiz. München 1987 (u.ö.).

Müller, Christian: Das Gewohnheitsverbrechergesetz vom 24. November 1933. Kriminalpolitik als Rassenpolitik. Baden-Baden 1997.

Müller, Christian: Verbrechensbekämpfung im Anstaltsstaat. Psychiatrie, Kriminologie und Strafrechtsreform in Deutschland 1871–1933. Göttingen 2004.

Müller-Dietz, Heinz: Justiz und Nationalsozialismus. Gesammelte Beiträge. Baden-Baden 2000.

Müller-Steinhauer, Sandra G.: Autonomie und Besserung im Strafvollzug. Resozialisierung auf Grundlage der Rechtsphilosophie Immanuel Kants. Münster 2001.

Mumme, Helmut: Ernst Ferdinand Kleins Auffassung von der Strafe und den sichernden Maßnahmen. Hamburg 1936.

Muñoz Conde, Francisco: Die Besuche Edmund Mezgers im KZ Dachau im Jahre 1944, in: JJZG 4 (2002/2003), 369 ff.; Wiederabdruck in: Ders., Mezger, S. 95 ff.

Muñoz Conde, Francisco: Edmund Mezger. Beiträge zu einem Juristenleben. Berlin 2007.

Muñoz Conde, Francisco: Das Erbe Franz von Liszts, in: Festschrift für Winfried Hassemer. Heidelberg 2010, S. 535–558.

Müting, Christina: Vergewaltigung und sexuelle Nötigung (§ 177 StGB). Reformdiskussion und Gesetzgebung seit 1870. Berlin 2010.

Naucke, Wolfgang: Deutsches Kolonialstrafrecht 1886–1918, in: Ders., Zerbrechlichkeit, S. 265 ff.

Naucke, Wolfgang: Zur Entwicklung des Strafrechts in der Französischen Revolution, in: Ders., Zerbrechlichkeit, S. 29 ff.

Naucke, Wolfgang: NS-Strafrecht: Perversion oder Anwendungsfall moderner Kriminalpolitik?, in: Ders., Zerbrechlichkeit S. 361 ff.

Naucke, Wolfgang: Über das Strafrecht des Ersten Weltkriegs, in: Ders., Zerbrechlichkeit, S. 287 ff.

Naucke, Wolfgang: Über den Einfluss Kants auf Theorie und Praxis des Strafrechts im 19. Jahrhundert; in: Ders., Zerbrechlichkeit, S. 131 ff.

Naucke, Wolfgang: Die Aufhebung des strafrechtlichen Analogieverbots 1935, in: Ders. Zerbrechlichkeit, S. 301 ff.

Naucke, Wolfgang: Die Mißachtung des strafrechtlichen Rückwirkungsverbots 1933–1945, in: Ders., Zerbrechlichkeit, S. 337 ff.

Naucke, Wolfgang: Einführung: Rechtstheorie und Staatsverbrechen, in: Binding/ Hoche, Vernichtung, S. VI ff.

Naucke, Wolfgang: Kant und die psychologische Zwangstheorie Feuerbachs. Hamburg 1962.

Naucke, Wolfgang: Die Kriminalpolitik des Marburger Programms 1882, in: Ders., Zerbrechlichkeit, S. 223 ff. (zuerst in: ZStW 1982, 525 ff.).

Naucke, Wolfgang: Der materielle Verbrechensbegriff im 19. Jahrhundert, in: Diethelm Klippel (Hrsg.), Naturrecht im 19. Jahrhundert. Kontinuität, Inhalt, Funktion, Wirkung. Goldbach 1997, S. 269 ff.

Naucke, Wolfgang: Über die Zerbrechlichkeit des rechtsstaatlichen Strafrechts. Materialien zur neueren Strafrechtsgeschichte (Juristische Zeitgeschichte. Abteilung 1, Bd. 4). Baden-Baden 2000.

Naucke, Wolfgang, und Regina Harzer: Rechtsphilosophische Grundbegriffe. 5. Auflage. München 2005.

Naumann, Kai: Gefängnis und Gesellschaft. Freiheitsentzug in Deutschland in Wissenschaft und Praxis 1920–1960. Münster 2006.

NEH, Siegfried W.: Die posthumen Auflagen von Feuerbachs Lehrbuch. Zu der Konzeption C.J.A. Mittermaiers und seinem Wissenschaftsverständnis. Berlin 1991.

NEUBACHER, Frank: Materieller Verbrechensbegriff und Rechtsgutsverletzung – Die Rechtsgüterlehre J.M.F. Birnbaums (1797–1877) und die moderne Strafrechtsschule, in: Jura 2000, 514 ff.

NIERMANN, Hans-Eckhard: Die Durchsetzung politischer und politisierter Strafjustiz im Dritten Reich. Ihre Entwicklung aufgezeigt am Beispiel des OLG-Bezirks Hamm (Juristische Zeitgeschichte NRW. 3). Düsseldorf 1995.

NOBILI, Massimo: Die freie richterliche Überzeugungsbildung. Reformdiskussion und Gesetzgebung in Italien, Frankreich und Deutschland seit dem Ausgang des 18. Jahrhunderts. Baden-Baden 2001.

NOBIS, Frank: Die Strafprozeßgesetzgebung der späten Weimarer Republik (1930–1932). Berlin 2000.

OEHLER, Dietrich: Wurzel, Wandel und Wert der strafrechtlichen Legalordnung. Berlin 1950.

OGOREK, Regina: Richterkönig oder Subsumtionsautomat? Zur Justiztheorie im 19. Jahrhundert. Frankfurt am Main 1986.

OGOREK, Regina: Richterkönig oder Subsumtionsautomat? Zur Justiztheorie im 19. Jahrhundert. 2. Auflage Frankfurt am Main 2004.

OLLINGER, Thomas: Die Entwicklung des Richtervorbehalts im Verhaftungsrecht. Von den Anfängen bis zur Paulskirchenverfassung. Berlin 1997.

PACK, Wolfgang: Das parlamentarische Ringen um das Sozialistengesetz Bismarcks 1878–1890. Düsseldorf 1961.

PAULI, Gerhard: Die Rechtsprechung des Reichsgerichts in Strafsachen zwischen 1933 und 1945 und ihre Fortwirkung in der Rechtsprechung des Bundesgerichtshofes. Berlin 1992.

PAULI, Gerhard, und Thomas Vormbaum (Hrsg.): Justiz und Nationalsozialismus – Kontinuität und Diskontinuität. Berlin 2003.

PERSON, Jutta: Der pathographische Blick. Physiognomik, Atavismustheorien und Kulturkritik 1870–1930. Würzburg 2005.

PETERS, Edward: Folter. Geschichte der Peinlichen Befragung. Aus dem Amerikanischen von Jobst Christian Rojahn. Mit einem aktualisierten Vorwort zu dt. Taschenbuchausgabe von Kurt Groenewold. Hamburg 2003.

PETERS, Karoline: J.D.H. Temme (1798–1881) und das preußischen Strafverfahren in der Mitte des 19. Jahrhunderts. Berlin 2010.

PETERS, Dorothea: Der Kriminalrechtsfall Kaspar Hauser und seine Rezeption in Jakob Wassermanns Capar-Hauser-Roman. Berlin (voraussichtlich) 2014.

PLATE, Hartwig: Ernst Beling als Strafrechtsdogmatiker. Seine Lehren zur Begriffs- und Systembildung. Berlin 1966.

PRECHTEL, Dietmar: Urkundendelikte (§§ 267 ff. StGB). Reformdiskussion und Gesetzgebung seit 1870. Berlin 2005.

PRIEMEL, Kim C., und Alexa Stiller (Hrsg.): NMT. Die Nürnberger Militärtribunale zwischen Geschichte, Gerechtigkeit und Rechtschöpfung. Hamburg 2013.

PRINZ, Felix: Diebstahl – §§ 242 ff. StGB. Reformdiskussion und Gesetzgebung seit 1870. Berlin 2003.

PUTZKE, Sabine: Die Strafbarkeit der Abtreibung in der Kaiserzeit und in der Weimarer Republik. Eine Analyse der Reformdiskussion und der Straftatbestände in den Reformentwürfen (1908–1931). Berlin 2003.

RABOFSKY, Eduard, und Gerhard Oberkofler: Verborgene Wurzeln der NS-Justiz. Strafrechtliche Rüstung für zwei Weltkriege. Wien, München, Zürich 1985.

RADBRUCH, Gustav: Gesetzliches Unrecht und übergesetzliches Recht (zuerst in: Süddeutsche Juristenzeitung 1 [1946], 105 ff.). Mit einem Vorwort von Winfried Hassemer. (Juristische Zeitgeschichte. Kleine Reihe. 4). Berlin 2002.

RADBRUCH, Gustav: Drei Strafrechtslehrbücher des 19. Jahrhunderts, in: Festschrift für Ernst Heinrich Rosenfeld. Berlin 1949, S. 7 ff.

RADBRUCH, Gustav: Paul Johann Anselm Feuerbach. Ein Juristenleben. 3. Auflage. Hrsg. von Erik Wolf. Göttingen o. J. (1969).

RAMPF, Christina: Hausfriedensbruch (§ 123 StGB). Reformdiskussion und Gesetzgebung seit 1851. Berlin 2006.

RASEHORN, Theo: Justizkritik in der Weimarer Republik. Das Beispiel der Zeitschrift „Die Justiz". Frankfurt a. M., New York 1985.

REIFNER, Uwe: Juristen im Nationalsozialismus. Kritische Anmerkungen zum Stand der Vergangenheitsbewältigung, in: ZRP 1983, 13–19.

RENTROP, Kathrin: Untreue und Unterschlagung (§§ 246, 266 StGB) – Reformdiskussion und Gesetzgebung seit 1870. Berlin 2007.

RENTZEL-ROTHE, Wolfgang: Der „Goldschmidt-Entwurf". Inhalt, reformgeschichtlicher Hintergrund und Schicksal des Entwurfs eines Gesetzes über den Rechtsgang in Strafsachen 1919/1920. Pfaffenweiler 1995.

REQUATE, Jörg (Hrsg.): Recht und Justiz im gesellschaftlichen Aufbruch (1960–1975). Bundesrepublik Deutschland, Italien und Frankreich im Vergleich. Baden-Baden 2003.

RICHSTEIN, Christine: Das „belagerte" Strafrecht – Kriegsstrafrecht im Deutschen Reiche während des Ersten Weltkrieges. Münster, Hamburg, London 2000.

RIESS, Peter: Zur Entwicklung der gesetzlichen Aufgabenverteilung im Ermittlungsverfahren im deutschen Strafprozess, in: Festschrift für Klaus Volk. München 2009, S. 559 ff.

RIESS, Peter: Zur Entwicklung der Verteidigung im deutschen Strafprozess, in: Strafverteidigung im Rechtsstaat. 25 Jahre Arbeitsgemeinschaft Strafrecht des Deutschen Anwaltvereins. Baden-Baden 2009, S. 773 ff.

RIESS, Peter: Zur Entwicklung der Vorschriften über die Unmittelbarkeit in der Strafprozessordnung, in: Festschrift für Manfred Maiwald. Berlin 2010, S. 661 ff

ROHRSSEN, Benedikt: Von der „Anreizung zum Klassenkampf" zur „Volksverhetzung" (§ 130 StGB). Reformdiskussion und Gesetzgebung seit dem 19. Jahrhundert. Berlin 2009.

ROSENBERG, Hans: Theologischer Rationalismus und vormärzlicher Vulgärliberalismus, in: Ders., Politische Denkströmungen im deutschen Vormärz. Göttingen 1972, S. 18 ff.

ROTTLEUTHNER, Hubert (Hrsg.): Steuerung der Justiz in der DDR. Einflussnahme der Politik auf Richter, Staatsanwälte und Rechtsanwälte. Köln 1994.

ROXIN, Claus: Strafrecht Allgemeiner Teil I. Grundlagen. Der Aufbau der Verbrechenslehre. 4. Aufl. München 2006.

RÜCKERL, Adalbert: NS-Verbrechen vor Gericht. Versuch einer Vergangenheitsbewältigung. Heidelberg 1982.

RÜPING, Hinrich: Staatsanwaltschaft und Provinzialjustizverwaltung im Dritten Reich. Aus den Akten der Staatsanwaltschaft bei dem Oberlandesgericht Celle als höherer Reichsjustizbehörde. Baden-Baden 1990.

RÜPING, Hinrich, und Günter Jerouschek: Grundriß der Strafrechtsgeschichte. 5. Auflage. München 2007.

RUSCHE, Georg, und Otto Kirchheimer: Sozialstruktur und Strafvollzug. Frankfurt a. M., Köln 1974.

RÜTHERS, Bernd: Entartetes Recht. Rechtslehren und Kronjuristen im Dritten Reich. 2. Aufl. München 1989.

SCHÄFER, Christian: Die Strafbarkeit „widernatürlicher" Unzucht §§ 175, 175a, 175b, 182 a.F. StGB) – Reformdiskussion und Gesetzgebung seit 1945 (2006).

SCHAUZ, Désirée: Strafen als moralische Besserung. Eine Geschichte der Straffälligenfürsorge 1777–1933. München 2008.

SCHIFFERS, Reinhard: Zwischen Bürgerfreiheit und Staatsschutz. Wiederherstellung und Neufassung des politischen Strafrechts in der Bundesrepublik Deutschland 1949–1951. Düsseldorf 1989.

SCHMIDT, Eberhard: Zuchthäuser und Gefängnisse. Zwei Vorträge. Göttingen o. J.

SCHMIDT, Eberhard: Die geistesgeschichtliche Bedeutung der Aufklärung für die Entwicklung der Strafjustiz aus der Sicht des 20. Jahrhunderts, in: Schweizerische Zeitschrift für Strafrecht (SchwZStrR) 73 (1958), 341 ff.

SCHMIDT, Eberhard: Einführung in die Geschichte der deutschen Strafrechtspflege. 3. Auflage. Göttingen 1965.

Schmidt-Recla, Adrian, und Holger Steinberg: Eine publizistische Debatte als Geburtsstunde des „Marburger Programms", in: ZStW 119 (2007), 195 ff.

Schmitzberger, Johanna Gertrude: Das nationalsozialistische Nebenstrafrecht 1933 bis 1945. (Rechtshistorische Reihe. 376). Frankfurt am Main 2008.

Schreiber, Hans-Ludwig: Gesetz und Richter. Zur geschichtlichen Entwicklung des Satzes nullum crimen, nulla poena sine lege. Frankfurt a. M. 1976.

Schroeder, Friedrich-Christian: Die Entwicklung der Gesetzgebungstechnik, in: *Vormbaum/ Welp*, Das StGB. Supplementband 1, S. 381 ff.

Schroeder, Friedrich-Christian: Der Schutz von Staat und Verfassung im Strafrecht. Eine systematische Darstellung, entwickelt aus Rechtsgeschichte und Rechtsvergleichung. (1. Auflage. München 1970) 2. Auflage. Goldbach 1995.

Schroeder, Friedrich-Christian: Der Schutz von Staat und Verfassung im Strafrecht. Eine systematische Darstellung, entwickelt aus Rechtsgeschichte und Rechtsvergleichung. München 1970.

Schubert, Werner, und Jürgen Regge (Hrsg.): Quellen zur preußischen Gesetzgebung des 19. Jahrhunderts. *Gesetzrevision* (1825–1848). I. Abteilung. Straf- und Strafprozeßrecht. 6 Bände. Vaduz 1981–1996.

Schubert, Werner, Jürgen Regge, Peter Rieß und Werner Schmid (Hrsg.): Quellen zur Reform des Straf- und Strafprozessrechts. 3 Abteilungen (1918–1932; 1933–1939– Strafrecht; 1933–1939– Strafprozessrecht). Berlin, New York 1988 ff.

Schubert, Werner, und Jürgen Regge (Hrsg.): Entstehung und Quellen der Strafprozeßordnung von 1877. Frankfurt am Main 1989.

Schubert, Werner, und Thomas Vormbaum (Hrsg.): Entstehung des Strafgesetzbuchs. Band 1 (1869). Baden-Baden 2002; Bd. 2 (1870). Berlin 2004.

Schulze, Reiner, Thomas Vormbaum, Christine D. Schmidt und Nicola Willenberg (Hrsg.): Strafzweck und Strafform zwischen religiöser und weltlicher Wertevermittlung. Münster 2008.

Schumacher, Ulrich: Staatsanwaltschaft und Gericht im Dritten Reich. Zur Veränderung der Kompetenzverteilung im Strafverfahren unter Berücksichtigung der Entwicklung in der Weimarer Republik und in der Bundesrepublik. Köln 1985.

Schünemann, Bernd: Einführung in das strafrechtliche Systemdenken, in: Ders., Grundfragen, S. 1 ff.

Schünemann, Bernd (Hrsg.): Grundfragen des modernen Strafrechtssystems. Berlin, New York 1984.

Schütz, Sigrid Susanne: Die Entwicklung des Betrugsbegriffs in der Strafgesetzgebung vom Codex Juris Bavarici Criminalis (1751) bis zum Preußischen Strafgesetzbuch (1851). München 1987.

Schwarze, Friedrich Oscar von: Commentar zum Strafgesetzbuch für das Deutsche Reich. Leipzig 1874.

Schwinge, Erich: Der Kampf um die Schwurgerichte bis zur Frankfurter Nationalversammlung. Breslau 1926 (Unveränd. Nachdruck Aalen 1970).

Seemann, Ralf: Strafbare Vereitelung von Gläubigerrechten (§§ 283 ff., 288 StGB). Reformdiskussion und Gesetzgebung seit 1870. Berlin 2006.

Sellert, Wolfgang, und Hinrich Rüping: Studien- und Quellenbuch zur Geschichte der deutschen Strafrechtspflege. Band 1: Von den Anfängen bis zur Aufklärung *(Sellert)*; Band 2: Von der Aufklärung bis zur doppelten Staatsgründung *(Rüping)*. Aalen 1989 und 1994.

Seminara, Sergio: Die Versuchsproblematik in der deutschen Strafrechtswissenschaft der ersten Hälfte des 19. Jahrhunderts, in: Seminara/ Hirsch, S. 1 ff.

Seminara, Sergio, und Hans Joachim Hirsch: Zur strafrechtlichen Versuchslehre im 19. und 20. Jahrhundert. Münster 2008.

Senn, Marcel: Rechtsgeschichte – ein kulturhistorischer Grundriß. 4. Auflage. Zürich 2007.

Senn, Marcel, und Lukas Gschwend: Rechtsgeschichte II – Juristische Zeitgeschichte. 2. Auflage. Zürich 2004.

Senn, Marcel, und Andreas Thier: Rechtsgeschichte III – Textinterpretationen. Zürich 2005.

Silva Sanchez, Jesús María: Die Expansion des Strafrechts. Frankfurt/M. 2003.

STAPENHORST, Hermann: Die Entwicklung des Verhältnisses von Geldstrafe zu Freiheitsstrafe seit 1882. Eine rechtshistorische Untersuchung anhand von Kriminalstatistiken. Berlin 1993.

STENGLEIN, Melchior: Sammlung der deutschen Strafgesetzbücher. 3 Bände. München 1858.

STINTZING, Roderich, und Ernst Landsberg: Geschichte der deutschen Rechtswissenschaft. 3 Abteilungen in 4 Bänden. 2. Neudruck der Ausgabe München 1880–1884. Aalen 1978.

STÖLZEL, Adolf: Brandenburg-Preußens Rechtsverwaltung und Rechtsverfassung. Dargestellt im Wirken seiner Landesfürsten und obersten Justizbeamten. Bd. II. Berlin 1888.

SÜNDELIN, P.: Sammlung der neueren deutschen Gesetze über Gerichtsverfassung und Strafverfahren. Berlin 1861.

THÄLE, Brigitte: Die Verdachtsstrafe in der kriminalwissenschaftlichen Literatur des 18. und 19. Jahrhunderts. Frankfurt a. M. 1993.

THIEL, Carsten: Rechtsbeugung – § 339 StGB. Reformdiskussion und Gesetzgebung seit 1870. Berlin 2005.

THOMAS, Sven: Die Geschichte des Mordparagraphen – eine normgenetische Untersuchung bis in die Gegenwart. Bochum 1985.

VASSALLI, Giuliano: Formula di Radbruch e diritto penale. Note sulla punizione dei „delitti di Stato" nella Germania postnazistae nella Germania postcomunista. Mailand (Giuffrè) 2001.

VASSALLI, Giuliano: Radbruchsche Formel und Strafrecht. Zur Bestrafung der „Staatsverbrechen" im postnazistischen und postkommunistischen Deutschland. Berlin 2010.

VERRI, Pietro: Betrachtungen über die Folter, in: Thomas Vormbaum (Hrsg.), Folter und Schandsäule. Der Mailänder Prozeß wegen „Pestschmierereien" in Rechtskritik und Literatur. Berlin 2008, S. 3 ff.

VIEREGGE, Bianca: Die Gerichtsbarkeit einer „Elite". Nationalsozialistische Rechtsprechung am Beispiel der SS- und Polizei-Gerichtsbarkeit. Baden-Baden 2002.

VOGEL, Joachim: Einflüsse des Nationalsozialismus auf das Strafrecht. Berlin 2004.

VOGL, Ralf: Die Wiedergutmachung von nationalsozialistischem Unrecht durch die Bundesrepublik Deutschland und die DDR, in: Marxen/ Miyazawa/ Werle, S. 177 ff.

VORMBAUM, Thomas: Eid, Meineid und Falschaussage. Reformdiskussion und Gesetzgebung seit 1870.

VORMBAUM, Thomas: Birnbaum und die Folgen, in: Birnbaum, Zwei Aufsätze, S. 93 ff.

VORMBAUM, Thomas: 130 Jahre Strafgesetzgebung – Versuch einer Bilanz, in: Vormbaum/ Welp, Das StGB, Supplementband I, S. 456 ff.

VORMBAUM, Thomas: „Die Einheit im Denken und Sinnen". Zensur und totalitäre Gefahr im „Wintermährchen" (Kommentar II), in: Heinrich Heine, Deutschland ein Wintermährchen (1844). Berlin 2006, S. 115 ff.

VORMBAUM, Thomas: Der Schutz von Institutionen der DDR durch das bundesdeutsche Strafrecht, in: Festschrift für Diether Posser zum 75. Geburtstag. Köln 1975, S. 153 ff.

VORMBAUM, Thomas: Der strafrechtliche Schutz des Strafurteils. Untersuchungen zum Strafrechtsschutz des strafprozessualen Verfahrenszieles. Berlin 1987.

VORMBAUM, Thomas: Die Lex Emminger vom 4. Januar 1924. Entstehung, Inhalt und Auswirkungen. Berlin 1988.

VORMBAUM, Thomas: Aktuelle Bezüge nationalsozialistischer Strafgesetzgebung, in: Strafverfolgung und Strafverzicht. Festschrift zum 125jährigen Bestehen der Staatsanwaltschaft Schleswig-Holstein. Köln, Berlin, Bonn, München 1992, S. 71 ff.

VORMBAUM, Thomas: Die Sozialdemokratie und die Entstehung des Bürgerlichen Gesetzbuchs. Quellen aus der sozialdemokratischen Partei und Presse. 2. Aufl. Baden-Baden 1997.

VORMBAUM, Thomas (Hrsg.): Strafrechtsdenker der Neuzeit. Baden-Baden 1998.

VORMBAUM, Thomas: Strafjustiz im Nationalsozialismus. Ein kritischer Literaturbericht, in: GA 1998, 1 ff.

VORMBAUM, Thomas: Fragmentarisches Strafrecht in Geschichte und Dogmatik, in: ZStW 123 (2001), 660 ff.

VORMBAUM, Thomas: Der Judeneid im 19. Jahrhundert. Ein Beitrag zur juristischen Zeitgeschichte. Berlin 2006.

VORMBAUM, Thomas: Einführung: „Kraft meiner akademischen Befugniß als Doktor beider Rechte“, in: Ders., (Hrsg.), Recht, Rechtswissenschaft und Juristen im Werk Heinrich Heines. Berlin 2006.

VORMBAUM, Thomas: Beccaria und die strafrechtliche Aufklärung in der gegenwärtigen strafrechtswissenschaftlichen Diskussion, in: Helmut Jacobs (Hrsg.), Gegen Folter und Todesstrafe – Aufklärerischer Diskurs und europäische Literatur vom 18. Jahrhundert bis zur Gegenwart. Frankfurt a. M. 2007, S. 305–319.

VORMBAUM, Thomas: Strafrecht und Strafprozeß. Einige Anmerkungen zu einem komplizierten Verhältnis, in: Festschrift für Ulrich Eisenhardt. München 2007, S. 155 ff.

VORMBAUM, Thomas (Hrsg.): Moderne deutsche Strafrechtsdenker. Berlin, Heidelberg 2010.

VORMBAUM, Thomas: Luigi Cremani über Cesare Beccarias Buch „Von den Verbrechen und von den Strafen“, in: JoJZG 4 (2010), 99–103.

VORMBAUM, Thomas: Opportunismus oder Kontinuität? Eduard Kohlrausch (1874–1948), in: Festschrift 200 Jahre Humboldt-Universität. Juristische Fakultät. Berlin 2010.

VORMBAUM, Thomas: Die Strafrechtsangleichungsverordnung vom 29. Mai 1943. Materialien zur Verordnung und zu den Durchführungsverordnungen. Eingeleitet und herausgegeben. (Rechtsgeschichte und Rechtsgeschehen. Kleine Schriften, 27). Münster, Berlin 2011.

VORMBAUM, Thomas, und Martin Asholt: Kritik des Feindstrafrechts. Berlin, Münster 2009.

VORMBAUM, Thomas, und Kathrin Rentrop: Reform des Strafgesetzbuchs. Sammlung der Reformentwürfe. 3 Bände. Berlin 2008.

VORMBAUM, Thomas, und Jürgen Welp (Hrsg.), Das Strafgesetzbuch. Sammlung der Änderungen und Neubekanntmachungen. Baden-Baden (ab 2002 Berlin) *4 Textbände:* (I) 1870–1953 (1999); (II) 1954–1974 (1999); (III) 1975–1992 (2000); (IV) 1993–2000 (2002); *3 Supplementbände:* (I) 130 Jahre Strafgesetzgebung. Eine Bilanz. Mit Beiträgen von Andreas Roth, Theo Rasehorn, Arno Buschmann, Jürgen Welp, Uwe Scheffler, Eric Hilgendorf, Friedrich Christian Schroeder, Jörg Arnold und Thomas Vormbaum (2004); (II) Das Strafgesetzbuch der DDR (2006); (III) Ergänzungs-, Nachtrags- und Registerband. Mit Beiträgen von Martin Asholt, Florian Jeßberger, Mirjam Utsch und Gerhard Werle (2006).

VOSSIECK, Eckhard: Verbotene Veröffentlichung strafprozessualer Schriftstücke – § 353 d StGB. Gesetzgebung und Rechtsanwendung seit 1851 (2003).

WACHSMANN, Nikolaus: Gefangen unter Hitler. Justizterror und Strafvollzug im NS-Staat. München 2004.

WÄCHTERSHÄUSER, Wilhelm: Das Verbrechen des Kindesmordes im Zeitalter der Aufklärung. Berlin 1973.

WAGNER, Joachim: Terrorismus und Strafrecht im deutschen Kaiserreich von 1871. Heidelberg 1981.

WAGNER, Norbert Berthold: Die deutschen Schutzgebiete. Erwerb, Organisation und Verlust aus juristischer Sicht. Baden-Baden 2002.

WEBER, Robert: Die Entwicklung des Nebenstrafrechts 1871–1914. Baden-Baden 1999.

WEBER, Judith: Die sächsische Strafgesetzgebung im 19. Jahrhundert bis zum Inkrafttreten des Reichsstrafgesetzbuches. Berlin 2008.

WEHLER, Hans-Ulrich: Deutsche Gesellschaftsgeschichte. 5 Bände München 2008. Band 1: 1700–1815, Band 2: 1815–1845/49, Band 3: 1849–1914, Band 4: 1914–1949, Band 5: 1949–1990.

WEISSLER, Adolf: Geschichte der Rechtsanwaltschaft. Leipzig 1905.

WELP, Jürgen: Die Strafgesetzgebung der Nachkriegszeit (1945–1953), in: Vormbaum/ Welp, Supplementband 1, S. 139 ff.

WELP, Jürgen: Zwangsbefugnisse für die Staatsanwaltschaft. Tübingen 1976.

WENTKER, Hermann: Justiz in der SBZ/DDR 1945–1953. Transformation und Rolle ihrer zentralen Institutionen. (Quellen und Forschungen zur Zeitgeschichte. 51). München 2001.

WERLE, Gerhard: Die Bestrafung von NS-Unrecht in Westdeutschland, in: Marxen/ Miyazawa/ Werle, S. 137 ff.

WERLE, Gerhard: Justiz-Strafrecht und polizeiliche Verbrechensbekämpfung im Dritten Reich. Berlin, New York 1989.

WERLE, Gerhard, und Thomas Wandres: Auschwitz vor Gericht. Völkermord und bundesdeutsche Strafjustiz. München 1995.

WERNER, Stefan: Wirtschaftsordnung und Wirtschaftsstrafrecht im Nationalsozialismus. Frankfurt/M., Bern, New York, Paris 1991.

WESSELS, Johannes und Werner Beulke (Fortgef.): Strafrecht. Allgemeiner Teil. Die Straftat und ihr Aufbau. 36. Auflage. Heidelberg 2006.

WESTPHALEN, Daniela: Karl Binding (1841–1920). Materialien zur Biographie eines Strafrechtsgelehrten. Frankfurt am Main, Bern, New York, Paris 1989.

WETZELL, Richard F., Inventing the Criminal. A History Of German Criminology 1880–1945. Chapel Hill, London (University of North Carolina Press) 2000.

WETZELL, Richard F.: Der Verbrecher und seine Erforscher. Die deutsche Kriminologie in der Weimarer Republik und im Nationalsozialismus, in: Jahrbuch der juristischen Zeitgeschichte 8 (2006/2007), S. 256 ff.

WIEACKER, Franz: Privatrechtsgeschichte der Neuzeit unter besonderer Berücksichtigung der deutschen Entwicklung. 2. Aufl. Göttingen 1967.

WIENER, Christina: Kieler Fakultät und „Kieler Schule". Die Rechtslehrer an der Rechts- und Staatswissenschaftlichen Fakultät zu Kiel in der Zeit des Nationalsozialismus und ihre Entnazifizierung. Kieler Rechtswissenschaftliche Abhandlungen. NF, 67). Baden-Baden 2013.

WINKLER, Heinrich August: Der lange Weg nach Westen. Deutsche Geschichte. Band 1: Vom Ende des Alten Reiches bis zum Untergang der Weimarer Republik. München 2000.

WOGERSIEN, Maik: Restitution, in: Pauli/ Vormbaum, S. 271 ff.

WOHLERS, Wolfgang: Die Güterschutzlehre Birnbaums und ihre Bedeutung für die heutige Rechtsgutstheorie, in: GA 2012, 599 ff.

WOLF, Erik: Große Rechtsdenker der deutschen Geistesgeschichte. 4. Auflage. Tübingen 1963.

WROBEL, Hans: Verurteilt zur Demokratie. Justiz und Justizpolitik in Deutschland 1945–1989.

ZACHARIÄ, Heinrich Albert: Die Gebrechen und die Reform des deutschen Strafverfahrens, dargestellt auf der Basis einer konsequenten Entwicklung des inquisitorischen und des accusatorischen Prinzips. Göttingen 1846.

ZACHARIAS, Hans: Die amtlichen Reformversuche zur Strafgerichtsverfassung seit Entstehung der Strafprozeßordnung. Göttingen (jur. Diss.) 1921.

ZIEMANN, Sascha: Neukantianisches Strafrechtsdenken. Die Philosophie des Südwestdeutschen Neukantianismus und ihre Rezeption in der Strafrechtswissenschaft des frühen 20. Jahrhunderts. Baden-Baden 2009.

ZIMMERLING, Jürgen: Die Entwicklung der Strafrechtspflege für Afrikaner in Deutsch-Südwestafrika 1884–1914. Eine juristisch/historische Untersuchung. Bochum 1995.

Personenverzeichnis

(fett = Hauptfundstellen; P = Porträt)

T. Vormbaum, *Einführung in die moderne Strafrechtsgeschichte,* Springer-Lehrbuch,
DOI 10.1007/978-3-662-45575-3

F

G

H

T

Sachverzeichnis

T. Vormbaum, *Einführung in die moderne Strafrechtsgeschichte*, Springer-Lehrbuch,
DOI 10.1007/978-3-662-45575-3

Printed by Printforce, the Netherlands